中国近代通史

（修订版）

中国社会科学院
近代史研究所 _____ 编

张海鹏 主编

[第三卷]

早期现代化的尝试 (1865—1895)

虞和平 谢 放 著

江苏人民出版社

图书在版编目(CIP)数据

中国近代通史. 第三卷, 早期现代化的尝试：1865—
1895 / 张海鹏主编；虞和平，谢放著；中国社会科学
院近代史研究所编. — 修订本. — 南京：江苏人民出
版社，2024.1(2025.4重印)

ISBN 978 - 7 - 214 - 23198 - 7

Ⅰ.①中… Ⅱ.①张… ②虞… ③谢… ④中… Ⅲ.
①中国历史－近代史－1865—1895 Ⅳ.①K25

中国版本图书馆 CIP 数据核字(2020)第 024298 号

书　　　名	中国近代通史·第三卷　早期现代化的尝试:1865—1895
主　　　编	张海鹏
著　　　者	虞和平　谢　放
责 任 编 辑	朱晓莹
装 帧 设 计	刘葶葶
责 任 监 制	王　娟
出 版 发 行	江苏人民出版社
地　　　址	南京市湖南路 1 号 A 楼,邮编:210009
照　　　排	江苏凤凰制版有限公司
印　　　刷	苏州市越洋印刷有限公司
开　　　本	718 毫米×1 000 毫米　1/16
印　　　张	33.25　插页 5
字　　　数	465 千字
版　　　次	2024 年 1 月第 1 版
印　　　次	2025 年 4 月第 3 次印刷
标 准 书 号	ISBN 978 - 7 - 214 - 23198 - 7
定　　　价	168.00 元(精装)

(江苏人民出版社图书凡印装错误可向承印厂调换)

再版前言

《中国近代通史》修订再版,我们感到欣喜,也感到惶恐。一部十卷本的通史性著作,出版十年之后还有再版的机会,说明学术界与社会上是需要的。据从各方面获得的消息,学习中国近代史的学生中,本科生、硕士生,尤其是博士生,读这个十卷本的人是不少的。许多教授都把这部书指定为学生们的必读书。对于作者而言,这无疑是令人欣喜的。但是,一部多卷本的集体著作,每卷的主持人都是大忙人,能否如期完成修订,能否使修订更好地满足读者的需要,这又是令我们惶恐的。

2006—2007年,十卷本《中国近代通史》初版由江苏人民出版社推出,2009年,凤凰出版传媒集团、江苏人民出版社又推出凤凰文库版。中国社会科学院为此书出版举办科研成果发布会和学术座谈会,在学术界与社会上引起广泛关注,不仅有多家媒体报道出版信息,而且还有不少学者在《人民日报》、《求是》杂志、《近代史研究》等报刊发表评介文章,这是始料不及的。应该说,《中国近代通史》初版的面世,在学术界产生了良好的社会反响,同时也赢得了多项荣誉(如入选首届"三个一百"原创图书出版工程、中华优秀出版物图书奖、第二届中国出版政府奖、中国社会科学院优秀科研成果二等奖等)。总体上讲,学术界和社会上的评价是正面的、肯定的,也有建设性的学术批评。所有这些,都是对我们的鼓励,都是对中国近代史学科建设的深入探讨,对推动中国近代史的学术研究是有益的。《中国近代通史》的撰写和出版,圆了近代史研究所几代人的梦想,至今也是中国近代史学界唯一一部十卷本的大型通史。出版近十年来,学术研究有了较大发展,相关的档案文献也有持续公布和新的发现,如清史编纂工程大量刊布清史档案文献史料,美国胡佛研究所公布了蒋介石的日记手稿,以及中外档案馆新发现和公布的史料等等,都为中国近代史的进一步深入研究提供了史料基础和学术路向。因此,《中国近代通史》初版在经过十年发行后,根据新材料、吸收新成果再予修订,是很有必要的。

2016 年 8 月 27 日,应江苏人民出版社的邀请,《中国近代通史》课题组多位作者到南京凤凰集团,与江苏人民出版社签订出版续约,正式启动修订再版工作。南京之行,大体确定了修订的三项原则:(1) 基本风格、基本观点、基本结构不变;(2) 字数篇幅总体不突破原版,但各卷也可以有些弹性,允许有的卷补充内容可适当突破;(3) 修订时应该注意吸收学术界有代表性的观点,不要求逐一呼应,有的可以在注释中体现。总之,考虑到各卷作者本身任务很重,大修、中修并不现实,这次修订,总体上是小修,但是允许局部大修。

自南京续约以后,各卷作者在繁忙的教学和研究工作之余,对原稿做了认真修订,在通读、通校全文后,各卷都做了不少必要的文字处理,使表述更加准确、平实,并纠正了一些明显的史实错讹,补充了部分注释的文献出处。第六、七、八、十卷还增加了第三级小标题,以与全书体例统一。除此之外,各卷还进行了若干重要修改:

第一卷调整了章节结构,把原第二章调整为第五章,原三、四、五章改为二、三、四章。也有些文字修改。

第二卷对于引用较多的李秀成的亲书供词的版本做了认真考订,对中华书局影印本《忠王李秀成自述》原有错页进行重新整理校订,改题为《李秀成亲书供词》。

第三卷深化了湘淮系洋务派关系以及张之洞从清流派向洋务派转变的分析,改写了增设洋务局的内容,补充了关于郑观应、汤寿潜、邵作舟等早期维新派思想的论述。

第四卷在第八章补写了第五节"庚子中国国会与自立军事件"。

第五卷利用新出版的《袁世凯全集》,厘清了袁世凯修改《清帝逊位诏书》的史实。

第六卷在第一章、第四章、第七章都有重要补充和修订。

第七卷在第十章增加了第三节"工农运动的中介群体"。

第八卷在第二章、第四章、第五章、第十章都有重要补充和修订。

第九卷特别说明了从 1937 年 7 月开始的全面抗战与从 1931 年 9 月开始的局部抗战,既有相当的延续性,又有极大的不同;并利用新公布的《蒋介石日记》,补充了关于中国争取苏联出兵参战、陶德曼调停、九国公约会议、"桐工作"与中日秘密接触等方面史实的论述;还在第十一章第二节增加了"收复失土与琉球问题的提出"的内容。

第十卷在第一章、第三章、第七章做了重要补充和修订。

本次修订,是在习近平新时代中国特色社会主义思想指导下进行的。原书某些带有含糊不清的、不尽准确的提法,都已经修订了。就全书而言,虽然修改幅度不是太大,尤其在补充新材料方面做得不够,但与初版相比,这个修订版还是有了一些新的面貌,为读者提供了一个更加可信的读本。

我作为《中国近代通史》全书的主编,认为有必要在序卷中阐明全书的基本的编撰原则、对中国近代史的基本观点、基本的写作体例和方法,作为各卷的原则要求。但是,在各卷写作中,不必重复这些原则和要求。这些基本的原则和要求,在课题组组成时,已提交各卷主编讨论和研究。各卷主编大体上赞成这些原则和要求。当然,这些原则主要是由本书主编提出的,体现了一种学术观点。是否妥当,还需要听取学术界批评。读者如有意见,可以提出商榷,开展正常的学术争鸣。任何学术争鸣,都是作者所欢迎的。

我们在《中国近代通史》完稿之时,就想到大概十年左右能够修订一次。这次修订,算是不忘初衷。当然,我们希望以后还有机会不断修订完善。值此修订版面世之际,我们期待能够得到学术界与社会各界人士的批评指教。

当初承担撰写任务的主要学者都是中国社会科学院近代史研究所的研究人员。现在还是这些人在参加修订,但情况已经有了很大变化。王建朗早已是近代史研究所所长,汪朝光担任了中国社会科学院世界历史研究所所长(以上两位所长新近也已退出领导岗位),杨奎松在华东师范大学担任教授,王奇生在北京大学历史系担任教授兼历史系主任,我和虞和平、姜涛、马勇、曾景忠都从近代史研究所退休了。原在华南师范大学历史文化学院担任教授的谢放也已退休。原来是副研究员的李细珠、卞修跃,如今是近代史研究所独当一面的研究员了。当初各位愉快地接受撰写任务,今天各位又愉快地接受修订任务,这是令人感动的。回顾十余年来的合作,深感这是一次很融洽的学术合作。这种合作,在一个人的学术生涯中是不可多得的。

这种合作不仅体现在本书的撰写者方面,也体现在撰写者与出版者的合作方面。当初,江苏人民出版社获悉我们正在筹划《中国近代通史》撰写的消息,立即找上门来,主动要求承担出版任务。从此,我们一拍即合。在出版《中国近代通史》的过程中,我们与江苏人民出版社的合作是非常愉快的。江苏人民出版社吴源社长和金长发主任给我们很好的支持与配合。当《中国近代通史》初版合同即将到期之时,就有几家别的出版社来联系再版事宜,我们也曾有过犹豫,但江苏人民出版社没有轻易放弃,而是努力再续前缘。徐海总经理与府建明总编辑特意到近代史研究所洽谈此事,促使我们下定了继续合作的决心。

在《中国近代通史》再版之际,我作为主持者,谨向各位合作者表示感谢! 向有关单位的审读专家表示感谢! 本书修订版吸收了他们提出的不少修订意见和建议。向江苏人民出版社王保顶社长、谢山青总编辑表示感谢! 向阅读初版和修订版的所有读者表示感谢!

张海鹏

2018 年 2 月 21 日

2023 年 9 月 7 日修订

目　录

第一章
政权结构变异与洋务派官僚集团形成

1864 年(同治三年)7 月清军攻下太平天国的都城天京(南京),由此清朝的政权开始转危为安。太平天国虽然失败了,但它不仅沉重打击了清王朝,而且引起清朝原有的政治派别和社会成分发生了新的变化,产生了新的政治派别,并由此引起传统的政治和权力结构的变化。这一变化主要反映在中央权力的下移、汉人官员权力的增长、洋务派和清流派官僚集团的形成。对于这些变化,早在 19 世纪末 20 世纪初就已有人指出,如林懈说:"有洪杨内乱为之因,遂生曾、胡、左、李迭握朝权之果。"①梁启超说:"金田一役,实满汉权力消长之最初关头也。"②这些变化发生于前一阶段的太平天国起义时期,到这一阶段(1865—1895 年)则得以定型和发展,并成为影响历史变迁的一个重要原因,此后,不仅有了早期现代化思想意识的萌生,而且为早期现代化活动和现代性社会质素的产生提供了有利条件。

---

① 宜樊(林懈):《政治之因果关系论》,载《东方杂志》第 7 年第 12 期。
② 佚名等编著:《李鸿章事略(外八种)》,13 页,北京古籍出版社,1999。

第一节　中央政府权力结构的变异

一　慈禧太后专权体制的确立

在这一阶段中,清朝中央政府权力结构的变化主要有两个,首先是慈禧太后个人专权体制的确立,其次是总理各国事务衙门权力的扩张和定型。

1861 年(咸丰十一年)祺祥政变(一称"辛酉政变")以后,清廷建立了垂帘、议政联合体制,即由慈安、慈禧两宫太后垂帘听政,由以议政王奕䜣为首的军机大臣参与议政。这也就是说,慈禧太后虽然登上了垂帘听政的至高地位,但还有慈安太后同时听政,更主要的是奕䜣位高权重,有力地牵制着慈禧太后的权力,在实质上形成慈禧太后—奕䜣联合执政的体制。这种体制改变了以前的"天子当阳,乾纲独断"的情势,被时人评论为"两宫垂帘,亲贤夹辅,一国三公,事权不无下移"。① 但是,此种局面没有保持多久,奕䜣的势力便受到慈禧太后的打击。

慈禧太后打击奕䜣势力是从杀兵部侍郎胜保开始的。胜保本属清军将领中的庸才,屡败于太平军和捻军,被人称为"败保",但他因助成了祺祥政变,拥戴慈禧垂帘听政,地位陡起,成为奕䜣的重要党羽,并自以为有功,胡作妄为,贿赂公行。于是,胜保便被慈禧太后作为打击奕䜣势力的第一个对象。1862 年(同治元年)8 月,清廷把胜保由安徽调往陕西镇压回民起义,接着又于 1863 年(同治二年)1 月 22 日以恃功

---

① 荣孟源、章伯锋主编:《近代稗海》第 1 辑,362 页,成都,四川人民出版社,1985。

骄盈、贪污欺罔，执意招降苗沛霖、宋景诗致养痈贻患等罪，密令新任钦差大臣督办陕西军务的多隆阿将其逮捕，并于 3 月槛送至京。为了避开奕䜣的阻挠，慈禧太后先背着奕䜣令人拟谕旨，7 月 1 日朝议时，"帝内传旨无事，各直员皆散，恭邸甫出而赐胜死之旨从中降"①。当奕䜣得知而回救时，已经来不及了。胜保被杀，既是对奕䜣的一个严重打击，也是慈禧太后与奕䜣冲突尖锐化和公开化的反映。

在杀胜保一年又七个月后，慈禧太后又利用言官参劾奕䜣之机打击奕䜣的势力。清军攻下南京后，慈禧太后认为大局已定，便开始着手直接解决与奕䜣的矛盾。1865 年（同治四年）3 月，日讲起居官蔡寿祺上奏，提出"广言路、勤召对、复封驳、振纲纪、正人心、整团练、除苛政、复京饷"八条，②指责劳崇光、骆秉章、曾国藩、刘蓉、李鸿章等督抚大员。此折上后，未发下王大臣会议，蔡也未受谴责。十日后，蔡再上一折，集中攻击恭亲王奕䜣，开列"揽权、纳贿、徇私、骄盈"四条主要罪状，尽管无一事实，语气却极为肯定，并据此要求奕䜣引咎辞职，"归政朝廷，退居藩邸，请别择懿亲议政"。③

1865 年（同治四年）3 月 31 日，两宫太后收阅蔡寿祺奏折后，曾面示奕䜣，但奕䜣不仅不谢罪，反欲逮问蔡寿祺。于是两宫太后便抛开军机处，直接召见大学士周祖培、协办大学士瑞常、吏部尚书朱凤标等人，要他们照蔡寿祺的奏折议罪奕䜣。周祖培等人惊惧交加，不敢言语。在慈禧太后的逼迫之下，周祖培无奈答应"容臣等退后详察"，并"请与倭仁共治之"。④次日，周祖培、倭仁等人在内阁面询蔡寿祺参劾奕䜣的事实根据，蔡仅仅依据风闻所得，指出薛焕因贿赂奕䜣而得任总理衙门大臣，刘蓉因与奕䜣有特殊关系而任陕西巡抚，除此二事外，其余皆不能指实。倭仁等只好以事出有因、查无实据奏复，请两宫太后定夺。其实慈禧太后早已有自己的决定，当倭仁、周祖培等人复命时，她就拿出自拟的同治皇帝上谕草稿，命周等润色后，随即于 4 月 2 日交由内阁

① 赵烈文：《能静居日记》，同治七年二月十四日，台北，学生书局，1964。
② 赵烈文：《能静居日记》，同治四年四月初四日。
③ 吴相湘：《晚清宫廷实纪》，99、101 页，台北，中正书局，1982。
④ 吴语亭编注：《越缦堂国事日记》第 2 册，156 页，沈云龙主编：《近代中国史料丛刊续编》第 60 辑，台北，文海出版社，1978。

发往全国。该谕旨全文为：

朕奉两宫皇太后懿旨，本月初五日据蔡寿祺奏，恭亲王办事徇情、贪墨、骄盈、揽权，多招物议，似此劣情，何以能办公事！查办虽无实据，事出有因，究属暧昧，难以悬揣！恭亲王议政之初，尚属勤慎，迨后妄自尊大，诸多狂傲，倚仗爵高权重，目无君上，视朕冲龄，诸多挟制，往往暗使离间，不可细问，每日召见，趾高气扬，言语之间许多取巧妄陈。若不及早宣示，朕亲政之时何以用人行政。凡此重大情形，姑免深究，正是朕宽大之恩。恭亲王著毋庸在军机处议政，革去一切差使，不准干预公事，以示朕曲为保全之至意。至军机处政务殷烦，著责成该大臣等共矢公忠，尽心筹办。其总理通商事务衙门各事，宜责令文祥等和衷共济，妥协办理。以后召见、引见等项，著派醇郡王、钟郡王、孚郡王四人轮流带领。特谕。①

对于这一事件，论者多分析其系慈禧太后有意所为，言之不无道理，但也没有明确的证据。不过，是否慈禧太后有意所为是次要的，问题的关键是慈禧太后是否趁此机会直接而沉重地打击了奕䜣？奕䜣的权力是否因此而受到了削弱？

惩罚奕䜣的上谕发布之后，立刻引起了巨大的反响，亲贵大臣们都为奕䜣抗争。惇亲王奕誴在上谕发布的第二天首先上疏，说：奕䜣"自议政以来，办理事务未闻有昭著劣迹，惟召对时语言词气之间，诸多不检，究非臣民所共见共闻。而被参各款，查办又无实据，若遽行罢斥，窃恐传闻中外，议论纷然，于用人行政，似有关系，殊非浅鲜"②。要求由王公、人臣集议决定。慈禧太后不得不召集王公、大臣朝议，结果莫衷一是。接着，醇郡王奕譞、通政使王拯、御史孙翼谋也上疏力争，不同意罢免奕䜣。慈禧太后又举行第二次朝议，结果赞成者少，反对者多，几乎众口一词要求收回成命。于是，慈禧太后见风使舵，发下谕旨恢复奕䜣内廷大臣、管理总理各国事务衙门的职务。

---

① 陈义杰整理：《翁同龢日记》，同治四年三月初八日，北京，中华书局，1989—1998。
② 参见樊百川《清季的洋务新政》第1卷，251页，上海书店出版社，2003。

经这番风波,奕䜣虽仍为首席军机大臣和总理各国事务衙门大臣,但失去了议政王地位,威风大减,精神沮丧。在慈禧太后召见并面加训诫时,奕䜣"伏地痛哭,无以自容","深自引咎,颇知愧悔",表现出完全屈服的姿态。从此,奕䜣遇事唯唯诺诺,再不敢坚持己见,诸大事听凭两宫裁决。由此,两宫太后垂帘听政的地位得以确立,清代的政治体制又随之一变,通过祺祥政变建立起来的垂帘、议政联合体制宣告瓦解,逐步走向清代以来所独有的、极端的太后个人专权。

奕䜣经上述打击,地位虽有所降低,气势虽有所减弱,但实际权力并没有削弱,而且显示了他的势力,以至于迫使慈禧太后改变成命。同时,亦心存不甘,伺机抵抗,如除掉慈禧宠信太监安德海、反对慈禧重修圆明园等。这意味着奕䜣职位的保持并非出自慈禧太后本意,他对慈禧太后个人专制的实行亦仍有妨碍,仍是慈禧太后需要伺机打掉的对象。

1881年(光绪七年)慈安太后死去,使慈禧太后遇到了巩固自己独揽朝政地位的机会,两宫垂帘自然变成了慈禧太后一宫垂帘,地位更尊,行事更便。接着,慈禧太后利用奕譞与奕䜣争权的矛盾,与奕譞联合,借清流派参劾奕䜣等军机大臣之机,于1884年4月8日(光绪十年三月十三日)发动"甲申朝变",下诏罢免奕䜣、宝鋆、李鸿藻、景廉、翁同龢等5人的军机处和总理各国事务衙门大臣的职务,命礼亲王世铎、户部尚书额勒和布与阎敬铭、刑部尚书张之万、工部左侍郎孙毓汶为军机大臣。次日又下诏:"军机处遇有紧要事件,著会同醇亲王奕譞商办";12日,再"命奕劻管理总理各国事务衙门事务"。[①] 由此,慈禧太后彻底打掉了奕䜣的势力,严密控制了军机处和总理各国事务衙门,终于完全实现了独揽朝纲的欲望。

作为一个封建王朝,大清由君主个人专权并不奇怪。慈禧太后专权体制的确立,只不过是清代独断朝纲的权力,从皇帝之手转移到了太后之手,关键的问题是慈禧太后的个人素质如何。曾国藩曾在1869年(同治八年)接受慈禧太后召见后评论说:"两宫才地平常,见面无一要

---

① 朱寿朋编:《光绪朝东华录》,总第 1675、1677、1678 页,北京,中华书局,1958。

语。"①李鸿章也评论说："深宫忧劳于上，将帅效命于外，而一二臣者主持于中，有请必行，不关吏议"②，即军国大事主要依靠少数能干的疆吏和朝臣。有的论者认为，打击奕䜣势力的过程说明慈禧太后对国家的大政方针虽无卓见，但在人事关系上却颇能操纵自如，其政治手腕刚柔相济，阴谋诡计层出不穷，且在执政过程中历练愈久，运用得愈加娴熟，可与历代帝王一比高低。在遭受太平天国等人民起义的沉重打击之后，清王朝所以能克服重重危机，苟延数十年之久，恐怕与此不无关系。③ 也有论者认为，打击奕䜣这一事件，表现出慈禧太后只是一个喜耍小权术的、险诐泼赖但无正经才能的深宫女人；她利用太后地位故作势态所耍弄的一场狡狯的恶作剧，求助于一些无权无勇又无能的伴食大臣来为她张目助威，处处表现出她的种种虚弱。④ 尽管古人和今人对慈禧太后素质的评论各有所不同，但有一点是基本相同的，即慈禧太后没有多少治国能力，而以玩弄权术、施展淫威、稳固地位为能事。国家大权集中于这样一个人的手中，无疑会对这一段历史产生严重的消极影响，乃至造成重大的历史悲剧。

二　总理各国事务衙门权限和官制的确定

总理各国事务衙门（简称"总理衙门"）的权限和官制在设立之初都是比较单一的。按照 1861 年（咸丰十一年）咸丰皇帝所确定的体制，总理衙门只是一个"专管中外一切交涉"的机构，而且还是一个临时性的机构，"俟军务肃清，外国事务较简，即行裁撤"；也不允准奕䜣所提出的"总理各国事务衙门以王大臣领之"，军机大臣兼领其事、一并兼管的要求，⑤不给总理衙门大臣以军机大臣兼理的正式名义。

祺祥政变以后，总理衙门的体制发生了重大变化，主要掌权的军机大臣都兼领总理衙门大臣。奕䜣、桂良、文祥三人以军机大臣兼管总理

---

① 赵烈文：《能静居日记》，同治八年五月二十八日。
② 李鸿章：《复出使德俄和奥国大臣洪》，见顾廷龙、戴逸主编：《李鸿章全集》第 34 册，498 页，合肥，安徽教育出版社，2008。
③ 参见龙盛运主编《清代全史》第 7 卷，331 页，沈阳，辽宁人民出版社，1993。
④ 参见樊百川《清季的洋务新政》第 1 卷，254 页，上海书店出版社，2003。
⑤ 贾桢等纂辑：《筹办夷务始末（咸丰朝）》卷七十，19 页，北京，中华书局，1979。

衙门,特别是奕䜣既领袖军机又领袖总理衙门,开始形成"办夷之臣,即秉政之臣"的格局。^① 这种军机大臣与总理衙门大臣合而为一的体制后来进一步发展,以至于在1876—1881年间,所有军机大臣全部兼管总理衙门事务。与此同时,总理衙门大臣的人数也从祺祥政变以前的3个管理大臣、2个帮办大臣,增加到7—11人,大多系各部院的尚书、侍郎等堂官兼任,^②几乎汇集了内阁各部院的代表,而且一切有关洋务的事项都得在此决定。因此,总理衙门不仅与军机处同"寄天下之重",并称"两府之地","互为表里",^③甚至为军机处所不如。

至于总理衙门的权限,1898年(光绪二十四年)该衙门大臣奕劻曾陈述道:"我朝庶政分隶六部,佐以九卿,嗣因交涉日繁,复特设总理各国事务衙门,专办外交及通商事件。如法律隶刑部,税计、农商、矿政、造布事隶户部,学校事隶礼部,工务事隶工部,武备事隶兵部,铁路、邮政、游历、社会等项,亦均由臣衙门随时筹办。"继而又有刑部郎中沈瑞琳总括其职权说:

> 该衙门之设也……不仅为各国交涉而已,凡策我国之富强者,要皆于该衙门为总汇之地,而事较繁于六部者也。夫铨叙之政,吏部主之,今则出洋大臣期满,专由该衙门请旨,海关道记名,专保该衙门章京,而吏部仅司注册而已。出纳之令,户部掌之,今则指拨海关税项,存储出洋公费,悉由该衙门主持,而户部仅司销核而已。互市以来,各国公使联翩驻京,租界约章之议,燕劳赉赐之繁,皆该衙门任之,而礼部主客之仪如虚设矣。海防事起,力求振作,采购军舰军械,创设电报邮政,皆该衙门主之,而兵部武库、车驾之制可裁并矣。法律本掌于刑部,自各国以公法相持,凡交涉词讼之曲直,悉凭律师以为断,甚或教案一出,教士多方袒护,畸轻畸重,皆向该衙门论理,而刑部初未与闻也。制造本隶于工部,自各国船坚炮利,耀武海滨,势不得不修船政、铁政,以资防御。迄今开

---

① 吴相湘:《晚清宫廷实纪》,122页,录同治十年正月二十六日奕譞手缮密折,北京,中国大百科全书出版社,2010。
② 钱实甫编:《清季重要职官年表》,46—49页,北京,中华书局,1959;《清季新设职官年表》,2—7页,北京,中华书局,1961。
③ 张佩纶:《涧于集》,奏议卷二,72、76、77页,丰润涧于草堂张氏,1918。

办铁路,工作益繁,该衙门已设有铁路、矿务总局矣,而工部未遑兼顾也。是则总理衙门之事,固不独繁于六部,而实兼综乎六部矣。①

由此可见,总理各国事务衙门实质上是清廷的一个办理一切洋务新政的最有权力的专门机构。它所承办的事务涉及外交、军事、吏治、工商、交通、财政、教育等,几乎包括了所有的军国新政大事。它所拥有的权力也是其他机构不能相比的,它既有军机大臣兼管,又有六部大臣兼职;既有决策之权,又有实施之责。因此可以说,掌管总理衙门的奕䜣等人掌握着清廷的最高军政实权,如果他们既有才能,又有"借法自强"的志向,应该说是可以大有所为的,但实际上并非如此。

对于奕䜣等人,时人的评价是身无大才、心无大志的平庸之辈。李慈铭说奕䜣是:"少年不学,暗于大体。"②曾国藩的评论是:"极聪明,而晃荡不能立足。"赵烈文的评价是:所怀不过"随事称量轻重,揣度形势之才","浅智薄慧、涂饰耳目之技","至己为何人,所居何地,应如何立志,似乎全未理会……身当姬旦之地,无卓然自立之心,位尊势极而虑不出庭户,恐不能无覆𫗧之虞。"地位仅次于奕䜣的文祥,是军国大事的主要谋划者,但"凡事文皆为政,恭画诺而已"。曾国藩评价他"规模狭隘,亦不知求人自辅",是一个眼光短浅、刚愎自用之人。③ 奕䜣集团的第三号人物宝鋆,只不过是奕䜣的"连姻致好"、嬉食同伴,"在署(总理衙门)惟终日谐笑,群目之曰'小小菜',以恭邸无之食不甘也",曾被人参劾为:"托于和光玩世之为伴食自甘","在危疑扰攘之时,畏难巧卸,不恤成败……全无至诚忧国之色";④"鄙正论为无知,视国事如儿戏"。⑤ 李鸿章则多次批评他们所做之事"尚是敷衍目前之计",均是一群"梦梦",对许多自强之事"懵然不知";军机处和总理衙门实际上"无

① 国家档案局明清档案馆编:《戊戌变法档案史料·添裁机构及官制吏治》,7—8 页、179—180 页,北京,中华书局,1958。
② 李慈铭:《越缦堂日记》第 5 册,25 页,上海,商务印书馆,1920。
③ 赵烈文:《能静居日记》,同治八年五月二十八日、同治六年七月初九日、同治七年二月十四日、同治八年五月二十八日。
④ 陈宝琛:《陈文忠公奏议》上卷,32 页,闽县螺江陈氏,1936。
⑤ 邓承修:《语冰阁·奏议》第 2 卷,11 页,邓氏,1918。

主持大计之人"。① 最后,慈禧太后在1884年罢斥奕䜣时也指责他说:"始尚小心匡弼,继则委蛇保荣,近年爵禄日崇,因循日甚,每于朝廷振作求治之意,谬执成见,不肯实力奉行。"②

奕䜣集团掌握军机处和总理衙门达二十余年,虽然办了一些洋务事业,但都缩手缩脚,没有大的建树。对于总理衙门的所作所为,他们自己的评价是:"臣衙门办理交涉事件垂二十余年,每念时势艰难,从不敢稍涉孟浪"③,即在外交上抱妥协态度。"凡力所及,有益于战事者,无不随时筹画,以冀一日之自强。"④其所办之事,包括办同文馆、练洋枪队、选练直隶绿营兵、购洋枪、置洋炮、开机器厂、造轮船等,都拘束不前。设同文馆,只培养了一些低级翻译人员;练军、购枪、置炮,只限于满人军队;对于开办煤矿,久不置议;对于海防和海军建设,只有附议而不敢首倡;对于建设铁路,则嗫不敢言。正如李鸿章后来回忆所言:

> 自同治十三年海防议起,鸿章即沥陈煤铁矿必须开挖,电线、铁路必应仿设,各海口必应添洋学格致书馆以造就人才。其时文相目笑存之,廷臣会议皆不置可否,王孝凤、于莲舫独痛诋之。曾记是年冬抵京叩谒梓宫,谒晤恭邸,极陈铁路利益,请先试造清江至京,以便南北转输。邸意亦以为然,谓无人敢主持。复请其乘间为两宫言之,渠谓两宫亦不能定此大计。从此遂绝口不谈矣。⑤

1876年(光绪二年)文祥死后,虽增补了沈桂芬、李鸿藻、王文韶三位汉人官员为军机处和总理衙门大臣,但其素质和才能也均平庸低下,甚至还不如文祥。沈桂芬既是王文韶的业师,又是推荐者,两人一脉相承,皆以"应付之法"为术。⑥ 至于李鸿藻,则如李鸿章所言,不仅"才

---

① 吴汝纶编:《李文忠公全集·朋僚函稿》卷十二,21、26、28页;卷十五,34页,沈云龙主编:《近代中国史料丛刊续编》第70辑,第691—700号,台北,文海出版社,1980。
② 朱寿朋编:《光绪朝东华录》,总1675页。
③ 总理衙门:《法越兵端已起亟宜通筹边备折》,见北平故宫博物院编《清光绪朝中法交涉史料》第2卷,17页,北京,故宫博物院,1932。
④ 宝鋆等纂辑:《筹办夷务始末(同治朝)》卷六十,18页,北京,故宫博物院,1930。
⑤ 《李文忠公全集·朋僚函稿》卷十七,13页。
⑥ 张佩纶:《涧于集》,奏议卷二,77页。

短",且于"洋务甚为隔膜"。[1] 每当总理衙门议事时,"王大臣十余人,莫有所主,惟视恭王言动为进止,王一启口,则群声相应,无一语得其要领"[2]。因此,到1880年(光绪六年)之后,总理衙门已成为朝野士流攻讦的众矢之的,如清流派要员张佩纶曾公开批评他们:身为"谋国者,自居贫弱,而视敌为富强,颇有苟安之心,惮为远大之举。是故,言和则唯,言战则否;言偿款则有,言军饷则无;言调兵分防则勉为补苴,言增兵大举则相顾色骇。充此数弊,事机坐失,劳费转增"[3]。

1883年(光绪九年)奕譞集团取代奕䜣集团掌管军机处和总理衙门之后,情况并没有改变。当时即有人说这次换班是"易中駏以驽产,代芦菔以柴胡"[4],"一蟹不如一蟹"[5]。被推为首席军机大臣的礼亲王世铎被人评说为:"秉性庸弱","一物不知,唯利是图,无论何人均可拜门,以千金寿,辄畀荐牍,向当道干谒,刺刺不休"。其他成员,如满人大学士额勒和布,"木讷寡言","伴食而已";刑部尚书张之万,"以书画音乐自娱"。[6] 再一位是奕譞的亲信孙毓汶,"他品性龌龊,除了弄权、贪黩、倾害异己以外,实无执政之才"[7]。唯有一个阎敬铭较能办事,身兼户部尚书、军机处和总理衙门的大臣,于1886年因年老自辞及反对慈禧重修圆明园而免职。就连发难奏参奕䜣等的祭酒盛昱,也认为:"以礼亲王世铎与恭亲王较,以张之万与李鸿藻较,则弗如远甚。"[8]这些时人的评论虽然不一定完全准确,但新任军机大臣们的能力不如原班人马,应是可信的。

奕譞虽然因是光绪皇帝的生父而不能直接出任军机处和总理衙门的大臣之职,但他命令军机大臣们遇有重要事情要与他商办,实际上是继奕䜣之后掌握清朝军国大事之人。他虽然是一个夹于守旧派与洋务

---

① 吴汝纶编:《李文忠公全集·朋僚函稿》卷二十,34页;卷十九,23页。
② 刘体智:《异辞录》第2卷,11页,上海书店,1984。(此书亦有以刘体仁为作者印行者,但本项所引之书,作者确为刘体智,其中缘由已有学者有所考订。)
③ 张佩纶:《涧于集》,奏议卷二,9页。
④ 李慈铭:《越缦堂日记》第42册,13页,上海,商务印书馆,1920。
⑤ 黄濬:《花随人圣庵摭忆》,503页,上海古籍书店,1983。
⑥ 黄濬:《花随人圣庵摭忆》,203页,补篇,37页;《额勒和布传》,见《清史稿》第439卷,列传226,北京,中华书局,1976。
⑦ 樊百川:《清季的洋务新政》第1卷,270页。
⑧ 吴相湘:《晚清宫廷实纪》,第1辑,第13项。

派之间的人物,且较多倾向守旧,但他从与奕䜣争权出发,做了不少奕䜣不敢做的事情,在客观上迎合和支持了洋务新政。他一方面主张摒弃西方异物,但另一方面认为自鸣钟、洋表、洋枪"均可有用"①。对于开挖煤矿,他在 1875 年(光绪元年)首先同意试办而促成之;对于建设海军,他则在中法战争后促立海军衙门,自任总理大臣,拨巨款构造 4 艘巡洋舰,使北洋舰队成军;对于海军经费,他除准许广东、福建各截留厘金 30 万两作为南洋海军经费外,强令原来分解南、北洋的海防专款 400 万两、各省的土药税厘等,皆向海军衙门直接报解,又大兴海防捐,勒逼户部拨出定额的洋药(鸦片)厘金,作为海军衙门的经费,保证了南、北洋海军每年有 170 万—260 万两的经常经费,较以前大为增加;对于建筑铁路,他不仅一反以前的反对态度,而且力排异议,筹款兴筑。但是,他同样也是慈禧太后挪用海军经费修建颐和园等游乐工程的积极操办者。②

最高统治者和领导机构的这种平庸低能状况,既使在镇压太平天国中崛起的地方功臣大员扩展势力和自办洋务有了机会,也使作为这一时期主流的洋务新政不能形成为举国一致的国策和行动,各派各系各自为之,或为营造自己的派系和地方势力,或为牟取自己和集团的私利。

---

① 宝鋆等纂辑:《筹办夷务始末(同治朝)》卷六十四,5—6 页。
② 参见樊百川《清季的洋务新政》第 1 卷,271—272 页。

第二节 地方权力强势的形成

一 督抚军政权力的扩大和定型

自太平天国起义之后,清朝地方政府的首脑——总督和巡抚以镇压太平天国起义的需要为借口,竭力扩展自己的权力,形成所谓的"战时型督抚"体系,[①]使地方政府的自主权力明显扩大。太平天国起义被镇压以后,这种在战争中扩大起来的督抚权力不仅继续保留下来,而且成为定制,正式形成地方权力的强化态势。这种强化态势主要表现在军事权力和人事权力两个方面。

在军事方面,督、抚不仅仍拥有军权,而且有所扩大。清军攻下太平天国首都南京以后,清廷企图裁撤由督、抚控制的湘、淮军等勇营,以削弱其军权,恢复和加强由中央政府直接控制的绿营兵制,但绿营兵制已经腐败不堪,欲精强而不能,不得不继续依靠而保留勇营。1864 年 8 月 17 日(同治三年七月十一日)清廷借御使陈廷经的条陈中"安置勇丁"一条,要曾国藩、李鸿章等将勇丁"酌量挑补(绿营)兵额,(其余)遣散归农"[②]。但实际上,因太平军余部尚存,捻军方兴未艾,仍需湘、淮军为之镇压,被遣散者只有清廷疑忌最深、曾国藩自虑最多的曾系湘军,其余则时散时集,特别是淮军则大部保留,并倚为军事主力。1868 年(同治七年)捻军刚被消灭,清廷就要求裁撤镇压捻军的淮军,谕令李

---

① 参见龙盛运主编《清代全史》第 7 卷,348—353 页。
② 《清实录》第 47 册,397 页,北京,中华书局,1987。

鸿章立即"将在营兵勇概行移撤大河以南，妥为钤制"，"分别次第凯撤"。①但也没有完全实行，淮军保留了一半，接着因支援镇压贵州、陕西民变而有所扩充。1870年（同治九年）天津教案发生后，又调淮军支援京畿防务，并于事后继续保卫京畿。1871年清廷再度发起重建绿营之事，其谕旨说："军兴以来，舍兵用勇，本系权宜之计。而勇丁遣撤，易滋事端，流弊日甚。若不将绿营及早整饬，致国家费千百万帑项，养之于平日，不能用之于临时。……著各直省督、抚，将所管各营，设法整顿，限奉旨后六个月，将如何汰弱募强，如何分日操练，及各省可得有精锐士卒若干之处，详晰奏闻。……总期实事求是，变疲弱为精强，不得空言粉饰，以至有名无实。"②但其结果还是有名无实，兵未见其强，勇亦实无裁撤。十数年后奕䜣等人说："大乱既平，亟复兵额，以循旧制，而办防则仍请募勇以代兵。就沿海论，敌兵登陆，既非各营汛散碎之兵所能扼防，就内地论，土匪揭竿，亦并非各营汛疲软之兵所能扑灭。兵部按数十万绿营之军籍，而临敌不得一兵之用。"③谕旨下达之初，各省督、抚不得不以一奏敷衍塞责，风头一过，依然是以勇代兵，甚至抗旨批评朝廷的重建绿营兵制政策，是"转撤制胜之勇，而复用无用之兵"④，或者直接奏请裁减制兵，化兵为勇。

清廷虽然可以强迫督、抚恢复绿营兵制，却不能改变绿营的照旧腐败，也不能阻止督、抚的招募勇营。由于绿营兵不能改变其腐败状况，战斗力低下，加之由朝廷直接统一指挥，不如由督、抚自招自统的勇营状况较好、调用自如，因此，尽管清廷三番五次地下旨裁勇，但勇营既不可能全裁，遇事又不能不随时招募新勇，况且督、抚也喜用勇营，而不喜用绿营。结果使朝廷统管的绿营和督、抚分管的勇营同时存在，在实际上形成两种兵制并存的局面。据樊百川的研究，1882—1883年间，全国约有勇营兵额20万，同时绿营兵额也在40万以上；到1885年（光绪

---

① 《清实录》第50册，285、293页。
② 《清实录》第50册，1116页。
③ 中国史学会主编：《洋务运动》（三），526页，上海人民出版社，1961。
④ 沈葆桢：《复奏洋务事宜疏》，载葛士濬编《皇朝经世文续编》卷一百零一，《洋务通论》上，12页，见沈云龙主编《近代中国史料丛刊》第75辑，台北，文海出版社，1972。

十一年)时,经过中法战争,勇营兵额增至 54 万上下,①大大超过绿营兵额。

在勇营的影响下,清廷从 1862 年(同治元年)起在直隶开设"练军",即从绿营中抽调一些士兵,聘请外国军官教练洋枪炮,企图改造绿营,增强战斗力,但最终也成为勇营的附庸。在开始的几年,练军的效果甚微,直到 1868 年 9 月曾国藩调任直隶总督以后,直隶的练军才有所起色。1870 年(同治九年),曾国藩"比较湘军、淮军旧章,参酌增损"②,制定练军章程。其主要内容是:第一,全照勇营制度,由练营主政,将练军同绿营兵制分离。内中规定:"嗣后一兵挑入练军,即将本营额缺裁去,练军增一兵,底营即减一兵。无论底饷、练饷,均归一处支放,或因事斥革,即由练营募补,底营不得干预。"第二,调湘军战将训练和指挥练军,把练军控制在湘军之手。章程规定:"就本营之弁兵","调南人之战将","练北人之新兵";平日教练、"发饷、挑缺、主持赏罚之人",即将来"临阵往来指挥号令之人"。第三,以裁勇添练之名,加强对练军的控制,增强勇营的力量。曾国藩提出:部分裁撤旧有练勇,但"以裁勇之银,添作练军之费"③。第四,采用武器新旧兼有,"火器现用抬枪、鸟枪,将来或改用洋枪";"马、步各营,均已(以)半用洋枪,半用长(刀)矛为得力"。④ 曾国藩的这一做法,实质上是把练军湘军化、勇营化,也具有化兵为勇的性质。按《清史稿》的说法,"练军虽在额设制兵内选择,而营哨饷章,悉准湘、淮军制,与防军同"⑤。樊百川则认为:"直隶练军所用之将,皆由曾国藩自南方调来,他们只感曾国藩提拔之恩,而不知有朝廷。于是绿营'将皆升转',按一定程序由朝廷铨选、升补的制度,便行作废。练军实际成了直隶总督专有的军队。"⑥

李鸿章在 1870 年(同治九年)接任直隶总督以后,继承和发展了曾

---

① 中国史学会主编:《洋务运动》(三),526 页、541—542 页。详见樊百川《清季的洋务新政》第 2 卷,872—875 页。

② 李瀚章编:《曾文正公全集·奏稿》卷二十九,14 页,见沈云龙主编《近代中国史料丛刊续编》,台北,文海出版社,1966—1982。

③ 李瀚章编:《曾文正公全集·奏稿》卷二十八,19、35—36 页。

④ 李瀚章编:《曾文正公全集·奏稿》卷二十九,15—17 页。

⑤《清史稿》第 132 卷,3930 页。

⑥ 樊百川:《清季的洋务新政》第 2 卷,884—885 页。

国藩所制定的练军制度。他既把曾国藩所制定的练军章程加以完善和确定,又把练军的武器装备提高到与淮军一样,全用洋枪炮,还把直隶练军的规模扩大为 32 个营、16 190 人,年耗军饷约 120 万两,并改由淮军将官训练和指挥,使直隶练军改变成为淮军的附庸,也使李鸿章的军权进一步扩大。其他各省督抚也参照这种方式,先后办起了练军,但其效果大不如直隶。如就武器装备而言,到 19 世纪 70—80 年代,各勇营已经普遍使用洋枪炮,而绿营却仍然用"弓箭刀矛抬鸟枪旧法"[①]。像山西省抽练的绿营练军,直到 1883 年(光绪九年)时,还"向用土枪,于外洋军火,素未讲习"[②]。又如湖北,"通省绿营,向皆沿用土枪,既觉迟钝,亦难及远,不足以备缓急"。直到 1893 年(光绪十九年)时,才由张之洞"饬令一律操演前膛洋枪,其实缺、候补各将弁,并于每营酌挑兵勇练习后膛洋枪,甫经陆续发给操练"[③]。对于全国练军的状况,张之洞曾有这样的评论:自直隶创立绿营练兵,"各省仿而行之,然而饷项虽加,习气未改,亲族相承,视同世业。每营人数较多,更易挟制滋事。……将弁不能约束,遑论教练。至于调派出征,则闻风推诿。其不能当大敌、御外侮,固不待言,即土匪、盐枭亦且不能剿捕。惟直隶练军皆系勇营规模,其中多有外省勇丁,固尚可用。此外,各省积弊,大率相同"[④]。

湘军、淮军等勇营的继续存在和练军的出现及其勇营化,不仅使督、抚自镇压太平天国以来所拥有的军权有增无减,而且使之成为洋务新政在军事方面的主要推行者。由督、抚统领的勇营,所以较之绿营有较强的战斗力,除了制度方面的原因之外,还有一个主要的原因是它较早、较多地使用了洋枪洋炮。1865 年(同治四年)以后,督、抚不仅在其原有的勇营中继续提高使用洋枪洋炮的水平,并扩大到已归他们控制的绿营练军之中。既然要推广和增进洋枪洋炮的使用,就必然要提倡制造或购买洋枪洋炮及弹药装备,就必然要建设和推广军用工业。督、抚统领勇营和练军的规模大小和时间早晚,也基本上使他们在洋务新

---

① 吴汝纶编:《李文忠公全集·奏稿》卷二十四,13 页。
② 奎斌:《采买洋军火脚价等银立案片》,见中国史学会主编《洋务运动》(三),532 页。
③ 王树枬编:《张文襄公全集·奏议》卷三十三,27 页,北平,文华斋,1928。
④ 王树枬编:《张文襄公全集·奏议》卷五十三,26 页。

政中有着不同的表现。

在人事方面,督、抚在镇压太平天国起义时获得的任免、奖惩地方各级军政官员的权力在战后继续保留下来。在战前,督、抚虽是数省或一省的军政最高长官,包括藩、臬两司在内的省内各级官员都是属员,但是地方的军队由提督、总兵直接主管,地方的财政、人事、司法则分别由藩、臬两司主管,他们分别为武职一、二品,文职二、三品大员,与督、抚既同为开列缺,由皇帝任免奖惩,又同有专折和密折奏事之权。道、府、县三级官员的任免,也有一套由吏部掌握的制度,督、抚只能依照制度行事。如其中的道员,全国共有 93 缺,请旨缺就占有 65 个,由军机处在记名道员中开单请旨任用,督、抚根本无法插手其任命。其他官员虽分归吏部和督、抚,但既为各种规定所限制,又须奏报皇帝批准。

在战时,地方文武各级官员的管辖权几乎都归督、抚所把持。对武职官员,督、抚自募勇营,无钦定之制度规定,各级官员的任免就由其把持。文职官员的任免虽要复杂一点,还要按原定制度办理,但也时常被督、抚以战争为由而突破,唯他们所推荐之人是选。至于人数较多、职务较重的税务、后勤、营务等非国家常设官员,因任免、奖惩无章可循,更由督、抚自行选任。朝廷面对督、抚权力的膨胀,在战时的情况下也无可奈何,不得不放权给督、抚,只是希望他们认真对待。如 1867 年(同治六年)任直隶总督的刘长佑曾说:"外省之兵时多时少,外省之饷或省或费,朝廷固有不能尽悉者,亦惟予以便宜,责成各督抚,揆时度势,量力为之。"[1]

战后,督、抚的这种任免和保荐地方各级文武官员的权力继续得到保留。关于武职官员,既然勇营制度继续存在,并被推行到练军之中,那么任免各级官员的权力自然仍操之于督、抚之手。正如樊百川所言:直隶练军,"依照湘、淮营制,由总督大帅拣统领,统领拣营官,依次及于兵丁"[2]。有关文职官员的任用,各督、抚仍有很大的推荐力量。特别是曾国藩和李鸿章,不但对一般文职官员有很大的推荐力,就是对总

---

[1] 邓辅纶、王子受编:《刘武慎公年谱》,同治六年正月二十日,见清末民初史料丛书第 22 种,台北,成文出版社,1968。

[2] 樊百川:《清季的洋务新政》第 2 卷,884 页。

督、巡抚也有较大的推荐力，他们的原有下属官员中之所以有不少人当上了总督和巡抚，与他们的推荐有着重要的关系。慈禧太后不仅对曾国藩、左宗棠等所奏之"一切规画，辄深嘉许，言听计从"①，并特命曾国藩推荐地方大吏人选，"凡有需材之任，无不以其一言为进退"②。"外臣恩遇于节帅特隆，南服之封疆将帅，凡有黜陟，皆与赞画。"③

督、抚的这种任免地方官员的权力，还随着地方行政机构的扩展而广泛延伸。战后，地方事务较之战前和战时更为繁多，专设的办事机构也日益增多，其状况是："于军事则有善后局、善后分局、军需总局、报销总局、筹防总局、防营支应总局、军装置办总局、制造药铅总局、收发军械火药局、防军支应局、查办销算局、军械转运局、练饷局、团防局、支发局、收放局、转运局、采运局、军需局、军械局、军火局、军装局、军器所等项名目。于洋务则有洋务局、机器局、机器制造局、电报局、电线局、轮船支应局、轮船操练局等项名目。于地方则有清查藩库局、营田局、招垦局、官荒局、交代局、清源局、发审局、候审局、清讼局、课厘局、保甲局、收养幼孩局、普济堂、广仁堂、铁钱局、蚕桑局、戒烟局、刊刻刷印书局、采访所、采访忠节局、采访忠义局等项目。其盐务则有各处盐局、运局、督销局；其盐卡除牙厘局外，则有百货厘金局、洋药厘捐局暨两项各处分局，更不胜枚举。"④这些新设机构的官员，都由督抚直接任用，或推荐任用。

督、抚的这种选用地方官员的自主权，除了为其在军事和行政两方面保持和扩大势力之外，也使他们在兴办洋务事业时选用合适人才有了便利之处。从同文馆到派幼童留学，从江南机器制造总局到汉阳铁厂，从轮船招商局到兰州织呢局，一系列的洋务事业，都是由相关的督、抚选择推荐比较合适的管理和技术人员而创办和发展起来的。如曾国藩之选用华蘅芳、徐寿、容闳，李鸿章之选用丁日昌、盛宣怀、唐廷枢、徐润、郑观应、经元善、李金镛，左宗棠之选用沈葆桢、周开锡、胡光墉，张之洞之选用蔡锡勇、赖长等。这些人员中，除了丁日昌、沈葆桢曾升任督、抚一级的官员之外，其余在甲午战争之前均为道、府一级的官员或

---

① 《清实录·穆宗实录》第1册，433页，北京，中华书局，1987。
② 《答洪琴西孝廉书》，见吴廷栋《拙修集》第3卷，六安求我斋，同治十年。
③ 《复姚秋浦观察》，见李榕《十三峰书屋全集》第3卷，光绪二十五年刊。
④ 户部：《开源节流二十四条》，见杜翰藩编《光绪财政通纂》卷五十三，蓉城文伦书局，1905。

绅商,是洋务事业的主要操办者。

二　财政整顿与地方财权的确立

地方政权的强势化,还表现为督、抚支配地方财政权的扩大和确立。督、抚的地方财政支配权,在镇压太平天国起义时开始扩大。在太平天国起义之前,盐税、关税全归中央政府所有。地丁、漕粮虽由地方各级官吏办理征收,但必须按朝廷规定的税额和办法征收,且将征收所得的大部分解交户部,或由户部支配;地方存留的税收既数额有限,又必须按规定的制度支用,向朝廷奏请报销。如有额外开支,须奏准朝廷方能动用。太平天国起义后,由于军饷所需,督、抚对地丁、漕粮,千方百计截留或奏请移作军饷;湖南、湖北、四川等省甚至径自改变征收办法,或以新的名目增加税额。至于新开征的厘金税,既无定章制度,更成为督、抚一手包揽的财源。由此,使得中央财权削弱而地方财权扩大,正如曾国藩所说:"自军兴以来,各省丁漕等款,纷纷奏留,供本省军需,于是户部之权日轻,疆臣之权日重。"①

战后,清朝中央政府试图收回被督、抚分割的财政权力,恢复旧有体制,在 1864—1874 年间进行了一些财政体制整顿和改革。这些整顿和改革,以田赋整顿、盐税改革、关税开拓、厘金扩展、外债权下移为主要内容;关税和厘金收入有较大增长,财政收入状况也逐渐好转。

就田赋整顿而言,主要力图恢复原有的征收水平。田赋原本是清政府最重要的一项财政收入来源,在前一阶段,受战乱的影响,征收量大幅度减少。有关记载说:各省丁漕收数,每年"十不得其四五",甚至"十不及三四"。② 镇压了太平天国之后,清廷便开始整顿田赋,力图恢复原有的征收数额。其所采取的措施主要有下面两种:

一是清赋。所谓清赋,就是"清户口"、"清地籍"、"清地亩",在此"三清"的基础上编制《丘领户》或《户领丘》的册籍,作为开征田赋的依据。清赋始于 1864 年 5 月,清廷命令两江总督曾国藩、江苏巡抚李鸿

---

① 《江西牙厘请照旧经收折》,见《曾文正公全集·奏稿》卷二十。
② 王庆云:《石渠余纪》第 4 卷,27、35 页,北京古籍出版社,1985。

章整顿江南田赋,以正赋取代战争期间权宜采取的粮捐、亩捐等,并要求"认真收纳,年清年款"①。在此后的三数年间,长江中下游六省普遍开展了清赋。陕西和云南也分别在1866年(同治五年)和1874年(同治十三年)于镇压回民起义后而开始清赋。太平天国首义地区的广西,捻军及苗、回等其他少数民族起义地区的山东、山西、河北、广东等省,或在全省或在部分地区开展清赋。到光绪初年,清赋基本告一段落。

二是垦辟和放荒,扩大田赋征收。所谓"垦辟",主要是对战乱期间撂荒耕地的垦复。还在太平天国起义余波未息前,清廷已谕令各地方官对每一地方收复之后,即"招集流亡,垦辟地亩"。1869年(同治八年)重申前令,切实讲求招垦开征事宜。到同治朝末期(19世纪70年代中期),江苏、浙江、安徽等省一般都设立了招垦的专门机构,订立章程,查勘荒地,并采取了一些鼓励客民入籍垦荒的措施。这些措施虽然取得了一定的效果,但仍未能完全恢复原有的耕地,特别是云南、贵州、陕西、甘肃等省,绝大部分的撂荒地都尚未垦复。所谓"放荒",就是继续采取咸丰年间开放和招民开垦口外、关外围场禁荒的措施,在热河、察哈尔、内蒙古和东北等地,对围场、旗荒和其他官荒作规模更大的丈放升科。在奉天,于1867年(同治六年)开始对盛京附近已垦荒地50余万亩清丈定则,此后由近及远,对各地垦熟地亩逐一丈量升科,到同治朝末期,仅凤凰瑷阳城和汪清门外南北一线,已有升科熟地180余万亩。在吉林,户部于1868年要求吉林将军加强放垦措施,防止吏胥舞弊和流民私垦,并清查私垦和浮多地亩。在黑龙江,也于同治年间开始招民试垦,到1869年,放荒地亩已有20余万垧,但与可垦地面积比较,只占极小比重。

这些政策、措施,使田赋征收有所整顿和增加,但实征所得数量尚未达到战前水平。直到1874年(同治十三年),各省地丁除四川全部得到征收外,大多还只能征得七八成,最少的仅有二三成,平均为六成。②

就盐税改革而言,主要是通过改革盐政制度增加盐税收入。其采

---

① 《大清十朝圣训·穆宗圣训》卷三十,10661页,北京,北京燕山出版社,1998。
② 参见刘克祥《太平天国后清政府的财政"整顿"和搜刮政策》,载《中国社会科学院经济研究所集刊》第3辑,1981。

取的措施有这样两种：

第一，整顿盐法。1864年（同治三年），清廷面对遭受太平天国起义严重冲击的"盐法"，决定进行整顿，力图恢复旧制，谕令两江总督曾国藩提出方案。曾国藩随即针对两淮场灶久废、盐商星散、运销滞塞等问题，提出"疏销、轻本、保价、杜私"四项措施。为此，在瓜洲设立盐栈，规定盐的出场价格；在泰州和大通设立招商总局，招商领引，缴税运盐；在各省销盐口岸设立督销局，办理督销和抽厘事务。同时恢复道光、咸丰之际推行的运盐票法，并通过提高起票限额淘汰零贩，专招大商，还实行循环票运等措施，重新确认盐商的专利。接着，山东、浙江、福建、广东、四川、云南、河南和陕西等盐场，也参照两淮办法，相继进行了整顿。这些地区各有具体做法，或由招贩试运开始，而后逐渐恢复引商，实行按引捐输和循环转运，如浙江；或由官府凑集资本，改埠商为整纲，以济商力之不足，如广东；或将盐商被参革和无商运盐的地区收归官运，如山东；或由原来的专商运销改为设局督销，如河南、陕西；或将官督商销改为官运商销，如四川；或将就井征税的自由买卖制改为就井官办制，如云南。[①] 由此重新加强盐的运销控制。

清政府在整顿盐务过程中，除了继续采取盐斤加价办法、提高税额之外，还着力开征和推广盐厘。1864年（同治三年），左宗棠攻下杭州，便开始在浙江征收盐厘，每斤抽厘8文、10文、12文不等。随后，又在福建推行，以正课1两，加厘9钱；山东、广西也相继举办。已停征盐税百多年的奉天，亦于1867年（同治六年），由将军都兴阿奏准开征盐厘，"计盐600斤为一石，抽收东钱一吊（1 000）文"，至1877年（光绪三年）又增至"每盐一石收东钱一吊四百文"。[②] 其他已征收盐厘的地区，则提高了税率，如江西、湖北两省对行销的淮盐所征厘金，每引分别高达银9两和11两。贵州行销的川盐所征取的厘金，由于沿途设卡繁密，重复征收，每引更高达四五十两不等。

第二，扩征盐厘。清代盐税的收入原本只有"课"，在太平天国起义期间附加以"厘"，到战后"厘"的收数大幅度增加，远远超过"课"，成为

① 参见严中平主编《中国近代经济史（1840—1894）》上册，587—588页，北京，人民出版社，1989。
② 朱寿朋编：《光绪朝东华录》第1册，424页。

盐税收入的最大部分,从而改变了整个盐税的构成。就盐税收入最多的两淮而言,盐厘收入从 1865 年(同治四年)的 1 753 139 两增至 1874 年(同治十三年)的 1 917 149 两,增加了 9.36%。盐厘在盐税总额中所占的比重,1865 年为 92.9%,次年为 83.8%,此后至 1874 年都保持在 78%—73% 之间;从 1865 年到 1874 年的 9 年中(缺 1867 年数)共征收盐税 17 896 627 两,其中盐厘收入为 13 956 832 两,占 77.99%,而盐课只有 3 939 795 两,仅占 22.01%,前者是后者的 3.54 倍,其中比重最高的 1865 年达到近 13 倍。与此同时,盐课的年收入也从 135 005 两增至 664 805 两,增加了 3.92 倍;从而使盐税收入大幅度增加,年收入额从 1865 年的 1 888 144 两增至 1874 年的 2 581 954 两,增加了 36.75%。① 两淮如此,四川、浙江等地,情况亦皆类似。尽管如此,盐税的收入仍然大大少于太平天国起义之前,当时仅两淮一地就年收盐课 345 万两,全国为 782 万两;1874 年时,两淮的盐课收入仅为战前的 19.27%,加上盐厘的整个盐税收入也仅及战前盐课收入的 74.84%。盐课的短绌意味着盐的销量远未恢复旧状,盐厘的增加意味着民间食用定量盐的税负大大增加,使人民生活更加艰苦。

就关税开拓而言,主要是通过求助于外籍总税务司,调整税收结构,增加关税收入。清朝从 1859 年(咸丰九年)起正式设立外籍总税务司,由英国人李泰国首任之,其职责是"帮办税务","各口所用之外国人,均责成李泰国选募"。② 1861 年(咸丰十一年)在上海设立总税务司署,归总理各国事务衙门管辖。1863 年(同治二年)李泰国因代清政府购买船炮时进行讹诈被去职,改由英国人赫德任之。赫德和上海关税务司费士来共同代理总税务司之职。1863 年,赫德被正式任命为总税务司。1864 年(同治三年),已经设立的 14 个通商口岸海关全部归设在上海的总税务司署管辖;赫德还起草了《海关募用外人帮办税务章程》,经总理各国事务衙门略作修改后颁行,由此正式确立了外籍税务司制度,海关的业务管理权完全落入洋人之手。1865 年(同治四年),

---

① 参见严中平主编《中国近代经济史(1840—1894)》上册,588—589 页。其中的统计数字据该书第 589 页的有关数据计算。
② 贾桢等纂辑:《筹办夷务始末(咸丰朝)》,总第 2687 页。

海关总税务司署迁至北京，与清政府的关系更加密切，也意味着其地位的稳固和提高。此后，赫德利用其所掌握的权力，从确保列强的赔款担保和扩大对清朝财政控制权出发，对海关的管理制度和税收制度进行了一系列的整顿，并迫使清政府采纳。这些整顿，除了在一定程度上提高了海关的管理效力之外，还逐步扩大了关税的征收范围，如把子口税的实际征收地域从原先的上海、镇江、汉口、九江、宁波、福州和厦门7口海关，逐步扩大到所有已开和新开的通商口岸海关；对1858年（咸丰八年）开征的洋药（鸦片）税加大征收力度；于1861年（咸丰十一年）开征复进口税（亦称"沿海贸易税"、"复进口半税"）；又于1887年（光绪十三年）开征洋药厘金，同时开征土药（土产鸦片）税和厘金，从而在扩大列强对中国海关和财政控制的同时，也使海关的税收较快增长。[①] 包括进出口税、复进口税、子口税、吨税（或称"船钞"）、洋药税、洋药厘金、土药税、土药厘金等其他收入在内的关税收入总额，从1861年的5 036 371两（库平银，下同），增至1864年（同治三年）的8 377 014两，增加了66.33%；到1871年突破千万大关，达到10 717 471两，比1864年增加了27.94%；1886年（光绪十二年）再增至15 263 475两，又比1871年增加了42.42%；到开征洋药厘金的1887年则突增至20 081 682两，一年之间增加了31.57%；1891年时再增至23 126 136两，达到甲午战争之前的最高额，已是1861年的4.59倍。海关历年收入的详情见下表1-1所示：

表1-1 　1861—1894年海关税收统计表（单位：库平两）

年份	进出口税	复进口税	子口税	吨 税	洋药税	洋药厘金	土药税厘	总 计
1861	4 347 408	13 146	163 196	104 703	407 918	—		5 036 371
1862	5 626 823	382 584	269 775	137 775	1 142 913	—	—	7 559 870
1863	5 762 513	806 897	273 005	290 305	1 422 002	—	—	8 556 476
1864	5 208 012	1 089 090	258 003	296 791	1 525 118	—	—	8 377 014
1865	5 086 116	593 585	279 208	286 429	1 691 777	—	—	7 937 975

① 参见汤象龙编著《中国近代海关税收和分配统计》，14—17页，北京，中华书局，1992。

年份	进出口税	复进口税	子口税	吨　税	洋药税	洋药厘金	土药税厘	总　计
1866	6 083 825	511 098	243 711	227 329	1 839 184	—	—	8 906 692
1867	6 094 119	536 847	286 960	204 590	1 801 921	—	—	8 927 309
1868	7 164 536	495 753	363 742	199 689	1 661 835	—	—	9 887 484
1869	6 983 778	558 902	278 025	219 890	1 585 638	—	—	9 631 531
1870	7 020 150	481 615	307 214	212 062	1 738 338	—	—	9 760 247
1871	8 255 421	601 194	373 553	207 126	1 279 598	—	—	10 717 471
1872	8 498 419	611 017	448 465	233 428	1 813 500	—	—	11 605 818
1873	7 980 465	627 223	454 308	219 214	1 900 031	—	—	11 181 872
1874	8 524 389	668 202	494 693	211 446	2 010 337	—	—	11 910 223
1875	8 703 520	677 912	526 231	223 859	2 039 640	—	—	12 171 811
1876	9 098 346	695 147	577 951	238 876	1 960 587	—	—	12 572 216
1877	8 934 440	625 227	386 625	215 007	2 131 971	—	—	12 293 699
1878	8 961 391	660 507	529 196	256 940	2 046 956	—	—	12 455 213
1879	9 316 020	726 649	550 002	270 917	2 332 049	—	—	13 196 197
1880	10 311 409	775 170	657 786	242 142	2 339 656	—	—	14 346 406
1881	11 114 725	831 922	600 916	273 178	2 231 108	—	—	15 052 722
1882	10 837 341	803 934	570 129	282 515	1 993 449	—	—	14 488 272
1883	9 897 283	881 873	533 162	282 206	2 008 862	—	—	13 603 926
1884	9 979 225	812 528	561 507	276 245	2 107 996	—	—	13 738 336
1885	10 412 453	913 472	565 073	277 997	2 008 895	—	—	14 178 227
1886	11 368 009	841 415	748 797	328 123	1 976 131	—	—	15 263 475
1887	11 644 816	944 769	689 978	318 445	2 227 760	4 252 746	2 260	20 081 682
1888	11 948 566	1 087 046	644 606	319 443	2 525 574	6 566 282	2 251	23 094 267
1889	11 432 734	1 096 490	722 203	297 021	2 282 012	6 098 548	29	21 929 723
1890	11 381 265	1 138 344	759 466	323 186	2 272 377	6 101 511	7 554	21 984 309
1891	12 168 096	1 227 383	789 990	369 830	2 311 533	6 254 014	4 882	23 126 136

年份	进出口税	复进口税	子口税	吨 税	洋药税	洋药厘金	土药税厘	总 计
1892	12 264 258	1 148 489	832 660	372 083	2 174 827	5 871 177	144 371	22 808 391
1893	12 342 082	1 207 706	766 127	380 831	1 969 155	5 343 198	56 530	22 066 185
1894	12 948 489	1 242 542	713 636	468 829	1 919 668	5 219 816	269 640	22 797 364

　　资料来源:汤象龙编著《中国近代海关税收和分配统计》,63—68 页。
　　说明:(1) 1887 年的洋药厘金数为 3—12 月数。(2)"土药税厘"包括原统计资料中的"土药(即土产鸦片)税"和"土药厘金"两项。(3)"总计"数额中包括原统计资料中的"其他"(即漏税罚款及俄商陆路税等)一项,本表中未列此项。

　　从表 1 - 1 可见,在关税收入增加中,新税种的开征和推广占有很重要的地位。在 1861—1894 年间,关税收入数额增加的状况是:总收入增加了 3.53 倍,其中进出口税收增加了 1.98 倍,而其他各新税种收入总额(为了便于计算,含表中未列的为数很少的其他收入)增加了 13.30 倍。各新税种收入的大幅度增加,虽然与其底数较少有关,但其增加的绝对数额和所占的比重也是很大的。如关税收入总额从 5 036 371 两增至 22 797 364 两,增加了 17 760 993 两,其中进出口税收,从 4 347 408 两增至 12 948 489 两,增加了 8 601 081 两,占总收入增加额的 48.43%;各新税种收入的总数从 688 963 两,增至 9 848 875 两,增加了 9 159 912 两,占总收入增加额的 51.57%;新税种收入在海关总收入中所占的比重,也从 13.68% 提高到 43.20%。当然,新税种收入的增加,主要来自洋药厘金的开征,其收入在 1887 年(光绪十三年)开征的当年就高达 4 252 746 两,是该年其他新税种收入总数 4 184 120 两的近 101.64%,占新税种总收入 8 436 866 两的 50.41%;第二年又迅速上升到了 6 566 282 两,达到其他新税种收入总数 4 579 419 两的 143.39%,占新税种总收入 11 145 701 两的 58.91%;即使到了 1894 年(光绪二十年),其收入下降至 5 219 816 两,仍是其他新税种收入总数 4 629 059 两的 112.76%,占新税种总收入 9 848 875 两的 53.00%。这一增收的洋药厘金,当然意味着大量的鸦片输入,对中国的人民和社会来说是一种祸害;但是鸦片的大量输入在洋药厘金开征时已经存在,从洋药厘金和洋药税的收入变动状况来看,开征这一税种并没有引起鸦片输入的大量增加。

对于海关开征新税种而增加的收入,有两点需要指出。一是这些新增税收中的子口税和洋药厘金,实质上是由原归地方政府收入的厘金转化而来。子口税的开征,其本意是为了使外商在运输进出口货物时避开厘金的苛繁,转运的货物在一次性缴纳子口税后便可免除运输途中的厘卡稽征,故有厘金的"抵代税"之称。与厘金相比,子口税具有便于商旅和税负相对较少的优点,因而不仅外商大多认缴子口税,就连华商也多有假托外商之名缴纳子口税而避纳厘金者,从而使大量厘金流变为子口税。如征收厘金最早、最多的江苏省,就因此从同治中后期起收入"逐年减少,有江河日下之势"[①]。洋药厘金和土药税厘的开征,则更是直接将原由地方征收的洋药厘金和土药税厘夺归为海关征收。二是关税收入的增加,并非全是开征新税种所致,更主要的原因还在于中外贸易的发展,进出口总值从1864年(同治三年)的9 486.5万海关两增至1876年(光绪二年)的15 112.1万海关两、1888年(光绪十四年)的21 718.4万海关两、1894年(光绪二十年)的29 020.8万海关两,[②]从头至尾增加了2.06倍。

海关关税收入的不断增加,对清政府的财政收入产生不少影响,财政收入结构发生了重大变化,关税在清政府财政总收入中的比重不断提高。在1864年(同治三年)之前,海关关税在清政府财政收入中所占的比重是很少的,如1786年(乾隆五十一年)时只占2.10%,1812年(嘉庆十七年)时也仅为2.30%,1849年(道光二十九年)时略提高为5.30%,到1861年(咸丰十一年)才提高到9.50%。进入1864年,海关关税占财政收入的比重便提高到了两位数,即12.89%。此后比重不断提高,1886年(光绪十二年)增至18.55%,1887年(光绪十三年)再增至23.41%,1889年(光绪十五年)达到最高数25.44%。关于这一时期海关税收占财政岁入比重的历年情况,目前尚无系统的统计,现取

---

① 吴元炳辑:《沈文肃公政书》卷七,33—34页,沈云龙主编:《近代中国史料丛刊》第6辑,第0054号,台北,文海出版社,1967。
② 郑友揆:《中国的对外贸易和工业发展》,334—335页,上海社会科学院出版社,1990。

刘岳云的光绪会计表和上述的海关税收统计资料,对1861—1894年的历年状况作了系统的统计,录之如表1-2:

表1-2 1861—1894年海关税收占财政岁入总额比重统计表(单位:库平两)

类别 年份	岁入总额(A)		海关税收(B)		非关税岁入(A-B)		关税比重(B/A)	
	数额	指数	数额	指数	数额	指数	比重%	指数
1861	53 000 000	100.0	5 036 371	100.0	47 963 629	100.0	9.50	100.0
1864	65 000 000	122.6	8 377 014	166.3	56 622 986	118.1	12.89	135.7
1885	78 276 237	147.7	14 178 227	281.5	64 098 010	133.6	18.11	190.6
1886	82 304 116	155.3	15 263 475	303.1	67 040 641	139.8	18.55	195.3
1887	85 786 844	161.9	20 081 682	398.7	65 705 162	137.0	23.41	246.4
1888	93 598 031	176.6	23 094 267	458.5	70 503 764	147.0	24.67	259.7
1889	86 186 851	162.6	21 929 723	435.4	64 257 128	134.0	25.44	267.8
1890	92 465 148	174.5	21 984 309	436.5	70 480 839	146.9	23.78	250.3
1891	95 393 557	180.0	23 126 136	459.2	72 267 421	150.7	24.24	255.2
1892	89 814 078	169.5	22 808 391	452.9	67 005 687	139.7	25.40	274.5
1893	88 669 741	167.3	22 066 185	438.1	66 603 556	138.9	24.89	262.0
1894	93 263 762	176.0	22 797 364	452.7	70 466 398	146.5	24.44	257.3

说明:(1)海关税收资料采用各年关册统计数据,按1海关两 = 1.016 9库平两换算。(2)岁入总额采用刘岳云光绪会计表中的岁入总额,加上该表洋税收入与上述海关关册统计数之差额。(3)表中之"非关税岁入"和"指数"栏系笔者按有关数据计算所得,其余采自戴一峰《近代中国海关与中国财政》(厦门大学出版社,1993)第43 44页数据。

表1-2还显示,在海关税收增加的同时,清朝中央政府的财政收入也有了较大的增加。1861年的财政收入为库平银53 000 000两,到1864年已有较大增加,达65 000 000两,3年间增加了22.6%。此后至1894年除少数年份外逐年递增,到1888年增至93 598 031两;1891年(光绪十七年)达到甲午之前的最高水平95 393 557两;1894年略回

落至 93 263 762 两,比 1861 年增加了 76.0%,比 1864 年增加了 43.5%。

就厘金的扩展而言,主要是将它从临时税收改成为正税。厘金在开办之初,原本出于筹措军饷的"权宜之计",一旦镇压太平天国成功"即行停止"。1864 年(同治三年)8 月,清军刚刚攻陷太平天国都城南京不久,就有副都御史全庆奏请裁撤厘金局、卡。但此议遭到了以湖广总督官文、广东巡抚兼两广厘金总督郭嵩焘为首的不少地方疆吏的坚决反对,认为厘金已是各省筹集军费、归还积欠和办理善后事务的主要经费来源,"只宜严禁重科,万不可骤议裁撤"①;且进而主张将厘金改为经常税制,提议各抽厘省份须将厘金收入的一部分拨解京师,以充裕部库。清廷采用了地方大吏的这一提议,随即将厘金确定为一种新的正式税制。

清政府在确定厘金为正式税制后,虽迫于舆论压力,在表面上有裁撤多设厘卡的明文宣布,但实际上只是作了一番调整,并不能对地方政府自行征收厘金的行为起到抑制作用,甚至有增无减,征厘的关卡和货品名目不断增加,以致一货多征、税负陡增、厘卡官吏和巡丁的抑勒苛索一仍其旧。1874 年(同治十三年)时有人揭露其弊说:"从前商人从汉口向上海运货,只有武昌、九江、芜湖、江宁、镇江、上海六处税关,或此征而彼免,或仅纳船课之税",而今"厘卡之多犹不止倍于税关之数,其司事巡丁之可畏,亦不止倍于税关之吏役"。②

尽管自海关实行子口税制度之后,分去了厘金的一大块税源,但在横征暴敛之下,厘金收入仍在逐渐增长。就全国而言,厘金的年均收入,在 1866—1869 年间为白银 1 200 万两上下,到 1870—1874 年间增至 1 300 万—1 500 万两。其中百货厘金占绝大部分,如 1874 年的收入构成为:百货厘金占 93.30%,鸦片(即洋药)和土药厘金分别占 3.17% 和 0.37%,茶厘占 2.26%,盐厘占 0.89%。原来厘金收数较少省份的增幅更大,如山东省,从 1864 年(同治三年)前的年均收入 4.1

---

① 《湖南厘务汇纂》卷首,11 页。转引自罗玉东编《中国厘金史》,37 页,上海,商务印书馆,1936。
② 《书崇尚书袁御史奏议后》同治十三年八月十八日《申报》。

万两,增至此后的 10 余万两;陕西、四川等省的情况基本类似。[1]

就举借外债的情况而言,地方自行举借外债者明显增多,外债权下移渐成定势。在镇压太平天国之时,某些地方当局为保障军需,已在清廷默许的情况下举借外债济急。如 1861 年(咸丰十一年),清军淞沪防军因军饷急需,由上海道台吴煦经手,以江海关出票担保,向洋商借款 30 万两。1862 年(同治元年),吴煦又为江苏防军向洋商借款 254 055 两;同时,福建巡抚瑞璸和徐宗干向洋商借款 3 次,共计 504 880 两。[2] 太平天国被镇压以后,无论是清朝的地方当局还是中央政府,举借的外债开始明显增加,而且债期增长。

据现有研究,在 1865—1894 年间,清朝地方当局和中央政府共计举借外债 31 笔,除了少数几笔为朝廷直接借款之外,其余大多数为地方当局经朝廷许可而举借。1865 年(同治四年),清中央政府向英国借款 1 431 664 英镑,债期 20 年;同年,闽浙总督左宗棠奉命镇压陕甘回民起义,福建法籍税务司布浪闻讯,即以"助饷"为名,兜揽贷款。左宗棠随即奏陈清廷,欲借洋债以筹军需。清廷交军机大臣就此"详细筹商","相机办理"。从此,地方大吏经朝廷认可以举借外债筹集经费的做法,可以说已成为一种定策。1866 年(同治五年)冬,左宗棠率军从福建前往陕甘,援引"由关督出印票,督抚加印,向洋商借银充饷成案",奏准举借外债。嗣后,清廷屡以"陕甘需饷孔殷,各省协解,恐不能如期,停兵待饷,于剿贼机宜未免延缓"[3],一再授权左宗棠举借外债;左宗棠则责成设在上海的采办转运局委员胡光墉办理,向外商行号筹措借款,习称"西征借款"。这个名义下的借款从 1867 年(同治六年)起到 1881 年(光绪七年)共举借 6 次,总计达库平银 1 595 万两。

继左宗棠经朝廷同意借外债筹军费之后,办理台湾等处海防大臣沈葆桢于 1874 年(同治十三年),以对付日本侵犯筹办台湾防务为由,经奏准朝廷,一次向英商汇丰银行举借白银 200 万两,为期 10 年,名为"福建台防借款"。双方还商定:"续有借款,再行另议。"此外,各地督、

---

① 参见罗玉东编《中国厘金史》,470—473 页。

② 罗尔纲:《太平天国史纲》,126 页,上海,商务印书馆,1937;汤象龙:《民国以前关税担保之外债》,见《中国近代经济史研究集刊》第 3 卷,第 1 期,4 页,南京,国立中央研究院社会科学研究所,1935。

③《上谕》,宝鋆等纂辑《筹办夷务始末(同治朝)》卷四十八,19 页。

抚在创办洋务企业过程中亦经朝廷许可而自行举借了不少外债。其情况如表1-3所示：

表1-3　1865—1894年清朝中央政府和地方当局所借外债统计表（单位：库平两）

序号	年份	借款名称	贷款者	数　额	利　率	期　限
1	1864	福建借款	福建厦门洋商	150 000	—	1年
2	1865	广东借款	广东英商频志洋行	92 000	—	1年
3	1867	西征借款1	上海洋商	1 200 000	月利率1.5%	半年
4	1868	西征借款2	上海洋商	1 000 000	月利率1.5%	10个月
5	1872	使法借款	英商丽如银行	30 000	—	—
6	1874	福建台防借款	英商汇丰银行	2 000 000	年利率8%	10年
7	1875	西征借款3	英商怡和洋行 英商丽如银行	1 000 000 2 000 000	年利率10.5% 年利率10.5%	3年 3年
8	1877	西征借款4	英商汇丰银行	5 000 000	月利率1.25%	7年
9	1878	西征借款5	英商汇丰银行	1 750 000	月利率1.25%	6年
10	1881	西征借款6	英商汇丰银行	4 000 000	年利率9.75%	6年
11	1882	新疆俄商借款	新疆俄商	120 000	—	—
12	1883	广东海防借款1	英商汇丰银行	1 000 000	月利率0.75%	3年
13	1884	轮船招商局借款1	天祥、怡和等洋行	678 000	—	—
14	1884	广东海防借款2	英商汇丰银行	1 000 000	月利率0.75%	3年
15	1884	广东海防借款3	英商汇丰银行	1 000 000	—	—
16	1884	沙面恤款借款	英商汇丰银行	143 000	—	—
17	1884	滇桂借款	宝源洋行	1 000 000	年利率8.5%	3年
18	1885	福建海防借款	英商汇丰银行	3 589 781	年利率9%	10年
19	1885	广东海防借款4	英商汇丰银行	2 012 500	年利率9%	—
20	1885	援台规越借款	英商汇丰银行	2 988 862	年利率8.5%	—
21	1885	神机营借款	英商怡和洋行	5 000 000	年利率7.5%	10年
22	1886	轮船招商局借款2	英商汇丰银行	1 217 140	年利率7%	10年

序号	年份	借款名称	贷款者	数 额	利 率	期 限
23	1886	南海工程借款	英商汇丰银行	300 000	年利率 8.5%	10 年
				700 000		30 年
24	1887	三海工程借款	德国华泰银行	980 000	年利率 5.5%	15 年
25	1887	津沽铁路借款	英商怡和洋行	637 000	—	—
			德国华泰银行	439 000		
26	1887	郑工借款 1	英商汇丰银行	968 992	年利率 7%	1 年
27	1888	郑工借款 2	英商汇丰银行	1 000 000	年利率 7%	4 年
28	1888	津通铁路借款	英商汇丰银行	134 500	—	—
29	1889	鄂省织布局借款	英商汇丰银行	160 000	年利率 5%	
30	1890	嵩武军借款	德国泰来银行	182 482	年利率 6.5%	4 年
31	1890	山东河工借款	德华银行	364 964	年利率 6.5%	4 年
	合计			43 838 221		

资料来源:徐义生编《中国近代外债史统计资料》,6—10 页,北京,中华书局,1962。

表 1-3 所列 31 笔借款,总数达库平银 43 838 221 两,其中军事借款为数最多,为 33 565 625 两,占总数的 76.57%;宫廷的各种名义借款居其次,为 4 500 000 两,占 10.27%;洋务企业借款居第三,为 3 265 640 两,占 7.45%;河工工程借款居第四,为 2 333 956 两,占 5.32%;其他借款为 173 000 两,占 0.39%。

清朝中央政府虽然在上述财政制度变革过程中收回了部分财政控制权,但是,中央政府对督、抚们已经获得的支配地方财政权力已不可能全部收回,不得不采取妥协的办法,使督、抚们仍然保留了对地方财政的较大控制权,而且由战时的临时举措而成为定制。这主要有以下表现:

第一,采取中央专项经费制度。所谓专项经费,则是因中央政府必须举办某一重要事项,并规定一笔专用经费,然后分摊到各省税关,在形式上仍然采取旧有的指拨方式。这是在承认地方财政利益的前提下,用以确保中央财政需要的一种变通措施。这种专项经费,是根据户部已掌握的各省税关的"的款"(确有款项)来进行指拨的,至于指拨后余款的使用,则不予过问。这说明中央政府已经承认地方督、抚对当地关税的控制权,中央政府只是在需要的时候才向地方调用部分已收税款。在同治、光绪年间所发生的中央专项经费主要有:(1)京饷。该项经费系专供驻京八旗兵饷和在京官吏俸饷之用,始于1725年(雍正三年),由清廷每年指拨各省的地丁、盐课、关税和杂项收入中的一定数目报解京师,年额400万两。到同、光时期继续保留,并增加额度,如1860年(咸丰十年)为500万两、1861年为700万两,1867年(同治六年)时已增至每年800万两。(2)抵闽京饷与加放俸饷。始于1876年(光绪二年),用于归还台湾海防借款,年额20万两;1886年(光绪十二年)改为“加放俸饷”,用于恢复在京王公百官、旗绿各营及太监在镇压太平天国时减发的俸饷。(3)船政经费。始于1866年(同治五年),用于福建船政局开支,定额60万两,从闽海关六成洋税项下指拨。(4)海防经费。始于1875年(光绪元年),用于筹办南北洋海防,规定年额400万两(实际上缺额甚多),从江、浙、闽、粤、津五海关的四成洋税及浙江等省的厘金项下指拨。(5)东北边防经费。始于1880年(光绪六年),用于对付俄国的边防经费,年额200万两,从各省的田赋、厘金和关税项下指拨。(6)筹备饷需。始于1885年(光绪十一年),原为“近畿防饷”,1886年改为“筹边军饷”,1892年(光绪十八年)改为“筹备饷需”,年额200万两。(7)出使经费。始于1876年(光绪二年),每年解100余万两,最多达190余万两,由海关六成洋税项下指拨。[①](8)固本京饷。始于1863年(同治二年),用于保卫京师的直隶练军和神机营的军饷,年额65万两。(9)备荒经费。始于1883年(光绪九年),定额12万两。(10)京师旗营加饷。始于1885年(光绪十一年),用于加练京师旗兵经费,总额133万两。(11)铁路经费。始于1889年(光绪十五年),用于筹筑芦汉铁路,年额200万两,1891年(光绪十七年)移用于关东铁路。[②]

第二,实行税收分成制度。所谓税收分成,就是中央政府与地方政府就某一税收按一定比例分割,这一办法当时仅采用于海关税。税收

---

① 参见汤象龙编著《中国近代海关税收和分配统计·绪论》,25—29、43页。
② 参见周育民《晚清财政与社会变迁》,242—244页,上海人民出版社,2000。

分成起源于第二次鸦片战争结束后对英、法的战争赔款,根据《北京条约》规定,清政府需向英、法两国各赔款 800 万两,各在通商口岸海关税收中扣二成按期交付,合计四成,即史称的"四成洋税"。由此,清朝中央政府从已被地方截留的海关税中间收回了四成税收的支配权,到 1866 年(同治五年)赔款清偿以后,这四成海关税就由中央政府直接控制。到 1873 年(同治十二年),清廷作出明文规定,每年将这四成海关税"解交部库,另款存储",作为"的款","一概不准擅动","专备总理衙门及海防统帅大员会商拨用"。① 但地方督、抚们不甘心失去这四成税收,仍想方设法截留。如江苏巡抚李鸿章奏准朝廷,自 1867 年(同治六年)起酌留二成,其中一成作为江南制造总局的造船经费。福州船政局因原有的闽海关六成洋税不敷使用,从 1876 年(光绪二年)起再从闽海关四成洋税中每月拨用 2 万两。正是由于这种情况,中央政府只得通过增加上述专项经费的指拨,以扩大对海关四成洋税的支配份额。

第三,隐匿厘金收入。地方政府还采用隐匿厘金实收数额的手法与中央政府争夺利益,如 1880 年(光绪六年)户部在奏报整顿厘金办法时抱怨说:"近年以来,核计抽收数目递形短绌,虽子口税单不无侵占,而此项款目本无定额,承办官员恃无考成,隐匿挪移,在所不免。"②光绪时期不断有人指出:"度支告匮……外省入款,报部者十只五六,其余外销之款,未闻数十年间二十二行省将军、督、抚,有一和盘托出者。"③

---

① 《大清十朝圣训·穆宗圣训》卷三十,10670—10671 页;李鸿章:《筹议海防折·附议复条陈》,顾廷龙、戴逸主编《李鸿章全集》第 6 册,164 页。
② 朱寿朋编:《光绪朝东华录》,第 1 册,865 页。
③ 汪大钧:《论变法当务为其难》,见中国史学会主编《中国近代史资料丛刊·戊戌变法》第 3 册,103 页,上海,神州国光社,1953。

第三节　洋务派的形成

一　汉族官员的崛起与湘淮洋务集团的形成

太平天国起义爆发后,清廷为镇压起义被迫起用大批汉族官员,使一大批汉人官僚相继兴起。太平天国起义以前,各省督、抚多由满族官员担任。太平天国起义以后,汉族官员势力急剧膨胀,担任总督和巡抚者逐渐增多,其所占的比例,到太平天国被镇压时已大大超过满族官员。1864 年(同治三年)时,清朝的 10 名总督中汉人占 9 名,15 名巡抚则全部由汉人担任。[①] 从 1861 年(咸丰十一年)到 1890 年(光绪十六年)之间,清廷任命的 44 位总督中,汉人占 34 位;挑选来担任巡抚的117 人中,汉人占 104 人。[②] 可见,晚清的地方政权,已基本操在汉人官员之手。

随着汉族官员势力的增长,清政府原有的政治格局发生很大的变化。这种政治格局的变化,一方面表现为清朝中央集权的衰落和满汉统治者平分政权的新态势,沉寂已久的汉民族意识日益醒悟,汉族官僚与清王朝的分离趋向逐渐扩大,使一些汉族官员意识到清王朝的统治已进入穷途末路。对此,曾国藩的幕僚及亲信赵烈文在 1867 年(同治六年)就曾答复曾国藩的问话说:"天下治安一统久矣,势必驯至分剖。然主威素重,风气未开,若非抽心一烂,则土崩瓦解之局不成。以烈度

---

① 参见钱实甫编《清季重要职官年表》,北京,中华书局,1959。
② [美]拉尔夫·尔·鲍威尔:《1895—1912 年中国军事力量的兴起》,陈泽宪、陈霞飞译,见《中华民国史资料丛稿·译稿》第 1 辑,20 页,北京,中华书局,1978。

之,异日之祸必先根本颠仆,而后方州无主,人自为政,殆不出五十年矣。"①

另一方面更直接的表现则是出现了洋务派。以曾国藩、左宗棠、李鸿章为首的汉族官员在使用洋枪洋炮与太平军作战中,在同外国势力的接触中,既认识到西方武器的先进,也感受到外国列强的威胁,思想上受到极大震动,产生了危机感和仿效意识。1860 年(咸丰十年),曾国藩在答复朝廷关于借洋助剿及采米运津的奏折中指出:"如能将此两事妥为经画,无论目前资夷力以助剿、济运,得纾一时之忧。将来师夷智以造炮、制船,尤可期永远之利。"1861 年(咸丰十一年),总理衙门奏请朝廷购买外国轮船和大炮,曾国藩视之为"今日救时之第一要务",认为"若能陆续购买,据为己物,在中华则见惯而不惊,在英法亦渐失所恃",并建议"购成之后,访募覃思之士、智巧之匠,始而演习,继而试造",如此,"不过一二年,火轮船必为中外官民通行之物,可以剿发逆,可以勤远略"。② 正是在这样的思想指导下,他在攻破太平军所占领的安庆之后,随即在那里设立了内军械所,开始试造新式轮船和枪炮。1862 年(同治元年),他写信给李鸿章,提出:"以忠刚慑泰西之魄,而以精思窃制器之术,国耻足兴。"③从此,曾国藩与李鸿章联手,发起了以学习外国制造机器技术仿造武器为主要内容、以自强雪耻为基本宗旨的洋务运动,洋务派亦由此而产生。

洋务派由两大部分构成,一是主张和领导洋务活动的官僚,一是主张和谋划洋务活动的知识分子,他们在洋务运动的兴起和发展中居于一定的决策和影响地位。此外,在各个洋务企事业中从事经营管理工作的商人和文人,是洋务运动的具体实践者,也是洋务派官员的聘用人员,他们基本上没有提出具有一定影响的洋务思想和方针,不能等同于洋务派。

洋务官僚主要包括在中央和地方掌握某一方面权力,并主张和支

---

① 赵烈文:《能静居日记》,同治六年六月二十日。

② 李瀚章编:《曾文正公全集·奏稿》卷十二、十四,见沈云龙主编《近代中国史料丛刊续编》第 1 辑,第 1 号,2025;2262、2263 页,台北,文海出版社,1966—1982。

③ 李瀚章:《曾文正公全书·书牍》卷二十,见沈云龙主编《近代中国史料丛刊续编》第 1 辑,第 5 号,14825、14826 页。

持洋务活动的官员。在中央者，如主持总理衙门的恭亲王奕訢、总理衙门大臣文祥等；在地方者，如曾国藩、李鸿章、左宗棠，以及后继者丁日昌、沈葆桢、刘铭传、郭嵩焘、张树声、张之洞等。这些地方的洋务派官员大多从此前的经世派转化而来，都有不同程度的经国济世的政治抱负和人生价值追求。他们作为官员中的有识之士，自然以解除清王朝的内忧外患为己任。在通过镇压农民起义而起家之后，他们因其"经世之志"与"经世之才"而成为洋务运动的重要推动者。他们与在总理衙门掌握权力的奕訢、文祥等人声气相通，构成新兴的洋务官僚集团。他们既是洋务思潮的倡导者，也是洋务运动的推动者。

除了洋务官僚之外，还有一批竭力鼓吹和支持洋务的知识分子。他们之中的大多数人不仅直接继承了鸦片战争时期林则徐、魏源的"经世致用"和"师夷之长技以制夷"思想，而且在新的历史条件下，将其大大丰富和发展起来。他们大多充当过湘军、淮军将帅和洋务官僚的幕僚与助手，没有实权，地位不高，但能在思想和谋略上影响洋务官僚，乃至影响到整个洋务运动的决策。他们虽处于官学之间，或有一定官职，但仍不失知识分子之本性。这批人大体上有三种类型：一是与洋务官僚关系密切者，或入幕襄赞，或奉派出使，或经管事业，直接参与洋务派的决策和实施活动，如冯桂芬、马建忠、薛福成等人，他们或入曾国藩、李鸿章幕府，或协助办理外交事务，或在洋务企业里担任管理职务。二是对西方资本主义有较多了解者，他们或游历于外洋，或受教于西方，对西方语言文字、政治风俗、经济贸易较为熟悉，如王韬、容闳、陈兰彬等人。三是具有经世思想的自由知识分子，他们思想比较开明，探求新知，接受了西方资本主义文化的影响，这种影响或来自考察直观，或借助于西书，如陈炽、陈虬、汤震、郑观应。上述这些知识分子，无论哪一类，他们都具有共同的特征，即在思想上有较强的开放性和探索性，开明、务实；在观念上不闭目塞听，不固步自封，注意新事物，研究新问题，探索新路径，努力向西方寻求强国富民之策。这一特征使他们不仅成为洋务思潮的代言人，而且逐步成为早期改良思潮的代言人。再从他们的籍贯来看，冯桂芬、薛福成、马建忠、王韬出生于江苏，郑观应、容闳出生于广东，陈虬、汤震出生于浙江，都来自东南沿海一带。这些地区是外国资本主义最早侵入的地方,也是中国志士仁人最早接触西方文明的地方。这也是洋务思潮和改良思潮最早出现在他们身上的一个重要原因。

　　整个洋务派,可按洋务官僚的所处地位和势力派系分为三个派系。一是由执掌朝廷洋务新政中枢部门的官员构成的中枢系,其核心人物,先是以恭亲王奕䜣为首的总理衙门大臣,后是以醇亲王奕譞为首的总理衙门和海军衙门的大臣们。中枢系洋务派居于洋务运动的最高主管机构,执掌整个洋务运动的决策权和领导权,其实际作用,除直接举办了一些教育、外交事项之外,其余主要是听取、采纳、批准下属部门和各地方势力的洋务建议与措施,支持其活动。特别是奕䜣,可以说是洋务运动最早的发起人,他于 1860 年 11 月(咸丰十年十月)就奏请引进俄国武器,借师助剿,并提出自行制造枪炮及炸炮、水雷、地雷、火药的设想。接着,于 1861 年 1 月 11 日(咸丰十一年十二月初一日),与桂良、文祥提出了《通筹洋务全局酌拟章程六条折》,首先发出了"自图振兴"的呼吁;24 日又在《奏请八旗禁军训练枪炮片》中提出了"自强"这一洋务运动的宗旨,并指示曾国藩和薛焕在上海"酌雇夷匠","教习制造"洋枪炮,[①]直接推动了安庆内军械所和上海洋炮局的创建。

　　二是以曾国藩为首的由湘军将帅、官员和幕僚构成的湘系。湘军首领曾国藩是第一个倡议和实施洋务活动的封疆大吏,又是当时声望最高的地方官员,因此,湘系可以说是第一个地方性洋务派系。曾国藩手下湘系洋务派的核心人物主要有四个。第一个是湘军的第二号人物左宗棠。他于 1861 年(咸丰十一年)底任浙江巡抚,1863 年(同治二年)升任闽浙总督,1866 年(同治五年)创办福建船政局;同年调任陕甘总督,1873 年(同治十二年)创建甘肃机器制造局,1880 年(光绪六年)创建兰州机器织呢局,1881 年(光绪七年)调任两江总督兼任南洋通商大臣,创办徐州利国驿煤铁矿。第二个是湘军大将刘坤一。他于 1865 年(同治四年)就任江西巡抚,1875 年(光绪元年)初升任署理两江总督,赞成造船、铸炮;次年初调任两广总督;1879 年(光绪五年)末调任

037

---

① 贾桢等纂辑:《筹办夷务始末(咸丰朝)》卷七十二,总第 2699—2700 页。

两江总督兼南洋通商大臣，开始在江南重建新式湘军；1881年（光绪七年）被免职回乡；1891年（光绪十七年）再次调任两江总督，兼南洋通商事务大臣，并帮办海军事务。第三个是沈葆桢。他于1862年（同治元年）由曾国藩推荐出任江西巡抚，1866年（同治五年）由左宗棠推荐出任福建船政大臣，1874年（同治十三年）调任办理台湾等处海防兼理各国事务大臣，1875年（光绪元年）升任两江总督兼南洋通商大臣。第四个是曾国藩的四弟曾国荃。他于1881年（光绪七年）被朝廷授为山西巡抚，不久升任陕甘总督，从1884年（光绪十年）起在两江总督和南洋大臣任上达6年之久，直至死去。他在两江任上利用中法战争时各方纷调原驻防营之机，借口江南空虚，扩建湘军新营20余个；①还派湘军将领为南洋轮船舰队总统，于1884年以李成谋曾是湘军水师统将而派为南洋舰队总统，1890年（光绪十六年）又任命原湘军陆军将领陈湜接任南洋海军总统。②

湘系洋务派多由湘军将领出身，较多侧重于军事方面采用新法，且在思想观念上受曾国藩的传统思想影响较多，其洋务观念和行动往往处于求新与守旧之间。如在他们所最关心的武器革新方面，就处于这种求新与保守的矛盾状态。曾国藩认为"制胜之道，在人不在器"，新式武器如同八股士人之于诗赋杂艺，可有可无。③ 左宗棠是湘系中思想较为开放者，但除创建福建船政这一特殊新式武器制造事项之外，对一般枪炮武器抱同样的观点，认为"战事还凭人力，亦不专在枪炮"，"纯用洋枪，终失长短互用之妙"，只要模仿西洋枪炮改良中国旧式火器，就可以"师其长并能补其短"。④ 即使其所设局制造和采用之新式枪炮，亦一成不变，更新缓慢。对于其他洋务事业，湘系洋务派不甚关心。如沈葆桢接替左宗棠总理福建船政颇有建树，但到升任两江总督后，于1876年下令拆毁淞沪铁路，并反对李鸿章的收回自办之意，声言："铁

---

① 萧荣爵编：《曾忠襄公全集·奏议》卷二十二，42—44页；卷二十三，1—4、31—32、44—45、50—53页，光绪二十九年。
② 萧荣爵编：《曾忠襄公全集·奏议》卷二十二，9、32、41页。
③ 樊百川：《淮军史》，113—114页，成都，四川人民出版社，1994。
④ 杨书霖编：《左文襄公全集·书牍》卷二十四，53页；卷十一，38、46页，沈云龙主编：《中国近代史料丛刊续编》第65辑，第641—649号，台北，文海出版社，1979年。

路虽中国必兴之业,然断不可使后人借口,曰是沈某任两江时所创也。"[1]被李鸿章批评为"识见不广,又甚偏愎"[2]。又如刘坤一虽赞成造船、铸炮,对于电报、铁路则视为"变华为夷","期期以为不可";将学习外国看作"竟欲举中国之制度、典章,尽变而为英、为法、为普"。[3] 这种观念不仅致使湘军的装备和战术远不及淮军,曾国藩在去世前不久也感叹说,"将来湘军阵法或能步武淮军后尘,则大慰矣"[4],而且也影响到他们举办洋务事业的范围和效益。加之曾国藩、沈葆桢、左宗棠相继于 1872 年、1879 年、1885 年逝世,湘系洋务派便后继无人,迅速衰落。

三是以李鸿章为首的,由淮军将帅、官员和幕僚构成的淮系。李鸿章作为淮军的首领和封疆大吏虽大大晚于曾国藩,但作为洋务派的一派首领则后来居上,加之曾国藩的早逝,使之很快成为地方洋务派的第一号人物。他于 1862 年(同治元年)组成淮军进驻上海,被朝廷任命为江苏巡抚,次年兼署通商大臣。1865 年(同治四年)因曾国藩率军北上剿捻而署理两江总督。1868 年(同治七年)因剿灭捻军之功,朝廷赏加太子太保衔,授湖广总督、协办大学士。1870 年(同治九年)因办理天津教案有功,接替曾国藩继任直隶总督,兼任北洋通商大臣。1875 年(光绪元年)又兼任北洋海防大臣。1885年(光绪十一年)再兼任会办海军大臣,专门负责筹建海军的具体事宜。李鸿章秉直隶总督、北洋大臣之政 25 年,清廷有关内政、外交、经济、军事等一切重大举措几乎无不参与。其所率淮军陆续分驻直隶、山东、江苏、广西、广东、台湾等省,成为清朝国防主力的常备军,以他为首领,由淮军将领、幕僚和官员组成的淮系洋务派,成为最具实力的洋务集团。

李鸿章属下淮系洋务派主要人物有这样几个:

一是张树声。他由淮军大将出身,1866 年(同治五年)任直隶按察使;1869 年(同治八年)署理直隶布政使;1870 年(同治九年)授任山西布政使,旋署理山西巡抚;1871 年(同治十年)升任漕运总督;1872 年

① 《沈葆桢七则》,柴小梵:《梵天庐丛录》卷六,152 页,北京,故宫出版社,2013 年。
② 吴汝纶编:《李文忠公全集·朋僚函稿》卷十八,第 6 页,金陵刻本,光绪三十一年至光绪三十四年。
③ 中国科学院历史研究所第三所主编:《刘坤一遗集》第 4 册,1764、1771 页,北京,中华书局,1959。
④ 李瀚章编:《曾文正公全书·书札》卷三十三,40、45 页。

（同治十一年）署理江苏巡抚，旋署理两江总督兼南洋通商事务大臣；1879 年（光绪五年）授贵州巡抚，旋调任广西巡抚，升任两广总督；1882 年（光绪八年）署理直隶总督兼北洋大臣。他随李鸿章征战上海、江苏，又在直隶、广东从政，对列强的坚船利炮和西方文明有较多的感受，"遇有与洋人交涉事务一切情形，往往留心考察"，成为洋务新政积极支持者和追随者，曾向光绪皇帝提出自己的洋务主张："论中国声明文物高出万国之上，自强之道除练兵、造船、简器数端外，而不必一一效法西人。"①

二是丁日昌。他虽由湘军出身，但自 1862 年（同治元年）被李鸿章调至上海主持洋炮局，便成为李鸿章办理洋务的得力干将。他于 1865 年（同治四年）升任苏松太道，旋兼任上海海关道，并支持江南机器制造总局，随即又改任两淮盐运使；1867 年（同治六年）升任江苏布政使，旋升任江苏巡抚，督办江南机器制造总局；1875 年（光绪元年）授北洋帮办大臣，继而改授福建巡抚兼船政大臣；1879 年（光绪五年）加总督衔，驻南洋会办海防事宜，并节制所有南洋水师。

三是刘铭传。他是淮军的一员名将，虽然长期领兵打仗，但颇关心洋务，在 1872—1884 年辞职居家的十余年间，与吴汝纶、薛福成、陈宝琛、徐润等洋务人士常有交往，并常读西方报刊译作，"静研中外得失"，曾慨言："中国不变西法，罢科举，火六部例案，速开西校、译西书以厉人才，不出十年，事且不可为矣！"②1884 年（光绪十年）7 月，刘铭传受朝廷诏令，以巡抚衔督办台湾事务；11 月补授福建巡抚，仍驻台湾督办防务。1885 年（光绪十一年）10 月，清廷改福建巡抚为台湾巡抚，刘铭传被任命为首任台湾巡抚，随即筹划台湾设省事宜，并大力举办洋务事业。

四是盛宣怀。他虽出道较晚，入淮系亦较迟，但后来居上，成为李鸿章办理洋务企业最得力的一个谋士和干将。他于 1870 年（同治九年）才入李鸿章幕府，不久即任知府、升道员；1872 年（同治十一年）受

---

① 张云锦编：《张靖达公杂著》，65 页，武昌，1910。
② 刘铭传：《刘壮肃公奏议》，37 页，沈云龙主编：《近代中国史料丛刊》第 20 辑，第 196 号，台北，文海出版社，1968。

李鸿章之命,会同朱其昂等拟定轮船招商局章程,并被委为轮船招商局会办;1875 年(光绪元年)受委督办湖北煤铁矿务;1879 年(光绪五年)署天津河间兵备道,筹办电报;1881 年(光绪七年)被委任为电报局总办;1884 年(光绪十年)署理天津海关道;1886 年(光绪十二年)授山东登莱青兵备道,兼东海关监督;1892 年(光绪十八年)调任天津海关道,兼津海关监督,负责建造华盛纺织总厂,任督办。

此外,还有不少由李鸿章从文武官员、开明绅商、文人士子中物色来的洋务人才,不再一一列举。

淮系洋务派虽亦如湘系一样多为军事将领出身,但由于淮军起家于上海、江浙等受西方影响较早、较多的地区,且与洋人有较多的交往和合作,因而他们的思想观念比湘系要开放得多,不仅在军事上更讲求"师夷长技",而且在经济和文化上也主张效法西人。如他们的首领李鸿章,在 1862 年(同治元年)刚刚组成淮军进驻上海时,就一面联络洋人、任用洋务人才,一面整改淮军,"虚心忍辱,学得西人一二秘法"①,"尽改(湘军)旧制,更放(仿)夷军"②,以洋枪洋炮为主要装备,并聘请洋教练训练军队。然后,又提出了比较全面地发展工商业的方案:"设机器自为制造,轮船铁路自为转运",勘察矿产,"择其利厚者次第开挖,一切仿西法行之,或由官筹借资本,或劝远近富商凑股合立公司",以期"渐开风气以利民用"。③ 如张树声则在 1884 年(光绪十年)去世时留下的《遗折》中提出了最为前卫的洋务主张:"夫西人立国自有本末……育才于学堂,论政于议院,君民一体,上下一心,务实而戒虚,谋定而后动,此其体也。轮船、大炮、洋枪、水雷、铁路、电线,此其用也。中国遗其体而求其用,无论竭蹶步趋,常不相及,就令铁舰成行,铁路四达,果足恃欤?"因此,朝廷应"统筹全局……采西人之体,以行其用"④。又如丁日昌在 1868 年(同治七年)向曾国藩呈递了《内外洋水师章程》和《海

---

① 吴汝纶编:《李文忠公全集·朋僚函稿》卷二,47 页。
② 王闿运:《湘军志·营制篇》,第十五,2 页,成都,墨香书院,光绪十一年。
③ 吴汝纶编:《李文忠公全集·奏稿》卷二十四,20—21 页,见沈云龙主编《近代中国史料丛刊续编》第 70 辑,第 693、692 号,1349、832—833 页。
④ 何嗣焜编:《张靖达公奏议》卷八,33 页,见沈云龙主编《近代中国史料丛刊》第 23 辑,第 222 号,台北,文海出版社,1968。

洋水师章程别议》,提出6条洋务建议:"专用大兵轮及招募驾驶之人","沿海择要修筑炮台","选练陆兵",建北洋、中洋、南洋水师,使"北东南三洋联为一气"等(但曾国藩阅后却无甚反应)。次年又上奏朝廷,主张"举贤才,汰虚冗,益廉俸,选书吏,输漕粟,变武科"①。在任福建巡抚时,上奏朝廷,主张在台湾筑铁路,开矿产,造轮船,辟航路。再如刘铭传在1880年(光绪六年)提交的《筹造铁路以图自强折》中提出:"以为失今不图自强,后虽欲图,恐无及矣。自强之道,练兵、造器固宜次第举行,然其机括则在于急造铁路。"并主张借外债先修京师至清江的南北干线。1884年(光绪十年),中法战争爆发,刘铭传奉诏入京,又上《遵筹整顿海防讲求武备折》,提出切实办好十件要事:沿海扼要设防,改建海口炮台、筹办海军兵轮,改造内河水师,整顿福建船政局、上海机器局,筹备大批枪炮,稽查军械、整顿矿务,酌裁募勇而参用练军,严定赏罚以求将材,译刻西书并推广,以求实用人才。

此外,还有一个重要的区别:李鸿章虽与曾国藩一样均为地方大员,但曾国藩去世较早,使湘系势力中途衰落,而李鸿章则军政地位蒸蒸日上,长期担任直隶总督、北洋大臣和会办海军大臣要职,形成清朝的一个特殊势力。如有人说李鸿章"坐镇津门,朝廷大事悉咨而后行,北洋章奏所请无不予也,淮军将校果有能者无不用也,臣下弹章如黄漱兰侍郎、朱蓉生侍御,皆立予谴责,不能动也"②。有的说他"经营海疆二十年,用人筹款一切以便宜行事"。"广设局所,大兴洋务,天津一隅,遂成藩府专制之局,而朝廷不敢诘也。"③或者说:"李鸿章任兼将相,独握兵权,复无可与为牵制参抗之人。""养淮军三十年,办海军亦十年,天下之兵权,一人管之,天下之利权亦一人管之。"④正是由于淮系洋务派思想观念上有较多的开放性,又有李鸿章的特殊地位,使淮系洋务派不仅能够长盛不衰,而且能够事业多成。

---

① 张侠等编:《清末海军史料》,11页,北京,海洋出版社,1982;《清史稿》卷四四八,列传第二三五丁日昌。原奏内容见《力戒因循敬陈管见疏》,温廷敬编《丁中丞(日昌)政书》"抚吴奏稿"卷五第14—21页,沈云龙《近代中国史料丛刊续编》第77辑,第761—765号,台北,文海出版社,1980。
② 刘体智:《异辞录》第2卷,22页,沈云龙主编《近代中国史料丛刊》第18辑,第117号,台北,文海出版社,1968。
③ 胡思敬:《审国病书》,3页,退庐,1924。
④ 故宫博物院编印:《清光绪朝中日交涉史料》第45卷,33页;第47卷,7页,北京,1932。

二　洋务派的思想和主张

洋务派虽有派系之分,他们所持的洋务思想也各有差异,但其基本主张和思想特色可以概括为如下四个方面。

第一,"变局"论。其核心内容是认识到中国已面临列强纷至的"千古变局",已被卷入到世界大格局之中,力求把握时代机遇,在危机中寻求振兴。这一观念最早出现于第一次鸦片战争之后。到第二次鸦片战争之后,"变局"论已成为洋务论者的共同时局观。1861 年(咸丰十一年)冯桂芬在《校邠庐抗议》中再次明确提出"变局"论,指出:"乃自五口通商,而天下之局大变。"①接着王韬于 1864 年(同治三年)有感于西方各国与中国通商贸易之情景说:"合地球东西南朔九万里之遥,胥聚于我一中国之中,此古今之创事,天地之变局,所谓不世出之机也。"②同年薛福成也说:"方今中外之势,古今之变局也。"③李鸿章也在一封信中指出:"外国猖獗至此,不亟亟焉求富强,中国将何以自立耶?"④并进而指出:"历代备边多在西北,其强弱之势、客主之形,皆适相埒,且犹有中外界限。今则东南海疆万余里,各国通商传教,来往自如,麇集京师及各省腹地,阳托和好之名,阴怀吞噬之计,一国生事,诸国构煽,实为数千年来未有之变局。轮船电报之速,瞬息千里,军器机事之精,功力百倍,炮弹所到,无坚不摧,水陆关隘,不足限制,又为数千年来未有之强敌。"⑤

除了李鸿章等侧重从军事上观测时局之变化外,郑观应、王韬、薛福成等绅商、士子则从历史变迁和中外商务交往方面认识变局的内涵。如郑观应认为,西方各国"叩关互市","入居内地","此乃中国一大变局,三千余年来未之有"。⑥ 王韬则称这种现象为"四千年来未有之创

---

① 郑大华点校:《采西学议——冯桂芬、马建忠集》,47 页,沈阳,辽宁人民出版社,1994。

② 中国史学会主编:《洋务运动》(一),505 页。

③ 薛福成:《上曾侯相书》,见丁凤麟、王欣之编《薛福成选集》,22 页,上海人民出版社,1987。

④ 吴汝纶编:《李文忠公全集·朋僚函稿》卷六,见沈云龙主编《近代中国史料丛刊续编》第 70 辑,第 695 号,2519 页。

⑤ 吴汝纶编:《李文忠公全集·奏稿》卷二十四,见沈云龙主编《近代中国史料丛刊续编》第 70 辑,第 692 号,828 页。

⑥ 夏东元编:《郑观应集》上册,125 页,上海人民出版社,1982。

局"。又说:"泰西大小各国无不通和立约,叩关而求互市,举海外数十国悉聚于一中国之中,见所未见,闻所未闻,几于六合为一国,四海为一家;秦汉以来之天下,至此而又一变。"①"盖今之天下乃地球合一之天下也,全地东西两半球,所有大小各国无不入我之市,旅我之疆,通好求盟,此来而彼往。"②薛福成把这种变局概括为:"华夷隔绝之天下,一变为中外联属之天下。"③这些论调也就是说,过去的华夷秩序和闭关自守均已被打破,列国订约通商已成大势所趋,要想回到"闭门而不纳"的闭关锁国时代已根本不可能了。

华夷由隔绝到联属,中国由闭关自守到开关互市,这种变局对中国是福是利,是祸是害?洋务派认为祸福利害两方面兼而有之,而且两者在一定条件下可以互相转化,关键在于自己如何处之,如何把握,即所谓:"去害就利,一切皆在我之自为"。"天下聚数十西国于我一中国,非欲弱中国,正欲强中国,非欲祸中国,正欲福中国。欲善为用者,可以转祸而为福,变弱而为强。不患彼西人之日来,而但患我中国之自域。无他,在一变而已矣。""所谓变者,在我而已,非我不变而彼强我以必变也。彼使我变,利为彼得;我自欲变,权为我操。"不仅如此,他们还将乘势自变看成盛衰强弱分合之一大转机,指出:"今日中外大势,惟有因势利导之方,万无杜绝驱除之理。得之者安,失之者危,固中国可盛可衰、可强可弱、可分可合之一大机会也。"④总之,在他们看来,各国互市,聚于中国,给中国提供了取法效仿的机会,如不乘此难得的有利时机急起直追,将悔之晚矣;诚能同心勠力,以图自强,"则敌国外患未必非中国振兴之资,是在一转移间而已"⑤。可见,洋务派的"变局"论,着眼于历史演变,立足于社会现实,看到了中国的发展机遇,字里行间包含着一定的辩证因素和反求诸己的自主意识与乘时奋发的精神。

第二,"自强"论。要对付变局就需要自强,其主要含义是中国应自

① 王韬:《弢园文录外编》,58、22 页,上海书店出版社,2002。
② 中国史学会主编:《洋务运动》(一),514 页。
③ 丁凤麟、王欣之编:《薛福成选集》,556 页。
④ 王韬:《弢园文录外编》,292、291、42 页,上海书店出版社,2002。
⑤ 吴汝纶编:《李文忠公全集·奏稿》卷三十五,48 页,见沈云龙主编《近代中国史料丛刊续编》第 70 辑,第 692 号,1133 页。

立和自我图强,尽快转弱为强。"自强"论的含义主要有三层。

一为"自强"是洋务的目的所在。奕䜣在解释其《通筹洋务全局酌拟章程六条折》时说:"臣等酌议大局章程六条,其要在于审敌防边,以弭后患,然治其标而未探其源也。探源之策,在于自强。"[1]又对曾要求曾国藩等购买外国船炮并派大员训练京兵一事,说明其目的:"无非为自强之计,不使受制于人。"[2]李鸿章在解释其与洋人打交道的恭顺态度时说:"昨见洋酋,亦颇恭顺,恐有万变,图在后与之为无町畦,而求自强之术耳。"[3]

二为"自强"是抵御列强侵略的根本所在。文祥认为,"中外和好"的局面"非信约所能坚,非羁縻所可结,尤非姑息迁就所能了",而"总视中国之自强为定准",[4]只有"自强"才是抵御外侮的唯一有效手段。冯桂芬在《校邠庐抗议》中也指出"自强"与御侮的关系,说:"不自强而有事,危道也;不自强而无事,幸也,而不能久幸也。……自强而有事,则我有以待之,矧一自强而可弭之使无事也。自强而无事,则我不为祸始,即中外生灵之福。"李鸿章在分析往后的中日关系时指出:"夫今之日本,即明之倭寇也,距西国远而距中国近,我有以自立,则将附丽于我,窥视西人之短长;我无以自强,则并效尤于彼,分西人之利薮。"[5]这就是说,日后日本会不会侵略中国将取决于中国能否自强。

三为"自强"的具体途径。总的来说,洋务派所提出的实行"自强"的具体途径是采西学,制洋器,师洋人之所长,夺洋人之所恃。首先系统提出并论证这一自强途径的是冯桂芬。他指出,西方各国不仅轮船火器先进,而且历算之术、格致之理、制器尚象之法兼综条贯,农具、织具及百工所需多用机器,用力少而成功多。凡有利于国计民生者,都是可供中国师法的。中国在许多方面不如人,诚为可耻。然耻之,莫如自强。自强之道,则在于借鉴西方各国的富强之术,采西学,制洋器,于通商各口设船炮局,延聘西人技师,培养本国工匠,模仿外国先进工艺设

---

① 贾桢等纂辑:《筹办夷务始末(咸丰朝)》卷七十二,2700页。
② 蒋廷黻:《近代中国外交史资料辑要》,351页,上海,商务印书馆,1934。
③ 吴汝纶编:《李文忠公全集·朋僚函稿》卷一,9页。
④ 蔡冠洛:《清代七百名人传·文祥》,389页,世界书局,1937。
⑤ 蒋廷黻:《近代中国外交史资料辑要》,351页。

备,逐步实现自造、自修、自用,"变人之利器为我之利器","始则师而法之,继则比而齐之,终则驾而上之。"①奕䜣在强调自强的途径时说:"除学习外洋兵法外,仍应认真学习制造各种火器之法,务须得其密传……以为自强之计。"②曾国藩也主张:"自强之道,以学作炸炮、学造轮舟等具为下手工夫。"③李鸿章则更对自强之道有系统的论述,指出:机器制造为"自强之本"④;变革兵制为"及早自强"之计⑤;开采煤矿"为自强本计"⑥;"轮船招商局之设,原期收回中国利权,徐图自强之计"⑦;"中国欲自强,则莫如学习外国利器。欲学习外国利器,则莫如觅制器之器,师其法而不必尽用其人。欲觅制器之器与制器之人,则或专设一科取士。"⑧总之,"自强之道在乎师其所能,夺其所恃"⑨。左宗棠认为:"中国自强之策,除修明政事,精练兵勇外,应仿造轮船,以夺彼族之所恃。"⑩薛福成亦极力主张"彼之所长,我皆夺而用之","为今之计,宜筹专款,广设巨厂,多购西洋制器之器;聘西人为教习,遴募巧匠,精习制造枪炮之法;特选劲队,勤演施放枪炮之法",并"仿造火轮船,联系海道,兼操战法。以中国之才力,必能驾而上之"。⑪王韬认为:中国应当"仿行西法","借法自强","以其所长夺其所恃";"苟能师各国之所长,兼收并蓄,悉必致志,务在探其困奥,而勿徒袭其皮毛,安见其遽出西人下哉!"⑫洋务派大多有类似的主张,都赞同魏源"师夷之长技以制夷"的思想,从而成为他们倡办洋务的主要出发点。

第三,求富论。自强不仅仅限于军事方面,还需要开创和发展新式工商业,这是求富论的主要内容。其含义也主要包括以下三个层次:

---

① 冯桂芬:《制洋器议》,见《采西学议——冯桂芬、马建忠集》,77页。
② 宝鋆等纂辑:《筹办夷务始末(同治朝)》卷四十,1027页。
③ 曾国藩:《曾文正公手书日记》,同治元年五月初七日,上海,中国图书公司,1909。
④ 吴汝纶编:《李文忠公全集·奏稿》卷九,34页。
⑤ 吴汝纶编:《李文忠公全集·朋僚函稿》卷五,34页。
⑥《李鸿章致盛宣怀函》,见陈旭麓、顾廷龙、汪熙主编《湖北开采煤铁总局、荆门矿务总局——盛宣怀档案资料选辑之二》,67页,上海人民出版社,1981。
⑦ 吴汝纶编:《李文忠公全集·译署函稿》卷七,21页。
⑧ 宝鋆等纂辑:《筹办夷务始末(同治朝)》卷二十五,1444页。
⑨ 吴汝纶编:《李文忠公全集·奏稿》卷十,见沈云龙主编《近代中国史料丛刊续编》第70辑,第691号,677页。
⑩ 杨书霖编:《左文襄公全集·书牍》卷七,见沈云龙主编《近代中国史料丛刊续编》第65辑,第646号,2901页。
⑪ 薛福成:《上曾侯相书》,见丁凤麟、王欣之编《薛福成选集》,23页。
⑫ 王韬:《弢园文录外编》,49、50、120页。

一是求强以求富为先。李鸿章明确指出："古今国势，必先富而后能强，尤必富在民生，而国本乃可益固。"①刘铭传也同样认为"欲自强必致富"②。马建忠也持这样的观点："治国以富强为本，而求强以致富为先"；而且富国必先富民，"民富而国自强"。③

二是求富以兴商为要。所谓兴商就是振兴工商业，像西方列强那样实行工商立国的方针。冯桂芬是这一观念创始者。他看到，五口通商后外贸发展，丝、茶为出口之大宗、富国之大源；更主张开发矿产，发挥地利，以为裕国之道。他强调，各国都"以开矿为常政"，"中国地多遗利，设我不开而彼开之，坐视其捆载而去，将若之何？"④王韬也看到，西方各国"恃商为国本"，且"以兵力佐其行贾"，以为"商富即国富"，主张"广贸易以重货财"，"诚能通商于泰西各国，自握其利权……而中日见其富矣"。⑤薛福成也指出：西人之谋富强，"以工商为先"，"英人经营国事，上下一心，殚精竭虑，工商之务蒸蒸日上，其富强甲于地球诸国"。

三是兴商以商战为径。商战也就是通过商场竞争，抵御列强的经济侵略，挽回中国应有之利权。薛福成在提出与西方国家进行商战的方针时说：中外双方"彼此可共获之利，则从而分之；中国所自有之利，则从而扩之；外洋所独擅之利，则从而夺之。三要既得，而中国之富可期，中国富而后诸务可次第修举"⑥。李鸿章认为，中国自通商以来，进口洋货日增月盛，出口土货却年减一年，欲扭转这一局面，只有"设法仿造，自为运销"⑦。如其创办轮船招商局之"初意"在于："商船能往外洋，俾外洋损一分之利，即中国益一分之利。"⑧

四是人才论。洋务派认为，要自强、求富就需要各种有用人才，人才缺乏不能只凭借才异域，更需自己培养，要培养有用人才就必须改革

---

① 吴汝纶编：《李文忠公全集·奏稿》卷四十三，43 页，见沈云龙主编《近代中国史料丛刊续编》第 70 辑，第 693、692 号，1349、832—833 页。

② 中国史学会主编：《洋务运动》(六)，249 页。

③ 马建忠：《富民说》，见《采西学议——冯桂芬、马建忠集》，125、134 页。

④ 冯桂芬：《裕国用议》，见《采西学议——冯桂芬、马建忠集》，49 页。

⑤ 王韬：《弢园文录外编》，390、391 页。

⑥ 薛福成：《筹洋刍议》，见丁凤麟、王欣之编《薛福成选集》，540、541、543 页。

⑦ 吴汝纶编：《李文忠公全集·奏稿》卷四十三，43 页，见沈云龙主编《近代中国史料丛刊续编》第 70 辑，第 692 号，1228 页。

⑧ 吴汝纶编：《李文忠公全集·奏稿》卷三十九，见沈云龙主编《近代中国史料丛刊续编》第 70 辑，第 693、692 号，1349、832—833 页。

传统的科举制度,采用办学堂、派留学等新教育方法,其主要内容涉及用才、育才、选才、储才四个方面。

对于用才,他们认为,必须使用切合洋务需要的有用之才,这是举办洋务的当务之急和根本所在。在1874年(同治十三年)议奏总理衙门提出的练兵、简器、造船、筹饷、用人、持久六条"紧要应办事宜",各疆臣均以为亟应筹办,"而于用人、持久尤力言之"。① 李鸿章说,"居今日而欲整顿海防,舍变法与用人别无下手之方",而"用人最是急务"。② 郭嵩焘认为:六条之中,练兵、制器、造船、理财皆为末,"至言其本,则用人而已矣"。③

对于育才,他们认为,兴办洋务"殊乏可用之才",虽可"借才异域",但不能持久,必须自己培养。培养之道,一为办学堂,即所谓"当今急务,以开学馆、培人才为最"④。李鸿章有言曰,"学堂为培植将才之根基"⑤,"亟宜加意培植"⑥,"非多设学堂不足以资造就"⑦洋务人才。马建忠为海军人才的培育提出建议:"仿照西国章程",于沿海省份设立水师小学,学英语、算学、几何等;再于京城设立水师大学院,学习驾驶、制造、会计、医学、法律等各种专业,"以专造就"⑧。二为派留学。李鸿章主持选派学童赴美国学习军政、船政、步算、制造诸学,并指出:"中国选募学生肄习西学以图自强,实为目前当务之急","自强根本";⑨又选派学生赴英国和法国学习造船、驾驶、造水雷等技术。

对于选才,他们提出,要选拔有用之才,必须改变传统科举取士制度,开辟务实的多途的选才之路。自清代中叶始,就有先进思想家开始抨击八股取士的科举考试制度,魏源即要求士大夫舍楷书帖而讨朝章国故。冯桂芬继承这一思想,首先系统地提出了废八股、改科举、设特科以造就有用之才的主张。在《校邠庐抗议》一书中,他专门撰写了改

---

① 中国史学会主编:《洋务运动》(一),144页。
② 吴汝纶编:《李文忠公全集·奏稿》卷二十四,12、23页。
③ 中国史学会主编:《洋务运动》(一),141页。
④ 中国史学会主编:《洋务运动》(二),133页。
⑤ 吴汝纶编:《李文忠公全集·奏稿》卷五十三,44页。
⑥ 吴汝纶编:见《李文忠公全集·奏稿》卷六十,48页。
⑦ 吴汝纶编:《李文忠公全集·奏稿》卷七十二,22页。
⑧ 中国史学会主编:《洋务运动》(一),431—432页。
⑨ 吴汝纶编:《李文忠公全集·奏稿》卷五十三,16—17页。

科举议、改会试议、广取士议、停武试议、制洋器议等篇章,指出八股取士谬种流传,败坏天下人才,所取非所用,所用非所学,主张废八股、改科举、改会试、停武试、停捐输,考试内容则改为解经、古学、策问三项,并另用功名奖励工艺技术人员,"重其事,导其选,特设一科,以待能者"①。沈葆桢奏请设立算学科,要求"废无用之武科以励必需之算学,导之先路,十数年后,人才蒸蒸日上,无求于西人"②。李鸿章指出:文武两途仍以章句、弓马为进身之阶,施于洋务,隔膜太甚,"所用非所学,人才何由而出?"为此,他奏请对考试制度稍加变通,另开洋务进取一格,以资造就人才。凡有海防省份,均宜设立洋学局,分设格致、测算、舆图、火轮、机器、兵法、炮法、化学、电气学等,有略通一二并取得实际应用成效者,"分别文武,照军务保举章程奏奖升阶,授以滨海沿江实缺,与正途出身无异"③。丁日昌在 1867 年(同治六年)提出了全面改革科举制度的建议,主张将八股之制改为八科考试:"一曰忠信笃敬以觇其品,二曰直言时事以觇其识,三曰考证经史百家以觇其学,四曰试帖括诗赋以觇其才,五曰询刑名钱谷以觇其长于吏治,六曰询山川形势、军法进退以觇其能兵,七曰考历算格致以觇其通,问机器制作以尽其能,八曰试以外国情形利弊、言语文字,以觇其能否不致辱命。"④郑观应进一步指出:以中国天下之大,人文之盛,何在无才?只因科目所害,使豪杰之士"以有用之心力,消磨于无用之时文","所学非所用,所用非所学,天下之无谓,至斯极矣!"他主张于文武正科外,特设专科以考西学,一试格致、化学、电学、重学、矿学新法,二试畅发天文精蕴、五洲地舆水陆形势,三试内外医科、配药及农家植物新法。取中之卷,"论其艺而不论其文,量其才而不拘资格,精其选而不必定额数"。此外,"亦须令于制艺之外,习一有用之学,或天文,或地理,或算法,或富强之事",否则,一概不予录用。他坚信,如此变通推广,或可转移世运。"他日奇才硕彦应运而生,天地无弃材,国家即永无外患,斯万变之权舆,及

---

① 冯桂芬:《制洋器议》,见《采西学议——冯桂芬、马建忠集》,76 页。
② 中国史学会主编:《洋务运动》(五),117 页。
③ 吴汝纶编:《李文忠公全集·奏稿》卷二十四,23—24 页。
④ 《百兰山馆政书》第 4 卷,转引自张磊主编《丁日昌研究》,327 页,广州,广东人民出版社,1988。

今为之未为晚。"①

对于储才，他们已认识到选拔人才不能只限于眼前的需要，还要广选和多选人才，以备将来之用。如李鸿章于1885年（光绪十一年）创办天津武备学堂时，其目的在于以此"为储备将才之地"②。张之洞曾发布《延访洋务人才启》，向全社会广招人才，内中写道："经国以自强为本，自强以储才为先。方今万国盟聘，事变日多，洋务最为当务之急。……其有研精天算，周历地球，通晓诸邦之形声，熟于沿海之险要，或多见机器，运用得宜，或推阐洋法，自能创造，或究极船炮之利钝，或精通矿学之法门，或能贯彻新旧条约之变迁，或能剖析公法西例之同异，兼擅众长者俾为人师，专通一门者亦师节取。苟能褰裳就我，即当开阁延宾。"③

上述洋务派所鼓吹的变局论、自强论、求富论和人才论，在相当深刻的程度上突破了传统的天下观、夷夏观和价值观，从而给资本主义观念及其经济的产生打开了一个缺口。④

---

① 夏东元编：《郑观应集》上册，291—296页。
② 吴汝纶编：《李文忠公全集·奏稿》卷六十，48页。
③ 中国史学会主编：《洋务运动》（一），324页。
④ 以上有关洋务派的思想和主张参见郭汉民《洋务思潮与早期维新思潮的先后兴起》，见吴雁南等主编《中国近代社会思潮》第一卷第一编第三章，长沙，湖南教育出版社，1998。

第四节　清流派的兴衰与入列洋务

一　清流派的兴起

除了洋务派之外,19世纪70年代,在清朝统治集团内部还兴起了另一个政治集团,这就是所谓的"清流派"(或称"清流党")。其主要成员多是翰林院有专折奏事权力的官员。清流派参劾官吏,臧否人物,上疏谏诤,评议朝政,一时蔚然成风,对清政府的内政外交一度产生较大影响。

辛酉政变后,清政府对外维持"中外和局",对内推行洋务新政,作出励精图治的姿态,宣布"广开言路,谏议时闻",鼓励臣下对时政提出条陈,做遇事敢言的"直臣"。① 至70年代,列强染指边疆,民族危机严重;国内灾荒频仍,社会矛盾凸显。清廷内部的政争,如慈禧太后与恭亲王奕䜣之间、奕䜣与醇亲王奕譞之间以及军机大臣李鸿藻与沈桂芬之间的明争暗斗也时隐时现,一系列外患内忧促成了清流派的兴起和活跃。此外,清流派成员多系都察院和翰林院的京官,京官人数众多,而"军机大臣偏重门生",朝中若无奥援,清流派便很难升迁或外放,所以他们"专讲资格,原以抑幸进也。自仕途拥挤,而怀才不遇者,乃倡破格求贤之说,以耸动当途,而自为脱颖计"。② 这也成为清流派活跃的一个因素。

①《谕内阁著中外臣工于用人行政一切事宜密折直陈》,见《清代档案史料丛编》第1辑,109—110页,北京,中华书局,1978。

② 何刚德:《春明梦录・客座偶谈》卷上,12页,上海古籍书店,1983。

清流派有所谓"翰林四谏"或"四谏"及"十朋"等名目，①主要成员有张佩纶、张之洞、陈宝琛、宝廷、黄体芳、邓承修、吴大澂等人。其中张佩纶和张之洞最为有名，号称"青牛(清流)角"。

张佩纶(1848—1903)，字幼樵，号绳庵，又号蒉斋。直隶丰润县(今属河北)人。1871年(同治十年)进士，授翰林院编修，光绪初年先后授翰林院侍讲，充日讲起居注官，任都察院左副都御史。他一直任职京官，后又在总理衙门任职，是清流派中最活跃的一个人物。

张之洞(1837—1909)，字孝达，号香涛。直隶南皮(今属河北)人，1863年(同治二年)进士，授翰林院编修，历任湖北学政、四川学政、翰林院侍讲学士、内阁学士等职。与其他清流派人物有所不同，他多喜评说时政，很少参劾他人。

清流派在清廷内部的政争中，倾向于支持李鸿藻和奕䜣。李鸿藻(1820—1897)，字寄云，号兰孙，直隶高阳(今属河北)人，1852年(咸丰二年)进士，同治帝师傅。1865年(同治四年)入值军机处，翌年其母去世，两宫太后谕令其守孝百日即入值。李鸿藻则坚请开缺回籍守制三年，声称："若亲丧未终，而出入禁闼，则先已违礼忍情，负罪名教。"②因而在京官中博得维护名教的声誉。1867年(同治六年)，前山西巡抚沈桂芬入军机处，取得批答奏章的"主笔"地位。李鸿藻丧满复职后，与沈桂芬政见屡屡不合，两人矛盾渐深。1876年(光绪二年)文祥去世，沈桂芬在军机处的地位上升，李、沈矛盾加剧。李鸿藻"势孤无援，清流从而赞助之"③，并奉为宗师。

奕䜣在帮助慈禧太后发动辛酉政变中起了关键作用，事后即被授为议政王大臣，掌管军机处和总理衙门。慈禧太后一方面要利用奕䜣的声望和才干巩固自己的地位；另一方面，为防止大权旁落，又对奕䜣加以牵制，伺机打击。同时，慈禧太后对李鸿章等洋务官员也采取了既

① "四谏"，最初指张佩纶、黄体芳、宝廷、何金寿四人，稍后以张之洞代何金寿而称"翰林四谏"，接着又以陈宝琛代黄体芳而共称"清流"。"十朋"，则指张佩纶、黄体芳、宝廷、张之洞、陈宝琛、邓承修、张观准、吴大澂、刘恩溥、吴可读。但多为标榜之说，不能当作完全的事实看待。见樊百川《清季的洋务新政》第1卷，466页，注1。
② 徐世昌：《李鸿藻传》，闵尔昌录《碑传集补》卷一，8页，沈云龙主编《近代中国史料丛刊》第100辑，第991—1000号，台北，文海出版社，1973。
③ 何刚德：《春明梦录·客座偶谈》卷上，9页。

利用又控制的手法：一方面借重洋务派来加强朝廷的军事、经济实力，以维护其统治；另一方面，又担心洋务派羽翼丰满后无法控制，形成内轻外重的局面，所以她驾驭清廷内部各派，利用他们之间的争斗，维系自己的最高权力地位。

　　总体说来，在清廷内部的矛盾中，清流派多是以调停的面目出现。他们既维护慈禧太后的地位，以获得其信任；又请求慈禧太后委以奕䜣军国重任，从而也为奕䜣所倚重。有人称张佩纶"奏疏深文周内，恒以诸臣恣纵、蔑视两宫为言。适如孝钦意，故所言无不行，往往劾人不待覆按，即罪之，旧所鲜有也，言路益发掷，朝士多持清议，辄推佩纶为主盟"①。1879 年（光绪五年），御史吴可读实行"尸谏"，抗议慈禧太后不为同治帝立嗣。张之洞即上疏为慈禧太后辩解，遂得到慈禧太后的青睐。当奕䜣受到慈禧太后的打击时，张佩纶于 1878 年（光绪四年）上疏为之辩护："恭亲王赞画枢要有年矣，任荐贤，任锄佞，非不能自任者"，请求"推诚委任恭亲王，责令竭忠尽诚，以安危为己任"。② 张佩纶入值总理衙门，奕䜣即表示："恨相知晚，署中事悉倚办。"③在中俄伊犁交涉中，张之洞连连上疏建言，奕䜣对其见解也表示重视，"颇为虚心咨访"。④

　　清流派与清朝统治集团中的保守派和洋务派既有联系又有区别。一方面，清流派主张仿效西法，兴办洋务，实行自强。这不同于保守派而接近于洋务派。另一方面，也是主要的方面，清流派强调维护名教，主张整饬纪纲，标榜士人气节，似乎接近于保守派而不同于洋务派。对洋务派"一切行政用人，但论功利而不论气节，但论才能而不论人品"的做法也"愤懑不平"。⑤ 在清流派看来，保守派"不知洋人之情"，洋务派则"不知中国君民之情"，皆不能有所作为。他们试图"参酌中外之情势"，以"任天下之大事，须曲尽天下之人情"的政治理念，⑥推行一种不

① 沃丘仲子：《近代名人小传》，153—154 页，北京，中国书店，1988。
② 张佩纶：《请上下交儆折》，见《涧于集》，奏议卷一，42 页。
③ 徐世昌：《大清畿辅先哲传》，867 页，北京古籍出版社，1993。
④ 王树枏编：《张文襄公全集·奏议》卷三，12 页。
⑤ 辜鸿铭：《辜鸿铭文集》上册，黄兴涛等译，418 页，海口，海南出版社，1996。
⑥ 张佩纶：《致李肃毅师相》，见《涧于集》，书牍卷一，28 页。

同于两者的自强之策。

二　清流派的自强主张

清流派所要推行的自强之策就是所谓的"攘外修内",并认为"修内莫亟于用人,攘外莫亟于经武"[1]。所谓攘外,主要是要求抵御外国侵略,反对在对外交涉中妥协退让。严重的边疆危机,促使清流派产生了求强御侮的危局意识,他们认为列强恣意侵扰边疆,妄行吞并中国邻国,皆因当道奉行妥协苟安的政策。陈宝琛指责枢臣在对外交涉中"无非张敌焰而损国威"[2]。张佩纶更是直言痛说:"恐谋国者自居贫弱,而视敌为富强,颇有苟安之心,惮为远大之举。是故言和则唯,言战则否,言偿款则有,言军饷则无,言调兵分防,则勉为补苴,言增兵大举,则相顾色骇。充此数弊,事机坐失,劳费转增。窃恐各国环伺,且继日本、法兰西而起。琉球不顾,必及朝鲜,越南不顾,必亡缅甸,诚为危也。方今梯航四通,中外已成列国兵争之局,我自强,则乘欧洲争轧,可全亚洲而王之。我不自强,则譬诸投骨于地,而待群犬之相牙,骨不尽不止。"[3]这番言论既表现了清流派对清廷一味妥协苟安的强烈不满,也反映了他们要求自强以挽救危亡的迫切心态。

由于崇厚在中俄伊犁交涉中擅订丧权条约,清流派纷纷上疏抨击,要求重治崇厚之罪。张之洞自 1879 年底至 1880 年间,就中俄条约上疏近 20 次,要求改议条约,主张以武备作为交涉的后盾,认为"实有战心,实有战具,而后可以为讲之地"[4],请求朝廷谕令李鸿章选将练兵,与俄作决战准备。正是在清流派的舆论压力下,清廷才改派曾纪泽赴俄重订条件,争回了部分主权。

在中法战争时期,清流派明确主张援越抗法。当 1882 年(光绪八年)法军侵犯越南北部之时,张佩纶上疏呼吁:"保越以捍边可也,弃越以让法不可也。"[5]他力主援越抗法。1884 年(光绪十年)5 月,李鸿章

① 张佩纶:《再请罢斥枢臣王文韶折》,见《涧于集》,奏议卷二,76 页。
② 陈宝琛:《条陈讲求洋务六事折》,见《陈文忠公奏议》卷上,40 页,1936。
③ 张佩纶:《保小捍边当谋自强折》,见《涧于集》,奏议卷二,9—10 页。
④ 王树枏编:《张文襄公全集·奏议》卷二,11 页。
⑤ 张佩纶:《统筹法越全局折》,见《涧于集》,奏议卷二,32 页。

与法国议订《中法简明条约》之际，张佩纶又奏请谕令边海各军严防备战，认为："欲议和亦须赶紧设防，防军强一分，敌焰必减一分。"①邓承修上疏指出：法国"诱和"之举是因其面临种种"困敝"而采取的缓兵之计，与之议和乃是"养虎遗患"，请求朝廷"惟有主缓和之议，以破其狡诈之情"②，主张积极调兵备战。

清流派不同于虚骄轻敌的保守派。他们意识到在敌强我弱的情势下既不应当轻敌启衅，也不应当一有败挫便轻易将帅，而应该充分估计敌我情势，总结战败教训，实行持续抗战之策，以求转弱为强，争取最终胜利，认为："明知法强华弱，初战不能不败，特非战不能练海防，非败不能练战。只要志定气壮，数败之后，自然渐知制敌之方。"③"可以始败而终胜，可以小败而大胜。"④

清流派也批评保守派固拒西法的态度，主张仿效西法，购造新式武器，增加抵御外侮的军事实力，"知我之短，而能取人之长"⑤。他们关于兴办新式海陆军、加强海陆防的主张与李鸿章大致相似，但他们要求抵抗外国侵略，反对一味妥协，这又与李鸿章有所不同。还在伊犁事件发生之际，张之洞就直言批评李鸿章不敢抗击俄国的妥协态度："李鸿章高勋重寄，岁靡数百万金钱以制机器而养淮军，正为今日。若并不能一战，安用重臣？"⑥对于李鸿章以武器落后，"有兵无器"为由而不敢轻言抗战的说法，张佩纶批评说："有兵无器，诚为笃论，惟及今一不试，以后正恐有器无人……恐数十年后，敌患益深，老成益少，坐视中国为其钳制，欲一摇手不得耳。"⑦清流派也不是不顾形势而一味主战。在他们看来，抗战是议和的必要前提和条件，应该以抗战迫议和，而不是以妥协求议和。

清流派希望通过抵抗外国的侵略，来推动内政的整顿，即所谓"借

---

① 张佩纶：《请饬边海各军严防备战以杜要盟折》，见《涧于集》，奏议卷三，第69页。
② 邓承修：《密陈间敌之策疏》，见《语冰阁奏议》卷六，14页，沈云龙主编《近代中国史料丛刊》第12辑，第114号，台北，文海出版社，1968。
③ 王树枏编：《张文襄公全集》卷二百一十四，书札一，45页。
④ 张佩纶：《统筹法越全局折》，见《涧于集》，奏议卷二，36页。
⑤ 张佩纶：《致李肃毅伯相》，见《涧于集》，译署函稿，11页。
⑥ 王树枏编：《张文襄公全集·奏议》卷二，5页。
⑦ 张佩纶：《致李肃毅师相》，见《涧于集》，书牍卷一，43页。

攘外以为修内"。因而在呼吁攘外的同时，他们极力主张修内，即惩治贪官，整肃纪纲，重用人才。同光之际，朝政腐败，贿赂公行，世风日下。与清流派交往密切的李慈铭揭露说：官场之内"以奔竞为材，以便给为智，以诌媚为忠，以亲附为信，而其进身之始亦由此得之。贿赂逢迎，相尚不讳，衣钵传授，习为固然。妻子所不羞，清夜所不悔，父兄所不诫，朋友所不规。呜呼，盖世道人心今日而绝矣！"①针对时弊，清流派纷纷上疏参劾。张佩纶表现尤其积极，"喜辩论，好搏击。官翰林日，频上书弹京省官吏，封章多于台谏"②。人称其疏"太辣"。1882年（光绪八年）2月，张佩纶连劾吏部尚书万青藜、户部尚书董恂、都御史童华，致使三位部院大员被罢黜或降调，一时震动朝野。1883年（光绪九年），张佩纶赴陕西调查巡抚冯誉骥被控一案，"于原参之外，复论列多人，寻常查办，无此认真"，并自诩："往返五千里，咒骂十三家。"③号称"铁汉"的邓承修，多次上疏抨击吏治及科场积弊，其参劾广东官吏竟至于"推论至六十年，累累凡百余人。其少近者，皆奉旨察办，罚镪降责有差。故承修尤为人所惮"④。1875年（光绪元年），四川地方官吏横征暴敛，滥杀无辜，酿成"东乡血案"。1879年（光绪五年），张之洞上疏为"东乡血案"鸣冤，陈述真相，使多年的沉冤得到昭雪，赢得了朝野称誉。

清流派所参劾的官员大体分为三类：一是违法乱纪的贪官，二是不思振作的庸官，三是对外妥协的枢臣。他们对枢臣的抨击尤力。张佩纶说："修内攘外，要在枢廷、译署，若两府之地，或有金壬，则臣下修攘之策，固未必行，而皇太后、皇上修攘之心，亦且为之阻挠而潜沮。"⑤张之洞批评沈桂芬"昏谬私曲，既无公事之法，又不实修战备，调将帅。筹将帅军火，筹借饷，百方阻止。惟其心必欲使大局败坏而后已"⑥。在他们看来，历次对外交涉之所以屡屡失败，正是沈桂芬之类的枢臣"但

---

① 李慈铭：《越缦堂日记》，光绪元年六月初八日。
② 沃丘仲子：《近代名人小传》，153 页。
③ 荣孟源、章伯锋主编：《近代稗海》第 1 辑，377 页，成都，四川人民出版社，1985。
④ 沃丘仲子：《近代名人小传》，155 页。
⑤ 张佩纶：《再请罢斥枢臣王文韶折》，见《涧于集》，奏议卷二，76 页。
⑥ 张之洞致李鸿藻函（光绪六年），见李宗侗、刘凤翰等《李鸿藻先生年谱》上册，313 页，北京，中华书局，2014。

求苟且无事"、一味妥协退让的结果。[①]

　　清流派策划参劾军机大臣王文韶,更显示其政治能量。沈桂芬在与李鸿藻的政争中,将门生、时任湖南巡抚的王文韶引入军机处,以图稳定自己的地位。以圆滑著称的王文韶入军机处后,却不敢在两人之间左右袒护。1881年沈桂芬死去后,李鸿藻秉政却又不谙洋务,王文韶得以实际主持总理衙门事务,依然承袭沈桂芬的应付之法而无所作为。清流派为了打破枢臣因循无为的格局,遂开始谋划劾罢王文韶。1882年(光绪八年)发生云南军需报销不实一案,牵涉户部尚书景廉和户部侍郎王文韶。清流派决定以此发难,由邓承修、张佩纶先后出面,一面为景廉开脱,一面集中参劾王文韶,指责其德才皆不足以担任枢臣。清廷最终将王文韶开缺回籍。此举不仅引起了朝野的极大震动,也成为清流派成功排除对立势力的一个标志。

　　清流派奉行儒家治平之道,评议朝政,对清廷最高统治者也不乏大胆谏诤。1878年(光绪四年),宝廷上《应诏陈言疏》,公开批评"上下偷安,日甚一日",要求"枢臣力加振作,以为诸臣倡",而"皇太后、皇上尤当力加振作,以为枢臣、部院、督抚及大小臣工倡"。[②] 1880年(光绪六年),慈禧太后派太监李三顺送食物给其胞妹(即光绪帝生母),事先未告知门卫放行,李三顺行至午门,不理睬护军的盘问,强闯午门。事后,慈禧太后偏袒宦官,谕令重治护军之罪。张之洞、陈宝琛上疏谏诤,要求遵循本朝祖制,严格约束宦官,从轻处置护军,使"圣心之公,国法之平,天威之赫,晓然昭著于天下"[③],迫使慈禧太后不得不下旨从轻处置护军,也惩处了肇事宦官。清流派的修内言行,对慈禧太后的专制和贪官的横行,起到了一定程度的制约作用。

　　清流派修内的政治意图是希望自己进入中枢,实掌朝政,通过调停宫廷矛盾,团结湘、淮军,以清流派为核心和灵魂,形成一股足以抵御外侮、实现自强的政治力量。但清流派的这一政治意图却难以实现。在参劾王文韶之时,张佩纶即举荐前山东巡抚阎敬铭和初任山西巡抚的

---

① 张佩纶:《再请罢斥枢臣王文韶折》,见《涧于集》,奏议卷二,76页。
② 宝廷:《竹坡侍郎奏议》卷上,25页,光绪二十七年刻本。
③ 王树枬编:《张文襄公全集·奏议》卷三,28页。

张之洞兼军机处和总理衙门大臣,结果未被朝廷采纳,而是由奕䜣、奕譞举荐的工部尚书翁同龢和刑部尚书潘祖荫继为军机大臣,翁、潘又都不兼总理衙门差使。张佩纶本人虽于1883年(光绪九年)12月以署左副都御史入总理衙门为大臣,在任职的5个月内多有建言规划,结果全以空文而搁置之,不能真正有所作为。因左宗棠和李鸿章之间成见甚深,湘军将领又多故步自封,清流派团结湘、淮军,倚为抗战主要力量的愿望也完全落空。清流派极力举荐的云南巡抚唐炯、广西巡抚徐延旭在抗法战争中丧师失地,反而授人以柄,遭到朝野的激烈抨击。结果,清流派攘外修内的政治主张大多难以落实。

三 甲申朝变与清流派的洋务归宿

统治集团内部的一系列矛盾和斗争终于在1884年(光绪十年)引发了一场对晚清政局影响甚大的朝变,清流派受此影响而遭到失败。这次朝变的发生是慈禧太后与奕䜣政争的必然结果,而一件有关个人恩怨的偶然事件却成了导火索。原来,1882年(光绪八年)李鸿章因母亲去世离职,淮军将领张树声接署直隶总督、北洋大臣,其子张华奎在京"专意结纳清流",以为其父博取声誉。张树声请张佩纶帮办北洋军务,张佩纶先是答应,旋又回绝。张树声竟自作主张直接上折奏请,结果遭到陈宝琛参劾,称疆臣不得奏调京僚,张佩纶因而怨张树声奏调为多事。张树声"甚恐,颇虑挟恨为难,非排去不安"[1]。于是,张华奎出面游说具有单折奏事之权的京官盛昱参劾张佩纶。盛昱初不同意,后经不住张华奎一再请托,便以信张佩纶为李鸿藻之罪,以任李鸿藻为奕䜣、宝鋆之过,欲一并参劾,遂于1884年(光绪十年)4月3日上参劾之折,要求:"明降谕旨,将军机大臣及滥保匪人之张佩纶,均交部严加议处,责令戴罪图功,认真改过。"[2]盛昱本以为按惯例军机大臣不容易被参倒,参劾不会起实际作用,这样既可以博得清议的名声,又可以敷衍张氏的请托;不料,此折一上,便为慈禧太后所利用,借机于8日发动"甲申朝

---

① 黄濬:《花随人圣庵摭忆》,331页。
② 转引自樊百川《清季的洋务新政》第1卷,506页。

变",将奕䜣与其他 4 位军机大臣全部罢黜,另命礼亲王世铎等 5 人代之。

朝变的发生使清流派大受震动。当时张佩纶正在告假期间,慈禧对之不但置之不问,反而谕令其不待假满即行入值。这也说明这次朝变实与参折中的内容无关,而是一场宫廷内部的权力之争。张之洞在山西闻讯后,急函张佩纶设法因应:"假满必宜速出。总之,阁下今日万不可退,退则全局输矣。国事如此,家事只可宽怀,高谊极钦佩,惟万不可激,枝节愈多,形迹愈离,以后无从补救矣。"[①]张佩纶采取的补救措施,即在朝变后第五天上疏,对慈禧太后另派奕劻管理总理衙门提出异议,要求由军机处兼管;又以总理衙门的名义具折上奏,意在为奕䜣复位申述理由,但受到慈禧太后的申饬。接着,张佩纶又会同其他 30 位官员,拒绝在同意接受与法国和议的廷议会奏稿上画诺,也反对按法国方面的意志撤换驻法使臣。这些举动自然引起了慈禧太后对清流派的嫉恨。

5 月 8 日,清廷发布谕旨,命通政使司通政使吴大澂会办北洋事宜,内阁学士陈宝琛会办南洋事宜,翰林院侍讲学士张佩纶会办福建海疆事宜。慈禧的用意不过是"使书生典戎,以速其败"[②]。张佩纶也明知这是对他作为"主战祸首,建言党魁"的惩罚。[③] 对于清流派来说,这次会办海疆,既有实现其攘外主张的机遇,更有身败名裂的风险。三人之中,吴大澂与李鸿章原有私交,北洋距抗法前线较远,尚无明显风险;陈宝琛到南洋后,不久即因丁母忧而去职。清流派的成败似乎主要取决于张佩纶的福建之行,而张佩纶是否有所作为,则又不能不取决于清廷对待法国的和战态度。张佩纶抵达福建后,虽然决意抗法,多方筹措战备,但受清廷求和政策的钳制,无法在战场上争取主动,终因马江之战惨败而遭到参劾,成为清廷掩饰败绩的替罪羊,被发配充军,三年期满赦回,寄居李鸿章处,后被招赘为婿,遂致被人诽议,原有的清流形象黯然失色。

清流派的其他重要人物也大多先后遭到贬斥。陈宝琛丁忧回籍

---

① 黄濬:《花随人圣庵摭忆》,306 页。
② 黄濬:《花随人圣庵摭忆》,70 页。
③ 张佩纶:《复八弟》,见《涧于集》,书牍卷五,49 页。

后，即因一同保举徐廷旭、唐炯而受到降五级调用的处分，光绪年间一直未被起用。邓承修先于 1885 年（光绪十一年）因营救言官被革职留用，旋奉命与法使会勘中越分界事宜，事竣后虽免革职处分，但不久仍被解职。黄体芳因参劾李鸿章，于 1886 年（光绪十二年）被革去兵部左侍郎职，降一级留用，改为闲职。宝廷则早以考差途中纳妓自劾而被革职。

至此，著名的清流派人物仅剩下吴大澂、张之洞二人。吴大澂因李鸿章的关照，后升任广东巡抚、河道总督。1889 年（光绪十五年），他不满朝政的日益腐败，上疏请会议奕𫍽作为皇帝生父的称号礼节，希图以名隆其位而实释其权的办法，使孙毓汶之辈失所依恃，朝政或有澄清，但终无结果。甲午战争中他自请率湘军出关御敌，在辽东战败而被革职留任。1898 年（光绪二十四年）终被革职，永不叙用。

张之洞是清流派中唯一的成功者，仕途顺利，升迁迅速，但在出任山西巡抚起已实际上走上洋务之路，成为洋务派中之一支。他于 1882 年（光绪八年）补授山西巡抚，1884 年（光绪十年）升任两广总督，1889 年（光绪十五年）调任湖广总督，在湖北大举洋务，异军突起。这除了他本人同权贵结怨较少、取得慈禧太后信任之外，也与奕𫍽为培植一支与李鸿章抗衡的势力而对之"大意扶助"有关。[1] 但张之洞坚持抵御外侮的主张却未被清廷采纳。甲午战争中，他力主抗战，反对议和，"屡次电奏沥陈，深遭时忌"[2]。谭嗣同曾说，甲午战争中"尤能力顾大局，不分畛域，又能通权达变、讲求实济者，要惟张香帅一人。此次军务，赖其维持帮助，十居八九，惜其才疏而不密，又为政府及全权所压制，不能自由耳"[3]。

从总体上来说，自中法战争后，清流派已经难以发挥影响清廷外交和内政的作用而日渐沉寂。仅有张之洞一人，以其特有的人格魅力，尚掌握一方大权，虽仍保留着力图抗外的清流遗风，但其"自强"举措与洋务派别无二致，成为洋务运动的一方领袖，增强了洋务派的力量。

① 许同莘编：《张文襄公年谱》，66 页，商务印书馆，1946。
② 王树枏编：《张文襄公全集》卷一百四十四，电牍二十三，21 页。
③ 蔡尚思、方行编：《谭嗣同全集》上册，158 页，北京，中华书局，1981。

张之洞与洋务派合流,起始于他出任山西巡抚之时。1882年(光绪八年),张之洞补授山西巡抚,到任后即着手整治山西社会,以兴工商、办洋务为要端,于7月上奏提出,对山西煤、铁两项,"讲求推广,招徕工商,以为足国富民之计"①。并拟开办新式炼铁厂。到1884年又设立洋务局,拟以本省洋务人才试办洋务,并准备向天津、上海购买新刊行的洋务书籍,以及外国新式织布机等。同时发布《延访洋务人才启》,除了力图招聘各地洋务人才来晋、集思广益、共谋洋务之外,还强调指出:"中外交涉事宜,以商务为本,以兵战为用。""方今万国盟聘,事变日多,洋务最为当务之急。"②由此可见其对洋务的认同已经非常明确,并开始付之实践。1884年下半年升任两广总督后,继续在广东讲求洋务,于中法战争平息后不久的1886年发布《札司道讲求洋务》公文,强调"洋务为今日要政"③。同时,设局厂制造枪弹、枪炮、兵轮,办军校,筹建纺织厂,其洋务业绩初见端倪。至此,张之洞已完全转变为一个洋务派,正如其幕僚辜鸿铭所言:"洎甲申马江一败,天下大局一变,而文襄之宗旨亦一变,其意以为非效西法图富强无以保中国,无以保中国即无以保名教。"④到1889年,张之洞调任湖广总督,便带着前期的思想和酝酿,在湖北大办洋务,成为洋务派的后起之秀。

---

① 王树枬编:《张文襄公全集》卷五,奏议五,页六。
② 赵德馨主编:《张之洞全集》第89卷,武汉,武汉出版社,2008。
③ 王树枬编:《张文襄公全集》,见沈云龙编《近代中国史料丛刊》,第6509—6511页,台北,文海出版社,1967。
④ 辜鸿铭:《民国笔记小说大观(第一辑)——张文襄幕府纪闻》卷上,"清流党",太原,山西古籍出版社,1995。

第二章

求强、求富与洋务运动前期举措

　　洋务运动从 1861 年 1 月清廷开始筹设专事与列强交涉的总理各国事务衙门而开始,到 1895 年中日甲午战争失败而宣告结束。所谓洋务运动,清朝统治者称之为"自强",有的历史著作称之为"洋务新政",就是力图通过学习和仿效西方的军事制度和武器装备,增强清廷镇压人民反抗和抵御外国入侵的力量,也就是"求强"。求强是洋务运动的最初动机和根本目的,它以购置和自造西式武器,并以此装备和训练新式军队为实施途径;继而为解决制造、购置和使用武器的原材料及资金困难,陆续开办相关的民用企业,从而涉足所谓的"求富";同时,又因与列强交涉和求强、求富需要有懂得各种专业知识的人才,相继采取了各种相关的引进西方先进文化和培养人才的举措。这历时 35 年的洋务运动,可以 1884 年爆发的中法战争为界分为前、后两期。本章所说的就是 1884 年之前的洋务运动。前期阶段的洋务运动虽然成效有限,而且其主要功效发挥在镇压太平天国和捻军上,但也在客观上助成了一些新的政治和社会因素产生,如开创了中国外交的新体制,开始了清朝传统军事制度的变革,拉开了中国早期工业化的序幕,引进了一些先进的西方文化,培养了中国第一批新式知识分子。

第一节　总理各国事务衙门的设立与
　　　　　外交体制的刷新

一　总理各国事务衙门和其他涉外机构的设置

总理各国事务衙门是第二次鸦片战争的产物,也是洋务运动的开端。第二次鸦片战争爆发后,1860 年(咸丰十年)10 月,英法联军兵临京畿,咸丰皇帝逃往热河,命恭亲王奕䜣为钦差大臣,留京办理"抚局"。英法联军进京后,清政府不仅被迫与之签订了《北京条约》,增开了通商口岸,还不得不允许各国公使常驻北京,使对外交涉事务日益增多,并受到各国要求设置专职外务机构的逼迫,奉命"抚夷"的奕䜣便趁机而动。

1861 年 1 月 11 日(咸丰十年十二月初一日)奕䜣等提交了请求设立总理衙门的奏折,并拟就了办理章程六条。咸丰皇帝随即于 1 月 20 日(十二月初十日)予以批准。上谕说:"京师设立总理各国通商事务衙门,著即派恭亲王奕䜣、大学士桂良、户部左侍郎文祥管理。并著礼部颁给钦命总理各国通商事务关防。"①这则上谕对奕䜣等所奏请设立的总理各国事务衙门加了"通商"两个字,或许是故意增加,或许是无意写错,后经奕䜣等的上奏申述,在对外称谓中撤去"通商"二字。1861 年 3 月 11 日(咸丰十一年二月初一日),总理各国事务衙门(以下简称"总理衙门")正式设立。

总理衙门的官制仿照军机处设置,其官职分大臣和章京两级,各有

---

① 贾桢等纂辑:《筹办夷务始末(咸丰朝)》卷七十二,1—2 页,北京,中华书局,1979。

责成。大臣分三等:(1)总理各国事务由亲王、郡王、贝勒统领,为皇帝特简,无定额;(2)总理衙门大臣,由特简大臣领之,或军机大臣兼领,无定额;(3)在总理衙门大臣上行走和办事大臣,由内阁、部院满汉京堂内特简,不常设,无定额。初设时,大臣只有3人,后来陆续增至8—9人至12人不等。大臣握有很大的独立处理各种涉外事务的权力,其职权范围是:"掌各国盟约,昭布朝廷德信,凡水陆出入之赋,舟车互市之制,书币聘飨之宜,中外疆域之限,文译传达之事,民教交涉之端,王大臣率属定议,大事上之,小事则行。"①章京的职责是办理各项具体事务,阶分三等:(1)总办章京,满汉各2人,由帮办章京升补;(2)帮办章京,满汉各1人,由章京内选派,协助总办章京办理各项事务;(3)章京和额外章京,前者满汉各10人,后者各8人,均由内阁、各部院保送侍读、中书、郎中、员外郎、主事考取,按次递补,分在各股办事,分两班轮流值宿。此外,还有各种司员和供事、苏拉(即差役)等。章京以下人员数额时有增减,最多时超过百人。

　　总理衙门的办事制度随着其管辖领域的不断扩大,经过三次改变而逐步完善,与其作为一个总管外交事务的专门机构渐相适应。总理衙门在初设时,采用的是分署办事制度,也就是按原衙门所管事务分配司员工作。如户部司员办理关税事务,兵部司员办理台站驿传事务,内阁司员办理机密要件,等等。1862年(同治元年)奏设清档处,责成两班章京办理,实行分班办事制度。1864年(同治三年)改为分股办事制度,办事各股及其职责分别是:英国股,掌管与英国、奥斯马加(奥国)两国的交涉往来之事,包括各国通商和关税等事务;法国股,掌管与法国、荷兰、日斯巴尼亚(西班牙)、巴西4国的交涉往来之事,包括保护民教及各岛招工等事务;俄国股,掌管与俄国、日本两国的交涉往来之事,以及陆路通商、边防、疆界、庆典、礼宾、有关官吏的人事行政和考试等事务;美国股,掌管与美国、德国、秘鲁、意大利、瑞典、挪威、比利时、丹麦、葡萄牙等国的交涉事务;海防股(1883年即光绪九年设置),掌管南北洋海防之事,包括长江水师、沿海炮台、船厂,购置轮船、枪炮、弹药、机

　　① "总理各国事务衙门",见《光绪会典》第4卷,60—61页,沈云龙主编《近代中国史料丛刊》第13辑,第129号,台北,文海出版社,1967。

器制造、电线、铁路、矿务等事务。① 此外,还有司务厅、清档房、电报处、银库等办事机构。

总理衙门还有两个重要的直属机构。一是同文馆。它与总理衙门同时被批准设立,于1862年6月(同治元年五月)正式开办,原系一所专门教授外语的学校,后来陆续增添了天文、算学、化学、格致、医学等课程。其管理人员有:管理大臣,由总理衙门大臣中特派,无定员;提调2人,在总理衙门的总办章京内派充;帮提调2人,在总理衙门各股资历较深的章京中派充。二是总税务司署。它于1861年1月16日(咸丰十年十二月初六日)正式批准设立于上海,1864年(同治三年)迁至北京。其官职设置有:总税务司1人,综理全国海关关税、行政及人事等事务;副总税务司1人。下设总务科、机要科、统计科、汉文科、铨叙科、造册处、驻外办事处、内债基金处。总税务司署虽说是总理衙门的一个直属机构,但由于从总税务司到各科、处都为洋员所把持,实质上是一个独立的机构。不过,两者之间的关系还是非常密切的。

在设立总理衙门的同时,清廷还根据对外交涉情况的变化,改设和新设了一些区域性、地方性的专门涉外职务和机构。区域性的涉外专职和机构有南洋通商大臣和北洋通商大臣两职。由于《天津条约》和《北京条约》签订后,通商口岸扩大为16处,分布于南北沿海地区,原由两江总督兼任的五口通商大臣已不能兼顾,清廷遂于上海和天津各设通商大臣的职位。原驻上海的五口通商大臣于1866年(同治五年)改为南洋通商大臣,简称"南洋大臣",先由江苏巡抚兼任,后改由两江总督兼任。其职责是:"掌中外交涉之总务,专辖上海入长江以上各口,其闽、粤、浙三省则兼理"。驻天津的三口通商大臣(专管天津、牛庄、登州三口)于1860年(咸丰十年)设立,1870年11月12日(同治九年十月二十日)改设北洋通商大臣,简称"北洋大臣",原为专职,后改为直隶总督的兼职。其职责为:"掌北洋洋务、海防之政令,凡津海、东海、山海各关政悉统治"。总理衙门与南北洋大臣之间虽然没有直接统辖的关系,不能直接指挥其行政,但亦具有咨询、传达和审核的权限。如南洋大

---

① 《光绪会典》第4卷,62—65页。

臣,"凡交涉之事,则督所司理之,待其上以裁决,疑难者则咨总理衙门,大事则奏闻;凡税钞,则稽察之,按结汇其册以奏销,仍分咨总理衙门及户部以备核,其支销者,亦如之"。北洋大臣与总理衙门的关系亦相同。[①]

地方性的涉外专职和机构主要是海关道和洋务局。海关道之设虽早已有之,但在第二次鸦片战争以后,不仅其设置随着通商口岸的增辟而不断增加,而且其职责也随着对外交涉事务的频繁而有所改变,除了原有的作为所辖海关的监督管理税收事务之外,又增加了办理地方一切中外交涉事宜一项,并日益成为其主要职责。至于海关道的这一中外交涉职责的具体作用,1870年(同治九年)时李鸿章有过这样的解释:"原期遇有中外交涉事件,先由关道与各国领事官会商妥办,再行详禀,以归简易。若事关重大,或关道与领事官意见不合,未能妥速了结,始禀请督臣核示饬办";"其有应行知照事件,臣即札饬关道,转行领事遵照";"又中外交涉案件,洋人往往矫强,有关道承上接下,开谕调停,易得转圜"。[②] 这也就是说,海关道在处理中外交涉事务中的职责,主要是在督、抚的指挥下,对所发生的事件作较低级别的交涉,发挥督、抚与外国领事之间的联络和缓冲作用。

随着对外交涉和海关自身事务的愈加繁杂,海关道益发无力、无暇兼行对外交涉事务,于是各省又自行设置了一种新的机构,以辅佐督、抚应接外国领事,处理中外通商和交涉案件,这一新的机构就是洋务局。洋务局首先出现在无海关道设置的通商口岸,最早在江苏南京出现。1868年(同治七年),两江总督马新贻在"办理洋务以恪守条约为最要"的办法中提出:参照"上海专设通商委员"之办法,"于江宁省城设立洋务局",委派专员办理"与洋人交涉"之事。[③] 此后,其他省份陆续设立洋务局。1877年(光绪三年),安徽巡抚裕禄"于安庆省城设立洋务局"[④]。1878年(光绪四年),两广总督刘坤一奏请"于省城设立洋务

---

① 《光绪会典》第4卷,67—68页。
② 吴汝纶编:《李文忠公全集·奏稿》卷十七,11、31页。
③ 马新贻:《马端敏公奏议》,见沈云龙编《近代中国史料丛刊续编》第18辑,第171号,687—688页,台北,文海出版社,1967。
④ 朱寿朋编:《光绪朝东华录》,总第2274页,北京,中华书局,1958。

公所,遴派熟悉洋务人员转办交涉事件"①。1884 年(光绪十年),山西巡抚张之洞在《札司局设局讲习洋务》②的公文中提出,于太原设立洋务局,并令所属司局筹议办厂、兴学等洋务之事。1884 年下半年,张之洞升任两广总督,到任后先委派"督粮道专办广州口岸洋务",但不能胜任,遂于 1886 年(光绪十二年)在总督衙署内设立"广东办理洋务处",并指出:"此举乃督饬各衙门讲求洋务而设,以期襄助有人";"其各事操纵机宜,仍由本部堂采集群议,酌核办理,并非委之该处,该处亦不得径自行文领事,以免外人误会,以为创立新章,致生枝节。凡遇洋务关涉地方,无须秘密者,随时禀请核示,录案报明抚部院查照,以资商酌而备稽核"。③ 这就明确规定了洋务处的权限只是作为总督亲自办理中外交涉的一个助理和具体办事机构,这也可以说是所有洋务局的基本职能。1888 年 4 月 21 日(光绪十四年三月十一日),广西巡抚沈秉成上奏说:"广西龙州既办通商,中外交涉事件比较繁杂,应于省城设立洋务局,以资提挈。""即于本年正月初十日"正式设立,由臬司兼任督办,所需开支"一律咨请户部拨发"。④ 经费由户部列支,意味着洋务局正式成为一个政府机构。此后,各省的洋务局相机设立,亦有称"交涉洋务局"、"通商洋务局"、"交涉局"者,一直延续至清末。

二　近代外交体制的初建

在不平等条约体系下,清政府设立总理各国事务衙门,中国开始产生了仿欧洲国际关系体制处理国与国之间外交交涉的机构和活动。这种国与国之间的外交活动不仅是制度上和政治上的,而且逐渐发展为经济上和文化上的,主要表现为以下几个方面。

一是中国从此有了专职的外交机构。鸦片战争前,清政府和外国之间没有近代意义的外交往来,以"宗藩关系"为代表的远东国际关系体系是中外关系的主流,在此体制下,朝贡关系主要由礼部负责;对俄

---

① 欧阳辅之编:《刘忠诚公遗集·奏疏》,见沈云龙编《近代中国史料丛刊》第 26 辑,第 251—259 号,1847 页,台北,文海出版社,1968。
② 赵德馨主编:《张之洞全集》第 89 卷,武汉出版社,2008。
③ 王树枏编:《张文襄公全集》卷九十三,公牍八,23—25 页,北平,文华斋,1928。
④ 王彦威纂辑、王亮编、王敬立校:《清季外交史料》卷七十五,30 页,北京,书目文献出版社,1897。

交涉主要由理藩部负责;与其他"互市之国"的贸易关系主要由粤海关和十三行负责。所以在清朝的政府体制中,一向没有专掌外交的机构。遇到像第一次鸦片战争这样特殊的国际交涉,清廷只能派临时性的钦差大臣负责办理。《南京条约》签订后,五口开放,不平等条约体系建立,"宗藩体系"受到冲击,迫于应付已成定局的中国和西方国家交往的需要,才设置了"五口通商大臣",但也只是作为两广总督的兼职(1859年后改由两江总督兼任),仍是一种临时性的钦差大臣身份,无专署。直到总理衙门设立,中国才开始有了专职的政府外交机构。

设立总理衙门的目的在于统一处理全国的对外事务。奕䜣等在奏请设立总理衙门时所拟章程六条中,第一条就是要求设立一个办理外国事务的专门机构。他说:"京师请设立总理各国事务衙门,以专责成也。查各国事件,向由外省督、抚奏报,汇总于军机处。近年各路军报络绎,外国事务头绪纷繁,驻京之后,若不悉心经理,专一其事,必致办事延缓,未能悉协机宜。请设总理各国事务衙门,以王大臣领之。"第二条则是要求给予总理衙门在外交上指导南北通商大臣及各省的权力,提出在南北口岸分设通商大臣,"所办一切事件,应仿照各省分别奏咨之例,由该大臣随时知照总理处,以免歧异"。吉林、黑龙江两省亦"应请饬令该将军等于中外边界,据实奏报,不准稍有粉饰。其中外交涉事件,一并按月咨照总理处察核"①。当时,这一要求没有得到咸丰皇帝的允准。但是,在总理衙门成立 3 个月后,咸丰皇帝在穷于应付外交事务之余,不得不将直接指导各省外交事务的大权交给总理衙门,于1861 年 6 月 11 日(咸丰十一年五月初四日)发布谕旨说:"奕䜣等总理各国事务,如各省督抚办理外国事务,有未尽妥协之处,经该国公使呈诉,即当酌量事之轻重,剀饬各该省督、抚遵照施行,一面奏闻,使各国知总理衙门事权较重,遇事可以代为办理。若因该国所请,事事降旨,不但无此体制,且恐各国视总理衙门不过仅能转奏,必启轻视之心,于事无益。嗣后各国公使,如求奕䜣等奏请谕旨,即告以应由总理衙门剀饬各督、抚,遵照条约办理,未便据情奏请谕旨。"②除了咸丰帝所给予

---

① 中国史学会主编:《第二次鸦片战争》(五),340—343 页,上海人民出版社,1978。
② 贾桢等纂辑:《筹办夷务始末(咸丰朝)》卷七十八,16—17 页。

的一面"奏闻"、一面"代为办理"的权力之外,各国驻京公使也要求"中外交涉事件,不能与外省大吏纷纷商办,必欲与"奕䜣等人直接"面议"①,从而使总理衙门获得了统一处理对外交涉事务的大权。此外,总理衙门还拥有向朝廷推荐使臣的权利,"凡遣使各国,则开单以请,恭候简派"②。

总理各国事务衙门的设立只是标志着中国开始迈出了近代外交的第一步,它作为一个专职的近代外交机构还存在着许多缺陷。第一,事权尚未达到完全统一,有些外交大权仍掌握在地方封疆大吏之手,如南洋通商大臣、北洋通商大臣,以及部分督、抚,特别是李鸿章、左宗棠等强势的地方大吏,都拥有相对独立的对外交涉之权。第二,执掌过于宽泛,所掌管的范围,除了严格意义上的外交之外,还包括了商务、税务、实业、工程、教育、司法、侨务、国防、洋教等所有与外国发生关系的"洋务"。第三,执掌的机构和人员设置及分工尚不够合理。

二是开始派遣正常性的驻外使节。在此之前,派使出国之事,只有前往藩属册封的使节和偶尔派出的负有特殊使命或观光考察性质的临时性使节。直到总理各国衙门成立5年后的1866年(同治五年),才在外国入侵者的影响下开始提出派遣使臣出国之事。是年总税务司赫德请假回国,建议总理衙门派员随同前往英国考察。奕䜣接受了这一建议,遂于2月20日(正月初六日)上奏说:"自各国提约以来,洋人往来中国,于各省一切情形日臻熟悉,而外国情形,中国未能周知,于办理交涉事件,终虞隔膜。臣等久拟奏请派员前往各国,探其利弊,以期稍识端倪,借资筹许。惟思由中国特派使臣前赴各国,诸费周章,而礼节一层,尤难置议,是以迟迟未敢渎请。"于是,请求按赫德所提办法,由总税务司文案斌椿带领其子及同文馆学生二人,随赫德前往英国。③ 这可谓是总理衙门设立以后派遣出国使臣的第一次尝试。

1867年(同治六年)总理衙门又做了派使出国的第二次尝试。是年10月12日(九月十五日),总理衙门为了准备应付次年的修约谈判,

---

① 宝鋆等纂辑:《筹办夷务始末(同治朝)》卷二,17页,故宫博物院,1930。

②《光绪会典》第4卷,64页。

③ 宝鋆等纂辑:《筹办夷务始末(同治朝)》卷三十九,1—2页。

向各省将军、总督、巡抚发出修约书《条说》，提出了各项问题，征求意见，其中"议遣使"一条说："西洋诸国自立约后，遣使互驻，交相往来，各处皆然。而中国则并无此举，叠据各使臣来请奏派前往。……此后遣使一节，亦关紧要，未可视为缓图，究应如何，亦希公商酌定。"①许多封疆大吏认为有其必要。此时，恰有美国驻华公使蒲安臣辞职回国，向总理衙门毛遂自荐，表示愿为中国代行出使，总税务司赫德也极力推荐，奕䜣遂于11月21日（十月二十六日）上奏此事。他的奏折一方面强调"遣使一节，本系必应举行之事"，另一方面又认为缺乏适当人选，且中外礼仪不同，颇有"为难之处"，但中外"隔阂之由，总因彼有使来，我无使往……此臣等所耿耿于心，而无时稍释者也"。因此，力主委派蒲安臣代行出使。②于是，蒲安臣便被委任为"钦派办理各国中外交涉事务大臣"。此外，总理衙门又加派英国翻译官柏卓安和法国人税务司德善为左右协理，派总理衙门章京志刚和孙家谷为交涉大臣，共同组成一个使节团。蒲安臣使团于1868年2月25日（同治七年二月初三日）自上海启程，先后到达美国、英国、法国、瑞典、丹麦、荷兰、普鲁士、俄国。1870年2月23日（同治九年正月二十四日），蒲安臣病死于俄国圣彼得堡后，使团继续访问了比利时、意大利和西班牙，于8月返回中国。

蒲安臣使团这一近代中国派出的第一个外交使团的组成虽以外国人为主，但其外交主权仍在清廷掌握之中。奕䜣在奏折中已设定了保证主权的原则："凡与中国有损之事，令其力为争阻，凡与中国有益之事，令其不遽应允，必须知会臣衙门复准，方能照行。"③这一原则在蒲安臣出使前即已明确，规定其遇事不仅不能擅自作主，而且必须与同行的中国官员商量定夺，联名呈报。双方约定的条款中规定："中国钦命之员（即清廷所派之员），会同贵大臣（即蒲安臣）前赴各国，遇有彼此有益无损事宜，可准者，应即由贵大臣与钦命之员酌夺妥当，咨商中国总理衙门办理；设有重大事情，亦须贵大臣与钦命之员开具情节，咨明中国总理衙门候议，再定准否。"④在出使期间，蒲安臣于1868年7月28

---

① 宝鋆等纂辑：《筹办夷务始末（同治朝）》卷五十，32页。
② 宝鋆等纂辑：《筹办夷务始末（同治朝）》卷五十一，26—28页。
③ 宝鋆等纂辑：《筹办夷务始末（同治朝）》卷五十一，27—28页。
④ 宝鋆等纂辑：《筹办夷务始末（同治朝）》卷五十二，4页。

日(同治七年六月初九日)与美国国务卿西华德拟定了《续增条约》(亦称《蒲安臣条约》),后经清廷批准生效。该条约主要内容有三点:第一点是关于中国向美国派遣常驻领事问题,规定:"大清国大皇帝可于大美国通商各口岸任便派领事官前往驻扎"。第二点是关于准予中美之间的人民自由来往问题,规定:"大清国与大美国切念民人前往各国,或愿常住入籍,或随时来往,总听其自便,不得禁阻……两国人民自愿往来居住之外,别有招致之法,均非所准。"第三点是关于中国人在美国求学和美国人在中国办学的问题,规定:"嗣后中国人欲入国立大小官学学习各等文艺,须照相待最优国之人民一体优待……美国人可以在中国按约指准外国人居住地方设立学堂,中国人亦可在美国一体照办。"①蒲安臣使团虽具有一定的近代外交使节的意义,但仍然是一种临时性的外派使节,尚非常设的驻外使臣。

清廷派遣常设驻外使臣始于1875年(光绪元年)。8月28日(七月二十八日)首先派出郭嵩焘为驻英国公使,许钤身、刘锡鸿副之;12月11日(十一月十四日)派出陈兰彬为驻美公使,并兼西班牙、秘鲁公使,容闳为副使。1876年9月30日(光绪二年八月十三日)派遣许钤身为驻日公使,以何如璋、张斯桂副之。1877年4月30日(光绪三年三月十七日)调任驻英副使刘锡鸿为驻德公使。1878年2月22日(光绪四年正月二十一日)派驻英公使郭嵩焘兼任驻法公使;6月22日(五月二十二日)派遣崇厚为驻俄公使。1881年4月5日(光绪七年三月初七日)派驻德公使李凤苞兼任奥斯马加、荷兰、意大利公使。1885年7月14日(光绪十一年六月初三日)任命驻德公使许景澄兼任比利时公使。② 至此,在10年的时间内清廷已向12个国家派出了常设使臣,·直延续到1894年(光绪二十年),所派遣担任公使者已达22人、副使(不包括升任公使者)4人。在这12个驻使国家中,虽有7个国家的公使为兼任,但已遍及与清朝关系较多的国家。其详情请见表2-1:

---

① 王铁崖编:《中外旧约章汇编》第1册,262—263页,北京,生活·读书·新知三联书店,1982。
② 中国第一历史档案馆、福建师范大学历史系合编:《清季中外使领年表》,北京,中华书局,1997。

表 2-1　1875—1894 年清朝驻外使领表

任命时间	出使国	正 使 名	副 使 名
1875(光绪元年)	英　国	郭嵩焘	许钤身、刘锡鸿(1876 年)
1875	美　国	陈兰彬	容　闳
1875	西班牙	陈兰彬(兼)	
1875	秘　鲁	陈兰彬(兼)	
1876(光绪二年)	日　本	许钤身	何如璋、张斯桂
1877(光绪三年)	日　本	何如璋	张斯桂
1877	德　国	刘锡鸿	
1878(光绪四年)	德　国	李凤苞(署)	
1878	俄　国	崇　厚	
1878	英　国		曾纪泽
1878	法　国	郭嵩焘(兼)	曾纪泽(兼)
1879(光绪五年)	法　国	曾纪泽(兼)	
1879	德　国	李凤苞	
1879	俄　国		邵友濂
1880(光绪六年)	英　国	曾纪泽	
1880	俄　国	邵友濂(署)	曾纪泽
1880	日　本		许景澄
1881(光绪七年)	俄　国	曾纪泽(兼)	
1881	奥　国	李凤苞(兼)	
1881	荷　兰	李凤苞(兼)	
1881	意大利	李凤苞(兼)	
1881	美　国		郑藻如
1881	西班牙		郑藻如(兼)
1881	秘　鲁		郑藻如(兼)
1881	日　本	许景澄	黎庶昌
1882(光绪八年)	美　国	郑藻如	
1882	西班牙	郑藻如(兼)	

任命时间	出使国	正 使 名	副 使 名
1882	秘 鲁	郑藻如（兼）	
1882	日 本	黎庶昌	
1884（光绪十年）	法 国		许景澄
1884	德 国		许景澄（兼）
1884	奥 国		许景澄（兼）
1884	荷 兰		许景澄（兼）
1884	意大利		许景澄（兼）
1884	日 本		徐承祖
1885（光绪十一年）	德 国	许景澄	
1885	法 国	许景澄（兼）	
1885	奥 国	许景澄（兼）	
1885	荷 兰	许景澄（兼）	
1885	比利时	许景澄（兼）	
1885	意大利	许景澄（兼）	
1885	英 国		刘瑞芬
1885	俄 国		刘瑞芬（兼）
1885	美 国		张荫桓
1885	西班牙		张荫桓（兼）
1885	秘 鲁		张荫桓（兼）
1885	日 本	徐承祖	
1886（光绪十二年）	美 国	张荫桓	
1886	西班牙	张荫桓（兼）	
1886	秘 鲁	张荫桓（兼）	
1887（光绪十三年）	英 国	刘瑞芬	

任命时间	出使国	正　使　名	副　使　名
1887	俄　国	刘瑞芬（兼）	洪　钧
1887	法　国		刘瑞芬（兼）
1887	德　国		洪　钧（兼）
1887	荷　兰		洪　钧（兼）
1887	奥　国	洪　钧（兼）	
1887	比利时		刘瑞芬（兼）
1887	意大利		刘瑞芬（兼）
1887	日　本		李兴锐（未任）、黎庶昌
1888（光绪十四年）	法　国	刘瑞芬（兼）	
1888	俄　国	洪　钧	
1888	德　国	洪　钧（兼）	
1888	奥　国	洪　钧（兼）	
1888	荷　兰	洪　钧（兼）	
1888	比利时	刘瑞芬（兼）	
1888	意大利	刘瑞芬（兼）	
1888	日　本	黎庶昌	
1889（光绪十五年）	英　国		陈钦铭、薛福成
1889	法　国		薛福成（兼）
1889	比利时		薛福成（兼）
1889	意大利		薛福成（兼）
1889	美　国		崔国因
1889	西班牙		崔国因（兼）
1889	秘　鲁		崔国因（兼）
1890（光绪十六年）	俄　国		许景澄

任命时间	出使国	正　使　名	副　使　名
1890	德　国		许景澄（兼）
1890	奥　国		许景澄（兼）
1890	荷　兰		许景澄（兼）
1890	比利时	薛福成（兼）	
1890	意大利	薛福成（兼）	
1890	美　国	崔国因	
1890	西班牙	崔国因（兼）	
1890	秘　鲁	崔国因（兼）	
1890	日　本		李经方
1891（光绪十七年）	英　国	薛福成	
1891	法　国	薛福成（兼）	
1891	奥　国	许景澄（兼）	
1891	荷　兰	许景澄（兼）	
1891	日　本	李经方	汪凤藻
1892（光绪十八年）	俄　国	许景澄	
1892	德　国	许景澄（兼）	
1892	美　国		杨　儒
1892	西班牙		杨　儒（兼）
1892	秘　鲁		杨　儒（兼）
1893（光绪十九年）	英　国		龚照瑗
1893	法　国		龚照瑗（兼）
1893	比利时		龚照瑗（兼）
1893	意大利		龚照瑗（兼）
1893	日　本	汪凤藻	

续　表

任命时间	出使国	正　使　名	副　使　名
1894（光绪二十年）	意大利	龚照瑗（兼）	
1894	美　国	杨　儒	
1894	西班牙	杨　儒（兼）	
1894	秘　鲁	杨　儒（兼）	

资料来源：中国第一历史档案馆、福建师范大学历史系合编《清季中外使领年表》，3—30页，北京，中华书局，1970。

说明：表中所列的"奥国"即为奥斯马加；"西班牙"当时称"日斯巴尼亚"。

在派出驻外公使之后不久，清廷还向一些国家和城市派出了常驻领事。派遣常驻领事始于1877年10月（光绪三年九月），任命胡璇泽为驻新加坡领事。此后，相继派出的驻外领事有：1878年2月（光绪四年正月）始派范锡朋为驻日本横滨兼筑地领事（称"理事"），同年6月（五月）始派廖锡恩为驻日本神户兼大阪领事（称"理事"），同时又派余瓐为驻日本长崎领事（称"理事"）。1879年3月（光绪五年二月）始派陈国芬为驻美属檀香山领事，同年8月（七月）派刘亮沅为驻古巴总领事，同时又派陈善言为驻古巴马丹萨领事。1880年1月（光绪五年十一月）派陈树棠为美国旧金山总领事。1883年3月（光绪九年二月）派欧阳明为美国纽约领事。1884年12月（光绪十年十一月）派刘福谦为驻秘鲁嘉里约领事。1886年2月（光绪十二年正月）派刘坤为驻日本箱馆兼新潟、夷港副领事（称"副理事"）。1893年3月（光绪十九年正月）派张振勋为驻槟榔屿副领事。至此，设置领事的国家、地区和城市共计达12个，先后更换派出的领事和副领事达50人次。[①] 如此，在1875—1894年20年中，清廷共计派出了76位正、副公使和领事，成为清朝外交的一支主干队伍，也标志着近代中国对外开放发生了制度性变化，在对外交涉和洋务活动中发挥了一定的作用。

---

① 中国第一历史档案馆、福建师范大学历史系合编：《清季中外使领年表》，73—88页，北京，中华书局，1970。

第二节　建设新式军队的早期尝试

一　军队革新的思想和方式

在镇压太平天国过程中,清朝传统的八旗和绿营军队,无论在制度上还是装备上都显示出落后。新起的湘军和淮军虽然较为先进,具有较强的战斗力,但其新式化的程度也是低下的。清军攻占太平天国的首都天京(南京)以后,尚需镇压太平军余部和继起的捻军,加之受第二次鸦片战争之影响,防御外敌的意识有所加强,从清廷到统兵大员都日益感到加强军队建设的必要性和重要性。1861 年(咸丰十一年),俄国和法国曾与总理衙门协商"借师助剿"和购置军火之事,此事虽未成功,却使总理衙门提出了通盘革新旧军队的设想。奕䜣等上奏说:"窃臣等酌议大局章程六条(即设立总理衙门等),其要在于审敌防边,以弭后患,然治其标而未探其源也。探源之策,在于自强,自强之术,必先练兵。……况发捻等尤宜迅图剿办,内患除则外侮自泯。查八旗禁军,素称骁勇,近来攻剿,未能得力。非兵力之不可用,实胆识之未优。若能添习火器,操演技艺,训练纯熟,则器利兵精,临阵自不虞溃散。现俄国欲送鸟枪一万杆,炮五十尊,法国洋枪炸炮等件,均肯售卖,并肯派人教导铸造各种火器。……如火器营等处,或有枪炮,或有款可筹,多为添置,先为酌办,分给八旗兵丁,即行演习。"① 这就是说,要抵御外敌,要彻底镇压太平军和捻军,就必须自谋强大,即"自强",这也是筹办洋务

---

① 贾桢等纂辑:《筹办夷务始末(咸丰朝)》卷七十二,11—12 页。

的宗旨所在；而自强之策则在于训练新式军队，即"练兵"，这应是筹办洋务的首要任务；而练兵之法在于添置洋枪洋炮；而洋枪洋炮的来源则为外购或自造。简而言之，也就是通过采用洋枪洋炮改造旧式军队，这种对军队的现代化追求也就成了洋务运动的第一目标和最初动力。

1862年（同治元年），在英国和法国的敦促下，清廷开始请英、法军官代练新式军队后，洋务派官僚们在训练新式军队的实践中，面对遇到的问题产生了两个方面的新思想，一是如何进行训练？二是如何掌握受训练军队的指挥权？

1862年11月17日（同治元年九月二十六日），奕䜣等上奏说："叠致江苏巡抚李鸿章、通商大臣薛焕信函，嘱以所练之兵，操演归中国官弁统带，进剿亦必听中国号令指挥，方不致滋流弊等因各在案。兹据李鸿章来函，大意以洋人练兵过费，且征调掣肘，恐将来尾大不掉等因。……今查洋人教练我兵，弊不于演习之时，弊实于临敌指挥，即为此军之将，倘易我国之人为将，又以素未谙习其法，难以得手，必欲兵将相习，自不得不暂用其人，洋人之骄蹇日形，实为势所必至。则中国教演洋枪队伍，练兵必先练将，实为此中紧要关键。诚能练将，则将与兵联为一气，将来即用中国之将，统带中国之兵，洋人暂为教演，止膺教习之任，并不分将帅之权，自不至日久弊生。"[1]对此，同治皇帝给议政王和军机大臣等的上谕中，除了转述了奕䜣等的奏折中所提出的"练兵必先练将"的策略之外，还指出："惟以洋人训练，即以洋人统带，是其既膺教习之任，并分将帅之权，日后征调，必多掣肘；且兵少则不足以示强，兵多则饷需太巨。莫若选择员弁，令其学习外国兵法，去其所短，用其所长，于学成后自行训练中国勇丁，则既可省费，亦不至授外国人以兵柄。著曾国藩、薛焕、李鸿章、左宗棠商酌，于都司以下武弁中，择其才堪造就，酌挑一二十员，令其在上海、宁波学习外国兵法，以副参大员统之，会同外国教练之官，勤加训练。……练成之后，即令各该员弁转传兵勇，以资得力。如新练之将弁，数月后得有成效，即可将上海、宁波等处学习外国兵法勇丁，交其统带，不必再令外国人经管。"[2]李鸿章认

① 宝鋆等纂辑：《筹办夷务始末（同治朝）》卷十，13—14页。
② 宝鋆等纂辑：《筹办夷务始末（同治朝）》卷十，15—16页。

为,教练军队虽可聘请外国军官,但"莫专靠洋人做生活","总要我军能自收自放,然后出而攻战,可无敌于天下"。① 他还指出:外国军官所以乐于教练中国军队,主要是为了"揽权嗜利","上海英法教练勇一千数百名,始议中外会带,久则外国多方揽扰,渐侵其权,不容中国管带官自主,亦不肯绳勇丁以中国之法"。② 所以在刚开始练兵之时,他只是调拨当地的绿营兵进行训练,不愿将自己的淮军拨交外国军官教练。这些言行说明,对于如何练兵的问题,他们主张的是"用外国法"练中国兵。所谓的"用外国法",不仅是采用外国的武器,而且还包括采用外国的兵制。1864 年(同治三年),李鸿章在致内阁侍读学士、掌四川道监察御使陈廷经的函中提出:中国应"及早自强,变易兵制,讲求军实",并强调指出:"兵制关立国之根基,驭夷之枢纽,今昔情势不同,岂可狃于祖宗之成法"。③ 关于如何掌握新练军队的指挥权问题,他们所主张的是:外国军官只可用以练兵,不可用以带兵,军队的指挥权要确保操之于己;并进而提出:"练兵必先练将",逐步以练成之中国将官取代所聘用之外国军官,实行自行训练,自行带兵。

1863 年(同治二年),随着练兵活动的展开,对新式武器的需求日益增多,洋务派官僚们的新式军队建设思想又增添了一项内容,即如何采用新式武器的问题。在练兵之始,所采用的新式武器不是来自外国"赠送",就是来自国外购买,到 1863 年开始提出自行制造以供练兵需要的主张。1863 年 10 月,清廷向各省督抚发出谕旨:"饬令中国员弁学习洋人制造各项火器之法,务须得其秘传,能利攻剿,以为自强之计。"④1875 年(光绪元年)11 月,李鸿章在回顾自己设立洋炮局自制武器的过程时说:"自同治初年,臣鸿章孤军入沪,进规苏浙,辄以湘淮纪律参用西洋火器,利赖颇多。念购器甚难,得其用而昧其体,终属挟持无具。因就军需节省项下,筹办机器,选雇员匠,仿造前膛兵枪、开花、

---

① 年子敏编注:《李鸿章致潘鼎新书札》,4 页,北京,中华书局,1960。
② 《李鸿章致总署函》,见"中研院"近代史所编《海防档》甲,购买船炮(一),188 页,台北,艺文印书馆,1957。
③ 李鸿章:《复陈筱航侍御》,见吴汝纶编《李文忠公全集·朋僚函稿》卷五,34 页。
④ 宝鋆等纂辑:《筹办夷务始末(同治朝)》卷二十,13 页。

铜帽之属。……取彼之长,益我之短,自强之基,莫大于是。"①1864 年10月,李鸿章致函总理衙门说:列强"藐视中国,非可以口舌争,稍有衅端,动辄胁制,中国一无足恃,未可轻言抵御,则须以求洋法习洋器为自立张本,或俟经费稍裕,酌择试办"②。由此可见,他们都认为自制新式武器是朝廷和军队谋求自强的根本所在,也就是洋务派所说的"自强以练兵为要","练兵以制器为先"。

二 陆军的新式化建设

清朝的陆军新式化建设开始于 1862 年(同治元年)。从 1861 年起,英国的驻华外交官员就多次建议清廷建立和训练新式军队。1862年初,清廷采纳了英国方面的建议,并从驻京的旗营中挑选了 130 名官兵,交由以英国将军斯得弗力(另译"士迪佛立")为首的由 17 名英国军官组成的军官团,在天津进行训练。③ 到是年上半年,在英方的要求下,将受训的驻京旗营官兵增加到约 480 人,又添练天津镇和大沽协绿营官兵 620 人,合组为两个营和一个炮兵队,由三口通商大臣崇厚主持其事。④ 所需军费,由天津道于盐斤复价及天津厘捐项下动用,归入海防案内开销。所用枪炮,初时主要从英军中借用,不久全部改换为俄国所赠之枪炮,弹药则从英军购买。这是中国第一批聘请外国军官训练的新式武装,也是中国自有的第一支新式军队。

天津(直隶)练兵可分为两种,一种是将驻京旗营兵派赴天津轮训,另一种是对驻防天津的绿营兵进行新式军事训练。就驻京旗营兵赴津轮训而言,除了最初选派的 120 人之外,另有增添的汉军旗兵 376 人,于 1862 年 6 月到达天津。⑤ 到 1863 年(同治二年)末,奕䜣、崇厚等人认为,这第一批受训官兵不仅已经"练习精熟",而且经过参加镇压山东、直隶捻军和地方防卫的检验,"所向有功","即可撤回京营,推广教

---

① 李鸿章:《上海机器局报销折》,见吴汝纶编《李文忠公全集·奏稿》卷二十六,13 页。
② 中研院近代史所编:《海防档》(丙),机器局(一),3—5 页,台北,艺文印书馆,1957。
③ 宝鋆等纂辑:《筹办夷务始末(同治朝)》卷四,13—14、36—37 页;参见樊百川《清季的洋务新政》第 2 卷,710—713 页。
④ 宝鋆等纂辑:《筹办夷务始末(同治朝)》卷五,15—17 页;中国史学会主编:《洋务运动》(三),445 页。
⑤ 中国史学会主编:《洋务运动》(三),451 页。

练";但又以天津"海口重地,仍须弹压防守","先行撤回一半",另从原派练兵的神机营和驻京各旗营中"照原数调换赴津"受训。并且开始实行"互相教练,毋庸另募外国人教习"①。到 1864 年(同治三年)7 月,鉴于"京津两处练兵,中外口号不一,难以合成一军",而将在天津受训的北京旗营官兵全部撤回,另外再抽调外火器营官兵设立威远步队,统归神机营督饬在京城训练。同时,又从天津镇和通永镇新挑绿营兵丁760 名加入训练。② 1865 年(同治四年)9 月,总理神机营事务的奕譞等人又以"所练洋人阵式,只有步队,并无马队"为由,再在威远步队内拣选兵丁 500 名、队官 12 人,自带马匹,交崇厚延请熟悉马上技艺的外国军官,仿照枪队章程训练。③ 1867 年(同治六年)5 月,奕䜣等人将这500 人调回北京,接着又从圆明园八旗内另挑兵丁 500 名,仍照前训练,并从"上届练熟官兵内挑选二十员名到津,以资帮同教练",直至1869 年(同治八年)7 月调回。④ 这支接受新式训练的军队便被编为神机营洋枪队。

就绿营兵的训练而言,除了在驻京旗营兵赴津轮训时已有部分陪同训练之外,从 1865 年起开始扩展。是年 5 月,镇压捻军的清军在山东菏泽大败,统帅僧格林沁亦被杀,清廷在急调崇厚率已练成的全部洋枪队1 500 人增援大名,防堵捻军北上的同时,命令崇厚再从天津、芦台两镇标兵中挑选 500 人,习练洋枪,防守天津。到 1868 年(同治七年),由李鸿章奏准清廷,以天津海防紧要为由,扩大练军规模,连前所练,建立洋枪队 5 营、洋炮队 1 营,共计官兵 3 200 余人。次年,又由崇厚从各枪炮队中抽调数十人,训练马队。自此形成了一支步兵、炮兵和骑兵齐备的天津练兵。1870 年(同治九年),李鸿章接任直隶总督和北洋大臣后,将天津练兵陆续改编扩大为 31 营 6 小队,其中步队 19 营、马队12 营、马步混合队 6 小队,成为全国规模最大的一支练军,其指挥权也

---

① 宝鋆等纂辑:《筹办夷务始末(同治朝)》卷二十二,4—5 页。
② 中国史学会主编:《洋务运动》(三),476 页;宝鋆等纂辑:《筹办夷务始末(同治朝)》卷二十六,42 页。
③ 中国史学会主编:《洋务运动》(三),476、478—479 页。
④ 中国史学会主编:《洋务运动》(三),493、497 页。

在实际上落到了地方大吏李鸿章的手中。①

1862 年下半年,清廷又在英国和法国方面的敦促下,"令上海、福州两处,仿照天津练兵之法,酌量情形,先行试办"②。为此,奕䜣等人多次致函江苏巡抚李鸿章、南洋通商大臣薛焕议论此事,其中 6 月下旬和 7 月上旬的两函"累数千言,备述洋酋会商练中国兵,用外国法,及布置上海城守各事","曲体外间情势艰难,委婉周旋",③使李鸿章不得不各拨千人和数百人交由英国和法国军官训练。但李鸿章并没有拨出自己淮军的一兵一卒交由英、法军官训练,而是采用自己的办法,逐渐改用西法。

淮军改用西法是分两步实行的。第一步是单一的采用洋枪洋炮。大约在 1862 年 5 月,淮军开始购置洋枪成立洋枪队。6 月 15 日,淮军与太平军发生虹桥之战,李鸿章在目睹了所辖程学启部洋枪队作战立功的场景后,便令上海各营添练洋枪小队,开始推广采用洋枪洋炮。到是年底,淮军所采用的洋枪有六七千杆。在采用洋枪之后,李鸿章便从 1863 年初开始聘请外国军官训练淮军,首先在刘铭传的"铭字营"聘请一名法国军官教练洋枪;随即因各营"闻风曾索",纷纷要求聘洋人练军,李鸿章遂再"雇洋人数名,分给各营教习"④,并分令各营雇觅洋人教练使用炸炮、洋枪之法,从而使淮军全军不仅普遍采用洋枪洋炮,而且改用西洋阵法,"操演阵法纯用洋人规矩,号令亦依照洋人声口"⑤。到 1865 年(同治四年)时,李鸿章陈述自己在上海扩军练兵的情况说:"臣军久在江南剿贼,习见洋人火器之精利,于是尽弃中国习用之抬枪、鸟枪,而变为洋枪队。现计出省及留防陆军五万人,约有洋枪三四万杆;铜帽月需千余万颗,粗细洋火药月需十数万斤。……又有开花炮队四营……洋炮重者千余斤,轻亦数百斤。"⑥如是,淮军成为清朝最强大的一支新式军队。

---

① 参见樊百川《清季的洋务新政》第 2 卷,877—878、886 页。
② 宝鋆等纂辑:《筹办夷务始末(同治朝)》卷七,3—4 页。
③ 吴汝纶编:《李文忠公全集·朋僚函稿》卷一,39 页。
④ 年子敏编注:《李鸿章致潘鼎新书札》,4 页;李鸿章:《上曾相》,见吴汝纶编《李文忠公全集·朋僚函稿》卷三,16 页。
⑤ 曾国藩:《曾文正公手书日记》,同治四年八月二十八日。
⑥ 吴汝纶编:《李文忠公全集·奏稿》卷九,56—57 页。

其他包括湘军在内的各地方军队和旗营、绿营兵,也都程度不同地采用了西式武器和兵制,但都没有达到淮军这样遍及全军的程度,而是中西武器兼用互补。其中在绿营兵中出现的"练军"是这一时期中产生的新式兵种。所谓练军,就是从原有的绿营中抽调出一部分精壮之兵,另外成立一支军队,给予洋枪、洋炮的装备和相应的军事训练,它在原则上由清廷直接领导。这种练军最早出现于上述的天津和直隶练兵,此后逐渐推广,大多数省份皆建立了练军,其中以江苏和东三省较为可观。江苏练军从1869年(同治八年)起由巡抚丁日昌、两江总督马新贻分别在苏州和南京创建,各挑选当地绿营兵勇1 000人组成。后经历任巡抚、总督扩充,到中法战争前后扩大为30营左右。在东北,1870年(同治九年)前后奉天省开始"练洋枪步队"。1879年(光绪五年)时,由于俄国侵犯东北边疆,促动清廷在东三省进行较大规模的练兵,到1884年(光绪十年)已建立的练军有:奉天练习洋枪者4 000余人,炮兵1 100余人;吉林边防马、步各营,练洋枪、洋炮者共5 300余人,练军马、步各营练洋枪者约3 000人;黑龙江所有练军、西丹常川练习洋枪、洋炮者5 000人,共计18 400人。[1] 1885年(光绪十一年),新掌总理衙门的奕𫍣等人认为三省虽各有练军,"然多寡不等,训练不齐",应当立定章程,重加挑练,每省以5 000人为率,每年替换一半轮训,3年得练军1万;并将原来以马队为主,改为以步队为宜。三省练军分别称为"盛字营"、"吉字营"和"齐字营",每省建立马队4起(后实练2起),每起250人;步队8营,其中洋枪队6营,洋炮队2营,每营500人。到1892年(光绪十八年),清廷又觉得三班轮换诸多窒碍,遂将各省练军的编制改为步队8起,每起250人,增添马队2起,合计3 000人。[2] 其他如山西、山东、河南、湖南、广西、云南、贵州等省,皆先后"按照直隶练军之法,兵于额内抽练,费于饷外略增",权归巡抚掌握的办法,开始建立练军,[3]但其军队规模和武器装备均不及江苏和东三省练军,与天津(直隶)练军更是相差甚远,成效甚微。

---

① 参见樊百川《清季的洋务新政》第2卷,892—893页。
② 中国史学会主编:《洋务运动》(三),538、580页。
③ 兵部《议复福建巡抚条奏练营章程疏》,载盛康编《皇朝经世文续编》第76卷,58—59页,见沈云龙主编《近代中国史料丛刊》第85辑,第841—850号,台北,文海出版社,1980。

从总体上来说，陆军的新式化建设，虽然使中国的军队从传统旧式军队时代进入到现代新式军队时代，但其成效除淮军以外，余均不大，只能在对内镇压人民的反抗斗争中显示威力，在抵抗外国侵略战争中则照旧是一触即溃。1901年（光绪二十七年），张之洞曾这样总结练军的结果：自从直隶创立绿营练兵，"各省仿而行之，然而饷项虽加，习气未改，亲族相承，视同世业。每营人数较多，更易挟制滋事。身既懒弱，多操数刻，则有怨言。性又不驯，稍施鞭笞，则必哗噪，将弁不能约束，遑论教练。至于调派出征，则闻风推诿。其不能当大敌、御外侮，固不待言，即土匪、盐枭，亦且不能剿捕。惟直隶练兵，皆系勇营规模，其中多有外省勇丁，固尚可用"①。所谓"固尚可用"，也主要是对内而言。

三 现代海军的诞生

晚清现代海军的诞生像陆军一样，也是在外国的影响下开始的。第二次鸦片战争不久，俄国、法国、英国、美国都先后提出愿意派出海军或出售火轮船帮助清廷镇压太平天国，虽然并未成交，但也由此触动了奕䜣等洋务官僚自建海军的心思。从1861年起，购买外国轮船建立海军，成为洋务派官僚的一个重要议题。三口通商大臣崇厚1861年2月向奕䜣提出"火轮战船亦可购买"②。7月，奕䜣等人认为自己制造旧式船只建立水师，"自不如轮船剿办更为得力"③，并就此征求各省督、抚的意见。1862年2月，曾国藩答复奕䜣说："购买外洋船、炮，则为今日救时之第一要务"，"若能陆续购买，据为己物，在中华则见惯而不惊，在英、法亦渐失其所恃"。④

在议论之余，清廷还曾有过购船的尝试。从1862年3月起，曾由两广总督劳崇光出面向英国订购轮船，同时又有江苏巡抚、五口通商大臣薛焕授意苏松粮道杨坊向美国订购轮船之事，还有从10月开始历时

① 王树枬编：《张文襄公全集·奏议》卷五十三，25—26页。
② "中研院"近代史所编：《海防档》（甲），购买轮船，第1册，5页。
③ 贾桢等纂辑：《筹办夷务始末（咸丰朝）》卷七十九，17—18页。
④ 李瀚章编：《曾文正公全集·奏稿》卷十四，9—11页。

近 6 年的向英国购置轮船、聘用阿思本等英国海军军官为各级指挥员组建舰队的所谓"阿思本舰队"事件；在此期间，曾国藩、李鸿章也已有过个别的购船或雇船运送军备之事。这些购船建舰队的尝试，虽均因经费、权属、船况等问题而中途停止，但已经显示了清廷和洋务派官僚对建立海军的迫切心情。

由于购船和雇船的困难和不尽如人意，促使清廷和洋务派官僚决心自造轮船，自建海军。从 1868 年（同治七年）起，江南机器制造总局和福建船政局开始出产轮船，清朝的军队也开始使用自造轮船运送军备，使轮船在军队中的使用较快增加起来。到 1874 年（同治十三年）清军所使用的轮船共计已有 42 艘（包括已报废者），其中由江南机器制造总局生产者 8 艘，由福建船政局生产者 15 艘，两局所产者合计 23 艘，占总数的 54.76％。江南机器制造总局和福建船政局成功制造轮船，也使清廷的自建海军有了可能。

1874 年发生了日本侵犯台湾事件，迫使清廷正式建立海军。日本侵犯台湾事件发生后，清廷受到很大震动，立即在沿海沿江省份的督抚、大臣和朝臣间开展了一场有关海防问题的大讨论。讨论结果，清廷决定大办海防，筹建北洋、东洋、南洋三支外洋海军，先在北洋创立一军，俟力量逐渐充足，再就一化三，并任命李鸿章和新授的两江总督、南洋通商大臣沈葆桢分别为督办北洋、南洋海防事宜大臣。随后又决定，自 1875 年 8 月（光绪元年七月）起，每年从粤海、潮海、闽海、浙海、山海、沪尾、打狗七处海关税收中提取四成；从江海关税收中提取二成；从沿海沿江六省厘金项下提取 200 万两，其中江苏、浙江各 40 万两，江西、福建、湖北、广东各 30 万两，共计约 400 万两，分解北洋、南洋海防大臣，作为筹建海军的专项经费。

海防大讨论所形成的决心虽然很大，但是由于左宗棠与李鸿章的塞防和海防之争，由于列强控制中国海军的阴谋，及其与清廷满洲贵族集团和李鸿章淮系集团三者之间在筹建海军上的争权夺利，又由于清廷在购买军舰中的受骗上当，使海军建设在经费、决策、购船等方面大受阻碍。因此，到 1884 年（光绪十年）中法战争爆发时，海军建设并没有取得理想的结果，只是初步建成了 5 支各自为政、残缺不全的舰队。

规模最大的是北洋海军。它共计花费约 1 200 万两经费,并在福建船政局的支持下而建成。它共计拥有大小舰船 15 艘,总吨位 12 296 吨,总马力 10 655 匹,总计安装重炮 10 尊、次重炮 7 尊、轻炮 53 尊、机关炮 44 门、鱼雷筒 8 具。其中:英国造巡洋舰 2 艘,均为 2 英寸厚铁壳、1 350 吨排水量、2 400 匹马力、15 海里航速,配置 26 吨重炮 2 尊、12 吨轻炮 4 尊、6.6 吨轻炮 2 尊、机关炮 10 门、鱼雷筒 4 具;英国造钢壳炮船 6 艘,均为 440 吨排水量、389 匹马力、8 海里航速,配置 28 吨重炮 1 尊、7.6 吨轻炮 2 尊、机关炮 4 门。其余 6 艘为福建船政局制造,1 艘为江南机器制造总局制造,合计占总数的 46.67%。自造船只的制式和武器配置虽不及外购的巡洋舰,但优于其他外购舰船。[①]

其次是南洋海军。南洋海军的建设大不如北洋,首先是所需经费不能如数到位,开头两年,负责南洋海军筹建的新任两江总督兼南洋大臣沈葆桢顾全大局,认为应该先集中财力建设北洋海军,告请总理衙门将海防经费"统解北洋兑收应用"。从 1877 年(光绪三年)起,沈葆桢见李鸿章并不急于购船,且挪用经费,便要求按原有规定将海防经费分解南洋和北洋,但每年仅能收到 30 万—50 万两,只有规定数额 200 万两的 15%—25%,到 1884 年(光绪十年)收到朝廷协拨款项共计约 700 万两,只有北洋的 58.33%。加之 10 年中 5 次更换两江总督,且大多受左宗棠影响较大,对建设海军思想比较保守。因此,在依赖闽、沪两局所造船只的基础上,勉强建成了一支海军。它共计购置舰船 14 艘,总吨位 15 833 吨,总马力 13 956 匹,总计安装重炮 11 尊、次重炮 13 尊、轻炮 60 尊、机关炮 16 门。其中有德国造钢质巡洋舰 2 艘,均为 2 200 吨排水量、2 800 匹马力、15 海里航速,安装 20 吨重炮 2 尊、12 吨轻炮 4 尊、4 吨轻炮 1 尊、2.5 吨轻炮 1 尊、机关炮 2 门;英国造铁质炮船 4 艘,其中 2 艘为 440 吨排水量、310 匹马力、9 海里航速,安装 30.5 吨重炮 1 尊、7.6 吨轻炮 2 尊、机关炮 1 门,另 2 艘为 330 吨排水量、310 匹马力、11 海里航速,安装 28 吨重炮 1 尊、7.6 吨轻炮 2 尊、机关炮 1 门。

---

① 参见樊百川《清季的洋务新政》第 2 卷,1017 页。

其余 8 艘为福建船政局和江南机器制造局所造各 4 艘，占总数的 57.14％，其中最先进的为福建船政局所造的"开济"号巡洋舰和江南机器制造总局所造的"驭远"号炮舰。"开济"号的制式为铁骨木皮外壳、2 200 吨排水量、2 400 匹马力、15 海里航速，安装 21 吨重炮 2 尊、12 吨轻炮 3 尊、7.6 吨轻炮 5 尊、机关炮 2 门，基本与所购德国造巡洋舰相仿；"驭远"号的制式为木质外壳、2 800 吨排水量、1 800 匹马力，安装 21 吨重炮 1 尊、15 吨次重炮 8 尊、12 吨轻炮 12 尊、机关炮 2 门，其吨位和炮位为全舰队之最，各项指标为所有炮舰之最。[①] 从所用经费和舰船配置的情况来看，南洋海军的建设效益要比北洋为高。

第三为福建海军。筹建福建海军原本比较受清廷的重视，也曾拨给专项经费一百数十万两，还可获得其他各项专款和海关税收，但由于时任闽浙总督的何璟对海军建设无动于衷，竟然退还清廷所拨专款，放弃其他可用经费，使福建海军建设成效甚微。最后只是用福建船政局自造的并经选拨外省后所剩的"扬武"、"伏波"、"飞云"、"济安"、"福星"、"振威"、"万年青"、"永保"、"琛航"、"艺新"等 10 艘旧式木轮，加上没官的"靖海"和外购的"长胜" 2 艘木轮，1874 年（同治十三年）所购的"福胜"、"建胜" 2 艘蚊炮船，共计 14 艘小型旧式船舰，总吨位为 11 885 吨，总马力为 6 700 匹，总计安装各类旧式炮 61 尊。

第四为广东海军。广东海军在海防讨论中原定附属福建，因此开始时无朝廷专款，从 1876 年（光绪二年）起以截留海防经费和增拨粤海关税收、折抽洋药厘税和举借外债的方式，陆续获取了一些海防经费，至 1884 年（光绪十年）总计约达 1 000 万两。然而，所建成的海军虽然船只多达 19 艘，为各支海军之最，但均属于巡缉内海、内河的小轮船；其总吨位只有 5 100 吨，总马力仅为 3 350 匹，所安装的炮位虽有 70 尊，但有 68 尊是 6.5—12 吨的轻炮，只有 2 尊重炮（分别为 28 吨和 21 吨）。其中最先进的船只是 1881 年英国造的"海镜青"号钢质炮船，排水量 440 吨，马力 350 匹，航速 8 海里，安装 28 吨重炮 1 尊、7.6 吨轻炮 2 尊、机关炮 4 门。

---

① 参见樊百川《清季的洋务新政》第 2 卷，1018—1021 页。

第五为浙江海军。严格来说这是一支不能成军的海军,仅有从福建船政局所造船只中调拨的 2 艘炮舰。一艘是"超武"号,铁骨木皮制式、1 268 吨排水量、750 匹马力、12 海里航速,安装 16 吨次重炮 1 尊、12 吨轻炮 6 尊。另 1 艘是"元凯"号,木质制式、1 268 吨排水量、580 匹马力、10 海里航速,安装 16 吨次重炮 1 尊、10 吨轻炮 8 尊。[①]

至此,清朝初步建有 5 支海军,合计共有船舰 64 艘(不包括百吨以下船只),排水量 47 620 吨,各式大炮 322 尊,官兵约 5 000 人。

---

① 以上三段参见樊百川《清季的洋务新政》第 2 卷,1022—1028 页。

第三节　官办新式军用工业的兴起与
中国早期工业化的开端

一　新式军用工业的兴起

随着军队新式化建设活动的展开,清朝各类军队对新式武器的需求日益增加,除了从国外购买之外,逐渐注重自己制造,从而促动了新式军事工业的兴起。

洋务派官员创办新式军用工业以曾国藩开设安庆内军械所为开端。在第二次鸦片战争刚刚结束时,曾国藩就提出了"将来师夷智以造炮制船"的主张。1861年8月(咸丰十一年七月),他又强调仿造外洋船炮"可以剿发逆,可以勤远略"①,并获得恭亲王奕诉的赞赏。9月攻占安庆后,他随即着手建立"内军械所,制造洋枪、洋炮"②,曾造成小轮船一艘,名"黄鹄"号,成效甚微。到1864年(同治三年)湘军攻下南京后,内军械所迁往南京,并改名新建为金陵军械所,但仍无新进展,于1866年(同治五年)初并入李鸿章所办的金陵机器局。安庆内军械所在生产上仍以手工为主,从严格意义上说还不是典型的新式军用工业,但它毕竟是洋务派创办新式军用工业的起点,且以生产新式武器为目的,与传统的官办军用工业已有所不同。

继曾国藩设立安庆内军械所之后,李鸿章以更积极的态度创办新式军用工业。1862年(同治元年),李鸿章率淮军进驻上海,在目睹洋

① 李瀚章编:《曾文正公全集・奏稿》卷十二,58页;卷十四,11页。
② 黎庶昌:《曾文正公年谱》第7卷,8页,上海,中华图书馆,1924。

枪、洋炮威力，并经购买采用之后，感到"购器甚难，得其用而昧其体，终属挟持无具"，于是立志设局仿造，"取彼之长，益我之短"。① 1863—1864年的一年之内，李鸿章相继在上海设立了三所洋炮局。第一所洋炮局，即所谓韩殿甲洋炮局，设立于1863年4—5月间。当时，李鸿章一面聘请英、法官兵教练淮军使用洋枪、洋炮，一面"雇募英法弁兵通习兵器者，仿照制办，并令参将韩殿甲督率中国工匠尽心学习"，制造开花炮弹和自来火等，②但亦属手工生产。接着，设立了第二所洋炮局，由于聘请英人马格里主持其事，所以又叫做"马格里洋炮局"。该局开创时也为手工生产，到1864年1月买下了英国一个小舰队附属的价"值万余金"的修理机器，包括"汽炉、镟木、打眼、铰螺旋、铸弹诸机器"，成为西式机器局，也是中国人自建的第一个采用机器生产的工厂。该局雇用"外国匠人四五名"、中国匠人五六十名，月产大小开花炮弹4 000余枚。③ 1864年初又设立了第三所洋炮局，由丁日昌主持。由于丁日昌此前已在广东负责制造硼炮、子炮、引药等，所以到上海主持第三洋炮局后，就不雇用外国匠人，也不购置外国机器设备，只用内地泥炉，仿照外国做法，铸造大小短炸炮及炸炮弹、铜帽、铜自来火引门等，产品虽"不及洋人之精，略可使用"④。该三所洋炮局中，以第二所最为先进，后来曾随李鸿章迁至苏州，复于1865年（同治四年）迁往南京，并扩建为金陵机器局。其余两所后来归并于江南机器制造总局。

　　与此同时，左宗棠也进行了一些仿造新式武器的尝试。他在浙江与太平军作战时看到法国人德克碑、日意格所率军队使用洋枪和浅水轮船作战甚为得力，于是在杭州聘请匠人仿造小轮船，试航于西湖，但航速较慢，加之不久太平军在浙江失败，仿造小轮之事遂置之不提。接着，左宗棠率军到福建与太平军作战，不仅在军中推广采用洋枪、洋炮，而且在福州聘请洋员监工制造开花炮、炮弹及广东无壳抬枪。到1866年（同治五年）左宗棠离开福建时，仅开花炮一项就已制造出千斤以下

① 吴汝纶编：《李文忠公全集·奏稿》卷二十六，13页。
② 吴汝纶编：《李文忠公全集·奏稿》卷四，44页。
③ 宝鋆等纂辑：《筹办夷务始末（同治朝）》卷二十五，7页；吴汝纶编：《李文忠公全集·奏稿》卷九，31页。
④ 宝鋆等纂辑：《筹办夷务始末（同治朝）》卷二十五，7—8页。

者 100 余尊,但制造之事亦随左宗棠的离开而停止。

上述三个洋务派实力人物,特别是李鸿章设局所仿造新式武器,可以说标志着中国现代军事工业进入到萌发和尝试阶段,为此后完全机器生产的大型现代军事工业的创建打下了基础。其意义至少有这样三点:

一是证明了中国可以自行制造新式武器,打破了守旧心理和思想上的障碍,进一步坚定了自造和推广新式武器的信心和决心。如果说安庆内军械所和左宗棠的仿造新式武器成效甚微,甚或可以说是失败的,但上海的三个洋炮局应该说获得了相当的成功。该三局从 1863 年先后设立起到 1865 年阴历五月底,共计由淮军军饷拨用经费 28.8 万余两,大小炮弹可月产 1 万多个,短炸炮月可产六七尊,分发淮军各营使用,对镇压太平军起到了重要的作用。因此,李鸿章第一个落实了清廷"饬令中国员弁学习洋人制造各项火器之法"的谕旨,[1] 也得到了总理衙门的赞扬:"阁下莅沪以来,设立军火局,广觅巧匠,讲求制器以及制器之器,击锐摧坚,业以著有成效。"[2] 由此,总理衙门决定从北京火器营内挑选曾经学制军火的武弁 8 名、兵丁 40 名,前往上海三局"学习外洋制作炸炮、炸弹,及各种军火机器,与制器之器",以期"事半功倍","务得西人之密",学成后"可推之各省驻防旗兵学制"。[3]

二是产生了进一步改进自造新式武器的思路。李鸿章在创办上海洋炮局的同时,总结这一段时间建立军工企业的经验教训,觉得尚有诸多不足:"机器未能购全,巧匠不可多得,造成炮弹虽与外洋规模相等,其一切变化新奇之法窃愧未遑。"[4] 因此,他认为要制造高质量的新式武器,必须进一步引进和学习外国的机器和技术,独立自主开办真正的新式军事工业。他说:"其长炸炮及洋火药,非得外国全副机器,延请外国巧匠,不能如法制造。"[5] 并进而指出:"中国欲自强,则莫如学习外国

① 宝鋆等纂辑:《筹办夷务始末(同治朝)》卷二十,13 页。
② "中研院"近代史所编:《海防档》丙,机器局(一),6 页。
③ 宝鋆等纂辑:《筹办夷务始末(同治朝)》卷二十五,2—3 页。
④ 吴汝纶编:《李文忠公全集·奏稿》卷七,63 页。
⑤ 吴汝纶编:《李文忠公全集·奏稿》卷九,31 页。

利器。欲学习外国利器,则莫如觅制器之器,师其法而不必尽用其人。"①

三是开启了新式军事工业的先河。这些局所虽然以手工生产为主,设备落后,生产的技术和能力低下,产品质量相对较差,但它们进行了创办新式军事工业的尝试,并为后来者继承和发展。如李鸿章、左宗棠在这一阶段的设局仿造军火活动,与后来的江南机器制造总局、金陵机器局、福建船政局的开办,都有着较多的人事、技术、设备和产品的传承关系。

1865 年,李鸿章创办了中国第一个设备较精、规模较大的军工企业——江南机器制造总局。是年,他派上海江海关道丁日昌买下上海虹口的美商旗记铁厂(Thos. Hunt & Co.),归并原上海洋炮局中由丁日昌、韩殿甲主持的二所,又接收了由曾国藩于 1863 年冬派容闳赴美购买来的制造轮船的机器,在上海成立"江南制造总局",以丁日昌为总办,韩殿甲和兵工专家冯焌光为会办。该局于 1867 年(同治六年)冬迁至上海城南高昌庙,占地 70 余亩,大加扩充,分设汽炉厂、机器厂、木工厂、铸铜铁厂、熟铁厂、洋枪楼、轮船厂、船坞等,并更名为"江南机器制造总局"。1869 年(同治八年),增建翻译馆、汽锤厂、枪厂、卷枪厂等。1874 年(同治十三年),又在龙华镇购地 80 余亩,建成黑色火药厂和枪子厂,制造洋枪细药及铜帽、炮引等。至此,江南制造总局已成为一个设备比较先进、生产功能比较全面的军工大企业,建设资金也已超过 100 万两。在建局后的 10 年时间内,在制造新式武器上取得了明显的进展,产品不断创新。在枪炮制造方面,1866 年(同治五年)"造成小炸炮,可与外国相埒"②,1868 年(同治七年)制成前装滑膛枪,1869 年(同治八年)制成来福枪(前装线膛枪),1873 年(同治十二年)又造成美国林明敦枪(后装线膛枪)。在兵轮制造方面,1868 年制成第一艘铁壳兵轮,号"恬吉"(后改"惠吉"),排水量 600 吨,马力 392 匹,装炮 8 尊;1869 年制成与"恬吉"号相仿之兵轮 2 艘,号"操江"、"测海";1871 年初造成"威靖"号,前进了一步,排水量 1 000 吨,马力 605 匹,装炮 13 尊;1873 年初再前进一步,造成"海安"号,排水量2 800 吨,马力 1 800 匹,

---

① 宝鋆等纂辑:《筹办夷务始末(同治朝)》卷二十五,10 页。
② "中研院"近代史所编:《海防档》丙,机器局(一),27—28 页。

装炮 20 尊；1875 年又造成与"海安"相同配置的"驭远"号，同时还造成铁壳小兵轮"金瓯"号。

　　此后，江南机器制造总局的发展势头虽开始减弱，有些方面呈现为停滞不前的状态，但总体上来说仍在继续发展之中。它于 1878 年（光绪四年）改汽锤厂为炮厂，1879 年（光绪五年）设炮弹厂，1881 年（光绪七年）设水雷厂。1890 年（光绪十六年）筹设炼钢厂，于 1892 年（光绪十八年）先后建成日产 3 吨和 15 吨钢的平炉各一座，并配置了相关的轧钢设备。1893 年（光绪十九年）和 1895 年（光绪二十一年）又分别建成栗色火药厂和无烟火药厂，从而成为晚清规模最大的、东亚罕见的大型军工企业，建设投资已达到 540 万两。在这一阶段中，江南制造总局的生产，在步枪方面改进不大，仅于 1892 年"专造快枪"以及 1894 年底试造"抬式快枪"；在造船方面几乎停止，只在 1885 年造成较为先进的一艘"保民"号钢板船之外，直到 1905 年（光绪三十一年）就不再制造。但在大炮方面则取得了一些新的进步：1874 年仿造成前装 12 磅重炮弹的前装线膛炮，1878 年造成发射 9 磅和 40 磅重炮弹的前装线膛炮，1880 年、1881 年、1888 年先后造成发射 120 磅、150 磅、180 磅重炮弹的前装线膛大炮。从 1890 年起，开始仿造后膛各式大炮及速射炮（俗称"快炮"）。1893 年造成发射长式 800 磅重炮弹的后膛大炮，以及 12 厘米口径发射 40 磅重炮弹的速射炮（每分钟能发射 12 发）；1894 年造成 15 厘米口径发射 100 磅重炮弹的全钢速射炮；[1]此外，还能造发射 40 磅、80 磅、250 磅、400 磅炮弹的各种后膛炮。到 1894 年时，累计生产了 245 具车刨床、316 具机器、52 002 支枪、588 尊炮、563 具水雷、4 081 470 磅火药、410 622 只铜引、158 250 枚枪弹、1 206 328 枚炮弹、8 艘兵船（1885 年前的产量）。但所造各种兵器与西方最先进者相比，仍有 10 年以上的差距，且故障颇多，而所用生产经费总计达 875 万两，可见其效益是比较低的。[2]

　　另一个具有代表性意义的军工企业是福建船政局。对于福建船政

<hr>

① 参见孙毓棠编《中国近代工业史资料》第 1 辑上册，296、281、292、299—303 页，北京，科学出版社，1957。

② 魏允恭：《江南制造局记》第 3 卷，上海，文宝书局，光绪三十一年；另参见樊百川《清季的洋务新政》第 2 卷，1251—1256 页。

局这一名称，学界还另有两个称谓，即："福建船政"、"福州船政局"。查《清实录》所载，以"船政局"和"福建船政局"记载者最多，共计 39 次；以"福建船政"记载者次之，共计 26 次；未见有"福州船政局"的记载。其中的"船政"系指与造船相关的一切事务，"船政局"系指造船机构，是船政的一个生产实体。"福州船政局"是清末以后的称谓，在清末时期偶有所称。本节讲的是洋务运动时期的军用工业，因此取"福建船政局"之名称。福建船政局由闽浙总督左宗棠在 1866 年 7 月奏准创办于福州，聘法国人日意格、德克碑为正副监督，招聘洋员、洋匠 45 人。左宗棠于 10 月调任陕甘总督后，由丁忧在籍的江西巡抚沈葆桢继任船政大臣。到 1874 年基本建成，陆续建有小铁厂、船台（4 座）、转锯厂、制模厂、舢板厂、钟表厂、帆缆厂、大铁厂（内含锅炉厂、轮机厂、合拢厂、铸铁厂）、锤铁厂（即打铁厂）、拉铁厂（即轧铁厂）、铁船槽、造砖厂，以及广储所、储才所、机器所等仓库，用地约 238 亩。另外，还建有各种办公房屋和学堂、公寓等，全局占地约 630 亩，共计花费达 176 万两。[①] 在建厂的同时开始造船，1869 年造成第一艘"万年青"号，排水量 1 450 吨，马力 150 匹，装炮 6 尊。此后，直至 1871 年第六艘轮船"镇海"号的制成，尚未有超过第一艘水平的，但此一阶段中的一个重要进步是于 1871 年自制成 150 匹马力轮机。1872 年造成第七艘"扬武"号，排水量为 1 393 吨，马力增至 250 匹。从 1873 年开始由中国人自行仿造轮船，即"在没有欧洲人员的支援下，船厂能够按照迄今已经仿制的款式，继续制造轮船及轮机"，并培养出了 10 余名能够担任厂长、按已经造过的款式指挥制造船身和轮机的人才、300 余名能够按图承担各项工作的艺徒和工匠，进而于 1874 年遣散所有聘用的洋员和洋匠。[②] 至此，福建船政局已建成为一个基本能够自行制造的、大型的现代轮船制造企业，已共计造成各式轮船 15 艘，其中运输舰 9 艘、炮舰 2 艘、通信炮舰 3 艘、快速兵舰 1 艘。它的制造水平的起点较江南制造总局稍高一点，但其后所造的轮船均与江南制造局相仿，其或不如；且所造船只，名曰兵船，实则多为小型运输舰。

---

① 参见樊百川《清季的洋务新政》第 2 卷，1413—1419 页。
② 吴元炳编：《沈文肃公政书》卷四，59—60 页，光绪六年；林崇墉：《沈葆桢与福州船政》，台北，联经出版事业公司，498 页。

1874 年以后,由于经费的困难、主持者的较多变动和外界的影响,福建船政局也像江南制造总局一样出现了不景气的局面,但仍在努力进取之中,获得了一些新的进展和成就。1874 年 9 月,清廷发出谕旨,向福建船政局提出了新的造船要求说:"铁甲船必不可少,即使议购有成,将来仍应鸠工自造,目前尤须讲求驾驶之法,沈葆桢等惟当切实筹办,力图自强……兴造得力轮船以资利用。"[1] 于是,制造铁甲舰提上了福建船政局的议事日程。在设备建设方面,于 1876 年建成铁肋厂,内置钻床、剪床、卷机、碾机、刨床、火炉等新购器械。1886 年为了适应制造大型轮船的需要,提出建造大石船坞,至 1893 年建成,长 128 米,宽 34 米,深 9 米,潮平时坞口水深 10 米。在生产方面,1877 年制成第一艘采用康邦轮机的铁肋轮船,取名"威远",排水量 1 268 吨,与前造之船相仿,但马力增至 750 匹,航速也从每小时 10 海里提高到 12 海里,但仍为运输式轮船。此后至 1885 年续造同式轮船 4 艘。1883 年造成第一艘名为"开济"号的巡洋舰,排水量 2 200 吨,采用 2 400 匹马力三汽鼓康邦轮机,航速每小时 15 海里,装炮 10 尊。1889 年造成第一艘钢甲军舰"龙威"号(由北洋海军接收后改名"平远"),排水量 2 100 吨,配三汽轮机两副,马力 2 400 匹,航速 14 海里(实际约为 12 海里),装有 26 厘米口径大炮 1 尊、12 厘米口径大炮 3 尊、连珠炮 4 尊、鱼雷炮 2 尊。此外,于 1887 年起为广东协造轮船 8 艘,其中铁肋快轮 1 艘、穹甲快轮 3 艘、河海并用浅水兵轮 4 艘,直至 1896 年方始全部造成,速度极其缓慢。[2] 在 1875—1894 年间,共计造成轮船 19 艘,加上 1874 年之前的所造之船,合计为 34 艘。

自江南制造总局、福建船政局成立之后,各省督、抚都鉴于购买洋枪洋炮价格昂贵、采购不便、缓不济急,已设各局所产枪炮供不应求的状况,相继在全国各重要城市开设军工企业。到 1884 年(光绪十年),所建局(厂)已遍及 18 个省份,大小共计 32 家。此后 10 年中,则仅有 2 家军工企业成立。一并计之,在这 34 个军工企业中,有 24 个一直坚持生产到 1894 年。详如下表 2—2 所示:

---

① 《清实录·穆宗实录》卷三百七十,5 页,北京,中华书局,1987。
② 参见樊百川《清季的洋务新政》第 2 卷,1477、1448—1465、1468—1473 页。

表 2-2 1865—1894 年官办军用工业简况表（经费单位：两）

局、厂名称	计算起止（或停办）年份	设局地址	实支经费		创办人	规模
			厂房设备	生产经费		
江南制造总局	1865—1894	上海	5 414 898	8 746 777	李鸿章	大型
金陵机器局	1865—1894	南京	390 849	2 695 020	李鸿章	中型
福建船政局	1866—1894	福州	3 031 540	10 090 024	左宗棠	大型
天津机器局	1867—1894	天津	1 543 724	6 283 964	崇 厚	大型
西安机器局	1869—1874	西安	13 000	55 000	左宗棠	小型
福建机器局	1869—1894	福州	14 472	185 183	英 桂	小型
淮军行营制造局	1870—1894	天津	229 391	2 156 016	李鸿章	中型
兰州机器局	1871—1882	兰州	60 000	510 318	左宗棠	小型
云南洋炮局	1872—1873	昆明	1 000	4 000	王文韶	小型
广东机器局	1873—1894	广州	448 550	2 070 155	瑞 麟	中型
浙江机器局	1874—1887	杭州	84 187	140 256	杨昌浚	小型
兰州火药局	1875—1894	兰州	38 000	312 000	刘 典	小型
山东机器局	1875—1894	济南	250 164	702 602	丁宝桢	中型
湖南机器局	1875—1880	长沙	13 912	88 137	王文韶	小型
四川机器局	1877—1894	成都	331 695	677 052	丁宝桢	中型
新疆库车火药局	1878—1894	库车	33 000	250 000	左宗棠	小型
新疆阿克苏制造局	1879—1894	阿克苏	45 000	376 000	左宗棠	小型
大沽船坞	1879—1894	大沽	223 393	1 264 960	—	中型
福州火药局	1880—1881	福州	5 000	20 000	不 详	小型
贵州洋炮局	1880—1881	贵阳	2 400	5 600	岑毓英	小型
金陵洋火药局	1881—1894	南京	286 642	515 707	刘坤一	中型
宁波制造军械局	1881—1882	宁波	1 000	2 000	宗湘文	小型
吉林机器局	1881—1894	吉林	457 678	835 794	吴大澂	中型

类别 \ 局、厂名称	计算起止(或停办)年份	设局地址	实支经费		创办人	规模
			厂房设备	生产经费		
浙江火药局	1882—1894	杭州	8 000	78 000	不 详	小型
神机营机器局	1883—1894	北京	450 000	1 050 000	奕 譞	中型
云南机器局	1883—1894	昆明	110 000	250 000	岑毓英	中型
旅顺船坞	1883—1894	旅顺	1 846 430	850 000	—	大型
威海水师机器厂	1883—1894	威海	14 196	112 005	—	小型
山西新火药局	1884—1894	太原	4 000	42 000	张之洞	小型
台南机器局	1885—1886	台南	12 100	10 000	刘 璈	小型
绥巩军行营制造局	1884—1894	威海	46 611	112 166	吴大澂	小型
湖北机器局	1884—1885	武昌	5 000	21 800	卞宝第	小型
台湾机器局	1885—1894	台北	198 570	310 500	刘铭传	中型
湖北枪炮厂	1890—1894	汉口	1 297 000	50 000	张之洞	大型
合计 34 家			16 911 392	40 873 036		

说明:(1) 本表据中国史学会主编《洋务运动》(四)(第1267—1390、1508、1522—1525页)资料整理编制,并参考孙毓棠编《中国近代工业史资料》以及樊百川《清季的洋务新政》有关数据。(2)"计算起止(或停办)年份"一栏,表示的是经费计算所涉及的年份,其中截止年份为1894年的,并不意味着该企业于1894年停办,而截止年份为1894年之前者则截止年份也就是其停办的年份。

表2—2中所列的34家企业中,其规模结构状况是:属于厂房设备投资在100万两以上的大型企业者5家,属于厂房设备投资在10万—50万内的中型企业者11家,属于厂房设备投资在10万两以下的小型企业者18家。其所用经费结构状况是:全部企业的厂房设备经费总额为16 911 392两,生产经费总额为40 873 036两,其中占企业总数14.7%的5家大型企业的设备经费与生产经费分别为13 133 592两、占77.66%和26 020 765两、占63.66%。其生产类别结构状况是:福建船政局、旅顺船坞、大沽船坞、威海水师机器厂专造轮船,江南制造局和广东机器局兼造枪炮火器和轮船,其余均为制造枪炮、子弹、火药的企业。

二 军用工业的经济性质

上述这些军工企业,在管理体制上和产权归属上均为官办企业。所谓官办,就是完全由官府承办和管理。具体言之,包含五个意思:一是由官府发起创办,二是由官府直接委派官员负责管理,三是由官府调拨资金作为企业的建设和生产经费,四是由官府决定生产计划,五是由官府支配全部或绝大部分产品。因此,从管理和经营的形式上看,它与传统的封建官府工业基本类同,但从生产和经营方式的实质内容上看,它已与传统的封建官府工业有本质的差别。这主要表现为以下几点:

1. 采用了机器大生产的方式。这些军用企业,除了安庆内军械所、上海第一和第二炮局,以及少量规模极小的局厂仍是手工生产之外,其余的官办军用企业特别是那些中型以上的企业,都程度不同地采用了机器生产。其中江南制造总局、福建船政局、湖北枪炮厂三个大型企业,在当时都堪称东方世界一流规模的大型新式军工企业。它们所采用的机器设备、制造技术和所生产的新式武器,虽然由于见识、知识、意识和资金、环境、经营上的原因,与同时代外国最先进的机器、技术和军工产品相比,仍然处于相当落后的状态,但是与中国传统工业的生产设备、制造技术和产品相比,则已发生了根本性的改变,已开始从手工生产转变为机器生产,已从传统工业进入到现代工业。

2. 采用了雇佣劳动的方式。在军用企业中虽曾有调用士兵充当工人之事,但大多数工人是受雇用的劳动者,特别是操作机器的技术工人大多雇自外资在华工厂。如江南制造总局的第一批技术工人是在收买美商旗记铁厂时一并接收过来的,以后陆续增加的两三千工人都是从当地及宁波、广州和香港等地的社会上和外资工厂中招募来的。天津机器局也是"所雇华匠,皆自香港等洋厂募来",且对工人按技术熟练程度或劳动量大小付给相应的报酬。如江南制造总局,"华匠学徒,按日点工给价"①,工匠、小工则"价有等差,较技艺之优劣为准"。金陵机器局,"匠役工食,系按技艺之优劣,以定支数之多寡";临时加班,"亦系

① 吴汝纶编:《李文忠公全集·奏稿》卷三十一,12页;卷十七,17页。

按工加给工资"。① 如福州船政局,所实行的劳动和工资制度,已经比较明显地体现了按需招用、按劳付酬的原则。其所用的工人"是从帝国不同的地方招来的",按各人技术之高低,"工资由每天两角五分至三元不等";各级各类职员,按需设岗,"薪水视官阶,告假者按日扣除,间有责任较重、厂务较繁、尤为出力者,另筹津贴以优异之,于量能授食之中,寓奖励人才之道",少数技术高超的归国留学人员,月工资高达136两。② 这些雇佣关系已具有资本主义雇佣关系的基本特征。

3. 逐渐而部分地实行成本核算。这些军用工业在创办之初,其产品均无偿调拨给军队使用,但从19世纪70—80年代起,由于经费来源不能得到官款的保证,有不少局厂逐渐采用有偿提供或定价出售产品的方式,有意无意地实行部分的成本核算。如福建船政局,在1879年前所造之船"派拨各省,并不索取原价分文";此后因"制船之费既无巨款可资,乃以协造酌剂其盈虚"。所谓"协造",其主要方式是造船所用材料费由用船单位拨付,其余如"料件、辛工既从闽厂开支"。到1885年之后,"协造"已成为船政局转让产品的一种主要方式,无论南、北洋"添设练船,拟备料价银两向船政调取"。③ 如从1886年起为广东所协造的8艘轮船,采取"粤济闽经费之不足,闽助粤工力所有余"的办法,由广东拨付的"协银"共计53万两。④ 这种"协造"制度虽尚未实行产品的全部有偿转让,但已具有初步的订货加工性质,也进行了成本核算,如果所付协银不足生产成本则不予协造。其他各局厂亦不乏仿行这种"协造"方法,有的还出卖自己的部分产品。⑤

4. 带有一定的发展中国经济的动机。在这一点上,两家最大的企业——江南机器制造总局和福建船政局的创办者都有所认识。李鸿章在1865年奏请设立江南机器制造总局之始就已经认识到:采用机器进

---

① 中国史学会主编:《洋务运动》(四),53、187页。

② 寿尔:《田凫号航行记》,张雁深摘译;中国史学会主编:《洋务运动》(八),373页;(五),327、328、336页。

③ 福建船政衙门编印:《船政奏议汇编》卷三十六,20、19、21页,卷四十六,7页,光绪十四至二十九年陆续刻刊。

④ 福建船政衙门编印:《船政奏议汇编》卷三十六,20页,卷三十八,18页;王树枬编:《张文襄公全集·奏议》卷二十四,13—16页。

⑤ 参见夏东元《论清政府所办近代军用工业的性质》,载《华东师范大学学报》1958年第1期。

行生产，虽然在开始之时可以用政治权力把采用的范围限制在军用生产领域，但一经采用，由于机器本身功能的影响所及就必然会突破军用领域，而致使民用生产领域也采用机器。他指出："洋机器于耕织、刷印、陶埴诸器皆能制造，有裨民生日用，原不专为军火而设。……数十年后，中国富农大贾，必有仿造洋机器制作以求利益者。"①后来的中国经济发展事实正如此言。

左宗棠在1866年奏请设立福建船政局时，其商业意识则比李鸿章更强，带动社会经济的发展似乎已是其创办福建船政局的初衷之一。其奏折的第一段就说：

> 东南大利，在水而不在陆。……无事之时，以之筹转漕，则千里犹在户庭，以之筹懋迁，则百货萃诸廛肆，匪独鱼盐蒲蛤足以业贫民，舵艄水手足以安游众也。有事之时，以之筹调发，则百粤之旅可集三韩，以之筹转输，则七省之储可通一水，匪特巡洋缉盗有必设之防，用兵出奇有必争之道也。况我国家建都于燕京，天津实为要镇。自海上用兵以来，泰西各国，火轮兵船直达天津，藩篱竟成虚设，星驰飙举，无足当之。自洋船准载北货行销各口，北地货价腾贵。江浙大商以海船为业者，往北置货，价本愈增，比及回南，费重行迟，不能减价以敌洋商，日久消耗愈甚，不惟亏折货本，浸至歇其旧业。滨海之区，四民中商居十之六七，坐此圜阓萧条，税厘减色，富商变为窭人，游手驱为人役。并恐海船搁朽，目前江浙海运即有无船之虑，而漕政益难措手，是非设局急造轮船不为功。

他试图通过制造轮船，促进运输业和商贸业的发展，并增强与外商的竞争能力。他还试图借商用之途径缓解薪金支付和轮船修造经费问题，提出："以新造轮船运漕，而以雇沙船之价给之，漕务毕则听商雇，薄取其值，以为修造之费。"他又指出制造轮船能带来的经济和军事利益说："轮船成，则漕政兴，军政举，商民之困纾，海关之税旺，（投资造船）一时

---

① 吴汝纶编：《李文忠公全集·奏稿》卷九，31—35页。

之费,数世之利也。"①虽然这只是左宗棠的一个设想,在事实上限于各种条件并没能得以实现,但这表明他在兴办军事工业之时考虑着社会经济发展和军事建设的经济效益问题,已经把军事建设与社会经济发展联系起来。

继左宗棠之后接任船政大臣的沈葆桢不仅继承了左宗棠的这一军事和经济互利互动的思想,而且一度付诸实施。1873 年,为应对内阁学士宋晋抨击船局费资太大的问题,他大胆地改变福建船政局的经营方针,增加其商业性,将接下来所造的第 12 至 15 号 4 艘船只改造为商船,"以备招商试行领运",旨在缓解"养船经费支绌异常"的局面,同时也借此"广间阎之生计,节国家之度支"。② 这一计划得到总理衙门的同意而付之实施,后来也因总理衙门的限制而停造商船。

洋务军用工业的这些经济性质,无论在生产力方面还是生产关系方面,都表明它们已具有一定的资本主义现代工业的属性,因而洋务军用工业的产生具有中国现代工业诞生的意义,也标志着中国早期工业化的开端。

103

---

① 中国史学会主编:《洋务运动》(五),1,7—8 页。
② 吴元炳编:《沈文肃公政书》卷四,52、62 页。

第四节　官督商办民用企业的产生和发展

一　新式民用企业的产生

　　洋务派官僚在创办军用工业的时候,少数人已经有了机器生产也可用于民用领域的初步想法,只是将开办军用工业作为谋求"自强"的第一步。不久,随着军用工业建设过程中不断遇到问题,便进一步认识到单是开办军用工业难以自强。经费不足,原材料短缺,运输、通信不畅,都严重制约军用工业的发展;日益扩大的外资扩张和洋货倾销,亦非军用工业所能缓解;贫穷枯萎的国家财政,更非军用工业所能挽救,甚至使之更为拮据。针对这种状况,洋务派官僚陆续提出了强与富并重、寓强于富的方针。李鸿章指出:"必先富而后能强,尤必富在民生,而国本乃可益固。""欲自强必先裕饷,欲振饷源,莫如振兴商务。""惟中国积弱由于患贫,西洋方千里数百里之国,岁入财赋动以数万万计,无非取资于煤铁五金之矿、铁路、电报、信局、丁口等税。酌度时势,若不早图变计,择其至要者逐渐仿行,以贫交富,以弱敌强,未有不终受其敝者。"①于是,从同治末年起,李鸿章等洋务派便开始创办以"求富"为目的的各种新式民用企业。

　　洋务派创办民用企业的活动以设立轮船招商局开其首。自办轮船航运的动议从 1866 年(同治五年)前后开始,其动机所在,一是为了补救南北沿海沙船业衰落问题,二是为了解决漕粮运输问题,三是为了与

①　吴汝纶编:《李文忠公全集·朋僚函稿》卷四十三,43 页;卷十六,25 页。

外商轮船公司争利。对此，从官府到民间商人都有设想提出。1866年，两江总督曾发布公告："华商造买洋船，或租或雇，无论火轮夹板，装运出进江海各口，悉听自便"，官府"既不绳以章程，亦不强令济运"。①此后，容闳于1867年（同治六年）提出"联设新轮船公司"，商人赵立诚于1868年（同治七年）向两江总督提出办理轮船公司的申请。还有一些其他的动议。这些动议，或由于官商关系的问题，或由于华洋关系的问题，或由于资金的问题，均不了了之。总理衙门还在1867年10月公布《华商买造夹板等项船只拟议章程》，规定：华商租买轮船只准在通商口岸来往，不得私赴沿海别口，亦不得任意进泊内地河湖各口；并照外国轮船例，向海关交纳船钞货税。② 这似乎有抑制民办轮船之意，但也已经允许民间开办轮船航运。这表明，无论是官方还是民间，面对传统运输业所遇到的困境，面对外国轮船航运业的挑战，已经产生了自办轮船航运业的意识和要求。

到了1872年（同治十一年），上述作为动议自办轮船航运动机的三大问题益形突出。沙船已从咸丰年间的2 000余艘减至400艘。沙船的大量减少又进一步危及漕运；外商轮船航运势力进一步扩展，"中国沿江沿海之利，尽为外国商轮侵占"③；加之内阁学士宋晋抨击福建船政局和江南制造总局制造轮船所费太大，建议朝廷裁撤。面对这些问题，特别是宋晋的抨击，左宗棠、沈葆桢、李鸿章等封疆大吏都提出了反对停止造船的主张，并经反复商议，对解决的办法达成共识："间造商轮以资华商雇领"④。对此，李鸿章还指出，"各口岸轮船生意已被洋商占尽，华商领官船另树一帜，洋人势必挟重资以侵夺"，因此"须华商自立公司，自建行栈，自筹保险"，还要有"熟悉商情、公廉明干、为众商所深信"的人出面主持。⑤ 他还强调由华商自设轮船公司的必要性："我既不能禁华商之勿搭洋船，又何必禁华商之自购轮船？""以中国内洋任人横行，独不令华商展足耶！日本尚自有轮船六七十只，我独无之，成何

① "中研院"近代史所编：《海防档》，购买轮船，864—867页。
② "中研院"近代史所编：《海防档》，购买轮船，877—881页。
③ 吴汝纶编：《李文忠公全集·奏稿》卷五十六，1页。
④ 宝鋆等纂辑：《筹办夷务始末(同治朝)》卷八十七，25页。
⑤ 吴汝纶编：《李文忠公全集·奏稿》卷十九，45—50页。

局面。"①由此,将创建轮船招商局提上了日程。

1873 年 1 月 14 日(同治十一年十二月十六日)轮船招商局在上海正式成立,由李鸿章委任浙江海运委员、候补知府朱其昂为总办。招商局采用官督商办体制,"由官设立商局",以招徕"各商所有轮船股本"。在创办之初仅有资本银 18 万余两,购置轮船 3 艘。开办半年后,由于沙船世家出身的朱其昂既招不到商股,又不善经营轮船航运,并出现亏损,遂辞去总办职务。7 月进行改组,由怡和洋行买办唐廷枢任总办,宝顺洋行买办徐润、朱其昂、李鸿章的幕僚盛宣怀任会办。改组后的招商局,资本增至 100 万两(先招 50 万两,但当年实招 47.6 万两,到 1881 年[光绪七年]招足 100 万两),轮船增至 6 艘,到 1876 年又增至 10 艘。以后逐年发展,于 1877 年收买美商旗昌轮船公司,轮船增至 29 艘。到 1893 年(光绪十九年)时,股本增至 200 万两,有轮船 26 艘。②此外,还于 1875 年另招股份 20 万两,设立招商保险局;次年又另招股 25 万两,设立仁和保险公司,一年后增资至 50 万两,从而成为合水上航运与水上保险于一体的现代性运输企业。

第二个规模较大的民用工业是开平煤矿。自洋务派开办军用工业之后,加之外国轮船和外资工业的扩大,对煤炭的需求日益增加,煤炭进口量从 1858 年(咸丰八年)的 2.9 万吨增至 1872 年(同治十一年)的 15.9 万吨,供求关系紧张,价格昂贵,成为洋务军用工业的一大经济负担,加之外国亦向清廷提出了开办煤矿的要求,进而使洋务派官员们感到自开煤矿的重要性。曾国藩在 1867 年就向清廷提出:"挖煤一事,借外国开挖之器,兴中国永远之利,似尚可试办。"③1872 年,李鸿章进一步强调自开煤矿的必要性和重要性说:"船炮、机器之用,非铁不成,非煤不济",若能自开煤矿,则"洋煤不阻自绝,船、厂亦应用不穷",与塞漏卮、求富强"殊有关系"。④ 到 1874 年"海防"之议起,李鸿章和沈葆桢分别督办北洋海防和南洋海防,他们趁机重提"开采煤矿,以济军需"的

① 吴汝纶编:《李文忠公全集·朋僚函稿》卷十二,28—30、34 页。
② 张国辉:《洋务运动与中国近代企业》,168 页,北京,中国社会科学出版社,1979;聂宝璋编:《中国近代航运史资料》第 1 辑,上海人民出版社,1983。
③ 宝鋆等纂辑:《筹办夷务始末(同治朝)》卷五十四,4 页。
④ 吴汝纶编:《李文忠公全集·奏稿》卷十九,49 页。

问题,终于在 1875 年 5 月 30 日(光绪元年四月二十六日)获得清廷的批准:"开采煤铁事宜,著照李鸿章、沈葆桢所请,先在磁州、台湾试办。"①于是,从 1875 年起到 1884 年,先后开办了 12 个煤矿(详见表 2 - 3),其中官办者 3 个,其余均为官督商办。1894 年后又开办了 3 个官办的煤矿。其中第一个开办的是官办直隶磁州煤矿,开办较为成功的是官办台湾基隆煤矿,最为成功且规模最大的是直隶开平煤矿。

开平煤矿由李鸿章于 1876 年秋委派买办出身的轮船招商局总办唐廷枢筹办。1878 年正式成立开平矿务局,由唐廷枢主持,并增派前任天津道丁寿昌、时任天津海关道黎兆棠会同督办。额定资本 80 万两,全部招商集股,但到 1878 年 10 月仅实招 20 万两。1881 年开始投产,共计费银 70 余万两。该矿在投产当年产煤 1 600 余吨,次年即猛增至 3.8 万余吨,1884 年达到 12.6 万余吨。此后,产量逐年增加,到 1889 年增至 24.8 万余吨,1896 年(光绪二十二年)又增至 48.9 万吨。与此相应,实招股本数额亦由开创时的 20 余万两增至 1889 年的 150 万两。②

第三个大型民用企业是电报总局。从同治朝中期起便有中国官民提出采用电报的建议,到 1874 年开始有个别地方疆吏相继试架电线。首先是时任办理台湾海防大臣的沈葆桢正式向清廷提出架设福州至台湾的电线,并开始施工,但因闽浙总督李鹤年的反对而于次年搁浅。继而由福建巡抚丁日昌于 1876 年将沈葆桢所留存的电线移至台湾,在旗后至基隆间架线,次年因丁日昌离职而停。到 1879 年,直隶总督李鸿章也从防务出发架设大沽北塘海口炮台到天津之间的电线,全长约 64 公里,由于距离较近,得以完成,并投入使用,取得良好效果。由此,他进一步认识到:"电报实为防务必需之物",决心大办电报。1880 年,李鸿章便以"通南北两洋之气,遏洋线进内之机"③的有力理由,奏请清廷架设天津至上海的电线,并获得批准。他随即在天津设立电报总局,委派盛宣怀为总办,郑观应襄理局务,着手架设。1881 年 12 月津沪线竣

---

① 朱寿朋编:《光绪朝东华录》第 1 册,75 页。
② 参见严中平主编《中国近代经济史(1840—1894)》下册,1403—1406 页,北京,人民出版社,1989。
③ 吴汝纶编:《李文忠公全集·奏稿》卷三十八,16 页。

工通报,全线长 1 362 公里,耗资湘平银 178 700 余两,以北洋军饷垫支。津沪电线开通后主要用于军务和政务,由于亏损较大,于 1882 年把电报局改组为"官督商办",开始招集商股,并开始将电报用于商务。与此同时,李鸿章也认识到电报不仅有助于外交和军务,而且对商务"利益更广",[①]于是从 1883 年初开始架设苏、浙、闽、粤电线,次年春夏间竣工,全线长 2 800 余公里。至 1888 年招足商股 80 万元。此后,除电报局继续架设一些支线外,也有一些督抚派员续架官线。[②] 到 1894 年时,全国官、商各线总计约达 23 246 公里,基本形成了一个"东北则达吉林、黑龙江俄界,西北则达甘肃、新疆,东南则达闽粤台湾,西南则达广西、云南","殊方万里,呼吸可通"的电报网。[③]

　　除了上述 3 个洋务派官僚所创办的重点大型民用企业外,至 1884 年中法战争时,洋务派还创办和支持了官办或官督商办企业共计 21 个,产业种类已达到轮船航运、煤矿、金属矿、通信、纺织诸业,但以采矿企业占绝大多数,其余各业均只有 1 家企业,显示了为军事和军用工业服务的色彩(详见表 2 - 3)。

表 2 - 3　1873—1884 年洋务派创办民用企业状况表(资本数额:两)

企业名称	开办年份	停办年份及原因	创办人	经营方式	创办资本
轮船招商局	1873	—	李鸿章	官督商办	47.6 万
直隶磁州煤矿	1875	1883　退股	李鸿章	官办	不及 20 万
湖北兴国煤矿	1875	1879　经费无着	盛宣怀	官办	不详
台湾基隆煤矿	1876	1892　亏损	沈葆桢	官办	14 万
安徽池州煤矿	1877	1891　亏损	杨　德	官督商办	10 万
直隶开平煤矿	1878	—	李鸿章	官督商办	20 万
兰州织呢局	1879	1882　经营不善	左宗棠	官办	20 万
山东峄县煤矿	1880	—	戴华藻	官督商办	5 万

① 吴汝纶编:《李文忠公全集·奏稿》卷四十五,33 页。
② 张国辉:《洋务运动与中国近代企业》,404—407 页。
③ 中国史学会主编:《洋务运动》(六),446 页。

企业名称	开办年份	停办年份及原因	创办人	经营方式	创办资本
广西富川县架县煤矿	1880	1886　质劣	叶正邦	官督商办	不详
中国电报总局	1880 1882	—	李鸿章	官办 官督商办	17.9万 50万
热河平泉铜矿	1881	1886　亏损	朱其诏	官督商办	10余万
直隶临城煤矿	1882	—	纽秉臣	官督商办	不详
徐州利国驿煤铁矿	1882	1886　亏损	胡恩燮	官督商办	不详
金州骆马山煤矿	1882	1884	盛宣怀	官督商办	20万
湖北鹤峰铜矿	1882	1883　股本无着	朱季云	官督商办	不详
湖北施宜铜矿	1882	1884　亏损	王辉远	官督商办	不详
承德三山银矿	1882	1885　亏损	李文耀	官督商办	不详
直隶顺德铜矿	1882	1884　退股	宋宝华	官督商办	不详
安徽贵池煤矿	1883	—	徐　润	官督商办	不详
安徽池州铜矿	1883	1891　亏损	杨　德	官督商办	不详
北京西山煤矿	1884	—	吴炽昌	官督商办	不详

资料来源:孙毓棠编《中国近代工业史资料》第1辑下册。

说明:(1) 中小民用企业有官办、官督商办两类。官督商办企业中又有与官方关系疏密之分。有的论者将官督商办企业中与官方关系疏松者划为"民族资本企业",其余均划为"官僚资本企业"。笔者将所有官办和官督商办企业视为"洋务民用企业",只将纯商办企业另作论述。(2) 表中台湾基隆煤矿后改为官办。

二　官督商办制度的特性

随着洋务派创办新式工业活动从军用工业转向以"求富"为目的的民用工业,他们已没有能力一手包办。在资金上,因官款短缺,"亟应广招股实绅商入股,以裕经费"[1];在经营上,"若官自办,恐有法无人,不可持久"[2],必须"摒除官场习气,悉照买卖常规"[3],而由商承办,方能收

[1] 孙毓棠编:《中国近代工业史资料》第1辑,569页。
[2] 吴汝纶编:《李文忠公全集·海军函稿》卷三,3页。
[3] 孙毓棠编:《中国近代工业史资料》第1辑,631页。

效。因此,他们试图利用商人的资金和经营来开办民用企业,以达求富目的。但是他们又担心全由商人承办,一恐难以成功,二恐即获成功亦难以为官所用,甚或争利滋弊,互相倾轧。于是,由李鸿章首先在创办轮船招商局和开平煤矿时提出和实行官督商办的方式。

按照李鸿章的设想,官督商办的基本原则是:"由官总其大纲,察其利病,而听该商董等自立条议,悦服总商"[1];所有盈亏,全归商认,与官无涉;商为承办,官为维持。这也就是说,"官督"之意在于官方保护、扶持和监督、稽查;"商办"之意在于商人经理业务和承担盈亏。具体言之,官督商办体制有下述三个特点:

首先,"由各商集股作本"。李鸿章主张官督商办民用企业应仿照西商贸易章程,集股办理。他不仅派员广集股本,而且屡屡"照会绅商,妥为劝募"。如在创办轮船招商局时,他先派朱其昂在绅商中招股,半年后因朱氏招股乏力,改邀买办商人唐廷枢、徐润入局负责招募商股。在筹办上海机器织布局时,计划先提公款 10 万两,其余大部分资本再凑股成之。在筹建开平煤矿时,确定招股 80 万两作为资本。在架设津沪电报线时,先由淮军军饷垫支,办成后再"择公正商董招股集资"。在筹办漠河金矿时,打算"仿照西国公司之法,招集股本二十万两"[2]。虽然一些大型企业先由官款垫资或借资开办,但所占分量不大,且大多在招集商股后归还。一些中小型企业则基本上都由商人招股集资。从总体上看,官督商办民用工业具有以商本为主的特点。

其次,"商务应由商任之,不能由官任之"。李鸿章在创办轮船招商局时明确指出:轮船业务由各商按照贸易规程自行经理。在委任买办商人郑观应筹建上海机器织布局时,更明确规定:"饬该道总办局务,常川驻局,将招股、用人、立法诸大端实力经营。"[3]企业的业务经管人员大多由郑于商股内选充。尽管在实际经营管理过程中商人经管人员的权限会受到来自官方的种种制约和干扰,但这属于具体经管过程中官商关系的协调问题,已非官督商办体制的基本原则。

① 吴汝纶编:《李文忠公全集·译署函稿》卷一,40 页。
② 吴汝纶编:《李文忠公全集·奏稿》卷三十八,17 页;第 61 卷,45 页。
③ 夏东元编:《郑观应集》下册,530 页,上海人民出版社,1988。

第三,"事虽商办,官仍督察,并非漫无钤制。"①官督商办企业除了由官方委任的商董负责企业的业务之外,还有由官方最高发起者及其所委派的驻局代表行使督察和专管官务之权。如清政府总理各国事务衙门曾表示:"唐廷枢等均系李鸿章派委之员,该大臣责无旁贷,凡有关利弊各情,自应随时实力整顿。"②李鸿章也明确指出:商办不过"专指生意盈亏而言,非谓局务不归官也"③。言下之意,除生意盈亏之外,其他局务官方均要过问。他还指示盛宣怀担任轮船招商局会办的主要任务是往来查察,遇有要务则与唐廷枢等会禀,既要监督唐、徐等商董的行为,又要参与重要局务的决策。一般说来,督察的含义,一是监督商董是否按官方核准的规章办事,二是裁决企业的重大事项,三是稽查商董有无徇私舞弊行为。专管官务则是全权负责企业与官方所存在和发生的一切关系。从原则上来说,官方及其代表与商董的职责权限是比较明确的,但在实际执行中往往发生官方代表依仗官势侵夺商董权限的行为。

受上述官督商办体制决定,这类企业在实际经营活动中往往有以下几种表现:

1. 官操决策之权。其控制的途径有三:一是由李鸿章、张之洞这样的高层发起者选任企业的总办(或督办)、会办(或帮办)之类的高层经理人员,核准企业的章程,聘用高级洋员,确定优惠政策;二是委派官方代表到企业担任总办、会办之类的职务,代官方行事和监察;三是选拔大商董委为总办、会办,使之一身二任,既为官办事,又替官劝商。这些总办、会办,虽然除了秉承上司的旨意办事之外,也握有一部分的决策权,但是他们所作的决策大多是从官方利益出发的,否则就会受到上司的驳难。

2. 商操执行之权。官督商办企业都设商董,他们既是企业的大股东,又是普通股东一方的代表。他们不是被委为总办、会办,就是某一部门的掌管者。如轮船招商局,除唐廷枢、徐润被委为总办、会办外,还

---

① 吴汝纶编:《李文忠公全集·奏稿》卷四十,24 页。
② 中国史学会主编:《洋务运动》(六),68 页。
③ 吴汝纶编:《李文忠公全集·奏稿》卷四十,22 页。

有分管各分局事务的商董。从1885年（光绪十一年）起，总局所设的揽载、运漕、银钱、保险、修舱、煤料、翻译、案牍等8个股，均由帮办董事具体负责，还另设查账董事。电报局的各级经管人员中，除由盛宣怀任督办之外，其余总办、会办及各部门负责人员均由商董担任。其他官督商办企业的商董也都有类同的职务。商董握有一部分决策权或决策参与权，但必须按照官方核准的经营原则和职责权限经管具体事项。当然，对职责范围内的经管事务，商董有较大的独立处置权力。正是由于商董能够通过他们所握有的办事权而发挥他们的经营才能，才使轮船招商局、开平煤矿、电报局等企业获得了较好的经济效益。

/112

3. 依赖于官府扶持。李鸿章在创办官督商办企业时提出"商为承办，官为维持"的经营模式。商为承办，已如上述；官为维持，则主要表现为借垫官款、减免税厘和授予专利权。在借垫官款方面，轮船招商局先由李鸿章拨垫直隶"练饷钱二十万串"，以作设局商本，后又屡借官款达190余万两；①开平煤矿先后借有官款24万两，借直隶银钱所海防支应局款50万两，使该局在设局20余年间"屡受挫跌"时得到"扶持救急之款"；②上海机器织布局也借用官款达26.5万余两；电报局先后获得垫借官款34.8万余两，护线、电报学堂等经费津贴23.4万两。③ 虽然上列各企业所借官款大多数以各种方式归还，但其对企业的创设和渡过某些难关的作用非小。在减免税厘方面，轮船招商局先后获得从上海至天津随漕运货免纳天津进口税2成、卸漕空船载货免除北洋三口出口税2成的优待；开平煤矿获得原煤出口税由每吨纳银6钱7分2厘减至1钱的优待；机器织布局在筹建过程中就已先后获得产品在本地销售"免抽厘金"，运销内地只在"上海新关完一正税，概免内地沿途税厘"的待遇。④ 在授予专利权方面，轮船招商局拥有"商局命脉所系"的运输漕粮的特权，并享受在中英贸易中"五十年内只准各处华商

---

① 吴汝纶编：《李文忠公全集·译署函稿》卷七，22—23页。
② 参见苑书义《李鸿章传》，186页，北京，人民出版社，1991；开平矿务局：《开平矿务切要案据》，9页，宣统二年。
③ 参见［美］费维恺《中国早期工业化》，虞和平译，299、275—277页，北京，中国社会科学出版社，1990。
④ 吴汝纶编：《李文忠公全集·奏稿》卷四十三，44页。

附股,不准另行开设字号"的专办权;①机器织布局得到"十年以内,只准华商附股搭办,不准另行设局"的特权;②电报局则完全独揽了国内民用电线的架设权。官方的这些"维持"措施,虽然有成为官方向企业索取"报效"的借口和妨碍其同类商办新企业产生的负面效应,但是对官督商办企业来说,几乎是赖以建立和发展的命脉所在。

4. 徇私舞弊。在官督商办企业的经营管理上存在着不少徇私舞弊现象。"徇私"主要表现为任人唯亲。这特别体现在轮船招商局中。该局的董事中有些是总办、会办的亲属,如上海分局的朱其莼是朱其昂家族成员,广东分局的唐廷庚是唐廷枢的胞弟,福州分局的唐静庵也是唐廷枢家族之人。也有一些商董是总办、会办的好友、同伙或同乡。总办、会办和商董们往往引朋呼友,甚至一人"引用亲朋至二三十之多"③。各级官吏也"纷纷荐人","络绎不绝","甚至宫中亦有挂名应差,身居隔省,每月支领薪水者"。④ 该局主管人员则因碍于情面,滥行收录。这导致招商局机构臃肿,人浮于事,既增加了薪水开支,又降低了办事效率。其他企业虽没有那么严重,但也不同程度地存在此类情况。舞弊主要表现为各级管理人员的贪污中饱、损公肥私和挪用公款。套取回扣、挟带私货、挪用公款作房地产和债券投机之事屡有发生。如招商局总办唐廷枢挪欠公款 7 万余两,徐润挪欠 2 万余两。这种舞弊行为严重削弱了招商局的经营效益,使该局一度陷入"局无现银"、"几乎倒闭"的境地。⑤

需要指出的是,官督商办企业中存在的这些弊病,并非与这一制度有必然的因果关系。因为同属官督商办的企业,其效益和结果是各不相同,差异甚大的。其缘由所在,主要是主管人员,特别是督办和总办如何作为,直接导致企业的成败和好坏。这种弊病亦非官督商办所独有,在其他体制的企业中也程度不同地存在着,只不过在官督商办企业中更易于产生而已。

---

① 吴汝纶编:《李文忠公全集·奏稿》卷三十,33 页;卷四十一,35 页。
② 吴汝纶编:《李文忠公全集·奏稿》卷四十三,44 页。
③ 中国史学会主编:《洋务运动》(六),125 页。
④ 王彦威纂辑:《清季外交史料(光绪朝)》卷十一。
⑤ 中国史学会主编:《洋务运动》(六),126 页。

第五节　新式文教机构的设立与
　　　　引进外国先进文化的开始

一　同文馆等综合性新式学校的设立

洋务派要办好洋务,除了需要有懂得洋务的基层官员和外国顾问之外,还需要有能够具体办理洋务的各种人员和有关洋务的各种知识,为此他们在开办洋务的同时也开始创办各种培养洋务人才和介绍洋务知识的文化教育机构。

同文馆是洋务派设立的第一个新式文化教育机构。该馆先是从事单一的英语教学,然后发展为包括语言学、社会科学和自然科学的综合性教育机构。1861 年,奕䜣等人在关于设立总理衙门的奏折中就已经提出设立同文馆的建议,当时称"外国语言文字学馆",也得到了清廷的批准,但因教师不易招聘,一时没能办成。到 1862 年 6 月 11 日(同治元年五月十五日),学馆才正式开馆,正式命名为"同文馆",教师只有英文、汉文各 1 人,学生仅有 10 人;经费由南北各海关船钞收入项下酌提三成,交由总理衙门支用。① 此后,同文馆陆续增设各种课程,扩大规模。1863 年增开法文馆和俄文馆,各派八旗子弟 10 名入馆学习。

到 1866 年(同治五年)末,同文馆的教学课程开始突破语言一科,转向多学科教学。12 月 11 日(十一月初五日)奕䜣上奏说:"洋人制造机器、火器等件,以及行船、行军,无一不自天文、算学中来。现在上海、浙江等处讲求轮船各项,若不从根本上用着实功夫,即学习皮毛,仍无

① 中国史学会主编:《洋务运动》(二),8 页。

裨实用。"①建议增设天文算学馆。随即获得清廷批准。其招生范围
为:凡翰林院庶吉士、编修、检讨及五品以下,由进士出身之京外各官年
龄在 30 岁以下者,经考试录取后入馆学习;如有平日讲求天文算学,自
愿入馆学习,借资印证以精其业者,可以不拘年龄。但在招生时,因顽
固派的恶言攻击和阻挠,报名应考者寥寥无几,参加考试者仅有 72 人,
最后勉强录取 30 名;翌年因学习不合格被淘汰者 20 名。1872 年再增
设德文馆,1877 年时在馆学生已增加到 120 名。从此,同文馆站住了
脚跟。

同文馆的教师既有中国人,也有外国人,主要采用西式教学方式。
其中最有影响的是美国人丁韪良,他于 1863 年受聘为英文教习,1868
年起讲授国际公法,1869 年被任命为总教习,直至 1894 年。他在任职
期间引入了不少西方的教学方法,并于 1876 年制定了较系统的八年学
制和五年学制的课程表。课程表规定:"由洋文而及诸学共须八年。馆
中肄习洋文四种,即英、法、德、俄四国文字也。""首年:认字写字,浅解
词句,讲解浅书;二年:讲解浅书,练习文法,翻译条子;三年:讲各国地
图,读各国史略,翻译选编;四年:数量启蒙,代数学,翻译公文;五年:讲
求格物,几何原本,平三角,弧三角,练习译书;六年:讲求机器,微分积
分,航海测算,练习译书;七年:讲求化学,天文测算,万国公法,练习译
书;八年:天文测算,地理金石,富国策,练习译书。"不学外语,"仅借译
本而求诸学者,共须五年。首年:数量启蒙,九章算法,代数学;二年:学
四元解,几何原本,平三角,弧三角;三年:格物入门,兼讲化学,重学测
算;四年:微分积分,航海测算,天文测算,讲求机器;五年:万国公法,富
国策,天文测算,地理金石。"还规定:"汉文经学,原当始终不已";医学
"或随时涉于体骨等论,以广学识,或俟堂宪谕令而专习之皆可"。② 同
时,还建立了严格的考试制度。1900 年后,同文馆并入京师大学堂。

上海广方言馆是洋务派设立的第二个教育机构。该馆始称"外国
语言文字学馆",也叫"同文学馆",由李鸿章在 1863 年 3 月奏准设立,

---

① 宝鋆等纂辑:《筹办夷务始末(同治朝)》卷四十六,3—4 页。
② 参见李时岳、胡滨《从闭关到开放》,319—320 页,北京,人民出版社,1988;朱有瓛主编《中国近代学
制史料》第 1 辑上册,71—73 页,上海,华东师范大学出版社,1983。

1864 年（同治三年）正式开馆，并改称"广方言馆"，分英文、法文、算学三馆；由苏松太道应宝时任监督，陈兰彬任总办，冯桂芬任监院。其招生对象规定为"年十四以下，资质颖悟，根器端正之文童"；另外"候补佐杂及绅士中有年及弱冠愿入馆学习者"亦可保送"入馆学习"。主要培养精通外语的人才，可供"通商督抚衙门及海关监督添设翻译官承办洋务"时选用。学生所学课程虽以学习外语为主，但也须学习或选学其他课程，因为"西人制器尚象之法，皆从算学出，若不通算学，即精熟西文亦难施之实用"，所以"凡肄业者算学与西文并须逐日讲习，其余经史各类，随其资禀所近分习之。专学算学者，听从其便"。①

广方言馆于 1869 年并入新设的江南制造总局翻译馆，并改订教学课程，扩大教学内容，中西并课。学生须学习的课程为：在中学方面有经学、史学、时艺。西学则分上、下两班，"初进馆者先在下班，学习外国公理公法，如算学、代数学、几何学、重学、天文、地理、绘图等事，皆用初学浅书教习；若作翻译者，另习外国语言文字等书"。上班分为七门："一、辨察地产，分炼各金，以备制造之材料；二、选用各金材料，或铸或打，以成机器；三、制造或木或铁各种；四、拟定各机器图样或司机各事；五、行海理法；六、水陆攻战；七、外国语言文字，风俗国政。"②同时另设学习"厂船机器"和"行船接仗"的半工半读型的分馆两所，"用总管机器及谙练行船洋人两名，专司教习"。其学员主要是从"厂中工匠及现在各号轮船领江水手、司机各项人等"中选择"略识字义，而学习已经入手者"；"厂内工匠于散工之后，船上领江人等于出洋回局之日，每日傍晚五点半钟始（冬日自六点钟始）至九点钟止，在馆听西教习讲解"。另新设武学、铁、船三馆，1894 年又增设天文馆，从而形成具有文、武、理、工学科的综合性学校。学生数量也有所增加，达到学英、法文者 39 人，学算学者 6 人，学武、铁和船诸学者 46 人，合计 91 人，"最盛时生徒达二百人"。③ 从课程设置来看，上海的广方言馆要比北京的同文馆先进，在广方言馆设置算学等自然科学课程后，同文馆才仿而效

116

---

① 朱有瓛主编：《中国近代学制史料》第 1 辑上册，216—217 页。
② 吴汝纶编：《李文忠公全集·奏稿》卷三，12 页；朱有瓛主编：《中国近代学制史料》第 1 辑上册，223—224 页。
③ 朱有瓛主编：《中国近代学制史料》第 1 辑上册，254 页。

之。广方言馆所用教师既有外国人,也有中国人;英文教师由美国人林乐知担任,法文教师由英国人傅兰雅担任,算学教师由江苏兴化附生刘彝程担任。直至 1905 年,上海广方言馆改为上海工业学堂。

此后,这类外国语言文字学校和综合性学校继续陆续设立,逐渐推广。相继设立的这类学堂还有 1864 年由毛鸿宾设立的广州同文馆、1887 年刘秉璋设立的新疆俄文馆、刘铭传设立的台湾西学馆、1888 年希元设立的珲春俄文馆、1893 年(光绪十九年)张之洞设立的湖北自强学堂。在上述几个后设的学堂中,湖北自强学堂的学科相对较多,规模相对较大,是洋务运动时期最后设立的一个综合性学校。其设立及演变过程大致如下:1891 年 6 月,张之洞将武昌经心书院改为两湖书院,增设算学、经济学课程。接着又设方言商务学堂,开设方言(外语,下同)和商学两科。1892 年 7 月新建算学学堂,次年 11 月改称"自强学堂","分方言、格致、算学、商务四门。每门学生先以二十人为率,湖北、湖南两省士人方准与考。方言学习泰西语言文字,为驭外之要领;格致兼通化学、重学、电学、光学等事,为众学之入门;算学乃制造之根源;商务关富强之大计。每门延教习一人"①。其中方言一门分英文、法文、俄文、德文四种,除学数学者无需学外语外,其余各科皆须学外语。1896 年,将汉阳铁厂所设之化学学堂并入,另设一门。1903 年,自强学堂被改为普通中学。

二　新式军事技术学校的设立

洋务运动时期出现的第二类新式教育机构是各种类型的新式军事学校。随着洋务派创办新式军用工业和训练新式军队的展开,他们为了培养自己的专业人才,便开始创办各种新式军事学校。

1866 年,由左宗棠在创办福建船政局时同时创办的求是堂艺局(俗称"船政学堂"),虽以教授造船和船舶驾驶技术为主,具有很强的技术培训性质,但其培养学生的初衷和结果都是为海军建设服务,因此应该是近代中国的第一所新式军事学校。该学校的创办采取了一种新的

---

① 王树枬编:《张文襄公全集·奏议》卷三十二,9—13 页;卷三十四,5 页。

办法，即利用船政局所聘用的外国技术人员一面办厂造船，"一面开设学堂"，要求外国技术人员"教习制造即兼教习驾驶，成即随同出洋"；①"教习法国语言文字，俾通算法，均能按图自造，教习英国语言文字，俾通一切船主之学，能自监造、驾驶，方为教有成效"②。其宗旨在于"学成制造、驾驶之人，为将来水师将材所自出"，"将来讲习益精，水师人材固不可胜用矣"。③

1867 年 1 月，求是堂艺局正式开办，规模相当可观，可谓是当时已开办各学堂之最。船政大臣沈葆桢向朝廷奏陈其状况说："原议学堂两所（一为法文学堂，亦称'前学堂'、'制造学堂'；二为英文学堂，亦称'后学堂'、'驾驶学堂'），艺童 60 名；后添绘事院（10 月设）、驾驶学堂、管轮学堂（1868 年设）、艺圃（1868 年设）四所，艺童徒共三百余名。"④所选学生均是民间十余岁粗解文义子弟。7 月，该学堂又从广东招来 10 名已通英文的学生，作为外学堂学生。所设专业和课程，前学堂为制造专业，主要是训练学生懂得轮机的功能、大小，以及各个部件所起的作用，能够设计和仿造轮机的机件，能够计算、设计并绘制轮船的船体；所设课程有法文、数学（从算术、代数、几何、三角到微积分）、物理和机械学。绘事院系设计专业，分船体设计和轮机设计两科；开设的课程包括法文、数学（算术和几何）、轮机、制图等。"驾驶学堂所读者，曰智环启蒙，曰文法谱，曰第一书以至第五书，皆言语文字及讲习文艺之学也；曰数学入门，曰几何，曰代数，曰三角、弧三角，皆数理之学也；曰地舆图说，曰行海全书，则驾驶之学也。"尤重算学，占课堂教学的"三分之一"。其教学之方法，则为课堂教学与实践教学相结合，"学堂之教居其半，练船之教居其半"⑤。1884 年中法战争以后，福建求是堂艺局有所衰落，到 1894 年共计有 300 余名学生毕业，在福建船政局和沿海各省的造船和海军建设中发挥了一定的作用。

继福建求是堂艺局之后各地相继建立军事学堂，计 13 所，尤以海

---

① 杨书霖编：《左文襄公全集·奏稿》卷十八，2—3 页。
② 中国史学会主编：《洋务运动》（五），36 页。
③ 杨书霖编：《左文襄公全集·奏稿》卷二十，64 页；卷十八，3 页。
④ 中国史学会主编：《洋务运动》（五），115 页。
⑤ 中国史学会主编：《洋务运动》（二），131 页。

军学堂为多。如 1874 年，江南制造局在上海设立操炮学堂；1876、1880和 1885 年，李鸿章先后在天津建立电气水雷局（即鱼雷学堂）、水师学堂和天津武备学堂（陆军）；1880 年，张树声设广东实学馆（海军）；1886年和 1887 年，张之洞在广州相继创办广州黄埔鱼雷学堂和广东水陆师学堂；1888 年，奕譞在北京设立昆明湖水师学堂；1890 年，丁汝昌在威海设立刘公岛水师学堂，在旅顺设立鱼雷学堂，曾国荃在南京设立江南水师学堂；1893 年，李鸿章在天津建立北洋医学堂（军医）；1894 年，烟台海军学堂成立。其中较有典型意义的是李鸿章所创设的天津水师学堂和武备学堂。

天津水师学堂是中国第一所现代海军专科学校。该学堂是李鸿章参照福建求是堂艺局后学堂的模式设立的，目的在于"开北方风气之先，立中国兵船之本"①，也就是为北洋新式海军的建设培养所需要的人才。其属性与求是堂艺局的后学堂相同，并参考了后学堂的章程，也分为驾驶、管轮两个专业。其管理和教习人员也大多出自福建方面，最初出任学堂练船督办的是曾任福建船政大臣的吴赞诚，1881 年接任总办的是曾任福建船政提调的吴仲翔，出任总教习的则是求是堂艺局的高才生、从英国留学海军归国的严宗光（严复）；在教习和教练中也有 4名求是堂艺局后学堂毕业的学生。在选招学生方面显得更为严谨，要求学生有一定的文化基础、较好的道德和身体素质以及清白的出身。其最初的招生章程规定："挑选学生，无论天津本籍、或邻县、或外省寄籍良家子弟，自十三岁以上、十七岁以下，已经读书数年，读过两三经，能作小讲半篇、或全篇者，准取。其绅士认保报名，并将年岁、籍贯、三代开报入册，届时由天津道或海关道面试，择其文理通顺者先取百名左右，送赴水师学堂面复。察其体气充实，资性聪颖，年貌文理相符，果是身家清白挑选六十名。取具本人家属甘结，亲邻保状，收入学堂试习二月后，再行察看。倘口齿不灵，或性情恶劣，举止轻浮，即行剔退。"②

1888 年，北洋海军正式建成，又仿英国教习章程，修订《北洋海军章程》，重申原有招生原则。同时制定新教学制度，教学内容和方法都

---

① 吴汝纶编：《李文忠公全集·奏稿》卷五十二，8 页。
② 《天津新设水师学堂章程》，载《万国公报》第 361 卷。

较求是堂艺局有所进步。章程规定:学生"在堂肄业四年","在船练习一年"。在堂需学课程为:英国语言文字、地舆图说、算学至开平立诸方、几何原本前六卷、代数至造对数表法、平弧三角法、驾驶诸法、测量天象(推算经纬度诸法)、重学、化学、格致。在船练习之要求为:"凡大炮、洋枪、刀剑、操法、药弹利弊、上桅接绳、用帆诸法,一切船上应习诸艺,诸能通晓。"还制定了严格的考试和记分办法。① 此后继续加强课堂学习与船上练习相结合的方法,增加和扩大学生的知识面。1893 年时增加船上练习 1 年,结束后再回学堂学习 3 个月,送入枪炮练船再学 9 个月,合计 1 年。不久,又增加 3 年,即派往枪炮学堂和派上练船学习鱼雷技艺各 6 个月;派上"威远"练船学习船艺及随船广历外洋、考究风涛沙线 2 年。至 1894 年,天津水师学堂共计毕业学生 147 名,成为北洋海军的骨干力量。

天津武备学堂是中国最早的现代陆军学校。1884 年 8 月间,清廷从德国以重金聘请 50 名军官来华,派往水陆各军担任教练。其中由李鸿章派往淮军担任教练的德国军官因态度傲慢、缺乏实际战术、改变训练方式等,与淮军将帅发生矛盾,难以合作,遂由淮军提督周盛波、周盛传禀请李鸿章,"仿照西国武备书院之制,设立学堂,遴派德弁充当教师,挑选营中精健聪颖、略通文义之弁目,到堂肄业"。李鸿章随即批准照办。于 1885 年 2 月正式设立,"暂就天津水师公所安置生徒,名曰武备学堂"②,任杨宗濂为总理。1886 年,新校所在天津紫竹林建成。第一批学生来自北洋各部驻军,人数约 150 人,年龄多在 18—36 岁之间。1886 年时增加到 250—300 人。这头两批学生年龄偏大,文化偏低,学习比较困难,学习期限也较短,仅 2 年。从 1887 年起开始选募 13—16 岁的良家子弟入校学习,学习期限也增加到 5 年。所学课程,据《北洋武备学堂学规》所载:"学堂所习兵法、地利、军器、炮台、算法、测绘等学;操演所习炮队、步队、工队及分合阵法。"③另据李鸿章所述,为:"天文、地舆、格致、测绘、算化诸学,炮台、营垒新法,皆有实用,并时操习马

---

① 参见中国史学会主编《洋务运动》(三),245—252、257 页。
② 吴汝纶编:《李文忠公全集·奏稿》卷五十三,42—44 页。
③ 中国社会科学院近代史研究所、中华民国史组编:《清末新军编练沿革》,297—298 页,北京,中华书局,1978。

队、步队、炮队及行军布阵、分合攻守诸式,仍兼习经史,以充根底。"①其所培养之学生中有不少对后来的历史产生重大影响的人物,如段祺瑞、冯国璋、曹锟、王士珍、段芝贵、陆建章、李纯、鲍贵卿、陈光远、王占元、杨善德、田中玉、雷震春、吴佩孚等。

除了上述这些直接为海军、陆军培养军官和技术人员的军事学校之外,从同治末年起随着电报开始在军事上被采用,以及李鸿章创建中国电报局,于是以培养电报操作人员和工程人员为主的各地电报专科学校开始出现。如1876年,丁日昌借丹麦大北电报公司的力量设福州电气学塾,为船政局和将来的电报局培养电报人才。1880年,李鸿章设天津电报学堂。1882年,中国电报局设上海电报学堂。这两个学校都是为中国电报局培养人才的。此外,到1892年,还出现了中国第一家矿务专门学校,即湖北矿务局在武昌设立的湖北采务工程学堂。

三　派遣留学生

在创办各种新式学校的同时,清廷为了培养更好、更高级的人才,便采取了派学生出国留学的办法,开创了中国的出国留学教育体制。派学生出国留学之事从总理衙门成立后就开始酝酿。早在1863年,总理衙门大臣奕䜣在议复拣选知县桂文灿所陈述的日本派学生赴俄美两国学习之事时,就开始考虑到派学生出国留学问题。他说:"伏思购买外国船炮,由外国派员前来教习,若各督抚处置不当,流弊原多,诚不若派员带人分往外国学习之便。惟此项人员,急切实难其选。"②1865年3月,奕䜣又致函李鸿章,提出"派旗兵前往外国,布置机器局中,学习制造,以资制胜"的设想,但没有得到李鸿章的支持。③ 同年,薛福成也曾向曾国藩提出过此类建议:"招后生之敏慧者,俾适各国,习其语言文字,考其学问机器。"④1868年,容闳向丁日昌提交了派学生出国留学的条陈。容闳于1854年从美国耶鲁大学留学归国,先后在香港高等审判

---

① 吴汝纶编:《李文忠公全集·奏稿》卷六十,48—49页。
② 宝鋆等纂辑:《筹办夷务始末(同治朝)》卷十五,33页。
③ "中研院"近代史所编:《海防档》(丙),机器局,第1册,13—20页。
④ 薛福成:《上曾侯相书》,见《庸庵文外编》第3卷,22页,光绪二十一年。

厅、上海海关、宝顺洋行任职，1863—1865 年又为曾国藩赴美国购买机器，深得曾国藩的赏识，并被保举为江苏候补同知，与时任江苏巡抚的洋务派要员丁日昌关系颇密切。他在条陈中建议清廷选派颖秀青年出洋留学，第一次名额 120 人，设留学生监督 2 人管理之。但该条陈经丁日昌转呈文祥和曾国藩后，便没有下文。

直到 1870 年事情才有了一个转机。一是由清廷所派使臣蒲安臣与美国国务卿西华德所订立的《续增条约》（《蒲安臣条约》），于 1869 年 11 月获得清廷批准而生效，其中所规定的"嗣后中国人欲入国立大小官学学习各等文艺，须照相待最优国之人民一体优待"①一条，为留学生派遣国的选定提供了条件，遂确定美国为派遣国。二是 1870 年发生天津教案，容闳作为译员，随从曾国藩、丁日昌前往天津处理教案，趁机再次通过丁日昌向曾国藩提出派遣留学生的建议，终于获得曾国藩的支持和采纳。10 月，曾国藩经过精心酝酿，第一次正式向清廷提出了向国外派遣留学生的建议："博选聪颖子弟，赴泰西各国书院，及军政船政等院，分门学习"，并提议由陈兰彬和容闳"携带子弟前赴外国"学习。② 次年 3 月，曾国藩又在关于海防的奏折中再次提出选派留学生之事，并把此事作为筹议海防江防"讲求实际"的三大要端之一。同时，曾国藩还与接任直隶总督的李鸿章商定：先做好"议订条款，预备经费"等筹备事项，等到都有了眉目，再联衔会奏。到 1871 年 6 月 26 日（同治十年五月初九日），筹备事项基本就绪，曾国藩和李鸿章便联衔拟就《论幼童出洋肄业》，与总理衙门函商，获得允准。8 月 18 日，再由曾、李联衔上奏《拟选子弟出洋学艺折》，指出此事的必要性和重要性："凡西人游学他国得有长技者，归即延入的书院，分科传授，精益求精，其于军政、船政，直视为身心性命之学。今中国欲仿效其意，而精通其法，当此风气既开，似宜亟选聪颖子弟，携往外国肄业，实力讲求，以仰副我皇上徐图自强之至意。"③然后，又由总理衙门复议，经曾、李另外拟定一个应办事宜六条，于 1872 年 2 月 27 日补奏《幼童出洋肄业事宜折》，再

---

① 王铁崖编：《中外旧约章汇编》第 1 册，262—263 页，北京，生活·读书·新知三联书店，1982。

② 李瀚章编：《曾文正公全集·奏稿》卷三十，8—9 页，见沈云龙主编《近代中国史料丛刊续编》第 1 辑。

③ 李瀚章编：《曾文正公全集·奏稿》卷四，945 页。

由总理衙门于 5 月 17 日(四月十一日)议复而得以批准。

至此,经过历时 10 年的反复筹议,派遣学生出国留学之事才算成功。其艰难之处,主要是在于出国留学毕竟比在国内设立学堂聘洋人来中国任教要复杂得多,既需要进一步的开放思想,冲破守旧思想的束缚和守旧派的阻挠,也有待于具体事项的筹备落实,还需要有一定的外交条件。因此,其筹议时间之长是情有可原的。这一步的迈出,较之开办新式学校又前进了一大步。

曾国藩和李鸿章的派遣留学生奏折得到朝廷批准后,便立即付诸实施,分批选派学生赴美留学。按照原定方案的 120 名学生,从 1872 年(同治十一年)起分 4 年派遣,每年 30 名,留学期限 15 年;由候补刑部主事、曾任上海广方言馆总办的陈兰彬任正委员,容闳任副委员,负责管理学生。所选学生的地区分布为:广东 83 人、江苏 22 人、浙江 8 人、安徽 4 人、福建 2 人、山东 1 人,绝大多数为东南沿海比较开放地区的汉人子弟,无一满人;文化基础均为曾经读中国书数年,稍通中国文理,年 10—16 岁的聪慧幼童;家庭出身,除少数为买办商人的子弟外,大多数为普通人家的子弟。派遣学生赴美留学,主要目的当然是为了学习各种西学。学生们到美国以后,便陆续考入各种专业学习。就可查知的 90 人而言,其专业分布的状况是:学法政的 12 人,学工科的 17 人,学矿学的 6 人,入中学的 36 人,入小学的 19 人;入中学而后又学法政者 9 人,入中小学而后又学工科者 5 人,学矿学者 2 人,学化学者 1 人。[①] 在这专业清楚的 52 人中,学社会科学者 21 人,占 40%;学自然科学者 31 人,占 60%。但在学习西学的同时,按照曾国藩、李鸿章所订章程的规定:"仍兼讲中学,课以孝经、小学、五经及国朝律例,随资高下,循序渐进。每遇房、虚、昂、星等日,正副二委员传集各童,宣讲《圣谕广训》,示以尊君亲上之义,庶不至囿于异学。"[②]这一规定旨在保证学生的思想意识不被西化,保持中国的传统伦理道德,不忘效忠朝廷,其用意所在既有坚持封建主义教育的一面,也有进行爱国主义教育的一面,与国内兴办新式学校一样体现了洋务派"中体西用"这一基本原则。

---

① 徐润:《徐愚斋自叙年谱》,17—23 页,香山徐氏,1910。
② 吴汝纶编:《李文忠公全集·奏稿》卷十九,9 页。

如果说这一中体西用原则对国内新式教育事业的影响只限于所培养人才的思想和知识素质，那么对国外留学教育事业的影响则不仅于此，而且直接导致了留学教育事业的中途而废。在幼童赴美留学刚刚两年之后，就开始有人批评留学生的西化倾向。负责留学生管理的正委员陈兰彬首先发难，反对学生"言行举止受美人之同化而渐改其故态"。到1875年，改任驻美公使的陈兰彬与新任留学生监督的区谔良、吴子登联络一气，抨击容闳纵容学生，任其放荡淫佚；批评学生适异忘本，"他日纵能学成回国，非特无益于国家，亦且有害于社会"，并要求从速解散留学事务所，撤回留美学生。奕䜣亦受此言论影响，主张撤回。后来，李鸿章虽欲挽回危局，亦经多方努力，但未见成效。[①] 1881年（光绪七年），李鸿章欲调回20名未入大学的留学生充实电报局所需人员，遂被奕䜣利用，认为李鸿章此举"是亦不撤而撤之意"，"与其逐渐撤还，莫若概行停止……将出洋学生一律调回"。[②] 于是，除因事故先期撤回，或在美病故和"告长假不归"的26人外，所余94人分三批全部撤回。

如此，经10年酝酿筹备，原定留学15年的留美学生，仅经最长9年、最短6年的学习，正在学识"颇有长进"期间就被迫中途折回，实在可惜。这些撤回的留美学生中，只有詹天佑、欧阳赓已经大学毕业；有35人正在大学学习；其余55人尚在中小学就读。这些学生尽管是中途撤回，也已有一定的西学基础，特别是已入大学学习和毕业者，但在他们回国之初并没有得到合理的使用和安置，第一批撤回的21人均送电报局学习发送电报；第二、三批撤回者中，16人拨归福建船政局后学堂改学驾驶，7人由上海机器制造局留用；50人则分拨于天津水师学堂、机器局、鱼雷局厂、电报局、医馆等处学习当差。

在这一时期中，除了总理衙门派遣幼童赴美留学之外，还有沈葆桢选派求是堂艺局学生分赴法国和英国留学之举。沈葆桢此举是仿效总理衙门派幼童留美而行的。他在1872年5月反驳宋晋要求裁撤船政

① 吴汝纶编：《李文忠公全集·译署函稿》卷十二，7—8页；参见范文义《李鸿章传》，228—230页，北京，人民出版社，1991。
② 中国史学会主编：《洋务运动》（二），166页。

局谬论的奏折中提出："洋人来中国教习,未必非(习)上上之技。去年曾国藩有募幼童赴英国(美国)学艺之举,闽中欲踵而行之,以艰于筹费而止。拟限满后,选通晓制造、驾驶之艺童,辅以年少技优之工匠,移洋人薪为之经费,以中国已成之技,求外国益精之学。"①其意要求在 1874 年船政局聘用洋匠造船期限满后,以聘用洋匠的费用作为派学生出国留学之经费,仿照总理衙门的做法,派学船政生出国深造。1873 年 11 月末,沈葆桢又提出具体实施方案说:"前学堂习法国语言文字者也,当选其学生之天资颖异、学有根底者,仍赴法国深究其造船之方,及其推陈出新之理。后学堂习英国语言文字者也,当选其学生之天资颖异、学有根底者,仍赴英国深究其驶船之方,及其练兵制胜之理。速则三年,迟则五年,必事半而功倍。……三年、五年后有由外国学成而归者,则以学堂后进之可造者补之,斯人才源源而来,朝廷不乏于用。"②遂经左宗棠、李鸿章等大臣的复议赞同,获得清廷的批准。后因沈葆桢奉命处理 1874 年日本侵犯台湾事件而延缓,只是派魏瀚、陈兆翱、陈季同、刘步蟾、林泰曾 5 名学生,乘随同日意格赴欧洲购买新式船舰机器之机,在英国有关院校作为期 1—2 年的考察和学习。

1875 年 5 月以后,沈葆桢调任两江总督,船政大臣由淮系干将丁日昌、吴赞诚相继接任,又恰逢李鸿章正筹建北洋海军,急需人才,极力支持派学生出国留学之事。至 1876 年,留学章程经李鸿章改定后上奏清廷,遂得批准。1877 年 3 月,选定学制造的学生 18 名赴法国学习,学驾驶的学生 12 名赴英国学习,中途又曾派厂徒 5 名赴法国学习,由李凤苞、日意格分别担任华洋监督。这批学生的命运较留美学生为好,得以全部学成回国,且取得了较理想的效果,其中后来成为海军和福建船政局骨干人物的有严宗光、刘步蟾、林泰曾、方伯谦、萨镇冰、魏瀚等。到 1880 年第一批学生学习期满先后回国后,1882 年船政学堂又派出了 10 名学生赴英国、法国和德国留学,于 1885—1886 年学成回国。同时,还有李鸿章另派的 9 名员弁和学生,以及李凤苞指派 6 名匠首赴欧观摩学习。1886 年,李鸿章又选派了第三批留学生,学生来源从船政

---

① 中国史学会主编:《洋务运动》(五),116—117 页。
② 吴元炳编:《沈文肃公政书》卷四,64—65 页。

学堂扩大到北洋舰队现役军官、天津水师学堂的教习和毕业生,共计34 名。1891 年,李鸿章本欲派遣第四批留学生,但因英国政府以琅威理辞去北洋舰队总查之职为由,拒绝接受中国留学生而终止。

五 翻译西书活动的兴起

近代中国的翻译西书活动出现于第一次鸦片战争之后,当时的从事者主要是一些西方来华传教士所设立的文化机构,由中国自己设立的文化机构所从事的翻译西书活动则开始于同文馆。同文馆成立以后以"译书为要务",少数受聘担任教习的西方人士,便在"训课之余,兼能翻译各项书籍",以充教材所需。到 1874 年 5 月(同治十三年四月),"同文馆总教习丁韪良呈请译书,开具章程六条"①,从此开始了同文馆有组织的翻译西书工作。"其初总教习、教习等自译,近来学生颇可襄助,间有能自行翻译者。"②不仅洋教习从事译书者进一步增加,也有一些同文馆的学生程度不同地参与了译书工作,如汪凤藻、凤仪、联芳、庆常、杨枢、长秀、承霖、王钟祥、席淦、贵荣、熙璋、左庚、文祜、德贞等。

在同文馆师生的共同努力之下,迅速翻译出版了一批颇有价值的西学著作。到 1888 年之前,师生辑译书籍共计已有 26 种,包括:法学著作,如《万国公法》《公法便览》《公法会通》《法国律例》《新嘉坡刑律》;经济学著作,如《富国策》;历史学著作,如《俄国历史》《各国史略》;物理学著作,如《格物入门》《格物测算》《电理测微》;化学著作,如《化学指南》《化学阐原》;算学著作,如《算学课艺》;天文学著作,如《星学发轫》;医学著作,如《全体通考》;外交学著作,如《星轺指掌》;外语著作,如《英文举隅》《汉法字汇》;历法著作,如中西合历等各个方面。③

这些翻译出版的西书大多是当时较有权威性的著作。如《万国公法》为美国著名律师惠顿所著,1836 年出版,被认为是最权威的著作,在欧美享誉一时,特别是在英国被列为外交官候选人的考试教科书,由丁韪良于 1864 年到同文馆任教后译出。该书出版不久恰巧发生普鲁

---

① 中国史学会主编:《洋务运动》(二),64—65 页。
② 朱有瓛主编:《中国近代学制史料》第 1 辑上册,153 页。
③ 中国史学会主编:《洋务运动》(二),87—88 页。

士在中国领海内截获丹麦商船而发生争执之事,总理衙门援引书中的有关则例,据理力争,终使普鲁士将所截获的船只移交中国。奕䜣由此体会到:外夷律例虽不尽符合中国法制,但亦有可取之处。于是,由总理衙门刊印 300 部,颁发各省督、抚备用。其他书籍,虽不如《万国公法》那样影响大,但也具有一定的学术地位和应用价值。

这些所译西书对同文馆的教学也起到了重要作用。它们大多被用作教材,有的课程就直接以所译西书的名称命名,如"万国公法"、"各国史略"、"富国策"等。

第二个从事翻译西书工作的机构是上海江南机器制造总局所设的翻译馆。1867 年,在上海广方言馆任教的徐寿向江南机器制造总局会办沈宝靖、冯焌光建议:"设一便考西学之法,至能中西艺术共相颉颃。"他认为:"将西国要书译出,不独自增见识,并可刊印传播,以便国人尽知。"① 此建议经两江总督曾国藩同意后,从 1867 年下半年开始由在上海的英国人伟烈亚力、美国人傅兰雅、玛高温和江南机器制造总局翻译委员徐寿、华蘅芳、徐建寅合作试译;前 3 位为口译,后 3 位为笔述。到 1868 年上半年,译出西书 4 种,即《汽机发轫》《汽机问答》《运规约指》《泰西采煤图说》,并随即送交曾国藩审阅。曾国藩阅后,大加赞赏,便奏请清廷设立翻译馆。其奏折说:"盖翻译一事,系制造之根本。洋人制器出于算学,其中奥妙皆有图说可寻。特以彼此文义扞格不通,故虽日习其器,究不明夫用器与制器之所以然。……拟俟学馆建成,即选聪颖子弟随同学习,妥立课程,先从图说入手,切实研究,庶几物理融贯,不必假手洋人,亦可引申其说,另勒成书。此择地迁厂及添建翻译馆之情形也。"② 1868 年 6 月,翻译馆正式开馆。

1869 年 10 月,上海广方言馆迁入翻译馆后,有些教习和学生也投入了翻译西书的行列,使翻译馆的翻译西书工作进入高潮阶段,并且取得了比同文馆大得多的成绩。1871 年,翻译馆开始正式出版所译西书,计 14 种 41 册。此后历年出版西书的数量为:1872 年 11 种,1873 年 9 种,1874 年 12 种,1875 年 6 种,1876 年 9 种,1877 年 12 种,1878

---

① 张镜庐辑注:《中国近代出版史料初编》,12 页,北京,中华书局,1957。
② 中国史学会主编:《洋务运动》(四),79 页。

年 2 种,1879 年 14 种。到 1880 年共计出版 98 种 235 册,尚有译成未刊之书 45 种 124 册。到 1899 年所出版的书已增至 126 种,1909 年又增至 160 种。其种类结构为:兵学 21 种,工艺 18 种,兵制 12 种,医学 11 种,矿学 10 种,农学 9 种,化学 8 种,算学 7 种,交涉 7 种,图学 7 种,船政 6 种,史志 6 种,工程 4 种,电学 4 种,商学 3 种,格致 3 种,地学 3 种,政治 3 种,天学 2 种,学务 2 种,声学 1 种,光学 1 种,补遗 2 种,附刻 10 种。[1] 如果以大学科分类,以工程技术类和军事类为多,这与洋务运动以工矿业和军队建设为主的状况是相一致的。

在这些译著中,有不少是多卷本的科学巨著和名著。20 卷以上的大型著作有 10 种,如《地学浅释》38 卷,《农务全书》32 卷,《代数术》25 卷,《埏纮外乘》25 卷,《化学鉴原续编》24 卷,《法律医学》24 卷,《内科理法》22 卷,《西艺知新》正续 22 卷,《美国宪法纂释》21 卷,《防海新论》20 卷,《水师操练》20 卷。10—19 卷的中型著作则有 27 种。有些著作不仅是名闻世界的名著,而且对洋务运动的历史产生过重要影响。如《防海新论》一书,为普鲁士武官希理哈所著,对美国南北战争时期双方的水路攻防案例进行了论述、分析,指出南方失败的原因主要在于依赖天险而没有积极防御。此书中译本出版后,颇受清廷军政要员的重视。李鸿章、刘坤一、李宗羲、丁宝桢等督、抚大员都认真读过,特别是李鸿章还在其著名的《筹议海防折》中吸收了该书的不少见解,直接引用关于海防要集中兵力、扼守要塞的观点,认为"所论极为精切",并照此原则对海疆进行布防。[2] 1879 年,日本侵占琉球,俄国觊觎渤海湾,海防吃紧,总理衙门一面令上海重印《防海新论》,发给沿海各督、抚,一面将存书发交东三省各地督、抚、将领,供细心研究应用。张之洞也上奏提出:"宜发《防海新论》,令各营讲习。近年西人著有《防海新论》一书,经上海道译出刊板通行。于外洋争战、防外海、防内河,种种得失利钝,辨论至详。……分发诸将领,细心讲求,触类引伸,必有实效。"[3] 以此作为加强海防的措施之一。又如《佐治刍言》一书,以自由平等思想为出

---

① 参见熊月之《西学东渐与晚清社会》,499 页,上海人民出版社,1994。
② 参见熊月之《西学东渐与晚清社会》,539—550、552—553 页。
③ 王树枏编:《张文襄公全集·奏议》卷二,27 页。

发点,从家室、文教、名位、交涉、国政、法律、劳动、通商等方面论述立身处世之道,认为人人有天赋的自主之权,国家应以民为本,政治应以得民心、合民意为宗旨。该书可谓是戊戌维新以前介绍西方社会政治思想最为系统、篇幅最大的一部书,出版后多次再版,对当时和后来的中国思想界产生过一定的影响。如梁启超读过该书后说:该书"言立国之理及人所当为之事,凡国与国相处,人与人相处之道悉备焉。皆用几何公论,探本穷源,论政治最通之书"①。章太炎在读此书时,如醉如痴,大为叹服,自称"魂精泄横,恐然似非人",并在自己的著作中多次引用。②

　　参与翻译馆西书翻译工作的人员比同文馆多得多。西方的主要人士有英国人傅兰雅(译书 77 种)、美国人金楷理(译书 15 种)、美国人林乐知(译书 8 种)、美国人卫理(译书 7 种)、英国人秀耀春(译书 5 种)、英国人罗亨利(译书 3 种)、美国人玛高温(译书 2 种)、英国人伟烈亚力(译书 2 种)。中国的主要人士有舒高第(译书 19 种)、赵元益(译书 17 种)、徐寿(译书 16 种)、郑昌棪(译书 16 种)、汪振声(译书 12 种)、李凤苞(译书 12 种)、华蘅芳(译书 11 种)、徐建寅(译书 10 种)、钟天纬(译书 6 种)、王汝(马冉)(译书 6 种)、贾步纬(译书 6 种)、瞿昂来(译书 5 种),此外还有 35 人,各译书 1—3 种。③

　　这一时期的翻译西书,既开了中国自己组织翻译西书的先河,将西学各主要学科的基本知识引入中国,为培养中国第一代工程技术人员起到了重要的作用,也锻炼和培养了第一批中国自己的翻译人员,为 1895 年甲午战争以后翻译西书的大规模展开打下了基础。

---

① 梁启超:《读西学书法》,转引熊月之《西学东渐与晚清社会》,517 页。
② 参见熊月之《西学东渐与晚清社会》,521—524、517—518 页。
③ 参见熊月之《西学东渐与晚清社会》,527—537 页。

第三章
外国对华经济扩张和中国民间工商业的进步

1865—1894 年是中外贸易和列强在华工商、航运企业较快扩张的时期。中外贸易不仅在数量和价值上有较大的增长，而且在进口商品和出口商品的结构上也发生了重要的变化，既显示了列强各国随着其工业的进一步发展而不断扩大对中国的商品输出和原料掠取，使中国日益被卷入世界资本主义市场体系，也显示出中外贸易的某种正常化趋向。外国在华企业除了直接为外贸服务的行业继续扩展之外，还出现了出口加工工业和金融业，并粗具规模。同时，这一时期也是中国民间经济发生资本主义性重要变化，并获得初步发展的时期。在中外贸易、外国在华企业和洋务运动的影响下，在外贸服务、出口加工、进口替代领域，开始出现由中国商人集资兴办的资本主义性工业企业。它们虽然数量不多，规模较小，设备较差，尚处于起步阶段，但是它们开了中国民间经济资本主义化的先河，为中国民间经济的发展显示了新的方向。与此同时，中国的传统经济也发生了资本主义性变异。在农业中，经济作物生产扩大，产品的商品化程度有所提高；在手工业中，虽有一些行业在外国同类产品竞争下逐渐走向衰落，但也有不少行业的工场手工业进一步发展，生产技术水平有所提高，它们力图与洋货抗争，谋求自我发展的新途径。

第一节 中外贸易状况的变化

一 中外贸易基本态势的变化

第二次鸦片战争之后,列强通过不平等条约取得了更多的对华贸易优势条件,进一步扩大对华贸易,使 1865—1894 年 30 年间的中外贸易出现了许多前所未有的新状况。这可通过该时期的相关统计数据来说明。不过,在近代中国,对中外贸易作较为系统的统计是海关总税务司署成立以后才有的,此前虽然也有一些可资参考的统计资料,但缺乏系统性和可比性。现将海关所作的 1865—1894 年间的贸易统计数字列如表 3 - 1,以示总体状况。

表 3 - 1 1865—1894 年中外贸易统计表(单位:千海关两)

类别\年份	净进口值(A)		净出口值(B)		净进出口总值		出入超(B—A)	
	原统计值	修正值	原统计值	修正值	原统计值	修正值	原统计值	修正值
1864	46 210		48 655		94 865		+2 444	
1865	55 715	60 036	54 103	60 161	109 818	120 197	−1 612	+125
1866	67 174	68 327	50 596	56 282	117 770	124 609	−16 578	−12 045
1867	62 459	67 762	52 158	58 167	114 617	125 929	−10 301	−9 595
1868	63 282	63 927	61 826	68 692	125 108	132 619	−1 456	+4 765
1869	67 109	75 587	60 139	67 116	127 248	142 703	−6 970	−8 471

类别 年份	净进口值（A）		净出口值（B）		净进出口总值		出入超（B—A）	
	原统计值	修正值	原统计值	修正值	原统计值	修正值	原统计值	修正值
年均	63 148	67 128	55 764	62 084	119 012	129 211	−7 384	−5 044
1870	63 693	73 081	55 295	61 773	118 988	134 854	−8 398	−11 308
1871	70 103	78 250	66 853	74 773	136 956	153 023	−3 250	−3 477
1872	67 317	70 506	75 288	84 140	142 605	154 646	+7 971	+13 634
1873	66 637	66 531	69 451	78 207	136 088	144 738	+2 814	+11 676
1874	64 361	65 856	66 713	74 917	131 074	140 773	+2 352	+9 061
年均	66 422	70 845	66 720	74 762	133 142	145 607	+298	+3 917
1875	67 803	68 798	68 913	77 310	136 716	146 108	+1 110	+8 512
1876	70 270	73 760	80 851	89 859	151 121	163 619	+10 851	+16 099
1877	73 234	74 527	67 445	75 846	140 679	150 373	−5 789	+1 319
1878	70 804	72 821	67 172	75 662	137 976	148 483	−3 632	+2 841
1879	82 227	83 861	72 281	81 130	154 508	164 991	−9 946	−2 731
年均	72 868	74 753	71 332	79 961	144 200	154 715	−1 536	+5 208
1880	79 293	82 826	77 884	87 695	157 177	170 521	−1 410	+4 869
1881	91 911	91 674	71 453	81 180	163 364	172 854	−20 458	−10 497
1882	77 715	77 634	67 337	76 618	145 052	154 252	−10 378	−1 016
1883	73 568	74 766	70 198	79 165	143 766	153 931	−3 370	+4 399
1884	72 761	72 021	67 148	76 124	139 909	148 145	−5 613	+4 103
年均	79 050	79 784	70 804	80 156	149 854	159 941	−8 246	+372
1885	88 200	87 591	65 006	73 901	153 206	161 492	−23 194	−13 690
1886	87 479	88 500	77 207	87 330	164 686	175 830	−10 273	−1 170

类别 年份	净进口值(A)		净出口值(B)		净进出口总值		出入超(B—A)	
	原统计值	修正值	原统计值	修正值	原统计值	修正值	原统计值	修正值
1887	102 264	89 835	85 860	95 933	188 124	185 768	−16 403	＋6 098
1888	124 783	108 580	92 401	102 606	217 184	211 186	−32 382	−5 974
1889	110 884	96 510	96 948	107 215	207 832	203 725	−13 937	＋10 705
年均	102 722	94 203	83 484	93 397	186 206	187 600	−19 238	−806
1890	127 093	110 820	87 144	96 752	214 237	207 572	−39 949	−14 068
1891	134 004	116 474	100 948	111 606	234 952	228 080	−33 056	−4 868
1892	135 101	118 586	102 584	112 667	237 685	231 253	−32 518	−5 919
1893	151 363	135 065	116 632	127 406	267 995	262 471	−34 731	−7 659
1894	162 103	146 054	128 105	140 005	290 208	286 059	−33 998	−6 049
年均	141 932	125 399	107 083	117 687	249 015	243 087	−34 849	−7 712

资料来源：Hsiao Liang-lin, *China's Foreign Trade Statistics 1864—1949*, pp. 22—23, Harvard University Press,1974；周广远《1870—1894 年中国对外贸易平衡和金银进出口的估计》,载《中国经济史研究》1986 年第 4 期。

说明：表中所列的"修正值",系指对原统计资料数据的不合理之处经过修订后的数值。对此,周广远的《1870—1894 年中国对外贸易平衡和金银进出口的估计》一文中有如此说明：在 1889 年以前,海关当局单纯从税收意义上去记录进出口货值,不是从国际收支的意义上去计价的。因此无论进口或出口货值,都以进口和出口商品在该中国通商口岸的市场价格为准,这一计价方法一直延续到 1903 年。从国际收支的观点来看,这种进出口货值自应分别换算为进口货的起岸价格和出口货的离岸价格来表示。进口货市价中应减去进口关税、鸦片厘金和进口商品在起运、货栈、订货佣金等投放市场前的一切杂费开支；出口货市价应加上出口关税和从口岸市场至出口商船上的一切杂费开支。此外,还需补充未列入统计的鸦片走私进口值、1890 年开始单独统计的对朝鲜贸易值。海关原有的统计方法,从对外收支的意义上来说是很不合理的。1889 年以后,海关当局已注意到这一点,在每年的贸易报告中都附有一个进口按起岸价格、出口按离岸价格计值的修正数字,但估算仍不够合理。因此有必要对海关原统计数字进行修正,具体方法是：修正进口值＝海关统计进口值＋从朝鲜进口值−当年进口税−(海关统计进口值＋从朝鲜进口值−当年进口税)×4%(各项杂费的比重)−对朝鲜复出口值−鸦片厘金＋鸦片走私进口值；修正出口值＝海关统计出口值＋对朝鲜出口值＋当年出口税＋(海关统计出口值＋对朝鲜出口值)×4%(各项杂费的比重)。

1865—1869 年的修正值由笔者依据周广远的方法另行统计,其统计过程见下表 3 - 2：

表 3-2   1865—1869 年进出口值修正统计表（单位：千海关两）

栏目 年份	进口值修正					出口值修正			
	原统计值	进口税	4%杂费	走私值	修正值	原统计值	4%杂费	出口税	修正值
1865	55 715	−2 736	−2 119	+9 176	=60 036	54 103	+2 164	+3 894	=60 161
1866	67 174	−32 67	−2 556	+6 976	=68 327	50 596	+2 024	+3 662	=56 282
1867	62 459	−3 157	−2 372	+10 832	=67 762	52 158	+2 086	+3 923	=58 167
1868	63 282	−3 288	−2 400	+6 333	=63 927	61 826	+2 473	+4 393	=68 692
1869	67 109	−3 473	−2 545	+14 496	=75 587	60 139	+2 406	+4 571	=67 116

资料来源：进口和出口原统计值、进口税和出口税，见 Hsiao Liang-lin（萧亮林），*China's Foreign Trade Statistics 1864—1949*, pp. 22、132, Harvard University Press, 1974；走私值（即鸦片走私进口值），见姚贤镐编《中国近代对外贸易史资料》第 2 册,598 页,北京,中华书局,1962。

说明：(1) 修正后的进、出口值与海关原统计相比,出口值历年均比原统计为高,但进口值则前后期有所不同,1887 年之后历年均比原统计为低,1886 年之前则高低不一。这主要是因为：1886 年之前,作为修正进口值最主要增加数额的鸦片走私价值数量较大,但也有大小之别,当鸦片走私数量较小时,修正进口值就低于原统计值,反之则高于原统计值；1887 年之后,由于九龙和拱北设立海关,香港和澳门这两个最主要的鸦片走私渠道转变为正式进口门户,走私数量大幅度减少,加之同年还开征鸦片厘金,使修正进口值时不仅在海关原统计进口值上所加的鸦片走私值大幅度减少,而且还要减去为数不少的鸦片厘金数额,所以修正的历年进口值均低于原统计值。(2) 刘克祥主编《清代全史》第 10 卷（沈阳,辽宁人民出版社,1993）第 303 页也有同类数据,其中 1870 年后每五年进口平均值与本表基本相同,依次为70.9、74.8、79.8、94.9、126.7（单位：百万海关两）,但每五年出口平均值与本表相差较大,均在 1 500 万海关两以上,依次为80.4、86.9、87.6、102.3、132.7（单位：百万海关两）,因而扩大了出超值的状况,不仅每期均为出超,而且数额较大,只是到1895 年以后才开始由出超转变为入超。

从表 3-1 来看,1865—1894 年这 30 年间的中外贸易呈现以下两种态势：

第一,中外贸易有较大的增长。进出口总值从 1865 年的 12 019.7 万海关两（修正值,下同）增至 1894 年的 28 605.9 万海关两,增加了137.99%。如果以五年平均值计算,则从 12 921.1 万海关两增至 24 308.7 万海关两,增加了 88.13%。其中进口值从 1865 年的6 003.6 万海关两增至 1894 年的 14 605.4 万海关两,增加了143.28%；出口值增幅略小一点,从 6 016.1 万海关两增至 14 000.5 万海关两,增加了132.72%。如果以五年平均值计算,进口值从 6 712.8 万海关两增至

12 539.9 万海关两,增加了 86.81%;出口值的增幅则略高一点,从 6 208.4 万海关两增至 11 768.7 万海关两,增加了 95.22%。可见,这 30 年中的中外贸易有了较大增长。从五年平均进出口总值的增长状态来看,呈现为前期、后期增长较快,中期增长缓慢的态势:1870—1874 年的第二期比 1865—1869 年的第一期增长了 12.69%,1875—1879 年的第三期比第二期的增幅降至 6.26%,1880—1884 年的第四期比第三期的增幅再降至 3.38%,到 1885—1889 年的第五期比第四期的增幅快速上升至 17.29%,1890—1894 年的第六期比第五期的增幅又加速上升为 29.58%。正是由于中外贸易的这种不断增长,才使得海关税收有持续较大的增加,也使清廷的财政收入在镇压太平天国起义后得到逐渐的恢复和增加。

第二,中外贸易平衡状况的变化以 1872 年、1885 年为界呈现为三个阶段。1865 年之前,中国的对外贸易基本上均处于出超的状态,[①]据表3-1 所列的海关统计,到 1864 年时尚出超 244.4 万海关两。但是,1865 年之后就开始转变为入超的状态,直至 1871 年。在这 7 年中,依修正统计值而言,只有 1865 年和 1868 年有少量的出超,如依海关的统计值而言,则始终处于入超的状态,因此这一阶段可以说是中国对外贸易的入超态势阶段。从 1872 年起到 1884 年,进入出超态势阶段。在这一阶段的 13 年中,依修正统计值而言,除 1879 年和 1882 年有少量入超、1881 年有较多入超外,其余 10 年均为出超,因此这一阶段可以说是中国对外贸易的出超阶段。不过就海关的统计值来看,出超状态只保持到 1876 年,其余 8 年均为入超。这也是导致论者产生分歧之所在。从 1885 年之后,又转变为入超阶段。依修正统计值而言,除 1887 年和 1889 年有一定的出超外,其余 8 年均为入超,如依据海关统计值则 10 年均为入超,年均入超 425.9 万海关两。这种从出超转变为入超的现象,虽然从 1885 年以后开始出现,也为多数论者所指出,但其转变的态势则是从 1879 年,尤其是 1880—1884 年第四个五年期开始的。在此期间,出口平均值只从上一期的 7 996.1 万海关两增至 8 015.6 万

---

① 参见严中平主编《中国近代经济史(1840—1894)》上册,353—363 页,北京,人民出版社,1989。

海关两,增幅仅为0.24%,其增长已经处于停滞的状态;而进口平均值的增长则有所加速,从7 475.3万海关两增至7 978.4万海关两,增幅达6.7%,从而显示了出口优势开始丧失,已进入出超与入超状态逆转的过渡阶段。总起来看,这30年中,前25年年均出超尚有72.9万海关两,在整体上还保持着出超的态势;但是,到最后一个五年期,入超的状况开始严重起来,不仅每年均为入超,而且入超的数额也较大,年均达771.2万海关两,从而使整个30年也开始转变为入超的态势,年均入超67.8万海关两。

二 进出口商品结构的变化

与上述中外贸易的数额增加和平衡态势转变相应,进出口商品的结构也发生了重大的变化。对于进口商品的结构变化,严中平主编的《中国近代经济史(1840—1894)》对此有一个统计,但其统计的方法和数据存在不尽合理之处。现将该统计表抄录(见表3-3)并作说明。

表3-3 1870—1894年主要进口商品比重(五年平均)[①](单位:千海关两)

类别\年份	进口总值	鸦片		棉制品		其他商品	
		货值	比重	货值	比重	货值	比重
1870—1874	68 869	25 987	39.2	21 451	32.2	21 431	28.6
1875—1879	75 273	30 486	41.7	19 547	26.8	25 245	31.5
1880—1884	80 862	29 636	37.3	23 265	29.5	27 982	33.2
1885—1889	104 660	28 226	27.6	35 646	34.7	40 788	37.7
1890—1894	144 233	29 947	21.1	49 653	35.3	93 928	43.6

资料来源:姚贤镐编《中国近代对外贸易史资料》第3册,1602—1606页;Hsiao Liang-lin(萧亮林),*China's Foreign Trade Statistics 1864—1949*,pp. 22、38—39、52—53。

表3-3的问题在于这样几点:第一,各类进口品货值和比重互相换算后都与表中的数字不合;第二,根据笔者回查原资料及其统计过

---

① 严中平主编:《中国近代经济史(1840—1894)》下册,1168页。

程,其中各项进口品在进口总值中所占的比重似是依据姚贤镐所作的历年比重统计数再作五年平均计算的,但姚贤镐是根据历年进口各项货品实际值与进口净总值计算的,该表所引用的却是进口毛总值(即包含进口品的复出口值),且 1875—1879 年的数字有误(应为 75 287 千海关两),这既是第一个问题的原因所在,也造成了第三个问题;第三,各类进口货值中,鸦片和棉制品的货值无误,是通过实际计算得出的,那么按理其他进口品货值应是进口净总值减去鸦片和棉制品货值后的剩余部分,但该表已采用进口毛总值,必然就有问题了;第四,即使以毛总值进行计算,该表也存在着计算上的严重问题,各类进口品货值之和与进口总值验算,只有 1870—1874 年、1885—1889 年两个年期互相符合,其余均不符合,特别是 1890—1894 年的验算数字竟相差29 205千海关两。

　　根据笔者依据海关统计数据所作的统计,这一时期的进口商品结构变化情况应如表 3‑4 所示:

表 3‑4　1867—1894 年进口商品结构统计表(单位:千海关两)

类　别 年　份	进口 净总值	鸦　　片		棉制品		其他商品	
		货值	比重	货值	比重	货值	比重
1867—1869	64 283	25 589	39.81	18 552	28.86	20 142	31.33
1870—1874	66 422	25 987	39.12	21 451	32.30	18 984	28.58
1875—1879	72 868	30 486	41.84	19 547	26.82	22 835	31.34
1880—1884	79 050	29 636	37.49	23 265	29.43	26 149	33.08
1885—1889	102 722	28 226	27.48	35 646	34.70	38 850	37.82
1890—1894	141 932	29 947	21.10	49 653	34.98	62 332	43.92

说明:本表根据姚贤镐编《中国近代对外贸易史资料》第 3 册 1602—1605 页的数据计算而得。

　　从表 3‑4 可见,在 1867—1884 年的四个时段中,进口商品结构仍然延续着 1864 年之前以鸦片和棉制品为主的状态,年均进口值仍以鸦片为最多,占进口净总值的比重分别为 39.81%、39.12%、41.84%和

37.49%。其次是棉制品进口。其他各种商品的进口值，在1870—1874年只占进口净总值的28.58%。到1885—1889年时，这一排序开始颠倒，各种其他商品变成进口最多者，鸦片变成进口最少者。到1890—1894年时，这一排序的颠倒程度就更大了，各种其他商品的进口值占到进口总值的43.92%；棉制品进口值仍位居第二，但所占的比重有所提高，改变为34.98%；鸦片进口值所占的比重则下降为21.1%。

特别值得注意的是，表3-4中所列的所谓其他商品中，铁、锡、火柴、煤、糖、煤油六种新商品的进口值大幅度增加。它们的进口数量和货值，从1867年到1894年的增加情况是：铁，从113 441担、264 503海关两，增至1 185 411担、2 467 590海关两，各增加了944.96%、832.92%；最高年份1891年增至1 726 056担、3 182 613海关两，各增加了1 421.55%、1 103.24%。锡，从33 502担、582 146海关两，增至97 008担、2 046 897海关两，各增加了189.56%、251.61%；最高年份1888年增至107 466担、2 274 919海关两，各增加了220.77%、290.78%。火柴，从79 263箩、71 384海关两，增至6 615 327箩、1 638 931海关两，各增加了8 246.05%、2 195.94%。煤，从113 430吨、992 649海关两，增至486 295吨、3 221 343海关两，各增加了328.72%、224.52%。糖，从186 176担、754 609海关两，增至1 823 890担、9 507 153海关两，各增加了879.66%、1 159.88%。煤油，从1886年的23 038 101加仑、2 211 459海关两，增至69 705 416加仑、8 005 314海关两，各增加了202.57%、261.99%。[①]除鸦片之外的各种商品，特别这些新商品进口的快速增加，反映了这一时期中国工矿业建设的发展和人民生活状况的改变，同时也是进口贸易趋向正常化的表现。

对于出口商品的结构变化，严中平主编的《中国近代经济史（1840—1894）》对此也有相关统计，现抄录（见表3-5）并作说明：

---

① 据姚贤镐编《中国近代对外贸易史资料》第3册第1604—1605页有关数据计算。凡未指出最高进口年份的均以1894年为最高。

表 3-5　1870—1894 年出口主要商品统计表(价值单位:千海关两)①

类别\年份	出口总值	茶　叶			生　丝			其他商品	
		担数	货值	比重	担数	货值	比重	货值	比重
1870—1874	66 720	1 760 213	35 153	52.69	61 848	25 723	38.55	5 835	8.75
1875—1879	71 332	1 996 615	34 393	48.22	69 137	21 864	30.65	15 075	21.13
1880—1884	70 804	2 124 480	32 236	45.53	63 857	18 403	25.99	20 165	28.48
1885—1889	83 484	2 272 119	30 873	36.98	63 978	18 390	22.03	34 221	40.99
1890—1894	107 083	1 799 471	29 218	27.28	78 752	24 121	22.53	53 744	50.19

表 3-5 中,有关茶叶的统计,担数的数据采自姚贤镐编的《中国近代对外贸易史资料》第 2 册第 1204—1205 页,其中包括经樊城输往俄国者,1887 年还包括九龙和拱北与香港和澳门的帆船贸易者,所以其数字大于海关统计数;其余货值和比重均按海关统计数据计算。有关生丝的统计,其数据均采自海关总署编的《丝》第 203 页 (1870—1874 年间的生丝出口值为 1872—1874 年间的平均值),各项数据均与海关统计不同。为了统一比较起见,笔者全部采用海关统计数据,并补充 1870 年之前有统计可查的几年数据,对此作统计,列为表 3-6。

在 1865 年之前,茶叶和生丝是中国传统的最主要的出口商品,其在出口总值中所占的比重一直都在 90% 上下。到这一时期之初仍保持着这种状态,在 1867—1869 年、1870—1874 年的两个年期中,出口值的比重仍占 86% 以上。从 1875—1879 年期开始,茶、丝出口比重开始下降,特别是 1885—1889 年期以后,下降的幅度明显加大;到 1890—1894 年期,比重已降至 51.38%,其他出口商品的比重已相应上升至 48.62%,虽然还不占多数,但已有很大的改善。

---

① 参见严中平主编《中国近代经济史(1840—1894)》下册,1198、1899、1222、1224 页。

表 3 - 6　1867—1894 年出口主要商品统计表(价值单位:千海关两)

类别 \ 年份	出口总值	茶　叶			生　丝			其他商品	
		担数	货值	比重	担数	货值	比重	货值	比重
1867—1869	58 041	1 427 636	32 526	56.04	50 273	18 250	31.44	7 265	12.52
1870—1874	66 720	1 635 512	35 153	52.69	62 015	22 468	33.67	9 099	13.64
1875—1879	71 332	1 875 508	34 393	48.22	73 290	22 295	31.25	14 644	20.53
1880—1884	70 804	2 051 007	32 236	45.53	69 032	18 875	26.66	19 693	27.81
1885—1889	83 484	2 108 735	30 873	36.98	76 663	19 677	23.57	32 934	39.45
1890—1894	107 083	1 744 250	29 218	27.29	95 444	25 797	24.09	52 068	48.62

本表根据 Hsiao Liang-lin, *China's Foreign Trade Statistics 1864—1949*, p. 109, pp. 117—118,以及姚贤镐编《中国近代对外贸易史资料》第 3 册第 1606—1607 页有关数据计算。

在其他出口商品中,增加较快的是草帽缏、棉花和糖。它们的出口数量和货值,从 1867 年到 1894 年的增加情况是:草帽缏,从 1 361 担、28 018 海关两,增至 120 609 担、2 531 219 海关两,各增加了 8 761.79%、8 934.26%;最高年份 1887 年增至 150 953 担、3 738 310 海关两,各增加了 10 991.33%、13 242.53%,并成为唯一的数量和价格同时增长的出口品。棉花,从 29 391 担、412 995 海关两,增至 747 231担、7 361 343 海关两,各增加了 2 442.38%、1 682.43%。糖,从 89 124 担、416 358 海关两,增至 780 078 担、2 436 625 海关两,各增加了775.27%、485.22%。[①]

此外,牛皮和羊毛的出口可以说完全是从这一时期发展起来的,在 1871 年以前很少出口,年出口值只有数千两银子,1872 年之后才快速增加起来。到 1894 年时,这两种商品已成为重要出口品,牛皮的出口达到 11.9 万担、109 万海关两,羊毛的出口则达到 22.6 万担、208.9 万

---

① 根据姚贤镐编《中国近代对外贸易史资料》第 3 册第 1606—1607 页有关数据计算。

海关两。[①]

出口商品结构的这种变化,说明中国对外贸易品种的范围扩展,也是对外贸易的一种正常化表现。当然,这一时期的出口品仍然限于供西方民众生活需要和轻工业需要的农副产品及粗加工品。

茶叶和生丝是中国的主体出口品,那么它们的出口状况如何影响着整个外贸的盛衰呢?从表3-6所列的五年平均出口量来看,茶叶的出口量,在前25年中是持续增长的。从1867—1869年的1 427 636担增至1885—1889年的2 108 735担,增幅为47.71%,到1890—1894年才回落至1 744 250担,较前期跌落17.28%,但仍比第一、第二个五年期分别高出22.18%和6.65%。如果从单个年份来看,状况也基本相同,在1888年之前,各年虽略有升降,但基本保持不断增长势头,从1867年的1 313 567担增至1888年的2 167 462担,增加了65.01%;只是从1889年起才出现较大的持续减少状态,当年减至1 877 331担,此后各年均低于此数,数量最少的1892年为1 622 681担,但尚比1870年之前的数额高。生丝出口量的变化,呈现为与茶叶不同的两头增长、中间低落状态,即只有1880—1884年期略有回落,从上一期的73 290担跌至69 032担,下降了5.81%。但在茶叶出口量大幅下降的1890—1894年期,生丝却出现了高幅度的上升,从上一期的76 663担上升到95 444担,增加了24.50%,如果与第一期的50 273担相比,则增加了89.85%,较茶叶出口量的增幅高出1倍多。从单个年份来看,总体态势亦是如此,只是开头一年与结尾一年相比,增加幅度更大了,从44 990担增至95 444担,增幅为121.04%;如果与出口量最大的1891年的102 005担相比,则增幅为126.73%,超过茶叶增幅的近1倍。总的来看,在这一时期中,茶叶和生丝的出口数量上升年份多于下降年份,在1890—1894年期茶叶出口量虽有较大下降,但得到了生丝出口量大幅上升的弥补,基本上保持着不断增长的态势,即使尚不够繁荣,也说不上衰退,而只是增加势头的波动和减弱。

但是,茶叶和生丝的出口值变化态势,却与它们的出口数量变化态

① Hsiao Liang-lin, *China's Foreign Trade Statistics 1864—1949*, p.77.

势不尽相同。茶叶的出口值，虽有增加的年份，但在整体上则是减少的。它只有1870—1874年期较上一期有所增加，达到3 515.3万海关两，此后即逐期减少，到1890—1894年期时，减至2 921.8万海关两，减少了16.88％；如果与1867—1869年第一期的3 252.6相比，则只减少了10.17％。生丝的出口值，与茶叶的态势相反，虽有减少的年份，但在整体上是增加的。它亦在1870—1874年期之后转为下降，但到1890—1894年期又有回升，达到2 579.7万海关两，比1870—1874年期的2 246.8万海关两增加了14.82％，如果与1867—1869年第一期的1 825.0万海关两相比，则增加了41.35％。如果把这两种商品的出口值加起来进行考察，就可以更清楚地评估这两种商品出口值对整个外贸状况的影响，它们相加后的历期出口值是：第一期5 077.6万海关两；第二期5 762.1万海关两，比上期增加684.5万海关两；第三期5 668.8海关两，比上期减少93.3万海关两；第四期5 111.1万海关两，比上期减少557.7万海关两；第五期5 055.0万海关两，比上期减少56.1万海关两；第六期5 501.5万海关两，比上期增加446.5万海关两。而整个外贸的进、出口值历期平衡状况（海关统计数）是：－738.4万海关两、＋29.8万海关两、－153.6万海关两、－824.6万海关两、－1 923.8万海关两、－3 484.9万海关两。

由此可见，茶叶和生丝出口值的增、减变化状况与外贸进、出口值平衡变化状况的走势是一致的；但是，前者对后者的影响度是有变动的，只在第三、第四期有决定性的影响，到第五、第六期则面对巨额的出超已没有多大影响，主要影响者已转变为外国输入值的急剧增加，这也反映了1884年中法战争之后外国对华贸易的扩张。因此，这一时期随着进出口贸易的扩大，茶叶和生丝的出口值对外贸平衡的影响作用在逐渐失去其原有的主要因素地位，而进口值的影响作用和因素地位在逐渐提高。

茶叶和生丝的出口值呈现与其不断增长的出口数量相反的变化，当然是因它们的出口价格下降所造成的。那么又是什么原因致使茶叶和生丝出口价格下降的呢？论者大多认为有两个主要原因：一是第二次鸦片战争以后，随着电报通信技术应用于商业的增多，日本和印度的丝、茶生产技术进步和日益增多地进入欧美市场,使中国逐渐失去了丝、茶价格的决定权;二是从 19 世纪 70 年代开始,世界金融市场发生金贵银贱变动,西方各国都相继采用金本位制货币,而中国仍采用银本位制货币,这又增加了中国出口品价格下降的一个重要因素。可以认为,在这些原因中,最重要的是中国丝、茶生产技术的停滞不前,使丝、茶的质量和生产率渐趋落后,与日本和印度同类产品的竞争力逐渐减弱,而逐步被取而代之。这也就是说,使中国丝、茶出口价格下降的主要原因是市场及通过市场而起作用的技术因素,而不是政治因素。

第二节　外资企业的发展

一　外资贸易商行的扩展

中国的对外贸易主要是通过在华外资贸易商行——洋行进行的。早在中国开埠通商前的大半个世纪内,广州作为中国唯一的外贸口岸就已设有一些外国商行的代理商行和独立经营的外商洋行。第一次鸦片战争后,新旧洋行开始陆续向不断增开的通商口岸转移、扩展或新设,数目有所增加。第二次鸦片战争之后,列强虽然进一步取得了向中国进行经济扩张的特权,但中外贸易因受太平天国的影响而很少有新的发展,从事中外贸易的洋行也少有增设。自清军攻下太平天国首都天京的第二年(1865 年)起,洋行才随着中外贸易发展的需要而呈现出新的扩展势头。

一是洋行的数量增加和国别构成变化。在第一次鸦片战争后的19 世纪 40 年代约有洋行 40 家,到 1864 年应有所增加,但因缺乏统计资料,确切数字无可稽考,估计不会超过 150 家。1872 年增至 343 家,1894 年达到 552 家,最多的年份 1893 年为 580 家。[①] 这些洋行的国别构成,按 1872 年的情况进行排序,占第一位的是英国,1872 年时有 221 家,占总数的 64.43％;1894 年时增至 350 家,占 63.41％;最多的 1892 年为 363 家,占总数 579 家的 62.69％,比重略有减少。占第二位的是美国,1872 年有 42 家,占 12.24％;1894 年减至 31 家,比重也降至

---

① 姚贤镐编:《中国近代对外贸易史资料》第 2 册,1000 页。

5.62％;最多的 1873 年为 52 家,占总数 345 家的 15.07％;最少的 1883 年为 18 家,占总数 354 家的 5.08％。占第三位的是德国,1872 年有 40 家,占 11.66％;1894 年增至 85 家,占 15.40％(期中未出现更少和更多数量的年份,以下凡未指出的皆同)。占第四位的是法国,1872 年有 17 家,占4.96％;1894 年增至 32 家,占 5.80％,比重有所下降;最少的 1875 年有 6 家,占总数 343 家的 1.75％。占第五位的是俄国,1872 年有 9 家,占2.62％;1894 年有 12 家,占 2.17％;最多的 1877 年有 18 家,占总数 349 家的5.16％。其余各国的洋行数,在 1872 年时 3 家以下,并且在这一时期中一直增加不多,唯有日本的情况比较特别。在 1872 年时尚无日本洋行出现,1873—1876 年均只有 1 家,到 1877 年即增至 9 家,接着在 1879 年和 1880 年又下降至 2—3 家,此后就大幅增加,最多时的 1888 年达到 67 家,占总数 521 家的 12.86％,1893 年时为 42 家,尚占总数的 7.24％;1894 年下降至 9 家,为不正常现象。因此,到 1893、1894 年时,洋行的国别构成及其排序情况发生了较大的变化:英国仍位居第一,只是比重略有下降;德国从第三位上升至第二位,比重有较大提高;日本从没有位次跃居到第三位,来势颇猛;美国从第二位降至第四位,就 1894 年的情况来看,已低于法国,但总体状况尚明显好于法国;法国的洋行数量虽有较大的增加,但还是从第四位降至第五位;俄国则从第五位降至第六位。

二是大洋行的新出现和洋行分布地域的扩大。这一时期新设的洋行以中小洋行为多,但也出现了一些著名的大洋行,尤以后来居上的日本和德国为多。如英商太古洋行(Bullerfield & swire),于 1867 年在上海设立,1870 年设分号于香港,1872 开办太古轮船公司,先经营布匹进口和茶叶出口贸易,代理英国蓝烟囱轮船公司业务,后逐渐扩大至拖驳、船厂、糖房、油漆厂、码头、堆栈、保险等业务。

日商开设的著名大洋行有三:一是三菱洋行(Mitsubishi Co.)。它是三菱公司(1873 年设立)于 1875 年改称"邮便汽船二菱会社"后即来中国设立的,先是经营横滨至上海的轮船航运业务,到 1894 年时已在上海、汉口、香港等地设立支店或代理处,经营范围扩大到航运、工矿投资、保险及进出口贸易。二是三井洋行(Mitsui & Co.)。它是三井物产会社于 1876 年在东京创办后旋即来中国设立的，先后在天津、上海、香港、营口设立分支店所，以经营进出口贸易和航运业为主，如租船向上海输入煤炭等。三是吉田洋行（Yoshida & Co.）。它于 1885 年在上海成立，先后在汉口、青岛、天津、芜湖、南京、镇江、无锡、杭州、松江、江阴、蚌埠、海门、扬州、高邮、泰县、仙桃、沙市、孝感、厦门设立分号，所进口的物品包括棉纱、棉制品、毛纱、呢绒、人造丝纱、人造丝绸、五金、五金工具、化学药品、砂糖、罐头、面粉、油类、染料、涂料、麻袋、麻线、电料、建材、化妆品、烟草、钟表、收音机、陶瓷器、杂货，出口的物品有谷物、油粕、棉花、羊毛、皮革、制油原料、饲料、油脂、麻、麻制品、猪鬃、蛋类、禽毛、兽肠、蚕茧、矿物、中药材、棕榈、竹皮、生丝、绸缎以及四川各种土特产，并开办有榨油、棉花加工、玻璃器皿制造、清酒酿造、面粉等工厂。

德商开设的最著名洋行有二：一是瑞记洋行（Arnhold，Karberg & Co.）。它于 1866 年在广州开办，旋迁香港，经营蚕丝及杂货贸易，1881 年和 1883 年分别在上海和汉口设立分号，经营的范围几乎包括所有的经济领域，从化妆品到飞机、大炮的贸易，也办理工厂、矿山、航运、贷款等业务。二是鲁麟洋行（Reuter，Brockelmann & Co.）。它于 1878 年在广州创办，1880 年设香港分号，1885 年到上海开业，并渐转为总号，1890 年后又设台湾和天津分号。其经营范围极广，进口品包括德、英、法、比、美、加、澳等国所产的纸张、玻璃、文具、呢绒、毛线、五金、面粉、食品、机器、电器、建材、化学品、铁器、橡胶、香水、石蜡、毛纱、棉纱、布匹、照相机、自行车部件及杂货；出口品包括纱头、生丝、茶叶、皮货、草帽、黄铜器、棉制品、葛制品、肠衣、猪鬃、古玩、蛋制品、瓷器、锡器、藤器、漆器、绣货、发网、滑石粉、北京工艺美术品、籽仁、生皮、兽脂及其他中国土特产。[1]

就洋行的地域分布而言，则随着通商口岸的增加和各洋行分支机构的推广而不断扩展。第二次鸦片战争之后，到 1894 年，实开通商口岸已从 5 个增加到 25 个，新增者有潮州（汕头）、天津、牛庄

---

[1] 黄光域编著：《外国在华工商企业辞典》，108、9、6、241、242、688、667 页，成都，四川人民出版社，1995。

（营口）、镇江、汉口、九江、登州（烟台）、淡水、台湾（打狗、台南）（以上 1860—1863 年开设）、琼州、宜昌、芜湖、温州、北海（以上 1876—1877 年开设）、拱北、九龙、龙州、蒙自（以上 1887、1889 年开设）、重庆（1891 年开设）、亚东（1894 年开设）。[①] 据现有资料记载，这些新开通商口岸中，除琼州、宜昌、温州、北海、龙州、蒙自、亚东在 1894 年之前尚未有洋行外，其他 13 个口岸已有多少不等的洋行出现。同时，各洋行的分支机构的地域分布也渐趋扩大，纷纷进入这些新开口岸，这从上面列举的几家新增大洋行的分支机构的分布状况已可见之。在这些新开口岸中，尤以天津和汉口的洋行为多。在天津，1866 年时有洋行 15 家，1879 年增至 26 家，到 1890 年时已增至 47 家。[②] 在汉口，到 1892 年时有洋行 45 家。[③] 不过，天津和汉口的洋行多数是总部在上海、香港、广州的大洋行的分号，几乎所有著名的大洋行都在这两个城市设立了分号。

三是洋行的业务种类结构变化。1865 年之前，各洋行的主要业务，进口几乎都是鸦片和棉制品，出口几乎都是茶叶和生丝。1865 年以后，除了继续经营原有的进出口商品外，其他商品大量增加，出现了一些专门进口钟表、珠宝和五金机械的洋行，更多的洋行则扩大了进出口品种，业务种类渐趋多样化。

在经营钟表、珠宝进口方面的专业性洋行主要有：1864 年在上海设立的德商亨达利洋行是一家钟表首饰行，经营钟表的进口销售和修造，也兼营百货，并随即在天津和汉口开设分号。1867 年在香港开办的英商霍近拿钟表行（Falconer & Co. , G. ）经销一般钟表、精密计时表、天文钟、珠宝首饰及相关制作和修理业务。1883 年在上海开设的法商大昌洋行（Gaillard J. ），经营范围包括钟表、酒类、百货及进出口贸易，并将分行推广到天津、北京、汉口、福州、烟台、旅顺。1891 年以前来华开业的法商乌利文洋行（Ullmann & Co. ）先后在香港、上海、北京、天津、汉口设立分号，主要进口和经销瑞士和法国的钟表、珠宝首

① 姚贤镐编：《中国近代对外贸易史资料》第 2 册，735—736 页。
② 张利民：《华北城市经济近代化研究》，141 页，天津社会科学院出版社，2004。
③ 皮明庥主编：《近代武汉城市史》，127 页，北京，中国社会科学出版社，1993。

饰、水晶、水晶器皿、大理石钟、刻花玻璃、银器、电镀器皿、光学制品、香料、香水等商品。1886 年在上海开设的德商双龙洋行（Agthe & Ismer）专营钟表、眼镜、首饰的进口和销售。瑞士商人于 1870 年在上海开设的永昌洋行（Hirsbrunner & Co.）经营钟表、珠宝首饰、雪茄、酒类、眼镜、光学制品、打字机、航海仪器的进口和销售业务。[①]

在经营五金机械进口方面的专业性洋行以德国洋行为突出。德国洋行除了上面已经提到的瑞记洋行和鲁麟洋行之外，还有礼和洋行（Carlowitz & Co.）。这是一家著名的德国大洋行，虽于 1845 年在广州发端，正式成立于 1855 年，1866 年设香港分号，但它的迅速发展是在 1877 年上海分号成立以后。1886 年天津分行设立，它乘清政府兴办洋务之机大做军工生意，"曾供应数省地方政府以铸币机件作铸钱之用，还供应面粉厂、火药厂、子弹厂、枪炮厂等的机器设备"，"还供应速射炮和军火、铁路材料、钢轨、机车、客车、货车等等。同时，该行从天津输出的羊毛、草帽缏、猪鬃等"。1891 年又在汉口开设分行，"也有与中国政府谈判的买卖，并供应火药厂、钢铁厂的器材，及附近萍乡煤矿的采矿用的机器设备、炼焦炉等等"；从汉口输出的则有"植物油脂、五倍子、斑猫、棉花，特别是畜产品，如鹅毛、鸭毛、猪鬃、蛋白、蛋黄及水牛皮"。到 1908 年时，"在各地分行总雇有欧籍职员 250 人，中国人和日本人共 1 000 人"[②]。

这一时期的洋行，相对于中国传统的商号来说，已是一种比较先进的商贸企业。特别是那些大型的洋行，以兼营或参股的方式，逐渐形成为集采购、销售、运输、仓储、金融、投资、保险、出口加工于一体的商贸集团；有的凭借与本国及其他国家的商贸关系而拥有广泛的外贸渠道。[③] 这不仅使中国的传统商号难以与之竞争，在外贸上更不得不依赖于洋行，而且逐渐引起中国传统商业的仿效。

---

① 黄光域编著：《外国在华工商企业辞典》，370、769、30、154、159、225 页。
② 姚贤镐编：《中国近代对外贸易史资料》第 2 册，994—996 页。
③ 参见聂宝璋《十九世纪六十年代外国在华洋行势力的扩张》，载《历史研究》1984 年第 6 期。

二 外资交通和工矿企业的发展

随着西方列强对华贸易的扩展，从适应贸易扩展的交通运输和商品加工需要出发，他们在华投资开办资本主义性质的交通、工矿企业方面也出现了新的势头。

轮船航运业是西方列强为扩大对华商品倾销和原料掠夺而在这一时期兴起的一个重要产业部门。西方列强在开展对华贸易之初，主要依靠设在本国的轮船公司，通过在华洋行代理，进行远洋和沿海运输，利用中国的木船进行内河运输。从 19 世纪 60 年代起，随着开放口岸的增加、长江航线的开放和中外贸易的发展，开始出现洋行自行购置轮船直接从事沿海和内河航运的现象，并逐渐形成高潮。美国学者刘广京的研究认为："1862—1863 年间，上海有不少于二十家洋行，每家都经营一两艘轮船。……1864 年，长江刚刚开放时，有十家以上洋行定造的轮船抵达中国。……有七家洋行试图经营长江贩运贸易的班轮。"[①]

有些资本较雄厚的洋行还在中国设立专业的轮船公司。在 1848 年时，曾有过外资在香港设立广州小轮公司之事，但规模很小，且于 1854 年停业。到 1861 年以后，在华设立轮船公司从事中国沿海和内河航运业务，成为外资轮船航运业扩张的一种最主要的方式。据现有研究，这一时期在华设立的主要的外资轮船公司如表 3 - 7 所示：

表 3 - 7 1862—1883 年开办的主要外资轮船公司一览表

公司名称	创办者	国别	创办年	已缴资本额
旗昌轮船公司	旗昌洋行	美国	1862	1 000 000 两
省港澳轮船公司	德忌利士洋行	英国	1865	750 000 元
公正轮船公司	加罗花洋行	英国	1867	170 000 两
北清轮船公司	惇裕洋行	英国	1868	194 000 两
太古轮船公司	太古洋行	英国	1872	970 000 两

① 聂宝璋编：《中国近代航运史资料》第 1 辑上册，263 页，上海人民出版社，1983。

第三章 外国对华经济扩张和中国民间工商业的进步

151

公司名称	创办者	国别	创办年	已缴资本额
华海轮船公司	怡和洋行	英国	1873	325 000 两
扬子轮船公司	怡和洋行	英国	1879	300 000 两
怡和轮船公司	怡和洋行	英国	1881	1 370 000 两
德忌利士轮船公司	德忌利士公司	英国	1883	1 000 000 元

　　资料来源:聂宝璋编《中国近代航运史资料》第 1 辑(1840—1895)上册,390 页;樊百川《中国轮船航运业的兴起》,131 页;黄光域编著《外国在华工商企业辞典》,481、758—759 页。

　　说明:德忌利士轮船公司亦译作"道格拉斯轮船公司";另据聂宝璋编《中国近代航运史资料》第 1 辑(1840—1895)上册第 526 页记载,资本为 942 900 元。

　　表 3-7 所列的外资轮船公司中,最主要的有以下几家公司:

　　一是美商旗昌洋行所开办的旗昌轮船公司(Shanghai Steam Navigation Company)。它由旗昌洋行于 1862 年在上海设立,实际名称为"上海轮船公司",资本 100 万两,至少拥有 8 艘轮船,航行于长江、珠江和上海至香港的航线。1866 年时,轮船增至 12 艘,资产总额达到 196 万余两,并增辟上海至宁波、上海至天津的航线。到 1872 年,资本增至 225 万两,资产总额增至 332 万余两,船只增至 19 艘。到 1877 年,旗昌轮船公司纠合太古、华海两家轮船公司对洋务派所设立的轮船招商局展开激烈的跌价竞争,结果伤及自身,不得不宣告破产,将所有船只和航运设备卖给轮船招商局。[①]

　　二是英商太古洋行所开办的太古轮船公司(The China Steam Navigation Company,Ltd.)。太古洋行先在 1866 年联合一些英商船主成立一个轮船公司叫作"中国海船组合"(俗称"老太古公司",China Coasters,或 Coast Boat Owner),从事上海至福州及东南沿海各口岸间的航运业务,拥有 5 艘船只。19 世纪 70 年代,该组合的船只增至 7 艘,并增辟牛庄至汕头间航线。1872 年,太古轮船公司正式在伦敦注册成立,股本号称 100 万镑,实收 36 万镑(合 97 万两),在英国订造 3 艘新船,并收购了 1867 年成立的英商公正轮船公司的全部轮船和航运设备,共有 6 艘船只,从而成为旗昌轮船公司在长江航线上最有力的竞

　　① 樊百川:《中国轮船航运业的兴起》,134、138 页,成都,四川人民出版社,1985。

争者。1874 年,太古洋行在参与对招商局跌价竞争的同时,以中国海船组合集资购船开辟牛庄至汕头航线,使其所拥有的船只增至 8 艘。到 1883 年,太古轮船公司将中国海船组合合并,增资至 50 万镑,拥有轮船 20 艘。此后,太古轮船公司继续通过挤压轮船招商局,扩展长江和沿海航线,不断增加船只,到 1894 年时,所拥有的轮船达到 29 艘、34 543 吨,成为最大的在华外资轮船公司。[①]

三是英商怡和洋行所开办的怡和轮船公司。怡和洋行先于 1873 年集资成立华海轮船公司(The China Coast Steam Navigation Company),额定资本 50 万两,实收 32.5 万两(1875 年全额收足),有轮船 6 艘,从事上海至天津和福州的航运业务。1879 年,怡和洋行鉴于华海公司盈利颇丰,又集资 30 万两成立扬子轮船公司,专营长江航线。1881 年又另购船只开辟牛庄至汕头航线。到 1881 年 11 月底,怡和洋行将先前所开设的轮船公司和航线全部合并,在伦敦成立印中轮船公司(即怡和轮船公司,Indo—China Steam Navigation Co.),额定资本 120 万镑,实收 449 800 镑(合 137 万两),拥有 17 艘船只。到 1894 年,也通过挤压轮船招商局而获得进一步扩展,轮船总数增至 22 艘、23 953 吨,资本略增至 495 890 镑(150 万两),分公司遍及香港、上海、牛庄、广州、镇江、天津、芜湖、汕头、九江、宁波、汉口、烟台,成为仅次于太古轮船公司的外资航运企业。[②]

此外,还需要提到的是省港澳轮船公司(The Hongkong Canton and Macao Steamboat Company)。它是珠江下游最大的外资轮船公司,由英商德忌利士洋行于 1865 年集资在香港创立,资本 75 万元,旨在接替琼记洋行和旗昌洋行在珠江下游的航运业务,以 4 艘轮船从事广州、香港、澳门和珠江下游的航运业务,并形成其垄断地位。[③]

除了直接在中国设立轮船公司之外,还有不少设在列强各国本国的轮船公司开辟了对中国的远洋航线,有的还开辟了中国的沿海和内

---

① 聂宝璋编:《中国近代航运史资料》第 1 辑(1840—1895)上册,512—513 页;樊百川:《中国轮船航运业的兴起》,133、144、145、153、156 页。

② 聂宝璋编:《中国近代航运史资料》第 1 辑(1840—1895)上册,496、500—501 页;樊百川:《中国轮船航运业的兴起》,149—153、156 页。

③ 樊百川:《中国轮船航运业的兴起》,131—132 页;黄光域编著:《外国在华工商企业辞典》,481 页。

河航线。几乎所有的侵华列强都有航行中国的轮船公司，它们主要通过委托在华洋行作为代理开展业务。这类轮船公司主要有英国的贺尔特海洋轮船公司（俗称"蓝烟囱航线"，1866 年）、兰卡歇尔轮船公司（1874 年）、爱得轮船公司（1874 年）、密尔本轮船公司（1874 年）、皇家邮船公司（1879 年）、里子轮船公司（1882 年）、中国货主互助轮船公司（1882 年）、英印轮船公司（1891 年）、壳牌轮船公司（1892 年），美国的花旗邮船公司（1866 年）、中国太平洋轮船公司（1873 年）、东西洋轮船公司（1891 年），德国的轮船行业局（1872 年）、北德意志轮船公司（1886 年），日本的邮便汽船三菱会社（1876 年）、三井洋行中日航线（1876 年），法国的邮船公司、孖地洋行广东沿海航线（1891 年），荷兰的荷印轮船公司（1880 年）、皇家邮船公司（1890 年），俄国的黑龙江轮船公司（1871 年）、黑龙江贸易轮船公司（1891 年），奥地利的奥国邮船公司（1891 年），等等。①

总的来说，从 1861 年以后到 1894 年，先后有近 50 家的外国洋行在中国经营轮船航运业，外国商人在中国设立过 16 个轮船公司和 4 家驳运公司，有 25 家外国远洋轮船公司通航中国。中间虽有一部分在竞争中停业，但 1894 年之前，至少仍有 7 家外国轮船公司和 10 余家外国洋行在中国沿海和内河经营航运，共有轮船 180—190 艘左右，计 15 万吨上下；约 25 家外国远洋轮船公司和企业在中国设立分支机构或代理店，经常来往的轮船近 200 艘，约 66 万吨。②

在扩展轮船航运业的同时，外资还在寻求开辟铁路交通和电报通信业，以便为其对华贸易提供更为便捷的陆上运输和商情传递。

西方列强图谋在华建筑铁路权利的活动，从第二次鸦片战争时期开始就一直没有中断过，并在 19 世纪 70 年代作了一次尝试。1872 年，上海的英美商人联合组成吴淞道路公司（Woosung Road Co.），开始有组织、有计划地进行在上海修筑铁路的阴谋活动。首先通过英国驻上海领事麦华陀，以修建马路的名义骗取上海道台冯焌光给予收购地基的权利；旋即改吴淞道路公司为吴淞铁路公司，在伦敦挂牌集资，

---

① 樊百川：《中国轮船航运业的兴起》，132—133、157—167 页。
② 樊百川：《中国轮船航运业的兴起》，168 页。

并于 1874 年 12 月擅自动工筑路。1876 年 7 月,吴淞铁路筑成通车,全路长 10 英里(约 16 公里)。不久因遭当地人民反对,及发生火车轧死行人事故,经中英双方多次谈判,于 10 月签订协议,由清政府以 28.5 万两的代价赎回,至 1877 年 10 月,清政府付清赎金,即行收回并拆除。由此,英美商人不仅从清政府那里获得了丰厚的赎路代价,而且在该路通车期间获得了良好的效益,在 1876 年 12 月至 1877 年 10 月的 10 个月内,票价收入达 38 300 元,尝到了好处,也达到了把铁路向中国"介绍进来"的目的。[①]

西方列强在中国开辟电报通信业的图谋则开始于 19 世纪 60 年代初,到 70 年代得以部分实施。1870 年 4 月,英国的大东电报公司(The Eastern Extension Australasia and China Telegraph)通过英国驻华公使威妥玛,向总理衙门要求获得自广州、汕头、厦门、福州、宁波到上海的海底电报线架设权。随即获得总理衙门的"通融办理"的许可,限以"线端不牵引上岸,与通商口岸陆路不相干涉"。于是,大东电报公司便将海底电报线接至停泊在吴淞口外的船上,基本上达到了目的。接着,由丹麦、挪威、英国、俄国商人联合组成的大北电报公司(The Great Northern Telegraph Co.),以其子公司大北中日电报公司(Great Northern China and Japan Extension Telegraph Co.)于 1873 年私自铺设了上海至长崎、上海至香港的海底电报线。1881 年,大东公司又乘李鸿章请求大北公司架设津沪电线之机,获取了香港至广州的电线架设权。[②]

随着在华和来华运行外资轮船数量的增加,以修理轮船为主的外资船舶修造厂也进一步发展起来。由于此类工厂直接与外资轮船航运业相关,所以最早于 19 世纪 40 年代中期在香港和广州出现,并逐渐形成为香港和广州黄埔地区的外资船舶修造业中心。接着上海、福州、厦门、汕头、烟台、天津等沿海口岸,也从 19 世纪 50 年代起出现外资船舶修造企业。60 年代以后,除香港、黄埔地区的外资船舶修造业继续发展之外,上海的外资船舶修造业迅速发展,形成浦东地区的船舶修造业

---

① 严中平主编:《中国近代经济史(1840—1894)》下册,1309—1316 页。
② 严中平主编:《中国近代经济史(1840—1894)》下册,1320—1322 页。

中心，而且在机械设备和造船技术上也有较为明显的改进。

在香港、黄埔地区，1863—1866 年新成立的工厂有 9 家，到 1867 年时经过竞争、兼并，获得发展的主要有香港黄埔船坞公司（Hongkong and Whampoa Dock Co.）、于仁船坞公司（Union Cock Co.）、高柯船厂（Cow & Co.）和花娇臣船厂（Ferguson & Co.）4 家，共有泥坞、碎石坞、碎石洋灰坞等各种船坞 12 座。香港黄埔船坞公司的资本额从创办时的 24 万元，增至 1865 年的 75 万元、1870 年的 100 万元、1886 年的 156 万元。据 1867 年的记载，各船厂"都装备着钳机浮门、蒸汽抽水机、旋床、刨床、螺钻机、截斩机和压穿机，还有锅炉厂、炼铁厂、铁工厂和造船厂"。[①] 它们已成为规模较大、具有一定现代化程度的船舶修造厂，不仅能够修理各种轮船，而且也制造和装配了一些轮船。在 1843—1869 年间，该地区共设立外资船舶修造厂 47 家，总计造成新船 21 艘，多数为帆船；1869—1894 年新设船舶修造厂 19 家，所造的新船达 69 艘，且多数为轮船。这表明，这一时期新设船厂较之上一时期不仅规模扩大，而且生产设备和技术水平明显提高。[②]

在上海地区，外资船舶修造厂虽然在 19 世纪 50 年代已有所发展，但规模较小，设备较差，进入 60 年代之后，则状况大有改变。1860—1865 年共有 9 家船厂建成，其中最主要的是 1862 年建立的英商祥生船厂（Boyd & Co.）和 1865 年建成的美商（后改变为英商）耶松船厂（Farnham & Co.）。祥生船厂，在创办之初称"内格生船厂"（Nicolson & Boyd），到 1865 年经过改组而称本名，已建有机工场、铁工场、木工场、锅炉房、翻砂铸工场，机器设备则包括蒸汽引擎、锅炉、车床、刨床、轧床、钻孔机、剪截机、蒸汽铁锤、熔铁炉等，当时被誉为"东方设备最完备的企业之一"。到 1888 年时，已制造轮船 31 艘；1891 年时改组为有限责任公司，拥有资本 80 万两、工人近 2 000 人。[③] 耶松船厂，在开办后的几年内，租用他人的船厂和船坞进行生产，1884 年时已能生产载重 2 000 吨、航速 11 海里的先进轮船，到 1892 年时改组为股份有限公

① 严中平主编：《中国近代经济史（1840—1894）》下册，1242、1243、1245、1241、1360 页。
② 汪敬虞：《十九世纪西方资本主义对中国的经济侵略》，364—365 页，北京，人民出版社，1983。
③ 严中平主编：《中国近代经济史（1840—1894）》下册，1251、1254、1255 页；黄光域编著《外国在华工商企业辞典》，603—604 页。

司,拥有资本为 75 万两、工人 2 000 余人,并收购和丰船厂。该两厂在 1882—1893 年间共造成大小轮船 37 艘,其中 19 艘为清政府所定造。[①]

此外,福州、厦门、汕头、烟台、天津也陆续出现了外资船舶修造企业,表明外资船舶修造业在这一时期开始普及开来。

继船舶修造业之后,外资从 19 世纪 60 年代起开始设立以缫丝和制茶为主的出口品加工工业。

外资缫丝企业出现于 60 年代初,且集中于最主要的输出口岸上海。1861 年第一家外资缫丝厂——怡和纺丝局在上海成立,到 1870 年因亏损而停办。从 70 年代末开始,外资丝厂重新崛起,并形成高潮,使上海既成为生丝出口中心又成了缫丝业基地。其中主要的丝厂有:1879 年,旗昌洋行建成旗昌丝厂,到 1882 年时约有缫丝车 400 架。1882 年则有三家相关企业成立:一是美商有恒洋行集资 30 万两筹建的丝绸公司,以织绸为主,兼营缫丝、染色,置有织机 200 张;二是英商公平洋行创办的公平丝厂,置有缫丝车 216 架;三是怡和洋行设立的怡和丝厂,置有缫丝车 200 架。1890 年以后又有 4 家外资缫丝厂出现,即 1891 年成立的英商纶昌丝厂、1892 年成立的美商乾康丝厂、1893 年成立的法商信昌丝厂、1894 年成立的德商瑞纶丝厂。据 20 世纪初的记载,这 4 家缫丝厂共计约有 150 万两资本、1 500 架缫丝车。但是,这些缫丝工厂由于蚕茧供应的困难或经营的问题,到 1894 年时有 5 家破产,2 家处于停滞不前的状态,唯有怡和丝厂 1 家获得了较好的成效和发展。[②]

外资茶叶加工企业最早于 1868 年在台北出现。从 70 年代中期起,汉口成为外资机器茶叶加工业的中心,出现了一些俄国商人开办的砖茶加工厂。1875 年,汉口的英国领事报告说:"这里有两家俄国商人经营的砖茶制造工厂,他们用蒸汽机器代替了本地人多年使用的粗笨的压机。"1878 年时,汉口的外资砖茶工厂已增至 6 家,但真正使用机器加工的只有 3 家。到 1894 年前后,又有 1 家机器砖茶厂出现,合计

---

① 黄光域编著:《外国在华工商企业辞典》,391 页;严中平主编:《中国近代经济史(1840—1894)》下册,1255 页。
② 严中平主编:《中国近代经济史(1840—1894)》下册,1283—1287 页。

为 4 家,共有砖茶压制机 15 架、茶饼压制机 7 架,能日产茶砖 2 700 担、茶饼 160 担。从 1872 年起,俄商砖茶厂开始逐渐向福州、九江等重要茶叶出口地区扩展,截至 1877 年,福州已有 9 家茶厂,九江也已有了 2 家茶厂,此后基本保持这一状况。[①]

此外,外资还开始向其他轻工业和公用事业领域扩展。如在出口品加工业方面,榨油、制糖、蛋粉、制革等企业有所建立。在进口替代品制造业方面,开设了一些面粉、面包、糖果、酿酒、汽水等食品工业和烛、皂、火柴、家具、建材、造纸和印刷等生活用品制造企业。在公用事业方面,设立了一些为来华外国人服务的发电、自来水和煤气等企业。不过,这些轻工业和公用事业,尚为数较少,规模较小,处于起始状态。

三 外资金融和保险企业的扩展

1865 年是外资金融业在中国扩张的一个重要年份。在 1865 年之前的 20 多年中,外国银行虽已开始在中国的香港、上海、广州设立分行、代理处等分支机构,但数量尚不多,总行均未进入中国,业务也只限于为中外贸易服务的中西汇兑和外汇投机,唯有丽如银行一家在香港发行钞票。从 1865 年起,外资银行的情况开始发生重大变化,这是从汇丰银行(Hongkong and Shanghai Bank)在香港设立而开始的。

汇丰银行发起于 1864 年,是以控制中国金融市场为首要目的、广泛满足外国对华经济扩张需要的第一家外资银行。它的发起书声称:"目前在中国的银行,只是总行设在英国和印度的分支机构,它们的目的局限于本国和中国之间的汇兑业务,很难满足本地贸易的需要。……汇丰银行就要弥补这个缺陷。"[②]它设总行于香港,成为第一家将总行设在中国的外国银行。它的最初资本由在香港的洋行老板们集成,发起后又面向香港、中国内地以及日本的商界广泛招股;到 1865 年 3 月,额定资本 500 万元即被认购满额,并收足半数,从而又成为第一家在中国筹集资本的外国银行。4 月,香港总行和上海分行同时开

---

① 严中平主编:《中国近代经济史(1840—1894)》下册,1289—1292 页。
② 汪敬虞:《十九世纪外国在华金融活动中的银行与洋行》,载《历史研究》1994 年第 1 期。

业,同时在香港发行纸币,1867年在上海发行钞票。1866年,相继在福州、宁波、汉口、汕头设立分理处,其中汉口和福州分理处于1868年升格为分行。进入70年代以后,其势力逐渐向各通商口岸扩展,先后在厦门(1873年)、烟台(1876年)、九江(1879年)、广州(1880年)、北海(1880年)、天津(1881年)、澳门(1881年)、打狗(1886年)、北京(1889年)、牛庄(1892年)、基隆(1894年)11个城市开设分支机构。与此同时,其经济势力也迅速扩大,资产总值从1870年的3 805万元上升到1890年的14 969万元,上升了293.40%;同期的存款数额从940万元增加到10 311万元,增幅达996.91%;发钞数额从1874年的224万余元增至1892年的976万余元,增加了335.71%。[1] 由此可见,到1894年之前,汇丰银行已成为规模最大、效益最好、影响最广和势力最强的外资银行。

在汇丰银行设立以后,从19世纪70年代起,一批外资银行陆续进入中国,并得到了其所属国家政权力量的支持。

英国的德丰银行(National Bank of India)、大东惠通银行(The Trust and Loan Company of China,Japan & the Straits)、中华汇理银行(National Bank of China)相继于1875、1890、1891年进入中国。

德国政府于1872年支持德意志银行(Deutsche Bank Aktien Gesellschoft)到中国设立据点,到1890年又以德华银行(Deutsche Asiatisehe Bank)取代德意志银行,作为在中国的专营银行。

法国政府也在1875年专门成立东方汇理银行(Banque de L'Indo Chine),1888年将业务扩展到中国,接替1860年在中国设立的法兰西银行(Comptoir D'Escompte de Paris)分行。

日本政府所支持的"作为执行政府政策的工具"、"对外贸易的责任银行"的横滨正金银行,于1893年在上海设立了代理处,开始将触角伸入中国。

俄国政府所支持的华俄道胜银行也于此时进入中国。

经过20多年的扩张,到1894年时,西方6个主要列强国家中,已

---

① 参见严中平主编《中国近代经济史(1840—1894)》下册,1075、1076、1078页。

有英、法、德、日、俄 5 国的银行势力进入中国,只缺美国;外国银行(包括汇丰银行)的分支机构已达到 45 个,基本上遍及各通商口岸。① 与此同时,进入 19 世纪 70 年代以后,发行纸币者从汇丰银行一家扩大到此前成立的英商麦加利银行、德华银行、东方汇理银行。由此,外国侵华金融资本系统已基本形成,使中国的金融市场和货币流通日益受到外资银行的影响乃至控制。

外资银行还日益增多地向中国提供贷款,成为外国资本输出的主要代理者。

中国举借外债始于 1853 年,到 1890 年共计举借外债 43 笔、45 922 969 库平两。② 1864 年之前为 13 笔,数量总额为 2 234 748 库平两,贷款者主要是外国在华洋行。1865 年之后为 30 笔,数量总额为 43 688 221 库平两,是上一时期的 19.55 倍,其中除了 2 笔外债由银行和洋行合作贷款之外,由银行单独贷款者有 20 笔,合计数额高达 32 778 739 库平两,占这一时期外债总额的 75.03%。显而易见,随着外资银行数量的增加及其经营业务的改变,使之日益成为中国举借外债的主要渠道。不过,由外资银行所提供的外债,绝大多数出自汇丰银行,计 17 笔、28 964 775 库平两,分别占外资银行贷款总数(笔数以 22 笔计)的 77.27%、88.36%。其他外资银行虽均有向中国提供借款的欲望和举动,但除了英商丽如银行和德国华泰银行分别都单独提供 1 笔、与洋行合作提供 1 笔、德华银行提供 1 笔之外,大多在汇丰银行的竞争下而没有成功,可见从银行和国别构成上来看,外资银行向中国贷款尚未成为普遍现象。③

与金融业有着类同性质的保险业也在这一时期有比较明显的扩展。在第一次鸦片战争之前,中国已有极少数的外资保险公司出现。据目前所能见到资料来看,最早出现的外资保险企业,是由一些在广州的外国商人合资,于 1805 年在广州成立的谏当保安行,到 1836 年由英商怡和洋行接管,并改组为谏当保险公司(亦称"广东保险公司",

---

① 参见严中平主编《中国近代经济史(1840—1894)》下册,1075—1076 页;汪敬虞:《十九世纪西方资本主义对中国的经济侵略》,160 页。

② 徐义生编:《中国近代外债史统计资料》,4—10 页,北京,中华书局,1962。

③ 有关数据参见本书第一章第二节第二目。

Canton Insurance Company Ltd.)。1835 年,宝顺洋行还在广州(1841
年移香港)创立于仁洋面保安行(Union Insurance Society of Canton)。

第二次鸦片战争以后,随着中国通商口岸的开放、对外贸易和沿海
贸易的发展,保险公司逐渐增加起来,并开始向各通商口岸推进。1857
年,怡和洋行的谏当保险公司在上海和香港开设了分公司。1862 年,
由美商旗昌轮船公司在上海设立扬子保险公司(Yangtze Insurance
Association),创办资本 40 万两,实收 20 万两。[1] 1863 年,由祥泰、履
泰、太平、沙逊、汇隆 5 家洋行合资在上海成立了名为"保家行"(North
China Insurance Co.)的保险公司,其实收资本,初创时只有 12.5 万
两,到 1869 年时已增至 30 万两,不久又增至 60 万两。[2]

1865 年后,在华外资保险公司有了进一步发展,新设公司不断出
现,旧有公司规模扩大。1865 年,由华侨商人集股在香港开办保宁保
险公司(China Traders' Insurance Co. ,在香港亦称"中外众国保险公
司"),以美商琼记洋行为总代理,仁记、德兴、华泰、英茂、旗昌、利源、和
记、德记等为地方代理行,在香港、上海、广州、福州、天津、汉口、烟台、
九江、营口、宁波、厦门、汕头等地经营水火保险业务。1866 年(或说
1867 年),怡和洋行又在香港创办火险公司(亦称"火烛保险公司",
Hongkong Fire Insurance Co. ,Ltd.)。1867 年,在香港的英国和美国
商人联合发起成立中华火烛保险公司(China Fire Insurance Co. ,
Ltd.),先后在上海、汉口、天津、汕头、厦门、福州、宁波、九江、烟台、北
京、广州、营口、沈阳设立分支机构。[3] 1870 年,琼记洋行在上海设立维
多利亚保险行(Victoria Ins. Co.),资本 150 万元。同年,宝裕保险公
司(China and Japan Marine Insurance Co.)成立。还有在 1871 年之前
设立的中日水险公司(China & Japan Marine Insurance Co.)。1871
年,华商保安公司[4](China Traders Insurance Company)成立,资本 6

---

[1] 聂宝璋编:《中国近代航运史资料》第 1 辑上册,607、614 页。
[2] 聂宝璋编:《中国近代航运史资料》第 1 辑上册,615 页;严中平主编:《中国近代经济史(1840—1894)》上册,406—407 页。
[3] 黄光域编著:《外国在华工商企业辞典》,113 页。该公司可能与严中平主编《中国近代经济史(1840—1894)》上册 407 页所载的 1864 年设立的泰安保险公司为同一家,现取黄光域书之说。
[4] 该公司由中国商人发起,股份亦以中国商人为多,但请美国的同孚洋行为首领,由外国人任董事会主席,故列入外国公司。

万镑。1875 年之前,还有中国保险公司(Chinese Insurance Company)成立,资本 6 万镑。1875 年,太古洋行又在上海设立海洋保险公司。1893 年,立德洋行在重庆设立利川保险公司。在以前设立的保险企业中,谏当保险公司于 1881 年进行改组,额定资本扩大到 250 万元,当年收足 50 万元。于仁洋面保安行,到 1874 年时,其分支机构已发展到汕头、厦门、福州、宁波、上海、镇江、汉口、烟台、天津、牛庄、台湾及日本的某些商埠。扬子保险公司,在 1865 年以后,业务和规模都有了较大的发展,到 1883 年业务扩展到伦敦及世界其他地方,额定资本增至 80 万两;1889 年,改组为有限责任公司;1891 年,其创办者旗昌洋行倒闭,公司便成为独立企业。①

此外,外国保险公司也纷纷在中国设立代理机构。这些公司有:1861 年前,英国公裕太阳火险公司(Sun Fire Office);1861 年,德国亨堡勃力门保险公司(Hamburg Bremen Fire Insurance Co.)、英国皇家保险公司(Royal Insurance Co.);1867 年前,英国凤凰火险公司(Phoenix Fire Insurance Co.)、英国巴勒保险公司(North British & Mercantile Insurance Co. , Ltd.)、英国永平保险公司(Imperial Fire Insurance Co.)、英国伦敦保险公司(London & Provincial Marine Insurance Co.)、英国环球保险总行(Liverpool London & Globe Insurance Co. , Ltd.)、英国皇后保险公司(Queen Insurance Co.)、荷兰的水火保险公司(Batavia Sea & Fire Insurance Co.);1872 年前,英国尤宁水险公司(Union Marine Insurance Co. , Ltd. of Liverpool)、荷兰望赍保险总公司(Java Sea & Fire Insurance Co.);1884 年,英国的永隆保险公司;1891 年前,东京海上火灾保险株式会社(Tokio Marine & Fire Insurance Co. , Ltd.)、德国北德商保险公司(Nord Deutsche Insurance Co.)、美国的永安保人险公司(Equitable Life Assurance Society of The United States)、新西兰的南英保险公司(South British Fire & Marine Insurance Co.)、保宏保险公司(New Zealand Insurance Co.)、意大利的意泰保险公司(Assicurazioni Generali));1891 年,加拿

---

① 聂宝璋编:《中国近代航运史资料》第 1 辑上册,617、618、609、611、614 页;黄光域编著:《外国在华工商企业辞典》,267 页。

大的永明人寿公司(Sun Life Assurance Co. of Canada)。

这些保险公司,在初期都由相关航运企业合伙设立,主要为合伙人自己互相保险,都主要做轮船运输方面的保险业务,后来逐渐发展为面向全中国,乃至全世界的专业保险公司,业务范围也大有扩展。如香港火险公司,为公众性的股份有限公司,在上海、哈尔滨、北京、汉口、安东、宜昌、天津、福州、重庆、大连设有分号或代理处,经营范围包括水火、家庭财产、盗难、地震及其他。于仁洋面保安行,在初期时它的"顾客就是该行的股东,它们用这个办法为自己谋利。到1874年这个办法结束了,这家保安行在伦敦设立了分行后,已经发展为其活动范围遍及全球的一家大的专业保险公司,不再是只为股东提供互助保险的企业了"。上海各火险公司于1892年时议定的一份保费协议书写道:"各款保费价目录列后:一、上等杂货洋栈,除丝茶洋布不在其内,每千两一年计保费四两。二、上等最好石库房四面有墙者,或两幢相连,四面高围墙者,每千两八两。三、上等洋房号铺坚固砖墙者,每千两八两。四、石库门坚固房屋,前后砖墙,两边三五家屋面有风火隔墙者,每千两十两。五、市房门面仿洋式内系中国式者,每千两十两。六、木架市房洋布字号,每千两十二两。七、店号市房或住宅木架房屋,每千两十五两,烟馆每千两另加二两。"①这说明,这家保险公司所从事的业务是各种房产保险,与轮船航运已没有什么关系。这种经营业务的变化和扩大,在其他保险公司身上也有不同程度的表现。

总之,到1894年时,加上前一时期,外国在中国所办各类企业的资本总额已达到21 370万元,其中商业资本9 284万元,占43.44%;工业资本2 791万元,占13.06%;交通业资本2 615万元,占12.24%;金融业资本6 680万元,占31.26%。② 可见,截至1894年,外资对华扩张的主要领域虽仍然在商业,但金融业已有较大增强,工业和交通业也开始起步。

---

① 聂宝璋编:《中国近代航运史资料》第1辑上册,611、607、608页。
② 许涤新、吴承明主编:《中国资本主义发展史》第2卷,1043页,北京,人民出版社,1990。

第三节　中国私人资本工商业的变异和创新

一　中国商人对外资企业的参与

在华外资企业自第一次鸦片战争后产生以来，就利用中国的传统商人和商业渠道开展各种业务。到 19 世纪 60 年代以后，随着外资在华开办各类企业的地域开拓、数量增加和业务扩展，其利用中国传统商人和商业渠道的范围和数量也急剧扩大。这使更多的中国商人在被雇用为外资企业买办的同时，也成为外资企业的经营者和投资者。

在利用中国传统商人方面，主要是进一步利用和扩大买办制度，从而也使买办的队伍不断扩大。这首先表现为上海的买办数量扩大，且逐渐由以广东人为多转变为以江浙人为主。第二次鸦片战争后，上海替代广州而日益成为中国的外贸和外资企业中心，加之浙江和江苏地区的大量商人为躲避太平天国起义而纷纷涌入上海，作为外国商行和企业代理人的买办队伍也开始较快地扩展起来。到 1861 年之后，除了以广东商人为主的早期买办继续增加之外，其他地区的一些商人也日益增多地进入买办行列，尤以浙江和江苏商人为多。有人说："沿海各郡，自五口既开之后，士民嗜利忘义，习尚日非；又自海上用兵以来，至今未睹战胜之利，于是妄自菲薄，争附洋人，其黠者且以通洋语、悉洋情，猝致富贵，趋利若鹜，举国若狂。"①其中尤以宁波商人为最，纷纷依附洋行，"充任各洋行之买办，所谓康白渡者"，"其余在各洋行及西人机

①　杨书霖编：《左文襄公全集·奏稿》卷三，29 页。

关中充任大写、小写、翻译(昔曰'通事')、跑街(昔曰'煞老夫')者,亦实繁有徒"。[1] 湖州、苏州、绍兴的商人也在与外商进行丝、茶贸易中迅速转变成为买办。有记载说:"道光以后,湖丝出洋,其始运至广东,其继运至上海销售。南浔七里所产之丝尤著名,出产既富,经商上海者乃日众。与洋商交易,通语言者谓之通事,在洋行服务者谓之买办,镇之人业此因而起家者,亦正不少。"[2]

其次表现为其他通商口岸的买办增加。从 1860 年起,各通商口岸随着外资企业逐渐进入,充当买办者也相应增加。据现有研究,天津、汉口、九江、镇江、芜湖、汕头、烟台等第二次鸦片战争以后开放的通商口岸都从 1860 年起有买办出现,特别是前三个口岸的买办数量随着洋行的增加而快速增加。如天津开埠以后,上海、广州的广东籍和宁波籍买办随洋行北上,还引荐自己的同乡充当买办,形成了广东帮和宁波帮,到 1894 年时已有著名买办 12 人;汉口和九江各有著名买办 13 人和 11 人。[3] 如宝顺洋行在香港、厦门、汕头、福州、镇江、九江、宁波、汉口、天津、烟台、牛庄、淡水、打狗、基隆各地相继设立分支机构,每地都雇有买办,在天津雇有亚培、徐子荣,在牛庄雇有陈洛明,在镇江雇有黄墨砚,在九江雇有徐渭南、郑济东,在汉口雇有盛恒山、杨辉山,在烟台雇有梁枝等。

再者表现为单个外资企业和新兴行业所雇用买办数量的增加。这一时期外资企业的规模有所扩大,经营范围也有不同程度的扩展,特别是一些新兴行业的出现和发展,其所雇用的买办也相应增加。据现有不完全记载,各洋行在 1860 年以后雇用的买办人数及其占 1831—1894 年所雇用买办总数的比重为:旗昌洋行 17 人,占 80.95%;怡和洋行 21 人,占 70%;宝顺洋行 14 人,占 66.67%;琼记洋行 11 人,占 55%;其他各洋行买办 72 人,占总数(除 1894 年以后雇用者 1 人外)的 90%。外资银行在 1865 年后所雇用的买办 27 人,占总数(除雇用时间不详者 3 人外)的 90%。外资轮船公司在 1865 年后所雇用的买办 15

---

[1] 陈训正:《定海县志》(民国)第 16 卷《方俗志》,49—50 页,1923。
[2] 周庆云等:《南浔志》第 33 卷《风俗》,3—4 页,1922。
[3] 据聂宝璋《中国买办资产阶级的发生》(北京,中国社会科学出版社,1979)第 161—178 页资料统计。

人,占总数(除雇用时间不详者 1 人外)的 88.24％。① 买办数量在这一时期急剧增加的状况,于此可见一斑。

在利用中国传统商业方面,外资企业主要通过三种途径。

一是利用买办自己开设的商号。这种现象从 60 年代起逐渐普遍化。有些买办原本设有商号,在其成为买办之后就以其原有的商号服务于洋行。如瑞记洋行买办吴少卿原系上海成顺泰丝栈主,延昌恒洋行买办杨信之原先设有上海泰康祥丝行和丝栈,旗昌洋行买办阿尧原本办有平祥丝号和瑞祥丝号,怡和洋行买办祝大椿原先设有源昌煤铁五金洋货行。有些买办则在出任买办后开设商号,为洋行对口服务,其中最典型的是上海怡和洋行买办唐廷枢和宝顺洋行买办徐润。唐廷枢先后开办了修华号棉花行、谦慎安茶栈,以及泰和、泰生和精益 3 家钱庄,并通过设立分号将业务活动延伸到汉口、天津、扬州、镇江及内地。谦慎安茶栈就在产茶的内地设有 7 所分号。徐润从 1861 年升任买办后又先后开设宝源丝茶土号及立顺兴、川汉各货号,经营范围包括丝、茶、烟叶、白蜡、黄白麻、桐油等出口货。

二是通过买办沟通其他华商行号。买办一方面自己四处联络华商,另一方面以自己所掌握的进出口业务而吸引华商,与华商结成广泛的业务关系。像唐廷枢、徐润这样的大买办拥有广泛的华商支持系统自不必说,其他买办也程度不同地以华商作为自己的业务活动渠道。如在唐廷枢之前担任怡和洋行买办的林钦以其所开设的福兴隆茶号与 11 家华商茶行建立收购关系,福州宝顺洋行的买办阿蒙把收购茶叶的业务全部包给商人王召庭开设的金记行,王召庭又通过数以百计的小茶商广泛收购茶叶。推销洋货的渠道亦是如此。上海天福洋行买办胡熙垣、广昌洋行买办袁承斋等开设的义泰和纱布号,推销洋货的渠道一直联系到"四川帮"商人。② 沙逊洋行买办陈荫棠依靠"潮州帮"而得以每年推销价值 600 万两左右的鸦片。③

三是洋行直接与华商建立供销关系。洋行为了摆脱买办的中间阻

---

① 据聂宝璋《中国买办资产阶级的发生》第 161—178 页资料统计。
②《复讯棉纱案》,参见 1891 年 9 月 5 日《申报》第 3 版。
③ 参见聂宝璋:《中国买办资产阶级的发生》,124—125 页。

梗,以便通畅、广泛地展开对华贸易,逐步通过给华商提供"冒名"、"包销"、"子口半税单"等便利条件,与之建立直接的业务关系。如19世纪60年代时上海就有不少华商"以洋商出名"设行收棉花。[①] 19世纪70年代以后,通商口岸华商"挂洋行牌子则比比皆是"[②]。仁记洋行的进口布匹由芜湖的7家华商承销,并再转由汉口的4家华商贩往内地。在汉口,经华商之手而出口的茶叶在1870年时达54%,出口的牛皮亦多由洋商"从汉口市支那(即中国)牛皮行买入生牛皮"[③]。在洋行提供的"子口半税单"保护下,内地华商得以直接到通商大埠运销洋货。如四川商人直接到上海贩运洋货;由镇江、宁波、汉口、九江、福州、厦门、芜湖等口岸进口的各种洋货,由华商运销到省内外各州、县。凡此种种,使洋行与华商的直接业务关系日益广泛。在19世纪60年代前后,上海"从英美两国进口的纺织品有一半是由华商订购的",其他进口洋货由华商订购者多达75%。[④]

更值得注意的是,外资企业吸收了大量的华商资本。可以说外资在华企业从一开始就是利用华商资本而建立起来的。第一个外资航运企业——旗昌轮船公司的创办者金能亨自称:"创建资金是由中国人汇集的",他们是"最大的股东",公司股本总额100万两中有70万两来自华商。[⑤] 第一个外资保险企业于仁洋面保安行是"广东省城商人联合西商纠合本银"而创设的。第一家在华设立总行的外资金融企业汇丰银行,"许多中国商人"都与之"有利益关系"。[⑥] 在最早出现的几家外资缫丝厂中都有华商股本。如1882年设立的怡和丝厂,"全部股票的十分之四由外国人出资购买,其余由中国人购买,董事中华人三人、外人三人"[⑦]。外资企业对华商资本的吸收,随着其规模的扩大而不断增加。仅就有案可查的各外资企业华人大股东人数而言,19世纪60年

---

① 同治四年八月二十一日《上海新报》。
② 贺长龄:《皇朝经世文编》卷四十五,34页,道光六年。
③ [日]水野幸吉:《汉口》,446页,东京富山房,1907。
④ B. Brenan, *Report on The state of trade at the treaty ports of China*, 1897, p. 12。
⑤ Kuang-Ching Liu, *Anglo-American Steamship Rivalry in China*, *1862—1874*, Harvard University Press, 1962, pp. 26,29,32。
⑥ 转引自汪敬虞《十九世纪外国侵华企业中的华商附股活动》,载《历史研究》1965年第4期。
⑦ 孙毓棠编:《中国近代工业史资料》,70页,北京,科学出版社,1957。

代为 18 人，70 年代为 27 人，80 年代为 21 人，90 年代为 64 人；涉及的外资企业有 63 家，实收资本总额达 4 030 万余两，[①]华人股本约占其半。

这种外资企业利用中国传统商人、商业和资本的过程，既是把中国传统商人转变为它们的代理人和依附者的过程，也是使中国的传统商人转变为近代商人和资本家的过程；既是它们向中国推销商品和掠取原料与财富的过程，也是把中国的传统商业和市场卷入世界商贸体系和市场的过程；既是把中国经济逐渐拖入半殖民地化境地的过程，也是引起中国自办新式企业挽回利权、产生某些资本主义性经济变化因素的过程。

首先，外资企业雇用中国商人为买办和职员，使他们不仅积累起巨额的资金，而且获得了一定的经营管理资本主义企业的经验和知识。在中国对外贸易发展和买办数量增加的同时，买办所持有的资产也得到了相应的扩大。买办的收入主要有以下两项：一是薪金，月薪为几百至千余两白银；二是佣金，一般为其所代理买卖金额的 2%—3%，这是买办的主要收入。买办收入的总数，虽没有确实的统计，但有学者从两个角度做过估计：一是按照外贸进出口总值和买办提取佣金比重所作的估算，1864 年之前中国外贸总值约为年均 5 000 万元，累计约为 1 亿元，买办所得的佣金为 2 000 万—3 000 万元；1864—1894 年，外贸总值累计为 75.9 亿元，买办所得的佣金为 1.5 亿—2.2 亿元，加上前期则为 1.7 亿—2.5 亿元。[②] 如果再加上买办的其他收入和没有买办名义的买办商人的收入，其总数有 3 亿—4 亿元。二是按照外国在中国设立洋行总分行及其所雇买办的情况进行估计，以每个洋行平均雇用一至三名买办，每名买办平均任期三到十年，到 19 世纪 70 年代时，先后做过买办的至少应有二三千人；如再加上那些虽没有买办名义，但实际上却为洋行对华贸易服务的买办商人，其总数至少也有四五千人。从低以每个买办拥有 5 万—10 万两资产计算，便共有资产 2.5 亿—5 亿

---

① 参见汪敬虞《唐廷枢研究》，98—105 页，北京，中国社会科学出版社，1983。
② 参见严中平主编：《中国近代经济史（1840—1894）》下册，1368 页。

两。[①] 如果以此类推,那么到 1894 年时,买办的总资产至少有 4 亿—8 亿两,这一估计数字未免过大。这两个数字虽然都只是一种估计,但也可以确认有一部分买办已掌握了巨额的资金,已具有巨大的投资能量。这些买办一般都程度不同地参与了所雇用外资企业的经营管理,甚至出任董事和高级职员,使这些旧式商人在资本主义企业中经受训练,逐渐转变为精通业务的新式企业经管人员,后来有不少人成为中国自办新式企业的创办人和经管者。如洋务派所办的各民用企业,几乎全部由买办担任经营管理之职;在 1894 年前创立的商办企业中,由买办创办和管理者亦为数不少。

其次,外资企业雇用大量的中国工人,不仅使中国产生了第一代产业工人,而且为后来华资企业的产生、发展提供了部分技术工人来源。如在广州、上海外资船舶修造厂中成长起来的中国工匠,从 60 年代起不断受聘于中国的官办和商办企业。洋务派首领之一的张之洞曾指出:"粤工多习洋艺,习见机器,于造枪、造弹、造药、造雷,皆知门径;香港素多铁工,尤易招致。"[②]洋务派所办的各企业,或多或少地、直接或间接招聘在外资企业中受过训练的工匠担任技术工人。在商办企业中也不乏这种现象,如广州造纸厂成立时"雇用了几个以前曾在美国的造纸厂中工作过的中国工人"[③]。

第三,外资企业大量吸收华商资本,引起了中国商人投资于新式工业的兴趣,对商业资本向工业资本的转化起到了一定的启蒙导向作用。后来,这些附股于外资企业的买办或其他华商投资创办自己的企业,与其附股外资企业的感受不无关系。这些华商附股者投资的虽然是外商企业,并处于依附的地位,但是所投资金作为资本的功能及其本人作为资本所有者的资本家属性是同样存在的,且有自己相对独立的利益所在和追求。因此,他们实质上已成为中国最早的资本家。

第四,外资在华开设新式企业,为农业社会的中国注入了资本主义的生产方式,并以其先进的生产技术、管理方式和高额的效益、优质的

---

① 参见樊百川《清季的洋务新政》第 1 卷,64 页。
② 王树枏编:《张文襄公奏稿》卷十一,21 页,1928。
③ 孙毓棠编:《中国近代工业史资料》,1198 页。

产品,逐渐引起中国人的注意乃至直接仿效,使创办资本主义企业的风气逐步打开。早在19世纪60年代,洋务派干将盛宣怀就指出:"火轮船自入中国以来,天下商民称便,以是知火轮船为中国必不能废之物,与其听中国之利权全让外人,不如藩篱自固",自办轮船公司。① 后来成为民族资本面粉和纺织大王的荣德生在1900年自述道:"余自十九岁至粤,至本年滞港,来来往往,曾见兴新业而占大利者已不少,如太古糖厂,业广地产,火柴,制罐食品,电灯,自来水,矿业等等,颇欣慕。"② 外资企业的进入也使农业社会的坚冰开始出现裂缝,民族资本企业得以援例而设。正如李鸿章在筹设轮船招商局时所说:"我既不能禁华商之勿搭洋船,又何必禁华商之自购轮船?""以中国内洋任人横行,独不令华商展足耶?"③

西方列强凭借武力获取的种种特权,并通过利用中国的人力和财力对中国开拓贸易和设立企业的过程,既使中国经济被日益卷入世界资本主义经济的潮流之中,并逐渐引发中国资本主义经济因素的产生,又达到了它们对华经济侵略的目的,甚至开始控制中国的经济命脉。后者是它们的主观动机所在,前者是它们带来的客观结果,两者将对这一时期以及以后的中国资本主义经济发展过程产生既传动又抑制的双重影响。

二 商办新式工业企业的产生和初步发展

在对外贸易和外资企业的影响下,商办企业陆续出现。这时期的中国商办新式工业企业与洋务企业一样,最早出现于1865年前后,又受外贸和外资的影响较多地集中在外贸服务工业、出口加工工业、进口替代工业三个行业领域,到1884年时已在下述行业中产生了新式企业。

作为外贸服务工业的主要是船舶修造企业和轮船航运企业。在

---

① 参见于醒民、陈兼:《十九世纪六十年代的上海轮运业与上海轮船商》,载《中国社会经济史研究》1983年第2期。
② 上海社会科学院经济研究所编:《荣家企业史料》,9页,上海人民出版社,1980。
③ 吴汝纶编:《李文忠公全集·朋僚函稿》卷十二,29、34页。

1865 年之前,广州和上海都已有少数以手工生产为主的作坊型的船舶修理企业,1865 年之后,特别是 1870 年之后,则有较为明显的发展,尤以上海为突出。在 1866—1891 年间,上海大约先后出现过 27 家能够修理轮船的中小型机器厂。这些工厂大多是在为外资船舶修造厂服务的锻铁、造船手工业作坊的基础上积累起一定数量的资本,添置一二台简单车床而逐渐发展为有一定机器设备的资本主义性企业;其资本薄弱,数额小者为 100 元,大者为 500 元,生产设备也比较简陋。其中稍具规模的主要有两家:一是 1865 年前后成立的均昌修船厂,其创办人梁凤西、李松云均系买办出身。19 世纪 80 年代前期,该厂资本已增至 4.7 万两,造成小轮船 6 艘,吨位虽较小,技术则较先进,航行时速一般都在 13 海里左右,高于外资船厂所造轮船的时速。在造船过程中,工程师由曾在江南制造局学习过技术的广东香山人许启邦担任,其他一切设计、绘图、监造的工作亦均由中国人担任;但到 1884 年,因原创办人股票投机失败而破产,改组为发昌船厂,继续从事轮船修造业务。二是 1874 年成立的附属于轮船招商局的同茂铁厂,它在初创时只能做零星的轮船修理,两年后就扩充为运用汽机的中型修船厂,能自制汽船的锅炉、引擎等。①

作为出口加工工业的有缫丝和榨油两类企业,尤以缫丝企业为主。在这一时期中,华商创办的机器缫丝企业集中在广东和上海地区。

在广东地区,第一个产生的机器缫丝企业是继昌隆缫丝厂。它是华侨商人陈启源鉴于世界生丝市场的厂丝(即机器所缫之丝)热销行情和广州土丝出口衰落的状况,于 1873 年在南海县创办的。② 它在创办之初只有资本 7 000 两、缫丝釜位数十个,后来规模逐渐扩大,最多时达到 800 釜位、700 名工人。在生产技术上,初期采用脚踏法国式缫丝车,后来改用蒸汽动力,生产效率比传统的旧方法提高 5—9 倍,而且所缫之丝粗细均匀,色泽洁净,弹性较大,售价也高 1/3,获利颇丰。③ 此

---

① 参见严中平主编《中国近代经济史(1840—1894)》下册,1373—1381、1624—1626 页。

② 继昌隆缫丝厂的创办时间,《南海县志》记载为 1872 年,但陈启源在其所著《蚕桑谱·自序》(光绪二十九年刊)中记为"癸酉之秋",即同治十三年秋,也就是 1873 年秋。现取陈启源自述之年。

③ 参见许涤新、吴承明主编《中国资本主义发展史》第 2 卷,458 页,北京,人民出版社,1990;严中平主编《中国近代经济史(1840—1894)》下册,1429、1432—1436 页。

后,"三四年间,南(海)顺(德)两邑相继起者多至百数十家"①。到1894年,广东的机器缫丝厂已发展到88家。如果包括规模和机械化程度较低的缫丝工场在内,广东则有二三百家之多,已成为出口生丝的重要生产基地。

在上海地区,机器缫丝业也从1882年开始发展起来。第一个出现的是公和永丝厂,由上海丝业公所主持人之一的浙江丝商、公和洋行买办黄佐卿(宗宪)创办,有资本10万两,设置法国造缫车200部;到1892年时,发展成为拥有资本30万两、缫车380部、职工1 000名的大型缫丝企业。1890年后,上海的华商机器缫丝厂有所发展,到1894年时机器缫丝厂共有8家。上海的机器缫丝厂,其数量虽比广东少得多,但规模比广东大得多,机械化程度比广东高得多,资本总数达206万余两,超过广东地区缫丝厂资本总数163万余两的26.38%;缫车总数达2 576部,且大多为意大利造,较广东所用的法国造更为先进。单个企业规模最大的,是买办化大商人叶澄衷在1892年创办的纶华缫丝厂,拥有资本40万两、缫车500部;规模最小的锦华缫丝厂也拥有资本12万两、缫车150部。而且出现了同一创办人开办第二家企业的现象,如黄佐卿在扩大其公和永丝厂的同时又集资33万两创办新祥机器缫丝厂,拥有缫车418部、职工850人。还出现华商购并外资缫丝厂的新现象,如1882年成立的英商公平丝厂于1885年为华商所租办,后来又完全转为华商企业;1892年开办的美商乾康丝厂,不久也转卖给了中国商人。②

机器榨油业尚处于萌发状态,所设企业为数极少,规模也很小。1885年之前开办有两个企业,即1879年开办的汕头榨油一厂和1881年前开办的潮阳榨油厂。此后,到1893年仅有汕头榨油二厂之设。这3家企业,资本均在1万两上下。③

作为进口替代工业的企业,其范围较前两类企业为广,涉及了面

①《南海县志》(宣统)卷二十一。

② 参见许涤新、吴承明主编《中国资本主义发展史》第2卷,463、465页。严中平主编《中国近代经济史(1840—1894)》下册第1430—1431页记载公和永丝厂1892年有缫车858部。

③ 参见许涤新、吴承明主编《中国资本主义发展史》第2卷,477—478页;严中平主编《中国近代经济史(1840—1894)》下册,1639—1641页。

粉、火柴、造纸、锯木、制糖等行业的企业。其中产生最早的是面粉企业，数量最多的是火柴企业。

在面粉制造业方面，最早出现的企业是 1878 年在天津成立的贻来牟机器磨坊。它由曾任天津招商局总办的朱其昂创办，规模较小，只有机器 2 座，估计有资本 1.5 万两，雇工 30 名，日产粉能力 150 包。此后，于 1883 年和 1891 年，上海、北京先后各有 1 家面粉厂成立，规模相仿。①

在火柴制造业方面，第一家企业出现于 1879 年，到 1894 年前发展至 11 家。第一家火柴企业由日本归侨卫省轩在广东佛山创办，取名"巧明火柴厂"。该厂规模较小，资本不过 3 000 两，工人数十人。规模最大的一家企业是由大商人叶澄衷大约于 1890 年在上海创办的燮昌火柴厂，有资本 20 万两，雇工 800 名，日产能力 50 箱。其余 9 家则分布为广州 2 家、九龙 1 家、重庆 2 家、天津 1 家、厦门 1 家、浙江 1 家、太原 1 家。这些火柴制造企业名为工厂，实则均为采用手工生产的工场，规模较小，产量很少。②

除了以上两个行业之外，具有进口替代性质的行业企业还有：造纸企业，第一家企业于 1882 年创办于上海，1884 年投产，名为"上海机器造纸总局"，创办资本 11 万两，到 1892 年因亏损，以 87 500 两转让他人，改名"伦章造纸局"。此后，到 1894 年前又增设 4 家，分布为广州 1 家、宁波 1 家、香港 1 家、南海 1 家，其中唯有 1890 年创办于广州（南海）的宏远堂机器造纸厂规模较大，有资本 15 万两，是这一时期规模最大的一家造纸厂。③ 此外，从 19 世纪 70 年代起，还开办了印刷企业 8 家、锯木厂 2 家、制糖厂 2 家。

① 许涤新、吴承明主编：《中国资本主义发展史》第 2 卷，471 页。另据严中平主编《中国近代经济史(1840—1894)》下册 1639 页，表 20"中国近代商办企业统计"所列，在 1894 年之前开办的面粉厂共计为 7 家，分布于天津 2 家、上海 3 家、福州和北京各 1 家。

② 参见许涤新、吴承明主编《中国资本主义发展史》第 2 卷，472—473 页。

③ 据严中平主编《中国近代经济史(1840—1894)》下册第 1639—1641 页记载，1894 年之前共有造纸企业 5 家；据许涤新、吴承明主编《中国资本主义发展史》第 2 卷第 474、478 页记载，只有上海机器造纸总局和宏远堂机器造纸厂两家，并有资本数额说明，故本书采用此说。

三 商办新式工业企业的总体状况和特点

上述各行业中商办新式工业企业,到 1894 年时约 139 家,资本总额约 455 万两,其企业种类及资本构成状况如表 3-8 所示。

表 3-8 可见,这一时期的商办新式工业企业具有以下几个特点:

第一,绝大多数企业集中于外贸服务业、出口加工业和进口替代品制造业。缫丝业几乎完全为出口服务,它的产生和发展也是由生丝的大量出口所推动。侨商陈启源所以会返乡创建继昌隆丝厂,主要是有鉴于世界生丝市场的行情和广州生丝出口的状况。该厂投产后,"出丝精美,行销于欧美两洲,价值之高倍于从前","期年而获重利",从而刺激了南海、顺德乃至广州缫丝企业的迅速发展,也使广州地区的厂丝出口量从 1883 年的 1 254 担,增至 1885 年的 3 437 担、1890 年的 10 219 担、1895 年的 18 179 担。[①]

表 3-8 1865—1894 年商办新式企业统计表(资本单位:两)

状况 行业	企业数	创业资本总数	企业平均资本	企业的地区分布	1885 年后开办企业
船舶修造	16	10 000	625	上海 12、广东 2、天津和汉口各 1	8
缫　丝	97	3 723 990	38 392	上海 8、广东 88、烟台 1	47
面　粉	3	40 000	13 333	上海、天津、北京各 1	1
火　柴	11	415 200	37 745	上海 1、广东 3,其余分散各地	9
造　纸	2	237 500	118 750	上海、广东各 1	1
榨　油	2	20 000	10 000	汕头 2	1
印　刷	8	100 000	12 500	上海 6、广东、杭州各 1	5
合　计	139	4 546 690	32 710	上海 29、广东 97、其余 13	72

资料来源:许涤新、吴承明主编《中国资本主义发展史》第 2 卷,457、461、477、478 页;樊百川《中国轮船航运业的兴起》,611—614 页;孙毓棠编《中国近代工业史资料》第 1 辑下册,1170—1173 页。

说明:(1) 另有矿厂 1 家,在湖北荆门,其余不详。(2) "厂数"指创始数,非实存数。

[①] 参见《南海县志》(宣统)卷二十一;严中平主编:《中国近代经济史(1840—1894)》下册,1438 页。

上海的机器缫丝业也同样是为了取得更好的输出效益而开设的。其产品的出口量在上海生丝出口总量中所占的比重尚不到10％,这主要是因原料供应不足,使丝厂不能满运行生产所致,实际上丝厂产品也是全部供应出口的。1894年时,上海有华商缫丝厂8家,共有缫车2 576部,合计年产量为2 782担;还有外资缫丝厂7家,共有缫车约3 000部,如参照华商丝厂的产量计算,其年产量约为3 240担,而1895年上海所出口的厂丝为6 276担,与上海华商和外商丝厂的年产量之和基本相等。[①]

榨油厂的产生也与食油出口有着一定的关系。火柴厂、面粉厂、造纸厂的产生,则主要是生产进口替代品,一是为了塞漏卮、挽利源,二是为了仿制洋货以供市场所需。

船舶和机器修造厂的出现,最初直接出自来华外商轮船修理的需要,后来陆续发展到卖船、造船和造机器。如1869年成立的第一家机器修造厂——上海发昌机器厂,其业务范围为"小火轮出售"、"专造大小火轮船机器"、"兼造门市车床、汽锤、铜铁器皿"。[②] 可见这些工厂的产生和发展与受外资的刺激颇有关系。

第二,绝大多数企业集中于上海、广东两地。该两地合计,企业有124家,如果把汕头包括在广东之内,则为126家,占企业总数的90％左右;资本有428.7万两,占资本总数的比重高达94.28％。如果把这两地分别计之,则上海有企业29家,广东有95—97家,广东远比上海为多;但从资本数量来看,上海为244.5万两,广东为184.2万两,则上海超过广东32.74％,企业的平均资本分别为8.4万元和1.9万元,相差3.42倍。这表明了上海和广东两种不同的工业建设和发展模式,即上海以创建大企业为主,设备较先进,这一阶段所出现的几家规模最大的企业全部集中在上海;广东则以创建小企业为主,设备较落后,但效益并不差,如上述的缫丝工业,广东的总体效益就要比上海好。

---

① 有关数据参见许涤新、吴承明主编《中国资本主义发展史》第2卷,464、116、117页;严中平主编《中国近代经济史(1840—1894)》下册,1438页。

② 参见上海市工商行政管理局、上海市第一机电工业局机器工业史料组编《上海民族机器工业》,76—86页,北京,中华书局,1966。

第三,缫丝业占绝对突出地位,其他各业均处于起步状态。这一阶段所设立的商办工业企业中,缫丝企业达 97 家之多,占总数的 69.78％;其资本数达 372.4 万两,占总数的 81.90％,且企业的平均资本额也较大,位居第二。可见,这一阶段的商办工业,除了缫丝业已形成相当规模和水平之外,其余各业均处于刚刚起步的状态,或是企业规模较小,或是企业数量较少。如果计及各行业所设企业的创办时间,则这一特点就更为明显。表3－8中本阶段已产生行业在 1894 年之前所设 139 家企业中,有 72 家设立于 1885 年之后,占总数的51.80％,且后期设立的企业资本额大多较前期设立者为大,如资本数量最多的缫丝业中,上海的 8 家企业有 7 家成立于 1885 年之后,资本量为 175.6 万两,占该业 1894 年资本总量的 47.15％。本章为了便于统计,也便于读者对这一阶段产生的各行业有整体的了解,所以将 1885 年前后两个阶段成立的企业合在一起考察。

第四,各类企业资本规模大小悬殊。规模最小的是船舶和机器修造业,平均每家企业的资本额仅有 625 两;规模最大的是造纸业,企业平均资本 11.8 万余两;位居第二的缫丝业,企业平均资本 3.8 万余两。这种企业平均资本数大小悬殊的状况是由各类企业的产生途径所决定的。船舶和机器修造业各厂都是在原有手工作坊的基础上添置少量机器设备而转化成的,因而手工生产和机器生产并存,技术水平低下,集资方式多系独资或合资。这也表明这类企业与原有的资本主义萌芽关系较为密切。那些规模较大的企业,则是以引进外国的生产设备而建立起来的,机械化程度较高,技术水平较先进,投资需要量也较大,大多采取招股集资的方式,因而与资本主义萌芽无多大关系。其他中等规模的企业的产生途径,基本处于新旧共存状态,或由手工作坊转化而来,或以手工生产与机器生产并存。总的来说,这一阶段的商办企业或从手工作坊转化而来,或引进外国设备全新建厂,两者并存。

第四节　传统农商工业的变异

一　农业经济的变化

在对外贸易的影响下,中国的传统农业发生了不同程度的现代性变异。这主要为农业经济作物生产的扩大和商品化程度的提高。农业经济作物的生产自古以来就有之。第一次鸦片战争之后,因对外贸易的增加而有所扩大,但主要限于茶叶和蚕桑。1865 年之后,随着对外贸易数量的快速增加和品种的逐渐扩大,并受出口农产品获利较多的刺激,除了茶叶、蚕桑的生产继续加速扩大之外,其他经济作物的生产也相继开拓,而且为了提高产量和质量以获取更大的经济效益,生产技术也更加受到重视,并有所改进。

在茶叶种植业方面,其盛衰状况与茶叶出口状况的变化相一致,表现为先盛后衰。在 1865—1880 年间,茶叶种植业随着茶叶出口的增长而不断扩展,除了老茶区继续扩大种植之外,新茶区也有所出现。就老茶区而言,福建的武夷山地区,各处开荒栽茶,“漫山遍野,愈种愈多”。广东的珠江三角洲地区,茶叶产量“异常地增加了”。浙江杭州府的於潜县,“仰食于茶者十之七”。安徽的芜湖地区,茶园“已扩张到芜湖南部”。湖南、湖北的茶叶种植面积,在 1871 年时,较之 10 年前增加了 50%,有些地区以种茶而取代其他作物,如平江“向种红薯之处,悉以种茶”;浏阳地区“以素所植麻,拔而植茶”。就新辟茶区而言,如安徽的建德,从 1861 年开始种茶,到 19 世纪 70 年代发展成为著名茶乡。江西的安义、建昌、吉安、瑞昌、庐山等地,种茶业都是在 19 世纪 70 年代发展起来的。台湾地区,自淡水开辟为通商口岸后,种茶业也开始发展起来,农民或将向种蓝靛之地多"改种茶树",或拔掉甘薯"以扩张茶地",使淡水的茶叶出口量从 1865 年的 18 万磅,猛增至 1880 年的 1 200 万磅,增加了 65.67 倍。1880 年以后,随着茶叶出口数量的逐渐下降,茶叶种植也有所萎缩。①

在蚕桑养殖业方面,其发展状况要比茶叶为好,呈现为持续发展的状态。原本比较发达的地区,这一时期仍有进一步的发展。如太湖流域、南京地区、珠江三角洲地区、成都平原、岷江和嘉陵江流域、胶东半岛等地,蚕桑业不断扩大,或就地增加植桑面积,或由平原、丘陵地区向山区延伸,或由野桑、柘叶养蚕向家桑养蚕发展。在江浙蚕桑区,从 1870 年起,避战外出的农民陆续回乡,"在每片可利用的土地上,桑树种植起来了,并有所增加"。江宁的农户在种粮之外"多以种桑饲蚕为业",蚕丝产量"年年增加"。丹徒县原先仅有野桑和柘林,这时则桑田、桑园"遍境内"。安吉县,不仅邻近城镇地区"家皆饲蚕","迩时山乡亦皆栽桑"。吴兴南浔镇一带更是"无不桑之地,无不蚕之家"。广州珠江三角洲地区,"从前作其他用途的大片土地,现在都变成了桑林"。原本不发达,甚或不养蚕的地区也开始发展起来。在江苏省,苏、锡、常地区以往很少种桑养蚕,这时则"日渐加多,渐可与浙相埒"。如昆山,植桑饲蚕"成为恒业";无锡、金匮两县,"荒田隙地尽栽桑树,由是饲蚕者日多一日,而出丝者亦年盛一年";常熟西乡,"讲求蚕业,桑田顿盛"。其他如江苏的松江、句容、溧阳、江阴、宜兴、江浦、高邮,浙江的温州,安徽的绩溪、滁州、全椒,江西的赣州、瑞州,广东的东莞,直隶的清苑、满城、定州、束鹿、高阳、滦州、昌黎、丰润,热河的承德、永平,山东的泰安、沂州、青州、东平,四川的铜梁、秀山,奉天的辽东半岛,都程度不同地成为新兴的蚕桑养殖地区。此外,广西、湖北、河南、山西、陕西、云南、贵州等省的某些州、县,在地方官府的提倡和推广下,也开始植桑养蚕。②

在棉花种植方面,老植棉区继续有所扩大,新植棉区间有出现,但

---

① 参见严中平主编《中国近代经济史(1840—1894)》下册,977—981 页。
② 李文治编:《中国近代农业史资料》第 1 辑,426—434 页,北京,生活・读书・新知三联书店,1957;严中平主编:《中国近代经济史(1840—1894)》下册,969—972 页。

其扩展幅度不如种茶业和养蚕业。老植棉区的发展,如江苏、浙江、安徽、江西、湖北、河南、山东、直隶、陕西等省的一些老植棉区,在原有的基础上扩大或出现了一批棉花专业区。新植棉区的出现,如江苏的宿迁过去很少植棉,布匹"夙仰通州",到19世纪70年代则改"遍树木棉,闲习纺织矣"。1880年时,有报道说:"江西、浙江、湖北等处,向只专事蚕桑者,今皆兼植棉花。"江西九江府所属地区,从前专种五谷杂粮,1870年前后则改为"木棉与杂粮各半"。直隶的永平、承德两府所属州、县及邻近蒙古地区,棉花"以前所种无多,近五六年来(即19世纪90年代),到处皆种"[①]。但是也有学者用计量的方法进行研究,其结果显示,全国棉花产量从1860年的811.98万担增至1894年的831.75万担,只增加了19.77万担,种植面积(按该项研究者估计的亩产皮棉0.23担计算)则相应从3 530万亩增至3 616万亩,只扩大了86万亩、2.44%,虽与1840—1860年间所增加的41万亩、1.16%相比,增幅略有提高,但棉花种植面积的扩大还是很少的。[②] 造成这种状况的原因,一是由于植棉面积原有基础较大;二是由于棉花出口数量虽在1888年以后有较大增加,到1894年达到75.51万担,但仍只占产量的9.08%;三是洋布、洋纱进口量的剧增,使棉花的国内使用量减少,从而出现棉花的新增产量只占新增出口量68.35万担的28.92%,余下的大部分则由原来用于国内的棉花转变成出口。即便如此,也不能轻视棉花出口对棉花种植业的促进作用,新增加的68.35万担出口棉花,需要有297万亩棉田的种植,如果没有这一出口量的较大增加,棉花种植面积不仅不能增加,反而还要减少211万亩。

此外,烟草和甘蔗的种植也在烟草和蔗糖出口的带动下出现了新的发展。烟草在明代后期从南洋传入中国后,其种植面积随着吸烟者的逐渐增加而不断扩大。到了这一时期,除了吸烟者继续增加之外,出口也不断增加,从1870年的4 233担增至1894年的113 886担,增加了近26倍,从而成为促进烟草种植的一个新的重要因素,使老的种植区继续扩大种植面积,新的种植区也不断出现。甘蔗的种植,在1885

---

① 李文治编:《中国近代农业史资料》第1辑,418、422、423页。
② 参见许涤新、吴承明主编《中国资本主义发展史》第2卷,291—293页。

年之前有较大的发展,此后则随着蔗糖出口的逐渐下降而萎缩。①

除了上述这些受出口贸易影响而取得新发展的农业经济作物之外,还有一种值得重视的受进口贸易的影响而发展起来的经济作物,这就是罂粟。罂粟作为制造鸦片的一种原料,它在中国的种植和扩大,则是受进口和贩卖鸦片的巨额利润刺激的结果。第一次鸦片战争前,中国基本上没有鸦片生产,到19世纪50年代,有记载说:"云、贵、四川境内之田,连畦接畛种植罂粟花。"1865年之后,甘肃、陕西、山西、东北、山东、河南等省,已有大量种植;安徽北部地区、江苏徐州地区、浙江温州地区、福建北部地区亦已有不少人家种植。② 到1894年时,国内所产鸦片约达32.5万担,所需罂粟的种植面积约为1 300万亩。③ 在国内罂粟种植和鸦片生产增加之际,也是国外鸦片进口和走私减少之时,从这个角度来说,罂粟种植的产生和扩大也是一种进口替代品的生产。

这些经济作物在其种植面积扩大的同时,其商品化的程度也在提高。这些经济作物产品虽然有一部分为种植者自己所用,但也有相当一部分供市场销售和出口。据现有资料估算,1894年时这些农业经济作物的商品化率是:茶叶由于基本都上市销售或出口,其商品化率可以视作100%,以往亦是如此;桑蚕茧为18.42%,柞蚕茧为51.99%(因缺乏前一时期的统计,反映不出其升降状况);棉花略有上升,从1860年的26.38%增至1894年的32.56%。④ 其他烟草、甘蔗和罂粟三种经济作物的商品化率尚无统计,但其产品为他人所用者较多,因而商品化率应当是比较高的。

此外,粮食的商品化率,1894年为15.8%,比1840年的10%提高了58%,这一提高主要是1860年之后发生的。经济作物的商品化率一般都比粮食作物为高,因此,经济作物种植面积的扩大和产量的增加,就意味着农产品商品化程度的提高;再加上粮食作物商品化率的提高,那么这一时期农产品商品化程度的提高就更为明显了。

---

① 参见严中平主编《中国近代经济史》下册,974—976、982—984页。
② 参见李文治编:《中国近代农业史资料》第1辑,456、464页。
③ 参见许涤新、吴承明主编《中国资本主义发展史》第2卷,296页。
④ 许涤新、吴承明主编:《中国资本主义发展史》第2卷,290、295页。

二　传统商业和金融业的发展和变异

传统商业经济的发展和变异,主要表现为两个方面,一是随着进出口贸易的发展,新的商业行业开始出现和发展起来;二是在外国洋行的影响下,商业的经营方式发生了某些新的变化。

就新行业的产生和发展而言,主要有这样几种:

在新产生的商业行业中,最突出的是经营进口五金货品销售的行号。在 1860 年之前,五金货品进口很少,由洋行直接贩卖,也没有专营商号。1860 之后才有华商经营的五金商号出现。第一家五金商号于 1862 年在上海出现,即宁波商人叶澄衷开设的顺记五金洋杂货号。1870 年,叶澄衷盘买了德商开设的可炽煤铁号,成为中国第一家专营进口钢铁销售的华商商号。此后,上海的五金商号快速增加,据 1900 年的统计,已有五金业 14 户、钢铁业 10 户、五金零件业 5 户、玻璃业(兼营洋钉、活页、木螺丝等)11 户、铜锡业 18 户。广州于 1873 年出现了第一家五金商号,名为"永顺源",此后又有所增加。天津的五金商业以 1880 年所设立的上海南顺记分号开其端。汉口的五金商业开始较晚而发展较快,自 1885 年上海的顺记到汉口开设分号顺记承之后,上海和广州的五金商号相继到汉口开设分号,计有贞记、顺泰、永利昌、同利、同泰、复泰、永兴祥等五金商号。[1]

经营销售进口杂货的百货商号,是这一时期的又一个新生行业。此种商号的产生主要有两类途径:一是由原来土杂货商号兼营洋杂货而成的零售行号;二是新设洋杂货店铺发展而成批发行号。前一类百货商号在第二次鸦片战争之前已经出现,到这一时期已基本形成一个行业,但数量不多,规模较小,就是像上海、广州这样的城市也只有数十家。后一类的百货批发商号,在 1860 年以后才有较多的出现。据现有资料,第一家百货批发商号任万利于 1858 年在广州出现。但是,广州的百货批发商号的较多出现还是在 1880 年之后,主要的商号有万安隆、马贞记、万和、万生等。上海也在 1880 年后有较多的批发商号出

---

[1] 参见许涤新、吴承明主编:《中国资本主义发展史》第 2 卷,196—199 页。

现,在南京路、河南路等地段陆续成立了十余家,主要的商号有恒昌牲、兴昌祥、全昌盛、全亨、悦生、华彰、太隆等。[1]

颜料商业和西药商业也是新生的行业。这两类进口商品原来均由百货商号销售,从 1880 年以后它们才先后有专营商号出现,成为一个独立的行业。颜料商号在上海最早产生于 1880 年前后,名为"瑞康颜料庄"。此后有所发展,到 19 世纪末已发展为十几家。西药商号也最早出现于上海,即 1888 年由大英医院职员顾松泉创办的中国大药房,后改称"中西大药房",规模较小,创办资本仅有几千元。接着,1889 年有华英药房之设,由英国老德记药房的买办庄凌晨创办。该药房规模较大,创办资本 1 万元,后增为 5 万元。此后,又有 1890 年开设的中法大药房,1894 年开设的中英药房、华洋药房、惠济药房,其中惠济药房创办资本亦有 1 万元。至此,上海已共有西药房 6 家,初步形成为一个行业。[2]

在进一步发展的新兴商业行业中,经营进口棉布商号的增加较为明显。洋布商号自 19 世纪 50 年代出现以后,到 1860 年后有较快的增加。上海的洋布商号,到 1884 年时已增加到 62 家,比 1858 年时的 15 家增加了 3 倍多。到 1900 年时,再增加到一百三四十家,又比 1884 年增加了 1 倍多。其他各地虽无具体的数量统计,但洋布商号的增设无疑也是为数不少的,这从各地在上海开设的贩运洋布庄号中可见一斑。这一时期,在上海逐渐形成的贩运洋布的商帮,经营范围较大的有天津帮、祥帮(即北京帮)、东北帮、汉口帮、长沙帮、川帮、江西帮、福建帮、宁波帮等;经营范围较小的有山西帮、洛阳帮、南京帮、镇江帮、绍兴帮、云南帮、皮货帮(即甘肃、新疆客商)。[3] 其中,有的来往流动贩运,有的驻人设庄贩运,如川帮在上海驻人设庄的有重庆洋布商 27 家、成都洋布商 3 家、嘉定洋布商 1 家。[4]

除了因进口贸易的发展而产生的商业行业之外,也有因出口贸易

---

[1] 参见上海百货公司等:《上海近代百货商业史》,22 页,上海社会科学院出版社,1988。

[2] 参见许涤新、吴承明主编:《中国资本主义发展史》第 2 卷,217—219 页。

[3] 参见许涤新、吴承明主编:《中国资本主义发展史》第 2 卷,210—212 页;上海工商行政管理局等:《上海市棉布商业》,26、23—24 页,北京,中华书局,1979。

[4] 参见许涤新、吴承明主编:《中国资本主义发展史》第 2 卷,186—187 页。

的发展而发展起来的商业行业,这主要是经营茶叶和生丝出口的茶商和丝商。这两个行业与洋布行业一样,属于在这一时期进一步发展的新兴行业。从茶商的情况来看,到 1870 年以后有较大发展。在上海,已有茶栈几十家。在汉口,开埠以后出现了七八家与洋商买卖的茶栈;经营毛茶的茶行,包括崇阳、羊楼司等产茶区在内,1886 年时就有 299家。在九江,1861 年开埠时尚无茶栈,次年即开设了十六七家,到 1882年,连同宁州、武宁、祁门等产茶区,已有茶行 344 家。在湖南,1871年,14 个产茶区有茶行 160 家。在湖北,7 个产茶区有茶行 94 家。[①]在九江,在茶叶贸易繁荣时期,"茶庄林立,或五六十家、三四十家不等"[②]。从丝商的情况来看,它与茶商基本相似,也在 1870 年以后有较大发展,如上海一地的丝栈、丝号在 19 世纪 70 年代初已发展到76 家。[③]

就经营方式的变化而言,主要是经营规模的扩大,出现了地区性,乃至跨地区的连锁商号。其中最典型的是叶澄衷所经营的五金商号。他在 1862 年开设顺记五金洋杂货号后,到 1870 年开始扩充,在上海设立南顺记、新顺记,原来的顺记称"老顺记";后来,上海的五金商号及第二、三代商店逐渐发展至 400 家左右,其中 90% 和叶澄衷的几家顺记号有直接或间接的联系。1890 年前,叶澄衷以南顺记为中心,在江浙、长江流域、华北、东北的一些城市开设了十几家分号,如 1880 年在天津开设分号,1885 年在汉口开设分号顺记承。由此,叶澄衷的顺记号不仅在上海形成了它的强大的连锁系统,而且形成一个广泛的全国性连锁系统。

又如棉布商号中的汉口谦祥益号,它发源于山东章丘孟姓所开设的谦祥益绸布庄,原先经营绸缎和土布,鸦片战争以后也兼营洋布,1851—1894 年先后在北京、汉口、山东、直隶等地开设 8 家分店,并附设织布染布工厂,还在上海、苏州、杭州、广州设立办庄,专办货源采购。在汉口,它于 1861 年和 1894 年设立两家分店,第一家专营批发,有运

---

① 参见许涤新、吴承明主编:《中国资本主义发展史》第 2 卷,225、239 页。
②《茶事近闻》,载《农学报》第 29 期,光绪二十四年闰三月中。
③ 参见葛元煦:《沪游杂记》第 4 卷,光绪二年。

营资本 15 万两;第二家专营零售,有运营资本约 10 万两,并设有保记染厂。其批发业务遍及汉口、襄樊地区及河南、山西客帮。可见,谦祥益号在这一时期不仅将经销洋布作为其主要的业务之一,拥有比较雄厚的资本,而且已发展成为合销、供、产于一体的综合性商号和分号、地区分布比较广泛的连锁性商号。[①]

除了商业的这些变化之外,传统金融业也发生了新的变化。这主要表现为华商钱庄业与外资银行业的利用与合作关系。外资银行与洋行一样,也聘用中国的金融业者担任买办,从事"对于华商交易"业务,如"庄票之别择,现银之鉴定,汇票之买卖",以及"对钱庄之拆款"等。[②] 在被外资银行雇用的买办中,出身于传统钱庄者占大多数。如汇丰银行的买办王槐山、席正甫、席立功、叶鹤秋(厦门汇丰银行),麦加利银行的买办席锡藩、王宪臣,德华银行的买办许春荣、许杏泉、刘义方(汉口德华银行),东方汇理银行的买办胡寄梅、刘人祥(汉口汇理银行)等,他们都是有名的钱庄商人。[③] 席正甫、席立功父子与人合开 4 家钱庄,许春荣家族独资和合资开设的钱庄合计有 7 家。

在雇用钱庄商人任买办的同时,外资银行还通过买办与钱庄逐渐发生业务关系。外资银行进入中国之初,主要是为在华外商办理汇兑业务,与中国的钱庄基本不相往来。60 年代以后情况发生变化,一方面是各洋行逐渐停办兼营的金融业务,转由外资银行承办,使原先洋行在贸易活动中与钱庄的资金融通和结算关系转向外资银行与钱庄间进行;另一方面是外资银行逐渐扩大吸收华人存款,资金充裕,寻求投放对象;再一方面是钱庄自有的数万到 10 万银两资金不能满足日益扩大的贸易对资金周转的需要,希望得到外部资金挹注。于是,这种中外金融业之间潜在的融通需要,通过买办的沟通而逐渐结合起来。

外资银行与钱庄的业务关系主要有两种:

第一种是"拆款"关系。所谓"拆款",就是外资银行向钱庄提供短期信贷,以弥补钱庄周转资金之不足。1869 年,汇丰银行通过其买办

---

① 参见许涤新、吴承明主编:《中国资本主义发展史》第 2 卷,191 页。
② 交通银行:《金融市场论》,63 页,1945。
③ 参见张国辉《晚清钱庄和票号研究》,54—57 页,北京,中华书局,1989。

王槐山引线,向上海钱庄发放贷款。是为外资银行向钱庄拆款之始。[①]
拆款渠道一经打开便迅速蔓延。1873 年时拆款总额便达 300 万两左
右,相当于当时上海市面日常所需周转资金的全额;到 90 年代,增至
700 万—800 万两。[②] 上海钱庄的周转资金绝大部分要依靠外资银行
的拆款,此种情况在其他通商口岸也程度不同地存在。如汉口从 60 年
代起、福州从 70 年代起,都开始出现外资银行向钱庄和华商放贷的
现象。

外资银行的拆款虽然为钱庄提供了足够的周转资金,使之适应不
断扩大业务规模的需要,促进了内外贸易的发展,但是也使中国的钱庄
沦为外资银行的附庸,埋下了金融危机的隐患。拆款数额之大小、期限
之长短、收回之与否,全由外资银行决定。外资银行拆款一旦缩减、收
回、停止,就会立即引起钱庄周转资金短缺,市面银根紧张,甚至导致大
批钱庄停业、倒闭。此外,钱庄把自己的融资活动寄于拆款之上,一旦
市面发生波动,放款不能按时收回,就会因不能按期归还银行拆款而陷
于破产、倒闭的境地。发生于 1873 年、1884 年的两次大金融风潮,不
是与外资银行拆款的减停、收回相关,就是与钱庄的拆款放贷不能收回
相关,从而导致数十、上百家钱庄破产倒闭。

第二种是财务结算和资金汇兑关系。在外资银行参与华、洋商人
贸易的资金融通业务之前,各洋行已广泛利用钱庄的庄票作为与华商
贸易的资金流通手段,即华商可以用钱庄开出的庄票向洋行订购洋货,
洋行也可以用钱庄庄票向华商收购土货,最后由洋行和钱庄定期结算。
到外资银行与钱庄建立拆款关系后,原先存在于洋行与钱庄间的资金
融通和结算业务便逐渐向外资银行与钱庄间转移。由于外资银行既接
收钱庄的庄票,又接收洋行的支票,当庄票和支票的户头系同一对客户
时,银行就可以进行轧抵冲销。与此同时,钱庄的埠间资金汇兑也逐渐
突破原有的庄票传递和票号汇兑的传统手段,利用外资银行进行埠间
汇兑。如汉口的钱庄,在 80 年代时已"比较愿意以外国银行的汇票向

---

① 参见《答暨阳居士采访沪市公司情形书》,1884 年 1 月 12 日《申报》第 3 版。
② 参见 1873 年 9 月 22 日、1897 年 1 月 30 日《申报》。

上海汇款"①。这种财务结算和资金汇兑业务不仅大大便利了金融流通，颇受华、洋商人欢迎，而且使钱庄与外资银行的关系更加密切，互为依赖。

由此可见，外资银行在华建立和发展的结果，除了人所共知的为西方列强的资本输出开辟渠道之外，也把中国的传统金融业纳入他们的体系之中，在使之沦为附庸的同时，又使之充分发挥为贸易服务的作用，并在外来资本主义金融业的冲击和影响下，将逐渐发生内部变革，进而产生新的金融企业。

三 传统手工业经济的变异

传统手工业经济的变异，主要指某些手工业领域中出现了带有一定资本主义性的因素，其具体表现有以下三个方面：

一是生产设备的改进和新产品的开发。

生产设备的改进主要表现在广州手工缫丝业中。自陈启源在创办继昌隆缫丝厂时发明和采用蒸汽丝偈和脚踏单车之后，便被手工缫丝业所采用，在广州"用此法者不下二万余人"②，从而促进了缫丝手工工场的发展。在新增的数百家缫丝手工工场中，有的"创设足机多具，收购蚕茧，雇工缫之。更有集股公司，设置场所，购备足机百数十具，排列成行，并由炭火蒸水改用蒸汽热水，俨如汽机缫丝厂焉"，有的"其制法用脚踩机，虽规模略小，女工多则百十人，少则六七人"③。

新产品的开发主要表现为南浔经丝和苏州丝织品的开发和推广。所谓经丝，就是将两根白丝合纺、加汤而成，最早出现于浙江蚕农之中。这种经丝售予苏州机户的称"苏经"，售往广东的称"广经"，而纺经之家称为"车户"。1870年之后，南浔有一家姓周的经行仿制了日本经丝，称"东洋经"，令震泽车户纺之，"销与夷商，大为称许"。于是这种东洋经在南浔、震泽大兴，"约有车户二三千家"，"每年出口达一千余万元之

---

① *Decennial Reports on Trade*，*Industries*，*tec. of the Ports Open to Foreign Commerce*，*and on the Condition and Development of the Treaty ports Provinces*，*1882—1891*，Hankow. P. 177.

② 陈启源：《蚕桑谱·自序》，光绪二十九年。

③ 彭泽益编：《中国近代手工业史资料》第2卷，53页，北京，中华书局，1962。

谱"。① 经丝在海关称为"捻丝",而捻丝则在这一时期已有相当普遍的推广。据海关调查,生产捻丝的作坊,在福建漳州有 249 家,在湖北省有 120 家。

苏州的丝织品,在 19 世纪 70 年代开发出了纱缎和花缎两种新产品。纱缎自开发以后,"营业兴盛,年销六百余万元,其销路远及俄国、高丽、缅甸、印度等处";营业最盛之时,"共有木机九千余架之多,职工三万人连同率花、机具工、掉经等,男女赖以生活者约十余万人"。② 花缎的织制,有专门的花样设计打样工,"织绸花样的制作及新的设计等等工艺,为操于二三百人手中之专利"③,由他们先在织机上布丝打出花样,然后在由织匠自行织制。

二是资本主义性生产方式的出现。这主要表现为缫丝手工业中出现的包卖商制或散工制。所谓包卖商制或散工制,就是经销商将原料和生产设备发给农家,由农家在自己的家里进行生产,计件取酬,产品由经销商收集销售,再领取下一期的生产原料,如此循环往复进行生产,是一种带有资本主义性的雇工生产方式。它在上述讲到的经丝生产中已经存在。据记载,经丝生产中有一种方式是:"取丝于行代纺而受其值,曰料经"。这就是一种散工制。这种纺经散工即车户,在南浔、震泽多达二三千家,说明散工制已相当普遍。包卖商制则在以苏州为中心的江南丝织业中广泛存在,称为"账房"。这种账房虽在鸦片战争之前已经产生,但数量不多,地域有限,尚属萌芽状态。到 1876 年以后开始普及开来,在 1840－1894 年新开账房 19 家,其中 1864 年以后开办者 15 家。④

三是专业化程度的提高。这主要表现在农家棉纺织手工业中纺与织的分离和耕与织的分离。传统的农家棉纺织业是自己纺纱自己织布,因此是纺织一体的。自洋纱大量进口后,由于洋纱不仅质量大大好于中国自纺的土纱,而且价格也比土纱便宜得多(如 1887 年牛庄海关报告:洋纱和土纱价格的差异,"前者每包重三百斤,卖价五十七两,而

---

① 中国经济统计研究所编辑:《吴兴农村经济》,11—12 页,文瑞印书馆,1937。
② 宁鸣:《江苏丝织业近况》,载《工商半月刊》第 7 卷第 12 期,48 页。
③ 段本洛、张福坼《苏州手工业史》,217 页,南京,江苏古籍出版社,1986。
④ 参见江苏实业司:《江苏省实业行政报告书》第三编《工务》,1913。

后者同样重量的每一包,卖价却在八十七两左右"①),因此,农家就不再自己纺纱,而是购洋纱织布,于是就发生了纺与织的分离,出现了农家织布的专业化现象。传统农家的棉纺织业只是农家的一种副业,即所谓男耕女织,或忙耕闲织,也就是说织是耕的一种补充。自洋纱的大量进口,使大批量织布成为可能之事,从而给专业织布手工工场和散工制的出现创造了条件,于是就发生了织与耕的分离,使手工织布业日益从农家分离出来而成为一个独立的生产行业。从 19 世纪 70 年代起,这种织布手工业工场官方和民间都有所兴办。如闽浙总督卞宝第在1888 年倡导设立了织布局;官方既为之倡,民间遂起而继办,用印度纱织布,远销者还可减免厘金。到 1891 年,共有 60 余所织布局成立,年产土布 100 万匹。其中由民间创办的广春和织布局招艺徒百余人,规模相当可观。在 1896 年英国布兰克本商会访华团的报告中,对其所考察地区的织布工场情况有这样的记录:四川万县几家织布工厂,"接近于我们(英国)手工工厂制度",有织布机 12 至 50 台不等,大的工厂雇工达 80 人。广州的织布工厂雇工约 30 人。又云南府的一家工厂,"摆满了织布机,全都在开工织布",用印度纱作经纱。贵州的黄草坝镇是个织布中心,估计有织布机 2 500 台,行计件工资。② 可见,到 1894 年时,手工织布工场的存在已相当普遍,有些工场已具有相当大的规模。

传统手工业的这种资本主义性的变异,虽然不能挽救它们在与同类外资工业的竞争中走向衰落,但也不能忽视它们力图与洋货抗争、谋求自我发展新途径的一面。这也是中国自然经济逐渐解体的一种重要表现。

---

① 李文治编:《中国近代农业史资料》第 1 辑,485 页。
② 参见彭泽益编:《中国近代手工业史资料》第 2 卷,25、260、249、251、259 页。

第四章

教案：民间反教斗争与官方外交危机

　　近代的教案主要是指中国民众采取暴力行动反对外国教会的宗教侵略活动，并由此引起清政府与外国列强之间的外交纠纷。近代来华的传教士作为"基督教征服世界"的使者，直接参与了列强对中国的侵略活动，外国在华的传教事业已经不是一种单纯的宗教事业，而是列强对华侵略的一个组成部分。教案既是帝国主义与中华民族矛盾的产物，也是中国传统礼俗政教与基督教文化冲突的结果。而清政府处理教案的对外交涉，反映了清政府在推行洋务新政的同时缺乏应付涉外突发事件的机制和能力，也缺乏对外交涉的近代外交意识和外交手段，更缺乏作为对外交涉后盾的政治、军事实力。教案随着外国列强对华侵略的加深而愈演愈烈，成为近代中国反抗西方侵略的一种形式，也导致清政府洋务新政面临外交危机。

第一节 外国教会的"传教"活动

一 基督教组织在华扩张

基督教最早传入中国是在盛唐之初,系东罗马帝国基督教聂斯托派,时称"景教"。到了元朝,基督教的两个派别再度传入中国,一是景教,即基督教聂斯托派;一是罗马天主教遣使来华布教的教派。元代统治者统称基督教两派为"十字教",以信教者称"也里可温"①,故又称为"也里可温教"。但随着元朝的覆亡而在中国绝迹。

明代中叶,伴随着西方殖民主义向东方的扩张,天主教首先传入中国。天主教的修道传教组织通称"修会",各自独立又同受罗马教皇的领导。从明中叶到清乾隆末年,天主教的主要修会耶稣会、奥斯定会、方济各会、多明我会、巴黎外方传教会、遣使会等都相继传来中国,而影响和势力最大者为耶稣会。

第一位来到中国的天主教传教士是葡萄牙耶稣会神甫方济各·沙勿略,他于1552年(明嘉靖三十一年)到达广东台山县正南上川岛,但未能进入广州,最后病死在该岛。1580年(明万历八年)耶稣会意大利籍传教士罗明坚来到广州,以后又到了广东肇庆、浙江绍兴传教。在耶稣会来华传教过程中,意大利籍传教士利玛窦是一位最为重要的人士。他于1581年到澳门,此后先后在广东、江西、江苏等地传教,1601年初抵达北京,在中国生活了28年,直至逝世。继利玛窦之后,汤若望、毕

---

① "也里可温",蒙古语,意为信奉福音的人或有福缘的人。

方济、南怀仁等传教士相继来华,在传播"西学"的名义下进行传教活动,并得到明代和清初统治者的信任。据统计,清康熙年间,全国28个城市设有教堂,教徒已有15万人左右,其中耶稣会信徒达11万人。①

清康熙末年,罗马教廷以传教士内部的"礼仪之争"直接干涉中国内政,禁止中国天主教徒遵守中国政令习俗。从1723年(雍正元年)起清廷实行禁教政策,乾隆帝即位后,对传教士更严加取缔。1775年(乾隆四十年)中国的耶稣会也奉罗马教廷之令解散。鸦片战争前夕,在清政府严厉的禁教政策之下,传教士大多转入秘密活动。1839年6月,天主教在中国本部13个省仍有活动,欧籍传教士有65名,天主教徒约有30万人。②

继天主教之后传入中国的是东正教。1685年(康熙二十四年),东正教修士马克西姆·列昂节夫随同59名俄国战俘从雅克萨来到北京。1695年,清廷批准这批俄国人的请求,在北京赐庙地建立第一座东正教教堂,名为"尼古拉教堂",通称"罗刹庙",或称俄罗斯"北馆"。1715年,俄国政府正式委派了一个10人组成的"北京传教士团",随同俄国商队来到北京。这个传教士团的主要活动不是发展教徒,而是将主要精力用于搜集中国的情报。1818年8月,俄国政府训令该传教士团:"今后的主要任务不是宗教活动,而是对中国的经济文化进行全面的研究,并应及时向俄国外交部报告中国政治生活的重大事件。"③从1715年至1860年,俄国共派遣了13批东正教传教士前来北京,神职人员共达155名,在中国发展教徒300余人。

基督新教(在中国又被称为"耶稣教")的传教组织通称"差会",派系众多,各自为政,在中国较有影响的有信义会、长老会、圣公会、伦敦会、公理会、浸礼会、美以美会、监理会、内地会等。早在17世纪初,新教曾有过传入中国的尝试。1624年荷兰殖民者武装侵入台湾后,荷兰政府派遣传教士到台湾活动,传教20多年,发展教徒千余人。1662年,郑成功收复台湾后,新教在台湾的活动也随之终止。新教在中

---

① 参见曹琦、彭耀编著:《世界三大宗教在中国》,151—152页,北京,中国社会科学出版社,1991。
② 参见顾长声:《传教士与近代中国》,16—17页,上海人民出版社,1981。
③ 布纳科夫:《十九世纪上半叶俄中关系史的一页》,载《苏联东方学》1956年第2期,101页;转引自顾长声《传教士与近代中国》,21页。

国大陆的传播始于 1807 年（嘉庆十二年），第一位来华的是英国伦敦会派遣的传教士罗伯特·马礼逊，他于 1807 年先后抵达澳门、广州，编写了一部《英华字典》，并把《圣经》译为中文，还为东印度公司搜集中国的情报。美国第一位来华的新教传教士是美部会（后改称"公理会"）派遣的裨治文，他于 1830 年来到广州，主编英文刊物《中国丛报》（创刊于 1832 年）。从 1807 年马礼逊来华，到 1842 年鸦片战争结束时，早期基督新教的宣教活动主要在中国的澳门、广州、香港三地以及沿海地区。1840 年美国传教士罗孝全第一个来到香港，1842 年美国传教士雅裨理和文惠廉首次来到厦门，1843 年英国传教士麦都思第一个到达上海。1844 年在华的新教传教士共有 31 人，教徒仅 6 人。[①]

鸦片战争后签订的一系列不平等条约明文准许在五口通商口岸建造教堂、医院，为传教士的活动提供了合法依据；法国政府还强迫清政府同意解除自雍正以来禁止天主教的禁令和发还被封闭的天主堂旧址。随着鸦片战争后五口的开放，传教中心从南洋和澳门移到了沿海通商口岸。第二次鸦片战争后签订的不平等条约允许传教士在中国内地自由传教。此后，天主教、基督教以及其他教派的传教士纷纷到中国各地传教。1868 年 6 月，前美国驻华公使蒲安臣在纽约市的一次演说中兴奋地宣称：中国已经准备邀请传教士"在每个山头上和每个山谷中设立光辉的十字架"[②]。

在中国内地发展最快的是天主教传教组织。从 1846 年起，天主教在澳门、南京、北京各设主教区，另在陕西、山西、山东、湖广、江西、云南、香港等地设立代牧主教区。1879 年，罗马教廷传信部颁发部令，划分中国为六大区：第一区，直隶、满洲、蒙古；第二区，山东、山西、河南、陕西、甘肃；第三区，湖南、湖北、浙江、江西；第四区，四川、云南、贵州、西藏；第五区，澳门；第六区，广东、广西、福建、香港。天主教大量吸收教徒，而且特别重视在农村地区扩展，吸收整个家庭甚至整个村庄的民众一齐入教，所以发展迅速。19 世纪 80 年代，王韬即指出："天主教行

① 参见顾长声：《传教士与近代中国》，117 页。
② [美]马士：《中华帝国对外关系史》第 2 卷，213 页，上海书店出版社，2000。

之最久,亦最远,内地乡落,无所不至。"①至 19 世纪末,在华天主教各修会的传教士已约有 800 人,教徒从 1860 年的 40 万人发展到约 70 万人。以江南地区为例,1860 年有传教士共约 50 人,传教据点 400 余处,教徒 7.7 万人;到 19 世纪末,这一地区的传教士增至 170 人,传教据点增至 1 000 处,教徒约有 12 万人。②

基督新教的发展同样引人注目。与天主教不同的是,新教的传教据点先是由通商口岸扩及各地城镇,后来才逐渐传入乡村。据 1877 年的统计,新教传教士共有 473 人,差会总堂 91 个,支堂 511 个,正式教堂 312 个,教徒 13 035 人。③ 据另一统计,1860 年新教传教士约有 100 余人,教徒约 2 000 人;到 19 世纪末,传教士增至约 1 500 人,其中英国传教士占 50%,美国传教士占 40%,其余 10% 则来自西欧和北欧,教徒增至约 8 万人。其中内地会的组织发展最迅速,传教区域最广泛。该会于 1865 年由英国传教士戴德生创立(总部设在伦敦),创立的第一年即派传教士 3 人来华,第二年增派了 22 人,连同已经在华活动的传教士,共有 91 人,他们先后被派往浙江、江西、安徽等省活动。到 1876 年,该会传教士人数已占全部在华基督教传教士人数的 1/5,他们被派往湖南、广西、贵州、云南、四川、甘肃、陕西等省,甚至新疆、西藏等边远地区,深入内地,行程 6 万里。到 19 世纪末,内地会在中国约有 650 名传教士、270 个传教站,教徒 5 000 余人。④

二 西方教士的"传教"活动

来华的传教士中虽然不乏以宗教为职业、以布道为本分的虔诚宗教人士,但也有不少传教士在"传布福音"的外衣下,从事殖民主义的活动,在政治、经济、社会、文化各个领域,对中国实行侵略、渗透和影响,以达到"基督教征服世界"的目的。

---

① 王韬:《弢园文录外编》卷三《传教(下)》,93 页,沈阳,辽宁人民出版社,1994。
② 参见顾长声:《传教士与近代中国》,107—108 页。
③ 参见王立新:《美国传教士与晚清中国现代化》,18 页,天津人民出版社,1997。
④ 参见顾长声:《传教士与近代中国》,117—118 页。

（一）扩大政治干预

传教士搜集中国情报,侵犯中国主权,充当了列强侵略中国的急先锋。鸦片战争时期,一些传教士就以"传教"为名,在中国沿海搜集各种情报,鼓吹对华战争,参与军事侵略,鸦片战争后,更是直接以外交官的身份,直接参与各种侵华活动。以美国传教士为例,据不完全统计,从1844 年到1894 年,就有8 位美国传教士进入美国驻华机构担任外交职务,由于他们精通汉语和熟悉中国事务,因而在相当程度上影响了美国对华政策的制定和实施。① 美国驻华公使田贝在1887 年写给美国国务院的报告中指出:"这些先锋队(按:指美国传教士)所搜集有关(中国)民族、语言、地理、历史、商业,以至一般文化的情报,将其送回国内,对于美国贡献是很大的。"②

传教士在中国享有治外法权,他们以教堂为堡垒,以教徒为臣民,往往成为不受中国政府管辖、不受中国法令制约的特殊权势人物。一些传教士插手中国官场,干涉中国内政,大肆包揽词讼,甚至出现教士、教民与地方官并坐公案的现象。传教士还常常以炮舰为后盾,以"护教"为借口,任意要挟清廷及地方官员。一些主教"作为全省的宗教统治者",采用巡抚的官品等级和出行仪式,以表示"拥有那些被士绅官吏垄断的合法权力的象征",俨然成为"政府中的政府"。③ 入教的教徒虽然大多数还是善良的平民,但少数地痞无赖入教后依仗教会权势,横行乡里,无恶不作,也使教会的"社会形象"极其恶劣。郑观应在1880 年刊行的《易言》中曾指出:"今中国既许洋人传教,不得不按照条约为之保护,而各教士所到之处,理应归地方官约束,不得干预公事,任意妄为。无如中国莠民,每倚进教为护符,作奸犯科,无所不至;或乡愚被其讹诈,或孤弱受其欺凌,或强占人妻,或横侵人产,或租项应交业主延不清偿,或钱粮应缴公庭抗不完纳,或因公事而借端推诿,或因小忿而殴毙平民。种种妄为,几难尽述。"④法国驻华公使于1878 年也承认,中国政府抱怨传教士"窃取中国政府官方职能,或试图取代其政权,我们

195

① 参见王立新:《美国传教士与晚清中国现代化》,77 页。
② 卿汝楫:《美国侵华史》第2 卷,253 页,北京,生活·读书·新知三联书店,1956。
③ [美]周锡瑞:《义和团运动的起源》,92—93 页,南京,江苏人民出版社,1994。
④ 夏东元编:《郑观应集》上册,121 页,上海人民出版社,1982。

必须承认这些事实，这些抱怨经常是有根据的"①。

（二）攫取经济权益

教会除了扩大在华政治权益之外，也大肆在中国攫取经济权益。中法《北京条约》规定"赔还"以前被没收的天主教教堂、田地和房屋。法国还在该条约中文本中擅自写入"任法国传教士在各省租买田地，建造自便"的条文。天主教教会借此采用强行霸占、盗买盗卖②、低价收购和教民"捐献"等方式，在各地强占大量公私田地房产。仅在直隶一省，就任意提出旧址 72 处，强行要求给还。在江南一带，甚至只提 15 个县府名称，强令地方当局勘址给还。总理衙门在致各国公使书中就"查还教堂"一事亦指出："近年各省地方抵还教堂，不问民情有无窒碍，强令给还。甚至绅民有高华巨室，硬指为当年教堂，勒逼民间让还。且于体制有关之地以及会馆、公所、庵堂，为阖境绅民所最尊最敬者，皆任情需索，抵作教堂。况各省房屋，即实属当年教堂，而多历年所，或被教民卖出，民间辗转互卖，已历多人，其从新修理之项，所费不赀，而教士分文不出，逼令让还。"③特别是天主教会"广置田产，收稞渔利"，"购地设堂，为患甚深"。④ 1861—1875 年间天主教在河北献县购置田地 300 多亩，房屋 36 间；1877—1879 年间，华北地区遭到百年不遇的特大旱灾，教会乘机在献县、河间等县低价购买田地 1 258 亩。⑤ 1883 年，在内蒙古丰镇厅，教堂仅用银 4 500 两，就买得荒地 260 顷。⑥ 19 世纪末年，教会在江南一带占地共约 200 万亩，仅松江县属的佘山一带就占地 6 000 余亩。⑦ 据法国外交部 1902 年的调查，仅天主教在中国的地产价值已达 3 700 万法郎或 540 万美元，⑧这还不包括众多的房产。教会

① 张振鹍主编：《中法战争（续编）》第 3 册，327—328 页，北京，中华书局，1999。
② 即通过不法之徒盗卖地方公产、他人产业或亲属遗产，再转手给教堂。1896 年翰林院侍读陈秉和奏称："洋人爱某处房宅，其人不卖，则寻一无业奸民，指为己物，卖与洋人，并串通书吏窃印文约，洋人即据为己有，驱逐业主，地方不敢科以盗买盗卖。"见朱寿朋编《光绪朝东华录》第 4 册，3929 页，北京，中华书局，1958。
③ 刘锦藻：《清朝续文献通考》卷三百五十之《外交》（十四），10938 页，杭州，浙江古籍出版社，2000。
④ 王树枏编：《张文襄公全集》卷一百一十七，公牍三十二，30 页，北平，文华斋，1928。
⑤ 裴淑兰：《天主堂在献县等处的田产》，载《近代史资料》1982 年第 1 期，33 页。
⑥ "中研院"近代史所编：《清季教务教案档》第 6 辑（二），699 页，台北，台湾"中央研究院"近代史研究所，1980。
⑦ 顾长声：《传教士与近代中国》，108 页。
⑧ [美]雷麦：《外人在华投资》，蒋学楷等译，464—465 页，北京，商务印书馆，1959。

还对教民和农民进行租佃剥削或放高利贷,地租率高达五成至七成,高利贷利率也高达二分至三分。教会也通过出租房产、经营商业、兴办实业等来聚敛钱财。据江苏镇江英国领事 1884 年的商务报告记载,当地"每个教会都买了地产,建造了华丽轩敞的房子"。其中又以天主教堂的房产为最多,都用来出租牟利。这一年租户们因生意清淡,聚集请求天主堂减租的人就有二三百人之多。① 英人宓克曾指出:"教中神父,于择地建堂诸事,皆极精能,且善于治生,广置田宅,经营蕃息,川至云兴。其中办事之人,皆理财能手,佃田赁屋,概凭大道生财。于是此会经费,半皆就地取材。"②

(三)兴办慈善事业

教会也在中国创办慈善机构,开展医疗、慈幼及救济等事业,以此作为传教的手段及向中国社会渗透的途径。美国基督教差会负责人司弼尔曾明确宣称:"我们的慈善事业,应该以直接达到传播基督教福音和开设教堂为目的。"③

1834 年美国派遣的第一个传教医生伯驾来到广州,次年在十三行内的新豆栏街开设眼科医局。到 1900 年以前,全国各地陆续出现了一批教会医院或诊所。法国天主教最早设立的医院是 1845 年创立于天津的法国医院,此后有名的还有开设于九江(1882 年)、南昌(1890 年)的法国医院以及 1894 年开设于青岛的天主堂养病院;另外还有数十处小型诊所。基督教教会开办的医院中最有名的是 1859 年创办的广州博济医院。此外,属于英国教会系统的有上海的仁济医院(1844 年)、汉口的仁济医院(1866 年)、汕头的福音医院(1867 年)、杭州的广济医院(1880 年)、天津的马大夫医院(1881 年)、武昌的仁济医院(1885 年)、福州的柴井医院(1887 年)、北海的北海医院(1890 年)、宜昌的普济医院(1879 年)等 20 多所。属于美国教会系统的除广州博济医院外,还有上海的同仁医院(1867 年)、苏州的博习医院(1883 年)、通州的通州医院(1886 年)、南京的鼓楼医院(1892 年)、重庆的宽仁男医院

---

① 参见严中平主编:《中国近代经济史(1840—1894)》下册,1323 页。
② [英]宓克:《支那教案论》,严复译,58 页,南洋公学译书院印。
③《美国与加拿大基督教差会会议记录,1899 年》。转引自顾长声《传教士与近代中国》,275 页。

(1892 年)等 30 余所。这些医疗机构在"传播基督教福音"的同时,也将西医、西药以及近代医院制度、医学教育传入了中国。

教会慈幼事业包括育婴堂、孤儿院、盲童学校、聋哑学校等慈幼机关,尚无确切的统计数字,而以天主教开办的慈幼机关数量最多,主要分布在上海、天津、武汉、广州、南京、南昌、青岛、贵阳、长沙等地。开设较早的是耶稣会传教士在 1855 年在上海设立的土山湾孤儿院,规模较大的则是 1867 年设于上海的圣母院育婴堂。

教会有计划、有组织的救济事业始于 19 世纪 70 年代。1876 至 1879 年间,北方的山东、直隶、山西、陕西、河南发生中国历史上罕见的特大旱灾,饿死者多达 1 000 万以上。先后被派往灾区的传教士,天主教各修会有 60—70 人,基督教各差会有 30 余人。1878 年 1 月成立了"中国赈灾基金委员会",总部设在上海,是以传教士为主体的第一个外国人在华举办的救济机构。英国传教士李提摩太将"救济"视为传教的有效手段,他深入山东、山西境内,搜收情报,绘制地图,通过发放赈款,吸引民众入教,一年之内招收教徒 2 000 人;同时又广泛结识地方官绅,宣传"西化"方案,希图通过影响他们来自上而下地扩大传教的效果。

（四）实施"文字播道"

对于中国人,尤其是知识阶层来说,教会对中国的文化影响更是不可低估。教会通过出版书籍、创办报刊和兴办教会学校,用"文字播道"的方式实施西方的"文化霸权"。李提摩太宣称:只要控制住中国出版的"主要的报纸"和"主要的杂志","我们就控制了这个国家的头和背脊骨"。[1]

教会在中国设立的出版机构,著名的有 1843 年麦都思创办于上海的墨海书馆、1845 年美国长老会开办于宁波的华花圣经书房(1860 年从宁波迁至上海,易名"美华书馆")、英国长老会传教士韦廉臣于 1887 年成立的广学会和丁韪良等人于 1877 年创办的益智书会。

来华传教士创办的第一份中文近代报刊是 1815 年在马六甲出版

---

① 方汉奇:《中国近代报刊史》上册,19 页,太原,山西人民出版社,1981。

的《察世俗每月统纪传》。此后传教士创办经营的中文报刊主要集中在上海，著名的有 1857 年发刊的《六合丛谈》、1874 年发刊的《万国公报》（其前身为 1868 年创办的《教会新报》）、1876 年发刊的《格致汇编》、1879 年发刊的《益闻录》、1891 发刊的《中西教会报》等。此外，还有 1854 年创刊于宁波的《中外新报》、1865 年创刊于广州的《中外新闻七日录》和《广州新报》、1868 年创刊于福州的《中国读者》、1872 年创刊于北京的《中西见闻录》、1874 年创刊于福州的《小孩月报》（中国第一个儿童刊物）以及 1886 年创刊于厦门的《厦门新报》等中文报刊。从 1860 年至 1890 年，外国教会和外籍传教士在中国出版的报刊多达 76 种。[①] 从 1811 年马礼逊在广州出版了第一本中文西书《神道论赎救世总说真本》，到 1842 年，传教士共出版了中文书刊共 138 种。

从 1843 年至 1860 年，传教士在香港、广州、福州、厦门、宁波、上海等 6 个城市出版的西书共有 434 种，其中纯宗教书籍 329 种，占总数的 75.8%，其他西学书籍 105 种，占 24.2%。[②] 此后教会出版机构出版的西书日益增多，仅广学会 1887 年至 1900 年就出版了宗教和西学方面的书籍 176 种。益智书会至 1890 年出版和审定的各类学校西学教科书就有 98 种。这些出版物在宣传基督教教义的同时，也传播了大量的"西学"和"新学"。

传教士极力鼓吹"为着基督教的利益而来办教育"，力图"培养一批受过基督教教义和自然科学教育熏陶的人，使他们能够胜过中国的旧式士大夫阶层"。[③] 基督新教来华创办的第一所学校是 1818 年传教士马礼逊在马六甲创办的英华书院。1830 年，美国传教士裨治文在广州创办的贝满学校则是基督新教在中国本土创办的第一所学校。此后至 1866 年，基督教在华办有 60 余所小学。1850 年出现的上海徐汇公学则是天主教在中国开设的第一所有影响的学校。此后至 1860 年，天主教在华开设有 90 所小学。这些学校主要分布在沿海通商口岸。从 19 世纪 60 年代中期起，教会学校逐步从沿海向内地扩展。至 1875 年，全

---

① 参见方汉奇：《中国近代报刊史》上册，19 页。
② 参见熊月之：《西学东渐与晚清社会》，7—9 页，上海人民出版社，1994。
③ 朱有瓛、高时良：《中国近代学制史料》第 4 辑，94、97 页，上海，华东师范大学出版社，1993。

国教会学校约 800 所,学生约 2 万人,93％以上属于小学性质,中学极少。至 1900 年,全国教会学校总数增至 2 000 所,学生约 4 万人,中学约占 10％。① 天主教的学校一直以小学教育为主,"学校的全部课程和课本的宗旨则几乎都是为了加强学生的基督教信仰,很少或根本没有作出努力来介绍西方的非宗教知识"②。而基督新教除创办小学、中学外,还创办了一些相当于西方中等教育的"书院",并在进入 20 世纪后大多发展成为著名的教会大学,③这些学校除了传授宗教教义外,还传授西学知识,对中国的新式教育的兴起产生了示范效应。

传教士是随着西方殖民主义的武力与强权来到中国的,这就使近代国人产生了一种印象,"认为如来佛是骑着白象到中国的,耶稣基督却是骑在炮弹上飞过来的"④。传教士作为西方殖民主义侵略中国的别动队和急先锋,激化了帝国主义与中华民族的矛盾,引起了中国官绅士民的强烈排拒和反抗;传教士作为西学东渐的桥梁,在传播基督教教义的同时,又带来了以基督教文化为背景的西方科学知识和价值观念,进而导致西方基督教文化与中国传统礼俗政教的严重冲突。19 世纪后半期,中国各地频繁发生的教案,正是伴随着这些矛盾和冲突出现于历史舞台。

① 参见高时良主编:《中国教会学校史》,57—58 页,长沙,湖南教育出版社,1994。
② [美]费正清、刘广京编:《剑桥中国晚清史》上册,中国社会科学院历史研究所编译室译,599 页,北京,中国社会科学出版社,1985。
③ 如 1879 年美国圣公会传教士施若瑟在上海设立的圣约翰书院(圣约翰大学前身),1881 年美国监理会传教士林乐知在上海开设的中西书院及 1884 年潘慎文主持的苏州博习书院(两者为东吴大学前身),1882 年美国北长老会传教士狄考文在山东开办的登州文会馆(齐鲁大学前身之一),1885 年美国长老会传教士哈巴在广州设立的格致书院(岭南大学前身之一),1888 年美国传教士博罗在南京开设的汇文书院(金陵大学前身之一)等等。
④ 蒋梦麟:《西潮》,2 页,沈阳,辽宁教育出版社,1997。

第二节 《北京条约》订立后的教案

从鸦片战争到义和团运动期间发生大小教案有 400 起。[①] 鸦片战争后第一次有影响的教案是 1848 年 3 月发生在江苏青浦县的"青浦教案"。[②] 这次教案系因英国传教士麦都思、雒魏林、慕维廉三人非法潜入青浦县传教,并殴打中国水手而引起。中国水手复将麦都思等打伤,青浦知县即派人护送麦都思等回上海。英国驻上海领事阿礼国蓄意扩大事态,令英船停付关税,并派军舰封锁吴淞口。英副领事罗伯逊乘军舰到南京要挟两江总督李星沅。结果苏松太道咸龄被撤职,10 名水手被捕戴枷示众(其中 2 名被判徒刑),另赔银 300 两。

从 19 世纪 60 年代起至 19 世纪末,随着列强对华侵略、渗透的进一步加深,教案发展演变大体有三个多发期。每一个多发期都是以列强发动大规模侵华战争、强迫中国签订不平等条约为起点。第一个多发期是在第二次鸦片战争及《北京条约》的签订后的 10 余年内,外国驻京公使可以直接干涉中国内政,外国人可以到内地游历、通商和传教,

---

[①] 见顾长声《传教士与近代中国》第 136 页。由于对"教案"一词未能统一定义,有关教案的统计数字出入颇大。根据张力、刘鉴唐《中国教案史》(四川省社会科学院出版社,1987)一书附录《中国教案及民教纠纷简表》提供的资料统计,从 1840—1900 年大小教案共 440 起,与顾长声的估计数比较接近。另据台湾学者陈银昆《清季民教冲突的量化分析,1860—1899》的统计,1860 年至 1899 年发生教案 881 起(转见杨天宏《基督教与近代中国》第 12 页注②,成都,四川人民出版社,1994)。又据赵树好《近代教案概论》(打印本)的统计,从鸦片战争至辛亥革命前共发生教案 1 600 余起(转见戚其章、王如绘编《晚清教案纪事》第 1 页,北京,东方出版社,1990)。

[②] 戚其章、王如绘编《晚清教案纪事》一书认为,鸦片战争后至 1860 年为教案的始发和兴起时期。这一时期的教案大致分两类:第一类是"传教士非法潜入内地案",第一例为 1846 年两名法国传教士潜入西藏传教而被拿获的案件,经四川和广东当局审理后将两名传教士移送澳门。第二类为"民教纠纷案",第一例为 1847 年的徐家汇教案,法国传教士在上海徐家汇购民地修建耶稣会会院,当地民众聚集工地,阻止修建,结果被上海知县压制下去(见该书第 4—5 页)。不过,这两次教案都未引起外交纠纷,也不如青浦教案影响大。

使民教冲突的事件也急剧增多，且频繁发生。第二个多发期集中在边疆危机和中法战争前后，这一时期列强在采用军事、政治手段侵略中国西南边陲、东南沿海地区以及长江流域的同时，也特别重视在这些地区大力扩展传教事业，法国尤其如此。这一时期的教案大多发生在这些地区也与此密切相关。第三个多发期集中在甲午战争后几年内，列强竞相在中国划分势力范围，中国面临空前的民族危机，与此相应，教案亦愈演愈烈。在这三个时期中，教案发生日益频繁，次数日益集中，表明随着每一次侵华战争后列强对中国的侵略和渗透的进一步扩大，与列强炮舰政策相配合的传教事业，自然也随之拓展其在华的势力和影响，中国民众的反教斗争也以此为起点，一步步走向高潮。

《北京条约》订立后，以 1861 年的贵阳教案为起点，进入了教案第一个多发期。这一多发期的重大教案还有发生在南昌、重庆、酉阳、扬州、台湾等地的教案。

一 贵阳教案

即 1861 年发生的青岩教案和 1862 年发生的开州教案，是《北京条约》订立后，外国教会势力进入中国内地而最早引发的典型教案，以此为起点进入了全国教案的多发时期。

1859 年法国传教士胡缚理出任贵阳教区主教，在六冲关和青岩镇购地建造大修院及印刷厂，遭到民众抵制。1861 年 4 月胡缚理乘坐紫呢大轿前往贵州巡抚何冠英官府递送"护照"，声称有条约保护，可在内地任意传教，态度十分傲慢。何冠英当面给予驳斥。胡又往见提督田兴恕，被拒之门外。田、何联名向全省发出秘密公函，暗中鼓励对"传教惑人"者，"务望随时驱逐，不必直说系天主教，竟以外来匪人目之，不得容留。倘能借故处之以法，尤为妥善"。① 是年端午节，青岩镇郊游的民众行至修院时与修士发生争执，团首赵畏三率团兵逮捕修士，焚毁修院，并在田兴恕指令下，将三名修士及一名修院厨工处死。胡缚理急向

---

① 中国第一历史档案馆、福建师范大学历史系合编：《中国近代史资料丛刊续编·清末教案》（以下简称《清末教案》）第 1 册，237 页，北京，中华书局，1996。

法国驻京公使报告,提出赔款、护教、惩凶三项要求。法国公使向总理衙门提出抗议,双方正在交涉之际,开州又发生教案。1862 年元宵之时,法国传教士文乃尔怂恿教民抗交祭龙捐,开州知州戴鹿芝奉田兴恕指令,将文乃尔及 4 名抗捐教民处死。法国公使即联合英、美、俄等国公使向总理衙门提出强烈抗议,提出处死田兴恕、戴鹿芝等,派亲王大臣到法国谢罪及赔偿损失等三项要求。谈判经 3 年之久始结案。除何冠英、戴鹿芝、赵畏三已死不予追究外,田兴恕发配新疆充军,提督衙门拨给天主教使用,两案共赔偿白银 1.2 万两。

二 南昌教案

1862 年 1 月法国传教士罗安当在南昌扩建天主堂及育婴堂,收养男女婴孩,引起当地绅民疑忌。3 月,反教揭帖《湖南合省公檄》传至南昌,"痛诋该教不敬祖宗,不分男女,甚且有采生折割等事,遍贴街市"。时逢南昌院试之期,"生童云集,众论哗然",前往教堂论理。3 月 17 夜,聚集的绅民将筷子巷及袁家井两处教堂及教民之义和酒店、合太烟店捣毁。次日,又将罗安当的坐船及距城 5 里的庙巷教堂捣毁,幸无人员伤亡。罗安当仓促逃离南昌。案发后,江西巡抚沈葆桢奏报朝廷,总理衙门亦主动照会法国驻京公使。沈葆桢对绅民的反教行动暗表同情,无意查拿为首之人,自请"交部严加议处"。① 次年 7 月,沈葆桢派署九江道蔡锦春与罗安当谈判,议定由司道刊贴告示,禁止滋扰教堂;赔偿银 1.5 万两结案。②

三 重庆教案

1862 年 10 月,法国天主教川东主教范若瑟通过法国代理公使哥士耆出面,要求将重庆城内的长安寺(又名"崇因寺")改建为天主教堂,以抵还川东 4 所教堂旧址。总理衙门行文川省,表示:若该寺系闲废庙宇,即可照办。长安寺供有关帝、文昌、吕祖三尊铜像,又是川东保甲团

---

① 参见《清末教案》第 1 册,217—218、229 页。
② 参见"中研院"近代史所编《清季教务教案档》第 1 辑(二),969 页,台北,台湾"中央研究院"近代史研究所,1974。

练总局及驻渝八省绅首办公之处。重庆绅民联名呈请官府撤回原议。川东道吴镐、巴县知县张秉堃拟定由地方筹款，另购闲地建立教堂。范若瑟拒不接受这一方案，哥士耆也向清政府提出交涉，总理衙门奏准依照原议或择地抵给。成都将军崇实、四川总督骆秉章则令川东道吴镐限期将长安寺拨给教会。1863 年 3 月，巴县知县张秉堃传集绅士筹议拨给，引起绅民公愤，保甲局绅董程益轩、张先钊等召集局勇、团民千余人，由监生陈桂生率领，先打毁姜家巷天主教真原堂，继将莲花池等地学堂、医院、育婴堂 18 处教会房屋及 20 处教民住宅打毁，教民一人被殴致死。此后两日，又接连发生滋扰教民事件。[1] 事后，崇实、骆秉章即派候补道恒保接替吴镐处理善后，并以侵吞局款之罪名逮捕张先钊等 4 名局绅。范若瑟则赴京会同法国公使向总理衙门交涉。1864 年初，范若瑟回川，在官府干预之下，与重庆绅民达成协议：天主教放弃对长安寺的要求和对原教堂旧址的清查，重庆绅民赔偿银 15 万两，被捕的局绅因查无实据而免予议处，涉案人员查实者仅 8 人，因系从犯而判以枷号两月。

四 酉阳教案

酉阳地处四川东南边区，在 1865 和 1868 年两次发生较大规模的教案。1862 年法国天主教教士邓司铎到此传教，建立教堂公信堂，招收教徒。1864 年，教民张添兴等人强邀刘胜超入教被拒，即对刘胜超谩骂欺凌，双方积怨甚深。1865 年 2 至 3 月，刘胜超率众将公信堂和张添兴的房屋打毁，殴毙窝留邓司铎的店主何魁；邓司铎逃至重庆。法国代理公使罗淑亚向清政府施加压力，清政府下令将酉阳知州董贻清撤职，派邓清涛接任，查办此案。不久，法国传教士冯弼乐赴酉阳传教，煽动教民寻衅报复。8 月，冉从之（即冉老五）等数十人与冯弼乐论理，发生互殴，冯弼乐被殴毙。法国公使罗淑亚闻讯后即照会总理衙门，以武力相威胁。清政府将酉阳知州邓清涛撤职，派胡圻接署酉阳知州，调重庆知府锡珮任川东道尹严办此案。至 1867 年始结案，冉从之被处

---

[1] "中研院"近代史所编：《清季教务教案档》第 1 辑（三），1167 页。

死,刘胜超等 2 人被判徒刑,赔银 8 万两。

事隔一年,酉阳再度发生教案。法国传教士李国及华籍教士覃辅臣组织教堂武装,修筑炮台城堡。教民张添兴等人有恃无恐,纠众劫掠乡绅张佩超家,杀害雇工 3 人,将张佩超之子张玉珑押至重庆,迫害致死。教民龙秀云强迫朱永泰退婚,捆辱团首何彩之母,激化民教冲突。1868 年 11 月,何彩率众焚毁教堂,殴毙李国。酉阳知州出动清军将民团缴械解散,教堂武装乘机报复,民团死伤甚众。1869 年,法国公使罗淑亚多次照会总理衙门,提出惩凶、赔款要求。清廷先派成都将军崇实督办此案,继派湖广总督李鸿章入川查办。12 月,李鸿章会同川省要员前往重庆查办,将何彩立即处斩,另一反教首领刘幅被处以绞刑,另外徒刑多人,赔款 3 万两;教民龙秀云亦被判刑,但率教堂武装残杀平民的华籍教士覃辅臣却逍遥法外。

五 扬州教案

1867 年法国传教士金缄三在扬州开办育婴堂、医院等慈善事业,以吸引民众入教。1868 年英国内地会传教士戴德生也来到扬州租房传教。是年,育婴堂不少婴孩因受虐待或患疾病死亡,民间纷传"育婴堂系为食小儿肉而设"。[①] 6 月以后,当地士绅多次会议,散发揭帖,鼓动民众驱逐洋教。8 月,适逢府学考试,秀才葛寿春率考生及民众先攻打天主教堂,未找到金缄三,然后包围戴德生寓所,捣毁门窗家具。事后,英国驻沪领事麦华陀先后向扬州知府孙恩寿、两江总督曾国藩提出惩凶、赔偿等要求。曾国藩同意赔偿银 1 000 两,修复教士寓所,但拒绝麦华陀提出惩办晏端书等绅士的要求。麦遂率军舰 4 艘到南京示威,然后率英兵 300 人随上海道台应宝时前往扬州查办,双方最后达成协议:晏端书等绅士不再追究,抓获的涉案人员经戴德生指认后严加惩办,赔偿白银 1 228.4 两、洋银 270.9 元,将官府保护教堂的告示刻石立碑。

---

① "中研院"近代史所编:《清季教务教案档》第 2 辑(二),578 页。

六 台湾教案

1859 年菲律宾天主教圣多明峨会传教士桑英士、杜笃拉从厦门首先进入台湾传教。1865 年，英国长老会派马雅各医生到台南等地传教。台湾民众对传教活动一直心存疑忌，打教士、焚教堂之事时有发生。1868 年 4 月风闻教民庄清风"以药毒人"，有人便将其打死。英国商人潜入内山及非通商口岸，擅自收购樟脑偷运出口，也引起官民忿恨。9 月，又传闻传教士诱拐孩童，剖脑制药。凤山县民众怒焚多处教堂。10 月，英国公使阿礼国照会总理衙门，指责台湾地方官员"办理传教受教各事，与条约迥不相符"①，要求惩凶、赔款，并派两艘军舰到台湾示威。11 月，英军侵占安平炮台，逼死副将江国珍，杀害多名士兵，焚毁兵营和火药库。闽浙总督英桂派兴泉永道曾宪德赴台与英领事吉必勋谈判，最后被迫同意赔款、惩凶，取消台湾官厂的樟脑专卖权，代为修建被打毁的教堂，告示民众严禁诽谤基督教，将鹿港同知和凤山知县革职。

这一时期教案的频频发生，既根源于列强对中国侵略和渗透的日益加深，也凸显了基督教文化与中国传统礼俗政教的严重冲突。教会禁止教民祭祀神祇、祖先，以及吸收女教徒、男女共同礼拜等等教规仪式，引起了官绅和民众的极大疑忌和反感。1866 年，安徽巡抚乔松年曾指出天主教"以不祀神、不祀先为首务，悖理败伦，凡有识者，皆所深恶"②。流行甚广、影响颇大的《湖南合省公檄》将"该教不敬祖宗及诸神灵"，列为洋教"最恶而毒者十害"的第一条。1867 年流传的《南阳绅民公呈》也对"紊乱纲纪伦常，弃绝廉耻礼义"的洋教痛加讨伐："彼教无君父之尊亲，惟耶稣之是奉，是无纲纪也。无骨肉之亲爱，惟主教之是崇，是无伦常也。且已有妻女任其与主教亵淫，则廉耻丧。只敬天主而不祀神祇祖考，则礼义亡。此等乱夷，行同禽兽，不待教而诛矣！岂容彼禽兽之教，化良民为莠民哉！"中西文化差异所引起的种种讹言，更是

---

① 《清末教案》第 1 册，619 页。
② 乔松年：《密陈申禁天主邪教片》，见《乔勤恪公奏议》卷十，39 页。

放大和强化了洋教的"恶魔形象"。如为教徒洗礼被猜忌为"不分男女，赤身共沐"，男女礼拜被谣传为"互相奸淫以尽欢"，育婴堂被描绘成"取小儿脑髓心肝"的地方。① 这种被强化和放大的"恶魔形象"，也是中国绅民反教斗争愈演愈烈的重要诱因。

　　教案的频频发生主要根源于传教士和教民的不法行为，也与地方官绅倡导和支持反教密切相关。传教士凭借条约的庇护，藐视官府，强行传教；教民依仗教会权势，横行乡里，欺凌绅民，这都侵犯了地方官绅的权力和利益，威胁到他们的地位和名望。他们对民众的反教行动或暗中支持，或公开倡导，在相当程度上影响和推动了反教斗争的出现和扩大。正因如此，每一次教案的交涉，传教士无不首先要求惩处为首官绅，甚至不惜捕风捉影、无中生有。而清政府以惩处官绅将"有损国体"、"有失人心"而反复辩驳，坚不让步；地方官员也尽可能地争取减少惩处"凶犯"的人数。

　　除了上举的重大教案外，这一时期在直隶、四川、贵州、云南、江苏、浙江、安徽、福建、山西、山东、湖北、湖南、江西、陕西、河南等省都发生过规模不等的教案。据不完全统计，《北京条约》订立后的 10 年间（1860—1869 年）全国共发生教案 90 起，这些教案彼此呼应，相互影响，终于引发了规模更大、震惊中外的天津教案。

---

① 王明伦选编：《反洋教书文揭帖选》，3、17、18、2、7、9 页，济南，齐鲁书社，1984。

第三节　震惊中外的天津教案

　　第二次鸦片战争期间,法国天主教传教士随同法国侵略军一起进入天津,充当法军的翻译,参与《北京条约》的谈判。1861年北京北堂的本堂神甫卫儒梅到来天津主持传教,法国领事强迫三口通商大臣崇厚将三岔河口北岸的望海楼让给天主教会。1862年天主教会又取得与望海楼毗连的崇禧观的永租权,望海楼则作为法国领事馆。望海楼曾作为皇帝行宫,崇禧观也是著名寺院,被法国领事和教会强占,严重伤害了天津官绅士民的民族感情和宗教信仰。1864年天主教会又在与望海楼隔岸相望的小洋货街修建了仁慈堂、医院、施诊所、修女住宅及一座小教堂。1866年法国神甫谢福音主持天津教务后,为了获得更多的欧洲捐助的传教经费,吸引更多的百姓入教,便鼓励仁慈堂、医院大量收容婴儿、病人。[①]　1869年又开始在崇禧观旧址修建大型教堂,即望海楼教堂。

　　1870年入夏以来,天津传染病流行。仁慈堂收容的儿童病死较多,夜间抬至河东义冢草草掩埋。6月4日,幼孩儿尸体被野狗扒出,引起民众围观,"有谓天主教挖眼剖心者"[②]。接着又拿获拐犯两人,供认用药迷拐幼孩,经官府讯明正法。天津知府张光藻贴出告示称:"风

---

　　① 据统计,自1868年至1869年,仁慈堂共收容婴儿170名,寄养婴儿109名;医院就诊病人174人次,施诊所就诊病人48 000人次。成年人领洗入教者50名,妇女领洗入教者14名,垂危婴儿领洗者2 000名。参见天津市政协文史资料研究委员会编《天津租界》,201页,天津人民出版社,1986。

　　②《清末教案》第1册,776页。

闻该犯多人，受人嘱托，散布四方，迷拐幼孩取脑挖眼剖心，以作配药之用。"①暗示教堂难免没有"挖眼剖心"之事，这更激起民间的反教情绪。6月18日，又拿获拐犯武兰珍，供称受教民王三指使，以药迷拐幼孩，拐一人给洋银5元，夜间便宿于教堂。此供传出，舆论哗然。从6月5日以来，民众不时成群结队地聚集在教堂附近，发表愤激的议论，要求仁慈堂释放幼孩。修女害怕由此引发暴力行动，同意民众选出5位代表入内检查，当选出的代表进入仁慈堂内时，法国领事丰大业赶来阻止，出言不逊地把代表攥出堂外。

6月21日上午，天津道周家勋会同天津知府张光藻、知县刘杰带武兰珍前往教堂对证，却未找相关证据及王三其人。周家勋等人离去后，围聚在教堂外的民众与法国领事馆人员发生冲突，向教堂抛掷砖头。丰大业要求崇厚派兵弹压，崇厚仅派知县刘杰及巡捕2人前往制止。丰大业见状大怒，持枪率秘书西蒙往见崇厚，一进门即怒言相向，开枪示威，将室内什物信手打破，扬长而去。行至路上，遇见自教堂返回的刘杰，丰大业迎面放枪，将刘杰家人高升击伤。成千上万的愤怒民众当场将丰大业和西蒙殴毙，接着将望海楼教堂、法领事馆、仁慈堂及洋行焚毁，又焚毁英国礼拜堂4处、美国礼拜堂2处。混乱之中殴毙或烧死18名外国人，②连同丰大业和西蒙，共20人。遇害的还有中国教民16人。

关于这场突发事件的起因，美国历史学家马士曾作过如下分析："半世纪的种族嫌恶，十年来的民族怨恨，反基督教情绪的滋长，部分的基于宗教的偏见，部分的基于迷信，部分的基于轻信谣言；所有这些达到了一个共同的焦点，并且这种上涨着的纷扰于三小时的杀人、放火和抢劫中达到极点。"③实际上，民众的猜疑和怨恨只是聚积的火药，而丰大业首先开枪则直接引发了火药的爆炸。美国公使镂斐迪表示不相信

① 四川省哲学社会科学学会联合会、四川省近代教案史研究会合编：《近代中国教案研究》，227页，成都，四川社会科学院出版社，1987。

② 这些外国人包括法国传教士谢福音、法国领事馆翻译汤吗辛夫妇、仁慈堂外国修女10人（其中法国6人，比利时2人，意大利1人，爱尔兰1人）、法国商人查勒吗松夫妇、俄国商人巴索福及曾罗洛波波夫妇。参见戚其章、王如绘编《晚清教案纪事》，109页。

③ ［美］马士：《中华帝国对外关系史》第2卷，270页。

丰大业会向崇厚开枪,但相信丰大业"是在激动得濒于发狂的状态下走进崇厚的衙门的",也指出丰大业"拔出他的手枪对群众放了两三枪,我对此是不怀疑的。看来这便成了暴民动手血洗的信号"。①

天津教案发生后,中外震惊。6月22日,法国代理公使罗淑亚联合俄、西、美、德、比、英等七国公使照会清政府,要求迅速惩治凶犯;英、法等国军舰则驶至大沽口海面示威。在中国各口岸的外国人还纷纷提出了连镂斐迪也认为"太过分而不合理"的赔偿办法以及"形形色色的报复措施",甚至扬言"最低要求是使用武力迫使整个中华帝国开放对外交往,从要求较高的将所有中国官吏一律斩首,推翻现政府,乃至将全国置于外国保护之下"。②

清廷于6月23日谕令直隶总督曾国藩赴津会同崇厚查办。曾国藩时驻保定,正在病中,其幕僚多劝其不可仓促赴津。曾国藩奉旨后于27日奏明,立意不与各国开衅,认为此案"最要之关键"是查明"教堂迷拐"和"挖眼剖心"之真相,"审虚则洋人理直,审实则洋人理曲";同时"严拿凶手以惩煽乱之徒,弹压士民以慰各国之意"。③曾国藩深知此案重大棘手,赴津凶多吉少,行前特意留下遗书。他说:"外国性情凶悍,津民习气浮嚣,俱难和叶,将来构怨兴兵,恐致激成大变。余此行反复筹思,殊无良策。"④

7月4日曾国藩离开保定启程,8日抵达天津。绅民的反教狂热并未平息,甚至传说皇上派曾国藩来天津驱逐洋人。天津县48保各派代表,拦舆递禀,皆控教会诛害幼孩、挖眼剖心;朝中清议也宣称民心可恃,力主拒外,形成强大舆论压力。李鸿章致函提醒曾国藩"与洋人交略参用痞子手段"⑤,但曾国藩在对外交涉中向来坚持"忠信"第一的原则,认为"非得有确实证验,断不足以折服洋人之心"⑥,决意按既定方针,先从查清"教堂迷拐"和"挖眼剖心"的真相入手。然而,经提审王三

---

① 《清末教案》第5册,3—4页。
② 《清末教案》第5册,31页。
③ 《清末教案》第1册,784—785页。
④ 《曾国藩全集》第20册,1369页,长沙,岳麓书社,1994。
⑤ 吴汝纶编:《李文忠公全集·朋僚函稿》卷十,10页,金陵刻本,光绪三十一年。
⑥ 《曾国藩全集》第30册,7212页。

等教民，讯问津城众多绅民，调查仁慈堂内 150 多名男女等，结果没有找到任何证据，只得承认"彼直我曲"。17 日法国公使罗淑亚到津，曾国藩与之谈判。罗先提出赔修教堂、埋葬丰大业、惩究地方官及查办凶手等要求。两天后又以武力相威胁，提出必须以知府张光藻、知县刘杰和提督陈国瑞抵命。7 月 21 日曾国藩奏明将张光藻、刘杰二员革职交刑部治罪，陈国瑞交总理衙门查办，并说明这是在罗淑亚威逼下为速成和局而违心作出的决定。① 他说："该府县等实不应获此重咎，惟该使要求之意甚坚，若无以慰服其心，恐致大局决裂。"同时奏请朝廷明降谕旨，通饬各省，"俾知从前檄文揭帖所称教民挖眼剖心戕害生民之说，多属虚诬，布告天下，咸使闻知，一以雪洋人之冤，一以解士民之惑"②。

211

翌日，清廷举行御前会议，惇亲王奕誴和醇郡王奕譞主张借民心以排外，奕䜣等则坚持如曾国藩所请。慈禧太后同意奕䜣等人意见，定议以妥协求和局。7 月 23 日，清廷颁布几道上谕，宣布"挖眼剖心"纯系谣传，凡迷拐人口之犯从重处治，张光藻、刘杰即行革职交刑部治罪，并命令沿海沿江各省督抚作好战事防备。其中也隐含责备曾国藩之意。26 日，曾国藩再次上奏，承认前奏有"言之不实不尽"之处，改称"查挖眼剖心决非事实，迷拐人口实难保其必无"；但仍坚持"中国目前之力，断难遽启兵端，惟有委曲求全之一法"。③ 曾国藩意识到，刚刚经历 10 多年战乱的中国，国力极度孱弱，没有与列强"遽启兵端"的实力，只有通过"委曲求全"的外交途径，以"拿犯赔银"了结津案。

在曾国藩审案之际，各国公使一再到总理衙门施加压力。9 月，英、美公使先后照会总理衙门，"以迟延咎中国，以兵力为恫喝"，声称"是不和睦之衅，中国自开其端"。俄、德、美、英四国公使又联合照会总理衙门，指责清政府办案不力，"情重刑轻"。④ 清廷迫于列强的压力，要求曾国藩尽快缉凶定案，又谕令江苏巡抚丁日昌、总理衙门大臣毛昶

① 7 月 20 日罗淑亚照会曾国藩称："不将府县及提督陈国瑞抵命，早晚该国水师提督到津，即令其便宜行事。"（《清末教案》第 1 册，811 页）曾国藩当天拟定奏片稿后在日记中写道："因洋人来文，欲将府县抵命，因奏请将府县交刑部治罪。忍心害理，愧恨之至。"（《曾国藩全集》第 18 册，1760 页）此后他一直为此事负疚不已，再三为府县二人讲情开脱。二人被发配充军后，又凑集银万余两相赠以补歉疚。

② 《清末教案》第 1 册，811 页。

③ 《清末教案》第 1 册，833—834 页。

④ 《清末教案》第 1 册，905、909、910、922 页。

熙赴津协助办案。

　　然而缉查正凶之事进行得并不顺利。参与杀洋人、焚教堂的人或逃或藏，全城绅民也无人愿意出面检举或指证。直至7月26日，才拿获了9人。8月20日，丁日昌抵达天津后，采取限期拿获和重金悬赏的办法，至9月上旬共搜捕了80余人，虽经严刑拷问，但多数坚不供认，或时供时翻，又无旁证，难以定罪。9月10日，曾国藩奏报：确有证供应正法者有7—8人，略有证供应治罪者20余人。奕䜣等认为正凶人数尚少，"恐无以关洋人之口而服其心"①。清廷又谕令新授直隶总督李鸿章速赴天津会同办案。② 在天津教案发生之初，李鸿章也认为"其曲在我"，"中国立意不与开衅，仍以拿犯赔银两层为结束"。③ 9月13日李鸿章向总理衙门建议即以正法8人、治罪20余人结案，认为"向来办案，情节不等，尽有一人杀二三命者，原不可拘执一命抵一命之说"，④同时又借故拖延不前，唯恐到天津后会同样陷入窘境，直到得悉曾国藩已定于9月18日奏结，才于17日从保定启程赴津。

　　其实清政府与法国交涉的主要难点还不是平民抵命而是官员抵命的问题。罗淑亚执意要求将天津府县官员正法，这关系到朝廷的"体面"，是清政府断难接受的。奕䜣早在8月下旬就函示曾国藩："抵命之数宜略增于伤毙之数，否则我欲一命抵一命，恐彼转欲一官抵一官，将来更费周折。"⑤9月15日清廷明确谕示："据李鸿章奏称正法八人与议罪二十余人，办法不为不重等语。惟天津府县正法一节，既力为拒绝，而所缉滋事正凶应正法者又仅七八人，殊无以服洋人之心。"要求曾国藩等速拿严讯人犯，"不得稍有宽纵"⑥。在清政府看来，既然拒绝以官员抵命，就必须以更多的平民来抵命，以争取获得洋人的认可。

　　在清廷的一再催促下，曾国藩不惜采取变通律例的办法：凡群殴中下手者，不论殴伤何处，均视为正凶；凡本犯无供，但得二三人指实者，

---

①《清末教案》第1册，900、902页。
② 8月29日，清廷以两江总督马新贻遇刺身亡，调曾国藩为两江总督，调李鸿章为直隶总督。
③ 吴汝纶编：《李文忠公全集·朋僚函稿》卷十，8页。
④ 吴汝纶编：《李文忠公全集·译署函稿》卷一，2页。
⑤《曾国藩全集》第30册，7239页，长沙，岳麓书社，1994。
⑥《清末教案》第1册，908页。

即据以定案，分别于 9 月 18 日、10 月 7 日分两批奏报惩办名单，共拟定正法者 20 人、军徒者 25 人。并声称："办理不为不重，不惟足对法国，亦堪遍告诸邦。"①此时，法国也相应地在天津府县官员抵命的问题上作了让步。清廷于 10 月 5 日和 9 日发布上谕，着照曾国藩所拟，将上述人犯分别即行处决或发配充军。在此之前，根据刑部判决，张光藻、刘杰已被发往黑龙江充军。李鸿章抵天津接任直隶总督后，于 10 月 19 将冯瘸子等 16 人处死，另有田二等 4 人原以杀死俄人而拟定正法，经复审以误杀罪减刑。翌年 1 月 3 日，又将于起等 25 人分别处以军、杖、徒各刑。

同时在北京和天津两地分别就赔偿、抚恤两项与各国谈判。最后议定赔偿法国领事馆、教堂及商人等损失共 21 万两，英国礼拜堂损失 2 500 两，美国礼拜堂损失 4 785.19 两，德国商人损失 1 203 两；抚恤法、比、英、意等国死者共 25 万两、俄国死者 3 万两、中国教民死者 5 000两；全部合计 503 488.19 两。② 清廷还派崇厚持国书赴法国"代达衷曲，以为真心和好之据"③。

清政府对天津教案的处置，开了"重刑结案"的先例，受到朝野清议的普遍抨击。尽管曾国藩是奉旨行事，但依然成为众矢之的。他亦自称"内疚神明，外惭清议"。④ 1872 年 3 月 12 日，这位清王朝的"中兴名臣"在"谤讥纷纷，举国欲杀"的一片谴责声中死去。⑤

重刑结案虽然意在"关洋人之口而服其心"，但无法关国人之口、服国人之心。当冯瘸子等 16 人走上刑场时，成千上万的天津民众为之送行并举行公葬，募捐为他们立碑建祠。法国代理天津领事在当天就记述了他所目睹的情形：

在前往刑场途中，尽管是凌晨，群众早已云集。犯人们向一批批群

---

① 《清末教案》第 1 册，934 页。其中 9 月 18 日奏报第一批惩办名单，正法者 15 人，军徒者 21 人；10 月 7 日奏报第二批惩办名单，正法者 5 人，军徒者 4 人。
② 参见戚其章、王如绘编《晚清教案纪事》，116 页。
③ 《清末教案》第 1 册，955 页。
④ 《曾国藩全集》第 30 册，7266 页。
⑤ 萧一山：《曾国藩传》，3 页，海口，海南国际新闻出版中心，1994。

众高声叫喊,问:"我们面可改色?"大伙立刻齐声回答:"没有! 没有!"他们控诉当官的把他们的头出卖给洋人,叫人们用"好汉"的称呼来表示对他们的尊敬,人们当即同声高呼。判死罪的这些人的亲友一路跟随前进,放声恸哭,泪流如注。到达西门外刑场时,罪犯们开始拉长了嗓音高唱,听到这歌唱声,执法官协台下令斩首。罪犯们伸颈就戮,毫无惧色。

这位领事承认说:"从我最近听到的,这些杀人犯的死不大可能使百姓留下引为前车之鉴的印象,反而有可能加深他们对洋人的敌对情绪。这些被置于死地的人,无疑在民众眼中被视为烈士。"①

为了防范再发生类似教案,清政府又于1871年向各国驻华公使馆提出《传教章程》,对传教士在中国的传教活动作了若干规范,要求传教士遵守中国的政教风俗。主要内容有:(1)育婴堂收养幼孩难免酿疑起衅,何不将育婴堂概行裁撤,以免误议。(2)各教堂内凡中国妇女概不准入堂,即外国女修士亦不准在中国传教。(3)传教士居往中国当从中国法律风俗,不得自立门户,不准干涉诉讼。(4)民教交涉之案,拟罪均当平允,教民犯法,亦当按律拿办,教士不得庇护。(5)教士何人到何省传教,须在所领执照中注明,不得暗赴他省,或转给他人。(6)收人入教,须事先访查其人有无作恶犯罪之事,并知会地方保甲登记在册。(7)教士当照中国规矩,不可干犯名义,擅用关防印信于大小衙门送递照会。(8)教士不得任凭私意指请索还教堂,凡买地建堂或租赁公所,须向地方当局呈明,不得伪托他人买产,私自成交。② 这些建议和要求,出于规范教士和教民的行为,以减少民教冲突,是完全合理和正当的,但立即被各国公使断然拒绝,也遭到传教士的坚决反对,成为一纸具文。天津教案之后,传教士的传教活动受不到限制而无所不为,中国民众对洋教的愤恨得不到舒缓而日益炽烈。从此以后,教案发生的次数更加频繁,波及的范围也更加广泛。

① 《清末教案》第5册,43页。
② 李刚己:《教务纪略》卷三(下),412页,南洋官报局,光绪三十一年。

第四节　从黔江教案到成都教案

从天津教案之后到 1895 年的成都教案,25 年间全国各地具有一定规模的教案共 180 余起,主要集中在四川、福建等省和长江流域地区。较为重大的教案略举如下。

一　黔江教案

黔江县位于四川东部偏僻山区。1863 年,天主教传入黔江,仅有教徒而无教士和教堂。1873 年,法国驻重庆主教先后派华籍教士张紫兰潜入黔江,私买民房,又招法国教士余克林、华籍教士戴明卿到黔江建堂传教,强劝民众入教。9 月初,该县局绅杨万象、李渊树散布假造的《大法国使臣告示》,声称法国将先行传教,然后取清朝而代之,以激起民众对法国教会的仇恨;又假借湖北咸丰县团练公局的名义,发布告示称:"现在调齐团勇,不日提兵入疆。只将教匪殄灭,黔邑丝毫不伤。"①鸣锣集众,驱逐教士。9 月 5 日凌晨,县民百余人聚集余克林寓所,将余克林、戴明卿扭至城外河边殴毙。张紫兰躲入县署得免。知县桂衢亭率人前往弹压,拿获陈宗发、谢家倖等 6 人。教案发生后,法国驻华公使热福理照会总理衙门,称教案"系该县知县桂衢亭主谋,并有局绅在内,同谋戕杀",企图"委咎于地方官,为将来要挟地步"。②清廷令川东道审结此案。法国天主教川东主教范若瑟为了迫使清廷派大员

---

① 王明伦选编:《反洋教书文揭帖选》,83 页。
② 《清末教案》第 2 册,40 页。

前往查办,故意不让原告张紫兰出面对质,拖延 20 个月无法结案。1875 年 6 月,清政府派员与法国公使代表议定结案:县令桂衢亭革职,局绅杨万象、李渊树充军,陈宗发(已死)、谢家俸被处死,蔡从僖、郑双荃照例定罪,赔葬费银 1 500 两,原县令交赎罪银38 500两给教会。

二 延平教案

福建延平教案是由当地民众阻止英、美教会建立教堂所引起。1873 年,受英国教士派遣的教民魏代沐以他人名义在延平府南平县购房改建教堂,绅民以有碍道路前往阻止,搬走木料。传教士认为地方官未能保护教民修建教堂的权益而十分不满。英国驻福州领事不仅一再要求闽浙总督饬令府县查办,还通过英国公使威妥玛向总理衙门多番交涉,竭力扩大事端,要求惩处地方官绅,纠缠不已,直至 1880 年始议定:绅民将铁象坊的房屋一起,或租或借给教民,期限 10 年。双方订立合同:教民原购房屋作价 360 千文,砖瓦和木料等作价洋银 300 元,交领事转给。

与此同时,美国传教士也在延平建堂传教。1875 年,城内流传洋人修建洋楼,将破坏当地风水,于是聚众将美以美会在城内的教堂捣毁。为了避免引发民教冲突,修复后的教堂对外则称为"书店"。1879 年 12 月 14 日美国传教士薛承恩在"书店"内诵经礼拜,出门时遭到当地民众围攻而受伤,后被地方官派兵营救,并雇船护送至福州。薛承恩称这次教案系有人贴告白"攻打洋人及番奴",乃有意策划。美国驻华公使西华要求清政府惩凶并赔偿。而福建地方官则坚持称薛承恩首先"高声詈骂,施放洋枪",击伤路人陈贵右臂,造起人群拥挤,薛被挤跌倒而受伤。[1] 结果交涉两年之久,最终悬而未决。

三 皖南教案

1876 年夏,皖南广德州建平县发生教案,很快波及皖南全境,被称为"皖南教案"或"建平教案"。

自太平军起义后,大量客民涌入皖南,土客之间或不同地区的客民

---

① 《清末教案》第 2 册,256—258、276—277 页。

之间为争夺土地矛盾尖锐；教民更是依仗教会势力争夺土地，教会也乘机大量吸收教徒，不仅出现人稀土旷而教堂独多的现象，而且土客矛盾与民教冲突常常纠缠在一起。

此时从南京传来"纸人剪辫"的谣言，凡被剪者命将不保。从事剪辫活动的主要是秘密会党，一旦被官府抓获，往往自称为教民，以使官府不敢深究，于是流传"白莲教党类混入天主教"之说。被剪者又大多是教外之人，因而加深了民众对天主教的恐惧和仇恨。1876 年夏，建平发生多起剪辫之事。7 月，教民白会清因阻止他人追拿剪辫之人而被扭送至县署，华籍教士黄之绅强行将白索回。民众更加怀疑剪辫与教堂有关。客民阮光福之辫被剪，与安定山等人在田间议论，谓剪辫系教堂所为，适被路过之华籍教士杨琴锡听见，即同黄之绅率人将阮、安二人绑架至教堂，引起民众愤怒。7 月 13 日，民众数百人冲入教堂，杀死黄、杨二人，遍寻阮光福、安定山二人不得（已被黄之绅等杀害灭迹），怒而焚毁教堂。7 月 24 日，监生胡秀山等聚众拆毁宁国府总教堂。

教案发生后，法国教士金缄三、法国驻上海领事和驻华公使分别向两江总督沈葆桢、上海道台和总理衙门提出交涉，要求惩办地方官绅、追查凶手和赔偿全部损失。沈葆桢认为此案关键是查出阮光福、安定山二人下落。教会则矢口否认有此二人，指控董事何渚主使攻打教堂。沈葆桢经仔细调查审讯，找到了各方证人证据，认定黄之绅、杨琴锡作恶多端，咎由自取。何渚主使打教堂查无证据。发布安民告示，劝谕莫信谣言，剪辫与教会无关。1877 年 2 月审结此案：监生胡秀山，村民陈士柯、李才华（在逃）参与打教抢劫，按土匪罪正法。教民白会清原系白莲教徒，行剪辫邪术，照"妖匪"例正法；教民陈么哥参与害死阮光福、安定山，村民王立周、何大田参与打教堂，均按律杖流。所有被毁各处，除系教堂强占民居者勒令还给原主外，其余确定教士所契买起造者，按损毁轻重酌量抚恤（后共抚恤银 33 536 两）。①

四　江北厅等教案

重庆北面的江北厅在天主教川东主教范若瑟直接指使下，教会势

---

① 参见《清末教案》第 2 册，138—142、153 页。

力发展迅速,严重侵犯了当地士绅、团首及民众的利益。团首陈子香、聂钦斋等于1876年4月集合乡民数千人将城内教堂、医馆及教民100余家捣毁;继又分赴各乡打教,至7月,遍及永兴、隆盛等20余场,参与打教者数万人,共捣毁医馆8所,抄掠教民300余户,杀死教民26人,3 000名教民逃亡重庆。①

打教之风很快波及川东各属。涪州民团张在初等人聚众打教,自6月起,两个月内劫毁各乡场教堂及教民房屋100余家,杀死教民10余人。12月,涪州再次发生劫毁教堂、拆烧教民房屋的斗争,教民被劫毁100余家,打死教民3人。与江北厅毗连的邻水县也发生团民与教民的激烈冲突。1876年8月27日夜,教民王同兴纠集数百人闯入团民冯大泮家抢劫,杀死3人。团民聚集数千人,将全县城乡5处教堂及教民房屋100余间拆毁。这次打教风潮还波及南川、丰都、长寿、酉阳、彭水、荣昌、璧山、秀山、营山、内江等10余州县。

江北厅等教案发生后,法国公使罗淑亚照会总理衙门,要求严饬川省"妥为弹压"。新任法国公使白罗尼于1876年10月两次照会总理衙门,要求"将首倡作乱之人,严行按法惩治","若不认真根究,诚恐别滋重案",②并附送教士、教民提供的控状清单、被害人及被告人名单等。1877年1月,白罗尼又致函总理衙门,送交了涪州教民的呈词及教民受害清册。2月7日总理衙门据以上奏,清廷谕令新任四川总督丁宝桢赴川"迅速办理,以弭衅端而靖地方"③。

丁宝桢莅任后经访查,派员先结邻水等县教案,赔偿抚恤银邻水县23 000两、营山县2 800两、内江4 000两。江北厅教案因范若瑟百般要挟,迟迟不能议结。总理衙门与法国公使交涉,转请罗马教皇将范撤回。1878年8月初,川东道、重庆府等与继任的法国主教白德理会商,议定江北厅一案赔偿抚恤银29 000两,开释所有被捕之团民、教民。涪州一案,则赔银1万两。此案延续两年,至此遂告议结。

218

① 参见戚其章、王如绘编:《晚清教案纪事》,130页。
② 《清末教案》第2册,105、107、108、109页。
③ 中国第一历史档案馆编:《光绪朝上谕档》第2册,454页,南宁,广西师范大学出版社,1996。

五　济南教案

1881 年,美国长老会教士莫约翰、洪氏提反在济南城内购房建立教堂,引起民教冲突以及中美长达数年之久的交涉。是年,莫约翰等借教民刘玉亭之名,以银 3 100 两购买焦同兴的房产兴建教堂。此处位于济南城内繁华的西大街,邻近泺源书院。消息传出,引起了绅民的反对。7 月 13 日,泺源书院的先生率领市民前去阻止兴建,并将教民刘玉亭扭送至府署刑责收监,官府亦将此房查封。事后双方各执一词。据莫约翰报告美国公使安吉立称,来者殴打一工匠头目,捣毁凡是能搬动的东西,抢走现金及有价值的文件。当天,他前往知府衙门请求释放刘玉亭,未果;次日又到山东巡抚周恒祺处诉求,周提出可退还房价及赔偿损失,同意协助其在别处另觅房屋。① 但据总理衙门称,"兴工时绅民前往拦阻,全在院内,地方官亦立时亲诣弹压,房内本无物件,教士亦未言及失少钱文及重要文件,并无允照所值交还之事"②。几天后,济南街头流传反教揭帖,莫约翰请求道台潘元音保护,潘设法防范,未发生打教斗争。此后,官府与莫约翰协商,同意于别处另觅房互换,所损物件估价赔偿,但坚决不同意在西大街建教堂,并提出四条不同意的理由:百姓不同意,地点与书院毗邻,破坏地方风水及占用官地。莫约翰则坚持要在西大街购屋,拒绝官府指定的地点。

1881 年 8 月,美国公使安吉立就此案与总理衙门交涉,要求行文山东巡抚,严惩为首的滋事者,满足莫约翰的要求,开释教民刘玉亭等。总理衙门未置可否。安吉立在回复莫约翰等的信中也承认:因天津条约只规定外国人可在口岸及其附近租地盖房,所以教士被允许在内地取得产业"与其说是根据权利,倒不如说是由于容忍";"严格地说,我们并没有要求将济南府任何地方作为我们自己场所的条约权利",也没有要求释放刘玉亭的权利。但他又表示支持莫的要求。③ 山东地方官虽

---

① 《清末教案》第 5 册,148 页。莫的说法显然有夸大其辞之处。美国代理公使何天爵给总理衙门的照会中,只提到丢失洋银 20 元,拆毁门窗和工人之器物、衣服失损,并没有提到有殴打工头和抢走文件之事。(见《清末教案》第 2 册第 323 页)

② 《清末教案》第 2 册,323 页。

③ 《清末教案》第 5 册,152—153 页。

然对莫约翰的无理要求采取了抵制态度,但没有依据条约的有关规定予以驳回。1882 年 5 月,美国代理公使何天爵向总理衙门提出结案的四项要求:交还教士原购房产,毁损物件估价赔偿,严惩为首的滋事者,出告示保护美国人。总理衙门仍坚持按山东地方官的原议结案。济南城内也不时出现严重警告将屋卖给洋人的揭帖。1883 年 12 月,继任美国公使杨约翰又派何天爵到济南与山东巡抚陈士杰面商,陈士杰对之"格外优待",以示"和睦之心"。① 翌年初彼此妥协,达成结案协议:退还莫约翰原房价,赔偿损失,另在他处重买房产。

六 第二次重庆教案

1886 年重庆再次发生的教案是中法战争后规模最大的一起教案,也是重庆地区自 1863 年发生第一次教案以来,23 年后再度发生的一次影响较大的教案。

1885 年,英美传教士来到重庆,在重庆的鹅项岭、亮风垭、丛树碑三处咽喉要冲之处购地建堂。1886 年 6 月,重庆绅民纷纷上书,请求官府严禁教会在这三地修建教堂,并表示愿集款赎回三处地基。知县派人与传教士交涉未得结果。正在重庆应试的各县童生发出启事,号召"定于六月初一(公历 7 月 2 日)同至鹅项岭打坏洋房"②。7 月 1 日凌晨,数百武童及民众突然将这三处传教士所建房屋拆毁,继将城内教堂、医馆三处拆毁。官府一面将教士接入县衙内躲避,一面派兵弹压。当天,打教民众与教民罗元义发生冲突,罗雇用打手打死民众 11 人,伤22 人,罗一方也有 8 人受伤。罗元义行凶后藏入距渝城百余里的白果树教堂。7 月 25 日,团首石开阳、石汇父子及王明堂"纠集五十余团,约三千人"包围白果树教堂,杀死前来弹压的营勇杨什长,放火焚毁教堂。③ 此后数日内,民团掀起了更大范围的打教斗争,附近州县相继发生打教事件,甚至波及湖北、云南、贵州部分州县。在斗争中还出现了假托川东道名义发布的告示:"出示晓谕百姓,斩草务宜除根,城内挨门

---

① 《清末教案》第 2 册,346、394 页。
② 王明伦选编:《反洋教书文揭帖选》,87 页。
③ 四川省档案馆编:《四川教案与义和拳档案》,463 页,成都,四川人民出版社,1985。

打毁,各县照样施行。"①

清廷闻讯后即令护理四川总督游智开调兵弹压,缉拿要犯,派新任四川总督刘秉璋速赴四川督饬妥办。英国公使及法国代理公使向总理衙门交涉。法国公使多次要求从轻惩处罗元义。刘秉璋、游智开则仍坚持严惩:罗元义处死,所雇凶手3名绞监候、2名枷杖;为首打教的石开阳、石汇处死,另一名杖徒。

是年9月末至12月底,川省所派委员及川东地方官与英驻渝代表、法国主教分别议定:赔偿英教会银18 570两、美教会银23 000两、法教会银22万两,合计银261 570两;赎回地基银英教会180两,美教会2 500两。②

七 宜昌教案

1891年是教案发生较多的一年,据不完全统计,全国较大规模的教案共有20余起,宜昌教案即是其中有代表性的一起。反教风潮首先从安徽芜湖兴起,然后迅速蔓延至长江流域。是年,长江流域开始流传教堂拐骗幼童、剜眼制药的谣言。自天津教案后这类谣传虽已不太盛行,但这次却重新唤起了民众的仇教情绪。1891年9月2日,一幼孩被人拐走送入法国教会圣母堂,被家长发现,本已与修女谈妥领回,不料圣母堂外围观民众拥入堂内,发生骚动。圣母堂、圣公会及附近的天主堂先后起火,延烧至英教士、侨民数家住宅,同时发生哄抢,正在修建的英领事馆亦受毁损。7名修女及1名教士被打伤。事发后,宜昌地方官即派兵弹压,护卫外国机构及住所,将外国人转移至长江船上,受伤修女、教士得到妥善护理。湖广总督张之洞严饬查办。宜昌地方官禀称圣公会一苏姓教士"出弹伤人",引起众怒才发生骚乱,起火系"西人即自纵火"。后经张之洞严饬复查,所谓教士"自纵火"及"剜目割肾"之说均无确证。③

9月10日,英、法、美、德、意、比、俄、日、西班牙九国公使联衔照会总

---

① 王明伦选编:《反洋教书文揭帖选》,90页。

② 参见"中研院"近代史所编《清季教务教案档》第4辑(二),985页,台北,台湾"中央研究院"近代史研究所,1976。

③《罗镇逢守许令来电》《致总署》《致宜昌逢守许令》,见王树枏编《张文襄公全集》卷一百三十六,电牍十五,5—7页。后涉案者供称:圣母堂起火可能系混乱中翻倒洋油引燃,天主堂起火系在厨房打闹,致灶内火起延烧,均非故意放火。

理衙门,要求迅速查办。因教案涉及英、法、美等国,张之洞主张交涉以法国为主。总理衙门电示:"既经闹事,不外拿犯、赔偿两端,望饬速办为要。"张之洞认为参与打教者主要为"本地愚民"和"外来游匪",[1]严令限期拿获。宜昌府县官员在各地先后逮捕12人,分别处以军、流、杖各刑。

在赔款的交涉上,仅英驻汉口领事就报出教堂损失多达银13万两,并派出军舰配合威逼,因江水太浅,便改装兵舰一艘驶向宜昌。在张之洞的要求下,9月20日清政府派南洋舰队军舰两艘上驶汉口(其中一艘因水浅返回)以防不测。清政府主要与英法两国进行交涉。英领事提出湖南全省通商,被张之洞拒绝。至1892年1月,议定赔偿法国银10万两;英国银66 861两,另加银洋910元;美国银8 000两。

八 古田教案

1895年发生在福建古田的教案是秘密会社的反教斗争。组织反教斗争的斋会(又称"斋教"或"菜会")系白莲教的一个支派,供奉普陀佛,在当地人多势众,与基督教民素有积怨。斋会抗捐抗税,杀富济贫,官府对之也惧怕三分。1894年12月,古田知县捉拿了4名斋会成员,斋会百余人齐赴县衙要求放人,经保甲头目与士绅居间调停,知县当众惩罚了捉人的衙役,4名斋会成员"则被披红挂彩地用轿子送回家"[2]。1895年3月,斋会聚众准备攻打县城,围城4天才告结束。教案发生的前几天,斋会又准备以"官退民反"的名义攻打县城,杀死知县,抢劫县衙和城中富户。古田知县侦知后请求闽浙总督派兵弹压。为了应对官府的弹压,斋会首领刘泳(又名刘祥兴)聚集头目商议举事,议有三种方案:攻打古田县城、攻打安樟村富户或攻打华山外国教士。其目的都是为了抢夺财物以充军需。据《古田县志》记载,因华山为洋人的聚集避暑之所,遂"涎其厚藏",决定攻打华山教士。[3] 据英国领事的说法,选择攻击华山是由斋会头目拈阄决定的,而且出发后,一部分斋会成员知悉要去杀人,因害怕而中途溜走了。在福州的传教士施美志则认为

---

① 参见王树枏编《张文襄公全集》卷一百三十六,电牍十五,8、14页。
② 《清末教案》第5册,454页。
③ 参见林金水主编《福建对外文化交流史》,467页,福州,福建人民出版社,1997。

斋会之所以攻杀华山教士，是因为他们将总督派兵前来弹压"归咎于洋人的影响，所以才下决心要歼灭洋人"，并认为斋会"憎恨洋人是因为他们是洋人，而不是因为他们是传教士"。①

8月1日早晨，刘泳率百余人突袭华山英国教士寓所，杀死英国教士史荦伯夫妇、女传教士及保姆共7人（其中2人重伤后死亡），烧死4人，伤6人，另有1名美国妇女受微伤。房屋10余间被焚毁，财物被劫掠一空。

案发后，福州将军庆裕、闽浙总督边宝泉立即遣官查办，派兵弹压；清廷将古田知县革职，严令缉拿凶犯。8月中旬，英、美公使派出调查团前往古田"观审"。先后被捕的斋会会众有100多人，英国领事仍嫌凶犯过少，"开列匪名至二百余人之多，显系教民挟嫌开送"②。经审讯后将刘泳等26人就地正法，17人判军、流刑，37人监禁，12人处罚。这次教案中外国人共死11人，清政府竟然以26人来抵命，远远超过了天津教案的"重刑结案"。这次教案没有提出赔偿问题。

九 成都教案

在1895年全国发生的40余起教案中，规模和影响最大的是成都教案。是年端午节（5月28日），出游的数百民众与四圣祠英国医馆的洋人发生冲突，于当天傍晚及次日凌晨，聚众捣毁四圣祠教堂、医馆和教士住宅，引发全城反教斗争。29日晚，城内出现揭帖"约初十日打洋房，赶洋人。大众议和，各铺执棒一根，若而不来者，是洋人的舅子"③。风波迅速蔓延川西、川南和川北各府、厅、州、县，成都及各府、厅、州、县的教堂、医馆被毁共50处。教案的起因，据署华阳县知县黄道荣禀称，成都近年民间时有遗失幼孩之事，百姓疑被洋人诱匿戕害。是日城内东校场举行"抛李子"游戏，医馆洋人前往观看，与小孩拥挤，发生口角，强行将两小孩拉入堂内。民众追至堂门外要求释放小孩，洋人放枪恐吓，愤怒的民众拥入教堂搜寻，从地板下发现一铁箱，内藏一男孩，微有气息。"百姓咸谓系洋人藏害幼孩之据"，民众"登时将堂打毁，翻倒洋

① 《清末教案》第5册，448、431页。
② 《清末教案》第2册，603页。
③ 王明伦选编《反洋教书文揭帖选》，92页。

油,失火烧毁房屋。前被拉去二孩,人势繁杂,未见下落。"铁箱内男孩送至县署讯问,系被教士灌药致哑。① 但成都知府与教士对质时,教士却矢口否认,也不承认有拉走两小孩之事。

教案发生后,传教士指责地方官护教不力。成都的传教士在 5 月 30 日给英国驻重庆领事的报告中称,事发前一个月,针对教士残害幼孩的谣言已经流传,他们要求官府出示晓谕,但"始终未能取得一道告示",事发后"官员们公然纵容昨天的破坏活动,对暴民的为所欲为所施加的唯一限制是不让他们放火焚烧房屋"。传教士的说法实际上是言过其实。在同一报告中他们也承认,教案发生的第二天上午,巡勇官弁率 26 个士兵前来保护他们;当天晚上,所有的教士及其家属"都安然地呆在华阳县衙门里"②。如果官府真是允许"暴民"为所欲为,这些教士的遭遇绝不会如此。刘秉璋则奏报称,案发时即派官兵前往教堂救护,出示禁谕。新任川督鹿传霖查询后也认为"实因变起仓猝,人情汹汹",刘秉璋"恐激成民变,未敢多派兵勇查拿御禁"。③ 尽管刘秉璋在教案发生后采取了一定的措施,并在上年 11 月因滥行保举已受到革职留任的处分,但美、英、法三国公使还是不断向清政府施压,提出刘秉璋为酿祸之首,应革职永不叙用,定以流徒之罪,并将定罪缘由宣示中外。他们之所以一再要求严惩刘秉璋,就是为了借此震慑地方官吏和反教民众。田贝在 8 月 29 日给美国务院的报告中供言:"所有在华的外侨都一致认为,我们一定要拿一些高级官吏来作榜样;这就是说,他们如果对保护外侨有任何疏忽或过错,他们就要受到处罚,而且要把这原委在整个中国内布告周知。单是要求赔款和杀戮一些下流社会的匪棍,对整个中国人民来说,还不够发生恐吓的效果。"④美国政府还指示田贝组织一个具有更大示威作用的"独立的美国调查团",并派出军舰在上海与汉口间的长江航道上游弋示威。英国公使公然向总理衙门提出,要在中国建立外国法院来审理所有教案,并限三日内答复,否则将派舰

---

① 《清末教案》第 2 册,580—581 页。美国传教士何忠义则说暴徒进入教堂发现男孩一事是发生在次日(5 月 29 日)早晨。见四川省档案馆编《四川教案与义和拳档案》,501—502 页。

② 《清末教案》第 5 册,368—371 页。

③ 《清末教案》第 2 册,609,610 页。

④ 卿汝楫:《美国侵华史》第 2 卷,617 页。

队来中国沿海采取行动。①

　　清廷在英、美、法等国的高压下表示屈服。9 月 29 日发布上谕："该督刘秉璋督率无方，厥咎甚重"，"着即行革职，永不叙用，以示惩儆。"此前，川省已将邛州知州周风藻等 5 名官吏奏参撤职。10 月 20 日，清廷谕令将办理省城保甲总局候补道周振琼等 7 名官员革职。清政府在历次教案交涉中坚守仅"拿犯赔银"而不惩处高官的底线终于被列强打破。至于"惩凶"问题，据川督鹿传霖的奏报，这次教案中"洋人教民幸无一人伤害者"，反有"匪民"11 人被教民"格毙"。② 美国公使田贝在 6 月 4 日给美国国务卿的报告中也承认"除一名天主教主教受有轻伤外，其他洋人无一受伤者"③。然而，参与打教者有 6 人被正法，17 人被判杖、徒刑；清政府竟然如此"重刑结案"，在近代教案史上可谓史无前例。

　　有关赔偿问题，与法国于 8 月间议定：法教堂医馆被毁共 39 处，共计赔银 959 324 两（其中包括成都一洞教堂声称所失之存银 50 万两）、制钱 200 千。12 月与美国议定：美堂馆被毁 3 处，赔银 30 325 两。翌年 1 月，与英国议定：英被毁堂馆 8 处，赔银 72 597.6 两。④ 以上赔款共计银 1 062 246.6 两，钱 200 千。

　　除以上重大教案外，1871—1895 年 25 年间发生的规模较大的教案还有 1882 年的黑龙江呼南教案，1883 年福建龙岩教案，1886 年的第二次扬州教案，1891 年的安徽芜湖教案、江苏丹阳教案、无锡教案和湖北武穴教案以及 1893 年的湖北麻城教案等等。

　　这一时期发生的教案，虽然还有早期教案的一些色彩和特点，但也出现了一些新的动向。

　　其一，团首或会党首领在一些反教斗争中起了较大的作用，出现了有组织、有计划地发动反教斗争的趋势。这种情况虽然在早期的教案中也存在，但自进入 19 世纪 70 年代以后则愈益明显。如江北厅教案、第二次重庆教案，都是团首事先明确发布揭帖、告示，约定时间、地点，甚至以官府的名义相号召，有组织地聚集起成千上万的团民，进行大规

---

① 戚其章、王如绘编：《晚清教案纪事》，255 页。
② 《清末教案》第 2 册，605、608、615、606 页。
③ 《清末教案》第 5 册，362 页。
④ 《清末教案》第 2 册，605、606、624、625 页。

模的打教斗争。古田教案也是斋会首领策划的有组织的暴力行动。传教士施美志将古田教案与天津教案作比较时说："在天津被杀的人虽然比这次多，但那是民变而不是屠杀；这次却是经过深思熟虑的有计划的谋杀。"①成都教案虽然看似由偶然事件引发，但案发的次日也出现了约定时间共同"打洋房，杀洋人"的揭帖。

其二，一些教案中的矛盾冲突出现错综复杂的趋势。如皖南教案中不仅有民、教的矛盾，也有土、客的矛盾，两者纠缠一起，"客与土不和，客与客又不和，因不和而树党，故人稀土旷，而教堂独多"②。天主教会广收教徒，干涉词讼，致使土客之争演化为民教冲突。古田教案中斋会既与教会有积怨和矛盾，也与官府有争夺地方权势的冲突，而与官府的冲突更为凸显。

其三，绅民的反教宣传虽然仍有"剜目剖心"之类的谣传讹言，但越来越多地出现了具有明确政治倾向的宣传。如1875年出现的《屈圣主通知》指出："洋鬼子前次串吾国通商，士宦庶民等多受洋烟毒害。今又欺害清朝命官，又迷串士庶奉汝等的盲教。"明确将外国传教活动与其政治经济侵略联系起来。1873年黔江士绅假造的《大法国使臣告示》也是以一种曲折的表达方式来揭露侵略者的政治意图和清廷的丧权辱国。1876年流行于重庆一带的《张之洞奏稿》，假托张之洞之名，揭露列强"突越我疆土，凭陵我社稷，焚烧我园囿，窥探我城廓"的罪行，吁请："令各督抚各烧其教堂，率黎庶齐除其恶族。上则削我朝两皇之恨，下以快万姓之心。"时张之洞任四川学政，有清正廉明的官声，借其名来倡导反教自然有号召力，也的确对江北厅等教案的兴起产生了较大的影响。1878年出现在湖南的《湖南长沙府黎民告白》、1886年流行于川东的《无名帖》以及伪托官府名义发布的《川东道示》等，③都是着重从政治上宣传国仇家恨，没有使用反教揭帖中常见的谣传讹言，对发动反教斗争也确实起了较大的作用。

---

① 《清末教案》第5册，431页。
② 《清末教案》第2册，139—140页。
③ 王明伦选编：《反洋教书文揭帖选》，84、85、108—110、88—89页。

第五节　巨野教案和大足教案

从 1896 年到 1900 年,短短的 5 年间全国共发生教案近 150 起,相当于前期 20 年发生教案的总和,反映了甲午战争之后帝国主义与中华民族的矛盾空前激化,而战败的清政府在教案的对外交涉中已经无力与列强抗争。民众反对外国教会同时,也直接与清政府发生武装对抗。这 5 年间最典型的教案就是 1897 年的山东巨野教案和 1898 年的四川大足教案。[①]

一　巨野教案

1897 年德国两名传教士在山东巨野县被杀,德国借此出兵占领胶州湾,这就是轰动中外的巨野教案;因巨野县时属曹州府,故又称"曹州教案"。

1880 年,德国天主教圣言会传教士安治泰即进入山东烟台活动。1882 年,安治泰在阳谷县建立了山东东南部的第一个教堂,另一位圣言会传教士福若瑟则于 1885 年进入巨野县的磨盘张庄建立了曹州的第一个教堂。1886 年,罗马教皇任命安治泰为山东南部教区主教,福若瑟为副主教。至 1893 年,在山东的德国传教士已有 34 人,建立教堂 12 座,发展教徒 4 000 人。[②] 1894 年德国传教士薛田资被派到磨盘张庄传教,发展教徒。

[①] 这次教案又被称为"第二次余栋臣起义"。
[②] 参见王守中:《德国侵略山东史》,46 页,北京,人民出版社,1988。

1897年11月1日,这一天是天主教的万圣节。德国圣言会传教士韩理和能方济来到磨盘张庄教堂,与薛田资一直闲聊到深夜。三人刚入睡,一伙人潜入院内,韩理和能方济惊觉后从窗口开枪。这伙人冲入室内,将两教士杀死,薛田资躲在门房内幸免一死。两教士被杀的具体原因以及何人所为,历来说法不一。清政府坚持是强盗行窃杀人案件;而不少的中外记载和口碑资料则称是大刀会组织了这次行动。薛田资还直接指控曹庄大刀会首领曹作胜及其同伙是凶手。德国驻华公使海靖也坚持这是民人仇教的报复行凶案件,并指责山东巡抚李秉衡素与外国人不睦,对教堂不加保护。清政府坚持此案是强盗行窃杀人,意在减轻官方的责任,因为这类案件在任何国家都难免。而德国坚持认为是仇教的报复行凶案件,是官方保护教士不力、纵容仇教所致,以便扩大事态,为德国出兵山东寻找借口。

巨野教案发生后三天,停留在荷兰的主教安治泰得到消息立即赶回柏林,向德国政府建议:"我们现在应该利用机会占据胶州。它对我们在各方面是个最好的、最能发展的据点。"又在利用谒见德皇威廉二世时进一步鼓动说:"如果德意志帝国真的想在东亚取得一个属地,并重新巩固我们已经扫地的威信,这将是最后一个机会。不管代价如何,我们不应放弃胶州——在经济与工业方面,胶州有一个比目前的上海更大的、更重要的前途——胶州的占领不会使东方任何人惊异,因为一切人士早已料到这件事。"[1]其充当德国对外侵略扩张急先锋和策划者的面目暴露无遗。而德国政府长期以来对教会的大力支持也得到了回报。正如德国学者所指出:"德国外交部为了保护(传教)权和为了促进这个教会的努力,到1897年就已经得到了收获,当时安治泰手下有两个教士被杀害,于是正好被用作实现李希霍芬占领,实际上就是吞并胶州的计划的实现。"[2]

对于德国将利用教案大作文章的意图,清政府也有所警觉。11月8日,出使德国大臣许景澄致电总理衙门告之此案,认为德国公使必然

---

① 孙瑞芹译:《德国外交文件有关中国交涉史料选译》第1卷,154页,北京,商务印书馆,1960。

② [德]施丢克尔:《十九世纪的德国与中国》,乔松译,312页,北京,生活·读书·新知三联书店,1963。李希霍芬,德国地理学家、普鲁士远征军成员。从1868年起7次来华考察。1869年第三次来华考察后,认为胶州湾是中国最重要门户,建议德国政府占领胶州湾。

"借词强索"，请总理衙门作好交涉的准备。① 9 日，山东巡抚李秉衡将教案发生的情况电告总理衙门，说明正在缉拿凶盗。10 日，清廷谕令"务将凶盗拿获惩办"，"现在德方图借海口中，此等事适足为借口之资，恐生他衅"。12 日又谕令"以速获凶盗为第一要义"②，并将巨野知县摘顶，派司道大员查办，限期半月破案，不使德国借为口实。在清廷的严令下，山东地方官大肆搜捕，先后抓获了无辜乡民近 50 人，经严刑逼供，认定巨野县民惠二哑巴、嘉祥县民雷协身等 9 人为涉案"凶盗"。③德国方面对破案反而并不重视，而是积极准备迅速占领胶州湾，实现其蓄谋已久的侵略目的。德国政府还特地指示德国公使海靖在德军未完全占领胶州湾之前，不急于向清政府提出赔罪的要求。

就在清政府查办此案之际，德国派停泊在上海的舰队开往胶州，于 1897 年 11 月中旬强行占领了胶州湾，以军事和外交相配合的手段，迫使清政府屈服，并故意提出苛刻的条件，以便继续占领胶州湾。11 月 20 日，德国公使海靖向总理衙门提出结案的六项条件：(1) 李秉衡革职永不叙用；(2) 中国赔银修建教堂，赐立匾额写明保护教堂之意；(3) 惩办凶犯，有官绅涉案应加重惩办，赔偿教士全部损失；(4) 中国保证今后永无此等事件；(5) 德国有权优先获得在山东的铁路修筑权和矿山开采权；(6) 德国办结此案的费用全部由清政府负担等。④ 这些要求大大超过了教案本身的赔偿范围。参与谈判的奕䜣、翁同龢等提出德国先退兵再谈判。海靖则声言撤军是"唯一不能谈判之点"，要让德国舰队留有胶州以"监视"地方当局执行中央政府的命令；甚至蛮横地宣称：在要求得不到满足以前"将保持占领地区作为抵押，并设立临时行政机构"。⑤ 清政府为了尽快结案，只得接受以海靖提出的六项条件作为谈判内容。双方争执的主要是第一条和第六条，清政府官员多方为李秉衡辩解，海靖始同意将"李秉衡革职永不叙用"中的"永不叙

---

① 廉立之、王守中编：《山东教案史料》，184 页，济南，齐鲁书社，1980。
② 《清末教案》第 2 册，671 页。
③ 1898 年 1 月 15 日奕䜣等奏报：惠二哑巴、雷协身被判死刑，另 3 人判监禁 5 年。见《清末教案》第 2 册，729—730 页。但据薛田资记述，实际上有 2 人被判死刑，5 人被判无期徒刑，并认为"他们都是无罪的"，判决是"不公平的事情"。见廉立之、王守中编《山东教案史料》，215 页。
④ 《清末教案》第 2 册，682 页。
⑤ 孙瑞芹译：《德国外交文件有关中国交涉史料选译》第 1 卷，176、177、179 页。

用"改为"不可再任大官"之意。关于第六条,海靖表示"不至多索",但始终不肯说出具体数目。12 月 23 日总理衙门照会海靖,表示除赔偿数额尚须商议外,同意接受德国提出的全部要求。29 日,海靖照会总理衙门,提出结案条件,主要有:(1) 山东巡抚李秉衡革职,不可再任大官;(2) 赔偿教堂损失 3 000 两。(3) 中国代建济宁、曹州、巨野三处德国教堂,每处建筑费各 6.6 万两,后两处拨地 10 亩,教堂前立匾额写上"敕建天主堂"五字,又在巨野等 7 县各建教士住宅 1 所,共付银 2.4 万两;(4)朝廷降旨保护在华德国传教士;(5) 准设立德商华商公司,承修胶济铁路,并拥有铁路沿线附近 30 里内的矿山开采权;(6) 允许德军驻胶澳或其他地方,则不再提军费赔偿。最后强调"该教案俟中德两国各款和平商妥照办,始为了结之据,并为此案不能致德国再有调集船兵据中国之地"①。实际上意味着只要不同意德军占领胶州,就不能结案,德国将再调集军舰来占领中国之地。次日,海靖又两次提出照会,故意称曹州镇总兵万本华还在支持驱教民杀洋人,要求清政府将万革职,李秉衡革职也必须"永不叙用",以此要挟清政府同意德军占领胶州。

1898 年 1 月 4 日,海靖向总理衙门亮出底牌,提出租借胶州湾 99 年,并威胁说:"本大臣已奉本国严谕:一、如不允租,不但不退胶、墨之兵,且应尽兵力所到任意侵占。二、愿租之后,可以不要中国赔费,否则,尽德兵力,索赔百万。三、此事未定,中国不能借用洋债,各银行知此事未妥,亦不敢借。"②因甲午战败而背负巨额赔款、依靠借洋债度日的清政府对德国的这一威胁不能不有所顾虑,也自知没有与德国抗衡的军事实力,最后只得接受了德国的条件。

1898 年 3 月 6 日,中德签订《胶澳租界条约》,条约的主要内容为:(1) 德国租借胶州湾,租期 99 年;(2) 德国获得修筑胶济铁路权、铁路附沿线 30 公里内地区的开矿权;(3) 德国有在山东全省优先开办各项企事业的特权。至于巨野教案本身,并没有包括在条约之内,只是在约文开头提到一句"山东曹州府教案现已商结"。事件的经过清楚地表

---

① 《清末教案》第 2 册,720—722 页。
② 《清末教案》第 2 册,725 页。

明,巨野教案不过是德国强占胶州的一个借口,即使没有发生教案,德国也会寻找其他借口,达到其侵略的目的。清政府则接受了自有教案以来最苛刻、最屈辱的结案条件。德国强占胶州也促使中国人民进一步掀起了反侵略、反瓜分的斗争高潮。1898 年的大足教案正是这一斗争高潮中出现的典型教案。

二　大足教案

1898 年发生的四川大足教案,由余栋臣领导的反教斗争发展为与清政府的武装对抗,是 19 世纪末全国规模最大的一次教案。在此之前,大足曾三次发生打教斗争,1898 年发生的教案则是前三次打教斗争的继续和扩大。

大足系重庆府属县。1865 年法国传教士在跑马场燕子窝建立了大足第一座天主教堂。1882 年后法国教士彭若瑟相继在大足龙水镇、三驱场、万古场修建教堂。龙水镇距大足县城约 40 华里,以制铁、煤炭等手工业发达而著名。此地天主教教徒人多势众,秘密会党哥老会也十分活跃。

1886—1888 年,大足龙水镇在农历六月十九日举行灵官庙会期间两次发生打毁教堂事件。因系聚众突起,打后人散,官府都未找到为首之人,以赔款修复教堂了结。

1890 年 8 月 4 日(农历六月十九日)又逢灵官会期,彭若瑟请大足知县钱保塘出示禁止办会布告,派教民王怀之雇百余人守卫教堂。四乡民众不顾知县禁令仍前来赴会进香。有孩童向教堂掷瓦块,王怀之即率打手从教堂冲出,持刀追杀,造成 14 人受伤,其中有孩童 6 人。大足县绅粮蒋赞臣上前救护受伤的堂侄,进香用的铜锣被教民夺去,铜锣上有“蒋赞臣”三字。彭若瑟即向县署指控蒋赞臣为打教首领,要求实施拘捕。蒋赞臣遭此诬陷,便投奔龙水镇龙善堂哥老会头目余栋臣(人称“余蛮子”)。8 月 12 日,余栋臣约集哥老会众攻打龙水镇教堂,打死教民 12 人,焚毁教堂房屋 10 余间,打毁教民房舍 130 余家;[1]并发布檄

---

① 戚其章、王如绘编:《晚清教案纪事》,198—201 页。

文，声讨列强"凭陵小国""欺侮中华"等"骇天八大罪"及教会"无法无天，自恶自毒"种种暴行劣迹。① 这是龙水镇第三次发生的打教斗争。②

事件发生后，法国公使和法国主教多次提出交涉，要求清政府惩凶赔偿。四川总督刘秉璋以教案系因教堂先杀伤百姓、激成众怒而起，主张"严拿两造滋事之人惩办"。在清军的围剿之下，余栋臣被迫退避西山。1892 年 1 月，川东道张华奎等与法国主教白德理等议定：两造首匪王怀之、余栋臣等照案严拿；龙水镇教堂缓修，仍留地基；给教堂教民偿恤银 5 万两。③

余栋臣退避西山后出没无常，对教会和官府都是潜在威胁。1898 年 4 月，巴县知县王炽昌奉川东道任锡汾之命，派大足县教民罗国藩与龙水镇团首蒋如兰将返乡的余栋臣诱捕，押至荣昌县狱。蒋赞臣与哥老会成员张桂山等将余栋臣营救出狱。余栋臣等回到龙水镇后聚众 6 000 人，打造兵器，准备起事。7 月 3 日晚，余栋臣派张桂山、唐翠坪分路包围荣昌县河包场郑家湾天主堂，擒获法国教士华芳济作为人质。

华芳济被捉消息传出，法国川东主教、驻渝领事、在京公使分别向清政府严重交涉。清廷责成都将军兼署四川总督恭寿派员查办。7 月 18 日，川东道所派委员及大足知县等前往与余栋臣谈判。余提出"销案永不拿人"、"法不得因此要挟"④以及交出罗国藩等作为释放华芳济的条件。据华芳济记述："余蛮子提出了他的条件，他威胁说，如果不接受他的条件，他将把四川的基督教徒统统杀光，并且将最终拒绝释放我。"⑤川督恭寿致电总理衙门，建议对余实行招抚，因"动以兵威，华芳济必死，且附近各国教堂教民立受其害"，故"明知此举于政体有碍，然欲保全教士，不得不于无可设法之中，作此万有一得之想"。当天奉旨"著该督饬令地方官相机操纵，权宜办理"。⑥ 余栋臣此举确实给清政

① 王明伦选编：《反洋教书文揭帖选》，90—91 页。
② 这次反教斗争又被称为"余栋臣第一次起义"。
③ 《清末教案》第 2 册，544 页。
④ 王彦威纂辑：《清季外交史料》卷一百三十三，8 页，北京，书目文献出版社，1987。
⑤ ［法］华芳济：《我在四川被囚禁经过》，周敏译，见重庆市地方史研究会编《重庆地方史通讯》第 49 期，11 页。该资料据华芳济原作（写于 1999 年）的法文首刊本翻译。此文最早的中译本刊于上海天主教出版的《汇报》1890 年第 174—190 号上，题为"华司铎被俘记"，系摘要意译。
⑥ 王彦威纂辑：《清季外交史料》卷一百三十三，8 页。

府造成了棘手难题。

8月3日，余栋臣发布《告示》，控诉列强侵略中国的罪行："焚我清宫，灭我属国，既占上海，又割台湾，胶州强立埠镇，中国意欲瓜分；自古夷狄之横，未有如今日者！"宣称"但戮洋人，非叛国家"，"惟就义民今日之幸（举），以剪国仇，以继圣教，以除民害，以洗沉冤。"①这一《告示》"以'扶清灭洋'为宗旨"②，反映了甲午战争后民族矛盾已经上升为主要矛盾。

9月底，余栋臣率民军攻入铜梁县城，又捉获了华籍教士黄用中及教徒唐某（不久将唐某杀死）。民军分路出击，大张旗鼓，"帜上书'灭洋'二字。道路观者云从蚁附，以余蛮此举为快事，虽三尺童亦群呼杀教。此风蔓延通省，在在皆然"③。

面对迅速蔓延的打教风潮，清廷陷入剿抚两难的窘境。时恭寿病死，按察使文光护理川督。9月中旬至10月中旬，清廷先是谕令文光"迅为弹压"，继又强调"即剿即抚，不可偏废"，后又令川东道前往招抚，宣布只要余栋臣释放人质，解散部众，即可"立沛恩施，免其治罪"。④大足教案迅速波及接界之湖北地区，湖广总督张之洞也主张实行招抚，于10月7日致电文光称："余蛮子系因仇教而起，与土匪有别，鄙意此事似宜令官绅抚谕，劝令将洋教士送出，解散胁从，善为了结。"⑤张之洞认为余栋臣"因仇教而起与土匪有别"的看法，与此前官府屡指反教民众为"匪"以减轻护教不力之责任的做法，似亦有所不同。

文光派提督周万顺等与余栋臣协议招抚事宜。余栋臣要求收编后拨给其洋枪，周假意答应而迟不践约。新任布政使王之春欲"诱出"教士后即行攻剿，再派周万顺和士绅张炳华于11月27日往见余栋臣，勒令放人。余栋臣怒将两人扣留。12月，刚到任的川督奎俊主张"以剿为抚"。御史张承缨则奏请先同各国公使"议定用兵之际，万一余蛮首

233

①　1898年9月19日（光绪二十四年八月四日）《中外日报》，全文收入王明伦选编《反洋教书文揭帖选》，92—94页。

②　《余栋臣传》，见《民国重修大足县志》卷五，1945。

③　《华司铎被俘记》，见四川省档案馆编《四川教案与义和拳档案》，521页。

④　《清末教案》第2册，773、775、777页。

⑤　王树枬编：《张文襄公全集》卷一百五十六，电牍三十五，36页。

害华教士并伤及各教士及各教堂,是事出意外,我不能任此赔偿",以免法国借此重演"德人胶州故事"。清廷不得不谕示奎俊:"仍以设法招降,从权了结为是,勿以冒昧从事,激成巨变,是为至要。"①

在清廷剿抚两难之际,湖北施南、宜昌两府亦"讹言纷起",利川县哥老会"假托余蛮旗号",焚毁教堂,劫掠教民。张之洞恐事态扩大,转而主张以剿为辅,12 月 21 日电告王之春,称已与驻汉口法国领事言明:"我自必以救出教士为先,若该匪一定不放,借此要挟,我惟有进兵攻剿,教士生死在所不顾,领事深以为然。"并要王之春与法国驻渝领事商明:"设或华铎受害,我当厚给抚恤,重诛匪徒。一面重赏密行购线,保护洋铎,一面进兵无所顾惜,或竟不敢害洋铎,以留为剿败赎罪之地,亦未可知。"张之洞将这一处置方案同时电告了总理衙门。②

王之春即与法国驻渝领事和川东主教协商,取得后者同意后,开始部署兵力攻剿,于 1899 年 1 月 2 日电告总理衙门:"抚法已穷",只有攻剿,因"外人必以司铎启衅,捷于影响,当必与之订明,事后不致图赖"。③ 总理衙门即于 6 日照会法国公使毕盛,声明"非剿更无良策","用兵之后,两铎若有伤亡,势万不能兼顾,为此先行知照"。毕盛复照表示同意以武力解决,但仍然强调"惟事完后,不论遇何景况,自应以巨补报相酬"④,为日后谈判预留地步。

1 月中旬,王之春调集大量清军,合力围攻龙水镇。因众寡悬殊,余栋臣被迫率部转移西山,途中华籍教士黄用中被民军所杀。余栋臣见败局已定,便致书王之春表示接受招抚,于 1 月 19 日将华芳济释放。清廷此时仍然倾向招抚,于 20 日电谕奎俊:"此事关系川省全局,倘得以招抚结案,保全实多。"接到余栋臣求抚及华芳济获释的确切消息后,清廷又再次谕示奎俊:"速妥筹办,以消反侧而靖人心。"⑤1 月底,余栋臣、蒋赞臣向清军投降。王之春奏请将余栋臣处死,清廷以为余栋臣

---

① 《清末教案》第 2 册,793—794、799—800 页。
② 王树枬编:《张文襄公全集》卷一百五十七,电牍三十六,17、18 页。
③ 王彦威纂辑:《清季外交史料》卷一百三十六,19 页。
④ "中研院"近代史所编:《清季教务教案档》第 6 辑(二),1288—1290 页。
⑤ 《清末教案》第 2 册,813、818 页。

"业已缴械投诚，杀之不武，不如赦之，以昭大信"，①希图缓和官民矛盾、民教矛盾。后将余栋臣押至成都永远监禁，蒋赞臣被送西安军营服役。此后，四川地方官与法国主教议结此案，共赔银 1 186 100 两。

自 19 世纪 60 年代以来，负责举办洋务新政的总理衙门因穷于应付教案而不胜其烦；因教案而惩办官绅士民及大量赔款甚至丧失主权，则使传教士更加有恃无恐，也使官绅士民更加积忿难平，又导致新一轮的教案不断涌现。这对清政府推行求强、求富的洋务新政，带来了极为不利的负面影响。总理衙门为了减少来自教案的直接压力，于 1899 年 3 月奏定《地方官接待主教教士事宜》，竟然给予传教士自督、抚至州县地方官相等的品秩，希望传教士与地方官"善为联络，情意相通，而后彼此悉泯猜嫌，小事可消化无形，大事可和衷商办"。② 结果适得其反，传教士据此可以任意出入各级衙门，干涉和影响各级地方政权，地方官对傲慢骄横的传教士既唯恐得罪，也日益不满。正是在民族矛盾上升为主要矛盾、地方官绅及广大民众的积忿不断加深的背景下，19 世纪末遍及全国、数量众多的教案终于汇聚演变成反侵略、反瓜分的义和团运动。

---

① 《清实录》第 57 册，736 页，北京，中华书局，1987。
② 李刚己：《教务纪略》卷三下，30—31 页。

第五章
边疆危机与中法战争

　　西方资本主义制度经过 200 多年的发展,到 19 世纪中期已经在世界范围内确立起来,资本主义世界市场以及资本主义制度作为一种世界体系已经最后形成。从 70 年代起,世界各资本主义国家相继从自由资本主义向垄断资本主义过渡,资本主义各国夺取殖民地、分割世界领土的斗争日趋激烈。当时的远东地区,特别是中国已成为世界资本主义列强争夺的重要场所。这些资本主义国家除了英、俄、美、法外,还有后起的日本和德国。资本主义国家需要不断地扩大世界市场,强迫一切落后的国家成为其殖民地或依附国;另一方面,作为最初迈入世界现代化潮流的落后国家既需要维护国家的独立,又要赢得推动国家现代化以追赶西方的机遇。19 世纪 70 年代到 90 年代以后的中国,既有着迈入现代化进程中对外开放的机遇,也面临着被列强强行纳入世界市场,成为西方依附国的危机。这一时期伴随着清政府所推行的自强新政而出现在中国西南、西北及东南地区的边疆危机,正是这种机遇与危机交织一起的深刻反映。

第一节　英国制造云南边疆危机
　　　　与《烟台条约》的订立

一　滇案的发生

　　云南边疆危机是 19 世纪中叶以来英法两国展开从中印半岛打通中国西南大门而竞争的结果。

　　早在 1824 年,英国发动了第一次侵缅战争,强迫缅甸割让缅甸南部沿海的一些地区并同意订立商约。1852 年,英国再次发动侵缅战争,占领了下缅甸,并于 1862 年将其所控制地区合并为英属缅甸。1858 年,曾参与第一次侵缅战争的英国退伍军人理查·斯普莱上尉上书英国政府,建议修筑一条从缅甸仰光通往中国云南边境思茅的铁路,全程约 500 英里(805 公里),即所谓的"斯普莱路线",并要求英国政府在正在签订的《天津条约》中明确写上由英国修筑这条铁路的条文,认为通过这条铁路可以使英国的商业在中国的内地"胜利地作一切将来的竞争",使英国在云南保持优越地位,以"补偿俄国在北方所得和法国在南方的图谋"。[①] 经英国政府印度部催促印度政府勘查后,发现这条线路距离遥远,沿途皆荒山野地,人烟稀少,在工程技术上难以进行,才不得不作罢。

　　1808 年,英属印度政府派遣英国驻缅都的政务官斯莱登率领一支 50 人的探路队,经缅甸的八莫,沿着中缅传统的商路,跨过中缅边界,到达云南的腾越(今腾冲)。这支探路队沿途测绘地形,记录气象,调查

---

① [英]伯尔考维茨:《中国通与英国外交部》,江载华、陈衍译,139—141 页,北京,商务印书馆,1959。

人口,考察风情,证明八莫商路可以通行,并提出了修筑一条从八莫到腾越、长达 130 英里(209 公里)的公路或铁路的计划,以使英国不仅"能有效地开发云南的资源",而且"与中国西南的财富和资源能发生直接联系"。①

在英国探路的同时,法国也派遣探路队探寻从越南通往云南的道路。还在 1862 年,法国强迫越南订立了《西贡条约》,吞并了西贡等越南南方地区。1866 年,法国的一支探测队在特拉格来与安邺率领下从西贡出发,探测经湄公河(澜沧江下游)进入中国的路线,因发现澜沧江上游不能通航,又转而注意利用红河进入云南的路线。1871 年,法国冒险家堵布益借口为云南当局代购军火,查勘并证实这是一条可以从云南经红河进入南海的航道。后在法国当局的支持下,企图以武力包揽红河上的运货通商利益,与越南当局发生冲突,法国驻西贡总督派安邺以解决冲突为名,率兵侵占河内。越南政府邀请刘永福率领的黑旗军前往救援,击毙安邺,使法国企图经北越侵入云南的计划暂时受挫。

英国面对法国图谋中国的行动,更加重视开通缅甸通往云南的路线,以便保持自己在华的优势地位。曾一度笼络当时的云南回民起事首领,以便乘机进入云南,但随着 1873 年云南回民起事最后失败,英国殖民当局的阴谋暂时未能得逞。

1874 年初,英国在印度和缅甸的殖民当局决定派遣柏郎上校,在黄河新道的探勘人伊利亚斯和外科医生兼博物学家安德逊博士的协助下,率领一支拥有武装的 193 人的"第二次远征部队",②计划从缅都曼德勒北上经八莫,越过中缅边界进入云南。英国驻印度总督指示"探路队队员负责尽量搜集旅途经过各地的情况、资源、历史、地理和商务的情报,以及他们有机会和办法可以观察到的一般事物或科学兴趣的资料",并特别要求柏郎注意调查鸦片在中国的消耗情况及其吸食对中国人口的影响。③ 英国驻华公使威妥玛以英国三四名官员由缅入滇游历为名,向清政府总理衙门领取了护照。7 月,派遣英国驻上海领事馆翻

① 王绳祖:《中英关系史论丛》,75—76 页,北京,人民出版社,1981。
② [美]马士:《中华帝国对外关系史》第 2 卷,314 页,上海书店出版社,2000。
③ 王绳祖:《马嘉理案和〈烟台条约〉》,见《中英关系史论丛》,86—87 页。

译员马嘉理前往中缅边境接应。

8月,马嘉理从上海出发,沿长江西上,经汉口、湖南,取道贵州,进入云南。除在黔东镇远登岸时被当地民众所阻、所乘船只被烧毁外,沿途都受到当地官员的护送,到达昆明后,署云贵总督岑毓英还特令地方官员给予接待和护送,马嘉理也满意地记录道:"此番旅行,感觉舒服,很像王侯巡幸一样。感谢总督的款待和他对于所接待的英员那种崇高的特有的责任感。"①1875年1月17日,马嘉理到达八莫,与两天前抵达此地的柏郎会合。

2月16日,柏郎的"远征队"在马嘉理的带领下出发,经两天的行程,到达中缅边境。柏郎派马嘉理前往侦察,马嘉理即率随从十余人进入中国境内30余公里的腾越厅南甸土司属地蛮允街(今盈江县芒允镇)。蛮允是中缅商路上的一个马站,街上的数百家商民多是从腾越、永昌等地迁来的汉人,坝区农村居住的是掸族(今称"傣族")民众,西面山区居住的是克钦族(今称"景颇族")民众。因经历长期战乱,当地民众对外来的武装队伍一直怀有疑惧,马嘉理进入蛮允的行动自然也引起了当地民众的警惕。2月21日,当民众得知马嘉理将南下迎接柏郎的远征队来蛮允时,立即进行阻拦。马嘉理不听劝阻,反而开枪威胁。愤怒的民众当场将马嘉理和5名随行的中国人打死。② 这事件被称为"马嘉理事件"。

在马嘉理被杀的当天,柏郎所率远征队已进至距蛮允以南约15公里的班西山下。22日,闻讯前来的当地各族民众2 000余人将柏郎的远征军三面包围,柏郎率部先是凭借洋枪拼命抵抗,继则焚烧森林以隔断前来的民众,最后被迫退回缅甸八莫。马嘉理被杀和柏郎受阻一般也称为"滇案"。

二 中英外交谈判

柏郎率远征军非法进入云南境内,本是侵犯中国领土和主权的行

---

① 《马嘉理游记》,263页,见王绳祖《中英关系史论丛》,89页。
② 参见《云南近代史》编写组编:《云南近代史》,75—76页,昆明,云南人民出版社,1993。

径,当地民众打死马嘉理也属于正当的自卫还击。英国却故意将马嘉理事件扩大,对中国进行外交和军事威胁,以达到其多年来企图打开中国西南大门的目的。

1875年3月3日,英国政府接到印度总督关于滇案的来电后次日,外交大臣德比即命令威妥玛向清政府进行交涉,并提醒他"应立即记住印度政府派遣柏郎上校所带队伍到云南的目的"①,也就是要注意实现英国入侵云南的计划。19日,威妥玛正式向总理衙门提出六条书面要求:(1)中国政府派员前往腾越对事件进行调查,英国使馆和印度当局得派员参与此项调查;(2)印度政府可以再派一支探测队进入云南以完成探测任务;(3)赔款15万两;(4)中英应立即商定如何实施1858年《天津条约》第四款关于"优待"外国公使的规定;(5)中英商定办法,按条约的规定免除英商关税及子口税以外的税厘;(6)解决各地历年来的未结案件,②并限48小时内答复。这六条中,与滇案有关的前三条表明,在事件还未调查之前,就提出派员赴云南"观审"、继续探测路线、赔款等要求已属无理,而后面的三条关于优待驻京公使及通商税务等问题,更与滇案本身无关。威妥玛之所以故意将两者扯在一起,显然是企图利用滇案扩大事端,达到攫取更大的侵略权益的目的。

总理衙门鉴于处理伊犁和台湾问题的教训,对滇案的处理采取了慎重的态度,当即向威妥玛表示将从速通知云南地方官员进行调查。3月21日,清廷谕令云贵总督岑毓英"迅将此案确查究办"。22日,总理衙门拒绝了威妥玛提出的要求。威妥玛于是联合列强驻华公使向清政府施加压力。当时,因古巴虐待华工一事,由英、美等国公使出面调停,清政府正与西班牙进行谈判(当时古巴为西班牙属地)。威妥玛即以拒绝调停相要挟,美、俄、法、德等国也宣布退出调停,表示支持威妥玛提出的关于赔款和有关处理马嘉理案的要求,但没有支持其有关优待公使及通商税务的要求,因这些问题也涉及各国在华利益,故不愿英国单独处理。威妥玛不得不改变谈判策略,向总理衙门只提出前三条,即要求发给护照,以便英国人前往云南"观审"、准许英国重新从印度派探路

---

① 王绳祖:《马嘉理案和〈烟台条约〉》,见《中英关系史论丛》,109页。
② 丁名楠等:《帝国主义侵华史》第1卷,241—242页,北京,人民出版社,1973。

队由缅甸进入云南,赔款 15 万两送交英使,并由英国政府分配处理。总理衙门表示同意英国另派探路队来滇,赔款则应根据被抢行李的实际损失酌量偿还,但拒绝了英国派员往云南"观审"。3 月 28 日,威妥玛以断绝外交关系相威胁,要求总理衙门在 3 月 29 日子刻前必须发给护照,交付赔款,并出具无英员观审不得审讯或惩处凶犯的书面保证。总理衙门除了要求限期展延一天外,表示妥协,于 30 日晚将护照 4 件(赴滇观审英员 2 件和另派探路员 2 件)送交威妥玛,这使英国获得对内地有关英人案件的调查和审讯的干预权。总理衙门提出给马嘉理家属恤金 3 万两银,威妥玛则表示不能接受这一赔款数额,声言要由英国政府来裁夺施行。

4 月 3 日,威妥玛离京赴沪,以便于及时与英国政府联系(当时只有上海可与伦敦通电报),同时等待柏郎前来,以便进一步编造滇案的材料,伺机扩大事态。6 月 9 日,威妥玛会见了柏郎,根据提供的材料,编造了关于滇案的详细报告,但找不到证据将滇案与清朝官方联系起来。同一天,京报刊出令湖广总督李瀚章前往云南查办的上谕,威妥玛立即派使馆参赞格维讷去武昌见李瀚章。据格维讷的报告,李瀚章自称此行只负责查办马嘉理案,而不负责调查柏郎被阻一事。威妥玛即以此为借口,指责清政府没有彻底解决滇案的诚意。7 月底,他一面派中文秘书梅辉立赴京向总理衙门质问李瀚章赴滇的使命,一面亲赴天津找直隶总督兼北洋大臣李鸿章交涉。8 月 3 日,威妥玛见到李鸿章,指责清政府办理拖延,竟然扬言:"中国改变一切,要紧尤在用人,非先换总署几个人不可。"[①]随后向李鸿章提出了七项要求:(1) 优待驻京公使。(2) 朝廷谕令通商口岸及内地各处一律遵守条约。(3) 总理衙门应保证派员护送格维讷安全到达云南蛮允(芒允);如其赴仰光,则须护送到八莫交界处。(4) 将来印度另派员前往云南时,亦照样护送。(5) 立即奏请朝廷,降旨责问岑毓英为何案发半年之久尚无详情奏报;奏折和上谕应由京报刊出,如述及"英国"二字必须抬写。(6) 清廷派钦差大臣赴英致歉,此使臣赴英途中经过印度,当与印度当局商议滇缅

243

---

① 吴汝纶编:《李文忠公全集·译署函稿》卷三,33 页,光绪三十一年至光绪三十四年金陵刻本。

通商办法。（7）派使臣赴英的上谕必须在京报刊出。[①] 在与李鸿章的谈判中，威妥玛一再以绝交和武力相威胁，坚持要全部满足其提出的条件。李鸿章认为既然"立意不愿开衅"，便建议总理衙门"酌允给一二事，俾威使得有转场，再劝其进京随事妥议"。[②] 于是清政府再一次妥协，同意护送维格讷等去云南，派兵部侍郎郭嵩焘为赴英使臣，允许责问岑毓英，但不公开发布谕旨，谕令李瀚章赴云南将柏郎被阻之事一并查实奏报；其余优待公使及通商等事宜，则留待威妥玛回京后再行商议。8月30日，威妥玛前往烟台与英国驻华海军司令赖德商议，决定：如清政府拒绝英国所有要求，即断绝外交关系并采取军事行动。9月7日，准备返回北京的威妥玛又向李鸿章威胁说："我进京后，设有别国使臣出为调停，我不能准，惟照我的主意行事。"[③]威妥玛表示了一意孤行的态度。同一天，清廷加派总理衙门大臣薛焕赴云南帮同查办滇案。

威妥玛回到北京后，继续与总理衙门进行谈判。9月22日，他就优待公使、各口通商和云南边境贸易这三个问题提出了具体的要求。（1）关于优待公使问题，包括驻京公使随时觐见皇帝、近族王公与外使往来、禁地准许外使游历以及各部院大臣与外使往来等四条要求，企图用西方的准则来指导清政府与外使的关系，以便英国更容易对清政府施加影响。总理衙门拒绝了前三条，仅同意了第四条。（2）关于各口通商问题，包括税单对于中外商人应一律有效；整顿厘税，租界内先禁抽厘；沿海、沿江、沿湖各地添设口岸；鸦片税收，各口划一章程，统由海关征收等四条。（3）关于云南边界贸易问题，则要求清政府饬令云南当局与印度或英使所派官员商订贸易章程。在这些问题的谈判过程中，威妥玛又节外生枝，要求清廷明降谕旨，令各省保护持护照游历的外国人。10月上旬，清政府对威妥玛作了妥协，重申了保护外人的命令，并同意责成总税务司赫德提出改进中英贸易的报告后再行商议，中英双方派员会勘云南边界贸易情形。英国政府以威妥玛威迫清政府退让有功，特于11月授予其爵士勋位。

---

① 吴汝纶编：《李文忠公全集·译署函稿》卷三，44—46页。
② 吴汝纶编：《李文忠公全集·译署函稿》卷三，40—41页。
③ 吴汝纶编：《李文忠公全集·译署函稿》卷四，20页。

中英间的谈判实际上包括滇案本身、优待公使及商务税厘三个方面内容。滇案本身,清政府必须等待李瀚章、薛焕查办结论奏报朝廷后才能决定处理方案;公使往来一事,虽然部院大臣会同总理衙门大臣于是年旧历新年之际与外国公使互致祝贺,但关系没有进一步发展;商务税厘问题,赫德于 1876 年 1 月 23 日提出报告,因内容涉及通商、司法、行政诸多关系,清政府必须通盘考虑才能作出最后决定。而威妥玛则认为必须进一步施加压力,才能迫使清政府尽快满足英国的要求。1875 年底及次年初,他一再要求本国政府向中国增派军事力量。2 月初,英国政府派海军上将蓝伯率领军舰 4 艘由印度开往中国,以作为威妥玛谈判的武力后盾。

1876 年 4 月,李瀚章、薛焕等人将马嘉理案的查办结论奏报朝廷,将滇案确定为"久惯路劫之山匪"的抢劫杀人案件,且由马嘉理首先开枪打死一名山匪所引发;阻止柏郎的也是"不期而合"的山匪、内地逃犯及残余的起事回民。[1] 格维讷派其随员前去"观审"后,将情况报告威妥玛。自滇案发生后,威妥玛则一直声称该案与清朝官方的指使有关。5 月 31 日,威妥玛对前来会晤的奕䜣说:滇案系由边吏李国珍所指使,李又是受岑毓英的指使,岑则是奉朝廷旨令;滇案的根本起因是"朝廷大吏均以攘外为心",所以"今惟有问之中国国家如何去攘外之心,如何保其将来"。按照他的这一逻辑,清政府要"去攘外之心""保其将来",就必须满足英国提出的优待公使和商务税厘方面的要求。他对李瀚章等人的结论表示不满,公然要求"岑毓英以及各官各犯,必须提京审讯;李瀚章、薛焕查办不实,亦应一并处分,复以危言耸听,谓中国如不照办,是国家愿自任其咎,自取大祸"[2]。在威妥玛的讹诈之下,奕䜣表示可以在增开口岸及扩大商务方面作出让步,但拒绝将岑毓英等提京审讯。6 月 2 日,威妥玛乘机向总理衙门提出八条要求:(1)总理衙门应具折上奏,记述滇案发生及查办的经过,说明英使不能接受查办结论的理由,折稿出奏前须经英使阅看。(2)载入上项奏折及相应谕旨的官方告示,须张贴全国,以两年为期,英国官员可随时要求中国官员陪同

① 王彦威纂辑:《清季外交史料》卷五,23 页。
② 王彦威纂辑:《清季外交史料》卷六,6—7 页。

前往各地察看张贴情形。（3）中国内地有涉及英人生命财产的案件，准许英国派员观审。（4）谕令云南当局派员会同英国官员调查云南边界贸易情形并拟订贸易章程。（5）英国得派领事驻扎云南的大理或其他地点察看贸易情形，以五年为期。在重庆亦同。（6）凡洋货进口，华洋商人均可凭子口税单，免征厘金；沿海、沿江、沿湖地区增开口岸。中国如同意这些要求，英国愿商议调整鸦片进口税率；中国如同意"口界"（即口岸内）免征厘金，英国将通过国际协定允许中国在某种情形下提高关税。（7）以上六条定明后，中国应派使臣前往英国，国书内须表示对滇案惋惜并先经英使阅看。（8）赔款应包括马嘉理家属的抚恤、柏郎等损失的赔偿，印度派兵护送柏郎及英国调遣兵船的费用，总数须由英国政府核定。① 在随后的谈判中，威妥玛又提出赔款 20 万两银（兵船调遣费不在内）的数目。这八项要求除不包括优待公使的问题外，可以说是将英国多年来扩大在华权益的企图和盘托出。

清政府感到这八项要求对中国损失太大，不能全部答应，只原则上同意有关滇案各条；有关通商的要求，最初只同意增开宜昌一口，不同意在大理、重庆派驻领事及"口界"免厘。每当清政府对英国的要求提出异议时，威妥玛便故伎重演，以将岑毓英等官员提京重审滇案及他本人将离京去沪相要挟。清政府不愿谈判破裂，便请赫德出面调停。在赫德的游说下，清政府又允许增开北海、温州为口岸，威妥玛方答应留京继续谈判，同意总理衙门邀请各国公使一起讨论厘金问题。同时，他又要求慈禧太后召见，亲自就滇案向他表示歉意，或由部院大臣赴英使馆宣布致歉的上谕，实际上是重提优待公使的问题。这一要求被总理衙门拒绝。

威妥玛对清政府仅一步步退让而不全部满足其要求的态度十分不耐，便于 6 月 15 日离京赴沪，以示决绝，致使双方谈判中止，同时又通过赫德向清政府不断施加压力。7 月 17 日，赫德致书李鸿章，一面以英国将出兵干涉谈判相威胁，一面提出由李鸿章"奉全权便宜行事之谕旨"，在烟台与威妥玛重开谈判，并称"此系尽头一著，若不照此议，实无

---

① 王绳祖：《马嘉理案和〈烟台条约〉》，见《中英关系史论丛》，135—136 页；《总署奏英使对于办理马嘉理案均不同意折》，见王彦威纂辑《清季外交史料》卷六，8 页。

别项和睦办法"。[①] 清政府惧怕谈判绝裂而导致英国付诸武力,于 7 月 28 日明令李鸿章赴烟台与威妥玛重开谈判。

三　烟台条约订立

1876 年 8 月 21 日,中英烟台谈判正式开始。在此之前,英国飞游舰队已驻扎在与烟台邻近的大连。26 日,英国海军司令赖德和蓝伯又乘兵舰来到烟台,显示其以炮舰配合谈判的一贯策略。这次谈判也引起列强各国的关注,俄、美、法、德、奥匈及西班牙等国公使也以避暑为名,云集烟台。对于英国来说,必须迫使清政府在承认威妥玛八条要求的基础上尽早了结。一方面当时因巴尔干危机,英国在近东地区的权益正面临俄国的挑战,英国政府已训令威妥玛从速解决滇案;另一方面威妥玛也感到谈判若久拖不决,可能导致列强各国的干预而产生不利于英国的后果。

谈判一开始,威妥玛仍将议题归结为滇案本身、优待公使和通商税务三个方面,并从坚持要求将岑毓英等人提京重审入手,以迫使李鸿章让步就范。李鸿章事先已接到朝廷严令,不得接受将岑提京的条件,因而予以拒绝。威妥玛明知清政府不可能同意这一要求,之所以还要反复提出,因为在他看来,"这项要求具有这样的便利,即当众承认按中国法律要求,查究一个大吏对属员犯罪所负责任,并揭发其谎报欺君的行为,是绝对公正的,我们就可以使中国政府付出高价来换取这项要求的撤回"[②]。8 月 29 日第二次谈判时威妥玛不仅仍然坚持提岑重审,并继续将滇案的根源归结于清政府的排外心理,扬言:"若要改变,除非照咸丰十年办法,英兵打到京城,那时或可改心。此案若问真正罪人,不是野番,不是李珍国,不是岑抚台,只是中国军机处。"[③]当李鸿章问威妥玛究竟如何了结滇案时,他则表示若李的提议与他的意思完全相合,则可代表本国政府宣告结案;若与他的意思不合,便只有报告本国政府听候决定。言下之意,是要李鸿章主动答应其全部要求,否则便将中止

---

① 《译总税务司赫德在上海寄来洋文密信》,见王彦威纂辑《清季外交史料》卷六,20—22 页。
② 王绳祖:《马嘉理案和〈烟台条约〉》,见《中英关系史论丛》,105 页。
③ 吴汝纶编:《李文忠公全集·译署函稿》卷六,8 页。

谈判。

8月31日,双方继续会谈,李鸿章问威妥玛何时提出具体条款时说:"中国办事光景,你也略知,论理八条,已觉过分,你今要添,我亦不能禁止,但必须中国所能答应及我力量所能办到之事,始可商酌。"威妥玛则称过几天即可提出具体条款,又威胁地声称:"但此番所要各条,滇案、优待、通商三事均当包括在内,中堂必须全然答应,此案即可算为完结,不必再说提京一层。若中堂说不能商办,或看得有可商办的有不可商办的,不妨逐条说明,毋庸再议。我即由电线奏报本国请旨定夺,中堂亦可奏明回津。"①再次表现出不全部满足其要求便无商议余地的蛮横态度。

9月4日,威妥玛向李鸿章口述了他的全面要求,次日又将汉文书面条款送交李鸿章,条款中除原有的三方面内容外,又强行增加进入西藏等地"探访路程"的专条。有关滇案和优待公使的问题,双方稍经讨论便达成协议。而在"口界"免厘及增开口岸方面,则分歧太大。威妥玛原提出在各口岸"离口百里内外"之处划定免除洋货厘金的界限,②李鸿章认为"查各省厘税多在通商口岸百货鳞集之处,若准定子口界,所失过多,断不可行"。而威妥玛所要求增开的口岸数量之多,"长江一带,竟欲一网打尽,用意极为贪狡"。李鸿章与之"反复争论","逐日会议",至9月11日,始达成协议。③ 13日,《烟台条约》正式签字。内容大体分为四个方面。

一、关于解决滇案。条约基本保留了威妥玛所提八条中第一、二、四、五、七、八各项内容。条约规定:有关滇案奏折交威妥玛阅看会商;奏明奉旨后须将奏折及谕旨内容告示各省;英国得以由印度派员前往云南,并从1877年起5年之内派员在云南的大理或其他相宜地方一区驻寓,"察看通商情形",或"斟酌订期,开办通商";滇案及1876年以前中英间各个案件的赔款总数为20万两;俟此案结时,奉有中国朝廷惋惜滇案的国书,应即由钦派出使大臣克期起程,前往英国。

---

① 吴汝纶编:《李文忠公全集·译署函稿》卷六,17—18页。
② 吴汝纶编:《李文忠公全集·译署函稿》卷六,19页。
③ 王彦威纂辑:《清季外交史料》卷七,4—5页。

二、关于优待公使。条约有关规定实际涉及中外官方交往和中外司法案件的处理两个方面。在官方交往方面,条约规定:由总理衙门照会并会同各国驻京大臣商订礼节条款,以使中国官员看待驻居中国各地外国官员之意,与西方各国的交际情形无异,且与各国看待在外之中国官员相同。在中外司法案件的处理方面,条约规定:总理衙门照会并会同各国驻京大臣,就各通商口岸的中外会审案件议定划一章程;凡内地各省地方及通商口岸有涉及英人生命财产的案件,英使可派员前往该处观审;凡中国人与外国人之间的案件,由被告所属国的官员各按本国法律审断,原告所属国的官员可前往观审。

三、关于通商事务。此项各款是以威妥玛所提八条中第六条为基础,内容则更加具体化并有所扩充。主要有:(1)租界免厘。各口租界作为免收洋货厘金之处,未划定租界的各口应当划定;进口鸦片的关税与厘金则在海关一并缴纳。(2)增开口岸。条约规定中国增开宜昌、芜湖、温州、北海四处为通商口岸;大通、安庆、湖口、武穴、陆溪口、沙市六处为停泊码头,即准许轮船停泊,上下客商货物;重庆“可由英国派员驻寓,查看川省英商事宜”,但轮船未能上驶之前,不得作为通商口岸。(3)领半税单。洋货运入内地,不论华商洋商,都可请领半税单照。

四、关于另议专条。条约规定:英国明年派探路队从北京起行,前往遍历甘肃、青海一带地方,或由内地四川等处入藏,以抵印度,总理衙门将“察酌情形”发给护照并知会各地方大吏暨驻藏大臣;倘若另由印度与西藏交界地方派员前往,总理衙门仍将发给护照并行文驻藏大臣,“查度情形”,派员妥为照料。

《烟台条约》的订立曾被西方人称为“中国对外关系史中的第三阶段,重要程度仅次于 1842 年和 1858 年的条约”[①]。对于英国来说,获得了入侵我国西南边疆的所谓条约权力,也部分地实现了多年来扩大在华通商特权的意图。对于中国来说,它既是中国西南边疆危机加深并逐步半殖民地化的一个显著标志,也是中国西南地区被迫面对西方、走向近代的一个重要开端。

---

① [美]马士:《中华帝国对外关系史》第 2 卷,333 页。

第二节　日本侵犯台湾与中日《北京专条》订立

一　美国入侵台湾与日本要求订约

台湾本岛、澎湖列岛以及其他附属岛屿,包括钓鱼岛在内,自古以来就是中国的领土。台湾物产丰富,战略地位重要,它离大陆最近处不过 150 海里,是中国东南沿海各省的门户。随着西方殖民主义东来,台湾就成为他们企图霸占的首要地方,荷兰、西班牙、英国都先后染指台湾,均被当地军民击退。从 19 世纪 40—50 年代开始,美国就把台湾作为它在远东侵占的重点。

早在 1840—1846 年,美国牧师赫普伯恩就在台湾进行各方面的调查。1854 年,美国东方舰队司令贝勒派遣阿波特上校率两艘军舰以营救航海遇难的美国人为名,在基隆登陆绘制台湾海岸地图,调查台湾各方面的情况。贝勒在给美国政府的报告中认为台湾地理位置不仅"非常适合作为美国商业的集散重点",可以建立对中国、日本及东南亚地区的交通线,而且在军事上也有重要战略地位,可以通过台湾控制中国东南沿海的口岸以及中国海面的东北入口。他竭力主张在基隆建立一个留居地,并逐步控制全岛。[①]

1856 年,当英、法发动第二次鸦片战争之际,美国驻华专员伯驾认为这是美国占领台湾绝好时机,主张以修约为口实,与英法两国联合侵略中国和朝鲜,由英占舟山,法占朝鲜,美占台湾,并唆使在台湾取得樟

---

① 卿汝楫:《甲午战争以前美国侵略台湾的资料辑要》,载《近代史资料》1954 年第 3 期,156—161 页。

脑贸易专利权的美国商人在高雄升起美国国旗,企图造成占领的既成事实。这一举动激起了台湾人民的反抗,英国也表示不能同意美国所谓占领台湾的"优先权",加之当时美国海军实力有限,美国政府才被迫暂时放弃占领台湾的企图。

1867 年 3 月,美国商船"罗佛"号航经台湾凤山县境七星岩时触礁沉没,船长夫妇及船员 14 人乘小船在琅峤尾龟仔角登岸,台湾当地土著居民科亚人疑为海盗,将全部美国船员杀死,仅有一名华人船员逃匿报信。4 月 3 日,香港《中国邮报》(*The China Mail*)报道了这一事件,美国驻香港领事何伦据此报告美国政府,主张借此夺取台湾。美国政府一面照会总理衙门,要求查办此案,一面派美国舰队司令海军上将贝尔率军舰两艘载海军陆战队员 181 人从上海开赴台湾,驶抵琅峤湾停泊,美海军陆战队从龟仔角登岸。科亚人凭借当地复杂地形展开伏击,将侵略美军击退。美国转而向清政府施加压力,于是清廷派台湾镇总兵刘明灯率兵前往查办,美国驻厦门领事李仙得也一同前往。到达当地后,李仙得提出单独与科亚人首领会晤,经与科亚人首领卓杞笃谈判后,达成善待西方难民、外国船员不得进入村庄等协议。事后,李仙得向美国政府报告称:"此行打开了美国与台湾南部生番直接交往的途径,促使生番停止其杀人报复的野蛮行为。"他别有用心地撇开中国官府直接与科亚人首领谈判,就是为了要寻找证明台湾部落地区从来不是中国领土的理由,以为侵台制造借口。第二年,李仙得再次潜入琅峤一带与部落首领联系,并进行实地调查,成为所谓的"台湾通",为下一步侵台作了准备。[①]

美国侵台受挫后,美国驻日公使德朗主张推行利用日本对抗中朝两国,然后从中渔利的外交政策,他于 1872 年 10 月写给美国国务院的报告就指出:"我一向认为西方国家的外交代表们的真实政策,应当是鼓励日本采取一种行动路线",即"使日本朝廷与中国及朝鲜政府相疏隔,使它成为西方列强的一个同盟者"。[②]

日本自 1868 年明治维新后,经济上国内资源贫乏且市场狭小,政

251

---

① 参见陈碧笙《台湾地方史》(增订本)143—147 页,北京,中国社会科学出版社,1990。
② 王芸生编著:《六十年来中国与日本》第 1 卷,105 页,北京,生活・读书・新知三联书店,1979。

治上建立了天皇专制制度，思想上大力提倡武士道精神，这一切使日本在迈向近代化的目标的同时，也走上了军国主义的道路。明治政府公开宣称要"开拓万里波涛，布国威于四方"，将创建一支近代化的海陆军、全力发展庞大的军事工业、积极对外扩张定为其基本国策。作为日本近邻的中朝两国自然首先成为其对外侵略扩张的目标。

日本最初是仿效西方列强的先例，要求与清政府订立不平等条约，企图取得与西方列强同等的在华权益。1870年8月，日本政府正式派遣外务权大丞柳原前光和外务权少丞藤原义质等来中国要求订约通商。9月4日，柳原等到达上海。27日来到天津，先后拜会三口通商大臣成林和直隶总督李鸿章，呈递日本外务卿致总理衙门书信，表示"预前商议通信事宜，以为他日我公使与贵国定和亲条约之地"[1]。总理衙门认为日本信中所谓定约一语"是该国亦欲与泰西各国一律办理"，预感到来者不善，遂于10月3日照会日本，婉言谢绝："贵国既常来上海通商，嗣后仍即照前办理，彼此相信，似不必更立条约，古所谓大信不约也。"[2]柳原则再三请准，并向李鸿章表明"西人强逼通商，心怀不服，而力难独抗，欲与中国通好，以冀同心协力"[3]。同时柳原会见了前任直隶总督（时任两江总督）曾国藩，也表示中日两国应该迅速同心协力以对付西方各国威逼。在柳原"坚以立约为请"的情况下，李鸿章和成林上书总理衙门主张与日本订约。总理衙门于10月31日再次照会柳原，收回"大信不约"的原意，改称："今贵国来员既坚持来意，自应如其所请，以通交好之情。惟议立条约，事关重大，应特派使臣与中国大臣会同定议。"并于11月10日奏请许与订约，以为日本若挽英法居间介绍，"彼时不允，则饶舌不休；允之，则反示其弱"，"不如此时即明示允意"。[4]

清廷就此事咨询各疆臣意见，李鸿章在复奏中虽然对日本积极学习西方、大举军事工业的意图有所警惕，明确指出"日本近在肘腋，永为中土之患"，但又认为日本毕竟"距中国近而西国远，笼络之或为我用，

① 宝鋆等纂辑：《筹办夷务始末（同治朝）》卷七十七，36—37页，北京，故宫博物院，1930。
② 宝鋆等纂辑：《筹办夷务始末（同治朝）》卷七十七，37页。
③ 吴汝纶编：《李文忠公全集·奏稿》卷十七，53—54页。
④ 宝鋆等纂辑：《筹办夷务始末（同治朝）》卷七十八，24—25页。

拒绝之则必为我仇",因而主张与日订约。① 曾国藩在复奏中也主允与日本订约,但鉴于与英、美、法各国订约之失,强调条约"不可载明比照泰西各国总例办理等语",尤其不能有所谓"后有恩渥利益施于各国者一体均沾"的条款。② 清廷下谕同意曾、李二人的意见。

1871 年 7 月,日本政府议约全权大臣大藏卿伊达宗城和副使柳原前光等到达天津。清政府特派李鸿章为全权大臣,在天津与日使开始谈判。日使力争"准照西约成例",将不平等特权订入条约,李鸿章则坚拒将"一体均沾"字样列入约文,双方发生激烈争论,以致一度中断谈判。最后,日本既无力迫使清政府接受其要求,只得按照中方原意达成协议。9 月 13 日,李鸿章与伊达宗城签订了包含 18 条内容的中日《修好条规》和拥有 33 条内容的中日《通商章程》。这是近代中日关系史上的第一部条约。

条约内容大体仿照与西方所订的条约,但有几点重大差别:第一,没有所谓"一体均沾"等片面最惠国待遇特权;第二,双边享有领事裁判权和互相承认协定关税;第三,两国商民只能在指定的口岸进行贸易,不得到内地通商,也没有长江航行的条款;第四,规定两国"倍敦和谊","以礼相待","彼此相助",互不稍事侵越,互不干预内政。这一条约虽然在字面上表示了双方的平等,也反映了清政府睦邻友好的意愿,却无法约束日本对外侵略的野心。在当时的历史条件下,外交上的平等并不完全取决于条约的内容,而是取决于国家的实力。条约的订立使清政府对日本产生了某些幻想,却让日本对朝鲜取得了与清政府"比肩对等"的地位,为其后日本侵略朝鲜埋下了伏笔。③

这一条约因未能满足日本政府获取在华特权的既定要求,有关两国在"偶遇他国不公及轻视之事"时应当"彼此相助"的内容也使英法等国以为中日建立同盟关系而引起疑虑。日本政府没有立即批准条约。1872 年春,日本政府再次派柳原前光到天津照会李鸿章要求修约,李鸿章即予反驳说:"两国初次定约,最要守信,不能旋允旋改。"拒绝了柳

---

① 吴汝纶编:《李文忠公全集·奏稿》卷十七,53—54 页。
② 《曾国藩全集》第 12 册(奏稿十二),7204—7206 页,长沙,岳麓书社 1994。
③ 关于中国学术界对订立这一条约的不同看法,可参见李玉等主编《中国的中日关系史研究》,114—115 页,北京,世界知识出版社,2000。

原的要求。① 此时日本政府正在准备侵略中国台湾和邻国朝鲜，见清政府态度坚决，成约不能更改，便于1873年3月26日特派外务大臣副岛种臣偕随员外务权大丞柳原前光、外务顾问李仙得等16人来华换约，其真实目的是借此探试清政府对台湾和朝鲜问题的态度，以便寻找借口，实施其侵略计划。4月30日双方正式换约。

二 日本侵略台湾与清政府的对策

日本寻找侵略台湾的借口，就是1871年年底发生的琉球漂民被杀事件。

琉球原是中国东南海面的一个岛国，明朝洪武五年（1372年）就与中国建立正式的宗藩关系。自那以来，与明王朝、清王朝封贡往来不断。1871年12月，琉球的一艘渔船在海上遇到飓风，漂流到台湾南岸，船上66名船民登岸暂避，其中54人被附近的牡丹社高山族居民杀害，另12人逃脱得救，被辗转送至福州，次年由中国福建当局给予抚恤，遣送回国。这个事件本属中国与琉球之间的事情，日本无权过问，但日本政府获悉这一事件的信息后，立即将此事件作为其以保护琉球人为名侵略台湾的契机。1872年10月，日本强行设琉球藩，册封琉球国王为"藩主"，派官驻琉球代办外交，宣称琉球为其属国。

日本的侵台计划一度得到美国驻亚洲外交官的支持。日本外务卿副岛要求美国驻日公使德朗提供台湾的情报，恰逢所谓的"台湾通"李仙得由华回美，路过日本。经德朗推荐，李仙得向副岛提供了台湾的有关情报，并接受日本聘请担任外务顾问，积极为日本侵台出谋划策。1873年，副岛以换约名义偕李仙得等人来华，在天津换约后，即前往北京；6月21日，派副使柳原前光偕翻译官郑永宁到总理衙门质问琉球船民被杀一事。总理衙门大臣毛昶熙和董恂与之交谈，据总理衙门奏称，柳原前来"面询三事：一询澳门是否中国管辖，抑由大西洋主张。一朝鲜诸凡政令，是否由该国自主，中国向不过问。一即台湾生番戕害琉球人民之事，拟遣人赴生番处说话等语。当即经臣等面为剖辩，该随员

---

① 吴汝纶编：《李文忠公全集·奏稿》卷十九，61—62页。

等未经深论,臣等亦未便诘其意将何为"。翻译官郑永宁嗣后所言"若台湾生番地方,只以遣人告知,嗣后倘有日本人前往,好为相待,其意皆非为用兵等语"[①]。

日方所记载的交谈内容则较详。柳原首先称:"贵国台湾之地,前曾由我国人、荷兰人及郑成功等所占据,后来归入贵朝版图,而贵国所施治者仅及该岛之半,其东部土番之地,贵国全未行使政权,番人仍保持独立状态。前年冬,我国人民漂流至该地,遭其掠杀,故我国政府将使问罪。"毛昶熙等反驳说:"本大臣只闻悉生番曾掠害琉球国民,并不知此事与贵国人有何相干。按琉球本系我朝之藩属,当时琉球人有自生番处逃出者,我朝命官曾予救恤,后转往福建,经我总督仁爱倍加,俱已送还其本国。"柳原则称:"我朝抚慰琉球最久","我君不能不以保民之权为其伸冤,而谓琉人为我国人有何不可? 今谓贵国官吏对琉民曾加救恤,请问对狂暴虐杀琉民之生番又曾作何处置?"毛昶熙等答称:"该岛之民向有生熟两种,其已服我朝王化者为熟番,已设府县施治;其未服者为生番,姑置之化外,尚未甚加治理。"柳原又扬言:"我政府拟立即前往征伐,但我大臣以两国交谊为重,力排众议,并借此次出使之便,明告贵国政府,以求避免猜疑。"毛昶熙等则答:"生番之横暴未能制服,是乃我政教未逮所致。但生番杀害琉民之时,我福建总督(按:应为闽浙总督)确曾加以救护,已有奏报在案。当加调查,越日另行奉答,希能稍待。"柳原声称:"贵大臣既谓生番之地为贵国政教不及之区,且有往例证明(杀害琉民者)为化外孤立之番夷,则只能由我独立国加以处理。"[②]

副岛来华本是奉日本天皇的敕令,要利用琉球漂民被杀一事寻找侵台理由,他在天津会见李鸿章、在北京会见恭亲王奕䜣时,都闭口不谈此事,其用心是要使清政府无从作应对的准备。柳原去总理衙门质问此事时也故意不直接提出这一问题,而是先问有关澳门和朝鲜的问题,然后才绕到这一问题上来,使毛昶熙等人在毫无准备下临时应对。

255

① 宝鋆等纂辑:《筹办夷务始末(同治朝)》卷九十三,27 页。
②《日本外交文书》(明治)第 6 卷,178—179 页。转引自张振鹍《关于中国在台湾主权的一场严重斗争——1874 年日本侵犯台湾之役再探讨》,载《近代史研究》1993 年第 6 期,95—97 页。

清政府的用语中所谓的"生番"、"化外",只是说明中国少数民族的经济文化开发以及与周围汉民族交往的状况,而日本则借口毛昶熙等人曾说对台湾"生番""置之化外"这句话,故意将台湾"生番"所居之地说成非中国领土,制造进攻台湾并非进攻中国的理由。①

副岛等归国后不久,日本国内因"征韩"问题发生政争。为了缓和征韩派的情绪、转移国内矛盾,日本政府决定发动侵略台湾的战争。1874 年 2 月,日本政府批准了委托内务卿大久保利通和大藏卿大隈重信二人制定《台湾番地处分要略》9 条,作为侵台行动的指南。4 月 4 日,派陆军中将西乡从道为台湾番地事务都督,设置台湾番地事务局,任命大隈重信为长官。4 月 9 日,西乡从道率领军舰开赴长崎,17 日,大隈重信亦赴长崎就任事务局长。

日本即将出兵台湾的行动引起了列强各国的密切注意,英国、美国、意大利、俄国、西班牙等国公使或代理公使先后向日本外务省提出质问。日本政府不得不命令西乡延缓出兵。但西乡拒绝奉命,于 4 月 27 日下令军舰"有功丸"载 270 名日军先行,日本驻厦门领事福田九成随船前往厦门。5 月 2 日,西乡又命令陆军少将谷干城等指挥"日进"等 4 舰开往台湾社寮港。次日赶赴长崎传达日本政府命令的大久保与西乡、大隈商议后,决定同意西乡的意见。5 月 17 日,西乡以"高砂丸"(原英国商船 DELTA 号)为旗舰,率兵开往台湾,22 日抵达社寮港,日军 200 多人随即向牡丹社发起攻击。民众据险抵抗,首领何禄父子等 16 人英勇牺牲。日军死 6 人,伤 20 人。6 月 1 日,谷干城率日军 5 个小队,从风港进攻。次日,日军主力 1 300 余人兵分 3 路进攻牡丹社和高佛社。民众潜伏丛林,以巨木塞路,顽强狙击,日军死伤较众,进攻受阻。3 日,日军攻入牡丹社时,民众已经弃家退避山谷。日军以龟山为基地,建立都督府,修筑医院、营房、道路,并向后山南北各处番社分发日本国旗,准备久踞。②

此前的 4 月 20 日,清政府从英国驻华公使威妥玛的来函中得知日

① 参见张振鹍《关于中国在台湾主权的一场严重斗争》,95 页。
② 米庆余:《琉球漂民事件与日军入侵台湾(1871—1874)》,载《历史研究》1999 年第 1 期,25—26 页;陈碧笙:《台湾地方史》(增订本),150—151 页。

本即将出兵的消息,但对日本侵台的情报尚知之较少;但当得知日本明确出兵台湾的消息后,地方或中央都立即作出反应。5月3日,福田九成在厦门向知府李钟霖递交了西乡致闽浙总督李鹤年的汉文照会及附件,声称奉日皇之命"即率亲兵,由水路直进番地",公然要求李鹤年转饬地方官员不得阻拒,并晓谕台湾府县将被日军追赶而逃匿的"生番""捕交"日本兵营,无视中国主权,狂妄达于极点。李鹤年于5月8日接到这一照会后,即于11日在照复中严正指出:台湾属中国之疆土,琉球系中国之藩属,西乡出兵台湾乃违背万国公法及中日和约,要求其撤兵回国。[①]

5月11日,总理衙门照会日本外务省,表明了中国反对日本出兵台湾的态度。接着,清廷谕令福州船政大臣沈葆桢:"带领轮船兵弁,以巡阅为名,前往台湾生番一带察看,不动声色,相机筹办。"[②]5月29日,又任命沈葆桢为钦差办理台湾等处海防兼理各国事务大臣,要他"或谕以情理,或示以兵威,悉心酌度,妥速处理"[③]。并命令福建布政使潘蔚帮办台湾事宜。6月中旬,沈葆桢和潘蔚到达台湾后便开始部署台岛的陆海防,增调淮军精锐13营6 500名士兵赴台,布控于凤山;船舰也常驻澎湖、台北、厦门、福州等地,作了备战的准备。

日本政府的侵台行动一直是采取军事和外交双管齐下的方针。在西乡出兵台湾的同时,日本驻华公使柳原前光则奉命到中国进行外交谈判。5月28日,柳原抵达上海,苏松太道沈秉成与之交涉时,柳原声称"专为通商友好而来,与西乡从道之往台湾各办各事",[④]表示无权过问西乡出兵台湾一事。31日,江苏布政使应保时奉两江总督李宗羲之命到上海会同沈秉成再次与柳原交涉,谴责日本出兵台湾是"违背万国公法,侵犯他国主权",而柳原反倒说:"贵国迫我退兵,是欲妨碍义举",[⑤]仍然"以西乡从道亦有全权,不能听其指挥"为由,采取拖延的手

257

---

① 参见米庆余《琉球漂民事件与日军入侵台湾(1871—1874)》,26—27页。
② 宝鋆等纂辑:《筹办夷务始末(同治朝)》卷九十三,29—30页。
③ 宝鋆等纂辑:《筹办夷务始末(同治朝)》卷九十三,39—40页。
④ 宝鋆等纂辑:《筹办夷务始末(同治朝)》卷九十四,18页。
⑤《岩仓公实记》下卷,175—176页,转引自米庆余《琉球漂民事件与日军入侵台湾(1871—1874)》,27页。

法。① 6 月 6 日,福建布政使潘蔚专程前往上海与柳原交涉。柳原提出三点要求:"捕前杀害日人者诛之;二、抵抗日兵为敌者杀之;三、番俗反复难治,须立严约,定誓永不剽杀难民。"②尽管这三条仍属无理,但潘蔚返回台湾后,还是设法推行,令当地民众具结永保漂民安全。7 月 24 日,柳原到天津会见李鸿章,李表示其三条已经办到,要求日方撤军。日本政府仍然拒不撤兵,反而进一步指示柳原进行谈判的要领:一是要"获得偿金及让与攻取之地",二是要"以此机会,断绝琉球两属之渊源,开启朝鲜自新之门户"③,明确提出日本出兵台湾所要达到的两个目的:一是否认中国对台湾东部的主权,日本要侵占台湾东部;二是使琉球脱离与中国的藩属关系,日本要完全吞并琉球。7 月 30 日,柳原进入北京后围绕这两个目的与总理衙门一再交涉。总理衙门一再拒绝柳原的无理要求,在维护台湾主权的问题上态度尤其坚决,严正指出:"台湾生番均隶郡县,中国向收番饷,载之台湾府志,凿凿可考。即云野蛮亦中国野蛮。即有罪应办,亦应中国自办。"柳原无言以对,只好蛮横地提出日本决不撤兵,"中国应如何办法!"④双方谈判破裂。

此时,日本实际上已经陷入进退维谷的境地。一方面,清政府在台湾地区已经作了军事部署,日军在军事上并不占据优势,反而因疟疾流行,死者日众,士气低落;另一方面,各国对日本侵台行动提出异议,使之在国际上处于孤立地位,其侵占台湾东部的目的难以实现。在日军的军事行动受阻之时,日本政府决定加大外交谈判的力度,力争达到使琉球脱离与中国的藩属关系、完全吞并琉球的目的。1874 年 8 月 1 日,日本政府任命大久保利通作为全权办理大臣,来华进行外交谈判。

三 《北京专条》的议立

1874 年 9 月 10 日,大久保到达北京,9 月 14 日至 10 月 23 日,中日双方一共举行了 7 次交涉。大久保采取的谈判策略,是先从否认中

---

① 宝鋆等纂辑:《筹办夷务始末(同治朝)》卷九十四,18 页。
② 王芸生编著:《六十年来中国与日本》第 1 册,77 页。
③《岩仓公实记》下卷,180—182 页,转引自米庆余《琉球漂民事件与日军入侵台湾(1871—1874)》,29 页。
④ 宝鋆等纂辑:《筹办夷务始末(同治朝)》卷九十六,29 页。

国对台湾东部的主权入手,迫使清政府以承认日本出兵台湾为"保民义举"作为让步,从而确保其达到既定目的。所以他在多次会谈及照会中,一直围绕台湾"生番不服教化,地非中国所属"这一中心,设立种种问题向总理衙门刁难。总理衙门据理驳斥,在"番地属中国"这一问题上毫不放松。大久保意识到只有在承认"番地属中国版图"的前提下才能寻求问题的解决。10 月中旬,他提出以"两便方法"来解决问题,日本拟将本国兵撤回,但不愿空手而归,提出索要"兵费"银 500 万元,至少也要 200 万两的数额。①

10 月 20 日,双方在总理衙门举行第六次交涉。总理衙门向大久保出示 4 条善后方案:(1)贵国从前兵到台湾番境,既系认台番为无主野蛮,并非明知是中国地方加兵,与明知中国地方加兵不同,此一节可不算日本之不是。(2)今既说明地属中国,将来于贵国退兵之后,中国断然不再提从前加兵之事,贵国亦不可谓此系情让中国之事。(3)此事由台番伤害漂民而起,贵国退兵之后,中国仍为查办。(4)贵国从前被害之人,将来查明,中国大皇帝恩典酌量抚恤。② 在 23 日举行的第七次交涉中,总理衙门答应设法"抚恤",但不同意支付兵费赔偿。这一方案遭到大久保的拒绝,他一面以离京回国相威胁,逼清政府作出让步;一面与英公使威妥玛商议,请其出面调停。10 月 25 日,威妥玛与大久保共同拟出和议条文,并于次日向总理衙门正式提出。条文中对总理衙门的方案有两处重要修改:一是将被害的琉球人称为"日本国属民",进而强调日本出兵台湾为"义举";二是规定了中国除对遇害难民家属给予抚恤银 10 万两外,另补偿日本修道、建房费用及在该处各项费用共银 40 万两,即变相提出"兵费"补偿。条文回避了台湾东部的归属问题,但承认"该处生番,中国小宜设法妥为约束"③,实际上承认了中国对台湾东部的管辖权。

10 月 27 日,总理衙门提出修正稿,除将抚恤银、补偿银数目放在

---

① 宝鋆等纂辑:《筹办夷务始末(同治朝)》卷九十八,34、11—13 页。
② 《日本外交文书》第 7 卷,289 页。转引自袁成毅《1874 年中日北京专条之再认识》,载《杭州师院学报》1998 年第 1 期。
③ 《日本外交文书》第 7 卷,310 页。转引自张振鹍《关于中国在台湾主权的一场严重斗争》,107—108 页。

"另有议办之据"中表述外,将日本提出的"日本国此次所办义举"(肯定其行为的性质)改为"日本国此次所办,原为保民义举起见"(日方主观意图的表述),将"中国亦宜设法妥为约束"中的"亦宜"改为"自宜",删去了补偿中的"该处各项费用"(即排除将偿款作"兵费"解释的可能),[1]增加了"如在何国有事,应由何国自行查办"一句,但仍保留了"台湾生番曾将日本国属民等妄为加害"一句。这表明清政府坚持了维护台湾主权的立场,但在与琉球的藩属关系上则对日本作出了让步。这个修正稿基本上就是后来的正式约稿。

1874年10月31日,总理衙门大臣与大久保正式签订《北京专条》,并附《会议凭单》,[2]主要内容如下:

> 为会议条款互立办法文据事:照得各国人民有应保护不致受害之处,应由各国自行设法保全,如在何国有事,应由何国自行查办。兹以台湾生番曾将日本国属民等妄为加害,日本国本意为该番是问,遂遣兵往彼,向该生番诘责。今与中国议明退兵并善后办法,开列三条于后:
>
> 一、日本国此次所办原为保民义举起见,中国不指以为不是。
>
> 二、前次所有遇害难民之家,中国定给抚恤银两,日本所有在该处修道、建房等件,中国愿留自用,先行议定筹补银两,别有议办之据。
>
> 三、所有此事两国一切来往公文,彼此撤回注销,永为罢论;至于该处生番,中国自宜设法妥为约束,以期永保航客不能再受凶害。

《会议凭单》主要内容如下:

> 台番一事,现在业经英国威大臣同两国议明,并本日互立办法文据。日本国从前被害难民之家,中国先准给抚恤银十万两。又日本退兵在台地方所有修道、建房等件,中国愿留自用,准给费银四十万两,亦经议定,准于日本国明治七年十二月二十日,中国同治十三年十一月十二日,日本国全行退兵,中国全数付给,均不得愆期。日本国兵未经全

---

[1] 参见张振鹍《关于中国在台湾主权的一场严重斗争》,107—109页。
[2] 《北京专条》及《会议凭单》全文见王铁崖编《中外旧约章汇编》第1册,342—344页。

数退尽之时,中国银两亦不全数付给。立此为据,彼此各执一纸存照。

　　1874 年的日本侵台之役是对中国在台湾的主权和领土完整的一次重大挑战。在此之前,虽然西方国家也有某些人企图否定台湾东部地区为中国领土,但这次日本却是以政府的名义对中国台湾主权进行了一次严重挑战,中国对日本的挑战给予了坚决的回击,在国际社会旗帜鲜明地维护了自己的立场,欧美各国外交代表也明确表态承认台湾属于中国的领土。[①]《北京专条》条款也表明了整个台湾属于中国领土,从此中国在台湾的主权更加明确,不仅日本企图侵占台湾东部地区的阴谋最终破产,而且再也不能否定中国在台湾全岛或其部分地区的主权。[②]

　　《北京专条》的订立也为日本迫使琉球脱离与中国的藩属关系,进而吞并琉球埋下了伏笔。条款中虽然没有出现"琉球"二字,但《北京专条》和《会议凭单》中分别写入"台湾生番曾将日本国属民等妄为加害"和"日本国从前被害难民之家",则意味着默认了琉球人为日本国属民。[③] 大久保利通回国后也立即向日本政府提出迫使琉球断绝与中国之关系以实现吞并琉球的建议。日本政府采纳大久保的建议,召琉球三司官池城安规到东京,要琉球与中国断绝关系,附属日本。池城安规当场拒绝,要求仍照惯例行事。日本政府则强迫琉球执行下述五条命令:(一) 为对中国朝贡而派遣使节及庆贺清帝即位等惯例一概废止;(二) 撤销在福州的琉球馆,贸易业务概归设在厦门的日本领事馆管

----

　　① 如英国公使威妥玛 1874 年 10 月 25 日对大久保说:"外国人多半对中国友谊不深,但还没有一个人认为番地不属中国版图。"(《日本外交文书》第 7 卷,308 页)英驻日公使巴夏礼曾针对日本外务卿寺岛宗则所谓日本要攻打的地方不在中国管辖之内的说法,明确指出:他本人在中国住过 20 年,一贯认为整个台湾都是中国的领土。(P. J. Treat, *Diplomatic Relations between the United States and Japan*, 1853—1895, Vol. I. p. 544.)美国驻日公使平安(J. A. Bingham)也正告日本:"我美国政府曾承认台湾全岛为清国所管辖。"([日]东亚同文会:《对华回忆录》,胡锡年译,45 页)以上均转引自张振鹍《关于中国在台湾主权的一场严重斗争》,106—107 页。

　　② 参见张振鹍《关于中国在台湾主权的一场严重斗争》,109—111 页。

　　③ 谈判中清方始终没有承认琉球是日本属国,日方则坚持琉球既是中国"属国"也是日本"属国",最后双方避开了争论琉球属国问题。又因 1873 年发生了 4 名日本备中州漂民遭台湾番民抢劫的事件,所以条文中的"日本国属民"既可指 4 名日本备中州漂民,也可以理解为还包括琉球国遇难漂民在内。日方后来则故意解释"日本国属民"包括琉球国遇难漂民在内(参见陈在正《1874 年中日〈北京条约〉辨析》,载《台湾研究集刊》1994 年第 1 期)。实际上,由于条文称"日本国属民"被"妄为加害",而日本备中州 4 名日本人只是遭抢劫并未被杀害,所以条约中的"日本国属民"也更容易被理解为是指遇害的琉球漂民。

辖;(三)从来每当藩王更迭之际由中国派来官船,受中国册封,著以为例,今后概予废止;(四)今藩王来朝对政治厘革及兴建的方法,加以研究后决定;(五)琉球与中国今后交涉,概由日本外务省管辖处分。①

琉球无力抗拒日本的压迫,便请求清政府支援。1877 年 4 月 12 日,琉球国王派紫巾官向德宏前往福州会见闽浙总督何璟、福建巡抚丁日昌,呈递国王密信,请求设法阻止日本吞并琉球的行动。清廷接到何璟、丁日昌的奏报后,即谕令出使日本大臣何如璋到日本后"相机妥筹办理"②。何如璋奉谕后,主张对日据理力争,反对放弃琉球,并向总理衙门提出解决琉球问题的上、中、下三策:一、先遣兵船,责问琉球,征其入贡,示日本以必争;二、据理言明,约琉球令其夹攻,示日本以必救;三、反复辩论,若不听从,或援万国公法以相纠责,或约各国使臣与之评理。③ 李鸿章致函总理衙门,主张采取下策,并建议由何如璋与日本交涉。

何如璋奉命于 9 月 3 日到日本外务省与外务卿寺岛宗则交涉,据理力争,态度强硬。寺岛宗则蛮不讲理,坚持吞并琉球。几次交涉,皆不欢而散。10 月 7 日,何如璋拟了一个措词更为强硬的照会给寺岛,重申琉球自古即为中国属国,谴责日本的侵略行径。寺岛复照表示不满,并以停止谈判相要挟,因此形成僵局。其后,日本政府一面派宍户玑为驻华公使,与总理衙门继续交涉;一面于 1879 年 3 月派兵占领琉球,正式宣布改琉球为冲绳县。

琉球不愿接受日本的殖民统治,多次派员到中国请求清廷对日本兴师问罪;清廷则采取了敷衍应付的态度,以待事态演进。1879 年 5 月,美国前总统格兰特来华游历,李鸿章、奕䜣请其出面调解琉球问题。7 月,格兰特到达日本,提议将琉球分作三部,北部归日本,中部归琉球王复国,而将最贫瘠的南部宫古和八重山二岛归中国。这个方案为日本所接受。当时中俄伊犁交涉正在紧张进行,清廷担心日俄要结,决定

---

① 东亚同文会:《对华回顾录》卷上,152 页。转引自王芸生编著《六十年来中国与日本》第 1 卷,149—150 页。
② 故宫博物院编印:《清光绪朝中日交涉史料》卷一,22 页,1932。
③ 何如璋:《与总署总办论球事书》,温廷敬辑:《茶阳三家文钞》卷二页 1,补读书庐,1925。王芸生编著:《六十年来中国与日本》第 1 卷,156—157 页。

对日作出让步。1880 年 10 月,总理衙门与日公使宍户玑议定《球案专条》及《加约》二款。《球案专条》规定:"大清国大日本国以尊重和好,故将琉球一案,所有从前议论,置而不提。大清国大日本国共同商议,除冲绳岛以北属大日本国管理外,其宫古、八重山二岛属大清国管辖,日清两国疆界,各听自治,彼此永远不相干预。"《加约》则允修改 1871 年《中日通商章程》,准日人至中国内地通商,并加入"一体均沾"的最惠国待遇。[①]《球案专条》议定后,中俄伊犁谈判已取得进展,清廷对日俄要结的顾虑也有所减少,便采取了李鸿章提出的"延宕"的办法,未予批准换约。此后数年,中日虽就琉球问题有过多次交涉,但终未妥善解决,结果不了了之。日本则实际上吞并了琉球。

---

① 故宫博物院编印:《清光绪朝中日交涉史料》卷二,9—10 页。

第三节　阿古柏与俄国入侵中国西部边疆及清政府收复新疆

一　阿古柏入侵新疆与俄国强占伊犁

1860—1864年，俄国强迫清政府签订《中俄北京条约》和《中俄勘分西北界约记》，割占中国巴尔喀什湖以东、以南44万平方公里的领土之后，企图进一步鲸吞新疆，进而南下与英国争霸南亚地区。英国则以印度为基地，意欲侵占西藏，插足新疆以阻止俄国的南下。

1864年以后，新疆维、回各族的反清起事日趋扩大，这些起事被一些宗教和上层分子控制，在库车、和田、乌鲁木齐、伊犁、喀什噶尔等地建立若干割据政权。布鲁特头目思的克和回民头目金相印攻占喀什噶尔回城疏附后，为了便于控制该地区，派人去中亚浩罕汗国，迎请流亡该国的前统治者大和卓后裔布素鲁克。浩罕汗国摄政王即派部将阿古柏以护送布素鲁克为由，于1865年1月入侵南疆。阿古柏将布素鲁克扶上"汗"位，自己掌握实权，并驱逐思的克，占据喀什噶尔回城。此后，阿古柏招纳浩罕残兵7 000余人，不断扩充自己的势力，先后攻占英吉沙尔、疏勒（喀什噶尔汉城）、沙车、和田、阿克苏、库车、喀拉沙尔（今焉耆）等城。1867年，阿古柏宣布成立"哲德沙尔国"（意即七城国），自称"巴达乌勒特汗"（意为"幸运之主"）。1870年，阿古柏相继侵占吐鲁番和乌鲁木齐，将侵略势力从南疆扩展到北疆的部分地区，对新疆各族人民实行血腥的屠杀和残暴的统治。

与此同时，俄、英争霸中亚的焦点也集中于南疆地区，都力图将阿古柏政权作为侵占新疆、遏制对方的工具。

1865 年，俄国开始进攻与南疆接壤的浩罕汗国，占领中亚最大的城市塔什干。次年，又吞并了中亚的布哈拉汗国，并与阿古柏达成协议，对于彼此的行动互不干涉。1867 年，俄国政府宣布在塔什干城设立土耳克斯坦总督府，下辖七河省和锡尔河省。七河省管辖的地区主要是俄国通过《中俄勘分西北界约记》所侵占的中国领土。同时，俄国为了达到控制喀什噶尔地区的目的，还要求阿古柏同意"建筑一座横跨纳伦河的桥梁和一条通过天山进入喀什噶尔的军用公路"[①]，企图将喀什噶尔完全置于俄国的控制之下。阿古柏也不甘心听凭俄国的任意摆布，拒绝了这一要求。俄国作好了武力攻占喀什噶尔的准备，只因当时忙于镇压浩罕和布哈拉爆发的抗俄起义，才未能实施。1872 年 6 月，俄国采取威胁利诱的手法，与阿古柏正式签订通商条约，俄国承认阿古柏为"哲德沙尔元首"，阿古柏则同意俄国可以在南疆各地自由通商，在各市镇设立货栈，派驻商业代理人，俄国商品进入南疆只纳 2.5% 的从价税，并可过境运往其他地方。[②] 此后，俄国不断派商队、军人或探险队到南疆活动。

英国也积极开展拉拢阿古柏以将南疆纳入其势力范围的活动。1868 年初，英属印度旁遮普省官员接待了阿古柏派来的使者。1869 年，英印政府在向伦敦提出的一份备忘录中指出：为了防止英、俄之间发生冲突，最好在两国之间有一些"独立国家"，企图把中国南疆变成一个在英国控制下的"缓冲国"。[③] 并派遣驻克什米尔专员沙敖以商人的身份进入新疆，沿途搜集情报，测量地形，到达喀什噶尔后，赠给阿古柏一批步枪；阿古柏亦多次接见沙敖，表示愿为英国女王维多利亚的臣属。沙敖返回印度后，阿古柏派其侄茂沙沙第到印度选购军火，并邀请英印政府派人访问喀什噶尔。1870 年，英印政府派曾任旁遮普专员的福西特随同返回南疆的茂沙沙第访问喀什噶尔。适逢阿古柏率兵争夺库车，福西特停留不久即返印度。这次，英方又送给阿古柏一万支洋枪和若干门大炮。[④]

---

① [英]包罗杰：《阿古柏伯克传》，178 页，伦敦，1878。
② 中国社会科学院近代史研究所编：《沙俄侵华史》第 3 卷，238 页，北京，人民出版社，1981。
③ 中国社会科学院近代史研究所编：《沙俄侵华史》第 3 卷，226 页。
④ 王绳祖：《中英关系史论丛》，163—165 页。

　　1873 年,英印政府再次派福西特率领一支 300 人组成的特派使团,随同的还有 6 746 名伕役和 1 620 匹马,并带有维多利亚女王的亲笔信,于 12 月 4 日到达喀什噶尔。阿古柏向该使团表示:"我特别希望获得英国人的友谊,这对我是不可缺少的。"①次年 2 月 2 日,福西特和阿古柏签订通商条约十二条。英国承认阿古柏为"艾米尔"(统治者),双方可以互派大使及商务专员;英人可以随意进入新疆,自由输入商品,只缴纳2.5%的从价税;可以在新疆境内购买、出售或租用土地、房屋和仓库。福西特使团还详细调查了新疆的历史、地理、气象、经济、政治各方面的情况,回印度后,写成 600 多页的报告书。在拉拢阿古柏以控制新疆南部的争夺中,英国取得了相对的优势地位。

/266

　　俄国为了防止阿古柏建立亲英的统治,在与阿古柏正式签订通商条约之前,便于 1871 年出动大批军队,侵犯伊犁地区。

　　伊犁地区是由伊犁河上游及其三大支流特克斯河、巩乃斯河(空格斯河)和喀什河(哈什河)流域构成的,是中国西部边疆的战略要地,也是新疆最富庶的地区之一。当新疆发生各族民众的反清起事之时,俄国就计划出兵"对东干地区的两个主要中心——伊犁和乌鲁木齐实行军事占领"②。1869 年秋,阿古柏攻占库尔勒后,开始进犯北疆。俄国政府唯恐阿古柏攻占伊犁,于 1870 年 8 月命令七河省省长科尔帕科夫斯基派兵强占了伊犁通往南疆的咽喉要地穆索尔山口,并修筑通向伊犁的道路,开始集结部队,准备侵占伊犁。

　　1871 年 2 月,俄国政府在召开的特别会议上决议侵占伊犁。4 月,阿拉木图附近一个哈萨克部族的首领塔札别克因不堪俄国的残暴统治起兵反抗,失败后率众逃往伊犁地区,这件事成了俄国侵占伊犁的借口。5 月 8 日,科尔帕科夫斯基向伊犁苏丹政权发出最后通牒,限七天之内交出"逃犯"塔札别克,否则将派俄军入伊犁追捕。15 日,俄国土耳克斯坦总督考夫曼下达了进犯伊犁的命令,集结在伊犁西境的俄军分兵两路,一路沿伊犁河以北进攻马札尔,一路向东北进攻伊犁河南的克特缅。伊犁军民奋起抵抗,断绝俄军的粮源和水源,多次击退俄军的

　　① [英]包罗杰:《阿古柏伯克传》,231 页。
　　② [俄]巴布科大:《1859—1875 年我在西西伯利亚服务的回忆》,525 页,彼得堡,1912。

进攻。俄军急忙从国内调集部队增援,集中兵力进攻克特缅。伊犁军民顽强抵抗,终因不敌俄军火炮,被迫撤出克特缅。6月下旬,俄军集结步兵、骑兵和炮兵共2000人,在科尔帕科夫斯基的指挥下渡过霍尔果斯河,侵占阿里玛图村,进逼清水河子。伊犁军民进行了顽强抵抗,俄军凭借优势的炮火,于30日攻陷清水河子,7月1日侵占绥定(今霍城县城),7月3日侵占巴彦岱(惠宁),伊犁苏丹艾拉汗投降俄军,7月4日俄军占领伊犁苏丹政权所在地宁远城(今伊宁市)。两个月后,俄国驻华公使才通知清政府,俄军已将伊犁"代为收复"。①

俄国侵占伊犁后,对当地人民实行军事殖民统治,将伊犁地区划归七河省管辖,直接指派俄国军官实行统治,并将伊犁将军驻地大城(惠远)西北三城夷为平地,另在宁远城金顶寺建立新城,作为统治伊犁地区的中心。为了防止当地民众的反抗,强行收缴民间武器乃至农具,还把青壮年回民强行集中,供其役使,家属则被作为人质押往俄国;并对伊犁地区人民横征暴敛,使当时的伊犁地区成为俄国中亚"财政收入最多的部分之一"②。伊犁地区的民众不堪俄国的殖民统治,除了在当地进行反抗斗争之外,还纷纷从俄国的殖民统治区逃离出来,要求清政府早日进兵,驱逐俄寇,光复失地。

二　收复新疆与收回伊犁

当时,因日本侵略台湾,东南海疆也出现危机,在处置边疆危机的问题上,清政府内部产生了所谓的塞防、海防之争。以直隶总督李鸿章为代表的一派认为新疆"即无事时,岁需兵费尚三百余万,徒收数千里之旷地,而增千百年之漏卮,已为不值",且北邻俄罗斯、西界土耳其等国、南近英属印度,"即勉图恢复,将来断不能久守";而东南海防比西北塞防更重要,"新疆不复,于肢体之元气无伤;海疆不防,则心腹之患愈棘"。他们主张维持新疆现状,停撤西征清军,"其停撤之饷,即匀作海防之饷"③。

① 宝鋆等纂辑:《筹办夷务始末(同治朝)》卷八十二,8页。
② [英]包罗杰:《阿古柏伯克传》,279页。
③ 吴汝纶编:《李文忠公全集·奏稿》卷二十四,19页。

以陕甘总督左宗棠为代表的一派则提出"东则海防,西则塞防,二者并重"的主张,既不忽视东南海防,更应重视西北塞防,反对停撤塞防兵饷以充海防之饷。左宗棠认为:根据目前局势,"若此时即拟停兵节饷,自撤藩篱,则我退寸而寇进尺","是停兵节饷,于海防未必有益,于边塞则大有所妨",故"宜以全力注重西征,俄人不能逞其志于西北,各国必不致构衅于东南"。① 这一派坚决要求出兵新疆,收复失地。

1875 年 5 月,清廷任命左宗棠为钦差大臣,督办新疆军务,乌鲁木齐都统金顺为帮办新疆军务。左宗棠在兰州制定西征计划,筹办粮饷,整编军队,积极为进军新疆做准备。

横亘东西的天山分新疆为南北两部,伊犁位于天山北路西端,进军伊犁必须经过阿古柏侵占的乌鲁木齐,而阿古柏的主力此时集中于南路,北路则由后来归附的陕西回民头目白彦虎驻守。左宗棠按照"先北后南"的战略方针,避实就虚,决定首攻乌鲁木齐,这既可以为收复伊犁扫除障碍,也可作为讨伐阿古柏的突破口。

1876 年 4 月,左宗棠从兰州移驻肃州,设置大本营,督办西征各项事宜,派刘锦棠率西征军主力从肃州出发。7 月,刘锦堂与金顺在济木萨会商进军计划。8 月,清军先出奇兵攻占战略要地黄田,接着集中兵力攻下乌鲁木齐北面的古牧地,歼灭敌军主力,迅速收复乌鲁木齐。11 月,清军攻下围困达两个月之久的玛纳斯南城,胜利结束北路之役。

1877 年春,清军分三路向阿古柏主力盘踞的南疆展开攻势。4 月,刘锦棠率主力攻克南疆门户达坂城,全歼守敌,然后兵分两路乘胜攻克托克逊和吐鲁番。此役歼灭了阿古柏主力,取得收复南疆的决定性胜利。5 月,退守库尔勒的阿古柏兵败援绝,服毒而死,其子伯克胡里自称为"汗",继续负隅顽抗。清军经休整,于 8 月下旬再次发动攻势,10 月连克库车、阿克苏、乌什。12 月,清军冒严寒进克喀什噶尔,陆续收复叶尔羌、英吉沙尔、和田。伯克胡里及白彦虎率残部逃入俄境。清军讨伐阿古柏之役,由进军北路到收复南疆,历时一年半,实际作战 8 个月,至 1878 年 1 月,收复了被阿古柏侵占达 13 年之久的全部新疆国

---

① 杨书霖编:《左文襄公全集·奏稿》卷四十六,32—36 页。

土,为早日收回伊犁创造了有利条件。

俄国原估计清政府根本无力收复新疆,认为伊犁可以长期占领。还在 1872 年,清政府即派署伊犁将军荣全与俄方交涉,俄方不仅不谈伊犁交还问题,还提出割让土地、给予通商权益、设领事馆及赔偿军费等无理要求。总理衙门又多次直接与俄国驻华公使倭良嘎哩交涉,倭良嘎哩则声称必须"修改"《勘分西北界约记》所划定的中俄西段边界,交还伊犁的时间也要推迟至清政府收复乌鲁木齐等地、关内外肃清之后。①

1876 年,清军收复乌鲁木齐后,总理衙门即与俄国新任驻华公使布策交涉,布策又提出"中国须将通商交涉各案先行办结,方可会议交还"②。一年后,清军收复南疆,清政府要求俄国派员与左宗棠直接会商交收伊犁问题,布策仍然坚持"必须将边界各案办结,以见中国真心和好,方能咨请本国派员会商"③。显然,俄国不仅拒不交还伊犁,还企图获取更大的侵略权益。清政府三番五次与俄方交涉毫无结果,于是决定遣使赴俄京谈判。

1878 年 6 月,清政府任命署盛京将军崇厚为头等钦差大臣赴俄谈判交还伊犁问题。12 月底,崇厚与头等参赞邵友濂等一行 30 人抵达彼得堡,从 1879 年 1 月下旬开始,谈判历时近 9 个月。俄国按照既定的方针,即交还伊犁的前提条件是给予俄国在中国的通商权益,修改中俄边界和赔偿军费,对崇厚施加压力。1879 年 10 月 2 日,在克里米亚半岛的里瓦吉亚,崇厚未经清政府同意,与俄国签订了《交收伊犁条约》(即《里瓦吉亚条约》),同时还签订了《瑷珲专条》、《兵费及恤款专条》及《陆路通商章程》。11 日,崇厚启程回国。

《交收伊犁条约》和《陆路通商章程》包括三方面的内容:(1)边界。俄国交还伊犁九城一带地方,伊犁西境霍尔果斯河以西及南境特克斯河地区一带大片中国领土划归俄属,还规定将喀什噶尔及塔尔巴哈台(塔城)两处的双方边界作有利于俄国的修改。(2)通商。俄国除依旧

① 参见中国社会科学院近代史研究所编《沙俄侵华史》第 3 卷,249—251 页。
②《使俄崇厚奏与俄外交部商办收还伊犁事宜折》,见王彦威纂辑《清季外交史料》卷十五,31 页。
③《总署奏议左宗棠奏查办伊犁俄人交涉各案折》,见王彦威纂辑《清季外交史料》卷十三,16 页。

约在伊犁、塔尔巴哈台、喀什噶尔、库伦设立领事外,可在嘉峪关、科布多、乌里雅苏台、哈密、吐鲁番、乌鲁木齐、古城等七处增设领事,俄商可在新疆和蒙古全境内免税进行贸易、增辟中俄陆路通商新线等。(3)赔款。中国赔偿俄国"代收代守伊犁所需兵费"和"补恤"俄民共500万卢布(合白银280万两)。这一条约使俄国达到了扩大侵华权益的目的,而中国收回的伊犁实际成了一座北、西、南三面都被俄国包围的孤城。

崇厚签约的消息传来,举国震惊,朝野哗然。1880年1月,清廷宣布将崇厚开缺,交吏部严加议处,接着又革职问罪,后来定为"斩监候"。2月,清政府声明拒绝承认崇厚所议条约,并任命曾国藩之子、驻英公使曾纪泽兼任驻俄公使,赴俄重议边界条约。俄国对此极为不满,一面向清政府提出抗议,采取外交上的恫吓,一面在中国西北边境调集军队,派遣舰队驶往中国沿海,实行武力威胁。列强从维护自身的利益出发,对中俄局势采取了不同的态度:英、法不希望中俄之间发生战争,因而压迫清政府对俄妥协;德国则支持俄国发动侵华战争,以便从中获利;日本也乘机在琉球问题的谈判中向中国勒索更多权益。

曾纪泽分析了当时的中外形势,深感赴俄重议条约,无异于"障川流而挽既逝之波,探虎口而索已投之食"①。决定谈判的基本原则是力争分界,酌允通商,即"分界既属永定之局,自宜持以定力,百折不回,至于通商各条,惟当即其太甚者酌加更易,余者似宜从权应允"②。1880年7月,曾纪泽抵达彼得堡后,与俄方进行了7个月的艰苦谈判,反复折冲,于1881年2月24日重新签订《中俄伊犁条约》(当时称《改订条约》,又称《圣彼得堡条约》)和《改订陆路通商章程》。主要内容有:(1)俄国归还所占的中国伊犁地区,伊犁霍尔果斯河以西地区割让给俄国,原则上规定修改北疆边界,重勘南疆边界。(2)中国赔款900万卢布。(3)俄商可在中国新疆各城贸易,暂不纳税;在中国蒙古地方贸易,照旧免税。(4)中国准许俄国在嘉峪关、吐鲁番两地增设领事。(5)伊犁居民愿迁居俄国入俄籍者,均听其便。据不完全统计,《改定

---

① 《巴黎致总署总办》,见喻岳衡点校《曾纪泽遗集》,170页,长沙,岳麓书社,1983。
② 《敬陈管见疏》,见喻岳衡点校《曾纪泽遗集》,28页。

条约》签订之后,迁入俄境的中国居民达 10 多万人。

《中俄伊犁条约》与"崇约"相比,除赔款增加 400 万卢布外,中国收回了一些主权。界务方面,中国收回了伊犁河南面特克斯河流域 2 万多平方公里的领土;商务方面,俄国设领事处由七处改为两处,增辟两条商路改为一条,且到嘉峪关为止,不得延伸至汉口,水路通商也取消了俄轮松花江航行至伯都讷的专条。

1881 年 5 月 15 日,清政府批准了《中俄伊犁条约》。9 月 2 日,清政府命令伊犁将军金顺督办交收伊犁事宜。1882 年 3 月 22 日,塔尔巴哈台参赞大臣升泰代表清政府正式接收伊犁,金顺亦随即率兵进驻。

三　俄国侵占帕米尔地区

《中俄伊犁条约》签订后,双方根据该约中修改南、北疆边界的原则规定,于 1882—1884 年订立了中俄《伊犁界约》《喀什噶尔界约》《科塔界约》《塔尔巴哈台西南界约》《续勘喀什噶尔界约》等 5 个子约,分段重新勘定了中俄西段边界。俄国通过《中俄伊犁条约》及上述这些勘界议定书,共割占了中国西部 7 万多平方公里的领土。俄国并不以此为满足,又开始违约侵占中国的帕米尔地区。

帕米尔古称"葱岭",位于我国新疆西部,是中国西部边疆的天然屏障,又是沟通费尔干盆地和印度平原的捷径,具有重要的战略地位。清政府在帕米尔地区设有大小卡伦 20 余处,实行定期的巡边制度。1878年清政府消灭阿古柏之后,又在这里增设卡伦 7 处。

俄国通过 1884 年签订的中俄《续勘喀什噶尔界约》(以下简称"喀约"),将边界向南推进到乌孜别里山口。喀约还规定从乌孜别里山口起,"俄国界线转向西南,中国界线一直往南",把中国帕米尔地区分为三个部分:"一直往南"走向线以东的部分仍属中国,"转向西南"走向线的西北部分被划入俄国版图;两条走向线之间的三角形地带则成了"待议地区"。然而,俄国并不遵守这个它强加给中国的不平等条约,仍然不断派遣武装"探险队",侵入中国的帕米尔地区。

1889 年,清政府在帕米尔加强了防卫,护理新疆巡抚魏光焘派旗官张鸿畴率兵"巡查内外卡伦"①,并在伊西洱库尔湖北面的苏满塔什设立卡伦②。1891 年 7 月,俄国的一支武装部队侵入帕米尔,劫走了苏满塔什的乾隆纪功碑,企图销毁"中国在阿尔楚尔享有主权的确切证据"③。是年 12 月,魏光焘又在苏满地方刊石重立了纪功碑。

1892 年 2 月,俄国外交大臣格尔斯以"地界不清"为由,要求清政府撤退驻守苏满的军队,否则将以武力解决。在俄国的压力下,清政府撤回了驻防苏满的军队。俄国得寸进尺,决定出兵占领整个帕米尔。6 月,俄国派遣一支由约诺夫上校率领的 1 500 多人的"帕米尔支队"侵入帕米尔,强行占领苏满塔什、阿克塔什等地,又在中国六尔阿乌卡伦附近建立"帕米尔哨所"(后改称"木尔加布哨所"),作为俄国控制帕米尔地区的军政中心。中国驻俄公使许景澄多次奉命向俄国政府提出照会,要求俄国撤走军队。俄国反而增派军队,公然违反喀约的规定,强占萨雷阔勒岭以西 2 万多平方公里的中国领土,以先占后议的惯用手法,强迫中国承认既成事实。

1892 年 11 月 15 日,俄国驻华公使喀西尼奉命提出谈判帕米尔划界问题,主张中俄边界走向自乌孜别里山口起"转东而南",即以俄国的军事占领线——萨雷阔勒岭为中俄边界线。许景澄奉命与俄国交涉,指出俄国要求的"先往东再往南",违背界约规定,表示"中国不能允许",坚决要求以喀约规定的走向为原则,"然后将中间余地商量勘分"。④ 所谓"中间余地",即喀约规定的"一直往南"与"转向西南"两条走向线之间的三角形地带。许景澄还当面指斥俄国外交总办亚洲司司长格毕尼斯:"大概于俄有益者,贵国即以条约为凭;无益者,即不以为凭,未免有欠公道。"⑤俄方则一直采取蛮横诡辩的态度,最后拒绝与许景澄谈判。翌年,清政府又派驻法参赞庆常与俄外交大臣格尔斯交涉。庆常坚持按喀约划界,俄方提不出反驳的理由,只有采取拖延甚至武力

---

① 王彦威纂辑:《清季外交史料》卷八十七,3 页。
② 乾隆二十四年(1759 年),清王朝平定大小和卓叛乱以后,在帕米尔西部的伊西洱库尔湖北岸建立一座"平定回部勒铭伊西洱库尔淖尔碑",用满、汉、维三种文字记述平叛经过,碑文为乾隆皇帝所写。从此,当地居民称这个地方为"苏满塔什"(意为"写着文字的石头")。
③ 〔英〕斯克林·奈丁格尔:《马继业在喀什噶尔》,35 页,伦敦,1973。
④ 盛沅编:《许文肃公遗稿》卷四,公牍,13—14 页,外交部图书处,1918。
⑤ 盛沅编:《许文肃公遗稿》卷七,函牍三,28 页。

威胁的手法,谈判仍然没有结果。

1894 年 4 月,俄国利用日本即将发动侵华战争的形势,逼迫清政府让步。俄外交部照会许景澄:"由于俄国和中国间关于帕米尔问题的意见分歧并很难立刻达成一个谅解,帝国政府认为,维持过去已形成的和目前存在的状况乃是目前避免误会或可能纠纷的最好办法。双方保持各自的位置,并将命令主管机关不得超越上述位置。目前事实上所形成的状况在未得到最终解决之前似可继续维持。……如果发生分歧或举行新的谈判,谈判将在北京举行。"①许景澄复照俄方,表示同意"在中国和俄国间的帕米尔问题未得到最终解决以前,双方分别给予两国主管机关命令以便使其保持并不超越各自的位置"。清政府在复照中明确作了如下两点重要保留:

一、在采取上述措施时,并不意味着放弃中国对于目前由中国军队所占领以外的帕米尔领土的权利。它认为应保持此项以一八八四年界约为根据的权利,直到达成一个满意的谅解为止。二、采取上述措施也并不表明终止目前的谈判。②

接着,中俄相互照会对方,声明已经命令各自的主管机关不得超越目前所占据的位置,直到中俄关于帕米尔划界问题得到最终解决为止。中俄换文是当时双方暂时维持双方现状的文件,而不是划界的文件,对于这一点就连俄方也是承认的,俄外交大臣格尔斯即对庆常说:上述换文,只是"两不进兵"之议,今后帕米尔边界尚须"徐俟界议定局"。③ 清政府则明确声明中国保留以《续勘喀什噶尔界约》为根据的权利。此后,有关帕米尔划界的谈判一直未再进行,中国政府也从来没有承认过俄国对萨雷阔勒岭以西大片领土的占领。

1895 年 3 月 11 日,俄、英两国趁中国在中日甲午战争中战败之机,达成瓜分萨雷阔勒岭以西的中国帕米尔领土的协议,划分了各自势

① 中国社会科学院近代史研究所编:《沙俄侵华史》第 3 卷,328 页。
② 中国社会科学院近代史研究所编:《沙俄侵华史》第 3 卷,329 页。
③ 王彦威纂辑:《清季外交史料》卷八十九,12 页。

力范围的分界线。对此,清政府提出抗议,严正指出:"英俄不顾中国允认与否,遽行定界,迹行强占。"[1]并电告驻俄公使许景澄"此后日必重申前说"[2],明确表示了中国政府不承认俄、英瓜分帕米尔协议的立场。

四 新疆建省

伊犁收回之后,新疆建立行省的重要性和迫切性便更加凸显出来。

清政府于1762年(乾隆二十七年)设立伊犁将军,作为新疆的地方军事长官,管理军政。民政事务仍由各地民族头目自理。在蒙古部和哈密、吐鲁番等地保存札萨克制,设王公管理;在南疆的维吾尔族地区实行伯克制;在汉、回族聚居的东部地区则推行州、县制,设镇迪道,虽由乌鲁木齐都统兼管,但隶属甘肃省。这种以军府制为主体的多元制的行政建制,职能偏重于军事和戍边,各地王公、伯克自行其是,政令难以统一,削弱了清政府在新疆的统治,当外来势力入侵之时,就易出现分裂割据的严重局势。[3]

龚自珍在《西域置行省议》中最早提出了新疆置州县、设行省的主张。[4] 魏源在《圣武记》中也提出过新疆应"追天顺时,列亭障,置郡县"的问题。[5] 正是在龚、魏的影响下,左宗棠自1875年督办新疆军务后,即十分关注新疆建省的问题。1877年在讨伐阿古柏、收复南疆之际,他首次向朝廷正式提出在新疆"设行省、改郡县",以"画久安长治之策,纾朝廷西顾之忧"。[6] 1878年初,清军收复阿古柏侵占的新疆全部领土后,左宗棠进一步筹划建省的各项事宜。11月,他再次上奏朝廷,陈述新疆的形势和建省的重要意义,指出收复新疆之后,安集流亡,民户激增,百废肇兴,已有端绪,故"南北开设行省,天时人事,均有可乘之机";原有的军府制,特别是伯克制弊害丛生,唯有设县建省,民有可治之官,"则纲目具而事易举,头目人等之权杀,官司之令行,民之情易知,政事

---

① 袁大化修:《新疆图志》卷九,20页,上海古籍出版社,1992。
② 王彦威纂辑:《清季外交史料》卷一百一十三,16页。
③ 参见沈传经《论新疆建省》,见《新疆历史论文续集》,393—413页,乌鲁木齐,新疆人民出版社,1982。
④ 龚自珍:《龚自珍全集》,105—111页,上海人民出版社,1975。
⑤ 魏源:《圣武记》卷四,光绪二十六年刊本。
⑥ 《遵旨统筹全局折》,见杨书霖编《左文襄公全集·奏稿》卷五十,77页。

之修废易见,长治久安之效,实基于此"。① 清廷虽然表示赞同左宗棠的建议,但以伊犁尚未收回,"一切建置尚难遽定",乃谕令左宗棠"悉心筹画,次第兴办","俟诸事办有眉目,然后设官分职,改设郡县,自可收一劳永逸之效"。② 1880 年 5 月,左宗棠进一步提出新疆建省的具体方案:总督驻乌鲁木齐,巡抚驻阿克苏,伊犁将军驻伊犁,塔尔巴哈台改设都统,以下再设伊犁、镇迪、吐鲁番、阿克苏、喀什噶尔等 5 道,迪化、温宿、库车、疏勒、莎车等 15 府,镇西、广安、焉耆、于田、尉头、依耐等 6 州,以及迪化等 21 县。全省设总督、巡抚、知府、同知、知县和将军、都统、兵备道等军政官员。"从此边地腹地,纲举目张","治外则军府立,而安攘有藉,疆圉奠焉;治内则吏事修,而政教相承,民行兴焉。上无鄙夷其民之心,下有比户可封之俗。长治久安之效,实基于此。"③清政府仍以伊犁尚未收复,将左宗棠新疆设省之议搁置下来。此后,左宗棠虽然调任两江总督,但仍然关心着新疆的建省问题。

1882 年 8 月,督办新疆军务钦差大臣刘锦棠在赞同左宗棠建省主张的基础上,提出了比较符合新疆实际的建省方案。他认为建省设官,必须"量其地之民力物力","视其形势之冲僻繁简","故新疆添置郡县,设官未可过多"。其方案较之左宗棠的方案,所设州县及官员均有所减少。具体为:设巡抚 1 员,驻乌鲁木齐,伊犁仍设将军,下设镇迪道,除原甘肃镇迪道所辖各州县外,将原属甘肃省安肃道的哈密亦划归镇迪道管辖;阿克苏道,辖南疆东四城;喀什噶尔道,辖南疆西四城。道以下各设府、厅、州、县等官 30 余员。同时,刘锦棠不同意将新疆与甘肃截然分开,认为"新疆之与甘肃,形同唇齿。前左宗棠以陕甘总督,督办新疆军务,凡筹兵筹饷以及制办转运诸务,皆以关内为根本","若将关内外划为两省,以三十余州县孤悬绝域,其势难以自存。且后路转饷制械诸务,必与甘肃分门别户,以清眉目,所需经费,比目前必更浩繁,其将何以为继。故新疆、甘肃势难分为两省。"他建议添设甘肃巡抚一员,驻扎乌鲁木齐,管辖哈密以西南北两路各道、厅、州、县,并赏加兵部尚书

---

① 《复陈新疆情形折》,见杨书霖编《左文襄公全集·奏稿》卷五十三,33—35 页。

② 杨书霖编:《清德宗实录》卷八十一,见《清实录》第 53 册,241 页,北京,中华书局,1987。

③ 杨书霖编:《左文襄公全集·奏稿》卷五十六,34 页。

衔,以统辖全疆官兵,督办边防。设甘肃关外等处布政使一员,随巡抚驻扎。旧有镇迪道加按察使衔,兼管全疆刑名驿传事务。伊犁将军亦无须总统全疆,"免致政出多门,巡抚事权不一"。"总之,新疆不复旧制,便当概照行省办法。"[1]次年7月,刘锦棠与新任陕甘总督谭钟麟联衔上奏朝廷,拟在南疆陆续设立道、厅、州、县,"分委道员、同知、直隶州知州、通判、知县各官前往署理,暂刊木质关防钤记,给令启用,俾昭信守"。其余如设书办及应兴应革事宜,亦次第进行。[2] 新疆建省的条件日渐成熟。

1884年11月17日(光绪十年九月三十日),清廷正式发布新疆建省的上谕:

> 新疆底定有年,绥军辑民,事关重大,允宜统筹全局,更定新章。……前经左宗棠创议设立行省,分设郡县,业据刘锦棠详晰陈奏,由部奏准,先设道、厅、府、县等官。现在更定官制,将南北两路办事大臣等缺裁撤,自应另设地方大员,以资统辖。着照所议,添设甘肃新疆巡抚、布政使各一员。[3]

清政府任命刘锦棠为甘肃新疆巡抚,仍以钦差大臣督办新疆事宜,调魏光焘为甘肃新疆布政使。1885年,刘、魏先后到达乌鲁木齐汉城(迪化城),建立巡抚及布政使衙门,巡抚以下主要官员建制亦粗具规模。同时,刘锦棠开始着手裁撤伯克,至1887年,清政府批准将伯克全部裁汰,促进了郡县制的确立。此后,又经历任巡抚的调整添设,至1902年,新疆全省有镇迪、伊塔、阿苏里、喀什噶尔4道,下辖6府、10厅、3州、23县。新疆建省促进了新疆社会经济的发展,扩大了新疆与内地的联系,加强了清政府对新疆的管理,有利于国家的统一和民族的团结,从而也增强了抵御外来侵略的力量。

① 朱寿朋编:《光绪朝东华录》第 2 册,1376—1382 页,中华书局,1958。
② 朱寿朋编:《光绪朝东华录》第 2 册,1556 页。
③ 中国第一历史档案馆编:《光绪朝上谕档》第 10 册,301 页,南宁,广西师范大学出版社,1996。

第四节　英国觊觎西藏与清政府的对策

一　英人入藏"游历"与通商

从 18 世纪中叶起,英国一直企图以通商为手段来打开中国西藏的门户。1773 年,东印度公司派兵侵占了不丹的一些地区;第二年,驻在日喀则扎什伦布寺的六世班禅应不丹德布王的请求,致书告诫印度总督赫斯定:"德布乃统治此地区达赖喇嘛之属下(现达赖年幼由我摄政),若您坚持对不丹进一步侵扰,则将引起达赖及其臣民之反对。"①赫斯定希图借此机会与六世班禅取得联系,立即派熟悉西藏情况的东印度公司秘书博格尔由不丹进入西藏,住进日喀则扎什伦布寺。博格尔与拉萨派来的官员进行了接触,提出同西藏订立商约的要求,拉萨的官员则表示"西藏属于中国大皇帝管辖,通商的事他们不能作主"②,也不同意他前往拉萨。博格尔又要求单独与六世班禅订立商约,也被拒绝。在西藏活动的 5 个月期间,博格尔详细调查了西藏的物产、税收、风俗以及孟加拉通往拉萨的道路,于次年 4 月返回印度。

1783 年,赫斯定又以庆贺班禅灵童③为名,派遣英军上尉忒涅及其随员桑德尔前往扎什伦布寺,再次向班禅的摄政仲巴呼图克图提出订立商约的问题,仲巴呼图克图表示曾多次写信请示达赖,达赖和清廷都不同意与英国通商。忒涅又提出由东印度公司在扎什伦布开一商店,

① 佘素:《清季英国侵略西藏史》,12 页,北京,世界知识出版社,1959。
② 佘素:《清季英国侵略西藏史》,15 页。
③ 六世班禅于 1781 年圆寂,丹白尼玛被确定为六世班禅的灵童,即七世班禅(1782—1853)。

由英国人来主持。这一要求仍被仲巴呼图克图拒绝，仅同意由印度人来扎什伦布经商。玒涅在扎什伦布活动了3个月，虽然没有达到预期的目的，但同样搜集到有关西藏的大量情报，并进行了交通路线的测绘。他也不得不承认清朝中央政府对西藏的主权，意识到不可能避开清朝中央政府而与西藏地方政权单独订立商约，因而在向英印政府提出的报告中，建议今后采取拉拢班禅反对达赖及挑拨清朝中央与西藏地方之间关系的策略，来达到与西藏订立商约的目的。①

进入19世纪后，英国控制了与西藏毗邻的尼泊尔、哲孟雄（锡金）和不丹，并以此为基地加紧了对西藏的渗透。英人不断以"游历"为名潜入西藏活动。东印度公司职员曼宁是第一个进入拉萨的英国人，此人在剑桥大学读书时便迷上了中国的语言和文化，1806年在东印度公司驻广州的一个机构任职。1811年9月，曼宁从加尔各答出发，经不丹进入西藏，先在帕克里停留了一个月，然后以朝佛及行医为掩护进入拉萨，拜见驻藏大臣和达赖喇嘛，结交西藏僧俗上层。不久，驻藏大臣识破了他的真实身份，认为他"假借朝佛之名，希图暗中传教"，将他驱逐出境。②

与此同时，英国的一些所谓的"探险家"以考察为名，不时进入西藏地区收集情报。1812年，英印政府文官莫克罗夫特装扮成朝圣的商人，从印度的阿尔摩拉翻越尼堤山口潜入西藏阿里，到达马法木错湖，测绘了康仁波清山。此后，又有英属印度军官亨利·斯特拉彻和理查德·斯特拉彻兄弟继续勘测马法木错湖、康仁波清山以及马法木错湖水系。

19世纪60年代，"印度三角勘测局"在英印政府的授意下，专门对我国青藏高原进行有组织、有系统的勘测和调查。该局总监蒙哥马利创办了一所培训学校，训练印度的当地人充当勘测员，代替一眼就能被人看出的欧洲人，以便能更顺利地潜入西藏。在这所学校接受训练的南·辛格于1865年化装成商人由尼泊尔潜入西藏，到达日喀则、江孜、拉萨等地，秘密从事活动，历时半年多。一路上，他用装有测绘仪器及

---

① 参见休勒·凯曼《通过喜马拉雅山的贸易》，91—101页，普林斯顿，1951。
② 吕昭义：《英属印度与中国西南边疆》，133—134页，北京，中国社会科学出版社，1996。

其数据的特制手转经轮和特制的念珠,秘密进行地理、气象和交通等方面的测量活动。1872 年和 1878 年,一位代号为 A-K 的受训人员辛格·米兰瓦尔两次进入西藏,探测西藏至青海的路线。1880 年,另一位代号为 K.P 的哲孟雄土人金杜布受训后潜入西藏,试图探测证实雅鲁藏布江是否为布拉马普特河的上游,以解决当时地理界关注的这一悬案。他在雅鲁藏布江漂下多根刻有自己名字的木头,结果因联系失误,测量局未能及时在布拉马普特河口观察打捞,使这一探测半途而废。[①]

英印政府经过长期的勘测,将打通印藏的突破口确定在大吉岭—春丕峡谷,并加快了道路的修筑。大吉岭一带是产茶地区及避暑胜地,英印政府的军政要员在夏季常云集此地,印度茶商可以通过他们敦促英印政府早日推动印茶销藏。1879 年,一条可以通行大车的公路修筑至春丕谷地南端的日纳岭;1881 年,一条以东孟加拉铁路干线上的西里古里为起点通至大吉岭的窄轨铁路竣工。这两条道路缩短了藏印边境至印度政治中心加尔各答的距离,为英国进一步向西藏渗透和扩张提供了必要的条件。[②]

《中英烟台条约》的订立虽然使英国人进入西藏合法化,但是,西藏地方政权和广大僧俗群众却坚决抵制英人的入藏“游历”,特别担忧天主教的传入将破坏西藏的宗教统一,危及西藏政教合一的地方政权,因此,西藏各地阻止英人进藏的事件和冲突屡有发生。

1882 年后,英国经济进入了长期的萧条,英国资本家迫切要求开辟新的市场。《泰晤士报》曾发表社论呼吁道:“我们到处听到商人诉说贸易停滞。如果我们坚决要求进入西藏,那儿有一个广大市场等待我们。”[③]1884 年 10 月,英印政府任命孟加拉省财政秘书马科蕾筹办进藏商业考察团事宜。马科蕾返回英国,向政府陈述:开通印藏贸易不仅因印茶销藏而给英国带来可观的经济利益,还会使“我们在亚洲的政治势

① 参见吕昭义《英属印度与中国西南边疆》,134—139 页。
② 吕昭义:《英属印度与中国西南边疆》,139 页。
③ 《英国地理学会会报》卷一,91 页,1885 年;转引自王绳祖《中英关系史论丛》,241 页。

力就将得到巨大的扩展"。① 这促使英国政府批准了他的出使计划。

清政府内部对是否接纳英国商务考察团却产生了意见分歧,曾纪泽、李鸿章主张同意英国的入藏通商的要求。1885 年 8 月,曾纪泽致函李鸿章说:"西藏系天朝属地",马科蕾要求与总理衙门谈判西藏通商事宜,表明英人"明认中国之主权",②"兹幸英人不萌侵夺之念,但以通商为请,在我似宜慨然允之,且欣然助之经营商务。商务真旺,则军务难兴,此天下之通理也。我之主权既著,边界益明,关权日饶,屏篱永固,兴利也,而除害之道在焉。"③12 月,四川总督丁宝桢则上奏表示坚决反对,他针对曾纪泽所论,强调:"英人之与西藏通商,是乃多年故智,而用心阴鸷,即露端倪,我不可谓彼之不言侵夺,第专意通商。"英人不过是"佯借通商之美名,实阴以肆侵夺之秘计,设使事机不顺,彼先得中国之利权,继欲占中国之土地,势不至易通商为侵夺不止。彼时我之虚实彼尽知之,我之人情彼尽悉之"。而且西藏僧俗皆反对与英人通商,如将通商之说强加于西藏地方,将导致中央政府与西藏地方关系恶化,"兵端已先肇于西藏",则反为英人所利用,"转移其祸于我,是我先为西藏受害"。更为严重的是,英人并非仅注意西藏,而是要进一步通过西藏进入四川,"设藏路一开,则四川全境俱失;川中一失,则四通八达,天下之藩篱尽坏"④。最后,总理衙门在英国公使欧格讷和马科蕾作出保证不与西藏地方政权私行缔约,不得以任何形式帮助天主教势力渗透西藏后,发给护照,知照驻藏大臣妥为保护,同时要求马科蕾必须取得西藏地方政权的同意,始得入藏。⑤

马科蕾返回印度后,很快组织了一个"商业"考察团,包括测量、绘图、医务、翻译等人员,还有 300 名印度士兵组成的卫队,随带有驯象 10 只、各色礼物百余驮。1886 年初,考察团在大吉岭集中,准备于旧历三月中旬起程,并扬言如果藏人阻拦,将带兵 3 000 名自行保护进藏。⑥

① 《英国外交部档案》,17/1002,马科蕾备忘录,1885 年 7 月 16 日。转引自吕昭义《英属印度与中国西南边疆》,140 页。
② 《伦敦致李傅相》,见喻岳衡点校《曾纪泽遗集》,207—208 页。
③ 《伦敦再致李傅相》,见喻岳衡点校《曾纪泽遗集》,209 页。
④ 王彦威纂辑:《清季外交史料》卷六十二,17—21 页。
⑤ 吕昭义:《英属印度与中国西南边疆》,142—143 页。
⑥ 王绳祖:《中英关系史论丛》,244 页。

驻藏大臣色楞额在获悉马科蕾一行的行动后,既不敢严正拒绝马科蕾的武装威胁,也无法强迫西藏僧俗官员同意英人的要求,便奏报清廷,痛陈英人入藏,尤其是印茶销藏的危害,"必使川省之茶无处行售。彼得独专厚利,我乃坐失重资"①。奏报引起了清廷的重视,总理衙门与英国公使欧格讷反复交涉,要求考察团暂缓入藏。当时,中英间关于缅甸问题的谈判几成僵局,英国为了诱使中国承认其吞并缅甸,决定在入藏问题上稍作让步。1886 年 7 月,中英双方以中国承认英国占领缅甸、英国取消入藏考察为交换条件,在北京正式签订中英《缅甸条款》。英国虽然暂时取消了马科蕾的入藏考察,但很快又开始策划边界纠纷,对西藏发动了武力进犯。

二 英国第一次侵藏战争

马科蕾将率兵从大吉岭入藏的消息传来后,西藏地方政权为了阻止英人的入侵,便在西藏境内的隆吐山口建卡设防,派兵驻守。隆吐位于西藏与哲孟雄、不丹交界处的热纳(即日纳),是从喜马拉雅山南麓进入春丕谷地的第一道险要关口,原属西藏地方的热纳宗营管辖。嘉庆初年,达赖因"哲孟雄部长人亟恭顺,尊从黄教,赏准将热纳宗草场一段,拨给该部民通融住牧,并令该部长代办热纳宗营官事。该部长领有商上印照为执。地虽赏准通融住牧,仍是藏中之地,而隆吐山更在此地迤北,是为藏地确切不移凭据"②。隆吐属于西藏,就连哲孟雄部长也明确承认,而且他将西藏地方政权收管此地,视为是对自己纵容英人在本人管辖境内筑路、游历和组织考察团的一种处分。③因此,西藏地方政权在自己国家的领土上建卡设防,阻止外来入侵,完全是正当的行为。

1886 年 12 月,英驻华公使华尔身向总理衙门提出交涉,认为藏人此举"意在阻止通商",④要求总理衙门行知驻藏大臣予以制止。次年

---

① 王彦威纂辑:《清季外交史料》卷六十七,18 页。
②《文硕奏牍》卷四,26 页,见吴丰培辑《清季筹藏奏牍》第 1 册,国立北平研究院史学研究会,1933。
③ 参见王绳祖《中英关系史论丛》,246—247 页。
④《文硕奏牍》卷二,2 页,见吴丰培辑《清季筹藏奏牍》第 1 册。

6月底，华尔身再度向总理衙门交涉时态度强硬，指责清政府对此事"似有漠然之势"，声称"惟有即刻调兵驱逐出境"，①决意付诸武力。此后，华尔身又再三到总理衙门进行威胁："藏兵出境驻西金（即锡金）隆吐山阻塞商路，印督欲用兵驱逐，决不容该兵在彼守冬。"②面对英国的威胁，清政府采取了退让的政策，一面令中国驻英公使与英外交部交涉要求延期，一面令川督刘秉璋飞咨西藏地方撤回隆吐守军。

清政府对英退让的政策，遭到了西藏地方僧俗官员的抵制，他们多次向驻藏大臣文硕呈递"公禀"，揭露英国侵吞南亚、觊觎西藏的野心，"垂涎藏境，以便东窥四川、云南，北窃西宁、青海，水陆交冲，蚕食我大清边境"③。请求总理衙门正告英国公使，要求英人从其侵占的哲孟雄、不丹的土地上"一概退出，撤毁铁索桥，以正疆界，方为正办"，坚决表示：如果英军胆敢侵犯，则西藏民众将不惧牺牲，"惟有复仇抵御，实力阻挡"。④ 文硕也多次向总理衙门陈述意见，支持西藏僧俗官员守疆自卫的立场。总理衙门不顾西藏僧俗官员的反对，三番五次电令四川总督刘秉璋飞咨文硕，严令撤卡。但西藏僧俗官员态度坚决，表示"自守疆域，并未越界滋事，英人何得阻挠"，"就使目下即有莫大祸患，我等藏众亦决不甘心以地让人"。清廷无奈之下，乃于1888年2月18日发布上谕，严责西藏地方"蠢兹忿举，不量己力，越疆置卡，肇衅生端，因有新约通商，反欲断绝商路"；怒斥文硕"不能将朝廷保全该番之意，剀切劝谕，近复畏难取巧，反欲借拒英护藏为名，谓地为藏地，撤无可撤，连章累牍，哓辩不休，推其执谬之见，即兴兵构怨，有所不恤"。⑤ 清廷一厢情愿地以为，只要退兵撤卡，便可避免战端。然而，这种退让政策既打击了西藏地方抵御外侮的士气，也助长了英印政府进犯西藏的野心。

1888年初，英印政府调动军队2 000余人集结西藏边界，由陆军准将格拉汗指挥，作了进攻的准备。西藏地方政权获悉英印军队准备进攻的消息后，立即从各地增派援军前往隆吐山，在山间路口构筑石墙，

---

① 《文硕奏牍》卷三，5页，见吴丰培辑《清季筹藏奏牍》第1册。
② 顾廷龙、叶亚廉主编：《李鸿章全集》（一），电稿一，898页，上海人民出版社，1985。
③ 王彦威纂辑：《清季外交史料》卷七十四，4页。
④ 《文硕奏牍》卷三，37—38页，见吴丰培辑《清季筹藏奏牍》第1册。
⑤ 顾廷龙、叶亚廉主编：《李鸿章全集》（一），电稿一，926、928页。

集团防堵。3 月 20 日,英印军队向守卫隆吐山的藏军发起攻击,正式挑起侵略战争。次日,英印军队集中炮火摧毁藏军据守的兵房、石墙,炮弹直落藏军中央,藏军顽强抵抗,伤亡过多,被迫从隆吐山撤退至纳汤以北,在山头连夜构筑起长四五里、高与胸齐的石墙,凭险据守。英印军队再度发起进攻,以密集炮火将石墙夷平,占领纳汤,藏军败退至捻纳以内春丕谷地。

隆吐山、纳汤等地的守失,并没有动摇西藏军民抵御外侮的决心,西藏地方政权积极组织反攻,从前后藏及西康等地征调藏军增援前线,分别集中于亚东附近各地。此后,藏军虽然曾多次组织反攻,试图收复隆吐,但都被英印军击退。

283

在英印军挑起战争的当天,清廷再次严厉申斥文硕:"识见乖谬,不顾大局",将其"即行革职"。[①] 7 月,新任驻藏大臣升泰抵藏后,奉行清廷的退让政策,迎合英人关于藏南界址的说法,称西藏接近哲孟雄的边界在雅拉山,该山又位于隆吐之北,所以隆吐不在藏境,[②]以证明英国指责藏军"越界戍守"事出有因,命令藏军先行撤入帕克里。8 月,英印军不断"添兵运炮",多次进犯藏军营地,藏军本欲出营反击,均被升泰一再阻止。9 月,英印军凭借炮火优势,向驻守在捻纳山的藏军发起大规模进攻,藏军武器落后,力战不支,伤亡惨重,被迫退至仁进岗一带。英印军占领则利拉、亚东、郎热等地后亦不敢向前深入,退回纳汤附近的对邦。西藏地方政权仍然组织力量,加紧备战,截至 11 月,集结在仁进岗一带的藏军总数已达万余人。

三　中英《印藏条约》订立

1888 年 12 月,升泰自率部队到达仁进岗,令集结此地的藏军后撤至灵马汤,将藏军与英印军隔离。接着,升泰亲赴纳汤会晤英印军政治官员保尔商谈议和,英印政府外交秘书杜兰作为英方首席代表与升泰进行谈判。

---

① 中国第一历史档案馆编:《光绪朝上谕档》第 14 册,72 页。
②《升泰奏牍》卷一,1—2 页,见吴丰培辑《清季筹藏奏牍》第 2 册。

谈判开始,英方提出 7 项草约,主要内容是:划定西藏与哲孟雄边界;中国承认英国在哲孟雄境内之完全统治权,永不侵扰哲孟雄国境,或干预其内政;英国臣民得自由进出西藏贸易,与西藏人民同等待遇,英国货物进入西藏所付关税,应按另议税则缴纳等。① 并坚持先将 7 条议妥,再议撤兵的问题。7 条草约较之中英《缅甸条款》更为苛刻。双方在哲孟雄和通商问题上争论激烈。升泰提议哲孟雄与中国西藏的关系"照旧",即哲孟雄照旧向驻藏大臣及西藏地方首领呈送年节礼物及贺禀,继续保留清朝皇帝的封赐。而英国则企图完全割断哲孟雄与中国的传统宗藩关系。在通商问题上,升泰坚持战前边界通商,关市最远只能设在对邦或亚东,不同意英国提出的西藏境内自由贸易。双方争执不下,1899 年 1 月 10 日,英方宣布谈判中断。

此时,清政府接受总税务司赫德的推荐,任命其弟赫政为升泰的译员和代表。1899 年 2 月,赫政经印度抵达大吉岭。赫德则在北京遥控指挥,电告赫政设法向升泰解释:"英国愿加强中国在西藏的地位,如中国反对,英国必将抛开中国直接与西藏交涉,难免又惹起军事行动,对西藏固不利,对中国也很难堪",希图以此来迫使升泰作出让步;同时指示赫政"试作中间人,将事权掌握在自己手里"。② 4 月,赫政代表升泰与英方重开谈判。

7 月,赫政根据赫德的指示,与升泰改拟了草约五条上报清廷,主要内容是:如以咱利山(即热勒巴拉岭)为藏、锡分界,则锡金(即哲孟雄)应为中、英共同属国;③锡金应送西藏禀礼照旧,并非表贡款式;④如锡金归英保护,则西藏将停止每年给锡金的麦、盐,收回锡金在春丕等处的庄房;英国保证印兵不得越过日纳;亚东设关通商,他口不得往来窥探等。总理衙门回电升泰,同意按上述五条,"即与妥筹商定,从速了结"。然而,英方代表拒绝了中方提出的这一草约,并提出以英方所认

---

① 中国近代经济史资料丛刊编辑委员会主编:《中国海关与缅藏问题》,85—86 页,北京,中华书局,1983。
② 中国近代经济史资料丛刊编辑委员会主编:《中国海关与缅藏问题》,87、89 页。
③ 据升泰调查,英人以咱利山为藏锡分界,藏人则以日纳宗为界,主张谈判时"拟在两说之间,会议定界"(《中国海关与缅藏问题》,93 页);若锡金作为中英两国共同属国,则可以咱利山为界。
④ 据赫德的指示,关于锡金问题的表述要用"含浑词句",所以草约中只提"禀礼照旧",而不使用"进贡"等词句,实际上是为了消除中锡两国传统的宗藩关系,仅保留礼仪往来。

定的"以流入梯斯塔河各水,与流入莫竹江及藏境河流各水之间之最高分水岭为界";在哲孟雄境内,"英国政府有唯一最高统治权,中国人和西藏人对哲孟雄内政均不得在任何方面予以干预。英国政府应允在上述谅解下英国军队将不逾越藏哲边界"。① 言下之意,中国如不能"谅解"英国的上述要求,英国军队就将"逾越藏哲边界",进攻西藏。

英方的无理要求也使中方难以接受,谈判陷入僵局。英印政府再次扬言要抛开清朝中央政府直接与西藏交涉,甚至不惜再度发动武装进攻。升泰则向总理衙门指出:现查明俄国正向西藏渗透,藏中僧众已经表示"我等与其同有仇之英国议和,莫若与无仇之俄人通好"②,可将此情况透露给英国驻华公使,催促英方尽快缔约,并强调划界要标明沿界山名。赫政则提出先行缔约,待勘界时再"彼此书名绘图"。总理衙门亦回电称"不必书旧界山名"③。

1890 年 3 月 17 日,升泰与印度总督兰斯顿在加尔各答签订《中英会议印藏条约》八款。④ 其主要内容:拟定西藏与哲孟雄的边界,哲孟雄为英国一国保护督理,通商、游牧及官员交涉之文移往来等事,容后再议。

1891 年底,升泰与保尔在仁进岗重开谈判,以解决《藏印条约》的遗留问题,通商成为谈判的主要议题,而其中的商埠和印茶销藏则为双方争执的焦点。关于商埠,升泰坚持应设在亚东,保尔则提出设在帕克里,后来又提出设在江孜。英方之所以要在帕克里设埠,是因为一旦进入此地,则登上了西藏高原,便可长驱而入。关于印茶销藏,因历来藏饷专靠川茶税收,"印茶行藏,藏饷无着,是川藏切身之害"⑤,将直接影响川、藏的国计民生,危及清朝中央政府在西藏的统治以及与西藏地方政权的关系,故中方坚决不同意印茶销藏。次年 9 月升泰病逝,清廷任命参将何长荣与英方继续谈判,经相互妥协始达成协议。

1893 年 12 月 5 日,双方在大吉岭签订了《中英会议藏印续约》九款。其中规定:亚东订于光绪二十年三月二十六日(1894 年 5 月 2 日)

---

① 中国近代经济史资料丛刊编辑委员会主编:《中国海关与缅藏问题》,106—107、103 页。
② 王彦威纂辑:《清季外交史料》卷八十一,21 页。
③ 中国近代经济史资料丛刊编辑委员会主编:《中国海关与缅藏问题》,136—137 页。
④ 全文见王铁崖编《中外旧约章汇编》第 1 册,551—552 页。
⑤ 中国近代经济史资料丛刊编辑委员会主编:《中国海关与缅藏问题》,162—163 页。

开关通商，任听英商前往贸易，由印度政府随意派员驻寓亚东，查看英商贸易事宜，英商可在亚东租赁住房、栈所；印藏贸易经过藏哲边界，五年内免纳进出口税，在此期间，印茶不得运藏；五年后印茶入藏，应纳税率不得超过华茶入英之数。《藏印条约》及《藏印续约》的签订，使英国终于打开了中国西藏的大门。

第五节　法国侵占越南和中法战争的爆发

一　法国侵占越南

19世纪中叶,法国为了在亚洲建立所谓的"法兰西东方帝国",1856年与英国联合发动了侵华的第二次鸦片战争,1858年又与西班牙组成联军,以保护天主教为由,进攻越南。第二次鸦片战争结束后,法国将侵华军队集中到越南,扩大侵越战争。1862年6月5日,法国强迫越南阮氏王朝签订了第一次《西贡条约》(即《柴棍条约》,柴棍即西贡),这一条约的订立是越南沦为法国殖民地的开端。至1867年,越南南部(即南圻)各省全部沦为法国的殖民地,由法国总督直接统治。与此同时,法国殖民者试图探测一条从越南进入中国西南地区的路线,从1866年起组织了一支探险队,从西贡出发,沿湄公河北上,进行了两年多的探测,结果发现湄公河上游(即澜沧江)通航困难,而越南北部(即北圻,当时西方人称"东京")的红河则是进入中国云南的理想通道。从1873年1月至4月,法国军火商堵布益成功地带领3艘小船从红河上游航行至云南蛮耗(蔓耗),然后又顺河而下,到达河内。连德国和英国人都承认"这是法国人的重大发现,其经济后果和政治影响会使法国人得到利益,赢得荣誉"[1]。

为了扩大在越南的殖民势力范围,进而打开中国西南地区的门户,法国开始进一步侵占越南北部。1873年11月,安邺率领一支法国远

---

[1]《东京问题》,见张振鹍主编《中法战争(续编)》第4册,66页,北京,中华书局,2002。

征军攻占了河内及其附近各地,并准备继续西进,攻占中越边境上的重要交通门户保胜(今越南老街)。此时,驻扎在保胜的刘永福率领的黑旗军,应越南阮氏王朝之请,参加抗击法军的侵略。12 月 21 日,黑旗军配合越南军队在河内城郊大败法军,收复河内,击毙安邺,迫使法军退出红河。越南国王封刘永福为三宣副提督,据守红河两岸。

不久,越南阮氏王朝在法国威逼下,派人与法国议和,1874 年 3 月 15 日,在西贡签订了第二次《西贡条约》(即《法越和平同盟条约》),以此为根据,法国力图否定中国与越南的宗藩关系,变越南为其"保护国",并取得沿红河至中国云南的航行权。

中越两国有着悠久的政治、经济和文化联系,在历史进程中形成了宗主与藩属的关系,这种宗藩关系是中国统治者与部分邻国统治者建立的一种特殊的政治关系。外藩君主利用与清王朝结成宗藩来巩固其统治地位,而清王朝则通过这种关系取得"天朝上国"名义,以提高它在国内的统治威望和保障边疆的稳定。按定制,外藩君主必须接受清帝"册封"并定期派人到京"朝贡"。清帝则按"薄来厚往"的原则,给予"朝贡"的外藩使团以优厚回赠,对外藩也有保护的责任。外藩仍是独立国,自主处理本国的内政外交,清廷一般并不干预,更不在这些国家设官、殖民和驻军。所以这种宗藩关系属于东方的朝贡体系,同西方的殖民体系有着本质的区别。清政府保持中越的宗藩关系,主要是为了维护西南边疆的安定。越南阮氏王朝被迫与法国两次订立《西贡条约》后,仍然希望保持与中国的宗藩关系。从 1866 年至 1881 年曾五次派贡使团到中国来朝贡。[1] 法国也不得不承认越南国王"不断地向中国皇帝派遣使节,这些使节按照老习惯,每三年向北京进贡一次,这在某种意义上就等于承认顺化(越南首都)统治者对天朝的藩属地位"[2]。1881 年至 1882 年初,清军也应阮氏王朝之请,进驻越南山西、北宁地区。

法国侵占越南,不仅在于将越南变为自己的殖民地,更是为了以越南为跳板,进一步侵略中国,称霸远东。1873 年 5 月 19 日法国海军将

---

① 廖宗麟:《中法战争史》,24—25 页,天津古籍出版社,2002。
② 《东京事务》,见张振鹍主编《中法战争(续编)》第 3 册,709 页,北京,中华书局,1999。

领、西贡总督杜白蕾在给法国海军和殖民地部的一封信中说："我们出现在这块富有的土地上,出现在这块与中国交界也是中国西南各个富饶省份的天然产品出口的地方,根据我的意见,这是一个关系到我们今后在远东地区争霸的生死问题。"1879 年 6 月 8 日,法国驻海防领事土尔克公然向一些传教士宣称："法国必须占领北圻……因为它是一个理想的军事基地,由于有了这个基地,一旦欧洲各强国企图瓜分中国时,我们将是一些最先出现在中国腹地的人。"①

1882 年 3 月,法国海军上校李维业率领法军第二次侵犯越南北部,5 月占领河内,次年 3 月侵入南定省。1883 年 5 月 19 日,刘永福率黑旗军与法军在河内附近的纸桥发生激战,以白刃战大败装备精良的法军,击毙李维业。刘永福被越南国王封为三宣正提督。8 月,由法国海军将领孤拔率领的南路法军攻占了越南首都顺化,强迫越南政府订立《顺化条约》,将越南正式作为法国的保护国,越南完全沦为法国的殖民地。

面对法国侵略越南进而侵略中国的严重局势,清政府内部出现了"和""战"两派的分歧和争论。

主战派大体包括清流官员(张之洞、张佩纶、陈宝琛等)、湘系官员(曾纪泽、彭玉麟、刘坤一、左宗棠等),以及滇、粤、桂三省督抚(刘长佑、张树声、倪文蔚等)。主和派主要以直隶总督兼北洋大臣李鸿章为代表。主战派认为中越唇齿相依,法国侵占越南,对中国便有唇亡齿寒的危险,主张出兵援越抗法。主战派以山西巡抚张之洞的见解最有代表性,他主张"守四境不如守四夷",将抗法战线推到越南境内,并提出了"争越、封刘(永福)、战粤、防津"战略设想。②　主和派以李鸿章的意见为代表,认为中国"各省海防,兵单饷匮,水师又未练成,未可与欧洲强国轻言战事";③中国若与法国交战,"一时战胜未必历久不败,一处战胜未必各口皆守"④,即使暂时取得一定胜利,也会引来法国更大的军

① [越]陈辉燎:《越南人民抗法斗争八十年史》第 1 卷,范宏科、吕谷译,71 页,北京,生活·读书·新知三联书店,1973。

② 王树枏编:《张文襄公全集·奏议》卷四,14 页;卷七,18 页。

③ 吴汝纶编:《李文忠公全集·译署函稿》卷十四,10 页。

④ 中国史学会主编:《中法战争》第 5 册,158 页,上海人民出版社,1957。

事报复。随着法国军事侵略的升级,清朝官员主战的舆论虽然逐步占据上风,但清朝最高决策层在和与战的问题上一直举棋不定,以至"法越构衅,绵延三年,致法占越南,和战仍无定见"。①

同时,中法两国也在进行外交谈判。1882 年 11 月,李鸿章与法国驻华公使宝海在天津举行谈判,就越南问题达成协议。双方同意:中国驻北越的军队退出,法国申明无侵占越南领土主权之意;在保胜立关收税,准许商船溯红河至保胜从事进出口贸易;在云南、广西界外与红河中间之地划界,分归中法两国巡查保护。1883 年 2 月,再次组阁的法国总理茹费理推翻了上述协议。9 月 15 日,法国又向中国正式提出一个方案:在北越与中国边境间划一狭小"中立区",中国撤出驻越军队,承认法国对整个越南的殖民统治,开放云南的蛮耗为商埠。曾纪泽、李鸿章分别与法方进行多次谈判,10 月下旬,谈判没有取得协议而结束。至此,法国政府"决议夺取山西、北宁,将不与中国谈判",②企图通过扩大侵略战争来攫取更大的权益。

二 中法战争爆发

1883 年 12 月,法国议会通过增拨 2 900 万法郎的军费和再派 1.5 万名远征军的提案。法国远征军总司令孤拔率舰艇 13 艘、法军 6 000 人,向驻扎在越南山西的黑旗军和清军发动进攻,中法战争正式爆发。

中法战争经历了三个阶段。第一个阶段从 1883 年 12 月山西之战开始,到 1884 年 5 月《简明条款》签订,战争局限在越南北部红河三角洲。

山西位于红河南岸,是控制红河中上游的战略要地,驻守此地的部队有黑旗军 3 000 人、清军 2 000 人及越军 2 000 人。因清廷和战不定,清军统帅、云南巡抚唐炯亦消极避战,擅自"率行回省,置边事于不顾"③。12 月 13 日,法军在军舰炮火的配合下,向山西发起猛攻,黑旗军和清军坚守激战 3 天,伤亡逾千,终因众寡悬殊,被迫撤离,山西失陷。

---

① 中国史学会主编:《中法战争》第 1 册,11 页,上海人民出版社,1957。
② 中国近代经济史资料丛刊编辑委员会主编:《中国海关与中法战争》,42 页,北京,中华书局,1983。
③《上谕》,见中国史学会主编《中法战争》第 5 册,301 页。

1884 年 2 月,米乐接替孤拔任法国远征军司令,率法军 1.2 万人,分水陆两路,于 3 月 8 日开始进犯北宁。北宁南拒河内,北蔽谅山,是法军北上经谅山进逼中越边境的必经之地。奉命出关督师的广西巡抚徐延旭虽然所部清军已达 2 万人,但其"迁延不进,株守谅山"①,致使前线部将战败溃退。3 月 12 日,法军攻占北宁,又乘势连陷太原、兴化。这一战役中清军伤亡约 1 700 人,法军仅死 26 人,伤 25 人。② 中法战争爆发后不到 5 个月,法军占领了整个红河三角洲。

清军在前线的溃退致使朝野舆论大哗,主战呼声日高。清流人士更是纷纷上疏,要求严惩败将,力主与法决战。清廷为了掩饰败绩,一面罢黜了恭亲王奕䜣,更换了全部军机大臣,以礼亲王世铎为首席军机处大臣,贝勒(后为庆亲王)奕劻主持总理衙门,实际大权则掌握在醇亲王奕譞的手中,史称"甲申朝局之变";一面下诏将唐炯、徐延旭撤职查办,任命张凯嵩为云南巡抚,潘鼎新为广西巡抚。表面上作出与法决战的姿态,暗中又在寻机与法国议和。

法国在军事进攻的同时,也对清政府采取了"诱和"政策。法军攻下北宁后不久,法国海军舰长福禄诺通过粤海关税务司德国人德璀琳,向李鸿章递交了密函,要求撤换曾纪泽的驻法公使职务,作为议和的先决条件,这是因为曾纪泽在对法交涉中一直态度强硬,为法国所恼恨。4 月 28 日,清政府明令撤换曾纪泽使法的职务,暂以驻德公使李凤苞兼代,以此向法国表示议和的"诚意"。

1884 年 5 月 11 日,李鸿章和福禄诺分别代表中法两国政府,在天津签订了《中法会议简明条款》(又称《李福协定》),③共五款,主要内容有:(1) 中国南界毗连北圻,法国应保全助护;(2) 中国将驻北圻各防营即行调回边界,中国"尊重"(条约中中文译作"均置不理")法国与越南所有已订与未订的条约;(3) 法国不索赔款,中国准许在中越边境任意通商;(4) 法国答应在与越南修约时,决不出现有损中国威望体面的字样;(5) 三个月后,两国即派全权大臣,照以上各节,会议详细条款。

---

① 《上谕》,见中国史学会主编《中法战争》第 5 册,301 页。
② 廖宗麟:《中法战争史》,300—301 页。
③ 全文见中国史学会主编《中法战争》第 7 册,419—420 页。

在福禄诺看来,《简明条款》最重要内容是第二款,这标志着中国最终放弃了对越南的宗主权。法国政府也希望尽快实现这一条款,签约后第三天,即指示福禄诺向清政府提出清军从北圻立即撤出的要求。第二款没有具体规定中国撤兵的期限,但按第五款规定,自然应该是三个月后双方订明了详细条款,中国再按具体规定撤兵。福禄诺启程回国的前一天,即 5 月 17 日,突然交给李鸿章一件"牒文",其中片面规定:法军于 20 天后,即 6 月 6 日占领谅山等地;40 天后,即 6 月 26 日占领北圻全境。"牒文"最后还声称:"这些期限届满后,我们将立即进行驱逐迟滞在东京领土上的中国防营。"①这个单方面提出的"牒文",显然既违背了外交常规,也无任何法律效力。对福禄诺的这一无理要求,李鸿章大概采取了"含糊应对"的办法,即既未应允,也未驳回。②

法国政府接到福禄诺关于中国同意限期撤军的报告后,即指示远征军司令米乐派出军队按期前往接收谅山等地。6 月 23 日,法军上校杜森尼率约 800 多人的先头部队到达谅山附近的北黎(即观音桥),强行抢占四周山岗,遇见清军则"不和他们谈判,直接向他们开枪",并枪杀了前来交涉的 3 名清军使者。③ 驻防北黎的清军 8 个营约 3 000 人被迫还击,两次打退法军的进攻。至次日,法军共死 19 人,伤 79 人,失踪 2 人。④ 清军"阵亡者百数十人,伤者三百有余"⑤。这次事件,通常称为"北黎冲突"或"观音桥事变"。

北黎冲突立即成为法国向中国勒索更大侵略权益的借口。6 月 28 日,署理法国驻华公使谢满禄代表法国政府照会总理衙门,指责清政府不执行简明条款,声称法国将保留索赔和报复的权利,要求清政府迅速从北圻撤军。茹费理也于 7 月 9 日照会李凤苞,要清政府提供忠实执行简明条款的"担保",在《京报》上公布立刻从北圻撤军的上谕,并赔款 25 000 万法郎(约合白银 3 800 万两);如一周内得不到满意的答复,法国

---

① 中国史学会主编:《中法战争》第 7 册,216 页。
② 事后,按法方的说法,李鸿章同意了福禄诺的这一要求;按李鸿章的说法,他明确拒绝了福禄诺这一要求。据廖宗麟分析,李鸿章可能是采取了"含糊应对"的办法(见廖宗麟《中法战争史》,385—389 页)。
③ 中国史学会主编:《中法战争》第 3 册,379 页。
④ 张振鹍主编:《中法战争(续编)》第 2 册,352 页,北京,中华书局,1995。
⑤ 无名氏:《查探越南边务情形禀》,见中国史学会主编《中法战争》第 3 册,74 页。

将采取直接行动来自行获取担保和赔款。所谓"获取担保"就是由法国占据中国的一个沿海口岸,并征收该地的关税。12 日,谢满禄又以最后通牒的形式,将茹费理的上述要求照会总理衙门,声称"自今日为始,限七日内,复明照办"①。

清政府认为北黎冲突出于误会,希望依照简明条款的规定,通过议定详细条约来解决两国争端,遂于 7 月 16 日谕令清军一月之内从北圻全数撤毕,19 日又任命两江总督曾国荃为全权代表,赴上海与新任法国驻华公使巴德诺议定详细条款。法国则将最后通牒限期延至月底。

7 月 25 日,曾国荃到达上海后与巴德诺开始谈判,法方坚持以中国接受赔款原则为前提,若从速了结可减少 5 000 万法郎。曾国荃答应以抚恤名义给法方银 50 万两,但巴德诺认为数目太少,坚决不允。清廷则以曾国荃擅自允给,传旨申饬,拒绝任何赔款。

法国早已作了再次发动战争的准备。北黎冲突后,法国将其在中越两国的舰队组成远东舰队,任命孤拔为司令,配合巴德诺的谈判,向中国实行武力威胁。在谢满禄向总理衙门提出最后通牒的第二天,法国舰队分别开进了福州马江和台湾基隆,准备随时占领中国的这些口岸作为"担保"。因台湾孤悬海外,基隆所产之煤又可供军舰燃料,法军便以基隆作为第一个攻占目标。

1884 年 8 月 4 日,法国远东舰队副司令利士比率舰队封锁基隆口,中法战争进入第二阶段,到马尾海战中国战败为止,战争主要在中国的东南沿海进行。

就在法国任命孤拔为远东舰队司令的同一天(6 月 16 日),清政府任命淮军将领刘铭传为督办台湾军务大臣。刘铭传于 7 月 16 日抵达基隆后,立即在基隆和淡水进行防御部署。当时,台湾守军共有 40 营,约 2 万人,大部分驻防台南。刘铭传调台南两营精锐到台北,使驻防基隆的部队增至 8 营共 4 000 人,淡水另有 6 营共 3 000 人。守军增筑炮台,设防备战,严阵以待。8 月 5 日 8 时,法国 3 艘军舰(共载炮 49 门,兵员 900 人)依仗优势炮火发起进攻。清军以炮火还击,击中法军旗

---

① 《法署使谢满禄照会》,见中国史学会主编《中法战争》第 5 册,413 页。

舰,但因火炮落后,对法舰未构成威胁。法舰集中火力轰毁清军主炮台,又击中附近弹药库引起强烈爆炸,清军被迫后撤。法海军陆战队200人强行登陆,占领基隆港口。次日下午,刘铭传亲率官兵,奋起反击,以优势兵力将登陆法军三面包围。法军在军舰炮火的掩护下,慌忙逃回海上。战后,刘铭传报告战绩,"生擒法人一名,死伤不下百余"。[①]但法军只承认死亡2人,受伤11人。[②] 第一次基隆之役以法军的失败而结束。

8月16日,法国议会通过追加3 800万法郎的侵华经费,授权茹费理政府"使用各种必要方法"迫使中国屈服。法国政府当天电告巴德诺,向总理衙门提出如下照会:鉴于清廷已谕令清军撤出北圻,赔款减为8 000万法郎,分10年付给;限48小时答复,如不接受,将由孤拔"采取他认为有用的一切步骤,以保证法国政府取得它有权获得的赔偿"[③]。8月19日,谢满禄将上述照会递交总理衙门,仍然被清政府拒绝。21日,谢满禄下旗离京。同日,清廷也电令驻法公使李凤苞撤离巴黎,中法关系破裂。次日,法国公使巴德诺正式向孤拔传达了进攻福建马江的命令。

马江又名"马尾",位于福建东南的闽江下游,重山环抱,港阔水深,堪称天然良港。这里既是福建海军的基地,也是福州船政局所在地。从闽江口至马江约30公里,沿岸层峦叠嶂,易守难攻。

还在1884年7月中旬,孤拔率法国舰队以"游历"为名驶入马江军港。这支舰队的来访,竟受到了清朝"官员们的殷勤欢迎",孤拔被作为"一个强国的代表"而"受到友好的接待"[④]。结果,一支有备而来的敌军舰队,与福建海军同泊一港长达40天之久,轻而易举地获得了攻击福建海军的有利条件。

进泊马江的法国舰队共有舰艇11艘(巡洋舰5艘、炮舰3艘、鱼雷艇2艘,运输舰2艘),舰载重炮共77门,兵员共1 830人。福建海军的船舰共有11艘(巡洋舰1艘、炮舰8艘、运输舰2艘),舰载火炮共45

---

① 中国史学会主编:《中法战争》第4册,181页。
② 中国史学会主编:《中法战争》第3册,545页。
③ 中国史学会主编:《中法战争》第7册,249页。
④ [美]马士:《中华帝国对外关系史》第2卷,392、394页。

门,乘员1 190人;另有10余只旧式中国炮舰和武装划船。江防陆军则逐次增至20余营。双方海军相比,法军占据明显优势。

当法国舰队驶入马江后,会办福建海防大臣张佩纶意识到法舰如首先发动攻击,必然后果严重,曾致电总理衙门指出:法军"先发即胜,船局必毁,纶督各军必死战"。他还与闽浙总督何璟联名建议"塞河先发",但均被清廷电令阻止。在此期间,总理衙门又请美国出面调停。8月17日,法国拒绝了美国的调停,总理衙门亦照会各国公使:"法国有意失和。"①清廷急忙谕令沿江沿海督抚筹防备战,并电告张佩纶:"现在战事已定",令其设法布防,封锁马江,阻止法舰进出。② 虽然如此,清政府对和议仍存幻想。就在谢满禄下旗离京的当天,李鸿章将李凤苞的来电转告总理衙门:法国政府允诺"先恤五十万两,俟巴到达津,从容商结。倘商约便宜,冀可不偿"。这一消息使清政府以为和议尚存一线希望。23日,总理衙门复电李凤苞:"法如欲仍议津约,中国亦不为已甚,可由法国派人来津,与李中堂详议。"③然而就在这一天下午,中法马江之战已经爆发。

孤拔对发动马江之战作了精心策划。首先,攻击的时间选定在下午2时江水退潮之时,因福建海军的主要舰艇泊于法舰上游,退潮时船尾正对着法舰的船头,炮火无法发挥作用,处于被动位置;相反,法舰则形成十分有利的攻击之势。其次,法军表面递交战书,实则不宣而战。23日上午7时,法驻福州领事将开战决定通知各国领事,英领事转告闽浙总督何璟"三日内法必开仗"。④ 10时许,法领事才将正式照会送交何璟,此时距开战时间仅3小时多。何璟可能将照会中的"本日"误解为英领事所说的"三日内",也可能是由于阴阳历换算或翻译的问题,到下午1点半以后,才弄清开战的确切时间,立即电告在马尾的张佩纶和在长门的福建将军穆图善。张佩纶接到急电,译电尚未及半,炮声已经传来。

23日下午1时56分,停泊在马江的法国军舰突然发动进攻,以鱼

---

① 中国史学会主编:《中法战争》第5册,426—427、470、506页。
② 故宫博物院档案馆:《中法越南交涉史料》,见中国史学会主编《中法战争》第5册,502、503页。
③ 顾廷龙、叶亚廉主编:《李鸿章全集》(一),电稿一,243、247页。
④ 顾廷龙、叶亚廉主编:《李鸿章全集》(一),电稿一,248页。

雷、榴弹攻击停泊在上游的福建海军旗舰"扬武"号及炮舰"福星"号。"扬武"号仓促应战，船尾被鱼雷击中，机器房被榴弹炸毁，受重创迅速沉没。"福星"号掉头冲入敌阵，"建胜"、"福胜"两舰随之，连连发炮还击。法舰集中炮火，将三舰先后击沉。与此同时，停泊下游的炮舰"振武"号遭到法舰合围亦被击沉，"飞云"、"济安"两炮舰没来得及起锚，即中炮沉没。另 2 艘受伤自沉，2 艘中炮被焚。至 14 时 30 分，福建海军的 11 艘舰艇全部沉没或焚毁。停泊在海潮寺前及罗星塔两侧江岸附近的 40 余只小型炮船及商船亦大部被击沉、击毁。中国官兵阵亡 521 人，受伤 150 人，失踪 51 人。法国海军则仅有 5 人毙命、15 人受伤。①

24 日 11 时 30 分，孤拔率巡洋舰一艘及炮舰两艘，驶近船厂，开炮猛轰，船厂的仓库、设施及即将竣工的一艘巡洋舰都受到不同程度的摧毁。此后，法舰沿江而下，逐次击毁两岸炮台。26 日，清廷始电令穆图善"赶紧堵塞海口，截其来往之路"②。但为时已晚。8 月 27 日起，法舰炮轰闽江入海口的长门、金牌炮台。30 日，法国舰队驶离闽江，扬长而去。

马江之战爆发后 3 天，即 8 月 26 日，清政府向法国正式宣战，到 1885 年 4 月清政府下令停战，是中法战争的第三阶段。战争除在东南沿海继续进行之外，主要战争在中越边境。

法国政府决定采取以战逼和的策略，1884 年 9 月底，法舰队司令孤拔奉命率兵舰再次进犯台湾，法军分兵两路，由孤拔率主力舰队进攻基隆，由利士比率另一支舰队进攻沪尾（即淡水港）。台湾防务大臣刘铭传考虑到基隆靠近海口，炮台在 8 月间被法军轰毁，便坚壁清野，毅然将主力撤至距基隆 80 里的沪尾，重点保卫台北府城。10 月 1 日法军在基隆登陆，因疑清军有埋伏，不敢贸然前进，至 4 日攻占基隆后始发现是一座空城。10 月 2 日晨 6 时 35 分，守卫沪尾的清军采取先发制人的战术，比法军预定的开战时间提前 3 小时半，先行向法舰开炮，法军措手不及，3 舰受创，双方炮战持续至下午 4 时。次日，孤拔派舰

---

① 据 1884 年 9 月 30 日闽海关副税务司贾雅格向总税务司赫德的报告。见中国近代经济史资料丛刊编辑委员会主编《中国海关与中法战争》，218 页。
② 中国史学会主编：《中法战争》第 5 册，519 页。

驰援,使攻击沪尾的法舰增至 7 艘,海军陆战队约 600 人。10 月 8 日上午 10 时,法海军陆战队强行登陆。刘铭传指挥守军奋勇反击,激战 3 小时,法军败退海上。这一仗击毙法军"拉加利桑尼亚"号战舰陆战队司令方丹,以及"雷诺"号的见习军官罗兰和狄阿克。据清军战报,法军共被击毙 300 余人,溺死七八十人,受伤百余人;清军伤亡 200 余人。[1] 据法军统计,法军死 17 人,伤 49 人。据海关统计,清军死 80 人,伤 200 人。[2] 法军战败后,调集其远东舰队全部舰只封锁了台湾海峡。

1885 年 1 月中旬,总兵吴安康奉命率南洋海军军舰 5 艘从上海出发援台,孤拔率法舰队 7 艘北上阻截。2 月 13 日,双方舰队在浙东石浦附近洋面遭遇。吴安康率"开济"等 3 舰摆脱法舰追击,驶入镇海口内;"澄庆"、"驭远"两舰因航速较慢,驶入石浦港。2 月 15 日(农历正月初一)凌晨 3 时半,法鱼雷艇进港袭击"澄庆"、"驭远",两舰发炮还击,但见港口已被法舰封锁,"恐船资敌用",被迫"开水门自沉"。[3] 10 多天后,孤拔发现南洋海军 3 舰已泊入镇海港,便率舰队直扑镇海口外洋面。

在法舰进犯之前,浙江巡抚刘秉璋、提督欧阳见利、宁绍台道薛福成等官员已经采取了各种防范举措,在镇海海口钉木桩、沉石船以阻敌舰;在南北两岸的金鸡山和招宝山上增筑炮台,调集兵力万人,扼险驻守。南洋 3 舰也作好了协同作战的准备。从 3 月 1 日法军向镇海守军正式发起攻击起,至 3 月 20 日,法军的多次进攻或偷袭均被守军以炮火击退,法舰多艘受伤,官兵伤亡数十人,孤拔本人也中弹受伤,法舰队不得不慌忙撤走,镇海之战再次以法军失败而结束。3 月 30 日,法舰队占领澎湖列岛,以为基地,但孤拔终于在 6 月 11 日死于澎湖岛上。

三　镇南关大捷与中法新约的订立

法军按照预定的东攻台北、西取谅山的作战方针,在进犯中国东南沿海的同时,又在中越边界地区增调军队,发动进攻。

① 戚其章:《晚清海军兴衰史》,246 页,北京,人民出版社,1998。
② 中国史学会主编:《中法战争》第 3 册,571 页。
③ 中国史学会主编:《中法战争》第 3 册,304 页。

清政府自宣战后，确定了沿海防御、陆路反攻的作战方针。担任反攻的是东线的桂军以及西线的滇军和黑旗军。1884 年 9 月中旬，东线桂军8 000人兵分两路向北圻进军，进抵船头（今陆岸）、郎甲；广西巡抚潘鼎新率部驻扎谅山，策应两路。10 月，法军司令尼格里率法军主力3 000人攻占郎甲；进攻船头的另一支法军则遭到桂军的反击，形成对峙，因潘鼎新未及时增援，驻守船头的桂军见郎甲失守，后援无望，被迫后撤。法军因后援不济亦暂取守势。与此同时，西线的滇军和黑旗军进围宣光城，但东线桂军却未能及时以主力反击，策应西线进攻，而是株守谅山。

1885 年 2 月 4 日，法军司令尼格里率法军主力7 000余人，集中优势火力，向东路桂军发起猛攻。潘鼎新指挥失当，战胜不追，战败即退，最后放弃谅山，退入关内。2 月 13 日，法军占领谅山。23 日，法国攻下中越边境重镇——镇南关（今广西友谊关）。谅山、镇南关失守，形势十分危急。新任两广总督张之洞起用年近七十的老将冯子材及王孝祺分率粤军 18 营援桂，对清军后来取得镇南关大捷起了关键性的作用。

冯子材的军队未到之前，清军在广西前线的兵力共有 50 余营，2 万多人。潘鼎新为推卸责任，竟诬罪于冯子材援军来迟。张之洞得知情况后，立即电奏朝廷，为冯子材申辩。同时令冯子材任广西关外军务帮办，授以镇南关前线指挥权，允许他相机行事。冯子材团结各军将士，广泛联络边民，加紧修筑工事，作好了反击侵略军、收复镇南关的准备。法军见中国军民声势强大，便炸毁镇南关，退驻关外 30 余里文渊城。冯子材率军移至关内 8 里处关前隘，并在关前隘两旁的山岭上赶修炮台，筑起了一道三里多横跨东西高岭的长墙，进行了周密布防。同时主动出击法军占据的文渊城，打乱法军的侵略部署。

3 月 23 日上午 10 时 30 分，法军1 000 余人分两路直扑关前，另一路 1 000 人作为预备。冯子材率所部及王孝祺部正面迎敌，奋勇抵抗；各路清军相互配合，或抄袭敌后，或断敌补给。次日晨，法军分 3 路再次进攻。冯子材身先士卒，奋勇杀敌，清军夹击反攻，三面合围法军，当地各族民众，纷纷前来助战。激战至傍晚，法军全线崩溃。清军乘胜反攻，27 日攻克文渊，29 日收复谅山。这场战役据清方的估计，在镇南关共歼敌千余人,在收复谅山战役中又歼敌千余人。但据法军的统计,在镇南关一役中,23 日死 4 人,伤 25 人;24 日死 70 人(其中军官 7 人),伤 188 人(其中军官 6 人);两天总计,死 74 人,伤 213 人;在谅山一役中死 3 人,伤 37 人,失踪 4 人。这场战役给了不可一世的法军以沉重的打击。法国远征军总司令部从河内发给法国政府的电报说:"我痛苦地报告你,尼格里将军受重伤;我军撤出谅山,中国军人数众多,声势浩大地涌出三个纵队,势不可当地攻击我军。"①参加这次战役的法国军官威狄埃上尉事后也心有余悸地记下了当时的情形:"在我们的脚下,敌人从地上的一切缝隙出来,手持短戟,开始了可怖的混战。他们的人数比我们多十倍、二十倍。他们从我们的四周一齐跃出。所有军官和士兵都被围住、俘虏,敌人由各方面射杀他们,然后割去他们的头。"②

在西线战场上,从 1884 年 10 月至 1885 年 3 月,法军占据的宣光城一直被黑旗军和滇军围困。在镇南关激战的同一天(3 月 23 日),黑旗军和滇军在越南义军的配合下,在临洮大败法军,收复广威府等十几个州县。正当他们准备进攻宣光之际,清廷却颁布了停战诏书。

镇南关—谅山大捷是鸦片战争以来中国所取得的一次重大胜利,也是法国发动侵越和侵华战争以来最大的一次惨败。连法国茹费理内阁也因此被迫下台。巴黎的报纸还把法国在镇南关的失败,比为 1815 年拿破仑在滑铁卢的覆没。张之洞也说:"自中国与西洋交涉,数百年以来,未有如此大胜者。"③

战场形势的急剧变化,使中国在军事上和外交上都处于有利的地位。但清廷却主张乘胜而收。赫德也一再向清廷施加与法议和的压力。清廷决意乘胜求和,授权中国海关驻伦敦办事处的英人金登干于 4 月 4 日与法国外交部政务司司长毕洛在巴黎签订了《中法停战条件》,主要内容为:承认中法《简明条款》有效;双方立即停止敌对活动,法国撤除对台湾的封锁,中国从越南撤兵;法国派大臣一人至天津或北京商定所订条约的细目,然后再由两国订立撤兵日期。于是,清廷颁发

---

① 中国史学会主编:《中法战争》第 3 册,450、464—465、474—475、501 页。
② 加尔新:《在侵略东京时期》,见中国史学会主编《中法战争》第 3 册,505 页。
③ 王树枏编:《张文襄公全集》卷二百二十八,《弟子记》(一),6 页。

停战诏令。上谕传至前线,将士们拔剑砍地,扼腕愤痛,不愿退兵。全国不少地方也先后通电谴责和议。张之洞也接连电奏朝廷请求延缓撤兵,力主"停战则可,撤兵则不可,撤至边界尤不可。关外兵机方利,法人大震,中法用兵年余,未有如今日之得势者,我撤敌进,徒中狡谋,悔不可追"①。他请求朝廷展限十日或半月撤兵,但三次电奏力争都受到清廷的申斥。

1885 年 5 月 13 日,清廷授权李鸿章在天津与法驻华公使巴德诺谈判中法正式条约。其实,此时的李鸿章并非真正的"全权代表"。天津不过是谈判的前台,而后台则在巴黎。还在 1885 年 2 月 27 日,清政府便通过赫德牵线,授权金登干与法国外交部秘密议和。中法和约的谈判,是由法国把事先拟定的条约草案交给金登干,由他电告赫德,赫德再交给总理衙门;待清政府提出修正意见,其间也征求李鸿章的意见,然后再经赫德交金登干,由这位英国人与法国外交部政务司副司长戈可当具体磋商。李鸿章和巴德诺在天津的主要工作是核对细节和约文。清政府所争议的不过是有关"不致有碍中国威望体面"的虚文,掌握清王朝最高决策权的仍然是慈禧太后。

6 月 9 日,《中法会订越南条约》(即《越南条款》或《中法新约》,又称《李巴条约》)在天津签订,共 10 款,②主要内容有:(1) 清政府承认法国与越南订立的条约;(2) 在中越边界上指定两处为通商口岸,一处在保胜以上,一处在谅山以北,允许法国商人在此居住,并设领事;(3) 中国云南、广西同越南边界的进出口货物应纳各税,照现在通商税则较减;(4) 订约后 6 个月内,由中法两国各派官员赴中国与北圻交界处会同勘定中越边界。(5) 中国日后修造铁路时,应与法国商办;(6) 法军撤出基隆、澎湖。

此后,清政府又被迫与法国签订了《中法越南边界通商章程》(1886年)、《中法界务条约》(1887 年)、《中法续议商务专约》(1887 年)等一系列不平等条约,使法国得到很多权益。通过上述不平等条约,中国西南的大门已为法国洞开,为法国进一步侵略中国,进而争霸远东提供了有

① 王树枏编:《张文襄公全集》卷七十四,电奏二,6 页。
② 全文见中国史学会主编《中法战争》第 7 册,422—425 页。

利的条件。法国侵略者因而宣称："亚洲现在是在三大强国的手中——俄国、英国和中国,而我们就是第四个。"①

中法战争对中国早期现代化的演变也产生了影响,清政府针对中国海军力量薄弱的问题,开始加快了海军早期现代化的进程,于1885年10月设立了"总理海军事务衙门",负责管理和指挥全国海军,同时扩充北洋海军,并于1888年正式成军。清政府也深感台湾在国防上的重要性,亦于1885年10月决定台湾正式建省,改福建巡抚为台湾巡抚,以刘铭传充任。定彰化中路(今台中市)为省会,设首府曰"台湾府"(省会未建成前,先以台北为施政中心),全台共有三府(台湾、台北和台南)、一直隶州(台东)、十二县、五厅。刘铭传在台湾倡行自强新政,加强海防建设,推动了台湾社会经济的发展,促进了台湾的早期现代化。

中法战争促进了中国维新思想的进一步发展,维新人士不仅积极主张学习西方长技,发展近代工业,也开始明确要求改革君主政体,仿效西方建立"君民共主"政制。中法战争也导致了晚清政局发生重要变化。光绪十年(1884年)的"甲申朝局之变"使清流人士遭受打击,其后果即是朝政的日益腐败。张謇曾将这一年视为晚清朝政日益走向腐败衰落的关节点:"自恭王去,醇王执政,孙毓汶擅权,贿赂公行,风气日坏,朝政益不可闻,由是而有甲午朝局之变,由甲午而有戊戌政局之变,由戊戌而有庚子拳匪之变,由庚子而有辛亥革命之变。因果相乘,昭然明白。"②尽管从中法战争后到甲午战争前的十年间,中国已被外国人视为在亚洲的四强(中、法、英、俄)之一,也没有大规模的列强侵华战争发生,但中国的边疆危机依然存在;自强新政在近代军事和近代工业方面有所扩展,但在制度性改革方面则少有进步,这就为此后中国在甲午战争中失败埋下了伏笔。

301

---

① 丁名楠等:《帝国主义侵华史》第1卷,319页。
② 张謇研究中心、南通市图书馆编:《张謇全集》第6卷,845页,南京,江苏古籍出版社,1994。

第六章
洋务运动后期的举措

从 1885 年起,洋务运动进入后期阶段。经过中法战争中的失败、福建海军覆灭的沉重打击,清廷对洋务运动的方针作了适当调整,更加重视以海军为核心的海防建设。中法战争以后,左宗棠和李鸿章首先分别上奏清廷,提出进一步加强海防建设的各种建议,诸如造铁舰、制钢炮、开铁矿、设铁厂、办军校等。清廷在接到这两位洋务大员的奏折后不久,随即于 1885 年 6 月 21 日发出上谕,就战争失败原因和战后如何重整旗鼓之事征求各方大员的意见:"现在和局虽定,海防不可稍弛,亟宜切实筹办善后,为久远可恃之计。前据左宗棠请旨敕议拓增船炮大厂,昨据李鸿章奏仿照西法创设武备学堂各一折,规划周详,均为当务之急。自海上有事以来,法国恃其船坚炮利,横行无忌。我之筹划备御,亦尚开立船厂,创立水师,而造船不坚,制器不备,选将不精,筹费不广。……当此事定之时,惩前毖后,自以大治水师为主。船厂应如何增拓,炮台应如何安设,枪械应如何精造,均须破除常格,实力讲求。"令沿海各地的督抚、将军,对此"各抒所见,确切筹议,迅速具奏",并强调指出:"海防筹办多年,靡费业已不赀,迄今尚无实济。由于奉行不力,事过辄忘,几成锢习。该督等俱为朝廷倚任之人,务当广筹方略,行之以渐,持之以久,毋得蹈常袭故。"[1] 由此,继 1875 年的清廷第一次海防大讨论之后,展开了第二次海防大讨论。这则上谕可谓是中法战争以后调整洋务运动方向的总方针,它包含着这样几个意思:一是总结中法之战失败的教训,不仅认识到了武备落后、经费不足的问题,也认识到了有关官员任事不够努力、责任心不够强的问题。其认识还是比较深刻和切实的。二是显示了要洗心革面、改变作风、谋长远自强之基的意向。其打算还是比较远大的。三是确定了以后以大办海军为主的基本方针。这一方向的选择也不能说是错误的。四是提出了要进一步加强与海军建设相关的船舰、枪炮制造和海岸防卫的问题。其设想应是比较全面的。但是,这一方针,除了在海军建设和武器制造上有所实施之外,其余几乎均成具文。

---

[1] 朱寿朋编:《光绪朝东华录》第 2 册,总第 1943 页,北京,中华书局,1958。

第一节　重建海军

一　海军建设新方针的确定和海军衙门的设立

清廷有关海防讨论的上谕发出后，各地方大员纷纷奏复，表示赞成，并各自提出了购置船舰建立海军的建议。其中主要者，"如左宗棠所称海军宜立十大军，穆图善所称海军宜区四部，杨昌浚所称水师宜设三大支"，李鸿章所称"宜设水师四支"。① 特别是李鸿章和左宗棠还指出了由朝廷设立专门机构，统一全国海军事权的重要性和紧迫性。李鸿章说："西国设立水师，无不统以海部，即日本亦另设海军卿以总理之。"而中国"自开办水师以来，迄无一定准则"，各省自为，事权不一，因此虽"耗费不赀，终无实效，中外议者多以为訾"，今后"若专设有衙门，筹议有成规，应手有用款……一切详细纲目，须参考西国海部成例，变通酌定，南北一律，永远遵循。斯根柢固而事权一，然后水师可治"。② 左宗棠则说："海防无他，得人而已。今欲免奉行不力之弊，莫外乎慎选贤能，总提大纲，名曰海防全政大臣，或名曰海部大臣。凡一切有关海防之政，悉由该大臣统筹全局，奏明办理。"③

接着，清廷召李鸿章进京，与醇亲王奕譞、军机大臣、总理衙门大臣等商议具体办法。他们综合沿海各地督、抚复奏的建议，特别是李鸿章和左宗棠的建议，议定了一个具体方案，具有实质性意义的是这样两

① 《总理衙门遵旨会议海防折》，见张侠等编《清末海军史料》，59 页。
② 中国史学会主编：《洋务运动》（二），570—571 页。
③ 《左宗棠奏选派海防全政大臣折》，见张侠等编《清末海军史料》，57 页。

点:(1) 先建北洋海军。提出"先练一军,以为之倡,此后分年筹款,次第兴办",并"拟请先从北洋开办精练水师一支"。(2) 建立海军总管机构。认为:"兹事体大,必须提纲挈领,经纬万端,方足以驱策群才,居中调度,拟请特派王大臣综理其事,并于各疆臣中简派一二人会同办理"。① 10 月 13 日②,清廷批准奕譞等所拟订的方案,下旨:"先从北洋精练水师一支以为之倡,此外分年次第兴办。""著派醇亲王总理海军事务,所有沿海水师,悉归节制调遣;并派庆郡王奕劻、大学士直隶总督李鸿章会同办理;正红旗汉军都统善庆、兵部右侍郎曾纪泽帮同办理。现当北洋练军伊始,即著李鸿章专司其事。其应行创办筹议各事宜,统由该王大臣等详慎规划,拟立章程奏明,次第兴办。"③

经过疆吏讨论、朝臣会议和朝廷批准,确定了海军建设的新方针:一是要在原有的基础上进一步加强海军建设;二是将原先的同建三洋海军,改为先重点建北洋海军,然后再陆续加强其他海域海军;三是将海军的建设和指挥权,由以前的各洋、各省各自为政,改为由朝廷统一掌管。这一调整,是清廷和有关官员借鉴世界各国海军建设经验,吸收中法海战中各洋海军调遣不灵的教训,依据自己的财政力量和海防地域的轻重布局,为提高海军建设的效果而作出的,应该说比较切合当时的实际状况,如果实施得好,应该能够克服前期之缺陷而增强海防力量。但是,在以后的海军建设和指挥中,这一方针并没有得到很好的实施,或被大打折扣,或被偷梁换柱、假公济私。

上述海军建设的新方针确定以后,付诸实施的第一项举措是设立统揽海军事权的海军衙门。奕譞受命"总理海军事务"以后,随即在他所管辖的神机营署内设立"总理海军事务衙门"。所用办事人员也都由神机营内的官员兼职,不仅全为满人,而且皆缺乏海军知识,难免影响其办事效率。即便如此,海军衙门还是立即着手于建立北洋海军的筹备工作。一是视察北洋海防,提出调购船舰、"专设提督"、"妥定章程"等建军方案;二是提出要"多购多操"鱼雷快艇,认为"鱼雷艇虽小而速,

---

① 《总理衙门遵旨会议海防折》,见张侠等编《清末海军史料》,59 页。
② 张侠等编《清末海军史料》及别的一些著作均将清廷颁旨设立海军衙门的时间记为 10 月 12 日,即阴历九月初五日庚子。但《光绪朝东华录》第 2 册总第 2009 页记为九月辛丑,即公历 10 月 13 日。
③ 朱寿朋编:《光绪朝东华录》第 2 册,总第 2009 页。

雷行水中,无坚不破,实为近时利器","如南北各口有鱼雷艇百只,敌船必畏而怯步";①三是接管原有户部直接支配的海防常年经费,作为海军建设的基本经费。

海军衙门虽以奕譞为总理大臣,但事权操在"专司其事"的李鸿章之手。李鸿章在谋划策略和领导实施方面可谓精明强干,但他作为一个地方大员和淮军统帅,不能不受其地盘意识和派系观念的影响,不无"挟以自重"之嫌。在李鸿章刚受命为专司其职的会办海军大臣之初,兵部左侍郎黄体芳就奏请撤换李鸿章之职,他指出李鸿章担任此职将会带来的弊病,说:"李鸿章位极台衡,身兼庶务,而陆路驻军又资其整理,上海之机器、招商诸局并归其总持,虽自以为长才大略,欲求一一称职固以难矣",若再专司海军之职,"非惟事有不可,抑亦势有不能";中法海战之时,李鸿章不遵朝旨,借口"保护畿辅",不发北洋之舰增援南洋,日后若故伎重演,"则水师者非中国沿海之水师,乃直隶天津之水师;非海军事务衙门之水师,乃李鸿章之水师也。……再阅数年,兵权益盛,恐用以御敌则不足,挟以自重则有余"。② 黄体芳虽因此奏折而以"妄议更张,迹近乱政"的罪名受到降级处分,但其所指应该说不无先见之明。如对北洋海军,李鸿章可以说是独揽大权。由他主持制定的《北洋海军章程》规定:作为海军最高将领的北洋海军提督,"有统领全军之权,凡北洋兵船,无论远近,均归调度,仍统受北洋大臣节制调遣",这就是说,一切军事行动均须禀请北洋大臣之命而行,"凡沿海陆路水师文武大员,如无节制北洋海军明文,兵船官概不得听调遣",军中把总以上各级军官的任用和升迁均由北洋大臣"保举",总兵、提督的任用亦由北洋大臣提名与海军衙门会商后"请旨简放"。在北洋舰队的组成上,李鸿章采取了调集全国有用之军舰为其所用的手段。这主要是南洋海军的战舰听凭他调用。章程中规定:"每年节过春分以后,凡南洋兵船如'南琛'、'南瑞'、'开济'、'镜清'、'寰泰'、'保民'等类能海战者,应由海军衙门调归北洋合操,即归北洋提督节制,逐日督同操练,视如

① 张侠等编:《清末海军史料》,252 页。
② 张侠等编:《清末海军史料》,67—68 页。

北洋兵船一律办理，不得稍分畛域"，直至秋分以后方可返回南洋。[①]这虽然有其一定的理由，但无疑是移南洋之力加强北洋，对南洋海军则是一种削弱。在将领的任用上，李鸿章虽有不拘一格选用人才的一面，如他已认识到"人才乃为水师根本"，新式船舰更需要"文武兼备、素习风涛驾驭轮船操法者"，因而大量任用福建船政学堂所培养的学生，不仅"所需管驾、大副、二副、管理轮机炮位人员，皆借材于闽省"，而且各主要战舰的管带亦几乎均选派福建船政学堂的学生担任。但是，这种因才任用官员只限于技术岗位和舰上的指挥、战斗职位，而对重要的指挥和管理职务官员的任用，则常常"任人唯亲"。如海军提督一职，本来"非阅历多年，深谙西法之水师官不可"，但李鸿章却任用了不懂海军和海战的淮军将领、安徽庐江人丁汝昌。又如负责北洋海军等军火调拨的天津军械局总办则是李鸿章的外甥张士珩，他贪赃枉法，供应军火以次充好，以假乱真。对此，时人评论说：李鸿章创办海军，"用人以私，行政以贿，官中府中相习成风"。[②] 这些做法尽管有其一定的理由，但也可以说是李鸿章借机加强自己地盘和派系势力的表现。此外，在军队治理上，李鸿章亦疏于约束。时人有记载说：《北洋海军章程》"赏罚各有条例，而将官多不遵行"。李鸿章阅操，"亦示宽大，谓此武夫，难拘绳墨。陆军将士多昔日偏裨，水师多新进少年，其肯励志图功者不多"。因而军纪废弛，自左右翼总兵以下，公然违反章程有关"总兵以下各官，皆终年住船，不建衙，不建公馆"的规定，争相挈眷陆居；军士亦去船以嬉，每年北洋封冻，海军岁例巡南洋时淫、赌于香港、上海。有些舰只平时不仅不进行操练，还忙于商业运输。"定远"、"镇远"主力舰的士兵常在舰炮上张晒衣裤。当时有外国人评论说：从此类巨舰的纪律可见其海军实不足畏。凡此种种弊端，均成为后来海军建设延误和甲午海战失败的内在原因。

二　北洋海军的正式成立

李鸿章应奕谟的要求所拟就的《北洋海军章程》草稿，经海军衙门

---

① 张侠等编：《清末海军史料》，499、482—483、502 页。
② 洪弃文：《中东战纪》，3 页。转引自苑书义《李鸿章传》，209、215—216 页，北京，人民出版社，1991。

核准后于 1888 年 9 月 30 日（光绪十四年八月二十五日）呈送慈禧太后。10 月 3 日，慈禧太后批准该章程。12 月中旬，北洋海军正式成立，清廷任命淮军将领、北洋水师记名提督、天津镇总兵丁汝昌为北洋海军提督，设提督衙门，"择威海卫地方建衙或建公馆办公，另于威海卫、旅顺口两处，各建全军办公屋一所"；任命记名总兵林泰曾为左翼总兵、总兵衔水师补用副将刘步蟾为右翼总兵。

北洋海军成军之时已拥有相当的实力。北洋海军的舰船，是以其中法战争之前已有的舰船为主，加上以前订购、1887 年新到的 4 艘德国和英国造舰船而组成的，共计有舰船 25 艘，排水量 36 708 吨。其中各种类型的舰船有：铁甲舰 2 艘，排水量各为 7 335 吨；快船 7 艘，排水量为 2 900 吨者 2 艘、2 300 吨者 3 艘、1 350 吨者 2 艘；炮船 6 艘，排水量均为 440 吨。以上 15 艘为主要战船，合计排水量 32 710 吨。此外，还有鱼雷艇 6 艘，排水量均为 108 吨；练船 3 艘，排水量为 1 300 吨者 2 艘、750 吨者 1 艘；运船 1 艘，排水量为 1 080 吨。[①] 与当时的日本海军相比，北洋海军的实力处于较强的地位。如 2 000 吨级以上的主力舰，日本海军只有 5 艘，总吨位不足 1.5 万吨；而北洋海军有 7 艘，总吨位为 2.7 万吨，是日本的 1.8 倍。特别是"定远"、"镇远"两艘 7 000 多吨级的铁甲舰，为日本所无。

但是，从成军之日起，北洋海军处于停滞的状态。就北洋海军的本身而言，1888—1894 年可以说无一舰一炮之增添，只是通过继续从沿海各地海军调集福建船政局所新造的"平远"、"广乙"、"广丙"3 艘巡洋舰和旧有的几艘炮艇，使它的阵容有所扩大。到 1894 年中日甲午战争爆发之前，北洋海军前后共集中了总排水量为 46 939 吨的 35 艘舰艇。但是，其中排水量在 2 100 吨以上的主要战舰只有 8 艘，总排水量 29 470吨；排水量在 1 000—2 100 吨的辅助战舰亦只有 8 艘，总排水量 9 896吨。两者合计为 16 艘，总排水量 39 366 吨。[②] 而此时的日本政府为了发动侵华战争，继续增大扩建海军力度，拨皇宫经费制造舰船，

---

① 参见戚其章《晚清海军兴衰史》，320—321 页，北京，人民出版社，1998；樊百川：《清季的洋务新政》第 2 卷，1095—1099 页，上海书店出版社，2003。

② 樊百川：《清季的洋务新政》第 2 卷，1179—1182 页。

在 1888—1894 年的 6 年中新添军舰 11 艘,除 1893 年无新舰增添、1894 年增添新舰 1 艘外,其余各年均有 2 艘新舰增添;还以打败北洋海军的"定远"、"镇远"2 艘铁甲主力舰为目标,专门设计制造了"桥立"、"松岛"、"严岛"3 艘 4 000 吨级的战舰,号称"三景舰"。到 1894 年先后合计已拥有 33 艘舰船,少于北洋海军 2 艘,总排水量 63 738 吨,超过北洋海军35.79％。其中排水量在 2 100 吨以上的主要战舰有 12 艘,超过北洋海军 4 艘、50％;总排水量 41 378 吨,超过北洋海军 11 908 吨、40.41％。排水量在 1 000—2 100 吨的辅助战舰有 10 艘,超过北洋海军 2 艘、25％;总排水量 15 083 吨,超过北洋海军 5 187 吨、52.42％。两者合计为 22 艘,超过北洋海军 6 艘、37.5％;排水量 56 461吨,超过北洋海军17 095吨、43.43％。[①] 而且,由于北洋海军的舰船大多造成于 1887 年之前,只有 3 艘分别造成于 1889、1890、1891 年,到 1894 年时,大多趋于老化,舰上的武器装备也没有任何更新。而日本海军的 12 艘主要战舰中有 6 艘造成于 1888 年之后,航速较快,装备较好。因此,北洋海军主辅战舰无论在吨位数量上还是装备质量上均被日本海军远远超过,成为甲午海战北洋海军失败的一个重要因素。

北洋海军之所以在成军之后处于停滞的状态,问题出在海军衙门,其首要原因是挪用海军经费为慈禧太后建游乐工程。在筹建北洋海军的同时,奕譞和李鸿章为讨好慈禧太后,开始为慈禧太后在 1894 年过 60 岁生日而大肆操办游乐工程。1885 年开建三海(南海、中海、北海)工程,1887 年又兴建颐和园。据现有研究,从海军经费中挪用和以海军经费名义征集来,直接被移用于这两大工程的款项,虽不像梁启超等人所说的有二三千万两那样多,也有 1 200 万两至 1 400万两。如果加上被冻结起来的督、抚们报效的海防款项 260 万两,总共为 1 400 余万两至 1 600 余万两。[②]

如此大量挪用海军经费,势必造成海军经费的短缺。为了挪用海军经费,慈禧太后在 1887 年 5 月下令各省裁减船只,并规定:"嗣后各

① 戚其章《晚清海军兴衰史》,379—380 页。
② 见樊百川《清季的洋务新政》第 2 卷,1128—1147 页。戚其章在《晚清海军兴衰史》第 332 页估算被挪用的海军经费为 1 300 万两。

省于海防应需购买器械、拨用经费等项,均著先期咨报海军衙门斟酌妥善,再行办理。"①对海军衙门掌管支配的海军经费,清廷也不能如数拨给,名义上"部拨常年经费虽有四百万之数",但实际上往往以各种借口少拨,各年"通盘牵算,岁入不过二百九十余万两左右。岁出之项,北洋用款一百二三十万,南洋用款七八十万"。到 1888 年,"撙节度支,北洋仅拨银九十余万两,南洋仅拨银五十余万两"。即便北洋和南洋海军节约经费,但加上其他养舰、练军费用,海军衙门亦"需款三百二十余万两","入不抵出"相当严重。为此,海军衙门奏请朝廷从 1888 年起,由鸦片厘金项下增拨海军经费 100 万两,但因户部用款紧张而被拒绝。②到 1891 年 6 月,清廷又批准户部酌拟筹饷办法,命令"南北洋购买外洋枪炮、船只、机器暂停两年,即将所省价银解部充饷",③并要各省为其立筹二三百万两,其中摊派南洋海军等 120 万两。

311

1893 年初,北洋海军本拟将 25 艘舰船进行大修,需银 144 万两,分 10 年筹办。但李鸿章考虑到恰逢慈禧太后 60 岁庆典,主动提出将大修推迟一年。同年 3 月,丁汝昌提出在"定远"、"镇远"、"济远"、"经远"、"来远"等战舰上配置克虏伯快炮 18 门及新式后膛炮 3 门,共需银 61 万余两。但李鸿章也以"目下海军衙门、户部同一支绌,若添此购炮巨款,诚恐筹拨为难"为由,奏请"先购镇、定二船快炮十二尊,俟有赢余陆续购置",④但直至甲午战争爆发尚未得购置。

由于经费短缺,南洋等其他海军的建设也受到巨大的影响。在中法战争后的 10 年间,南洋海军虽也耗费了约 650 万两经费,但除了只在 1894 年初以 40 万两订造德国 4 艘鱼雷艇之外,只是维持了一支仅有 6 艘旧式巡洋舰和 6 艘落后炮舰,总排水量只有 16 173 吨的弱小舰队。⑤ 福建和广东的海军也由于缺乏经费而无力扩建。到 1894 年时,福建海军只有船舰 7 艘,总排水量仅为 5 236 吨;广东海军虽经过张之洞的努力,也只是新置炮舰 12 艘,总排水量 6 380 吨。

---

① 朱寿朋编:《光绪朝东华录》第 2 册,总第 2262 页。
② 张侠等编:《清末海军史料》,637—638 页。
③ 吴汝纶编:《李文忠公全集·奏稿》卷七十二,35—38 页,金陵,光绪三十一年至三十四年。
④ 吴汝纶编:《李文忠公全集·奏稿》卷七十八,1—2 页。
⑤ 樊百川:《清季的洋务新政》第 2 卷,1157—1159、1163、1167—1168 页。

尽管有挪用海军经费为慈禧太后修建游乐工程之事，但是中法战争后10年中实际所用的海军经费，就其数量而言应该说还是不少的。就全国的海军经费来说，合北洋、南洋、福建、广东四地海军而计，在这10年中共花经费4 158万两，年均415.8万两，比前期1860—1884年间25年所费海军经费3 848.8万两、年均153.95万两，总数虽只多出309.2万两，增加8.03％，但年均经费则多出261.85万两，增加170.09％，应该说这是一个很大的数额。如果与日本的海军经费相比，中国的海军经费也是不少的。在1875—1894年的20年间，中国为10 709万元（即6 954万两），日本为9 700万元，中国多于日本1 009万元，合比例10.40％；其中1875—1884年的10年间，中国为4 305.8万元，日本为3 030万元，中国多于日本1 275.8万元，比例为41.97％；1885—1894年的10年间，中国为6 397.5万元，日本为6 670万元，中国少于日本267万元，但日本经费中包含450万元用于制钢所的经费，如扣除之，则中国还多于日本183万元，比例为2.74％。

中国在海军建设经费投入略多于日本的条件下，海军装备与日本相比却从前期的略占优势而转变为后期的明显劣势，其原因显然是经费使用的问题。在1885—1894年的4 158万两经费中，北洋海军所支用的经费为2 321.5万两，占55.83％。北洋在使用这一大笔经费时，用于购置舰船的费用只有280.1万两，只占其经费12.07％；用于养船的费用多达1 121.5万两，占其经费的比重高达48.31％。该两项费用合计占经费的比重为60.38％。而在此前的1875—1884年中，购置舰船的费用为444.4万两，占其经费1 299.9万两的34.19％；用于养船的费用则只有258.1万两，占其经费的19.86％。该两项费用合计占经费的比重为54.05％。① 由此可见，在这一阶段中，北洋海军之所以很少购置新舰船，主要是养船经费支出大量增加所致。这虽然是一个客观原因，因为北洋的舰船绝大多数是在其成军之前购置的，其养船费用必然是越来越多，但也与李鸿章的决策和思想观念有关，他没有对旧有舰船进行必要的更新。详见表6-1所示：

① 以上有关经费的数据参见樊百川《清季的洋务新政》第2卷，1166—1171、1173、1227—1228页。

表 6-1　1875—1894 年北洋海军军费支出表(单位:千两)

项目 / 年份	购买舰船等		购买军火及修造物件		修筑海防工程		学堂、电报及其他		养船经费		合计
	费用	比重	费用	比重	费用	比重	费用	比重	费用	比重	费用
1875—1880	1 412	39.25	1 375	38.23	24	0.67	118	3.28	668	18.57	3 597
1881—1882	12	0.73	687	41.87	164	9.99	201	12.25	577	35.16	1 641
1883—1884	177	4.81	1 484	40.37	673	18.31	269	7.32	1 073	29.19	3 676
购舰专款	2 843	69.59	600	14.69	—	—	379	9.28	263	6.44	4 085
小　计	4 444	34.19	4 146	31.89	861	6.62	967	7.44	2 581	19.86	12 999
1885—1886	107	3.22	982	29.53	223	6.71	407	12.24	1 606	48.30	3 325
购舰专款	2 691	71.04	741	19.56	—	—	90	2.38	266	7.02	3 788
1887—1888	3	0.07	1 380	31.74	401	9.22	345	7.93	2 219	51.04	4 348
1889	—		355	19.15	99	5.34	169	9.11	1 231	66.40	1 854
1890	—		397	19.10	50	2.41	234	11.26	1 397	67.23	2 078
1891	—		724	33.72	103	4.80	220	10.25	1 100	51.23	2 147
1892	—		475	25.20	84	4.46	194	10.29	1 132	60.05	1 885
1893	—		475	25.20	84	4.46	194	10.29	1 132	60.05	1 885
1894	—		475	24.94	84	4.41	214	11.23	1 132	59.42	1 905
小计	2 801	12.07	6 004	25.86	1 128	4.86	2 067	8.90	11 215	48.31	23 215
总计	7 245	20.00	10 150	28.03	1 989	5.49	3 034	8.38	13 796	38.10	36 214

说明:本表根据樊百川著《清季的洋务新政》第 2 卷第 1227—1228 页的有关数据计算。其中原资料 1889 年的合计数 1 814 千两,1885—1894 年的小计合计数 23 177 千两,1875—1894 年的总计合计数 36 314 千两,均统计有误,应各为 1 854 千两、23 215 千两、36 214 千两。上表已更正。

　　此外,也有李鸿章进取心不够强的原因。1891 年,李鸿章在检阅北洋海军之后颇为自信地上奏说:"综核海军战备,尚能日异月新,目前限于饷力,未能扩充,但就渤海门户而论,已有深固不摇之势。"因此,当朝廷下旨停购舰船两年时,他虽有意见,但还是立即同意"所有应购大宗船械,自宜照议暂停"。①

---

　　① 吴汝纶编:《李文忠公全集·奏稿》卷七十二,4、38 页。

由上可见，对北洋海军在成军之后的每况愈下，李鸿章是有相当责任的。到 1894 年 8 月 1 日，日本发动朝鲜战争，甲午战争即将爆发，尽管李鸿章为修建三海和颐和园工程立下汗马功劳，但慈禧太后也不得不指责李鸿章说："自光绪十年越南用兵之后，创办海军，已及十载。所有购船、置械、选将、练兵诸事，均李鸿章一手经理。乃日人自上次朝鲜变乱，经我军戡定，该军志挫而归，从此蓄谋报复，加意练兵，此次突犯朝鲜，一切兵备居然可恃。而我之海军，船械不足，训练无实。李鸿章未能远虑及此，预为防范，疏慢之咎，实所难辞。"①与其在此时指责李鸿章的失职，不如在当初采纳黄体芳的谏言，不派李鸿章会办海军。

---

① 张侠等编：《清末海军史料》，84—85 页。

第二节　洋务工业的新进展

一　洋务工业发展的总体状况

在中法战争期间,清廷及洋务派官员们也感到从国外购买军械、弹药的不便,又感到本国各机器制造局的产品不敷需用。在中法战争结束之后,清廷即令各省积极整顿机器制造局,加强军火生产。因此,从1885年起,洋务派在兴办工业企业方面的举措也有所推进,至1894年,10年中洋务派又创办和支持了29个企业,详见表6-2:

表6-2　1885—1894年洋务军用和民用企业状况表(资本单位:两)

企业名称	开办年份	停办年份及原因		创办人	经营方式	创办资本
福建石竹山铅矿	1885	1888	经费不继	丁　枞	官督商办	不详
山东平度金矿	1885	1889	亏损	李宗岱	官督商办	24万
台湾机器局*	1885	—		刘铭传	官办	51万
贵州青溪铁矿和铁厂	1886	1890	主持者死	潘　霨	官督商办	20万
开平铁路公司	1886	1887	改组	伍廷芳	官督商办	25万
山东淄川煤矿	1887	1891	创办者死	张　曜	官办	不详
山东淄川铅矿	1887	1892	质劣	徐祝三	官办	不详
云南铜矿	1887	1890	经费不足	唐　炯	官督商办	不详
热河土槽子遍山线银铅矿	1887	1894	张翼接办	李鸿章朱其诏	官办	不详

企业名称	开办年份	停办年份及原因	创办人	经营方式	创办资本
海南岛大艳山铜矿	1887	1888	张廷钧	官督商办	不详
中国铁路公司＊	1887	—	伍廷芳	官督商办	479 万
台湾铁路＊	1887	1893　经费不足	刘铭传	官督商办	129.6 万
广东香山天华银矿	1888	1890　资本不足	何昆山	官督商办	不详
广西贵县天平寨银矿	1889	—	谢光绮	官督商办	不详
黑龙江漠河金矿	1889	—	李鸿章	官督商办	20 万
吉林天宝山银矿	1890	1896　亏损	程光第	官督商办	不详
山东宁海金矿	1890	1890　资本不足	马建忠	官督商办	15 万
湖北大冶铁矿	1890	—	张之洞	官办	铁厂投资
汉阳铁厂＊	1890	—	张之洞	官办	583 万
湖北枪炮厂＊	1890	—	张之洞	官办	135 万
上海机器织布局	1890	1893　被焚重建	李鸿章	官督商办	100 万
大冶王三台煤矿	1891	1893　积水	张之洞	官办	50 万
湖北马鞍山煤矿	1891	—	张之洞	官办	铁厂投资
山东招远金矿	1891	1892　亏损	李赞勋	官督商办	60 万
热河建平金矿	1892	1898　获利极少	徐　润	官督商办	不详
湖北织布官局＊	1893	—	张之洞	官办	150 万
吉林三姓金矿	1894	1900　庚子事件	宋春鳌	官督商办	10 万
湖北纺纱局	1894	—	张之洞	官商合办	60 万
湖北缫丝局	1894	—	张之洞	官商合办	10 万
合　　计		29 家			1 921.6 万

　　资料来源:孙毓棠编《中国近代工业史资料》第 1 辑,上、下册;台湾机器局和湖北枪炮厂另参见樊百川《清季的洋务新政》第 2 卷,1337 页。

　　说明:(1)中小民用企业有官办、官督商办两类。官督商办企业中又有与官方关系疏密之分,有的论者将官督商办企业中与官方关系疏松者划为"民族资本企业",其余均划为"官僚资本企业"。笔者将所有官办和官督商办企业视为"洋务民用企业",只将纯商办企业另作论述。(2)表中台湾基隆煤矿和台湾铁路后改为官办。(3)表中的"中国铁路公司"由"开平铁路公司"改组而成。(4)带"＊"的企业,其资本数系其从创办到1894年期间的实支经费,即包括厂房建设和生产经费。(5)几家铁路公司的状况见下文所述。

由表 6-2 可见,在这一阶段中,洋务派除了对一些前一阶段已开办的机器制造局进行整顿、扩充之外,还向许多新的领域拓展,呈现出新的创办企业态势。一是继续开办前已开创的军火工业和煤矿、铜矿企业,其中新开军火企业 2 家、煤矿 3 家、铜矿 2 家。二是开创了前所未有的钢铁工业、各种金属矿业,其中有钢铁冶炼企业 2 家、金矿 6 家、银矿 4 家、铅矿 2 家、铁矿 1 家;前一阶段虽曾开办有承德三山银矿,但仅存在 2—3 年即告倒闭。三是开始了铁路建设的尝试,出现了 3 家公司。从这一发展态势中可以看出,这一阶段洋务企业的发展具有这样几个特点:第一,洋务工业的范围进一步扩大,属新开辟领域的企业有22 家,占总数的 75.86%。第二,原材料工业受到重视,新开采矿企业有 18 家,亦占总数的 62.07%;如果再加上 2 家钢铁冶炼企业,原材料工业企业所占的比重就达到 68.97%。第三,民用工业已成洋务企业发展的主要方向,在新办的 29 家企业中,纯属军火工业的企业只有台湾机器局和湖北枪炮厂 2 家。其余 27 家,虽然其产品亦多少不等地用于军事,但均不直接生产军火,可以视为民用工业企业。如此,其所占的比重则达到 93.10%。第四,轻纺工业开始推广,创建了 3 家棉纺织厂和 1 家缫丝厂。在前一阶段虽有兰州织呢局的建立,但仅存在 3 年时间即倒闭。第五,开始注意铁路交通业的建设。第六,民用企业的规模比前一阶段大。这些特点也反映出中法战争之后,清廷和洋务派更进一步认识到"求强"与"求富"的关系,工业建设的重点已转移到民用工业上来。

此外,还有值得注意的一点,那就是在创办洋务企业的队伍中形成了以张之洞为领袖的第三系统力量。在前一阶段中,洋务企业的创办者主要是李鸿章和左宗棠两个系统的力量。到这一阶段,左宗棠系统已少有作为,李鸿章系统也锐势大减,而张之洞系统异军突起,成为创办洋务企业的主力。在新创办的 29 家企业中,有 8 家是张之洞创建的,虽就企业数量而言只占 27.59%,但就企业规模而言,绝大多数是大企业,在这一阶段新办的大企业中占绝对多数。张之洞所办企业投资额在 50 万两以上的有 7 个,其中百万以上的有 5 个(含大冶铁矿和马鞍山煤矿),各占其本系统企业总数的 87.5% 和 62.5%,又各占这一阶段新办的同等规模企业总数 12 家和 8 家的 58.33％和 62.50％。其中汉阳铁厂投资额在这一阶段新办企业中为最大,在包括上一阶段在内的整个洋务企业中位居第二,仅次于上海机器制造局;而湖北织布官局则是整个纺织企业中投资和生产规模最大的企业;湖北枪炮厂也成为规模最大的枪炮专业生产企业。张之洞所办企业的投资总额高达 988 万两,占 29 家新办企业可查投资总额 1921.6 万两的 51.42％。

张之洞系统还具有两个特色:一是在产业结构上,涉及军火、钢铁、采矿、轻纺四大产业,以钢铁冶炼企业为投资重点,与李鸿章、左宗棠系统的以军火企业为重点有所不同;二是在企业制度上,兼采官办和官商合办两种体制,但以官办为主,就连织布局这样的轻纺企业也采用官办体制,仅纺纱、缫丝二局采官商合办体制,因此,既有别于李鸿章系统的兼采官办和官督商办,也有别于左宗棠系统的一律官办。所谓官商合办,就是由官方和商人共同出资,由官方委员督办,商人参与办事,即张之洞所主张的“商力随处得以展布,而官力随事得以句稽”的方式,而拒不采纳商人所要求的与官督商办体制相同的“官为保护,商为经理”的方式。[1] 在这种体制下,其所任用的主要经办人员均为张之洞的幕僚,较之官督商办有更浓的“官气”,以至于影响到张之洞欲坚持官商合办或改为官督商办而不能。如纺纱局,在 1897 年时,因官商利益关系难于协调,“商董以官权太重,请专归官办”,[2]张之洞只得将其收归官办。缫丝局从 1895 年起就欲改为官督商办,但直至 1897 年,因原承办人黄佐卿所拟章程多未妥协,黄亦不愿再办。因此,张之洞系统的企业,均不能像李鸿章系统那样妥善地利用商人资本,其效果亦均不及李鸿章系统的企业。

二 军用工业的继续发展和钢铁工业的产生

在军事工业方面,这一阶段出现两家企业,即台湾机器局和湖北枪炮厂。

---

① 王树枏编:《张文襄公全集》卷一百零一,公牍十六,1—2 页。
② 张继煦:《张文襄公治鄂记》,31 页,湖北通志馆,1947。

台湾机器局是台湾地区最早创办的机器工业企业。它由台湾巡抚刘铭传于 1885 年(光绪十一年)开始创办。1886 年末,第一批机器安装完成,能够制造 4 种枪弹;1888 年又建成炮弹厂、汽炉房、打铁厂、军械所等,共费银约 11.4 万两,形成日产枪弹 1 万余颗的生产能力。到 1892 年继任的台湾巡抚邵友濂又将枪弹厂扩充,并增建火药厂,其所用机器的大部分由机器局自行制造,需银 3.6 万两。至此,前后合计共费银 15 万两。① 1893 年 12 月,火药厂建成投产,能日产火药 500 磅。与此同时,机器局还为这一阶段建成的台湾修理厂、纺纱厂、造船厂制造机器,开军用工业企业为民用工业生产机器的先河,从而通过机器局带动了台湾工业的早期发展。

湖北枪炮厂,由湖广总督张之洞于 1890 年在湖北汉阳创办。张之洞在两广总督任上时就筹划要开办一个大型的枪炮厂,1888 年开始筹款、购机。1889 年 12 月张之洞调任湖广总督,遂将在广州所筹办的枪炮厂移建汉阳。移建汉阳以后,由于建设过程中遇到经费筹集的困难、机器订购的更换,到 1894 年 6 月才建成枪厂和炮厂,先后共费银 135 万两。但枪厂随即又遭失火损坏,经一年的修复才得以投产;炮厂也到 1895 年 6 月才造出第一批产品,仅有 8.7 厘米口径后膛车炮 2 尊、6 厘米口径炮 1 尊、3.7 厘米小口径速射炮 1 尊。至此,张之洞终于初步建成了一个能年产小口径十响毛瑟枪七八千支、速射炮 70 尊,日产枪弹 2.5 万颗、炮弹 100 颗的枪炮厂。此后,湖北枪炮厂继续扩充,如添置造炮钢大汽锤、轧铜板机器、压铜壳机器、炼罐子钢机器、造无烟火药机器、造 12 厘米口径速射炮及炮架和炮弹机器等,所费资金亦达到 210 万两。

湖北枪炮厂虽在建设过程中旷日持久,耗费颇大,且到中日甲午战争爆发尚未投产,从建设效率的角度来看均不及前期创办的各大军工企业,但创办者张之洞的指导思想则超越了以往的所有洋务企业创办者,表现出了对西方武器生产前沿水平的追赶精神,力图制造最新式的枪炮。他在广州开始筹建该厂时,就欲改变以往所办枪炮制造企业的

---

① 中国史学会主编:《洋务运动》(四),443 页。

产品落后、生产不专、规模狭小的状况，力图开创新局面。他指出："各省虽经试造林明敦枪及阿模士庄小炮，但枪式既旧，炮式尚非精品；且偶一仿造，非专厂开铸，规模未见恢拓，于中国风气尚难振作。"[1]于是，他认准德国的连珠十响毛瑟枪和纯钢后膛大炮为"最新最精之式"，通过出使德国的钦差大臣洪钧，向德国力拂厂订购 120 匹马力之汽机，能日产十响毛瑟枪 50 支和年产 7.5—12 厘米口径过山炮 50 尊的机器。到 1891 年，张之洞又发现"西国已全用小口径枪，鄂定枪机犹是旧式"，于是再电使德大臣许景澄，与原订货工厂"商改新式，酌补工费无妨"。[2]到 1894 年中日甲午战争爆发，他闻知"倭械甚精，非快枪快炮不能制胜"，[3]感到原订购之造炮机器"仅能造六生至十生半小炮，无甚大用"，于是决计重新订购"一律改作新式快炮"之机器。[4]

在钢铁工业方面，由张之洞创建的汉阳铁厂是一个兼有军用和民用性质的大型原材料生产企业。张之洞在 1884 年任山西任巡抚时就有开采铁矿的打算，后来任两广总督时又计划在广州建炼铁厂，并向英国订购各种设备。1889 年张之洞调任湖广总督，遂将筹办中的炼铁厂移建于汉阳。1890 年 2 月成立的湖北铁政局负责筹建铁厂之事，先委派候补道蔡锡勇筹办，后为加强力量、便于办事，又增派湖北布政使、按察使、粮储道、盐法道 4 人总办局务，以蔡锡勇为驻局总办。后经一年多的查勘铁矿、煤矿和选择厂址，于 1891 年 9 月动工兴建汉阳铁厂，1893 年冬竣工，共耗资 400 万两，建成炼生铁厂、炼熟铁厂、炼贝色麻钢厂、炼西门士钢厂、造钢轨厂、造铁货厂等 6 个大厂和机器、铸铁、打铁、鱼片钩钉等 4 个小厂；其设备的生产能力可日产生铁 100 余吨、钢 60 吨。1894 年 2 月汉阳铁厂生火投产，6 月 30 日正式出铁。在建铁厂的同时，张之洞还开办大冶铁矿和运矿铁路、马鞍山煤矿和炼焦厂，为铁厂提供铁矿和燃料，[5]从而形成一个集采矿、炼焦、炼铁、炼钢和造

---

① 王树枏编：《张文襄公全集·奏议》卷二十五，28—29 页。
② 王树枏编：《张文襄公全集》卷一百三十五，电牍十四，21 页。
③ 王树枏编：《张文襄公全集》卷七十六，电奏四，14 页。
④ 王树枏编：《张文襄公全集》卷一百三十八，电牍十七，31 页。
⑤ 王树枏编：《张文襄公全集·奏议》卷三十一，25—26 页；卷三十四，1—3 页。许涤新、吴承明主编：《中国资本主义发展史》第 2 卷，429 页，北京，人民出版社，1990。

钢于一体的大型钢铁联合企业,其企业规模和设备水平在远东堪称第一。但汉阳铁厂建成后,由于经费不足、燃料短缺,其设备没能全部投入生产,两座炼生铁大炉只开炼一座,到 1895 年 10 月中旬为止,共炼出生铁 5 660 余吨、熟铁 110 吨、贝色麻钢料 940 余吨、马丁钢料 450 余吨、铁货拉成钢条板 1 700 余吨,[①]远远没有达到其所拥有的生产能力,不久便以失败告终,招商承办。

汉阳铁厂虽然在建成以后效益不好,但它的创建也体现洋务企业创新、发展的气象和张之洞兴办洋务企业的特色。中法战争之前,洋务企业中没有真正的钢铁冶炼工厂;中法战争之后,为了增进军火和机器生产,才开始创建钢铁冶炼工厂。第一个钢铁厂是贵州青溪铁矿所设的铁厂,于 1886 年开始筹建,由官商合办,采官督商办体制,至 1890 年才建成投产,随即因主办者潘霨的死亡而歇业,至 1893 年完全停办。第二个是上海机器制造总局所建的炼钢厂,于 1890 年开始筹建,旨在为"仿造前后膛钢质大炮并后膛新式兵枪"提供原材料。至 1892 年建成一座日产 3 吨钢的平炉,效果较好,"炼成纯钢,卷成炮管、枪筒,并大小钢条,精纯坚实,与购自外洋者无殊";[②]1894 年后又建成一座日产 15 吨的平炉,并配置轧钢设备等。该厂虽能坚持生产,但规模较小,产量较低。直到张之洞创办汉阳铁厂,才把钢铁工业的水平推进了一大步,出现了新气象。

张之洞创办汉阳铁厂更具争取"自强"的色彩。这集中表现在他创建炼铁厂的出发点上。一是为了"开辟利源",给军火制造、民用器械制造,乃至正在筹备的铁路建设提供原材料。他说:"举凡武备所资枪炮、军械、轮船、炮台、火车、电线等项,以及民间日用、农家工作之所需,无一不取之于铁。"[③]又指出:"湘煤、湘铁甚多,黔铁、鄂铁亦不少,皆通水运。鄂省为南北适中,若此处就煤铁之便,多铸精械,分济川、陕、豫、皖、江、湘各省,并由轮运沪,转运沿海,处处皆便,工费亦省。""腹省军营,于军火一事,至今未能精求,此厂可开风气,于西路甘、川边防大有

321

---

① 孙毓棠编:《中国近代工业史资料》第 1 辑下册,796 页,北京,科学出版社,1957。

② 孙毓棠编:《中国近代工业史资料》第 1 辑下册,282—284 页;李鸿章:《上海机器局请奖折》,见吴汝纶编《李文忠公全集·奏稿》卷七十七,2 页。

③ 王树枏编:《张文襄公全集·奏议》卷二十七,1 页。

益……尚不独煤铁近便也。"①在他看来,中国不是没有炼铁的原料,所缺少的只是炼铁的设备和技术,如能引进设备和技术,择适当之地设厂,就可以自行炼铁,促进军火制造。二是为了"杜绝外耗",挽回国家利权。他说:中国进口洋货之中,"洋铁最为大宗","查光绪十二年贸易总册所载,各省进口铁条、铁板、铁片、铁丝、生铁、熟铁、钢料",以及铁针等类,合计"值银240余万两";"十四年贸易总册,洋铁、洋针进口值银至280余万两"。如是,"惟事以银易铁,日引月长,其弊何所底止"。因此,"必须自行设厂"制造,推广使用,"在我多出一分之货,即少漏一分之财,积之日久,强弱之势必有转移于无形者"。三是为了避免"仰给于人",谋求军火和机器制造工业的钢铁自给。他说:"各省制造军械、轮船等局,所需机器及铁钢各料,历年皆系购之外洋,上海虽亦设炼钢小炉,仍是买外洋生铁以炼精钢,并非华产。若再不自炼内地钢铁,此等关系海防、边防之利器,事事仰给于人,远虑深思尤为非计。"四是提出全面仿造洋货。他指出:"通商以来凡华民需用之物,外洋莫不仿造,穷极精巧,充塞土货。……近来各省虽间有制造等局,然所造皆系军火,于民间日用之物,尚属阙如。臣愚以为,华民所需外洋之物,必应悉行仿造,虽不尽断来源,亦可渐开风气。"②

三　民用工矿业的新发展

这一阶段洋务派所开办的民用工业和交通业,除了上面已经提到的铁矿和钢铁冶炼之外,还开辟了一些新的领域。

在采矿业中,主要是金银矿的开采。其中开采最早也最为成功的是黑龙江漠河金矿,亦称"漠河矿务局"。该矿于1887年初由黑龙江将军恭镗奏请开办,清廷批准后责成李鸿章和恭镗共同负责筹办。其体制采官督商办,由李鸿章和恭镗推荐,经总理衙门奏请朝廷批准,调任吉林道员候补知府李金镛为督理,具体负责筹办开矿事宜;额定资本,原拟招商股20万两,后实招7万两,遂由黑龙江将军拨借库款3万两,

---

① 王树枏编:《张文襄公全集》卷一百三十四,电牍十三,1、3页。
② 王树枏编:《张文襄公全集·奏议》卷三十三,8页。

由李鸿章向天津商人借款 10 万两,合成 20 万两。其利润所得的分配办法是:"除开支局用、官利外,当以十成之三呈交黑龙江将军衙门,报充军饷"。① 1889 年初,漠河、奇乾河两厂开成投产,取得了较好的效益,当年产金 1.9 万两,售金的收入为银 30.7 万两,获余利银 3 万两,报效黑龙江省军饷 0.9 万两。1890 年,产金 2.3 万两,收入银 34.5 万两,获余利银 3 万两。同年李金镛病故,由候选知县袁大化接任,加强管理,节约开支,获利逐年增加。1891 年,产金 2 万余两,收入银 28.2 万两,获余利银 5 万两,报效黑龙江省军饷 1.5 万两。② 1892 年,产金 1.5 万两,获余利银 4 万两,报效军饷 1.2 万两。③ 1893 年,产金 1 万两,获利和报效军饷数额与 1891 年相等。1894 年,因增开观音山矿厂,产金量达到 2.8 万余两,收入银 76.7 万两,获利增至 36 万两,报效军饷数额达到 10.8 万两。1895 年产金量增至 5.07 万两,总收入达银 126.1 万两,达到最高峰。④ 所招商股 1894 年已增至 10.22 万两,所借官款和天津商款亦于 1893 年全数还清。⑤ 除了报效黑龙江军饷之外,股东们和经营管理者也获得了丰厚的回报。1891 年开始发放股息,1888 年入股者每股(银 100 两)分得 70 两,1889 年上半年入股者每股分得 42 两,下半年入股者每股分得 23 两,1900 年以后入股者均分得官利 7 两。⑥ 1892 年,每股除得 7 两官利外,另发 20 两余利。⑦ 1894 年,每股所得竟高达 176 两。督办金矿的袁大化,在 1894 年和 1895 年每年分得花红银 3.6 万两。⑧

漠河金矿开办之后,不仅取得了较好的效益,而且具有直接的挽利源、实边防、裕军费的作用。其创办之目的有三。

一是为了杜绝俄人私自越境偷采金矿,保护国家利源。漠河金矿

---

① 吴汝纶编:《李文忠公全集·奏议》卷六十一,45—47 页。

② 薛福成:《出使日记续刻》卷二,64 页;卷八,11—12 页,传经楼,光绪二十四年。

③《漠河矿务公司启事》,见孙毓棠编《中国近代工业史资料》第 1 辑下册,739—740 页。

④《筹款应以开矿为要说》,见光绪庚子十二月初八日《北京新闻汇报》,1 页。有关 1889—1895 各年金产量及结余银两数,参见"中研院"近代史所编《矿务档》第 7 册,4530、4533、4534、4537、4538、4541、4544、4551、4555—4556、4561、4572、4591 页,台北,精华印书馆,1960。

⑤ "中研院"近代史所编:《矿务档》第 7 册,4589 页;《漠河矿务公司启事》,见孙毓棠编《中国近代工业史资料》第 1 辑下册,739—740 页。

⑥《黑龙江矿务总局第一届总结账略》,见 1891 年 10 月 9 日《申报》。

⑦《黑龙江漠河矿务公司袁大化谨启》,见 1894 年 4 月 21 日《申报》。

⑧ "中研院"近代史所编:《矿务档》第 7 册,4561、4608、4610 页。

位于黑龙江右岸，与额尔古纳河相近，对岸即为俄国境内。先前，俄人招集中、俄流民四五千人盗挖金矿，既损中国利权，又扰中国边境。对此，前任黑龙江将军文绪曾向清廷奏呈其事，并提出过因应之策；总理衙门曾照会俄国官方勒令各矿收回封闭，以清国界；曾纪泽在出使英俄时，亦曾饬请总理衙门照会俄国公使禁止盗采金矿；到刘瑞芬出使俄国时，又重申此议，并上奏清廷指出：该矿中国"若不及早筹办，久必为人占据，贻患无穷"。[①] 到恭镗和李鸿章奏请开办该矿时，又进一步强调了这一问题，指出："开矿之举，实关边要利害，与内地矿务专言利者不同"，此举"重在防边，兼筹利国"。[②]

/324

二是为了开发边境，充实边防力量，防止俄国乘机入侵。由于漠河地区金矿丰富，俄国人大量入境私采金矿，使黑龙江边境形同虚设，大有导致俄人入侵之虞。若开办漠河金矿，就能起到抑制俄人入侵的作用。李鸿章指出："从来疆场之间，常以虚实为强弱。俄自嘉庆季年创开金矿，逐渐缔造，至道光、咸丰之际，尼布楚遂为雄城，已有骎骎东逼之势。其时中原多故，未暇兼营，遂致以彼之实，乘我之虚，侵我边陲，如涉庭户。……若金矿一开，人皆趋利，商贾骈集，屯牧并兴，可与黑龙江北岸俄城声势对抗，外以折强邻窥伺之渐，内以植百年根本之谋。且因此自行轮船，则江面不令独占；开通山路，则军府不致远悬。此皆防患未萌而不容稍缓者也。"[③]后来，李鸿章在其为漠河金矿请奖的奏折中，又强调了这一实际作用，认为已形成了"与黑龙江北岸俄城隐然对抗"之势。[④]

三是为了增加财政收入，解决军饷供给之困难。这一点充分体现在它的利润分配办法中。创办之初，章程即规定以利润的30％报效黑龙江将军衙门。总理衙门还另加规定："将来金砂果旺，规模日益扩充，应如何开拓变通，以裕饷源之处，届时察看情形，再行酌办。"[⑤]果然，到1895年，北洋大臣王文韶以"出金甚旺"为由，提出："当此库款奇绌，应

① 《黑龙江矿务考》，见光绪辛丑二月初一日《北京新闻汇报》，1—4 页。
② 孙毓棠编：《中国近代工业史资料》第 1 辑下册，719—721 页。
③ 吴汝纶编：《李文忠公全集·奏稿》卷六十一，46—47 页。
④ 吴汝纶编：《李文忠公全集·奏稿》卷七十五，19—20 页。
⑤ 孙毓棠编：《中国近代工业史资料》第 1 辑下册，733 页。

令设法多提，借济饷需"，强行把漠河金厂的军饷报效比重提高到十二分之五。此后，又以摊派赈款名义加重勒索，使漠河金矿在 1892—1895 年的 4 年中，军饷和赈需报效高达 82 万余两，内中包括："报效黑龙江军饷银 53 万余两，北洋军饷银 10 万两，又奏明提充江省赈需银八万九千余两，北洋赈需银六万七千余两，又追缴袁大化二十一年（1895年）花红归入江省充公银三万六千两。"[①]1896 年，袁大化被参，查办大臣吉林将军延茂与新任督办湖南候补知府周冕，以为历届余利分成"商人利息过优，提饷之数太少，奏改新章，不计局用，漠河金沙以六成报效军饷，观音山金沙以八成报效军饷"。并随即将 1895 年"所获余利概行提充军饷；嗣黑龙江将军，又以历年积存粮货杂项余银 22 万余两，分拨直隶、黑龙江两省助赈。于是，厂存各款悉数归公，股利从此大减"。由于竭泽而渔的强行勒索，加之周冕管理失当，矿务自此渐衰，1896 年产金大降至 2.7 万余两；1897 年产金量虽有所上升，亦只有 3.4 万余两。[②]

在新辟的生产行业中，最突出的是纺织企业的产生。其中第一个开办的是上海机器织布局。该局的筹办开始于 1878 年，曾由李鸿章先后五次派员筹办，先后主办者有彭道台、翰林院编修戴恒（字子执、子辉）、三品衔候选道郑观应、江海关道龚照瑗与马建忠，但因"资本不充，办理者或未尽善"，甚或挪用款项，直到 1890 年初步建成投产，"有各色牌号的布机三百张"。[③] 资本金招集商股 50 万两，实际所耗先后共计百余万两。设备比较完善，配有"轧花、弹花、梳花、清花、卷花，以及卷纱、拉纱、经纱、纬纱、织布、压布、折布、刷布、捆布、烘布各种机器"。后继续添置设备，"请泰来洋行在美埠取回纱机四十部，卷条机二十二部……又在英埠定买二百张布机全副"。[④] 到 1893 年时，共有布机 530

---

① "中研院"近代史所编：《矿务档》第 7 卷，4569、4610 页。
② "中研院"近代史所编：《矿务档》第 7 卷，4622、4620 页；《黑龙江矿务考》，见光绪辛丑二月初一日《北京新闻汇报》，3 页。
③ 孙毓棠编：《中国近代工业史资料》第 1 辑下册，1056—1059 页；China Imperial Maritime Customs, Decennial Report, 1882—1891, Published by Order of the Inspector General of Customs. Shanghai, p.339。
④ 《机器织布总局启事》，见光绪十五年十二月初六日《申报》。

张、纱锭2.7万枚，[1]投产后获利颇丰，"每月可得一万二千利"，[2]"股红至百分之二十五"。[3] 1893 年 10 月间，正准备继续扩充，不料遭火焚。次年，李鸿章上奏清廷："此事断难中止，亦难缓图，应仍在上海另设机器纺织总局，筹集款项，官督商办，以为提倡。并厘定章程，号召华商多设分厂，以资推广。"遂派令津海关道盛宣怀和江海关道聂缉椝负责重新建厂。[4] 继而定新厂名为"华盛"，并扩大规模，除在上海设总厂外，"另在上海及宁波、镇江等处，招集华商，分设十厂，官督商办。总厂请办纱机七万锭子、布机一千五百张，各分厂请办纱机四万锭子至二万锭子不等，其有兼办织布者，请办布机五百张至二百张不等，统共纱机三十二万锭子、布机四千张"。[5] 当年 11 月间上海华盛纺织总厂初步建成投产，所设机器，佯言"七万锭，仅装成五万锭，布机七百五十张，已费银二百数十万两"。[6]

上海机器织布局的创办与其他洋务企业有所不同，它不是由洋务派官员直接动议发起，而是由绅商倡议发起，李鸿章等洋务派官员只是支持、促成和保护了该局的创建。该局的创办，最早由一姓彭的湖北候补道台向直隶总督李鸿章和两江总督沈葆桢提出，其方案是："在上海建立一个纺织局，拟使用最新式最优良的机器，拟订购布机 480 张"；"请求督宪能为奏准成立一个公司，正式委派倡议者为总办、会办；纺织局所织的布匹，望能明确规定只纳和洋布进口同样的关税，运往内地免纳厘金，使两种布待遇相等，避免我重彼轻"，并制定了章程 8 条、节略 24 条。李鸿章和沈葆桢随即给予批准。[7] 该彭姓候补道员虽无明确的身份记载，但从其所拟条陈的内容来看，对棉布行情、上海商情、办厂方法颇为了解和内行，其所聘请的合作者中有兼为买办商人和绅士的郑

---

① 孙毓棠编：《中国近代工业史资料》第 1 辑下册，1070 页。
② 翁同龢：《翁文恭公日记》第 32 册，光绪十九年三月二十五日，21 页。
③ China Imperial Maritime Customs, Decennial Report, 1892—1901, Shanghai, 上卷，513 页。
④ 吴汝纶编：《李文忠公全集·奏稿》卷七十七，38 页。
⑤ 吴汝纶编：《李文忠公全集·奏稿》卷七十八，10 页。
⑥ 盛宣怀：《代赵竹君禀张之洞》，见《愚斋存稿》卷二十四，10 页。另据 China Imperial Maritime Customs, Decennial Report, 1892—1901，上海卷第 513 页记载，纱锭数为 6.5 万枚。此数字为严中平主编《中国近代经济史(1840—1894)》等许多专著所引用，但盛宣怀为华盛纺织总厂的第一主办者，其所说的数字应该更为可靠，故采其说。
⑦ 孙毓棠编：《中国近代工业史资料》第 1 辑下册，1037—1039 页。

观应,彭之身份为绅商应可确定。后来李鸿章基本上按照彭氏所提出的建厂方案而实施,并于 1882 年按照彭氏的要求奏准清廷:"遴派绅商,在上海购买机器,设局仿造布匹。"并指出:"查泰西通例,凡新创一业为本国所未有者,例得畀以若干年限。该局用机器织布,事属创举,自应酌定十年以内,只准华商附股搭办,不准另行设局。其应完税厘一节,该局甫经倡办,销路能否畅旺,尚难预计,自应酌轻成本,俾得踊跃试行,免被洋商排挤。拟俟布匹织成后,如在上海本地零星销售,应照中西通例,免完税厘;如由上海径运内地及分运通商他口转入内地,应照洋布花色,均在上海新关完一正税,概免内地沿途税厘,以示体恤。"①其中减免税厘的办法符合彭氏所提出的要求,只有给予 10 年专利一项是李鸿章所增加的。

　　湖北织布官局和湖北纺纱局是继上海机器织布局之后,由洋务派官员张之洞创办的两个大型棉纺织企业。湖北织布官局原先由张之洞任两广总督时于 1888 年末开始筹办。张之洞鉴于李鸿章在 1882 年已为上海机器织布局奏准 10 年专利,便先致电协商:"十年内不准另行设局,是否专指上海而言? 粤设官局,本与商局有别。且进口布多销旺,断非沪局所能遍给。粤供粤用,犹恐不给,当不至侵沪局之利。"②李鸿章随即复电赞同说:"粤设官局,距沪较远,似无妨。"③获得李鸿章赞同以后,张之洞随即致电中国使英大臣刘瑞芬,请其调查布机行情,并根据所寄中国棉花性质选定布机种类。随即决定:织机"照定千张",各种机型搭配,以全用中国棉花者"占六成",参用洋花者"占四成",④具体的搭配数量为:织原色扣布机、斜纹布机、原色次等布机各 200 张,织原色上等布机、白色上等布机、白色次等布机、提花布机各 100 张,并相应照配各项纺纱机器,计有纱锭 3 万枚。1889 年 9 月奏准清廷,正式设局筹办。11 月张之洞调任湖广总督,织布局不为新任两广总督的李瀚章所接办,遂由张之洞迁往湖北继续筹办。1893 年湖北织布官局基本建成投产,有六七百张布机开机织布。当年仅产棉纱一项,计 2 013 担;

---

① 吴汝纶编:《李文忠公全集·奏稿》卷四十三,43—44 页。
② 王树枏编:《张文襄公全集》卷一百三十一,电牍十,16 页。
③ 吴汝纶编:《李文忠公全集·电稿》卷十,39 页。
④ 王树枏编:《张文襄公全集》卷一百三十二,电牍十一,25 页。

1894 年,产原色布 70 288 匹、斜纹布 5 970 匹、棉纱 4 413 担;1895 年,产原色布 94 690 匹、斜纹布 4 255 匹、棉纱 7 263 担。①

张之洞创办湖北织布官局的集资方法既不同于上海机器织布局主要靠招集商股,也不同于一般的洋务企业主要由主办官员奏请朝廷或当地官府拨款。按照张之洞的最初计划,先由官方"筹款垫办",等到规模粗具后,再招集商股,即所谓"官为商倡"。但由于购机、建厂需款在百万两以上,"官本亦属难筹"。于是张之洞就根据广州商界的具体情况,采取向经营科举考试博彩业"闱姓"商人派捐的办法,派定 1889 年 40 万两,作为"订购布机一千张及照配轧花纺纱各机器之本";又派定 1890 年 56 万两,"为将来建厂及常年经费之用"。② 后来"闱姓"捐款中的第二笔 56 万两只收到 16 万两,且改作为两广股本,所得款项远远不足布局资本。因此,张之洞只得另想办法:一是另行设法继续拨借广东的款项,将广东应还山西善后局存款 20 万两拨借作为布局常年经费。二是拨用湖北各司局机构的留存款项,如拨借湖北省善后局库款 20 万两,提用湖北藩司善后局存当生息的公款 10 万两,又将湖北"积存质当捐"款 8 万两"拨充布局开办经费";③还为"购备新棉",命各司局于新筹外销之款设法腾挪,借拨银七八万两。三是向湖北其他洋务企业和财经机构拨借款项,如向湖北枪炮局拨款 7.8 万余两,向湖北官钱局借款 4.9 万两、代付款 6 万两,以及其他拨借款项。以上各种款项总计约 150 万两。在广东"闱姓"捐款未到之前,订购布机所需的 22 万余两先暂由库款筹垫;并请广东善后局向英商汇丰银行两次借款共 16 万两,均由"闱姓"捐款内扣还。由此可见,张之洞创办湖北织布官局的资金,可以说是八方罗掘;他依靠在两广和湖广的权力关系,从两地政府机构筹集,而通过广东所筹集的款项甚至大于在湖北筹集的款项,这使张之洞感到完全由官方创办民用企业的困难,在投产第一年的 1894 年,就欲招商股 50 万两,筹议招商承办。

湖北织布官局虽然规模宏大(其织布设备居全国第一),但是投产

---

① *China Imperial Maritime Customs*, *Decennial Report*, *1892—1901*, *Hankou*,上卷,305 页。
② 王树枬编:《张文襄公全集·奏议》卷二十九,4 页。
③ 王树枬编:《张文襄公全集·奏议》卷三十三,15—16 页。

以后效益并不理想。由于湖北织布官局以织布为主、纺纱为辅，但中国市场的需求却是纱旺而布弱，因此在投产之初，棉布销售尚畅，不久便陷入困境。到 1894 年末，开始织布仅一年，积存布匹已达 1.8 万匹，即使已得销售者，也是减价销售，"压本太重"，获利低微，甚或亏本。为之贷款的百川通票号亦"见局事日非，借款扣去，不肯通挪"，致使布局已"乏款购花"，织布被迫停开夜工。到 1895 年 6 月时，情况更加严重："布局存布约五万匹，纱五百余捆，连机上花纱煤炭共值十八万余两。……夏季向来滞销，月需花本六万余两，无可周转。"张之洞和具体经办者都已感到难以为继，有言说："宪台有招商承办之意，自属至当。官办终无大起色，似宜及早招商。"到 8 月份时，困窘又有加重之势："数月来花价奇贵，通花每百斤十三两四钱，鄂花价同且缺，上年价不过十两数钱，因此吃亏不少。""纱易售，布难销，共存布 7 万余匹。拟少织布，多售纱，俾易周转。……亟盼招商早日承办。"[1]于是，从 1896 年起，棉布生产逐年减少，纺纱数量明显增加，主产品从棉布转向棉纱。

在创办湖北织布官局后，张之洞又从 1893 年起着手创办湖北纺纱局。纺纱局的创办，可以说在某种程度上借鉴了织布局的经验教训，显示了他的进步之处。

其进步之一是力求更好地适应市场的需求。张之洞有鉴于织布局投产后棉纱易于销售，获利较多，为了弥补织布局之不足，生产更多的棉纱供应市场，以获取更多的利润，给汉阳铁厂提供资金，而由布局另设纱厂。他在创办织布局时，就希望以布局与铁政局联为一气，协济铁厂经费；但布局投产后，纱易销而布难销，效益不佳，难以如愿，于是便产生了另建纱厂的打算，指望扩充布局纱厂，以其盈余添补铁厂经费。到 1894 年初，他又在了解市场的基础上，进一步确认棉纱销路广泛，纺纱更能赢利，指出："照得湖北织布局业经办有成效，惟体察沿海各口商务情形，北自营口，南至镇南关，洋纱一项进口日多，较洋布行销尤广。川楚等省或有不用洋布之区，更无不销洋纱之地。开源塞漏，断以此为大宗。"[2]到 11 月，他在给清廷的奏折中又强调说：增设纺纱厂，

① 孙毓棠编:《中国近代工业史资料》第 1 辑下册,918—920 页。
② 孙毓棠编:《中国近代工业史资料》第 1 辑下册,940 页。

既能辅佐布局之不逮,兼可协助铁厂之要需。

其进步之二是力图学习上海华盛纺织总厂的先进办法,引用商人的力量参与办厂。他在给清廷的要求开办纱厂的奏折中这样说:"上海招商添设纺纱厂,订购机器,极力扩充赶办,各处绅富闻风踊跃,是此厂为今日商务要著显然易见。鄂省……自应仿照,一律扩充。当经督饬局员详加筹划,惟有招商助官之一法。……大率系官商合办,将来视官款、商款之多少以为等差,或官二商一,或官一商二,或官商各半,均无不可。……如官款猝难多筹,即全行交商承办,但令按纱每一包从丰抽缴捐款若干,以助布局。统由该局随时体察情形,酌量办理,总之于公家有益无损。"①从这一奏折中可以看到两点:一是他不仅已承认上海华盛纺织总厂的办法是当时中国最先进的办法,而且提倡仿而效之,改变其原有的一概官办的企业组建方式。二是他对上海的仿效仍是不彻底的,仍是只顾官方的利益,也无一定之章法可循,随意性较大。此外,对于官商合办的具体方式,他在 1894 年初有过这样的陈述:商人"不领官本,只用官地;所有机器、厂房,以及开局以后花本、人工,一切费用俱归垫借。至造厂及开办一切事宜,仍听候本部堂派委总办之员经理,事事秉承本部堂核示遵行,垫办商人不得专擅干预。俟全厂开办得有余利,再行将本息按年摊还;还清之后,全厂归官。在商人将本图利,所获良多;而官为维持,得以借款添厂"②。这也就是说,所谓的官商合办,就是商人只有为官方垫借资金之责,毫无经营企业之权,官商之间纯属资金借贷关系,且毫无信用保证。这些不彻底之处,都成为其后来招商失败、重归官办的原因所在。

按照张之洞的原定计划,湖北纺纱局拟建南北二厂,南厂由织布局"原派委员湖北试用道赵滨彦兼管",北厂另"委本任江汉关道瞿（廷韶）署臬司督办局务,候补知府盛守春颐总办局务"。北厂于 1895 年先行开工建设,集资 60 万两,商股和官股"各 30 万两",1897 年因官商发生矛盾而改归官办,"拨还商本 15 万两,其余 15 万两给发印票,一年为

---

① 张之洞:《增设纺纱厂折》,见王树枏编《张文襄公全集·奏议》卷三十五,20 页。
② 孙毓棠编《中国近代工业史资料》第 1 辑下册,941 页。

期,暂作存项,周年八厘起息"。[1] 北厂于 1898 年初建成。纺纱局共订购纱锭9.07 万枚,北厂安装 5 万枚;[2]其余 4.07 万枚原计划用于南厂,但南厂迟迟未建,于1896 年被已调任署两江总督的张之洞运往江苏,准备在江苏招商办厂,后被张謇以 50 万两的价格领用于南通大生纱厂。

四　铁路交通业的产生

在交通运输业中也有新的领域开辟,这就是铁路。铁路的修筑虽起始于这一阶段,但关于修筑铁路的主张,早在建立轮船招商局的同时就已经由洋务派提出来了,并在清廷引发了一场关于修筑铁路的争论。李鸿章在 1872 年就提出改"土路为铁路"的倡议。他针对当时的边疆危机,从增强国防的角度指出:"俄人坚拒伊犁,我军万难远役,非开铁路,则新疆、甘陇无转运之法,即无战守之方。俄窥西陲,英未必不垂涎滇蜀。但自开煤铁矿与火车路,则万国蹜伏,三军必皆踊跃,否则日蹙之势也。"[3]1874 年,发生日本派兵侵略台湾之事,李鸿章奉召进京议筹海防之事,拜访恭亲王奕䜣,力陈修筑铁路的好处,"请先试造清江至京,以便南北转输",并请求"乘间为两宫言之"。但奕䜣未能给予支持,以"无人敢主持"、"两宫亦不能定此大计"而拒之,李鸿章"从此遂绝口不谈"铁路之事。[4] 到 1880 年,因中国向俄国索还伊犁而遭到俄国的武力威胁、淮系将领刘铭传在应召进京筹议防务时也提出了修筑铁路的主张。他在指出铁路之于防务和商务的极端重要性时说:"自强之道,练兵造器固宜次第举行,然其机括则在于急造铁路。铁路之利于漕务、赈务、商务、矿务、厘捐、行旅者不可殚述,而于用兵一道尤为急不可缓之图。……裕国便民之道,无逾于此。"并提出了应该修筑的四条铁

---

[1] 王树枏编:《张文襄公全集》卷一百零一,公牍十六,1—2 页。
[2] 关于北厂安装的纱锭数,各经济史著作均语焉不详,似乎是湖北纺纱局所订购的9.07万枚纱锭均安装于北厂。但鉴于原本用于南厂而后来被张之洞运往江苏的 4.07 万枚纱锭未见有单独订购的资料记载;又鉴于李鸿章在建造华盛纺织总厂时所上的奏折《推广机器织布局折》(光绪二十年三月二十八日)中说:"湖北官办纱机八万锭子,布机一千张"(吴汝纶编《李文忠公全集·奏稿》卷七十八,10 页),这两个数字显然是就湖北织布局和纺纱局共有的纱机和布机而言的,而湖北织布局所设置的纱锭数明确记载为 3 万枚。据此,湖北纺纱局北厂所安装的纱锭数应为 5 万枚。
[3] 吴汝纶编:《李文忠公全集·朋僚函稿》卷十二,26 页。
[4] 吴汝纶编:《李文忠公全集·朋僚函稿》卷十七,13 页。

路,即北京至清江浦(今江苏淮阴)、汉口、盛京(今沈阳)、甘肃,先修北京至清江浦一路,所需经费宜借"洋债"。① 这也是近代中国有关铁路建设的第一个比较全面的方案。刘铭传的奏折递上以后,清廷随即命令北洋大臣李鸿章和南洋大臣刘坤一妥议具奏。同年底李鸿章复奏,赞同刘铭传修筑铁路的主张和方案,并进一步强调修筑铁路的必要性:西方各国的铁路"六通四达,为路至数十万里",实乃致使其富强的重要原因之一。"处今日各国皆有铁路之时,而中国独无,譬犹居中古以后而屏弃舟车,其动辄后于人也必矣。"并陈述了修筑铁路便于国计、军政、京城、民生、转运、邮政、矿务、轮船、行旅的九大利益,特别是"国计、军谋两事尤属富强切要之图"。②

但是刘铭传和李鸿章的主张立即遭到了一些顽固派官僚的强烈反对。1880 年 12 月 22 日,翰林院侍读学士张家骧上奏说:修筑铁路有"三弊",一曰将使洋人扩张对华贸易有机可乘,"利尚未兴,患已隐伏";二曰沿途需占地、迁房、移坟,"民间必不乐从,势迫刑驱,徒滋骚扰";三曰必将影响轮船招商局津沪航线的运费收入,"此盈彼绌,势所必然"。因此,刘铭传所请修筑铁路之事应"置之不议,以防流弊"。其所虑应该说不是无中生有,也不是没有道理,也是洋务派需要认真对待的,但因此而反对修筑铁路,却反映了顽固派对待新生事物的消极保守、不图进取的态度。然后,顺天府府丞王家璧上奏说:"观该二臣筹划措置之迹,似为外国谋,非为我朝廷谋也。……人臣从政,一旦欲变历代帝王及本朝列圣体国经野之法制,岂可轻易纵诞若此!"企图用违背民族利益和祖宗之法的罪名诬陷、打击刘铭传和李鸿章。又有翰林院侍读周德润上奏说:铁路"行之外夷则可,行之中国则不可。何者? 外夷以经商为主,君与民共谋共利者也;中国以养民为主,君以利利民,而君不言利者也"③。完全是因循守旧的思想意识。甚至充任过驻英国、德国公使的刘锡鸿力图以封建迷信的说教反对开山筑路,他上奏说:"火车实为西洋利器",但"断非中国所能仿行",因为"西洋专奉天主、耶稣,不知山川

---

① 中国史学会主编:《洋务运动》(六),138、139 页。
② 吴汝纶编:《李文忠公全集·奏稿》卷三十九,20—22 页。
③ 中国史学会主编:《洋务运动》(六),139—140、149—150、152 页。

之神,每造铁路而阻于山,则火药焚石而裂之,洞穿山腹如城阙,或数里或数十里,不以陵阜变迁、鬼神呵责为虞。阻于江海,则凿水底而熔巨铁其中,如磐石形,以为铁桥基址,亦不信有龙王之宫、河伯之宅者。我中国名山大川,历古沿为祀典,明禋既久,神斯凭焉。倘骤加焚凿,恐惊耳骇目,群视为不祥,山川之神不安,即旱潦之灾易召"。[①]

这时,与李鸿章一起奉命复议的刘坤一,态度模棱两可。他于1881年2月6日复奏,一方面表示:"铁路火车之有裨益,别项虽未深知,至于征调、运输两端,可期神速,实为知愚所共晓",因此赞同刘铭传和李鸿章的修筑铁路主张;另一方面又表示:"臣所鳃鳃过虑者,此项铁路火车有妨民间生计,盖物产之精华,民生之日用,无铁路未必见少,有铁路未必加多,只此货物之流通,如使尽为火车所揽,则穷民向恃车马人力运负以营生者约数万人,讵不失业!"此外,"今自清江至京造成铁路,则请领洋关单照之货往来便捷,势必并驾争趋,内地税厘将归乌有,不可不预之为计"。并建议朝廷饬令刘铭传将修筑铁路的利弊得失仔细推敲,"由总理衙门核明造路行车有无格碍,收税还款有无把握",然后再作定夺。[②] 刘坤一提出这一建议,可能是碍于顽固派的反对而采取一种左右逢源、两不得罪的投机做法,但也显示出他对修筑铁路基本上是支持的,所提问题也是经过深思熟虑的,有利于预防将来铁路筑成后可能出现的这些问题。

修筑铁路建议不仅遭到顽固派竭力反对,包括李鸿章、刘坤一在内的洋务派内部也有不同见解,最终由慈禧太后于1881年2月14日做出裁决。其上谕说:"前因刘铭传奏请筹造铁路,当谕令李鸿章、刘坤一等,筹商妥议。兹据先后复奏,李鸿章以经费不赀,若借洋款有不可不慎者三端;刘坤一则以有妨民间生计,且恐于税厘有碍。所奏均系为慎重起见。迭据廷臣陈奏,佥以铁路断不宜开,不为无见。刘铭传所奏,著毋庸议。"[③]于是,洋务派的第一次修筑铁路之议就此结束。

中法战争之后,清廷于1885年诏令各臣工妥议善后办法,使修筑

---

① 中国史学会主编:《洋务运动》(六),156 页。
② 欧阳辅之编:《刘忠诚公遗集·奏疏》卷十七,8—9 页,1909。
③《清实录》第 53 册,815 页,北京,中华书局,1987。

铁路的争论再度掀起。与前一阶段相比，这一阶段的修筑铁路之争，范围更广泛，涉论更深刻，洋务派的修筑铁路思路亦在与顽固派的论战中渐趋明晰和成熟，不仅对顽固派的种种谬论给予了有力还击，而且对某些可能发生的问题提出应对之策。

首先是左宗棠在其遗疏中继续强调修筑铁路的益处，指出：铁路筑成后，"民因而富，国因而强，人物因而倍盛"，并为减少顽固派的反对，将刘铭传所提出的清江浦至北京的铁路，改北京为通州。[①] 同年冬，李鸿章提出修筑陶城埠至临清的铁路，作为南北干线的枢纽，以便转运漕粮。在此前后，李鸿章还以开平煤矿运煤需要，以其权力所及，以及利用奕譞的地位，在天津附近修筑了唐胥铁路和津沽铁路。到1888年11月，又由奕譞出面奏准修筑天津至通州的铁路，即将津沽铁路延伸至通州。洋务派的这些主张和举动，特别是修筑津通铁路的获准，招致了顽固派疯狂而竭力的反对。以大学士恩承、吏部尚书徐桐为首，包括尚书、侍郎、御史、学士在内的数十名京官纷纷上奏，要求停止洋务派的修筑铁路计划。其中引起慈禧太后重视的奏折有："余联沅、屠仁守等、洪良品等奏请停办铁路折三件；徐会沣等折内请停铁路一条"；"翁同龢等、奎顺（润）等、游百川、文治奏请停办铁路折四件、片一件"。[②] 顽固派停办铁路的论调与上一阶段没有多少区别，仍是给修筑铁路加上"资敌"、"扰民"、"使民失业"，以及"坏祖宗之法"四条罪名，只是在言词上显得更为激烈，在手段上更为卑劣，不惜危言耸听，造谣惑众。如恩承、徐桐在给奕譞的函中说："铁路一开，津通舟车尽废，水手、车夫、客店、负贩食力之人，终归饿莩"；"津通铁路及码头所占之地，民间坟墓立限迁徙，愚民迁怒于洋人，欲焚洋楼以泄愤"，"百姓向衙门呈诉有二百起之多，俱未准理"。[③] 又如河南道监察御使余联沅等所言："铁路一行，则四通八达皆可任彼遨游，愚妇村氓不难尽被煽惑，冠裳化为鳞介，礼仪必至消亡，是有害于风俗"；"轮车所过之处，声闻数十里，雷轰电骇，震厉殊常，于地脉不无损伤"。[④] 慈禧太后将顽固派的这些要求停办铁

---

① 交通部铁道部交通史编纂委员会：《交通史·路政篇》第1册，38页，自印，1935。
② 朱寿朋编：《光绪朝东华录》第3册，总第2562页。
③ 吴汝纶编：《李文忠公全集·海军函稿》卷三，11—12页。
④ 中国史学会主编：《洋务运动》（六），206、225、163、154页。

路的奏折,于 1889 年 1 月 11 和 12 日统统交由"海军衙门会同军机大臣妥议具奏"。海军衙门和军机处随即汇集李鸿章等洋务派的意见,由奕譞领衔复奏,对顽固派的停办铁路论调一一给予了有力的驳斥。

对于"资敌"一条,反驳说:敌既不可能"夺我车"以用,也不可能运其车来华行驶;一旦发生战争,可以撤铁轨,埋地雷,敌人无法利用。要抵抗外敌,必须加强自己的力量,"兵力苟强,自能御敌"。顽固派所言,"但阻本国以新法备敌,而不能遏敌以新法图我;但拂乱臣等之所为,转不计敌谋之所蓄",这才是真正的"资敌"。①

对于"扰民"一条,反驳说:在已有的唐胥铁路和津沽铁路修筑中,均尽力避免毁坏民间庐所与坟墓,万一无法避免,"则给以重价,谕令迁徙,务恤民隐而顺舆情",修筑津通铁路亦当如此办理。顽固派之所言,纯属"借传闻失实之事,为危言耸听之词";"现地未定准,诉从何来?"

对于"使民失业"一条,反驳说:"使铁路而利少害多,则断无各国相率兴建之理"。顽固派所言,"犹是悬揣之臆说耳","实非实在情形"。西洋各国已经证明,铁路筑成之后,"修路扫轨、升旗听电、售票验座、查辇敲轮、运煤添水、搬货物、运行李、卖新闻、贩茶果、伺应店客、巡察栈货,事物繁多,种种需人,何仍有失业之民? 非徒不失业而已,民之生计且因之而益广,乃更裕于未兴铁路之时"。②

对于"坏祖宗之法"一条,另有奏折反驳说:"人事随天道为变迁,今之人既非上古先朝之人,今之政岂犹是上古先朝之政? 使事事绳以成例,则井田之制自古称良,弧矢之威本朝所尚,试行之于今日,庸有济乎?"③又质问顽固派说:"西洋兴办铁路……国富兵强而官民交便,就五大洲言之,宜于西洋,宜于东洋,岂其独不宜于中国?"④

对于洋务派与顽固派的这一争论,慈禧太后有赞同洋务派的倾向。她在 1889 年 2 月 14 日看到奕譞的上述奏折后说:"所陈各节,辩驳精详,敷陈剀切,其于条陈各折内似是而非之论(指顽固派所上的奏折),实能剖析无遗。"但她难以抉择,便下旨说:"事关创办,不厌求详,在廷

---

① 中国史学会主编:《洋务运动》(六),232 页。
② 朱寿朋编:《光绪朝东华录》第 3 册,总第 2563—2566 页。
③ 中国史学会主编:《洋务运动》(六),248 页。
④ 朱寿朋编:《光绪朝东华录》第 3 册,总第 2643 页。

诸臣,于海防机要素未究心,语多隔膜",著定安、曾国荃、卞宝第、裕禄、张之洞、崧骏、陈彝、德馨、刘铭传、奎斌、王文韶、黄彭年"等沿海沿江各省将军、督、抚,就修筑铁路问题"各抒所见,迅速复奏,用备采择"。①

慈禧太后下旨以后,各督、抚相继复奏,其中以张之洞的奏折最为重要,对晚清中国铁路建设的规划产生了关键性的影响。他在原则上赞同奕䜣、李鸿章等所持主张的基础上,提出了自己的质疑和见解,认为:"今日铁路之用,尤以开通土货为急",以便挽回利权。中国土产丰富,只因交通不便,加工不精,不能畅销海外。"苟有铁路,则机器可入,笨货可出,本轻费省,土货旺销,则可大减出口税厘以鼓舞之,于是山乡边郡之产,悉可致诸江岸海壖,而流行于九州四瀛之外。"至于修筑津通铁路,地及京畿,应当慎重筹划;对于"资敌"、"失业"、"利害"、"缓急"、"征兵"诸端亦尚须慎审。因此,"津通一路,关系既重,不便尤多",不如采翁同龢、会沣所提出的改设铁路"于远地","缓办津通而另辟一路之计"。在对洋务派和顽固派的争论经过折中调和之后,张之洞进而就另辟一路建议说:"臣愚以为,宜自京城外之卢沟桥起,经行河南达于湖北之汉口镇,此则干路之枢纽,枝路之始基,而中国大利之所萃也。"并较为详细地陈述了筑路计划、筹款方案和取材办法,拟将全路"划四为段,分八年造办"。此折上后,慈禧太后颇为赞赏,于5月7日颁旨说:"张之洞、刘铭传、黄彭年所奏,各有见地,而张之洞所议⋯⋯尤为详尽。此事为自强要策,必应统筹天下全局⋯⋯定一至当不易之策,即可毅然兴办,毋庸筑室道谋。著总理海军事务衙门即就张之洞所奏各节详细复议,奏明请旨。"②

八月甲戌(八月初一日,8月26日),海军衙门由李鸿章主稿,就张之洞所议,奏复慈禧太后。首先以无奈的口气表示赞同说:修筑铁路,"就中国言之,或云宜于边方,或云宜于腹地,岂其独不宜于臣衙门奏准之津通?"就区位重要而言,区区二百里之津通,"其关系与豫、鄂三千里略同","惟事关创始,择善而从,臣等亦不敢固执成见,津通铁路应即暂

---

① 朱寿朋编:《光绪朝东华录》第3册,总第2566页。
② 朱寿朋编:《光绪朝东华录》第3册,总第2605—2610页。

行缓办"。同时,对张之洞的筑路计划提出了诸多质疑和修正:对全路里程,由原议的2 000里纠正为3 000里;对路轨采用,由原议的取材于山西土铁,驳改为"购用外洋钢轨";对筑路工程,将原议的分四段筑路,改为从卢沟桥至正定和汉口至信阳"两路分投试办,逐节前进";对所需资金,由原议粗略估算的1 600万两,重新估算为"约计亩价、轨费及造桥经费非3 000万两不能竣工";对筹款办法,不赞同原议的"责成各省藩运两司、关道以印票股单劝集",提出"当以商股、官帑、洋债三者并行"。最后强调:"今缓议津通而先办汉口、卢沟,两头并举,四达不悖,以为经营全局之计,循序渐进之基,庶几有益于国,无损于民,事出万全,决可毅然兴办。"慈禧太后随即下旨:批准海军衙门所奏各节,"著派李鸿章、张之洞会同海军衙门一切应行事宜妥筹开办"。^① 于是修筑卢汉铁路、暂停津通铁路的大计就此决定,洋务派与顽固派的修筑铁路之争亦就此平息。

对于津通铁路先获批准又遭停办的结局,李鸿章虽不得不接受,但心中还是另有想法。他给奕譞的函中说:"通州、卢沟(桥)同一近畿,未必通州则谣诼纷来,而卢沟(桥)则浮言不起。(张之洞)如此由远而近,妙于推移,当亦殿下所首肯者";"香涛(张之洞)之意不过调定言路"。^②其言下之意,一是表示不满;二是猜疑慈禧太后玩弄政治平衡权术,扶张制李;三是抱怨张之洞见机行事,投机取巧。不过,李鸿章没有看到卢沟桥与通州的不同,卢沟桥作为卢汉铁路的一头,系由内地而至;通州作为津通铁路的一头,则是由海疆而达,这在多次遭受来自海上列强势力打击的清廷看来是截然不同的,津通铁路不是完全没有"资敌"的危险,奕譞和李鸿章的辩解并不能完全消除顽固派乃至慈禧太后、张之洞等对这一问题的顾虑。对于这一点,张之洞的奏折中也不乏引用顽固派的言词而有所指陈:"津通密迩辇毂,非寻常散地可比",俄、德、法、英等国,在修筑连接都城铁路时,亦"顾念根本未尚不格外慎重深严。今大沽铁路已开至天津,若再开至通州,不为置兵筑垒以扼要隘,但恃临时收车辙轨之图,则备预似觉未密"。"当今所忧者外患耳,津沽为京

---

① 朱寿朋编:《光绪朝东华录》第3册,总第2643—2646页。
② 吴汝纶编:《李文忠公全集·海军函稿》卷三,28页。

师门户",若大沽有事,早应厚集重兵于津门;若津城告急,既不可能发京城之兵援助,亦不可能调大沽、山海关之兵回卫,因此没有津通铁路"亦无甚妨"。①

　　但是,上述筑路方针决定不久,情势又发生了变化。1890 年 3 月,正当卢汉铁路开始筹办之际,李鸿章乘俄国加速修筑西伯利亚铁路图谋扩张侵华势力之机,以亟需加强东北防务为由,提出修筑山海关内外的关东铁路的建议。其计划是:从滦州的林西镇向东北,"出山海关经锦州、广宁、新民厅至沈阳以至吉林,作为干线;然后由沈阳造枝路至牛庄、营口",共计 2 323 里,需款约 2 050 万两。清廷随即予以批准,并决定"缓办卢汉铁路,先办关东铁路,自应将卢汉铁路拨款移作关东铁路之用",令"户部自本年起,将卢汉铁路每年拨银 200 万两移为关东铁路专款",②使卢汉铁路受到釜底抽薪之遭遇,而李鸿章又掌握了修筑铁路的主导权。

　　在上述进行铁路之争的同时,李鸿章已经不顾顽固派的反对和朝命的反复,利用其所掌握的权力开始筑路工程。1880 年,以开平矿务局运煤所需,开始修筑唐山到胥各庄的轻便铁路,至 1881 年筑成,全长20 里,筑路经费"统由开平矿务局承担"。③ 这条铁路可以说是中国自己修筑的第一条铁路,但是筑成之后并没有真正行驶火车,所配置的三个火车头被迫停止使用,而改用马拉。

　　中法战争后,修筑铁路事宜划归海军衙门管理,从此修筑铁路之事日益被提上清政府的议事日程,并从 1886 年起进入真正的发动状态。首先是李鸿章将唐胥铁路延长至阎庄,全长达到 65 里,并集资 25 万两,成立"开平铁路公司",独立于矿务公司之外。接着,李鸿章又于1887 年将开平铁路公司改为"中国铁路公司",采官督商办体制,拟集资本 100 万两,但商股仅招得 10.85 万两,向天津海防支应局借拨 16万两,最后向英商怡和洋行借款 63.7 万两,向德商华泰银行借款 43.9万余两,合计 134.45 万两。遂又将这条铁路延伸到芦台、北塘、大沽、

---

① 朱寿朋编:《光绪朝东华录》第 3 册,总第 2606—2607 页。
② 中国史学会主编:《洋务运动》(六),273—274 页。
③ 交通部铁道部交通史编纂委员会:《交通史·路政篇》第 1 册,11—12 页;吴汝纶编:《李文忠公全集·译署函稿》卷十八,55 页;《展筑铁路禀稿》,1886 年 7 月 27 日《申报》第 2 版。

天津,全长 175 里,于 1888 年 10 月建成。由李鸿章奏准修筑的关东铁路从 1892 年开始施工,次年筑至山海关,1894 年起向关外修筑,到中日甲午战争爆发时已筑至中后所,关外长度计 64 公里。

此外,还有刘铭传在台湾修筑的一条铁路。该路于 1887 年开始修筑,原议以基隆为起点、彰化为终点,拟招集商人资本 100 万两,采官督商办体制。但是,至 1888 年商股仅招得 30 万两,且后续无望,遂收归官办,所招商股改充商务局购置轮船经费。至 1892 年底,新任台湾巡抚邵友濂以工程浩大、经费困难而奏请停筑。时筑至新竹,全长 77 公里,耗资 129.6 万两。

总之,到 1894 年中日甲午战争爆发为止,全国所筑成的铁路仅有由唐胥铁路延伸而成的关东铁路和台湾铁路两条,总里程也只有 447 公里,对社会经济发展尚未发挥多少实际作用。但是,由此初步统一了统治者的思想认识,规划了中国铁路建设的第一张蓝图,开启了修筑铁路的序幕,为接踵而至的甲午战争后铁路建设第一个高潮的出现作了多方面的准备。

综合本阶段和上一阶段,到 1894 年时,洋务派所创办和支持的民用产业已涉及航运、采矿、电信、铁路、纺织、冶炼等部门,而且规模巨大。民用产业的实存资本总额达 3 961 万元,加上军用产业的实存资本总额 1 071 万元,合计达 5 032 万元,占当时中国产业的实存资本总数(包括洋务企业和商办企业的资本)6 749 万元的 74.56%,[1]成为当时中国资本主义企业的主体。

---

① 许涤新、吴承明主编:《中国资本主义发展史》第 2 卷,1057—1058、1046 页,北京,人民出版社,1990。其中民用产业资本数含该书第 1065 页民族(私人)资本估值中的煤矿和金属矿业资本额 275 万元。

第三节 商办企业新发展

一 商办企业新行业的产生及其特点

1885 年以后,商办企业像洋务企业一样也产生了几个新的行业。

首先是商办轮船航运业的产生。在 1885 年之前,外资和洋务派所办的轮船航运企业虽早已经产生,但商办的轮船航运业却迟迟不能出世。以买办为主的华商欲集资创办轮船航运企业的要求和举动,自第二次鸦片战争之后就接连不断,但由于清政府和洋务派官僚推行禁止商办轮船航运企业的政策,使之不能实现,而只得采取购船委托洋行代理,或打洋行旗号的办法从事轮船航运业务,最终都被外资轮船航运企业所利用。华商的此种托名洋行投资轮船航运企业的活动,到 19 世纪 70 年代中期时已发生一二十起,金额多达一百四五十万两。直到 1889 年才有华商创办的轮船航运企业产生,这就是在近代中国一度闻名的上海鸿安轮船公司。它由叶澄衷、徐子静、何丹书等上海的著名买办和商人集资创办,资本 42 万元,先后购置轮船 11 艘,吨位近 1.2 万吨,先后开辟了上海至天津、牛庄、烟台、汕头、淡水、基隆的沿海航线和上海至汉口的长江航线,规模仅次于太古轮船公司、怡和轮船公司和招商局。但是,实际上鸿安公司还是打着外商的旗号营运的,它先寄托于英商和兴洋行之下,亦叫"和兴洋行"或"和兴公司",到 1893 年初更名为"鸿安轮船公司"时还带有"英商"二字。它之所以可以作为一家华商公司,只是就其由华商投资和掌握经营权的实质而言的。接着又有 4 家轮船航运企业产生,规模稍大的唯有 1893 年成立的汕头伯昌轮船行。

该行由太古洋行买办林毓彦联合林清记等发起,资本 28 万元,开辟汕头至暹罗(今泰国)航线。其余均为内河小轮公司。①

其次是为棉花出口服务的商办机器轧花业的出现。第一家机器轧棉厂于 1886 年在宁波产生,称厂名为"通久",采用日本制造的足踏轧花机 40 台。到 1887 年,改称"通久机器轧花局",资本 5 万两,增添蒸汽动力设备;1891 年扩建新厂房,购置日本新机器和英国锅炉和引擎,雇工达二三百人;1893 年时,年产皮棉达 6 万担,主要供出口。1890 年后,上海有 4 家机器轧花厂设立,并出现了规模较大的源记轧花厂。它有资本 20 万两、轧机 120 台。此外,还有为数不少的机械化程度稍低一些的、具有工场手工业性质的轧花作坊。据一位日本人的调查,上海有此类大作坊 27 家,共有日式足踏轧花机 682 台,规模最大的隆茂恒拥有 120 台,规模最小的沈恒泰也有 12 台。②

第三是商办机器棉纺织业的诞生。到 1894 年之前开业的有华新纱厂、裕源纱厂。华新纱厂是近代中国的第一家商办棉纺织企业,它从 1888 年即开始由上海道台龚照瑗、聂缉椝、上海道库严信厚先后筹建,官商合办,1891 年建成投产,创办资本 10 余万两,配置纱锭 0.7 万枚。到 1894 年还清官款,改为完全的商办企业,资本增至 18 万两,纱锭增至 1.5 万枚,并增添布机 350 台。③ 另一家是由安徽巨商、浙江牙厘局总办朱鸿度在 1893 年创建的裕源纱厂。该厂于 1894 年建成投产,资本约 30 万两,设有纱锭 2.5 万枚,规模颇大。同年开始筹建的纱厂还有裕晋、大纯、通久源 3 家,均于 1895 年建成投产。④

第四是商办水泥制造业的出现。在 1894 年之前,中国的水泥制造企业仅有 1 家,它就是唐山细绵土厂,由李鸿章命唐廷枢创办,始建于 1886 年,1889 年建成投产,资本据说有 10 万两。所产水泥主要用于北

---

① 参见樊百川《中国轮船航运业的兴起》,200—205、208—210 页。

② 彭泽益编:《中国近代手工业史资料》第 2 卷,93、237 页,北京,中华书局,1962;孙毓棠编:《中国近代工业史资料》第 1 辑,973—974、977—978、679—680 页;严中平主编:《中国近代经济史(1840—1894)》下册,1442 页。

③ 参见中国科学院上海经济研究所、上海社会科学院经济研究所编《恒丰纱厂的发生发展与改造》,上海人民出版社,1958。

④ 许涤新、吴承明主编:《中国资本主义发展史》第 2 卷,468 页;严中平主编:《中国近代经济史(1840—1894)》下册,1445 页。

洋军事工程。

第五是商办食品工业和公用服务业的出现。1886 年前成立的上海制冰厂，其资本数未见有明确的记载。惟该厂于 1890 年被外资上海制冰厂压价兼并时，收购价为 6 500 两。[①] 1890 年创办的广州电灯厂，配备 100 马力蒸汽机两座、1 000 伏交流发电机两座，可供电灯 1 500 盏，资本估计为 5 万两。[②] 1891 年设立的福州机器焙茶厂，资本估计为 5 000 两。[③]

表 6－3　1885—1894 年新生行业中商办企业表（资本单位：两）

状况\行业	企业数	创业资本总数	企业平均资本	企业地区分布状况
轮船航运	5	700 000	140 000	上海 2、汕头 2、芜湖 1
轧花	4	315 000	78 750	上海 3、宁波 1
棉纺织	2	480 000	240 000	上海 2
电灯	1	50 000	50 000	广东 1
水泥	1	100 000	100 000	直隶 1
食品	1	6 500	6 500	上海 1
制茶	1	5 000	5 000	福州 1
合计	15	1 656 500	110 433	上海 8、广东 3、其他 4

资料来源：许涤新、吴承明主编《中国资本主义发展史》第 2 卷，477、478 页；樊百川著《中国轮船航运业的兴起》，611—614 页；孙毓棠编《中国近代工业史资料》第 1 辑下册，1166—1169 页。其中水泥、食品和电灯企业资本的资料见以上有关著作。

说明："企业数"指创办数，非实存数。

表 6－4　1885—1894 年已有行业中新办企业表（资本单位：两）

状况\行业	企业数	创业资本总数	企业平均资本	企业地区分布数	比重%	
					企业数	资本数
船舶修造	8	6 500	813	上海 6、广东 1、汉口 1	100.0	185.7
缫丝	47	2 600 990	55 340	上海 7、广东 40	94.0	231.6
面粉	1	15 000	15 000	北京 1	50.0	60.0

① 孙毓棠编：《中国近代工业史资料》第 1 辑，1017 页。
② 许涤新、吴承明主编：《中国资本主义发展史》第 2 卷，476 页。
③ 孙毓棠编：《中国近代工业史资料》第 1 辑，1016 页。

状况 行业	企业数	创业资本总数	企业平均资本	企业地区分布数	比重%	
					企业数	资本数
火柴	9	392 200	43 578	上海、广东等 9 地各 1	450.8	1 705.2
造纸	1	150 000	150 000	广东 1	100.0	171.4
榨油	1	10 000	10 000	汕头 1	100.0	100.0
印刷	5	50 000	10 000	上海 4、杭州 1	166.7	100.0
合计	72	3 224 690	44 787	上海 18、广东 44、其余 10	107.5	243.5

资料来源:许涤新、吴承明主编《中国资本主义发展史》第 2 卷,457、461、477、478 页;樊百川著《中国轮船航运业的兴起》,611—614 页;孙毓棠编《中国近代工业史资料》第 1 辑下册,1166—1169 页。

说明:(1)"厂数"指创办数,非实存数。(2)缫丝企业的统计方法是:顺德的企业取 1886—1894 年数;南海的企业数中,1882—1884 年间取每年 1 家;新会、三水的企业均算作 1884 年之前。企业资本数无明确记录的以平均数计算。(3)表中的"比重"一栏,系指该一行业中,本阶段新办企业数及其资本数与上阶段比较的比重。

由表 6-3、6-4 可见,这一阶段商办企业的发展具有这样几个特点:

一是发展势头比上一阶段明显加快。在这一阶段中,产生了 7 个新的行业,与上一阶段一样,开办企业 15 家,为数较少。但是,上一阶段已有的产业行业加速发展,新办企业达到 72 家,是上一阶段所办 67 家的 107.5%;资本数更是大幅度增加,达到上一阶段 13.22 万元的 243.5%,其中火柴业和印刷业增幅更大。如果加上本阶段新生行业的企业数和资本数,则本阶段的企业数和资本数各为 87 家和 4 881 190 两,分别是上一阶段的 129.9% 和 369.2%。如果再考虑到时间因素,上一阶段为 20 年,本阶段为 10 年,那么本阶段发展的幅度还要再大一倍。

二是在地域分布上,企业集中的地区仍然是上海、广州两地,但上海的地位明显上升。在上列两表中,上海和广东有企业 73 家,占总数 87 家的 83.91%。其中上海为 26 家,占总数的 29.89%,广东为 47 家,占总数的 54.02%。上海虽不及广东多,但其企业数及所占的比重已比上一阶段(详见表 6-5)的 11 家和 16.42%,提高了 136.36% 和 82.03%。广东虽仍占第一位,但其企业数及所占的比重已比上一阶段的 53 家和 79.10%,下降了 11.32% 和 31.71%,且大多为处于工场手工业状态的缫丝企业。如果仅就这一阶段新生行业所开办的 15 家企业而言,则上海占了 8 家,占总数的 53.33%,而广东仅有 3 家,只占总数的 20.00%。造成这种企业地区分布和发展势头强弱的原因,除了上海受西方资本主义影响进一步扩大、商人资本力量进一步增强之外,也与洋务派在上海有较多的创办民用企业活动有着莫大关系。

三是新生行业中商办企业的产生主要是受洋务运动影响的结果。如果说上一阶段商办企业的产生主要是受对外贸易和外资企业的影响所致,那么这一阶段新生行业中商办企业的产生则主要是受洋务派及其创办同类新企业的带动使然。这主要表现在轮船航运和机器棉纺织两个新生行业企业的产生过程中。在轮船航运业方面,商人自办轮船公司的要求几乎与轮船招商局的筹办同时而生,招商局成立后呼声益高,终于促使清政府改变禁止民办轮船公司的政策,使商办轮船公司于 19 世纪 80—90 年代开始在上海、汕头地区出现。其中也不乏招商局某些经管者和股东的努力,如郑观应、李韵亭、马建忠等人曾屡次呼吁设立商办轮船公司。上海鸿安轮船公司创立时,其股份“至少有 70%为华商所有,这些人无不是怡和、太古及招商局的买办”。[①]

在机器棉纺织业方面,自 1890 年上海机器织布局投产后,因获利丰厚,诱发了不少商人的办厂念头,上海、天津、重庆、广州、镇江、宁波等地都有一些商人酝酿筹建纱厂。到 1894 年已办成上海华新纺织新局和裕源纱厂,它们的发起者和入股者大多是上海机器织布局的参与者和股东。如华新纺织新局于 1887 年开始筹建,也是上海机器织布局的筹办高潮时期,两者有着比较密切的关系。它的主要筹办者是时任上海道台的洋务官员龚照瑗,因得到李鸿章的许可而取得织布局分局的名义;1890 年另一名洋务官员聂缉椝接任上海道,该局亦转归其筹办,并入股 5.4 万两。[②] 聂后来又与盛宣怀一起筹建华盛纺织总厂。又如裕源纱厂创办之初,安徽巨商朱鸿度于 1893 年应盛宣怀之邀,赴天津协商创办纺织分局,由朱在上海负责建厂、购机和招股 6 成的事务,盛亦在天津招股 4 成和联系购机事宜;到上海

---

① 聂宝璋编:《中国近代航运史资料》,1380—1400、1421 页。
② 参见中国科学院上海经济研究所、上海社会科学院经济研究所编《恒丰纱厂的发生发展与改造》。

机器织布局被焚后,改由朱鸿度独立办理,次年正式改名为裕源纱厂。[①]

洋务派虽然在主观上力图把创办民用企业控制在自己的势力范围之内,但客观上却诱发了广大商人创办新式企业的欲望,并随着国际、国内形势的变化,突破洋务派和传统政权的阻碍而逐渐转变为实际行动。因此,受洋务派创办民用企业活动的带动和影响,是这一阶段新生行业中商办企业产生的第二个特点。

四是新办企业的规模明显大于上一阶段(1865—1884 年)。上一阶段商办企业的资本规模状况见表 6 - 5 所示:

表 6 - 5　1865—1884 年商办企业表(资本单位:两)

行业 \ 状况	企业数	创业资本总数	企业平均资本	企业地区分布状况
船舶修造	8	3 500	437.5	上海 6、广东 1、天津 1
缫丝	50	1 123 000	22 460	上海 1、广东 48、烟台 1
面粉	2	25 000	12 500	上海、天津各 1
火柴	2	23 000	11 500	广东 2
造纸	1	87 500	87 500	上海 1
榨油	1	10 000	10 000	汕头 1
印刷	3	50 000	16 666	上海 2、广东 1
合计	67	1 322 000	19 731	上海 11、广东 53、其余 3

资料来源:许涤新、吴承明主编《中国资本主义发展史》第 2 卷,457、461、477、478 页;樊百川著《中国轮船航运业的兴起》,611—614 页;孙毓棠编《中国近代工业史资料》第 1 辑下册,1166—1169 页。

说明:(1) 另有矿厂 1 家,在湖北荆门,其余不详。(2) "厂数"指创办数,非实存数。

由上列表 6 - 3、6—4、6—5 可见,就企业的平均资本规模而言,其变化是:上一阶段企业规模最小的是船舶和机器修造业,平均每家企业的资本额仅有 437.5 两,到这一阶段虽仍以这一行业的资本规模为最小,但已提高为平均每家 813 两,比上一阶段增加了 85.83%。上一阶段企业规模最大的是造纸业,这一阶段已改变为棉纺织业,平均每家企业的资本数从 8.75 万两提高为 24 万两,增加了 174.29%。上一阶段中规模居其次的是缫丝业,这一阶段改变为造纸业,平均每家企业的资

---

① 参见陈梅龙《裕源纱厂是怎样创建的》,载《历史教学》1984 年第 5 期。

本数从2.246万两提高为15万两,增加了5.68倍。就所有行业的企业平均资本规模而言,其变化是:上一阶段的每家企业平均资本为19 731两,这一阶段中老行业新办企业的平均资本为44 787两,比上一阶段增加了126.99%;这一阶段中新生行业新办企业的平均资本为110 433两,比上一阶段增加了459.69%,比同阶段的老行业企业也超出146.57%。即使是这一阶段各行业全部企业的平均资本数,也已增至56 106两,比上一阶段增加了184.35%。

到1894年,上述各类商办新式工交企业共计154家,其企业种类构成已包括机械制造和修理、轮船航运、丝棉纺织、日用化工、食品、建筑材料、公共服务等产业部门,已有一定的广泛度。但除了前三个部门的企业较多外,其余四个部门的企业很少,特别是后两个部门则刚刚起步。就商办工交企业的资本数量而言,到1894年时,其创办资本总额只有620万余两,实存资本总额也不过1 717万元,只占当时中国产业资本总额(包括洋务企业和商办企业的资本)的25.44%。

二 新式企业的资本构成

甲午战争之前中国早期新式工业的资本构成主要有三类:一是国家资本,二是私人资本,三是借贷资本。它们的结合形式因官办企业、官督商办企业和商办企业而异。

官办企业的资本是单一的国家资本。无论是军用工业还是民用工业,凡是官办企业的资本来源除少数外债之外,都由清政府拨给。政府所拨资金一般有海关洋税、户部拨款、地方拨款、军费调拨、罚款调拨等,其中海关洋税一项占所拨军用工业资金总额的83.7%。[①] 海关洋税直接来源于进出口贸易,间接来源于生产出口品的农民、手工业者和购买进口品的消费者,用它投资于新式工业无疑已属于资本原始积累的性质。即使是其他几项资金来源,虽从政府财政的传统性收入中拨出,但是由于它已投资于新式工业,已与拨充旧式官府工业的经费具有不同的性质,已将以田赋为主的传统财政收入转化为新式工业的资本,因而也具有一定的资本原始积累性质。

---

① 许涤新、吴承明主编:《中国资本主义发展史》第2卷,374页。

官督商办企业的资本由私人资本、国家资本和外资借贷资本结合而成。在前文中提到，官督商办企业的资本来源主要是向私人招股，入股者包括官僚、买办、一般商人和绅士。其中买办的投资占多数，如轮船招商局在 80 年代初的 200 万两股本中，徐润名下便有 48 万两，[1]唐廷枢、刘绍宗、陈树棠、郑观应、李松云等几个买办，每人也有 10 万两上下的投资，再加上其他买办的零星投资，其数占股本总额的半数以上。开平煤矿在招集股本中也依靠了买办的力量，除了主持人唐廷枢之外，徐润、郑观应、吴炽昌等都有投资。唐廷枢还通过其兄唐茂枝在上海招收了一批"港粤殷商"的资本。上海机器织布局在筹办过程中也曾依靠郑观应和太古洋行买办卓培芳、庚和隆洋行买办唐汝霖分头招集股本。在其他规模较小的官督商办企业中，也同样离不开买办的投资。[2]

官督商办企业中的国家资本，主要是各企业在创办之初由洋务派官僚调拨的垫支官款和开业后的官府借款。这些垫借官款虽然由企业陆续归还，且以借贷资本的形式出现，但无疑是这些企业创办和运营资本的重要构成部分。如果没有这些垫借官款，有些企业就难以开办和维持下去。有关事例前文已述，可见一斑。

外资借贷资本主要是各官督商办企业向外国金融机构的借款。据现有研究，自 1883 年至 1894 年，轮船招商局、平度金矿、石门煤矿、开平煤矿、中国铁路公司等 5 家企业先后共借外债 10 笔，计 1 191 083 两。[3] 这些外债虽然不直接构成企业的股本，但是在企业的运营资本中占有较为重要的地位。

商办企业的资本基本上是单一的私人资本。其投资者有买办、官僚、一般商人、绅士、华侨、手工业作坊主。其中前三种人投资较多，尤以买办的投资量较大，一些规模较大的企业一般都由他们投资创办。如前面已提到的华新纺织新局（资本 18 万两）和裕源纱厂（资本 30 万两），主要由官僚和大商人发起和投资。轮船航运业中，规模最大的鸿安轮船公司（资本 30 万两）的大股东是大商人叶澄衷、徐子静和瑞生洋行买办何丹书，后又加入

---

① 徐润：《徐愚斋自叙年谱》，37 页，香山徐氏自印，1910。
② 参见严中平主编《中国近代经济史（1840—1894）》下册，1472—1476 页。
③ 张国辉：《论中国资本对洋务企业的贷款》，载《历史研究》1982 年第 4 期。另有资料记载为 45 万两。

荷兰银行的买办虞洽卿，虞并执掌公司管理权。规模居第二的汕头伯昌轮船公司（资本 28 万两），由太古洋行买办林毓彦发起。在其他行业中，凡规模较大的企业也多由买办创办。如怡和洋行买办祝大椿一人就创办了源昌机器五金厂（资本 10 万元）、源昌缫丝厂（资本 50 万元）和源昌碾米厂（资本 40 万元），公正轮船公司买办李松云和唐廷枢的亲属梁凤西合作创办了均昌船厂（后改名发昌船厂，创办资本 4.7 万两），唐廷枢创办了《汇报》（资本 1 万两），徐润办有同文书局，等等。[①] 手工作坊主作为商办企业的投资者，仅限于船舶和机器修造业中的小工厂，数量极微。

就这一时期新式工交企业资本来源的总体结构而言，主要成分是国家资本、外资借贷资本、买办和官僚资本、一般绅商资本。国家资本共计 2 932 万元，包括全部军用工业资本、官办民用工业资本（主要企业有汉阳铁厂、湖北织布局、兰州织呢局、直隶磁州煤矿、台湾基隆煤矿、大冶王三台煤矿）、官督商办企业垫借官款（包括轮船招商局、开平煤矿、上海机器织布局、电报局、漠河金矿的创办及铁路建筑费全部）。外资借贷资本 768 万元，包括军用工业借款、官办民用工业借款、官督商办工业借款。买办和官僚个人入股资本 806 万元，包括他们对官督商办和商办企业的投资。其余则为一般绅商资本。资本构成详如表 6 - 6 所示。

表 6 - 6　**1894 年前新式企业实存资本构成表**（资本单位：万元）

资本类别\企业种类	国家资本	外债资本	买办、官僚股本	一般绅商股本	增值资本 I	增值资本 II	实存资本总计
军用工业	931	140	—	—	—	—	1 071
官办民用工业	913	41	—	—	—	—	954
官督商办工业	1 088	587	526	526	140	140	3 007
商办工业	—	—	280	560	292	585	1 717
合　计	2 932	768	806	1 086	432	725	6 749
占总数 %	43.44	11.38	11.94	16.09	6.40	10.74	100

资料来源：许涤新、吴承明主编《中国资本主义发展史》第 2 卷；严中平主编《中国近代经济史（1840—1894）》；张国辉《论外国资本对洋务企业的贷款》，以及上文所论及的有关部分。

说明：(1) 买办和官僚对官督商办企业的投资，按 1894 年各企业股本的半数计算，对商办企业的投资按各企业创办股本的 1/3 计算。(2)"增值 I"为买办、官僚资本的增值，"增值 II"为一般商人资本的增值。

---

① 参见孙毓棠编《中国近代工业史资料》第 1 辑下册，1166—1169 页。有关均昌船厂的情况，参见许涤新、吴承明主编《中国资本主义发展史》第 2 卷，1377—1381 页。

据现有的估计,到 1894 年时,官督商办民用企业的资本总额为 3 007 万元,商办企业的资本总额为 1 717 万元。这是依据当时各企业的实存资产估算的,私人股本只是其中的一部分,因此这一估算的实存资本中除去官方垫借资本和外债借贷资本转化为企业资本之外,其余则主要是包括买办、官僚、一般绅商在内的私人股本及其利润积累转化而成。其利润积累的数额,官督商办企业为 280 万元,[①]商办企业为 877 万元。[②] 这两笔由私人股本利润积累转化而成的资本,若同样按半数和 1/3 的比例分给买办和官僚股本,分别应得 140 万元和 292 万元(即表中的增值资本Ⅰ);按半数和 2/3 的比例分给一般绅商股本,分别应得 140 万元和 585 万元(即表中的增值资本Ⅱ)。那么,买办和官僚的实存资本的总额应是:股本 806 万元,增值资本Ⅰ的 432 万元,两项合计 1 238 万元;一般绅商的实存资本总额应是:股本 1 086 万元,增值资本Ⅱ的 725 万元,两项合计 1 811 万元。

上述各类资本在这一时期新式工业资本总额 6 749 万元中所占的比重分别是:国家资本占 43.44%,外资借贷资本占 11.38%,买办和官僚资本(含股本和增值资本Ⅰ)占 18.34%,一般绅商资本(含股本和增值资本Ⅱ)占 26.83%。这种资本构成表明:在这一时期创办的新式工业中,国家资本占主导的地位;买办和官僚资本在数量上虽居第三位,但因为与国家政权关系密切,并执掌大型企业的经营管理权,而且许多一般商人的资本由他们招集而来,因而处于中坚的地位;一般商人资本则处于从属的地位,这充分反映了此时中国作为一个在世界上落后的半殖民地半封建社会国家,其资本主义工业产生初期的特点。

349

---

① 计算方式:官督商办民用工业资本总额(3 007 万元) − 买办、官僚私人股本(526 万元) − 一般绅商私人股本(526 万元) − 官方垫借资本(1 088 万元) − 外债借贷资本(587 万元)＝280 万元。

② 计算公式:商办企业资本总额(1 717 万元) − 买办、官僚私人股本(280 万元) − 一般绅商私人股本(560 万元)＝877 万元。

第七章
早期维新思潮的兴起

　　19 世纪后期兴起的早期维新思潮大体可以分为前后两个嬗变阶段：中法战争之前是酝酿、产生的阶段，中法战争至中日甲午战争是其形成、成熟阶段。早期维新思潮的产生、形成和成熟大体上又受到多种因素的刺激和影响：一是民族危机的不断加深，二是西学东渐的范围扩大，三是洋务新政的逐步推行。早期维新思潮的代表人物作为 19 世纪后期的新兴社会群体，大多较早接触西学，熟悉西方政情，受西方文明影响较深；或留心经世之学，直接参与洋务新政，洞悉旧体制的弊端，从而萌发出了近代早期的民族主义、重商思想和民主观念，反映了新的社会群体要求抵御列强侵略、发展民族经济、推行政制改革、实现民富国强的强烈愿望。

第一节　早期维新士人群体

一　深受西学影响的知识分子

这类维新士人曾长期求学、生活于上海、香港、澳门等"西化"程度较高的城市,或与传教士接触密切,或出身于洋行买办,直接受到西方文明的深刻影响。代表人物有王韬、郑观应、何启、胡礼垣等人。

王韬(1828—1897)初名利名,后改名瀚,字懒今。居香港时改名韬,字仲弢,号紫铨,别署天南遯叟,50 岁以后又号弢园老民。江苏长洲(今吴县)人。自幼受传统文化教育,"九岁迄成童,毕读群经,旁涉诸史",但"少性情旷逸,不乐仕进,尤不喜帖括,虽勉为之,亦豪放不中绳墨"。[①] 18 岁考取秀才,此后乡试未中。1849 年赴上海,入英国传教士开办的墨海书馆工作,负责将传教士们所译之书进行润色。在书馆工作的 13 年间,参与译述了一系列介绍西方科学技术的书籍,其中较为重要的有《格致西学提纲》《光学图说》《华英通商事略》《西国天学源流考》《重学浅说》《泰西著述考》等 6 部书,被称为"弢园西学辑存六种"。在译述西书的过程中,他学习了不少天文、地理、历算、舆图等近代自然科学知识,其知识结构和价值观念逐渐发生了变化。1862 年化名黄畹向太平军上书献策,为清军获悉而遭到通缉,避居香港。在香港期间,深受西方文化影响,思想发生较大变化。他与英国传教士理雅各合作,翻译《大学》《中庸》《孟子》《书经》等中国文化经典作品。1867 年随英

[①] 王韬:《弢园老民自传》,2、7 页,南京,江苏人民出版社,1999。

人理雅各去英国继续翻译中国经典《易经》《礼记》等。旅欧 3 年间，还游历了法、俄等国。1870 年返回香港后，开始经营出版事业，1873 年出版自著的《普法战纪》14 卷（以后增至 20 卷）。1873 年创办日报《近事录》和《循环日报》，宣传变法自强。他在该报上发表的文章的主要部分收入自编的《弢园文录外编》一书，于 1883 年在香港刊行，1887 年又在上海重刊。1879 年他东游日本，著《扶桑游记》3 卷。1884 年定居上海，为《申报》等报刊撰稿，并受英国传教士傅兰雅之聘，主持上海格致书院。

郑观应（1842—1922），原名官应，字正翔，号陶斋，别号杞忧生、慕雍山人、罗浮侍鹤山人，广东香山县（今中山市）人。父亲郑文瑞为乡村塾师。1858 年，郑观应参加童子试未中，即奉父命赴上海学习经商。次年，经买办徐润介绍入宝顺洋行工作，旋任宝顺洋行买办，自己兼经商，投资英商公正轮船公司，与人承办和生祥茶栈，后充当扬州宝记盐务总理。他在十余年的买办、经商生涯中，与洋人多有交往，且关注时局，渐生自强思想，写成随笔札记，于 1873 年辑成《救世揭要》刊行。1874 年起，担任太古轮船公司买办，并在长江各口及沿海港口开办揽载行、杂货号和钱庄，积累大量资本，开始入股洋务民用企业，并以太古洋行买办身份先后任上海机器织布局襄办和总办、上海电报局总办等职务。在此期间，逐渐产生维新思想，于 1880 年刊行《易言》。[①] 1882 年辞去太古洋行买办，专任轮船招商局帮办，翌年升任总办。中法战争发生后，应粤东防务大臣彭玉麟之邀，赴南洋一带侦探敌情，为支援台湾防务奔走。中法战争结束后，隐居澳门近 6 年，将《易言》扩写成《盛世危言》，于 1891 年基本写成，标志其维新思想成熟。《盛世危言》5 卷本于 1894 年刊行，翌年增订新编为 14 卷本，1900 年又修订新编为 8 卷本。郑观应所言内容极为广泛，在《易言》中，已提出了一系列以富国御侮为中心的改革内政、学习西方的主张和措施，内容涉及 39 项，已基本形成改良主义的思想体系；在《盛世危言》中，内容进一步扩展至 88

[①] 关于《易言》的版本有两种说法：一是据郑观应自己说，《易言》36 篇本于 1874 年在香港刊行，因"丑不自匿"并惧"僭且招尤"，而尽量收回，后删并为《易言》20 篇本。一是认为《易言》36 篇本只有 1880 年中华印务总局的一个版本（夏东元编《郑观应集》收入该版本）。这样《易言》20 篇本应是 1882 年前后问世的。见夏东元编《郑观应集》上册，"编辑说明"，2 页，上海人民出版社，1982。

项,对当时亟待解决的危难和求强问题几乎涉及无遗,思想体系更趋完整,对接踵而至的维新变法运动产生重大影响。康有为于1895年即在上海读了此书,且有意于将其列入西学书目之中,推荐给维新人士阅读;1896年,梁启超即把此书作为"中国人言西学之书"①编入《西学书目表》附卷。此书也为清廷大员所重视。1895年,江苏布政使邓华熙就给光绪皇帝上奏,专门推荐此书,说:该书"于中西利弊透辟无遗,皆可施诸实事……谨陈管见,并录原书一函五册随折恭进"。接着,盛宣怀即告知郑观应,该书"蒙圣上饬总署(总理各国事务衙门)刷印二千部,分给臣工阅看"。②1896年,翰林院编修蔡元培评价说:此书"以西制为质,而集古籍及近世利病发挥之,时之言变法者,条目略具矣"③。湖广总督张之洞在1897年评价说:"论时务之书虽多,究不及此书之统筹全局,择精语详,可以坐而言即以起而行也","上而以此辅世,可为良药之方,下而以此储才,可作金针之度"。④户部尚书、光绪的老师翁同龢和礼部尚书孙家鼐,亦将《盛世危言》"先后点定进呈"朝廷,并得光绪皇帝"不时披览"。有称为黄山道人者说:"《盛世危言》皆阐明中外政治得失,闻各省书坊辗转翻刻,已售至十余万部之多,早识先几,朝野称赏。"⑤另有记载说,到1900年时,此书已被人翻印20多次,印量达20多万,还流传到日本、朝鲜等邻国,风行一时。

何启(1859—1914),字迪之,号沃生,广东南海人,出身于传教士兼商人家庭,早年就读于香港皇仁书院,1872年赴英留学,先后在阿伯丁大学和林肯法学院攻读医学和法律科学位,娶英国女士雅丽氏为妻。1882年返回香港,担任律师。其妻病逝后以其遗产创办雅丽氏医院,附设一医学学校,即香港西医书院。中法战争后,何启关注内地政治局势,产生改良社会政治的思想。1885年,孙中山入香港西医学院求学,遂与之有师生之谊,对孙中山的早期思想亦有较大影响。

① 上海图书馆编:《汪康年师友手札》(三),第2978页,上海古籍出版社,1986;中国史学会主编:《中国近代史资料丛刊·戊戌变法》(一),第454页,上海人民出版社,1962。
② 夏东元编:《郑观应集》下册,第226、361页,上海人民出版社,1988。
③ 高平叔:《蔡元培年谱长编》上册,第83页,人民教育出版社,1996。
④ 张之洞:《增补盛世危言统编·序》,光绪二十三年仲冬。
⑤ 夏东元编:《郑观应集》下册,第1555、336—337页。

胡礼垣(1847—1916)，字荣懋，号翼南，晚年号逍遥游客，广东三水人。出身商人家庭，早年科举不售，遂就读于香港皇仁书院。1879年任《循环日报》译员。1885年翻译《英例全书》。1894年游历日本，一度代理中国驻神户领事。1895年返回香港，为文学会译员。1897年退隐家居，潜心研究法律、哲学、宗教。著有《胡翼南先生全集》。

1887年，何启、胡礼垣发表《书曾颉刚〈中国先睡后醒论〉后》开始宣传维新思想。1894年两人撰写《新政论议》，正式刊于1895年春，提出了比较系统的变法方案，内容涉及政治、经济、军事、社会和文化教育。1898年撰写《新政始基》《康说书后》进一步论述维新变法。戊戌政变后不到3个月，又刊行《新政安行》。1899年刊行《劝学篇书后》《新政变通》，激烈批判纲常名教，大力宣传民权思想。1902年将上述论著汇集成《新政真铨》共6编出版。

二 熟悉西方政情的出使官员

这类士人曾担任出国使臣，具体考察过西方国家的政情，部分人还直接参与过洋务新政，既熟悉新政之得失，又洞悉官场之弊端。代表人物有郭嵩焘、薛福成、马建忠、黄遵宪、崔国因、宋育仁等人。

郭嵩焘(1818—1891)，字伯琛，号筠仙，晚号玉池老人，湖南湘阴人。早年游学岳麓书院，与刘蓉、曾国藩交往。1837年中举人，1847年中进士，授翰林院庶吉士。1853年随曾国藩办团练，抗击太平军。1858年授翰林院编修。1859年被派赴天津协助僧格林沁筹海防。1862年授苏松粮储道，次年迁两淮盐运使，署理广东巡抚。1875年授福建按察使，未到任。上书恭亲王奕䜣，条陈海防事宜，奉命在总理衙门行走。次年被派往英国，对"马嘉理案"表示"惋惜"，并首任驻英公使。1878年兼驻法公使，次年以病辞归。

薛福成(1838—1894)，字叔耘，号庸庵，江苏无锡人。其父薛湘进士出身，曾任湖南安福等县县令。薛福成少时留心经世之学，1858年中秀才，乡试中则屡次落第。1865年上书曾国藩，建议改革科举、学习西方军事技术，受到赏识，延入幕府。1875年应清廷求言之诏，撰写万言书《应诏陈言疏》，主张改革内政，效法西方以自强。旋被李鸿章延请入幕,成为北洋幕府的重要谋士。后写成著名的《筹洋刍议》,于 1885 年刻印出版,提出发展工商、增进外贸之策,遂以通晓洋务而称名朝野。1889 年被清廷任命为出使英、法、意、比四国钦差大臣,悉心考察西方各国政俗民情,写成《出使四国日记》。1894 年任满回国,抵上海后不幸病逝。

马建忠(1844—1900),字眉叔。江苏丹徒(今镇江)人。出生于一个信奉天主教的商人家庭。1852 年入法国天主教徐汇公学,学习法文、拉丁文。1870 年后,入直隶总督李鸿章幕,帮办洋务。1876 年随郭嵩焘赴英,次年入法国巴黎政治学院,专攻法律、政治、外交。1880 年回国后受到李鸿章重用,1884 年出任轮船招商局总办,1990 年调任上海织布局总办。晚年从事著书和译书,1896 年出版《适可斋记言记行》,收录其 1887—1894 年的论著。1898 年著《马氏文通》,参考拉丁语法,研究古代汉语结构规律,为中国第一部较全面系统的语法著作。

黄遵宪(1848—1905),字公度,别号人境庐主人。广东嘉应(今梅州市)人,举人出身。1877 年,被任命为驻日本公使馆参赞,向日本友人介绍中国文化,悉心研究日本明治维新的历史,撰写《日本国志》。1882 年,调任驻美国旧金山总领事,曾尽力维护华侨和华工的权益。1887 年《日本国志》成书,共 40 卷。1889 年,任驻英公使馆二等参赞,曾为张之洞创办汉阳铁厂订购机器设备。1891 年任新加坡总领事,多方保护华侨利益。1894 年回国,任江宁洋务局总办。甲午战争后,积极参与变法维新运动。

崔国因(1831—1909),字惠人,自号宣叟,安徽太平县(今黄山市)人,1871 年中进士,1874 年授翰林院编修,1883 年奏请开设议院。1889 年荐升翰林院侍读,出任美国、日斯巴尼亚(西班牙)、秘鲁大使。1893 任满卸职回国。著有《出使美日秘国日记》和《枭实子存稿》,晚年回安徽芜湖经商。

宋育仁(1857—1931),字芸子,一字芸崖,晚号道复,四川富顺县人。15 岁应童子试,为学政张之洞所赏识,选入尊经书院就读,与杨锐、廖平同称山长王闿运门下的高材生。1886 年中进士,授翰林院庶吉士。入京后,受维新思潮影响,留心时务,探索西学。1891 年撰写

357

《时务论》,比较系统地阐述其维新思想。1894 年,任法、英、意、比四国公使参赞,赴巴黎,驻伦敦,留心考察欧洲的政情民俗和文化教育,写成《采风记》一书。1896 年,《采风记》五卷及所附《时务论》一卷刊行。宋育仁出洋前没有参与洋务新政的实际经验,他以儒家经义作为尺度来观察中外时务,以"礼失而求诸野"之说来鼓吹变法图强。1897 年回国后被推为强学会的都讲,又被保举为川省矿务商务监督,在重庆创办了维新报刊《渝报》。翌年初,被聘为尊经书院山长,在成都组织蜀学会,创办《蜀学报》,宣传维新变法。

三 留意经世之学的趋新士人

这类士人大多具有举人、进士功名,早年深受传统文化的熏陶,心怀经世之志,入仕则官位不显,居乡则熟知民情,虽皆抱负不凡,然多怀才不遇。代表人物有冯桂芬、陈炽、陈虬、汤震、宋恕、邵作舟等人。

冯桂芬(1809—1874),字林一,号景亭。江苏吴县人。道光进士,授翰林院编修。1853 年以在籍京官名义奉诏举办团练。1860 年太平军攻克苏州时逃至上海,筹划"会防局",后入李鸿章幕,留意经世之学,重视研究西学。1861 年(咸丰十一年)十月著成《校邠庐抗议》,提出"以中国之伦常名教为原本,辅以诸国富强之术",主张"采西学"和"制洋器"。次年,他曾将该书寄给曾国藩。最早发表于光绪二年(1876 年)刻本《显志堂稿》卷十、卷十二,共计 22 篇。单行本的最早版本是光绪九年天津广仁堂刻本,其中删去《显志堂稿》本中的《均赋议》《借兵俄法议》两篇,新增若干篇,共 47 篇。戊戌变法时期,光绪皇帝曾谕令印发 1 000 部给京官签注意见。该书对 19 世纪中国的维新思想有较大影响。

陈炽(1855—1900),原名克昌,改名炽,字家瑶,号次亮,又号用絜,称瑶林馆主、通正斋生。江西瑞金人。陈炽 12 岁中秀才,19 岁取为拔贡生,翌年入京朝考,录为一等第四名,授七品京官,签分户部山东清吏司见习。1882 年中举,仍在户部任职。自 1884 年起,曾游历沿海地区及香港、澳门,考察时务,涉猎群籍,尤重西书。1886 年参加军机章京考试,录取为八名之首魁,次年升户部额外主事,1889 年转为户部主事,1891 年升为户部员外郎,多次向上司翁同龢呈送说帖,发表政见,受到器重。陈炽"感念时变,乃探综古今中外全局,发愤著《庸书》内外百篇",①内篇所论多属传统政务,外篇所论则属变法维新。此书于1893 年至 1894 年间撰成,初刊于 1896 年,但未刊行前即由翁同龢进呈光绪皇帝御览。1896 年,陈炽重译英人斯密德的《富国策》,交《时务报》连载,并在此基础上撰写了经济专著《续富国策》。

陈虬(1851—1903),原名国珍,字志三,晚号蛰庐。浙江温州乐清人。从 17 岁起参加科举考试,屡试不售,至 30 岁始留心经世之学。中法战争发生,写成《报国录》,开始倾向维新。1889 年中举人,第二年入京会试落第后,南下经山东,向山东巡抚张曜上书自荐,献《东游条议》,所言皆变法事。1892 年写成《治平通议》,主张"欲图自强,首在变法",②提出富国强国之策。1896 年底,在温州创办《利济学堂报》,"寓教于医,以抒孤愤"。③ 次年《经世报》在杭州创刊,陈虬为该报撰文多篇。

汤震(1856—1917),原名登瀛,字孝起,一字翼仙,更字蛰仙、蛰先,学名震,中举后改名寿潜,浙江山阴县天乐乡(今属萧山县)人。从 20 岁起留心世事,探索经世之学。1886 年投身同乡、山东巡抚张曜幕中,为张所倚任,"于是益习闻国政之得失,喟然论列时弊,损益所宜,造《危言》四十篇,期可见诸施行"。④ 所撰《危言》于 1890 年刊行,1892 年、1895 年两次再版。就议院、吏制、学校、西学、海军、开矿、筑路等方面指陈时弊,提出变法主张。1892 年中进士,入翰林院为庶吉士。1894年出任安徽青阳知县,到任仅三月,即因母病辞官回籍。翁同龢曾称《危言》一书"论时事极有识",⑤向光绪帝推荐该书。1895 年与张謇同入康有为所创之"强学会"。1896 年写成《理财百策》。1898 年编成《三通考辑要》30 卷,并在地方推行新政。光绪帝曾谕令浙江巡抚廖寿丰

---

① 赵树贵、曾丽雅编:《陈炽集》,3 页,北京,中华书局,1997。
② 胡珠生编:《陈虬集》,19 页,北京,中华书局,2015。
③ 陈虬:《经世报叙》,见《经世报》第 1 册,光绪二十三年七月上。
④ 张謇研究中心、南通市图书馆编:《张謇全集》第 5 卷,456 页,南京,江苏古籍出版社,1994。
⑤ 陈义杰整理:《翁同龢日记》第 5 册,2784 页,北京,中华书局,1997。

让汤寿潜"即行赴部，听候带领引见"，[1]汤因母病，请求缓行。戊戌政变后，中止北京之行，应聘出任湖州南浔浔溪书院山长，主讲经史、策论、时务等课。[2]

宋恕（1862—1910），原名存礼，字燕生，后改名恕，字平子，号六斋，晚年改名衡。浙江平阳县人。少时虽然聪明好学，但科第上却很不得志，仅一秀才而止。于是留心经世之学，怀抱报国之志。25岁时，父亲逝世，因其弟宋存法争夺家产，发生家难，遂移居瑞安。1887年游历上海、南京等地，饱读西学和佛学之书。1890年，由俞樾介绍，前往武昌谒见湖广总督张之洞，受到冷遇。越两年，又赴天津晋见直隶总督李鸿章，呈《六斋卑议》初稿，提出以"三始说"（"更官制"、"设议院"、"易西服"）为基础的变法纲领，但未获器重，仅被派充水师学堂汉文教习。1895年写成《六字课斋津谈》，阐述改制思想。1901年任杭州求是书院汉文教习。1903年游历日本。1905年任山东学务处议员。1908年辞职归里。宋恕被梁启超称为"梨洲以后一天民"，认为他是黄宗羲以后反君主专制的第一人。[3]

邵作舟（1851—1898），字班卿，安徽绩溪人，科举屡试不售，然熟读六经诸子、历代古文。1882年入天津支应局。次年入津海关道周馥幕，办理交涉事件，留心中西情势，1887年写成《邵氏危言》28篇，力言为何变法、如何变法。

上述三类维新士人的划分，仅就大体而言，实则彼此之间不免先后互易，或相互影响，或经历近似。从总体上说，与传统士人相比，仍有比较明显的共同经历和特征：一是有过出国留学或考察的经历，或者长期活动于受西方影响较深的上海、香港等地，较早接受西学，熟悉西方政情；二是或参与洋务新政，或有入仕经历，留意经世之学，洞悉旧体制弊端。正是这种个人经历，成为他们较早接纳西学、新学，产生维新思想的重要原因。

---

① 《清实录》第57册，508页，北京，中华书局，1987。
② 参见政协浙江省萧山市委员会文史工作委员会编：《汤寿潜史料专辑·萧山市文史资料选辑（四）》，第613—619页，该会1993年印行。
③ 梁启超：《饮冰室合集》文集之四十五，13页，北京，中华书局，1990。

第二节　民族主义的萌发

一　民族自省的变局意识

19 世纪后期,随着列强各国的对华侵略日益加深,促使国人无不感到中国面临数千年未遇之强敌、数千年未有之变局。早在 1848 年,徐继畬在《瀛寰志略》中已经朦胧地感到西力东渐已成大势所趋,首先发出了"此古今之一大变局"呼声。[①] 1861 年,冯桂芬在《校邠庐抗议》中感受到"自五口通商,而天下之局大变"。第二次鸦片战争中英法联军火烧圆明园的暴行,使他更是痛愤至深,"有天地开辟以来未有之奇愤,凡有心知血气莫不冲冠发上指者,则今日之以广运万里地球中之第一大国而受制于小夷也"。他虽然因缺乏确切的世界地理知识而误以为中国是"地球上第一大国",但无疑表明这次战争给士人心灵上带来的震撼是十分强烈的。他开始坦率地承认中国在许多方面都比西洋国家落后:"人无弃材不如夷,地无遗利不如夷,君民不隔不如夷,名实必符不如夷。四者道在反求,惟皇上振刷纪纲,一转移间耳,此无待于夷者也。"[②]虽然他承认西洋各国政治、文化有比中国优越之处,但并没有由此得出应在这些方面向西人学习的结论,而是认为这些都"无恃于夷者"。要改变这些"不如夷"之处,则在于"道在反求"、"振刷纪纲"。

1864 年避居香港的王韬亦指出:"欧洲诸邦,几于国有其人,商居

---

① 徐继畬:《瀛寰志略·凡例》,7 页,上海书店出版社,2001。
② 郑大华点校:《采西学议——冯桂芬、马建忠集》,74—75 页,沈阳,辽宁人民出版社,1994。

其利。凡前史之所未载，亘古之所未通，无不款关而求互市。……合地球东西南朔九万里之遥，胥聚于我一中国之中，此古今之创事，天地之变局，所谓不世出之机也。"他主张因势利导，避害趋利，以西力东渐之变局为中国求强之机遇，"夫天下之为吾害者，何不可为吾利？毒蛇猛蝎，立能杀人，而医师以之去大风，攻剧疡。虞西人之为害，而遽作深闭固拒之计，是见噎而废食也。故善为治者，不患西人之日横，而特患中国之自域。天之聚数十西国于一中国，非欲弱中国，正欲强中国，以磨砺我中国英雄智奇之士"。①

19 世纪 70 年代末，郑观应也强烈地感受到："夫中国自开海禁，藩篱尽撤，尤属古今之变局，宇宙之危机也。"②主张摒弃华夏中心主义的观念。他说："若我中国，自谓居地球之中，余概目为夷狄，向来划疆自守，不事远图。通商以来，各国恃其强富，声势相联，外托修和，内存觊觎，故未列中国于公法，以示外之之意。而中国亦不屑自处为万国之一列入公法，以示定于一尊，正所谓孤立无援，独受其害，不可不幡然变计者也。""夫地球圆体，既无东西，何有中边。同居覆载之中，奚必强分夷夏。如中国能自视为万国之一，则彼公法中必不能独缺中国，而我中国之法，亦可行于万国。所谓彼教之来，即引我教之往，风气一开，沛然莫御。"中国亦"广开海禁"，与各国"立约通商"，则"一变而为华夷联属之天下矣"。③

80 年代随着边疆危机的严重和中法战争的爆发，士人的变局意识更为凸显。1884 年出使日本的黎庶昌说："中西交涉为古今一大变端，所贵审度彼己，择善而从，庶不至扞格增患。"④1884 年，曾经出使欧洲的郭嵩焘指出："西洋入中国，诚为天地一大变。"⑤不仅黎、郭这样的出国使臣有强烈的感受，国内的士人也普遍具有了变局意识。1886 年，御史朱一新指出："今日之时势，从古未有之变局。"⑥1888 年，上海格致

---

① 王韬：《弢园尺牍》卷七，2—3 页，光绪二年刊本。
② 夏东元编：《郑观应集》上册，114 页。
③ 夏东元编：《郑观应集》上册，67、66 页。
④ 黎庶昌：《拙尊园丛稿》卷五，6 页，光绪十九年刊本。
⑤ 杨坚点校：《郭嵩焘诗文集》，225 页，长沙，岳麓书社，1984。
⑥ 中国史学会主编：《中国近代史资料丛刊·洋务运动》第 3 册，3 页，上海人民出版社，1961。

书院学生钱志澄尝言:"自道光季年,中外通商,帆樯所至,无苑弗届。创千古未有之变局,辟千古未有之奇境。"①1890 年,该书院学生孙廷璋称自开辟通商口岸后,"此亦千古来一大迁变之奇局也"。另一学生俞赞也认为:"今日之势,匪特前古历朝所未有,实开辟来未有之局。合五大洲为一家,未可以寻常治天下之理治今日也。"②也在这一年,汤震同样感受到:"天将以全球地属圣清,而特创一开辟后未有之奇局。"③上海格致书院另一位学生项藻馨于 1891 年也意识到中国与各国交往已是大势所趋,不可阻挡,说:"当今之世,地球尽开,已成大小相维之局。我不交涉于人,人必交涉于我。虽欲闭关自守,而其势有所不能。""此亦风俗世界之一大变也。"④

　　据研究统计,从 1844 年至 1898 年,提出变局论的不下 80 人。从发表变局言论的年代来看,19 世纪 40 年代为 3 人,60 年代至 80 年代初为 28 人,1884 至 1898 年则为 49 人。其中有明确身份的 68 人(包括主持清朝国政的王公大臣 3 人,督抚大员 8 人,一般京官 9 人,中下层地方官 13 人,使领参随人员 4 人),早期维新思想家在内一般士人 24 人,另有商人 1 名,无科名者 6 人。⑤ 由此可见在士人中变局意识已经形成一股有影响的思潮。

二　民族觉醒的主权观念

　　中国民族主义在近代出现的新成分构成中国近代民族主义特色的重要观念即"主权"(Sovereignty)观念,⑥至少有王韬、薛福成、马建忠、黄遵宪、郑观应等人都分别认识到了国家主权的重要性,并成为这方面的思想先驱。

　　早期维新士人揭露列强攫夺中国主权的罪行,痛陈中国主权丧失的危害。他们对列强凭借不平等条约所攫取的领事裁判权(即治外法

---

　　① 王韬:《格致书院课艺》戊子(光绪十四年)卷上,39 页。
　　② 王韬:《格致书院课艺》庚寅(光绪十六年)卷下,47、26 页。
　　③ 汤震:《危言·变法》,见政协浙江省萧山市委员会文史工作委员会编《汤寿潜史料专辑》萧山文史资料选辑(四),313 页,萧山,1993。
　　④ 王韬:《格致书院课艺》辛卯(光绪十七年)卷下,32 页。
　　⑤ 王尔敏:《中国近代思想史论》,338 页,北京,社会科学文献出版社,2003。
　　⑥ 参见王尔敏《中国近代思想史论》第 177—197 页。

权）给中国造成的危害尤为关注。王韬早在 1864 年上李鸿章书中就提出了"驭外之法，其大端有二：曰握利权，曰树国威"的外交思想，[①]并在光绪年间，创以"额外权利"一词来指称外国人侵及中国主权的特权，即后来所谓的"治外法权"。他指出："夫额外权利不行于欧洲，而独行于土耳其、日本与我中国"，来华的外国商人、传教士和外交官员等，"苟或有事，我国悉无权治之"，因而呼吁收回列强在华的"额外权利"，"我之所宜与西国争者，额外权利一款耳，盖国家之权系于是也，此后日仁人杰士之所宜用心也"，"故通商内地则不争，而额外权利则必屡争而不一争，此所谓争其所当争也，公也，直也"。[②] 这表明他已经有了较明确的主权和卫权观念。

薛福成同样意识到中国主权受损所带来的严重后果。他指出：中国与各国订立的不平等条约中，"立约之初视若寻常而贻患于无穷者"，系片面最惠国待遇和领事裁判权，"一则曰一国获利，各国均沾也"，"一则曰洋人居中国，不归中国官管理也"。[③]

黄遵宪则在近代中国第一次明确使用了"治外法权"的概念。他在1887 年编著完成的《日本国志》中指出："泰西诸国，互相往来。凡此国商民寓彼国者，悉归彼国地方官管辖。其领事官不过约束之、照料之而已。唯在亚细亚，理事得以己国法审断己民，西人谓之治外法权。谓所治之地之外而有行法之权也。"治外法权给中国带来极大危害，"至于今，而横恣之状，有不忍言者"，"不公不平之事，积日愈多，则吾民之怨愤日深"，"虽由教士之横，烟毒之深，亦未始非治外法权有以招之也"。主张通过采用西国法律、修订中国法律的途径来逐步收回治外法权。他指出："今日之势，不能强彼以就我，先当移我以就彼。举各国通行之律，译采其书，别设一词讼交涉之条。凡彼以是施，我以是报，我采彼法以治吾民，彼虽横恣，何容置喙？而行之一二年，彼必嚣然以为不便，然后与之共商，略仿理藩院蒙古各盟案件，以圈禁罚赎代徒流笞杖，定一公例，彼此照办，或庶几有成乎！若待吾国势既强，则仿泰西通行之例，

---

① 王韬：《弢园尺牍》卷七，7 页。
② 王韬：《弢园文录外编》，73、74 页，上海书店出版社，2002。
③ 丁凤麟、王欣之编：《薛福成选集》，528 页，上海人民出版社，1987。

援南京初立之约,悉使商民归地方官管辖,又不待言矣。"①

自《南京条约》规定关税协定以后,中国的关税主权逐渐丧失,外国商品大量涌入。早期维新士人十分关注关税自主的问题。

马建忠于 1879 年指出:列强发动侵华战争,"借势凭陵",强迫中国订立一系列不平等条约,攫取领事裁判权和协定关税权,致使"领事优于公使,税则轻于各国"。而中国关税主权丧失的危害尤大。进口洋货所交海关和子口两税相加不过 7.5%,而欧洲各国以英法两国关税最低,但仍然远远高于中国。"则当时英法与中国立约,岂非欺我不知,以与我争利,且又续许各口运行土货,止纳半税,并无旗号、口岸各捐名目,是利源尽为所夺矣,数十年吸中国之膏血,官商贫富无不仰屋而嗟。"中国须收回关税自主权,"盖通商足见邦交之谊,加税乃我固有之权",强调"振刷精神,力图补救,将从前税则痛加改订",减轻土货出口税,增加洋货进口税,"华商为我国之民,故轻其税赋,洋商夺我国之利,故重其科征","每届各国修约之期,必加其税,不出十年,中国税则不亚欧洲各国,商民可富,饷源可充,中国转亏为盈,转弱为强之基,实在于此"。②

王韬也提出了关税自主的思想。他说:"盖加税一款,乃我国家自主之权,或加或减,在我而已,英使固不得强与我争也。"③薛福成则指出:"西洋诸国,往往重税外来之货,而减免本国货税,以畅其销路。"中国关税与各国相比,税额太低,"有轻之四五倍、七八倍者",而西洋各国关税则高达 20%,甚至 100%,平均也达 40%。主张中国提高关税,"均以值百取二十为断",④以挽回利权。

出使美国的崔国因对关税主权与对外贸易的关系有十分真切的了解。他目睹美国的富强,反观中国的贫弱,不由发出感叹:"税则为内政,自主之国应自主之,非他国所能干预也","地球之上,凡强大之国,皆以商务朘削小国,如中国之所谓盘剥,故富者愈富,而贫者愈贫,尚幸

---

① 陈铮:《黄遵宪全集》下册,986—987 页,北京,中华书局,2005。
② 郑大华点校:《采西学议——冯桂芬、马建忠集》,205、210、213 页。
③ 王韬:《弢园文录外编》,74 页,上海书店出版社,2002。
④ 丁凤麟、王欣之编:《薛福成选集》,542、549、552 页。

有税则以调剂之。如税则之权不自操,则茫无把握矣。可畏哉!"①

出身于洋行买办的郑观应对中国的海关主权丧失的危害,感受尤为深切。他在1880年之前就指出:"中国税额,按之各国有轻至四五倍,七八倍者。""今宜重订新章,仿照各国税则,加征进口之货,并重税……虚费……非民生日用"之物。此后,他又进一步提出实现关税自主及独立的关税壁垒政策:"其定税之权操诸本国。虽至大之国不能制小国之重轻,虽至小之国不致受大国之挠阻。盖通行之公法使然也。其或某国重收本国某货之税,则本国亦重收某国之税相抵制,某国轻收本国某货之税,则本国亦轻收某国某货之税以相酬报。此为两国互立之法也。即此而推,因时制变之机在是矣。"并主张中国从外国人手中收回海关管理权,使海关总税务司及各口海关税务司"皆渐易华人,照章办理,庶千万巨款,权自我操"②。

早期维新士人的近代国家主权观念的萌发,得益于他们在放眼世界、汲取西学的过程中逐渐有了新的国际知识;总理衙门组织翻译的《万国公法》对于国人主权观念的萌发起了重要作用。《万国公法》原名"*Elements of International Law*",可直译为"国际法原理"。作者系美国著名法学家惠顿。1863年,清政府因教案与法国交涉,请求美国公使蒲安臣推荐一部权威的国际法著作,蒲安臣即推荐惠顿的这部著作,并安排美国传教士丁韪良与文祥等4位总理衙门大臣商议翻译,经半年时间译述定稿;次年,经总理衙门批准,由北京崇实印书馆印行300部,颁发各省督抚备用。③自《万国公法》刊行后,国人开始关注和采行西方的公法观念。

薛福成于1875年指出:"西人风气,最重条约,至于事关军国,尤当以《万国公法》一书为凭。如有阻挠公事,违例干请者,地方官不妨据约驳斥。"他针对地方官员因不谙外交、不明条约,与洋人交涉则"茫然不知所措,刚柔两失其宜",建议将《万国公法》及《通商条约》刊布各地方州县,"将来流传渐广,庶有志之士与办事之官幕书吏,咸得随时披览,

① 崔国因:《出使美日秘日记》,620页,合肥,黄山书社,1988。
② 夏东元编:《郑观应集》上册,69—70、546页。
③ 参见[美]惠顿《万国公法》"点校说明",上海世纪出版集团、上海书店出版社,2002。

一临事变,可以触类旁通,援引不穷矣"。① 1878 年,马建忠在《巴黎复友人书》中介绍了公法的产生和发展的历史。他指出西方的近代外交上的"均势之说创于范斯法尼之会",②强调中外交涉时"或援文起例,或考古证今,或假公法以求全",利用公法来维护国家的主权;同时又要认识到公法对待弱国的不公正性,强国往往"借口于公法以曲徇其私"。③

早期维新士人认识到,列强推行强权外交,以强凌弱,以大欺小,虽有《万国公法》,并不能制约列强的侵略行为。1892 年薛福成痛切地指出:列强各国蔑视公法,侵凌中国,欺侮华人。"西人辄谓中国为公法外之国,公法内应享之权利,阙然无与。如各国商埠,独不许中国设领事官;而彼之领事在中国者,统辖商民,权与守土官埒。洋人杀害华民,无一按律治罪者。近者美国驱禁华民,几不齿中国于友邦。此皆与公法大相刺谬者也。公法外所受之害,中国无不受之。盖西人明知我不能举公法以与之争,即欲与争,诸国皆漠视之,不肯发一公论也;则其悍然冒不韪以陵我者,虽违理伤谊,有所不恤矣。"④郑观应亦指明:"公法者,彼此自视其国为万国之一,可相维系而不能相统属也",所以"各国之权利","皆其所自有,他人不得侵夺"。然而,各国对外关系中是否遵循《万国公法》,取决于国家的强弱,强国往往违反公法以强凌弱,弱国则难以依恃公法维护本国的利益。"公法一书久共遵守,乃仍有不可尽守者。盖国之强弱相等,则借公法相维持,若太强太弱,公法未必能行也。""由是观之,公法仍凭虚理,强者可执其法以绳人,弱者必不免隐忍受屈也。是故有国者,惟有发愤自强,方可得公法之益。倘积弱不振,虽有百公法何补哉?"⑤格致书院学生王佐才也一针见血地指出:《万国公法》不过是大国、强国借以侵凌小国、弱国的工具。"我观泰西今日之局,小国援公法,未必能却强邻,大国借公法,转足以挟制小国,

---

① 丁凤麟、王欣之编:《薛福成选集》,81 页。
② 郑大华点校:《采西学议——冯桂芬、马建忠集》,163 页。范斯法尼之会即 1648 年标志欧洲 30 年战争结束的威斯特伐利亚和会,该和会及其签订的和约标志着近代国际法的形成。
③ 郑大华点校:《采西学议——冯桂芬、马建忠集》,167、164 页。
④ 丁凤麟、王欣之编:《薛福成选集》,414—415 页。
⑤ 夏东元编:《郑观应集》上册,387、389 页。

则所谓万国公法者,不过为大侵小、强凌弱借手之资而已。岂真有公是公非之议论哉?"①

早期维新士人由此清楚地认识到国家的主权与国家的强弱密切相关,一国只有国力强盛才能最终维护本国主权。马建忠指出:"故一国之权利所在,即与国之强弱攸关。"②薛福成鉴于日本吞并琉球,"渐且南侵台湾,北攻朝鲜,浸寻达于内地",终将为中国之患,也强烈地意识到要维护国家主权,唯有力求自强。"自强之权在中国,即所以慑伏日本之权,亦在中国。彼可购而得者,我亦可学而至。而况中国之才力物力,十倍于日本者哉。琉球蕞尔国,存亡绝续,原不足为中国轻重,然日本相侵之志,危矣迫矣,儳焉不可终日矣。中国于自强之术,不宜仅托空言,不可阻于浮议。诚能一日奋然有为,而决之以果,课之以实,固旋至而立有效者也。"③正是从这一认知出发,他们强烈地意识到,要改变中国被侵略、被欺凌的弱势地位,便只有加快谋求国家强盛的进程。

三 民族自尊的文化认同

早期维新士人对中国传统文化的认同首先表现为宣传"西学中源说"。自清初以来士大夫中就流行西方历算学源出中国的说法。道光以后,此说法曾经风靡一时。早期维新士人将仿效西方富强之术称为"礼失而求诸野",借此证明学习西学、效法西方的合理性和必然性。冯桂芬在《校邠庐抗议》中认为:"中华扶舆灵秀,磅礴而郁积,巢、燧、羲、轩数神圣,前民利用所创始,诸夷晚出,何尝不窃我绪余。"④王韬主张中国变法"尽用泰西之法而驾乎其上","以欧洲诸大国为富强之纲领、制作之枢纽。舍此,无以师其长而成一变之道。"同时也指出:"中国,天下之宗邦也,不独为文字之始祖,即礼乐制度、天算器艺,无不由中国而流传及外。"所以"中国为西土文教之先声"。⑤

进入90年代以后,谈论西学中源的维新士人越来越多。1890年,

---

① 王韬:《格致书院课艺》己丑(光绪十五年)卷上,6页。
② 郑大华点校:《采西学议——冯桂芬、马建忠集》,164页。
③ 丁凤麟、王欣之编:《薛福成选集》,533—534页。
④ 郑大华点校:《采西学议——冯桂芬、马建忠集》,75页。
⑤ 王韬:《弢园文录外编》,9—11、2、3页,上海书店出版社,2002。

薛福成在《出使日记》中同样认为中华之上古文明较之今日之西方文明"尤为神奇",而西方的近代文明不过是"取法于中华","昔者宇宙尚无制作,中国圣人仰观俯察,而西人渐效之;今者西人因中国圣人之制作,而踵事增华,中国又何尝不可因之"。① 郑观应在《盛世危言》中也极力论证西方之算学、地理、测量、机器、格物、化学、重学、光学、气学、电学等等皆源于中国古代典籍,为中国"所固有者,而西人特踵而行之"。所以"谁谓中人巧思独逊西人哉? 以中国本有之学还之于中国,是犹取之外厩,纳之内厩,尚鳃鳃焉谓西人之学中国所未有,乃必归美于西人,西人能读中国书者不将揶揄之乎?"②汤震也认为"大氐西人政教,泰半本之周官"。③

陈炽更是极力宣传西学中源说的典型代表人物。他在《〈盛世危言〉序》中说:

轮舟以行水也,铁路以行陆也,电报以速邮传,火器以抗威棱,而后风发雾萃,七万里如户庭在。中国乃闭关绝市而不能,习故安常而不可。是故矿产、化学,草人之职也;机轮、制造,考工之书也;几何、天算,太史之官也;方药、刀圭,灵台之掌也。倚商立国,《洪范》八政之遗也;借民为兵,《管子》连乡之制也。议员得庶人在官之意,而民隐悉闻;书院有书升论秀之风,而人才辈出。罪人罚锾,实始《吕刑》;公法睦邻,犹秉《周礼》。气球炮垒,即输攻墨守之成规;和约使臣,乃历聘会盟之已事。用人则乡举而里选,理财则为疾而用舒,巡捕皆惊夜之鸡人,水师亦横江之练甲。宫室宏侈,如瞻夏屋之遗;涂径平夷,克举虞人之职。所微异者,银行以兴商务,赋税不取农民,斯由列国属土之多,道里相距之远,因时而制变者也,无足异也。④

在他看来,不仅西艺、西学源于古代中国,连西方国家恃以富强的通商、

---

① 丁凤麟、王欣之编:《薛福成选集》,582 页。
② 夏东元编:《郑观应集》上册,275 页。
③ 汤震:《危言·中学》,见政协浙江省萧山市委员会文史工作委员会编《汤寿潜史料专辑》萧山文史资料选辑(四),225 页。
④ 赵树贵、曾丽雅编:《陈炽集》,304—305 页。

兵制、议院、法律、教育、外交、财政等等"西政"都可以在中国古代典籍中找到源于中国的根据,西学不源于中国的仅有银行、税制两项。

黄遵宪还进一步认为,"西教"即西方的宗教信仰和价值观念也源于先秦的墨家学说:

> 窃意墨子之说,必有以鼓动天下之人使之尊信者。今观于泰西之教,而乃知之矣。余考泰西之学,其源盖出于墨子。其谓人人有自主权利,则墨子之尚同也;其谓爱汝邻如己,则墨子之兼爱也;其谓独尊上帝,保汝灵魂,则墨子之尊天明鬼也。①

早期维新士人宣传的西学中源说虽然还存在华夏中心主义的痕迹,但其主旨是批驳守旧派所谓学习西学是"用夷变夏"的责难,为迎纳西方文化寻找最容易被人接受的理由。西学既然来源于中国的古代文化,则学习西学不但不是"用夷变夏",而恰恰是弘扬中国古代文化。陈炽在《庸书》中甚至将西学借助洋人的坚船利炮"长驱以入中国",称之为"天祸中国欤?实福中国也;天厌中国欤?实爱中国也"。认为只有大胆接受西学才能顺天意、合人情,若"我而终拒之,是逆天也",所以"知彼物之本属乎我,则无庸显立异同;知西法之本出乎中,则无俟概行拒绝",中国"受之则富,否则贫;得之则强,否则弱者"。② 早期维新士人鼓吹西学中源说,并非因昧于外情,相反,他们大多对西方的历史和现状有相当了解;这实际上反映出他们在学习西学、仿效西法的过程中,希望通过尊崇本民族文化来体现民族自尊和民族自信的心态。不过,在中国的传统思想文化资源中,"三代之治"为最高的社会政治理想,西洋之技艺、政教既然被视为"三代之绪余",既然效法西方是"礼失而求诸野",这就意味着西方文化体现了中国最高的社会政治理想,其间实则隐含了西方文化优越的观念,这正是从 19 世纪的"西学中源说"

---

① 陈铮:《黄遵宪全集》下册,1399 页。
② 陈炽:《庸书·自强》,见赵树贵、曾丽雅编《陈炽集》,7—8 页。

转向到 20 世纪"中国文化西源说"①的一条内在理路。

　　早期维新士人对传统文化的认同还表现为虽然承认西艺、西政有优越于中国之处,但始终坚持中国之"教",即以"三纲五常"为核心的传统文化价值体系优越于西方。

　　薛福成 1872 年指出:西洋各国"其炮械之精,轮舰之捷,又大非中国所能敌。中国所长,则在秉礼守义,三纲五常,犁然罔致。盖诸国之不逮亦远焉。为今之计,莫若勤修政教,而辅之以自强之术。其要在夺彼所长,益吾之短,并审彼所短,用吾之长。中国之变,庶几稍有瘳乎"②。1880 年王韬亦主张:"器则取诸西国,道则备自当躬,盖万世而不变者,孔子之道也,儒道也,亦人道也。"③陈炽在 1893 年所写的《庸书·审机》中更是明确指出:"泰西之所长者政,中国之所长者教。""西人忠信明决,实为立国之原,而三纲不明,五伦攸斁,则他日乱机之所伏,即衰象之所由成也。"④在他看来,不讲"三纲五常"的西方国家也终将因此而衰败。

　　直到甲午战争前为止,早期维新士人大多坚持中国之"教"优越于西洋之"教"的认知。郑观应在《盛世危言·道器》中对"列圣相传之大道,而孔子述之以教天下万世者"的道统坚信不疑,认为"西人不知大道,囿于一偏",甚至坚信数百年后,西方"分歧之教必寖衰,而折入于孔孟之正趋"。1900 年《盛世危言》再版,在增写的附言中,主张仿效西政,但仍然坚持"尧、舜、禹、汤、文、武、周、孔之道,为万世不易之大经",强调"我师彼法,必须守经固本;彼师我道,亦知王者法天"。⑤

　　视纲常名教为中国传统文化价值体系的核心是早期维新士人较普遍的认知。在他们看来,中国传统文化的代表是儒学,而儒学的核心则是纲常名教,坚持纲常名教则意味着坚持中国的传统文化。他们大多

---

　　① 这一学说认为中国远古民族来源于西方,特别是与两河流域的巴比伦文化有渊源关系。此说的兴起,曾受西方学者的影响,1894 伦敦大学教授拉克伯里(Albert Terrien de Lacouperie)发表其所著的《中国早期文明西源论》,日本学者白河次郎及国府种德合著《支那文明史》又引据并发挥此见,遂在中国知识界产生广泛影响,流行一时,直至 20 世纪 30 年代才逐渐消寂。参见王仲孚《中国民族西来说之形成与消寂的分析》,载《中国历史学会史学集刊》第 8 期,台北,1976。
　　② 丁凤麟、王欣之编:《薛福成选集》,46 页。
　　③ 王韬:《弢园文录外编》,266 页,上海书店出版社,2002。
　　④ 赵树贵、曾丽雅编:《陈炽集》,139 页。
　　⑤ 夏东元编:《郑观应集》上册,242—244 页。

采取文化可分的取向,主张在保存中国传统文化价值体系的基础上采纳西艺、西政。而来华的西人则一再强调文化不可分,宣扬采纳西艺、西政,就必须同时信奉西教,所谓"天道本也,格致末也,贵国舍本求末,国之欲富强,得乎?"①作为对西人宣扬文化不可分的回应,早期维新士人自然坚持中国之"教"优于西洋之"教",这一方面反映了他们的维新思想不成熟的保守倾向,另一方面也可以说是在面对西教对华渗透的严重情势下所表现出来的一种文化民族主义的情结。

---

① 《救时急务十二则》,见《万国公报》,光绪四年九月。

第三节　重商思想的兴起

一　通商富国的主张

19 世纪后期中国重商思想兴起是受西方重商主义的影响。西方重商主义是欧洲资本主义原始积累时期代表商业资产阶级利益的经济学说和政策体系,其发展大体经历了两个阶段。大约从 15 世纪到 16 世纪中叶是早期重商主义阶段,这一时期的重商主义主张采取行政手段,禁止货币输出,增加金银输入;在对外贸易上奉行少买多卖原则,以换回更多的金银,达到积累货币财富的目的,所以这个时期的重商主义被称为"重金主义",或"货币主义",或"货币差额论"。大约从 16 世纪下半叶到 17 世纪中叶是晚期重商主义阶段,这一时期的重商主义主张发展工业,扩大对外贸易出超,保证大量货币的输入,达到积累货币财富的目的,所以被称为"重工主义"或"贸易差额论"。两个阶段重商主义的共同点则是将货币作为衡量一国富裕程度的标准。

受西方重商主义的影响,早期维新士人开始摒弃中国传统的重农抑商观念,提出了"通商富国"的主张。

王韬是较早提出通商富国主张的代表人物。19 世纪 60 年代以前,他基本上是重农抑商论者。60 年代避居香港期间,他的思想发生变化,虽然还保留有"重本抑末"的传统思想,但开始主张"借商力以佐国计","非崇尚西法不为功",以发展矿业、工业、对外贸易和金融货币作为"开财之端"的措施。70 年代,王韬从英国返回香港后,开始明确反对重本抑末,提出了"商为国本"的思想,认为"泰西诸国以通商为国本"，并举英国为例，说明大力发展海外贸易正是其实现国富兵强的主要途径。提出"广贸易以重货财"，"开煤铁以足税赋"，"设保险以广招徕"等主张；强调"通商于泰西各国，自握其利权"，"如是则可收西商之利，而复为我所有，而中国日见其富"。他还进一步提出了"先富而后强"的思想。他说："富强之术，宜师西法，而二者宜先富而后强，富则未有不强者也。"王韬所说的"商"虽然是以通商为主要内容，但也包括近代工矿交通业，明显受西方晚期重商主义的影响。在《兴利》一文中他进一步阐发了富强为治国之本的思想，认为中国地大物博，本属世界上最富强之国，主要的问题是统治者"不能自握其利权，自浚其利数"，并具体提出了发展开矿、纺织、造船、铁路等近代工业和近代交通，坚信"诸利既兴，而中国不富强者，未之有也"。[1]

在早期维新士人中，马建忠则具有比较典型的重商主义思想。在他的富国主张中，对外贸易被放在了首要地位，与西方晚期的重商主义十分相似。1890 年他所著的《富民说》一文提出"治国以富强为本，而求强以致富为先"，强调欧洲各国"无不以通商致富"。认为中国传统的商业贸易仅仅局限于国内，不过是"中国之人运中国之货，以通中国之财"。而自中外通商以后，中国出现了数额巨大的进出口贸易逆差，因而强调"通商而出口货溢于进口者利，通商而出口货等于进口者亦利，通商而进口货溢于出口者不利"，因此，"欲中国之富，莫若使出口货多，进口货少。出口货多，则已散之财可复聚；进口货少，则未散之财不复散"。[2] 在他看来，一国在进出口贸易中，如果出口多于进口，则意味着国外的财富流入本国；若进口多于出口，则意味着本国财富流散外国，因此他视对外贸易为财富的源泉，认为一个国家求富的重要途径便是争取多出口，少进口，保持对外贸易的顺差。

马建忠针对中国对外贸易的现状提出了改进的思路：出口方面大力发展以丝、茶为大宗的中国传统商品，"精求中国固有之货令其畅销"。具体措施有：一是"讲求丝茶之本原"，即学习西方先进生产技术，提高产品质量；二是"归并丝茶之商本"，即仿效西方，成立公司，厚集资

---

① 王韬：《弢园文录外编》，311、46、247—250、96、36—38 页，上海书店出版社，2002。
② 郑大华点校：《采西学议——冯桂芬、马建忠集》，125—126 页。

本,形成竞争能力;三是"减轻丝茶之厘税",即通过减轻出口厘税,以降低出口价格,增大出口数量。进口方面则兴办工业仿造洋货以减少进口,"仿造外洋之货,敌其销路"。具体措施则是发展中国的棉纺织工业,以减少洋布、洋纱的进口。"中国多出一分之货,外洋即少获一分之利,而中国工商转多得一分之生计,凡此皆所谓仿造外洋之货,以聚我未散之财者。"同时提高进口关税,保护本国的工商业,并根据不同进口商品实行差别税率:原料进口税率较轻,对制成品,特别是奢侈品进口税率较重,鸦片进口"以其为害人之毒物,自宜苛征以困之"。[1]

早期维新士人通商富国思想的一个重要特色是不仅关注对外贸易,而且十分关注工业的发展,视工业为商业竞争的基础。薛福成的思想便具有代表性。他同样重视西方国家的通商致富之术,关注中国在对外贸易所处的不利地位;同时,他也较早地意识到工业与商业的关系,即生产与流通的关系。他在1879年写成的《筹洋刍议·商政》中曾说:"西人致富之术,非工不足以开商之源,则工又为其基而商为其用。"认为当今世界各国"竞事通商",列强每年从对华进出口贸易中赢利不下3 000万两,造成中国"民穷财尽"。因此,"既不能禁各国之通商,惟有自理其商务而已";而所谓"商务"之利,包括"贩运之利"、"艺植之利"(以丝、茶为主)和"制造之利"(以纺织为主)。薛福成强调兴商务、谋富强的出发点是抵制外国对华经济侵略。他说:"中国多出一分之货,则外洋少获一分之利,而吾民得自食一分之力。夺外利以润吾民,无逾于此者矣。是故中国之于商政也,彼此可共获之利,则从而分之;中国所自有之利,则从而扩之;外洋所独擅之利,则从而夺之。三要既得,而中国之富可期,中国富而后诸务可次第修举。如是而犹受制于邻敌者,未之有也。"[2]总之,在他看来,只有通过发展近代民族工商业,"夺外利以润吾民",才能最终实现中国的富强。

薛福成出使英、法、意、比四国后,进一步发现"欧洲立国以商务为本,富国强兵全借于商,而尤推英国为巨擘",[3]认为"大抵外洋各国,臬

---

① 郑大华点校:《采西学议——冯桂芬、马建忠集》,127—130、211页。
② 丁凤麟、王欣之编:《薛福成选集》,540—543页。
③ 薛福成:《出使英法义比四国日记》,210页,长沙,岳麓书社,1985。

不以商务为富强之本"，提出了"商握四民之纲"的观点。他说："夫商为中国四民之殿，而西人则恃商为创国、造家、开物、成务之命脉，迭著神奇之效者，何也？盖有商则士可行其所学而学益精，农可通其所植而植益盛，工可售其所作而作益勤，是握四民之纲者，商也。"[①]薛福成所说的"商"并不是仅仅指商业贸易，而是包括近代工矿业和交通运输业，实际上是指包括生产和流通在内的近代商品经济。

强调欧洲各国"通商富国"是早期维新士人的共识。陈炽亦言："自今伊始，制国用者，必出于商，而商务之盛衰，必系国家之轻重，虽百世可知矣。""商务盛衰之枢，即邦国兴亡之券也。""盖工业商业之盛衰，即以觇国势之强弱耳。"[②]在陈炽看来，不仅商务是关系国家强弱、兴亡的大事，而且商与农、矿、工也关联密切，农为商本，矿为商源，工为商体，因此对社会经济的各个部门必须同样给予重视。他说："商之本在农，农事兴则百物蕃，而利源可浚也；商之源在矿，矿务开则五金旺，而财用可丰也；商之体用在工，工艺盛则万货殷阗，而转运流通可以周行四海也。"郑观应在早年所著的《易言》中就认为："欧洲各邦，以通商为大经，以制造为本务。"主张"举凡外洋之货，我华人自营运之；中土之货，我华人自经理之。扩其远图，擅其利薮，则洋人进口日见其衰，而华人出洋日征其盛，将富国裕民之效，可操券而得焉！"在《盛世危言》中，他再次强调"商务者国家之元气也，通商者疏畅其血脉也"，"盖西人尚富强最重通商"。[③]

早期维新士人从西方国家富国在商的认知出发，主张摆脱中国在对外贸易中的不利地位，大力发展对外贸易，发展近代工矿业和交通运输业，以抵制外国的经济入侵，进而明确提出了与西洋"商战"的口号。

二　商战强国的观念

近代意义的"商战"一词最早出现于 1862 年（同治元年）曾国藩致

---

① 丁凤麟、王欣之编：《薛福成选集》，332、297 页。
② 赵树贵、曾丽雅编：《陈炽集》，84、98、253、232 页。
③ 夏东元编：《郑观应集》上册，73、604、607 页。

湖南巡抚毛鸿宾函中："商鞅以耕战二字为国"，"西洋以商战二字为国"。① 1878 年御史李国瑞在奏折中引用曾国藩这一说法，指出"商战"系"洋人通商弱人之实情"。② 稍后薛福成也提出了类似的看法："昔商君之论富强也，以耕战为务。而西人之谋富强也，以工商为先，耕战植其基，工商扩其用也。"③

系统阐发商战思想的则是郑观应，其在《盛世危言》中专门写了商战篇。他认为列强对中国的经济侵略（商战）较之军事侵略（兵战）危害更大，"兵之并吞祸人易觉，商之掊克敝国无形。我之商务一日不兴，则彼之贪谋亦一日不辍"，明确提出了"习兵战不如习商战"的口号，指出："泰西各国以商富国，以兵卫商，不独以兵为战，且以商为战，况兵战之时短其祸显，商战之时长其祸大。"他还说："西人以商为战，士、农、工为商助也，公使为商遣也，领事为商立也，兵船为商置也。国家不惜巨资，备加保护商务者，非但有益民生，且能为国拓土开疆也。昔英、法屡因商务而失和，英迭为通商而灭人国。初与中国开战，亦为通商所致。彼即以商来，我亦当以商往。"④

汪康年在 1896 年发表《商战论》，提出了与郑观应相似的观点。他说："国立于地球之上，咸以战争自存者也。以战自惕罔不兴，以不战自逸罔不亡。战之具有三，教以夺其民，兵以夺其地，商以夺其财。是故未通商之前，商与商自为战，既通商之后，则合一国之商，以与他国之商相战。"商战比兵战更为重要，"一国存亡所系，百姓生命所关"。"商之为事常，兵之为事暂，商之为事繁，兵之为事寡，商所赴之地多，兵所赴之地少，兵者备而不用也，商者无日不用者也，然则国家之当加意于商，岂不甚重矣哉。"⑤

与商战具有相似意义的观念转变，是从传统的"寓兵于农"转向"寓兵于商"。这一观念较之商战观念萌发更早，在鸦片战争后不久已见于

① 《曾国藩全集》第 24 册，2521 页，长沙，岳麓书社，1994。
② 中国史学会主编：《中国近代史资料丛刊·洋务运动》第 1 册，165 页。
③ 丁凤麟、王欣之编：《薛福成选集》，540 页。
④ 夏东元编：《郑观应集》上册，586、595、596 页。
⑤ 汪康年：《商战论》，见《时务报》第 14 册，1896 年 12 月 15 日。

记载。① 光绪初年，郑观应在《易言》中明确指明了欧洲各国实行"寓兵于商"的国策。② 随后，不少维新士人也有类似的认知。薛福成指出："查西洋立法，以兵船之力卫商船，即以商船之税养兵船。"③ 王韬也说："泰西诸国以通商为国本，商之所至，兵亦至焉，设官置守，隐若敌国，而官之俸糈，兵之粮饷皆出自商，国家无所糜其帑项也。商力富则兵力裕，故商人于国中可以操议事之权，而于外也亦得以割据土地，经营城邑。"④ 陈炽同样认为："西人治兵与商也，如腹背之相倚，兵以护商，商亦为兵，故其开疆拓土初，大半由于商会。"⑤

商战思想最凸显的内容，对外表现为强烈要求收回海关主权（已如前述），对内则一再呼吁发展民族工业以抵制洋货。

薛福成针对洋货向中国大量倾销的态势，强调了发展民族工业以抵制洋货的重要性。他建议："劝导商民仿洋法织布纺纱，尤为第一要义，其次开矿，其次炼铁，其次仿织呢羽毡绒，其次仿造自来火及制炼煤油。风气既开，而致富之能事尽此矣。"提出了"振百工"（即振兴民族工业）的主张。他指出：西方国家政府对于创办工业者给予奖励，许以专利，授之爵位，使"千万之巨富可立致"。因此，"中国果欲发愤自强，则振百工以前民用，其要端矣"。⑥

薛福成在振兴民族工业的主张中，突出了"机器殖财养民"的问题。他指出："西洋各国，工艺日精，制造日宏，其术在使人获质良价廉之益，而自享货流财聚之效，彼此交便，理无不顺，所以能致此者，恃机器之为用也。"既然机器工业带来了巨大的效率和利润，"而谓商务有不殷盛，民生有不富厚，国势有不勃兴者哉？"他驳斥了所谓中国人口众多、广用机器将夺民生计的说法，强调若不采用机器生产，中国的手工产品则无法与价廉物美的外国机器产品竞争，其结果"中国之民，非但不能成货，以与西人争利，且争购彼货以自供其用，而厚殖西人之利"。当然，他也

① 据王尔敏考证，道光二十六年（1846）正月，耆英谈到英国在五口通商时即已提出"该夷寓兵于商"的观点（《筹办夷务始末》（道光朝）卷七十五，8页），见王尔敏《中国近代思想史论》，221页。
② 夏东元编：《郑观应集》上册，73页。
③ 丁凤麟、王欣之编：《薛福成选集》，78页。
④ 王韬：《弢园文录外编》，46页，上海书店出版社，2002。
⑤ 赵树贵、曾丽雅编：《陈炽集》，271页。
⑥ 丁凤麟、王欣之编：《薛福成选集》，486、482—483页。

意识到，发展机器工业会导致"利归富商"，但不用机器生产，则"利归西人"。所以，中国欲谋富强，"必也研精机器以集西人之长，兼尽人力以收中国之用，斟酌变通，务使物质益良，物价益廉，如近年日本之夺西人利者。则以中国之大，何图不济?"①这表明他主张集外国先进机器工业之长，结合中国的丰富人力资源，"斟酌变通"，探寻一条适合中国国情的工业化道路。

郑观应同样强调了采用先进的机器和技术以振兴民族工业的重要性。他认为："知其通塞、损益，而后商战可操胜券也"，即首先考虑本国的商品销路是否畅通、对外贸易是否受益的问题，才能在商战中取得胜利。而要解决"通塞"、"损益"这两个问题，则必然提高工艺水平，使本国的商品在市场上具有较强的竞争力。因"商务之盛衰，不独关物产之多寡，尤必视工艺之巧拙"。他将西方国家"商务之源"归结于"机器为先"，"尝阅西书，论商务之源，以制造为急；而制造之法，以机器为先"，中国"皆因无机器、格致院讲求制造诸学，而无商务通例恤商惠工，是以制造不如外人之精，价值不如外洋之廉，遂致土货出口不敌洋货之多，漏卮愈甚"。②

尤其值得注意的是，郑观应强调机器生产的同时，还提出了"自造机器"以振兴民族工业的主张。他说："人但知购办机器，可得机器之用；不知能自造机器，则始得机器无穷之妙用也。宜设专厂制造机器，择现在已经用过之各机器，先行仿造；然后向外洋购置各种未经购用之机器，一一仿造。虽不能自出心裁远驾于西人之上，而果能步其后尘，纵不能得外洋之利，则中国之利自不至外溢矣！各种机器自能制造，则各种货物亦能制造。所造之物既便自用，且可外售于人，不致全以利权授外洋矣。外国进口之货，皆人力之所为，而中国入口之货，多天生原质，以此相较，孰优孰绌，不待智者而知之。"③他实际上提出了中国早期工业化道路的一个重要问题，即不能仅仅停留在进口外国的机器设备、出口本国的自然资源这种商战的初级阶段，必须在引进外国设备技

---

① 丁凤麟、王欣之编：《薛福成选集》，420—421 页。
② 夏东元编：《郑观应集》上册，588、626 页。
③ 夏东元编：《郑观应集》上册，627 页。

术的基础上建立本国的机器制造工业和进口替代的工业。唯有如此，才能在商战中开拓本国商品的国内外市场，增强本国的经济实力，实现工业强国的目标。

三 护商富民的诉求

早期维新士人在呼吁进行商战以振兴民族工业的同时，还提出了护商富民的诉求。

王韬是较早提出了"护商富民"思想的代表人物。早在1864年他就主张官府应"调剂翼助"商民。他说："盖西国于商民，皆官为之调剂翼助，故其利溥而用无不足。我皆听商民之自为，而时遏抑剥损之，故上下交失其利。今一反其道而行之，务使利权归我，而国不强民不富者，未之有也。"①至19世纪70年代，王韬明确提出了"商富即国富"、"官办不如商办"、"利皆公之于民"等主张，呼吁准许民间自立公司，投资近代工矿业。他说："若开掘煤铁五金诸矿，皆许民间自立公司，视其所出繁旺与否，计分征抽，而不使官吏得掣其肘。又如制造机器，兴筑铁路，建置大小轮船，其利皆公之于民，要令富民出其资，贫民殚其力，利益溥沾，贤愚同奋。"但他同时又认为在矿业、保险等行业可以考虑仿轮船招商局之例，实行官督商办。在这类企业中"官商相为表里，其名虽归商办，其实则官为之维持保护"。不过他认为官所起的作用应该是"实以助商而非病商，凡事皆商操其权，商富即国富，并出一途，非与商背道而驰"，②强调了官府应起护商、助商的作用，即通过官督的形式来减少创办近代企业的阻力，并使商的利益得到保护。

1875年，郭嵩焘也主张鼓励商民造船、制器以分洋人之利，"使商民皆能制备轮船以分其利，则国家之受益已多"。③此后他又强调国家应该实行"护商富民"的政策，指出："国于天地，必有与立，亦岂有百姓困穷而国家自求富强之理？今言富强者，一视为国家本计，与百姓无与，抑不知西洋之富专在民，不在国家也。""泰西富强之业，资之民商，

---

① 王韬：《弢园尺牍》卷七，8页。
② 王韬：《弢园文录外编》，248、249、18、249、251页，上海书店出版社，2002。
③ 杨坚校补：《郭嵩焘奏稿》，342页，长沙，岳麓书社，1983。

而其治国之经,务用其技巧,通致数万里货物,遍及南洋诸岛屿,权衡出入之数,期使其国所出之产,销路多而及远。其人民趋事兴工,日增富实,无有穷困不自存者,国家用其全力护持之,岁计其所需以为取民之制。""所以为富强者,民商厚积其势以拱卫国家。"[1]他实际上是提出实现富强的一个基本理念,即国家强盛必须建立在人民富裕的基础之上。

1877 年,在法国留学的马建忠致信李鸿章,指出:"近今百年西人之富,不专在机器之创兴,而其要领专在保护商会",所以"讲富者以护商会为本,求强者以得民心为要"。[2] 回国后,他又主张取消对民间兴办工商业的限制,"其法宜因民之利,大去禁防,使民得自谋其生,自求其利"。[3] 1890 年,他又在《富民说》中主张大力发展对外贸易和近代工矿业,"转贫民为富民,民富而国自强"。[4]

黄遵宪在《日本国志》中赞扬欧美、日本政府鼓励和扶持商民创办近代企业的政策。他说:"皆听民为之,官特为设法以保护,派员以经理,岁课其税十一二而已。小民难与图始,诚使官倡其利,召募豪商,纠集资本,明示大信,与民共之,使人人知其利益。"他以西方各国"商民创建轮船铁路"为例,指出政府扶持商民的政策"非独利商,实则裕国",在面临外国资本的竞争排挤下,政府扶持本国的商民势在必然,"凡创办之事,根本甫立,外人争揽利权者,又往往倾资以争竞,设策以摇撼,故得利甚难,国家出资助之,亦势之不得不然者也"。[5]

70 年代末,薛福成亦主张鼓励商民投资近代企业,准许商民设立公司经营,政府不要干预。他以轮船航运业为例,"无论盈亏得失,公家不过而问焉。此外商人有租置轮船一二号,或十余号,或数十号者,均听其报名于官,自成一局"。90 年代初,他又明确提出"藏富于商"、"藏富于民"的主张,要求政府实行恤商、护商的政策。他说:西方各国"平时谋国精神,专在藏富于商,其爱之也若子,其汲之也若水。盖其绸缪商政,所以体恤而扶植之者,无微不至,宜其厚输而无怨也"。"泰西诸

---

① 杨坚点校:《郭嵩焘诗文集》,255、239 页,长沙,岳麓书社,1984。
② 郑大华点校:《采西学议——冯桂芬、马建忠集》,156、159 页。
③ 马建忠:《东行三录》,48 页,上海书店,1982。
④ 郑大华点校:《采西学议——冯桂芬、马建忠集》,134 页。
⑤ 陈铮:《黄遵宪全集》下册,1119、1210 页。

国,竞筹藏富于民之法,然后自治自强,措之裕如。"在他看来,这种恤商护商政策除了政府采取减免商民税厘、实行发明创造的专利、在各国设领事保护商民等措施外,还应该效法西方国家,设立股份公司,"官绅商民,各随贫富为买股多寡,利害相共,故人无异心,上下相维,故举无败事"。他还建议:"官为设法提倡,广招股商,设立公司,优免税厘,俾资鼓励,收回利权,莫切于此。"①

在早期维新士人看来,实行护商富民就应该突破洋务企业官督商办的经营模式,扶植和发展商办企业。在近代企业初创之期,因外国势力的排挤和传统势力的阻挠,创办新式企业风险较大,集资不易,官督商办的经营模式曾经起过积极作用,但因清政府官僚体制的制约,"官督"也逐渐成了近代企业进一步发展的障碍。早期维新士人大多经历了一个从赞同官督商办到批评官督商办的认识过程。

在开矿的问题上,陈炽曾主张采取官督商办的形式。在他看来,全由商办,因投资者"良莠杂糅",结果"致商民百万资本尽付东流";而全由官办,则"积重难返,成本过昂,所得之数,不敌所费",所以"商办非,官办亦非也"。全由商办或全由官办都有弊端,官督商办才是最适宜的经营模式,"则商办而官督宜矣"。在修筑铁路的问题上,陈炽则根据欧美、日本的经验,主张采取官办的形式。他指出:"中国创办铁路之始,商办难成,何如将干路各条一律官办,以免日后购回之多费周折也,则官办宜也。"当然,陈炽赞同的官督商办或官办,主要是针对某些关系国计民生而又投资甚巨的大型矿山、铁路等产业,对其他产业则主张仿效西方,"选立商董,创立公司"来经营。他说:"诚能纠集资本,凡土产、矿山、制造诸物,各立公司,由商人公举明通之人主持其事,则贫者骤富,弱者骤强,不惟自擅利权,并可通行海国,华人之智力岂竟不若西人哉!"②

汤震则严厉批评了官督商办的弊端,认为官督商办"无事不由官总其成,遍招商股以资成本",结果是"官有权商无权,势不至本集自商、利散于官不止",这就严重损害商民的利益。他主张由官府派人勘定矿

① 丁凤麟、王欣之编:《薛福成选集》,541、417、502、480、503 页。
② 赵树贵、曾丽雅编:《陈炽集》,85、179、239、235 页。

产,颁发矿贴,然后由商民认领,集资开办。针对招商局经办官吏"节节剥耗,层层侵蚀"的弊端,他还提出"任官不如任商,专任华商不如兼任洋商"的观点,主张将招商局交与商人承办,年缴租银若干。而"兼任洋商"既有利于清除经营管理中的积弊,也可在发生对外战争时照常运营。他还深刻地指出:"财者朝廷之大命,行于商则通,藏于民则富,而壅于官则乱。"①

陈虬亦提出鼓励商人投资近代企业。他说:"保险信局、铁路矿务织布等局,官力所未及办者,可准华商包开,许其专利若干年。财源既浚,利途自辟,此诚保国裕商之至策也。"主张采取"兴制造"、"奖工商"、"讲懋迁"、"开新埠"、"抚华商"等"保国裕商"的措施。②

郑观应对官督商办的看法曾有一个变化过程。在甲午战争前,他赞成采取官督商办,认为官办和商办都有不利因素,采取官督商办则可以克服两者的弊端。"全恃官力,则巨费难筹;兼集商资,则众擎易举。然全归商办,则土棍或至阻挠,兼倚官威,则吏役又多需索。必有官督商办,各有责成;商股招以兴工,不得有心隐漏;官稽查以征税,亦不得分外诛求。则上下相维,二弊俱去。"同时他也指出官督商办企业应该"仿西法颁定各商公司章程","务使官不能剥商,而商总商董亦不能假公济私,奸商墨吏均不敢任性妄为"。当然,他主张采取官督商办形式主要还是指采矿这样投资较大、涉及地方利益的资源性产业,并非是指所有的近代工商业。他认为官的职责仅在于颁行税则、恤商惠工,而不是控制、干预企业的经营。其主要倾向还是提倡商办形式:"凡通商口岸,内省腹地,其应兴铁路、轮舟、开矿、种植、纺织、制造之处,一体准民间开设,无所禁止。或集股,或自办,悉听其便。全以商贾之道行之,绝不拘以官场体统。"③甲午战争后,郑观应对官督商办的弊端有了更多认识,他在1901年写的《商务叹》中揭露了官督商办企业的种种弊端:"办有成效倏变更,官夺商权难自主。开平矿股价大涨,总办擅自合洋贾。地税不纳被充公,利失百万真乳腐。申报贬价归国有,不容商董请

① 汤震:《危言》,"开矿"、"商局"、"节流",见政协浙江省萧山市委员会文史工作委员会编《汤寿潜史料专辑》萧山文史资料选辑(四),245、255、259 页。
② 陈虬:《治平通议·经世博议·变法十三》,67—71 页。
③ 夏东元编:《郑观应集》上册,704、626、612 页。

公估。轮船局权在直督，商欲注册官不许。总办商董举自官，不依商律由商举。""名为保商实剥商，官督商办势如虎。"①

为了护商富民、鼓励私人投资近代工商业，早期维新士人还提出了裁撤厘金的主张。清政府为镇压太平天国筹饷而征收厘金，严重损害了商民的利益，阻碍了国内的商品流通。19世纪后期，在与外国资本主义商品输出的市场争夺中，出现了要求裁撤厘金的强烈呼声。马建忠于1879年痛陈厘金之弊："洋商入内地，执半税之运照，连樯满载，卡闸悉予放行；而华商候关卡之稽查，倒箧翻箱，负累不堪言状，与我朝轸恤商民之至意大相刺谬，律以西国勒抑外商庇护己商之理，又不啻倒行逆施矣。"主张"将厘卡尽行裁撤"，以"便商贾之往来，苏其隐困"。② 郑观应在70年代末就对外商在内地运货只交子口税，而华商亦对遭受厘金盘剥的现状深表不满，主张"裁撤厘金，倍增关税"。③ 至90年代，陈炽对厘金的危害更是给予深刻揭露："厘金则不然，百物滞销，四民俱困，天下设卡数百，置官数千，增役数万，猛如虎，贪如狼，磨牙而咀，择肥而噬，小民椎心饮泣，膏血已枯，国家所得，不能及半，自有比较之说，可增不可减，网罗四布，违额取盈，所谓病民甚于加赋者，此也。"他主张"断断乎其不可不裁也"。④

总之，甲午战争前，早期维新士人除了在发展矿山、铁路等资本密集型产业方面主张采取官办或官督商办的形式外，大多提倡民间集资经营近代企业，要求政府实行护商富民的政策，扶植商民与外商竞争，收回利权，裁撤厘金，振兴实业，以实现中国的富强。

---

① 夏东元编：《郑观应集》下册，1369—1370页。
② 郑大华点校：《采西学议——冯桂芬、马建忠集》，211页。
③ 夏东元编：《郑观应集》上册，70页。
④ 赵树贵、曾丽雅编：《陈炽集》，28页。

第四节　民主观念的产生

一　对西方议会制度的向往

早在鸦片战争前后，有识之士就开始了对西方民主政制的认知和介绍。林则徐于 1839 年组织编成的《四洲志》，就对英国的"巴厘满"（Parliament 即议院）作了介绍，对美国的选举制度也给予了关注。稍后，魏源的《海国图志》、梁廷枏的《海国四志》、徐继畬的《瀛寰志略》也都介绍了西方国家"国事决于公议"的民主制度。至 19 世纪后期，对西方国家的议院的介绍已经流行于中文文献，不过直至 20 世纪 90 年代，对 Parliament 还没有一个统一的译法，除音译外，还有各种意译。[①]

郭嵩焘比较早地介绍了西方的议会制度。1875 年在总理衙门任职时，在《条议海防事宜》中指明西洋立国之本在"朝廷政教"。[②] 次年他出任驻英公使，对议院有了更真切的了解。他在日记中写道：

> 计英国之强，始自国朝，考求学问以为富强之基，亦在明季，后于法兰西、日耳曼诸国。创立机器，备物制用，实在乾隆以后。其初国政尚甚乖乱。推原其立国本末，所以持久而国势益张者，则在巴力门议政院有维持国是之义；设买阿尔（Mayor 即市长）治民，有顺从民愿之情。

---

① 诸如公会、国家公会、国公会、国会、国政公会、办国政会、会议、公会所、总会、议事厅、公议厅、议会、议政院、集议院、议士会、民委员会、国大公会、议院、会堂、开会堂、议事院、议堂、公议院、民撰议院、全国民会等等。参见方维规《"议会""民主""共和"等概念在十九世纪的中译、嬗变与运用》，载《中华文史论丛》2001 年第 2 期。

② 中国史学会主编：《中国近代史资料丛刊·洋务运动》第 1 册，142 页。

二者相持,是以君与民交相维系,迭盛迭衰,而立国千余年终以不敝。人才学问相承以起,而皆有以自效,此其立国之本也。而巴力门君民争政,互相残杀,数百年久而后定,买阿尔独相安无事,亦可知为君者之欲易逞而难戢,而小民之情难拂而易安也。中国秦汉以来二千余年适得其反。能辨此者鲜矣。①

这清楚地表明,他视议院政治为西方国家的"立国之本"而心向往之。

王韬也较具体地介绍了西方各国的政制和议院:"泰西之立国有三:一曰君主之国,一曰民主之国,一曰君民共主之国","一人主治于上而百执事万姓奔走于下,令出而必行,言出而莫违,此君主也。国家有事,下之议院,众以为可行则行,不可则止,统领但总其大成而已,此民主也。朝廷有兵刑礼乐赏罚诸大政,必集众于上下议院,君可而民否,不能行,民可而君否,亦不能行也,必君民意见相同,而后可颁之于远近,此君民共主也"。主张最适合中国的政制即是"君民共治","君为主,则必尧、舜之君在上,而后可久安长治;民为主,则法制多纷更,心志难专一,究其极,不无流弊。惟君民共治,上下相通,民隐得以上达,君惠得以下逮"。他还认为国家的强弱决定于国家的政制,西方各国之所以国富兵强,正是因为建立了议院,"无论政治大小,悉经议院妥酌,然后举行,故内则无苛虐残酷之为,外则有捍卫保持之谊,常则尽懋迁经营之力,变则竭急公赴义之忱"。反观中国,则上下之情不通,"民之所欲,上未必知之而与之也;民之所恶,上未必察之而勿之施也"。由此,中国谋求富强的途径,则在于改革政制以"通上下之情"。②

郑观应在1880年刊行的《易言》中对西方各国的议会制度也作了较多的介绍:"泰西有君主之国,有民主之国,有君民共主之国,虽风俗各有不同,而义理未能或异。""其都城设有上下议政院,上院以国之宗室勋戚及各大员当之,以其近于君也。下院以绅耆士商、才优望重者充之,以其迩于民也。凡有国事,先令下院议定,详达之上院。上院议定,奏闻国主。若两院意议符合,则国主决其从违。倘彼此参差,则或令停

---

① 《郭嵩焘日记》第3卷,373页,长沙,湖南人民出版社,1983。
② 王韬:《弢园文录外编》,18、19、56页,上海书店出版社,2002。

止不议,或复议而后定。故泰西政事举国咸知,所以通上下之情,期措施之善也。"主张"中国上效三代之遗风,下仿泰西之良法,体察民情,博采众议。务使上下无扞格之虞,臣民泯异同之见,则长治久安之道,固有可豫期矣"。不过,郑观应虽然称赞西方的议院并主张效法,但对议院的认知主要还是其"通上下之情",只是要求在皇权专制的体制内进行某些局部改革,实行"体察民情,博采众议"。1884 年郑观应在《南游日记》中,进一步指明了西方国家的议院是"西人立国之本"。他写道:"余平日历查西人立国之本,体用兼备。育才于书院,论政于议院,君民一体,上下同心,此其体;练兵、制器械、铁路、电线等事,此其用。中国遗其体效其用,所以事多扞格,难臻富强。"①这表明他已经意识到效法西方设立议院,才是实现中国富强的根本途径。

中法战争之前,第一次公开要求清廷设立议院的是京官崔国因。1883 年,他上奏提出设立上下议院,"上议院由王公大臣议之","下议院由各省民间公举之人议之";上下议院的换人更代"定限以三年,使上议院无权重之弊,而下议院之新举自民间者,于民事知之至悉也"。他明确指出:"设议院者,所以因势利导,而为自强之关键也。"②崔氏成为近代中国向清廷明确提出开设议院要求的第一人。

中法战争之后,主张改革君主政体、实行"君民共主",已经成为许多维新士人的共识,并且对西方民主政制的注意力都集中在议院上面,认为议院是西方国家富强之本,主张中国设立议院。陈炽指出:泰西议院之法,"合君民为一体,通上下为一心","英美各邦所以强兵富国、纵横四海之根原也"。③ 汤震也将设立议院视为"我国家转弱为强之机"。④ 陈虬认为:"何以致富强,曰在治人,人不自治,治之以法",而"治之法"的第一项举措即是"开议院"。⑤ 郑观应更进一步指出设立议院可以防专制、张国势、得民心。他说:"议院者,公议政事之院也。集

---

① 夏东元编:《郑观应集》上册,65、103、967 页。
② 崔国因:《皇实子存稿》,22、23 页,光绪年间刻本。
③ 赵树贵、曾丽雅编:《陈炽集》,第 107 页。
④ 汤震:《危言·议院》,见政协浙江省萧山市委员会文史工作委员会编《汤寿潜史料专辑》萧山文史资料选辑(四),224 页。
⑤ 陈虬:《治平通议·救时要议·议目》,卷五,1 页。

众思，广众益，用人行政一秉至公，法诚良，意诚美矣。""故自有议院，而昏暴之君无所施其虐，跋扈之臣无所擅其权，大小官司无所卸其责，草野小民无所积其怨，故断不至数代而亡、一朝而灭也。""欲行公法，莫要于张国势；欲张国势，莫要于得民心；欲得民心，莫要于通下情；欲通下情，莫要于设议院。"稍后，郑观应也意识到设立议院要以兴学校、开民智作为前提条件。在 1895 年刊行的《盛世危言·公举》中，他强调西方国家教育发达，人才兴盛，报刊普及，具有选举议员、设立议院的社会条件；反观中国，"学校尚未振兴，日报仅有数处，公举议员之法，殆未可施诸今日也。盖议院为集众是以求一当之地，非聚群器以成一哄之场。必民皆智慧，而后所举之员乃贤；议员贤，而后议论措置乃得有真是非。否则，徒滋乱萌，所谓欲知其利，当知其弊也"。① 这一思想对后来的康有为、梁启超等维新派产生过较大影响。

早期维新士人主张仿效西洋议院之制时，还提出了在中国设立议院的具体构想，大体有三种方案。

第一种方案是在乡官制度的基础上设立议院。陈炽提出："仿外洋议院之制"，由百姓公举乡官组成地方议院，"每乡二人，一正一副，其年必足三十岁，其产必及一千金"，每任二年，任满再举。定期开会咨询"大政疑狱"，分别负责地方事务，地方官对不称职的乡官则可以"随时撤之"，凡有实惠及民的乡官，则可以经督、抚查核保举，授以官职。百姓选出的乡官相当于县议员，再由"县选之达于府，府举之达于省，省保之达于朝"，组成下议院。上议院则由朝廷任命官员组成。②

第二种方案是变通官僚机构设立议院。汤震提出：议院采取变通原有官僚机构的方式组成。四品以上的官员组成上议院，由军机处主持；四品以下的官员组成下议院，由都察院主持。凡国家大政方针，"先期请明谕，得与议者"，由两院议员议论利害得失，再由军机大臣将所议结果"上之天子，请如所议行"；省、府、州、县有应议之事，则由地方士绅分级议之。③

---

① 夏东元编：《郑观应集》上册，313、329 页。
② 赵树贵、曾丽雅编：《陈炽集》，17、108 页。
③ 汤震：《危言·议院》，见政协浙江省萧山市委员会文史工作委员会编《汤寿潜史料专辑》萧山文史资料选辑(四)，224 页。

上述两种方案虽然强调是仿效"外洋议院之制",但所仿效的主要是给予绅民一定的选举权和议事权,所设计的地方议院和中央议院实际上是分别附属于官府和皇帝的咨询机构。

第三种方案是借助科举制度设立议院。何启、胡礼垣在写于1894年冬、刊于1895年春的《新政论议》中,设计了中央议院和县、府、省三级地方议院,主张以科举制为基础层层选举各级议员,由平民在秀才中选出县议员,由秀才在举人中选出府议员,由举人在进士中选出省议员,三级议院均设议员60名。地方事宜由地方议院与各级官府共同议定,"地方之利弊,民情之好恶,皆借议员以达于官。兴革之事,官有所欲为,则谋之于议员。议员有所欲为,亦谋之于官,皆以叙之法为之,官与议员意合,然后定其从违也"。议院议事采取少数服从多数的原则,通过议院和官府逐级议定,最后上报朝廷,"君意合,则书名颁行;意不合,则令其再议","凡军国大政,其权虽出于君上,而度支转饷,其议先询诸庶民"。省议员每年一次集中北京,开院议事,议定之事,奏闻皇帝,"主上御笔书名,以为奉行之据"。①在这一方案中,君主对军国大政虽有最后的裁决权,但也必须考虑议院的决议,所以君主的权力实际已经受到了议院的限制。

何、胡二人还提出了类似于西方内阁制的官制改革方案。首先在原六部的基础上增设商部、学部、外部,各部官员"俱宜用明于西法者"。各部部长由各省议员从翰林中推举数人或数十人,由宰相从中选择任用;宰相由各省议员从翰林或部长中推举合适人选多名,由君主从中选择任命。"宰相以三年为期,善于其职者留,若旷于其职,则天子可以黜之,而令议员另举;议员亦可以黜之,而请天子另取。部员亦然。若善于其职,则与宰相同留,若旷于其职,则宰相可以黜之,而令议员另举;议员亦可以黜之,而请宰相另取也。"②君主和议员都有罢黜宰相之权,宰相必须同时向君主和议院负责;宰相有选任行政官员的组阁权,议院则对行政官员有罢黜权。这一政制的设计具有了西方内阁制的一些特点,也限制了以皇权为中心的专制政府的权力。

① 郑大华点校:《新政真铨——何启、胡礼垣集》,115、117页,沈阳,辽宁人民出版社,1994。
② 郑大华点校:《新政真铨——何启、胡礼垣集》,138页。

389

当然，早期维新士人设计的议院的主要作用还是"通上下之情"，并没有西方国家议院所拥有的立法权，这样的议院自然也不是国家的权力机关。只有部分出使官员因对西方国家议院有了深入的考察和了解后，才开始认识到议院具有立法权，是国家的权力机关。[①] 早期维新士人主张政制改革时，也没有认识到宪法是议院政治的核心内容，没有提出制定和颁布宪法的问题。[②] 所以，他们所设计的"君民共主"政制，还不能说是完全意义上的君主立宪制度，而只是君主专制政体向君主立宪政体过渡的一种形式。

二　对民权、民主的认知

早期维新士人的民主思想，还反映在对"民权"和"民主"这两个重要概念的认知上。

在中文中较早使用"民权"一词的是郭嵩焘。他在 1878 年 5 月 19 日（光绪四年四月十八日）的日记中写道："西洋政教以民为重，故一切取顺民意，即诸君主之国，大致一出之议绅，民权常重于君。"此后，黄遵宪在《日本国志》、薛福成在《出使日记》中也使用了"民权"一词。[③] 至甲午战争后，"民权"一词已经普遍出现在士人的言说之中。

19 世纪流行于中国的民权一词来自日文，其含义为：（1）人民参政的权利（suffrage）；（2）人民维护人身、财产的权利（civil rights）。日文中还有复合词"自由民权"，其意为"人民的自由与权利"。所以民权即指人民的权利。

与"民权"相关联的"民主"一词，则是中国古代文献中原有的词，最早见于《尚书·多方》："天惟时求民主，乃大降显休命于成汤。"（蔡沈《书经集传》注："言天惟是为民求主耳。桀既不能为民之主，天乃大降

---

① 如出使美国的崔国因曾指出："美国议院权重"，"立例者，议院；行例者，总统；守例者，察院。议院有立例之权，则大事为议院主之，总统不过奉行焉耳。"见崔国因《出使美日秘国日记》，48、389 页。宋育仁也说明西方国家"议院主议法，政府主行政，察院主断法"，见宋育仁《泰西各国采风记》，引自郭嵩焘《郭嵩焘等使西记六种》，347 页，北京，生活·读书·新知三联书店，1998。

② 1900 年郑观应刊行《盛世危言》8 卷本，在增写的《原日》篇附录中，根据日本深山虎太郎所著的《民权》《共治》《君权》三论，才意识到"无论民权、共治、君权，宪法皆不可无，惟各有参酌耳"，"非有宪法律令而后有民权也"。见夏东元编《郑观应集》上册，334 页。

③ 参见熊月之《中国近代民主思想史》，11—12 页，上海社会科学院出版社，2002。

显休命于成汤,使为民主。")"简代夏作民主。"(蔡注:"简择也,民择汤而归之。")。因蔡沈的《书经集传》是钦定"五经"之一,在晚清士人中有较大影响,所以在19世纪后期士人的认知中,《尚书·多方》中"民主"之本义固然是"民之主",但这一民之主既然是由"天"为民求得或由"民"择而归之,则"民主"一词也就隐含有"传贤不传子"、"民择主"之意。《万国公法》中较早出现的"民主"一词,也具有"民择主"这一含义,如"若民主之国,则公举首领,官长均由自主,一循国法,他国亦不得行权势于其间也"。[①] 19世纪后期,这一认知已经比较普遍,所谓"唯称伯理玺天德(President)则知为民主之国而无世及之例","美国皇帝传贤不传子"。[②] 正是从这一认知出发,将美国、瑞士等国由民选举的"伯理玺天德"称之为"民主"。如1879年5月31日《万国公报》第541卷所刊《纪两次在位美皇来沪盛典》称:"篇中所称伯理玺天德者,译之为民主,称之国皇者。"同年5月17日《万国公报》第539卷所刊《华盛顿肇立美国》称:"美国虽得自主而尚无人君治理,故通国复奉顿为民主,四年任满,再留任四年。……美国有民主以顿为始。"这表明:19世纪后期中文文献中作为"总统"之义的"民主"一词,如《万国公报》上出现的"选举民主"、"民主易人"、"新举民主"、"民主晓谕"等,与《尚书·多方》中的"民主"实含义相通。时人常谓西洋之民主不过是得中国经籍之要旨精义,往往以"礼失而求诸野"之说,作为采纳西政的理由,鉴于时人对民主之义的最初认知,这也在情理之中。19世纪后期,国人对民主的这一认知是一种较普遍的现象。[③]

西文民主(democracy)源于希腊语,其词根为 demos(人民),kratein(治理)。19世纪后期中文文献中出现"民主"一词亦有明确为 democracy 本义者。例如1875年6月12日出版的《万国公报》第340卷所刊的《译民主国与各国章程及公议堂解》一文,是近代较早介绍欧美民主政制的重要文献,其解释"何谓民主国",明确指出:"民主国"的主旨为"治国之权属之于民","治国之法亦当出之于民",正是

---

① [美]惠顿:《万国公法》,37页,北京,同文馆,同治三年。
② 《万国公报》第311卷,1874年11月14日;《教会新闻》第2册,144页。
③ 参见谢放《戊戌前后国人对"民权"、"民主"的认知》,载《二十一世纪》,2001年第6期,总65期。

democracy 的本义"人民治理"，即稍后之中译"民治"。该文还详细介绍了欧美的三权分立和议会制度。可知，至迟于 1875 年，关于西方民主政制已由《万国公报》向国人作了比较具体的介绍。

早期维新士人的认知中，民权与民主的含义是有所区别的。其使用"民权"一词时往往与"君权"一词相对应，并且认为两者有互补关系。薛福成称欧洲"君民共主"之国，"其政权亦在议院，大约民权十之七八，君权十之二三"。使用"民主"一词则往往与"君主"一词相对应，并认为两者具有相互排斥的关系，在他们看来，因民主由民公举，则意味着"传贤不传子"，废除君主世袭制。所以从对西洋政制的认知来说，早期维新士人言"民权"，多指君权与民权互补的君民共主政制；言"民主"则是特指废除君主世袭的共和政制。薛福成曾说明："而立泼勃立克（Republic），译言民主国，主政者伯理玺天德，俗称总统，民间公举，或七岁或四岁一易。"①这说明时人是比较注意区别两词之含义的。②

在早期维新士人看来，民主即等于共和制，而共和制最典型的代表即是美国，但美国共和制也存在诸多弊端。1877 年马建忠针对美国的选举制度曾说："美之监国，由民自举，似乎公而无私矣，乃每逢选举之时，贿赂公行，更一监国则更一番人物，凡所官者皆其党羽，欲望其治，得乎？"③1892 年薛福成就当时美国掀起的排华恶浪也指出："驱逐华民之事，他国之人所顾忌公法而不敢为者，美人独悍然为之"，这是因为"大抵民主之国，政柄在贫贱之愚民；而为之君若相者，转不能不顺适其意以求媚"，所以"美国之政，惟民是主，其法虽公，而其弊亦有不胜枚举者"。既然如此，早期维新士人便大多赞同民权而反对民主。薛福成说："西洋各邦立国规模，以议院为最良，然如美国则民权过重，法国则叫嚣之气过重，其斟酌适中者，唯英、德两国之制颇称尽善。"④郑观应说："君主者权偏于上，民主者权偏于下，君民共主者权得其平。"陈炽在为郑

① 薛福成：《出使英法义比四国日记》，286、104 页。
②《国闻报》曾发表《民权与民主不同说》一文专门辨析两词的不同含义，将"民权"释为"予民以自由而设律以定之"，将"民主"释为"总统"，"权在议院，民主仅拱手画押而已"。此文收入《国闻报汇编》，光绪二十九年刊本。
③ 郑大华点校：《采西学议——冯桂芬、马建忠集》，159 页。
④ 薛福成：《出使英法义比四国日记》，510—511、197 页。

观应《盛世危言》写的序中甚至说："民主之制，犯上作乱之滥觞。"①

虽然早期维新士人以民权指称英、德等国的君民共主政制，以民主指称美、法等国共和政制。但事实上，不论是君民共主政制还是共和政制，都是西洋的民主政制，皆通过议会制度及各种法律规范来体现所谓的"民权"。对此，崔国因早在1892年即已指明，欧美各国政体虽有不同，但都是一种体现民权的民主政制。他说："欧、墨洲各国均设议院而章程不同。美之议绅均由民举，不分上下也。英之下议绅由民举，而上议绅则由世爵，然权归于下议院，则政仍民主之也。欧洲除法国、瑞典、瑞士外，政皆君主，而仍视议绅之从违，则民权仍重。"②崔氏此处所言的"政仍民主之"，亦大体符合democracy之本义。

早期维新士人提倡民权、反对民主的认知，很可能受到西方人对民主(democracy)认知的影响。较早的几部在华出版的西方人编撰的英汉辞书对democracy的译释大多含有一定的贬义，如1847年在上海出版的麦都思《英汉字典》译释为："众人的国统，众人的治理，多人乱管，小民弄权。"1866年在香港出版的罗存德的《英华字典》也译释为："民政，众人管辖，百姓弄权。"对这种democracy的诠释，显然又是直接来自西方历史上对democracy概念的理解。③ 西方学者在研究democracy一词意涵的历史演变时也指出："Democracy这个词我们现在通常认为可以追溯到中世纪，并且主要是承袭其希腊词源的意涵。但事实上在我们所知的文献里，除了少数的例外，一直到19世纪democracy仍然是一个带有贬义的词眼。自从19世纪末到20世纪初这段期间，多数的政党和政治流派才开始宣称他们相信democracy(民主)的价值。这种转变在democracy词义演变的历史上非常重要。"④所以，早期维新士人对民主的这种认知也多少是受同时代的西方民主观念影响。可以说这种时代的局限性既受制于他们对西方民主制度的

---

① 夏东元编：《郑观应集》上册，316、231页。
② 崔国因：《出使日秘日记》，435页，合肥，黄山书社，1988。
③ 参见方维规"议会""民主""共和"等概念在十九世纪的中译、嬗变与运用》，载《中华文史论丛》2001年第2期，65页。
④ [英]雷蒙·威廉斯：《关键词：文化与社会的词汇》，刘建基译，111页，北京，生活·读书·新知三联书店，2005。

观察和认知，也与在华西方人对西方民主的介绍和诠释有关。

三　对自由、平等的态度

西方近代民主制度是为了保障新兴的资产阶级获得自由、平等的权利，所以西方民主思想传入中国后，也或多或少与自由、平等的价值观念联系在一起，时人也曾用"自主"或"自由"之类的词来陈述民主自由思想。1877年10月2日《申报》发表一篇题为"论西国自由之理相爱之情"的文章，从民主的角度来介绍自由。该文说："西国之所谓自由者，谓君与民近，其势不相悬殊，上与下通，其情不相隔阂，国中有大事，必集官绅而讨论，而庶民亦得参清议焉。君曰可而民尽曰否，不得行也。民尽曰可，而君独曰否，亦不得行也。盖所谓国事者，君与庶民共之者也。"而西文自由（Liberty）一词传入中国亦多被诠释为"自主之理"或"自主之权"。[①]

黄遵宪是较早介绍西方自由、平等观念的代表人物。他在《日本国志》中介绍日本的自由民权运动时指出："自由者，不为人所拘束之义也。其意谓人各有身，身各自由，为上者不能压抑之、束缚之也。"并且进一步说明西方国家的以法治国，旨在保障个人的自由、平等权利："余闻泰西人好论'权限'二字，今读西人法律诸书，见其反复推阐，亦不外所谓'权限'者。人无论尊卑，事无论大小，悉予之权，以使之无抑；复立之限，以使之无纵，胥全国上下同治于法律之中，举所谓正名定分，息争弭患，一以法行之。余观欧美大小诸国，无论君主，君民共主，一言以蔽之，曰以法治国而已矣。"同时又认为西人提倡自由、平等，即所谓的"人人有自主权利"，"人人得自伸其权，自谋其利"，"其流弊不可胜言"。强调"天下之不能无尊卑、无亲疏、无上下，天理之当然，人情之极则也。圣人者知其然，而序以别之，所以已乱也。今必欲强不可同、不能兼者，兼而同之，是启争召乱之道耳！幸而今日泰西各国，物力尚丰，民气尚

[①] 马礼逊的《五车韵府》(1822)将Liberty诠译为"自主之理"，麦都思的《英汉字典》(1847)译之为"知主，自主之权，任意擅专，自由得意"；罗存德的《英华字典》(1866)则译为"自主，自由，治己之权，自操之权，自主之理"。转引自方维规《"议会""民主""共和"等概念在十九世纪的中译、嬗变与运用》，载《中华文史论丛》2001年第2期，75页。

朴,其人尚能自爱,又恃其法令之明,武备之修,犹足以维持不败"。但终归"不百年必大乱",甚至会出现"伏尸百万、流血千里"的惨况。①1882 年,黄遵宪出任驻美国旧金山总领事后,对西方国家的民主自由有了更深入的了解。1884 年,他写诗记述美国总统选举,肯定了美国人民争取独立、自由、平等的历史进步:"自树独立旗,不复受压制。红黄黑白种,一律平等视。人人得自由,万物咸遂利。民智益发扬,国富乃倍蓗。泱泱大国风,闻乐叹观止。"同时,又对竞选中两党攻讦,乱象丛生表示十分慨叹:"彼党讦此党,党魁乃下流","至公反成私,大利亦生弊"。不过,他还是认为美国总统选举的结果"究竟所举贤,无愧大宝位。倘能无党争,尚想太平世"。② 在他看来,西方国家的民主自由既有其进步性,也有其局限性。

初步意识到西方的自由、平等与民主政制有着某种内在联系的还有邵作舟。他在《邵氏危言》中指出西方国家实现富强之根本原因有二:一是"人之自得",二是政不独专。这两者实际上正是自由、平等与民主的问题。他说:"泰西之为国如醿然,君不甚贵,民不甚贱,其政主于人之自得,民诉诸君,若诉诸其友。国有大事,谋常从下而起,岁之常用,先一岁以定之。有大兵役,国会群谋而许,然后量出为入,加赋而敛,于官所不可一兵之发,一钱之税,一条教之变,上不能独专也。中国不然,尊至于天而不可仰视,贱至于犬马鸟兽,鞭挞斩刈,惟上之欲之也。"他指明正是西方民主与中国的专制造成了两种不同的人民品格:"泰西之民刚而直,其平居采清议,重耻辱,仪简而亲,法简而专,命简而速";中国则"民习于教而制于威,柔而易令,顺而易从,政弛于上则众惰于下,尊卑隔绝,势散志涣"。③ 他批判专制的锋芒不仅指向了"政",而且指向了"教",这在早期维新士人的反专制思想中尚不多见。

部分维新士人对妇女权益的关注、对受压迫妇女的同情,则是自由、平等的观念在妇女问题上的具体表现。陈炽认为:中国周秦以前,受教从业,男女平等,"古人立教,男女并重,未尝有所偏倚其间也"。他

---

① 陈铮:《黄遵宪全集》下册,1491、1322—1323、1399—1400 页。
② 陈铮:《黄遵宪全集》上册,108—109 页。
③ 邵作舟:《邵氏危言·异势》,上海,商务印书馆,光绪二十四年印本,见《中国近代思想家文库·马建忠邵作舟陈虬卷》,229 页,北京,中国人民大学出版社,2015。

抨击了自南宋以来盛行的妇女缠足之风，使之"终身蹇弱，有如废人"，赞扬"泰西风俗，凡女子纺绣工作艺术，皆有女塾，与男子略同，法制井然，具存古意。故女子既嫁之后，皆能相夫佐子，以治国而齐家，是富国强兵之本计也"。他主张严禁妇女缠足，筹款广设女塾，普及女子教育，奖励才而贤者，"使朝野上下间，蔚然蒸为风俗，此正本清源之要术，久安长治之初基"。① 显然，陈炽已经将维护妇女权益的问题提升到了实现富国强兵、久安长治的高度。

近代最早批判"夫为妻纲"的宋恕，更是表现出了对妇女权益的极大关注。他在 1892 年写成的《六字课斋卑议（初稿）》中，批判了宋元以后盛行的表彰"烈女"、"节妇"的"旌表"制度，指出"儒者专以'贞'、'节'、'烈'责妇女"，造成妇女"人人有不聊生之势"，一些族长"往往逼死其族中夫亡无子之幼妇，以希冀仰邀旌表为一族荣"。因此，他呼吁："今宜永停旌表夫亡守志贞女节妇、夫亡自尽烈女妇例，并除再适妇不行封赠例，以救妇女之穷，而复三代之治。"②他还提倡男女婚姻自主，主张未满 16 岁者"不许家长订婚"，及年订婚须取得男女本人的同意，"婚书须由本男女亲填甘结，如本男女不能作字，许家长或亲戚代填，令本男女画押"，"男女许自相择偶"；若家长违背子女本人的意愿代为订婚或强行干预者，依律例惩治。男女结婚后，合则留，不合则去。"宜改定三出礼"（"三出"即与公婆、与丈夫或与前妻子女不合者皆出），"三出"由丈夫做主；"另设五去礼"，前三去内容与三出相同，后二去为妻妾不合去，为归养父母去。"五去"则由妻妾做主。不论三出或五去，夫妻双方都须以礼相待。"五去礼"的设立完全是出于维护妇女权益的考虑，"盖不设'五去礼'，则为妇女者，不幸而遇盗贼、灭伦之夫，惟有身与之俱死，名与之俱臭，斯乃数千年来第一惨政也"。"三出礼"和"五去礼"使男女具有了相同的地位和权利，体现了男女平等的原则。宋恕还提出了严禁逼良为娼、严禁买卖婢妾等主张，又批判女子"无才便是德"之谬说，倡导"举创女学"，"使女人皆读书明理，则人才、风俗必大有转

---

① 赵树贵、曾丽雅编：《陈炽集》，128—129 页。
② 胡珠生编：《宋恕集》上册，33 页，北京，中华书局，1993。

机"。① 宋恕主张维护妇女权益，提倡男女平等，反映出他已经具有了一定的自由、平等的观念。

何启、胡礼垣在 1887 年写成的《书曾书后》则首次提出了公平的观念："公与平者，即国之基址也。公者无私之谓也，平者无偏之谓也。公则明，明以庶民之心为心，而君民无二心矣；平则顺，顺则以庶民之事为事，则君民无二事矣"，所以"公平者，国之大本也"。至于如何实现公平，他们在七年后写成的《新政论议》中进一步提出："开议院以布公平"，②即通过建立民主政制来实现公平。

然而，早期维新士人在称赞西方议会制度时，往往从中国之"教"优于西方之"教"的文化民族主义立场出发，对与议会制度相关联的自由、平等的价值观念持否定态度。同样是关注男女平等的陈炽，在论及西方的民主政制时则认为："西人倡自主之说，置君如弈棋，其贤者尚守前无规，不肖者人思自取"，"自由之说，此倡彼和，流弊已深"，必将导致欧洲发生变乱。③ 宋育仁的看法更具有代表性，他虽然承认西方国家"变僻陋为富强，全得力于议院"，"议院权虽偏重，而大通民隐，实为善政"，但视自由、平等为"流弊"和"谬说"，认为西人"无礼教以立民志之本，故人人欲擅自主之权，视君如无，不夺不厌"。"其教陋弃人伦，无君子，故有废君主、抑父权、男女同例、婚姻自主、亲不共财、贱不下贵诸谬说，陷溺其人心，相承奉以为大律。"④这种认知反映出早期维新士人并未清楚地意识到西方的民主政制正是以自由、平等的价值观为基础的，所以他们主张仿效西政，开设议院，却排斥、否定自由、平等的价值观，希望在坚持中国传统的文化价值体系不变的架构下来引进西艺和西政以实现国家的富强。

中日甲午战争后，随着民族危机的空前加深、西学和新学的持续传播，以纲常名教为核心的中国传统文化的价值体系已经面临严峻挑战和深刻危机，维新士人逐步将民主政制与自由、平等联系在一起，近代自由意识开始初步觉醒，维新思潮的演进也从此迈入了一个新的历史阶段。

397

---

① 胡珠生编：《宋恕集》上册，31、17 页。
② 郑大华点校：《新政真铨——何启、胡礼垣集》，73、86、117 页。
③ 陈炽：《庸书·审机》，见赵树贵、曾丽雅编《陈炽集》，139 页。
④ 郭嵩焘：《郭嵩焘等使西记六种》，341、348 页，北京，生活·读书·新知三联书店，1998。

第八章
中日甲午战争

　　1894 年爆发的中日甲午战争是中国近代史上重要的转折点。这场战争是日本帝国主义蓄意发动的侵略战争,中国军民虽然进行了顽强的抵抗,但最后的结局是湘、淮军接连战败,北洋海军全军覆灭,历时 8 个月的战争以订立丧权辱国的《马关条约》而结束。从此,中国面临被列强瓜分的严重民族危机,国家地位进一步下降。甲午战争后,在国家主权严重丧失和外国资本大量渗透的同时,民族资本主义进入了初步发展阶段,中国民族主义和民主思潮也迅速崛起,中华民族在失败和痛苦中觉醒,救亡图存、变法维新最终成为时代的主题。

第一节　甲午战争的爆发及过程

一　日本蓄意发动侵华战争

中日甲午战争的爆发是日本明治政府制定和推行对外侵略扩张的大陆政策的结果。"大陆政策"也称为"大陆经略政策",是日本用战争手段侵略、吞并中国和朝鲜等周边大陆国家的对外侵略扩张政策。它开端于明治维新初期,经过 20 年的准备与发展,在 19 世纪 80 年代趋于成熟,成为日本近代长期奉行的最高国策,并在 1894 年的甲午战争中得以实施。

从 19 世纪 70 年代开始,日本开始实施吞并朝鲜的计划。1876年,日本军队开赴朝鲜,以武力胁迫朝鲜签订《江华条约》,取得通商租地、领事裁判权和在朝鲜沿海自由航行等侵略特权,与中国争夺对朝鲜的宗主权。1882 年,朝鲜国内发生"壬午兵变",日本借口保护日本使馆人员,出兵朝鲜。清政府担心日本乘机控制朝鲜政府,派兵进入朝鲜,平定了内乱。日本则以赔偿为由强迫朝鲜签订《仁川条约》,获得在汉城的驻兵权。1884 年,日本策划朝鲜亲日派官员发动"甲申政变",朝鲜国王在清军帮助下平定了政变。日本政府就此要挟清政府,派宫内大臣伊藤博文来华,于 1885 年 4 月与清政府订立《中日天津会议专条》,规定朝鲜今后发生重大变乱事件,中日两国或一国需要出兵,必须事先相互知照。日本进一步加强了在朝鲜的地位。

日本在向朝鲜渗透势力的同时,开始制订"征清"方策,进行发动侵华战争的准备。1878 年设立直属天皇的参谋本部后,第二年即派陆军中佐桂太郎等 10 余名将校到中国收集军事情报,归国后起草了《对清作战策》,这是近代日本制定的第一份"征清"方案。1886 年,日本参谋本部第二局局长陆军大佐小川又次,再次来华进行广泛调查,归国后于 1887 年制定了《清国征讨方略》,[①]准备以主力攻占北京,并分兵占领长江流域各战略要地。日本一旦战胜后,便将中国的山东半岛、辽东半岛、舟山群岛、台湾全岛、澎湖列岛及长江两岸 10 里之地,都划归日本版图,中国的其余地方则分割成若干小国,分别受日本监护。日本并准备用 5 年时间(1892 年前)完成对华作战准备,抓住时机发动侵略战争。

为了尽快实施对华作战计划,日本明治政府把扩充军备作为头等大事。日本陆军在 1870 年就实行了军制改革,先采用法国军制,后又采取德国军制。1872 年日本天皇睦仁颁布《征兵告谕》,在全国推行国民义务兵役制。1882 年以天皇名义颁布《军人敕谕》,大力提倡武士道精神。在甲午战争前夕,日本已经建成拥有 1 个近卫师团和 6 个野战师团、总兵力达 7 万人的近代常备军,还有 23 万预备兵。日本海军在 1872 年仅有军舰 14 艘,总吨位 18 000 多吨。1882 年明治政府制定了一个为期 8 年的造舰计划,每年拨出 300 万元作为造舰经费。此后又发行公债 1 700 万元,大力扩充海军。为了对付北洋舰队的两艘 7 000 吨级"定远"和"镇远"舰,还专门订造了 3 艘排水量 4 000 吨以上、航速比"定远"和"镇远"快的巡洋舰。至中日甲午战争前夕,日本海军已拥有军舰 31 艘、鱼雷艇 24 艘,总排水量 61 373 吨。[②]

日本军国主义者经过长期的精心策划和大力扩充军备,在甲午战争前夕已经完成了对华战争的准备。1894 年朝鲜发生东学党[③]起义,终于使日本寻找到发动战争的机会。

1894 年 1 月,东学道徒全琫准在其家乡全罗道发动农民武装起义,6 月 1 日攻克朝鲜南方重镇全罗道首府全州,进逼汉城。6 月 3 日,朝鲜政府正式请求清政府派兵协助镇压。直隶总督李鸿章在获悉日本

---

① 戚其章:《国际法视角下的甲午战争》,160—161 页,北京,人民出版社,2001。
② 海军司令部编写组:《近代中国海军》,445 页,北京,海潮出版社,1994。
③ 朝鲜信奉东学(东方之学)的民间秘密结社,1861 年由崔济愚创立,自称"东学道",旨在对抗西学(基督教),宣传"广济苍生"、"人人平等",成员以农民和手工业者为主。

对中国出兵"必无他意"的保证后,令北洋舰队提督丁汝昌派舰赴仁川。从 6 月 6 日起,直隶提督叶志超和太原镇总兵聂士成奉李鸿章之命率清兵分三批陆续乘轮船赴朝,第一批 910 人于 6 月 9 日进驻牙山县。同时清政府驻日公使汪凤藻亦奉命行文知照日本外务省,告之中国应朝鲜政府之请决定派兵入朝。至 6 月 25 日,屯驻牙山的清军共 2 465 人。① 另有"济远"、"扬威"、"平远"三艘军舰。

日本政府在东学党起义发生后,一面派日本浪人团体玄洋社组织天佑侠团到朝鲜以帮助东学党为名,企图寻机扩大事态;一面极力敦促清政府派兵入朝,以作为日本借口出兵的口实。6 月 2 日,日本内阁会议通过了以所谓保护使馆和侨民为借口出兵朝鲜的决定。6 月 5 日,日本成立了战时大本营,并派驻朝公使大鸟圭介率领先遣部队 400 余人赴朝,于 6 月 10 日进驻汉城。

此时,朝鲜政府对东学党采取了招抚措施,接受义军提出的惩治贪官等要求。义军于 6 月 12 日撤出全州,东学党起义基本平息。同一天,驻朝鲜交涉通商大臣袁世凯奉李鸿章命与大鸟圭介举行会谈,商讨双方撤兵问题。朝鲜政府也先后照会日本和中国撤兵。日本政府拒绝撤兵,继续派遣部队入朝,至 6 月 16 日,日本派遣部队 4 000 人全部在朝鲜登陆。另有"松岛"、"吉野"等 8 艘军舰停泊仁川,兵力远在中国之上。同时,日本又向中国提出所谓"共同改革朝鲜内政"方案,即由中日两国向朝派出若干常设委员,查核朝鲜的内政,企图以此将清军拖在朝鲜。李鸿章和总理衙门据理驳斥了日本的提案,表示不干涉朝鲜内政,仍然坚持两国同时撤兵,但没有作出单方面撤军的决定。日本一面准备单独"改革"朝鲜内政,一面极力寻找事端挑起中日冲突。7 月中旬,日本外务大臣陆奥宗光明确训示大鸟:"促成中日冲突,实为当前之急务,为实行此事,可以采取任何手段。"② 还分别于 6 月 22 日和 7 月 14 日两次向清政府提出绝交书,声称决不撤退驻朝日军,"嗣后因此即有不测之变,我政府不任其责",③ 充分暴露了日本蓄意挑起战争的险恶

---

① 戚其章:《甲午战争史》,16 页,上海人民出版社,2005。
② [日]陆奥宗光:《蹇蹇录》,伊舍石译,69 页,北京,商务印书馆,1963。
③ 戚其章主编:《中国近代史资料丛刊续编·中日战争》第 5 册,18 页,北京,中华书局,1993。

用意。

面对日本的战争挑衅,国内舆论强烈要求清政府阻止日军的武装侵略,驻扎牙山的清军将领叶志超也一再电请李鸿章派兵增援。清政府内部则出现了后党主和和帝党主战的分歧。后党和帝党是围绕清廷最高权力斗争而形成的。慈禧太后自 1875 年立载湉为光绪皇帝并再次"垂帘听政"以来,一直控制着清朝的最高统治权。即使 1889 年光绪帝亲政后,慈禧太后仍然在相当程度上影响着清廷的最高决策,并笼络集结朝廷枢要和地方实权人物,形成所谓的"后党"。光绪帝为了改变自己无权的地位,依靠其师翁同龢,集结部分官僚,与后党争衡,形成所谓"帝党"。光绪帝在帝党官僚的影响下主战态度比较坚决,不断电谕

李鸿章预筹战备。李鸿章则出于保全自身的实力和北洋的地盘考虑,也希图通过外交途径来扼制日本的侵略,进行所谓的"以夷制夷"的外交活动。1894 年正是慈禧太后的 60 岁寿辰,她忙于准备自己的万寿庆典,一意力保和局,对李鸿章的求和主张予以支持。

在甲午战争前夕的远东国际政治格局中,英国一直在远东保持政治、经济优势,俄国与中、朝接壤,具有地理上的有利条件,列强在远东的争夺主要是在英俄两国之间进行。英国的远东政策以防俄为主要目标,所以把中日两国都看作英国在防俄上可以利用的缓冲力量,因而不希望中日之间发生战争,担心中日战争会给俄国造成在远东进行侵略的机会。不过,在对待中日两国的态度上,英国政府的天平更倾斜于日本,因为在英国看来,日本是一个足以在远东与俄国抗衡的强国,所以英国的态度是怂恿清政府向日本让步,以承认日本对朝鲜的侵略来避免战争的爆发。

利用俄国来制止日本是李鸿章一贯的外交主张,他请求俄国出面调停。俄国在远东地区扩张的重点为朝鲜和中国的东北,这就与日本企图侵占朝鲜和中国东北的利益发生了冲突,因而担心日本一旦占领朝鲜,将危及其在远东的利益,也希望通过调停来遏制日本。但是当日本保证"无意"占领朝鲜后,俄国便表示对朝鲜问题采取不干涉的态度,而且它还担心若在调停中倾向于中国,又会促使日本倒向英国,造成对英国有利的局面。日本的基本外交政策是利用英俄之间的矛盾,争取

英俄两国在中日交战时保守中立,这一外交目的是基本达到了。但李鸿章的"以夷制夷"的外交却没有取得他所预计的结果。

二 甲午战争爆发

1894 年 7 月 25 日,日本舰队在丰岛海面突袭中国军舰及运送援朝士兵所雇用的英商轮船"高升"号,挑起了战争。是日凌晨,北洋舰队"济远""广乙"两舰完成护送"爱仁""飞鲸"两艘运兵船任务后,从牙山返航,7 时半驶至牙山口外丰岛海面。日本联合舰队第一游击队"吉野""秋津洲""浪速"三舰已提前一小时行至丰岛西南的长安堆附近等候。7 时 45 分,日舰"吉野"号突然向行驶在前的"济远"舰发起炮击,"济远"被迫自卫。后至的"广乙"也立即投入战斗,但遭到日舰"秋津州""浪速"舰的合击而受重创,官兵牺牲 30 多人,受伤 40 多人,被迫退避,驶至朝鲜西海岸十八家岛处搁浅后自焚。此时"济远"舰在日舰合击下已牺牲 30 人,受伤 27 人,被迫向西驶避。

9 点 15 分,驶近作战海域的"高升"号被日舰"浪速"拦住,强令随之驶行。"高升"号船长英人高惠悌表示服从"浪速"命令,但船上清军官兵一致拒绝被俘。相持至下午 1 时,"浪速"发炮攻击,半小时后"高升"号沉没。船上的清军官兵除 245 人遇救外,牺牲 871 人;船员除 12 人遇救外,牺牲 62 人,其中包括 5 名英国人。[①] 随"高升"之后的北洋舰队运输船"操江"号被日舰劫走,舰上 82 名官兵被俘。

丰岛海战爆发的当天,日本混成旅团长大岛义昌少将率 4 000 余日军由汉城龙山出发,分两路南下,准备进攻牙山的清军。此时驻守牙山的清军已增至 3 880 人。聂士成获悉日军南犯的消息后,于 7 月 26 日率军 2 800 人移驻牙山东北 20 公里的成欢部署防御;叶志超则率一营移驻背山面江的公州以为后援,同时留下一营驻守牙山。这一布防结果使清军兵力分散。7 月 28 日夜,日军进犯成欢。至次日凌晨,清军四面受敌,虽经顽强抵抗,终因伤亡过多,聂士成被迫率军突围,与叶志超会合。叶志超主张退至平壤,会合大军,再图进取,遂先行率部由

---

① 戚其章:《甲午战争史》,61 页。

公州渡江北退，聂士成收集余部，随叶之后而行。叶于 8 月 21 日、聂于 8 月 28 日先后抵达平壤，与左宝贵等诸军会合。日军攻陷成欢后直扑牙山。驻守牙山的清军夜袭日军，受挫而退。成欢之战，日军死 37 人，伤 50 人；清军伤亡 100 余人，加上在牙山及北撤途中的伤亡，共约 200 人。①

丰岛、成欢之战以后，中日双方于 8 月 1 日正式宣战。

日本政府为发动这场侵略战争作了充分的准备，日本大本营制定了所谓的"作战大方针"，作战的目标是最后在直隶平原与清军进行主力决战，迫使清军投降。而达到此目标的关键则是海军作战之胜负。日军的整个作战部署大体上分两个阶段进行。第一阶段，首先派遣一部分兵力进入朝鲜境内，以牵制清军；同时，以海军联合舰队与中国海军进行海上主力决战，争取夺得黄海及渤海的制海权。第二阶段，设计了三种作战方案。第一方案，如果夺得制海权，即派陆军在渤海海岸登陆，在直隶平原与清军主力决战；第二方案，如果未能得到制海权，则派陆军驱逐清军出朝鲜，以实现扶植朝鲜"独立"的目的；第三方案，如果海战败于中国，则派陆军加强在朝鲜的防御，击退清军的进攻。日本考虑渤海北岸每年 11 月即进入封冻期，自身海运兵力的能力又不足，遂决定实施第二方案，首先部署对平壤的进攻。

与日本采取积极进攻的方针相比较，清政府则大体上采取了陆军取攻势、海军取守势的作战方针，即集结部分陆军于朝鲜平壤，准备攻击侵朝日军；以北洋舰队扼渤海湾口，并掩护陆军由海路进驻朝鲜，以策应和支持入朝陆军。

在清政府正式宣战之前，从 7 月 21 日起，援朝清军分南北两路开始进发。南路从海上运至牙山，除 1 800 余名官兵到达外，"高升"号所运官兵在丰岛海面遭日本海军袭击。北路入朝的援军为四支大军，即记名提督宁夏镇总兵卫汝贵统率的盛军 13 营共 6 000 人，总兵马玉昆率领的毅军 4 营共 2 000 人，高州镇总兵左宝贵统领的奉军马队 2 营、步队 6 营及炮队 1 营共 4 000 人，以及副都统丰升阿率领的奉天、吉林

---

① 戚其章：《甲午战争史》，71—72 页。

练军 1 500 人。四大军共 32 营,总兵力 13 500 余人,于 8 月 9 日大部分集结于平壤。

入朝日军各部则在第 5 师团长野津道贯中将指挥下,先后集结汉城、朔宁、元山一带,与大岛义昌少将所率第 9 混成旅团会合,总兵力达 19 600 人,其中担任进攻平壤的兵力为 16 000 余人。日军于 9 月初分兵四路北上,15 日凌晨,从南、西、北三面向平壤发起总攻击。在平壤南战场,日军混成第 9 旅团集中兵力从正面和右侧向大同东左岸船桥里清军阵地发起进攻。马玉昆指挥毅军和部分盛军顽强反击。大同江右岸的清军也隔江向日军侧面发炮轰击,左宝贵亲率部分盛军过江作战。双方激战至下午 2 时半,日军在清军的反攻下仓皇败退。船桥之战,清军以 2 200 人击退日军 3 600 人的进攻,日军将校以下死者约 140 名,伤者约 290 名。[①] 在平壤西战场,上午 8 时,日军第 5 师团主力 5 400 人到达预定阵地,向防守平壤中城的清军发起炮击,步兵随即攻城。清军发炮还击,两次派骑兵从中城冲出,突向敌阵,最后依凭堡垒坚守;日军进攻严重受阻,只得暂时休战。平壤北战场则为主战场,日军集中主力 7 800 人,分东西两路向城北的牡丹台、玄武门发起进攻。防守城北的清军仅约 2 900 人,敌我力量十分悬殊。日军集中优势兵力攻击防守城北的左宝贵所率奉军。左宝贵临危不惧,登城上指挥战斗,杀伤日军甚多。至 8 时 30 分,平壤制高点牡丹台在日军炮火的猛攻下失守。日军将山炮移至牡丹台,对玄武门及全城构成极大威胁。左宝贵在玄武门里督战,誓死抵御,多次击退敌人进攻,最后中炮壮烈牺牲。奉军士兵仍然顽强抵御,进至玄武门外门的日军无法攻入内门,只得撤至城北高地。日军虽然攻占牡丹台和玄武门,但仍被阻于内城之外,在平壤西、南两战场上的进攻亦接连受挫。日军共死 189 人,伤 516 人,[②]且面临粮、弹、药告罄以及冒雨露宿等困难。

平壤之战中,清军伤亡人数本少于日军,主帅叶志超却过高估计日军的攻势,下令弃城撤退。当夜 8 时,清军冒倾盆大雨仓皇出城,向北撤退。日军乘势埋伏截击,清军溃不成军,死伤甚众。一夜之间清军被

---

① 戚其章:《甲午战争史》,98—99 页。
② 戚其章:《甲午战争史》,107 页。

击毙 1500 余人，被俘 683 人。① 9 月 16 日拂晓，日军占领平壤城，缴获清军大量枪弹军需。

三　黄海海战

在日本陆军占领平壤之后，日本海军实施大本营的作战计划，寻机与北洋舰队进行决战，以夺取黄海和渤海的制海权。9 月 17 日，即平壤战后第三天，日本联合舰队与北洋舰队在鸭绿江口大东沟附近黄海海面终于发生了一场激烈的海战。

9 月 16 日凌晨 1 时，北洋舰队提督丁汝昌率舰队主力，计军舰 12 艘、炮艇 2 艘、鱼雷艇 4 艘，由大连护送总兵刘盛休所部铭军 10 营 4 000 人分乘 5 艘运兵船向大东沟进发，以增援叶志超部。17 日早晨，增援部队在大东沟全部登陆，北洋舰队开始进行常操，至 10 时 30 分结束，丁汝昌下令午饭后返航。11 时许，北洋舰队发现日本舰队从西南方向驶来。丁汝昌即令各舰起锚备战。以"定远"、"镇远"为第一小队，"致远"、"靖远"为第二小队，"来远"、"经远"为第三小队，"济远"、"广甲"为第四小队，"超勇"、"扬威"为第五小队，排成犄角鱼贯小队阵，以每小时 5 海里的航速驶向敌舰，准备迎战。为了发挥各舰舰首重炮的威力，丁汝昌继下令变阵形为犄角雁行阵，即以旗舰"定远"居中，"镇远"、"来远"、"经远"、"超勇"、"扬威"居右，"靖远"、"致远"、"广甲"、"济远"居左，成人字形阵式以迎敌。日本联合舰队以"吉野"、"高千穗"、"秋津洲"、"浪速"4 舰为第一游击队，联合舰队司令伊东佑亨率"松岛"、"千代田"、"严岛"、"桥立"、"比睿"、"扶桑"等 6 舰为本队，以"西京丸"、"赤城"两舰相随本队。12 时 50 分，双方舰队相距 5 300 米时，北洋旗舰"定远"首先开炮，接着各舰相继发炮轰击。3 分钟后，日旗舰"松岛"进至距北洋舰队 3 500 米时开始还击。

中国参战的军舰 10 艘，总吨位为 31 366 吨，总兵力 2 000 余人；日本参战的军舰 12 艘，总吨位 40 849 吨，总兵力 3 500 人。中国军舰平均航速为每小时 15.5 海里；日本军舰平均航速为每小时 16.4 海里，其

---

① 戚其章：《甲午战争史》，109 页。

中第一游击队的军舰为每小时 19.4 海里,最快的"吉野"竟达 23 海里。日本舰队拥有各种火炮 268 门,其中速射炮 97 门;北洋舰队各种火炮 173 门,却没有 1 门速射炮。所以,日本舰队在吨位、兵力、速度、炮火等方面都占有明显优势。[①]

日本舰队第一游击队见北洋舰队来势甚猛,尤惧"定远"、"镇远"两舰的巨炮,便突然向左大转弯,直扑北洋舰队的右翼"超勇"、"扬威"两弱舰。至下午 2 点 23 分,"超勇"中弹沉没,"扬威"受创搁浅。在此之前,旗舰"定远"桅楼突然被日舰排炮击毁,正在督战的丁汝昌被抛堕舱面,身受重伤。右翼总兵"定远"舰管带刘步蟾代为督战,指挥北洋各舰以舰首指向日舰本队,发动猛攻,先后击中"松岛"炮塔及炮位,日舰"比睿"、"赤城"、"西京丸"先后受创驶逃。

双方激战至下午 3 时左右,北洋舰队遭到日舰第一游击队及日舰本队的前后夹击。"定远"舰腹中炮起火,日舰第一游击队乘势向"定远"扑来。"致远"舰管带邓世昌立即下令开足马力,驶出"定远"之前,直向日舰"吉野"撞去,准备与之同归于尽。日舰连发群炮,"致远"舷旁鱼雷发射管中一枚鱼雷中弹爆炸,右舷随即倾斜,邓世昌与大副陈金揆、二副周居阶同时沉海。部下以救生圈付之,邓世昌拒不受;一鱼雷艇前来相救,复不应。邓所蓄爱犬凫至身旁,衔其臂及辫,不令其溺。邓世昌誓与舰共存亡,乃按犬入水,随之没入波涛之中。全舰 200 余名官兵,除 7 人遇救外,全部牺牲。"经远"舰管带林永升面对 4 艘敌舰的围攻,临危不惧,指挥官兵迎战,最后被日舰击沉,林永升及全舰 200 余名官兵,除 16 人遇救外,全部殉国。"济远"管带方伯谦、"广甲"管带吴敬荣见处境危急,先后转舵退离战场;"济远"深夜驶回旅顺,"广甲"夜半行至大连湾触礁搁浅,两天后被日舰击沉。

下午 3 时 20 分后,海战进入相持阶段。以"松岛"为首的 5 艘日舰缠住"定远"、"镇远";以"吉野"为首的 4 艘日舰则猛攻"靖远"、"来远",企图击沉两舰后再全力围攻"定远"、"镇远"。"靖远"、"来远"中弹累累,顽强苦战,最后冲出日舰包围,驶至大鹿岛附近修补灭火。"定远"、

---

① 参见戚其章《甲午战争史》,126—127 页。

"镇远"在刘步蟾指挥下,仍与"松岛"为首的日舰本队激战。3 时 30 分,"定远"一炮击中"松岛",引爆了甲板上堆积的弹药,"松岛"遭受重创,"死伤达一百余人,死尸山积,血流满船"。[①] 4 点 10 分,"松岛"等 5 艘日舰仓皇向东南逃逸,"定远"、"镇远"即从后尾追击之,至相距 2—3 海里,日舰本队复回头应战,双方激战至 5 时半,日舰本队各舰大多受伤,无力再战,向南驶逃。"定远"、"镇远"及归队的"来远"、"靖远"等舰尾追数海里后,因航速不及,始转舵驶回旅顺。历时 4 小时 40 分的中日黄海之战至此结束。这场规模巨大、惊心动魄的中日海战在世界近代海战史上也是罕见的。北洋舰队损失 4 艘军舰,牺牲了邓世昌、林永升两位优秀的海军将领及 600 多名官兵。日本舰队虽未失一舰,但也受创严重。从中日双方的作战目的来看,北洋舰队护送陆军的任务基本完成,而日本原定的"聚歼清舰于黄海"的计划则未得逞。

四 日军进犯辽东

黄海海战后,日军立即开始进攻中国本土,按照预定的作战部署,由陆军大将山县有朋指挥第 1 军为右翼,总兵力 3 万人,从朝鲜的义州渡鸭绿江入侵辽东地区;由陆军大将大山岩指挥第 2 军为左翼,从海路在辽东半岛登陆,攻占金州、旅顺、大连,入侵辽南地区。两军配合占领东北南部地区,然后与清军在直隶平原决战。清军则以九连城为中心,以左右两翼沿鸭绿江布防,左翼总兵力号称 80 余营,实际约 2 万人,除黑龙江将军依克唐阿所部外,各军统归四川提督宋庆指挥。

10 月 24 日,日军第 1 军一部首先向清军左翼防线安平河口进攻,以迷惑清军;日军主力则作好进攻九连城及其险要虎山一带的准备。下午 1 时半,日军占据安平河口,攻破清军左翼防线。进攻九连城的日军主力则连夜搭建起直通虎山的浮桥。25 日拂晓,日军过江直攻虎山,清军将领聂士成、马金叙率部奋力抵抗,宋庆所派援军遭日军截击。上午 11 时半,日军占领虎山。这次战斗中,清军战死 495 人,日军死

---

① 中国史学会主编:《中国近代史资料丛刊·中日战争》第 1 册,241 页,新知识出版社,1956。

34 人,伤 115 人。[①]　虎山失守后,驻守九连城的提督刘盛休所部铭军弃城而遁,吕本元所部盛军随之逃走,宋庆感到兵力单薄,连夜撤往奉天至朝鲜的东南孔道凤凰城。26 日清晨,日军不费枪弹而占领九连城,接着又攻占了安东县。清军重兵驻守的鸭绿江防线,一夜之间便迅速崩溃。10 月 28 日,宋庆又率军退出凤凰城。30 日,日军占领凤凰城。同时,日军还先后于 10 月 27 日和 11 月 5 日占领大东沟和大孤山。11月 18 日,日军又攻占辽东交通要冲岫岩。

在进攻清军鸭绿江防线同一天,日军第 2 军先遣部队乘运兵船,在日本海军联合舰队护送下,抵达辽东半岛东侧的花园口登陆。此后,第2 军各部约 25 000 人陆续在此登陆。奉命在大连湾巡逻的北洋舰队却未予理睬,竟让日军在花园口从容登陆达半月之久。

11 月 3 日,登陆日军由貔子窝出发,向辽东半岛重镇金州进犯。金州南距旅顺口约 50 公里,为旅顺口门户。驻守金州的清军仅有总兵徐邦道等所部 3 000 余人,形势十分危急。5 日,日军向距金州 5 公里的石门子清军阵地发动进攻。徐邦道率部激战 7 小时,两次击退来犯敌人。终因腹背受敌,被迫撤退。6 日,日军攻破金州,清军败退旅顺。7 日凌晨,日军兵分 3 路进犯大连湾。大连湾为旅顺的后路门户,此处炮台坚固、军储丰厚,但仅有赵怀业所部守军 3 300 余人。在李鸿章“宁失湾,断不失旅”指示下,[②]赵怀业率部不战而退至旅顺。当天上午9 时,大连湾被日军占领,120 余门大小炮及大批炮弹和军用物质全部落入敌手。日军休整 10 天后即向旅顺发起进攻。

旅顺口与威海卫隔海相望,共扼渤海的门户。从 1886 年起,清政府营建旅顺军港达 7 年之久,设海口及陆路炮台 30 座、大炮近 150 门。位于市区东南的黄金山炮台最为坚固,配备有大小炮 20 余门,其中有24 厘米口径远距离新式克虏伯重炮 3 门,能作 360 度回转,可向任何方向射击。驻守旅顺的原有姜桂题、张光前、黄仕林、程允和、卫汝成等五统领所部清军,后又增加赵怀业、徐邦道,成为七统领,其时总兵力约14 700人,但有相当部分是未经训练和战阵的新募之兵。七统领不相

①　戚其章:《甲午战争史》,167 页。
②　吴汝纶编:《李文忠公全集・电稿》卷十八,26 页,光绪三十一年。

系属,诸军临时推姜桂题为统帅;北洋前敌营务处兼船坞总办、道员龚照玙则"隐帅"之。

11 月 18 日,日军一中队的骑兵搜索至土城子,徐邦道率部从高地冲下,向日军发起反攻,击毙日军 12 人,击伤 43 人。[①] 19 日晨,日军主力继续向旅顺进逼,20 日到达准备发起攻击的出发地。下午 2 时许,徐邦道指挥清军 5 000 余人,分两路袭击日军。因日军占据有利地形,清军进攻受阻,被迫撤退。21 日晨,日军向旅顺发起总攻,先攻占旅顺后路西炮台群的椅子山、案子山及望台北诸炮台,接着攻占松树山、二龙山及鸡冠山等处炮台。日军全部攻占旅顺后路炮台之后,转而向海岸炮台发动进攻,清军东岸守将黄仕林弃台而走。下午 5 时,日军占领黄金山炮台。西岸炮台守将张光前率部坚持战斗至夜幕降临,被迫与徐邦道、姜桂题、程允和等部乘黑夜撤退。次日晨,日军完全占领旅顺口。旅顺一役,日军死 66 人,伤 353 人,失踪 7 人。清军死伤远比日军多,但无确切统计。据日方统计,清军被俘 355 人。[②]

日本侵略军占领旅顺后,从 11 月 21 日至 24 日,进行了一场自上而下有组织的血腥大屠杀,中国无辜群众 2 万余人惨遭杀害。[③] 亲历目睹了这场惨案的英国人詹姆斯·艾伦于 1898 年在伦敦出版了《在龙旗下》(*Under the Dragon Flag*)一书,详细记载了日军的暴行。其中写道:

> 日军正在很快遍布全城,击毙他们所遇的人们。几乎在每条街上走路时都开始踩着死尸,而且遇见一群群杀人凶手的危险每时每刻都在增加。……
>
> 我看到一个抱着小孩子的妇女,当她拼命挣扎向前的时候,一个鬼子用刺刀把她捅穿,她倒下后,鬼子又刺了一刀,将这个约两周岁的孩子刺穿了,并把小尸体高举起来。那个妇女爬起来,拼命想夺回孩子,但她显然已精疲力竭,快要死去,又跌倒在湖水中。她的尸体,跟距离

---

① 戚其章:《甲午战争史》,199 页。
② 戚其章:《甲午战争史》,205 页。
③ 关于旅顺大屠杀被害人数的考证,可参见戚其章《国际法视角下的甲午战争》,367—369 页。

很近的每个尸体一样,被砍成几截。新的一批批受害者继续被赶入湖水中,直到湖水中很快就无法容纳更多的受害者为止……

一路上成堆尸体和杀戮的景象不断出现。在某个地方,我看到大约十名或十二名日军和许多被他们反缚在一起的不幸的人们。日军对他们发射一排排子弹,并按照通常的那种可怕的方式,着手肢解他们的尸体。不管是男人、妇女或儿童,没有一个能够幸免。①

这一骇人听闻的野蛮暴行,激起了世界人民的极大愤慨,遭到了国际舆论的强烈谴责。当时英国著名的国际公法学者胡兰德博士,原是一亲日人物,"虽在这次中日战争中,从一开始就常常赞扬日本行动,但对于旅顺口事件,却感到非常痛惜"。其《关于中日战争的国际公法》一著中这样写道:

当时日本官兵的行为,确已越出常轨,他们这样做,虽说是因为在旅顺口炮台外,发现有先被中国兵惨杀的日本人尸体,但也不足以为日军暴行作辩护。他们除了战胜的当天以外,从第二天起一连四天,野蛮地屠杀非战斗人者和妇女幼童。据说当时从军的欧洲军人及特约通信员,目睹这一残暴情况,无法加以制止,唯有旁观,令人惨不忍睹。在这次屠杀中,能够幸免于难的中国人,全市中只剩三十六人,这三十六个中国人,完全是为驱使他们掩埋其同胞的尸体而被留下的。他们帽子上粘有"勿杀此人"的标记,才得免死。②

当时美国的报纸曾指责日军的暴行,"有的说日本披着文明的外衣,实际是长着野蛮筋骨的怪兽;有的说日本现在已摘下文明的假面具,露出野蛮的本体"。③尽管事后日本侵略者对旅顺大屠杀百般抵赖,企图开脱罪责,但谎言终究无法掩盖血的事实。

自鸭绿江防线崩溃后,聂士成、依克唐阿等部清军在辽阳东路构建

① 转引自戚其章主编《中国近代史资料丛刊续编·中日战争》第6册,396—397页,北京,中华书局,1993。
② [日]陆奥宗光:《蹇蹇录》,63—64页。
③ [日]陆奥宗光:《蹇蹇录》,63页。

起一道新的防线,西起摩天岭,东迄赛马集,长约 75 公里,以扼阻日军从东路进攻辽阳的通道。日军则以凤凰城为根据地,企图突破清军防线。从 11 月上旬至 12 月初,双方在辽阳东路展开激烈争夺战。12 月中旬,清军在反攻凤凰城的战斗中予日军以沉重打击,伤毙敌人 74 人,但最后失利,清军阵亡 150 人。① 辽阳东路争夺战前后持续两个多月,聂士成率部坚守摩天岭,阻击敌人,使日军东路进犯辽阳的计划受挫。

日军进攻辽阳东路受挫后,转而进攻辽南重镇海城,企图打通辽阳南路的通道。12 月 13 日,日军攻下海城,翌年 1 月 10 日又攻占盖平,关外形势危急。清廷为了扭转不利局面,急调集湘军增援,湖南巡抚吴大澂、左宗棠旧部布政使魏光焘、曾国荃旧部按察使陈湜、湘军悍将李续宾之子道员李光久等,皆奉令率湘军北上。旨授两江总督刘坤一为钦差大臣,督办东征事务。清军集结数万兵力,从 1 月 7 日至 2 月 21 日,先后 4 次反攻海城,皆失利,清军共约伤亡 1 240 人,日军仅伤亡 72 人。2 月 24 日,双方展开争夺太平山激战,宋庆、马玉昆率部与日军苦战整日,最后败退。此役清军阵亡 400 余人,伤 100 余人,日军亦受重创,伤亡 400 人左右,且有 2 000—3 000 人冻伤。此役后,日军基本控制了从盖平至海城的通道。2 月 27 日,清军向海城发动第五次反攻失利。次日,日军从海城出击成功,清军伤亡 600—700 人,日军仅伤亡 95 人。日军不仅解了海城之围,而且掌握了辽南战场的主动权。3 月 4 日拂晓,日军集中兵力 11 800 余人向牛庄发起猛攻,魏光焘、李光久率湘军 6 000 余人,以弱抵强,激战至日落,率残部突围。是役湘军阵亡 1 000 余人,受伤 700 人,被俘约 700 人;日军死 70 人,伤 319 人。3 月 6 日,日军开始进攻营口。清军在营口虽然建有较多炮台及防御设施,但主要兵力已调防田庄台,仅有 4 000 人驻守,且无战斗力,与敌一接仗,即弃城逃走。次日,日军占领营口。日军乘势发动田庄台之战。田庄台为营口至山海关的必经之路,地处平原,南临辽河,无山险可扼。清军在此处虽然集结兵力 69 营,2 万余人,但因牛庄、营口失陷,田庄台无所依托,处于日军的夹击之下。3 月 9 日上午,日军调动 3 个师团

---

① 戚其章:《甲午战争史》,225 页。

主力共 2 万人，集中 91 门大炮，从三面向清军发动猛攻，占领田庄台，并纵火焚烧。繁华市镇，顿成焦土。是役清军伤亡 2 000 人，多数系被烧死者，日军伤亡 160 人。[①] 宋庆、吴大澄分别率余部退至双台子、锦州。至此，北自鞍山站起，南达大连、旅顺，西至营口、田庄台止，辽南所有城镇要隘，皆被日军占据。

五　北洋海军覆灭

日军大举进犯辽东的同时，对北洋海军的另一基地威海卫发动了进攻。

威海卫位于山东半岛的东北端，东靠荣成县成山，西接烟台。港湾环抱大海，湾内横列刘公岛和日岛，形势十分险要。港湾南北两岸及刘公岛、日岛等处，修筑有各类炮台 25 座，所用大炮全部购自国外，形成火力交错的防御体系，并在威海南北两口布置了层层木栏和水雷。日军进攻之前，驻泊在威海卫的北洋舰队有"定远"、"镇远"、"来远"、"靖远"、"济远"、"平远"、"广丙"等 7 艘战舰和"镇东"、"镇西"、"镇南"、"镇北"、"镇中"、"镇边"等 6 艘炮舰以及"康济"、"威济"2 艘练舰，此外还有 3 艘差船和大小鱼雷艇 13 艘。自黄海海战后，李鸿章提出"海军快船、快炮太少，仅足守口，实难从令海战"，[②]一再指示丁汝昌采取所谓"保船制敌"之策。从北洋舰队的实际情况来看，因"镇远"舰 11 月 14 日在驶进威海北口时不慎被礁石严重擦伤，经修补仍不能出海作战，可任海战的主力战舰仅有"定远"、"来远"、"靖远"、"济远"4 艘，以及"平远"、"广丙"两艘辅助战舰，而"定远"失去与"镇远"的相互依持，难以独自攻战。尽管如此，日军要想从海上攻入还是极其困难的。

威海卫防御的弱点主要在陆路。甲午战争前，驻扎山东半岛沿海一带以拱卫威海后路的陆军共有 24 营 2 哨，总兵力 12 200 人，但因海岸线绵长，分扎各处后则兵力分散。中日宣战后，虽经山东巡抚李秉衡极力整顿，总兵力扩充至 60 营，共约 3 万人，但因威海后路长约 150 公

---

① 戚其章：《甲午战争史》，261、266—270、276—277、285 页。
② 中国史学会主编：《中国近代史资料丛刊·中日战争》第 3 册，112 页。

里,兵力分布各处,仍显得严重不足。

1895 年 1 月 20 日拂晓,从大连湾出发的日军第一批运兵船 19 艘和海军运输船 6 艘在日本联合舰队 13 艘军舰的护航下抵达荣成湾。驻守此地的清军不足两营,在日舰猛烈的炮轰下溃退,日军顺利登陆,占领成山和荣成县城。25 日,日军主力 3 万余人全部上岸。26 日,日军分兵两路进犯威海卫,右纵队进攻威海南帮炮台,左纵队则配合右纵队切断南帮炮台清军退路,准备攻下南帮炮台后,再从后路抄袭威海卫城和北帮炮台,海军则配合陆军从海港正面进攻,企图一举攻占威海卫,全歼北洋舰队。

1 月 30 日上午,日军右纵队向南岸炮台发起总攻,驻守清军顽强抵抗,停泊港内的"定远"等舰亦开炮助战,经激烈争夺,日军先攻占制高点摩天岭,接着占领南岸所有炮台。在这场争夺战中,清军伤亡 2 000 余人,但日军同样付出重大代价,死伤 228 人,其陆军少将大寺安纯被击毙。与此同时,日军左纵队向南帮炮台外围清军发起攻击,占领威海南部交通孔道虎山,然后向北推进,与右纵队会合,切断从南帮炮台撤退下来的清军退路。此时已近正午,北洋舰队 10 余艘舰艇突然驶近南岸杨家滩附近,发起炮击。日军仓皇退逃,死 38 人,伤 51 人。日军慑于北洋舰队炮火威力,不敢沿海岸推进,改从西路迂回进攻。2 月 2 日,日军攻占威海卫城,然后分兵进攻北帮炮台。驻守北帮炮台的 6 营清军已经溃散,威海陆军主将戴宗骞亦愧愤自尽。丁汝昌只得下令炸毁弹药库以免资敌。当天,日军占领北帮炮台。至此,日本陆军全面占领南北海岸炮台,海军严密封锁威海港口,完成了对北洋舰队的陆海合围。

2 月 3 日上午,日本联合舰队司令伊东佑亨率全部舰艇出动,向刘公岛、日岛及港内北洋舰队发起猛攻,日本陆军则在海岸以炮火配合。丁汝昌指挥北洋舰队及刘公岛、日岛守军奋勇抵抗。双方炮战至日暮,日舰终未接近港口,只得退走。5 日凌晨,日军鱼雷艇进港偷袭,"定远"舰中雷搁浅。日本联合舰队乘机再次发起攻击,被北洋舰队及刘公岛、日岛守军击退。次日凌晨,日军鱼雷艇再次进港偷袭,将"来远"舰及练舰"威远"、差船"宝筏"击沉。当天下午,日本舰队又一次对刘公岛发动攻击，仍被北洋舰队及岛上守军击退。7日晨，日舰队向刘公岛发起总攻，双方激烈炮战，日舰"松岛"等数舰中弹受伤。在此关键时刻，北洋舰队的13艘鱼雷艇及2艘差船竟然在管带王平策划下擅自驶逃，结果在日本舰队的追击下，大多触礁或搁浅，被日舰击毁或俘获。"康济"舰管带萨镇冰率水手防守日岛炮台，虽击退日舰多次进攻，但炮台严重受损，火药库中炮爆炸，守军被迫于次日撤回至刘公岛。8日深夜，戴乐尔等洋员与营务处候选道牛昶昞等人商议，劝丁汝昌投降，被丁严辞拒绝。9日，日本舰队再次进攻，"靖远"中炮搁浅，丁汝昌下令将"靖远"炸沉，以免落入敌手；刘步蟾派人将"定远"舰炸沉，然后饮弹自尽。11日上午，日军又从水陆两面发起攻击，北洋舰队虽拼死抵抗，但已经弹药将尽，援军无望，处境危急，士气大挫。是日夜，丁汝昌在绝望中吞下鸦片，延至12日晨7时而死。洋员浩威（Howie）以丁汝昌名义起草降书，牛昶昞钤以北洋海军提督印，派"广丙"舰管带程璧光送致日本联合舰队。护理左翼总兵署镇远管带杨用霖、护军统领总兵张文宣皆不愿投降而自杀。14日，牛昶昞与伊东佑亨签订《威海降约》11款。17日上午8时，日本联合舰队驶进威海港内，北洋舰队的"镇远"、"济远"、"平远"、"广丙"4艘战舰和6艘炮舰降下中国旗，易以日本旗，被编入日本舰队。下午4时，"康济"舰载丁汝昌、刘步蟾、杨用霖、戴宗骞、沈寿昌、黄祖莲等6名将领的灵柩，以及陆海将弁和洋员，在凄雨悲风中离开威海卫，向烟台港驶去。至此，北洋舰队全军覆灭。

417

第二节　中日议和与《马关条约》的订立

一　张、邵东渡媾和

　　大连、旅顺失陷后,中日双方就开始了媾和交涉。日本向美国驻日公使谭恩表示,日本不反对与中国媾和。清政府则通过美国驻华公使田贝向东京提出,愿以承认朝鲜独立和赔偿军费两项作为媾和条件。日本拒绝了中国提出的媾和条件,但表示若中国派出正式资格的全权大臣则宣布媾和条件。1894 年 12 月 20 日,清政府正式通知日本政府,决定派户部左侍郎张荫桓、湖南巡抚邵友濂为全权大臣,赴日媾和。26 日,日本政府经美国驻日、中两国公使电告清政府,谈判地点定在广岛,至于停战条件则"须在两国全权委员会商后,始能明言"。1895 年 1 月 26 日,张荫桓、邵友濂一行从上海起程,前美国国务卿科士达则以私人身份充任清方全权大臣的顾问,提前于 21 日到达日本。日本政府于 1 月 27 日召集御前会议,确立了以"朝鲜独立、割让土地、赔偿军费及帝国臣民在中国通商航海之利益等问题为重点"的媾和条约方案。31 日,又任命内阁总理大臣伊藤博文、外务大臣陆奥宗光为全权代表。伊藤博文认为媾和时机尚不成熟,不能过早暴露日本政府的媾和条件,以免引起其他列强的干涉,便与陆奥宗光密议后,决定俟张荫桓一行到达日本后,"第一步先查阅他们携带的全权委任状的形式如何,如有不符国际公法一般惯例的规定,在未进入正式媾和谈判之前,即拒绝与之继续谈判,宣布此次谈判失败。这样,就可在不暴露我国媾和条件下使谈判决裂。他日中国如果真心悔悟,重派具有位高资深的全权大臣时,再与之会商,也决不为迟"。^① 1 月 31 日,张、邵一行抵达广岛,次日上午 11 时,中日两国全权大臣会晤于广岛县厅,双方交换敕书。陆奥将事先准备好的备忘录交与中国使臣,声称日本代表有缔结和约之全权,质问中国使臣是否有缔结和约之全权。2 月 2 日,中国使臣复函日方称:"本大臣等所奉敕书,已于会议时互易恭阅,是明授以商议条款便宜画诺之权。和议一成,即可电请大皇帝俞允,约期签字,带归敝国,恭呈御览,再相调换。"^②但日方成心拒绝谈判,不听中方任何解释,一口咬定中国使臣"全权不足"。伊藤当场宣读预先拟好的英文说帖,声称:"中国派贵大臣,此来商办何事,敕书内并未载明。又无定约画押之权,亦无定约后批准之语。是贵大臣仅有将所商何事报明国家之权而已,本大臣断难与议。……中国不论何事,果有诚心讲和,所派大臣确有切实全权字据,其声名位望足将所议各款决能批准,本国仍可与之商议。"^③

当中国使臣退出会场后,伊藤博文特将中方头等参赞官伍廷芳留下,托其向李鸿章致意。次日,伍廷芳奉命前往伊藤处递交公文,伊藤明确向伍廷芳提出,媾和条件须中国"派大员果有切实全权方可说出。贵国何不添派恭亲王奕䜣或李中堂同来会议,郑重其事?"又威胁说:"现在兵攻威海卫,南边一带已得,但海面及刘公岛炮台现尚鏖战,胜负未分,大约指日可全取。军情万变,时刻不同,早和为宜。"^④这充分表明,此时日本之所以拒绝谈判,就是要待日军攻占刘公岛并全歼北洋舰队后,确保其在谈判中取得强势地位,向中国勒索更多的侵略权益。

二　李鸿章赴日谈判

日本虽然在军事上处于强势,但经过几个月的战争消耗,已经难以发动更大规模的军事行动。陆奥宗光承认:"国内的海陆军备不仅几成空虚,且从去年以来经过长期战斗的舰队以及人员、军需均告疲劳缺乏。"日军向中国内地的进攻,也引起其他列强的强烈反响。日本政府

---

① ［日］陆奥宗光:《蹇蹇录》,114、119、122 页。
② 姚锡光:《东方兵事纪略》,见中国史学会主编《中国近代史资料丛刊·中日战争》第 1 册,81 页。
③ 陈旭麓等主编:《甲午中日战争·盛宣怀档案资料选辑之三》下册,394 页,上海人民出版社,1982。
④ 《甲午中日战争·盛宣怀档案资料选辑之三》下册,391—393 页。

意识到，其确定的"严将事局限于中日两国之间，使第三国无干涉余地"的外交方针，"恐有不能长久维持之虞"。① 就在北洋舰队全军覆灭的当天，日本政府要求清政府派出进行谈判之全权使臣，除确认朝鲜"独立"、赔偿军费之外，还需以割让土地为条件，缔结确切的条约。清政府立即通过美国驻华公使田贝通知日本政府，任命李鸿章为头等全权大臣，"予以署名画押之全权"。② 2 月 22 日，李鸿章奉召入京，向光绪帝奏言"割地之说不敢担承"。在军机处会议上又说"割地不可行，议不成则归耳"。③ 其实，李鸿章心里明白，若不允许割地，和约定难议成，他之所以一再如此表白，显然是不愿承担割地的罪名。当时即有人指出："现在李鸿章语及和局，辄以不愿割地之说遍告于众人。窥其用意，必欲使此议出自宸断，然后定约之后，天下士论，民心怨愤不平之气，尽归于朝廷，而于己无与。"④

李鸿章在京还访问英国驻华公使欧格讷，请求英国出面制止日本的索地要求，并提出一个由英国教士李提摩太代拟的所谓"中英同盟密约草稿"。据欧格讷对密约内容的领会，"中国政府为报答这一援助，将实际上在若干年内将整个国家的管理权移交给英国，并由英国独揽改组和控制陆海军、修筑铁路、开采矿山的权利，而且还为英国通商增开几个新的口岸"。但他还是婉言谢绝了李鸿章的请求。⑤ 李鸿章又向俄、德公使求助，但同样没有任何结果。

2 月 25 日，光绪帝召见群臣，李鸿章面奏，"略及割地"，奕䜣随声附和，翁同龢不表赞同，余者皆不表态。⑥ 光绪帝又谕枢臣奏请慈禧太后定夺，慈禧太后则称病不见。光绪帝无可奈何，只得"谕知李鸿章，予以商让土地之权，令其斟酌轻重，与倭磋商定议"。⑦

李鸿章于 3 月 14 日晨从天津乘德国商轮"公义"号起程赴日，随同前往的有其子参议李经方，参赞罗丰禄、马建忠、伍廷芳，前美国外交部

---

① ［日］陆奥宗光：《蹇蹇录》，158、129 页。
② 中国史学会主编：《中国近代史资料丛刊·中日战争》第 3 册，470 页。
③ 陈义杰整理：《翁同龢日记》第 5 册，2780—2781 页，北京，中华书局，1997。
④ 中国史学会主编：《中国近代史资料丛刊·中日战争》第 3 册，491 页。
⑤ 戚其章：《甲午战争国际关系史》，349—350 页，北京，人民出版社，1994。
⑥ 陈义杰整理：《翁同龢日记》第 5 册，2782 页。
⑦ 吴汝纶编：《李文忠公全集·奏稿》卷七十九，50 页。

律师科士达等随员及随从人员 135 人。19 日晨抵达日本马关。3 月 20 日下午，李鸿章与伊藤博文、陆奥宗光在春帆楼举行首次会谈，交换敕书，中方宣读拟请停战的英文备忘录。次日下午举行第二次谈判。伊藤宣读英译之日方复文，提出了苛刻的停战条件：日军占领大沽、天津和山海关，接管此三处清军之一切军器、军需以及天津至山海关间铁路；停战期内日军之军需军费由中国提供。李鸿章再三恳商："贵方所指之天津、大沽、山海关三地，实北京之咽喉，直隶之锁钥也，倘贵军占此等要地，我方反主为客，岂不令人有宛如异国领土之感？"①伊藤坚不松口，并限定三日内答复。日本之所以提出如此苛刻的停战条件，意在迫使中国自动撤回停战的提议，达到其不停战而议和的目的。就在谈判的同时，日本按预定计划，于 23 日出动联合舰队和 5 000 名陆军，向澎湖列岛发起进攻，次日占领澎湖列岛，企图通过占领澎湖来逼迫中国同意割让台湾；若不能达到割让的目的，则以澎湖为跳板进攻台湾。

日军攻占澎湖的当天下午，中日双方举行第三次谈判。李鸿章表示不能接受日方的停战条件，遂搁置停战之议，要求日方出示和款。伊藤答应次日交阅，并暗示割让台湾的意图。4 点 15 分谈判结束，李鸿章乘轿返回下榻的引接寺，4 点 40 分途经外滨町邮便电信局前，将至江村杂货店时，一日本青年突然从街旁围观人群中冲至轿前，向李鸿章开枪。枪弹击中李鸿章左眼下的颊骨，血流不止。凶手小山丰太郎当场被捕，其受日本主战派"非占领北京不可言和"的影响而决意行刺。李鸿章遇刺事件发生后，各国舆论哗然，日本政府一度十分恐慌，担心李鸿章以受伤为由中途返国，列强各国再乘机干涉，将出现不利于日本的局面，便决定先允诺停战以免被动。李鸿章感到能够实行停战，已属成功，立即表示愿意继续谈判。3 月 30 日，双方签订了《中日停战协议》6 款。实际上停战协议仍然有利于日本，如规定奉天、直隶、山东等处停战，但将台湾、澎湖排除在外，即为日本侵占台湾预作准备；规定海上转运军队、军需，可由敌船查捕，但因北洋舰队已不复存在，则只对日本一方有利；又规定停战期限为 3 周，如期内和议决裂，协议即行作废，

①《马关会谈纪要》，见《日本外交文书》第 28 卷第 1089 号，附件 2，转引自戚其章《甲午战争史》，395 页。

意在逼迫中国在限期内满足日本的要求。

4月1日,双方举行第四次谈判,商谈议定和约的程序。日本出示和约草案,故意漫天要价,提出割让盛京省南部、台湾全岛和澎湖列岛,赔款3万万两白银,开放顺天府等7处通商口岸,日本国臣民运进中国的各国货物减税,免除厘金,日方得在中国制造一切货物。日方一再进行威胁和讹诈,以迫使李鸿章就范。4月10日,举行第五次谈判,李鸿章伤势渐愈,亲自参加。伊藤拿出拟定的所谓"尽头条款",赔款改为2万万两,强硬地对李鸿章说:"中堂见我此次节略,但有'允'、'不允'两句话而已。"李鸿章当晚电告总理衙门,请旨定夺。12日,又复函伊藤要求对割地、赔款两项酌为减轻。伊藤则以中止和谈、重新开战相威胁。李鸿章将日本扬言将派兵10万准备进攻的威胁的内容一再电告总理衙门,以说服朝廷接受日本的条款,称"其愈逼愈紧,无可再商,应否即照伊藤前所改定条款定约,免误大局。乞速请旨,电饬遵办"。"事关重大,若照允,则京师可保;否则,不堪设想。不敢不候电复,即行定约。"15日上午,总理衙门连复内容相同的两电,谕李鸿章即可定约:"原冀争得一分有一分之益。如竟无可商改,即遵前旨与之定约。"①下午2时半,中日双方举行了第六次谈判,李鸿章再三恳求赔款、割地两事"总请少让,即可定议"。因日本已经掌握了李鸿章与总理衙门的来往密电,知清廷已许李鸿章以签约的权限,故决不丝毫让步。李鸿章只能在计算赔款利息、割让台湾的时间以及换约地点、期限等问题上,恳求日本稍稍宽容。他对伊藤说:"贵国何必急急?台湾已是口中之物。"伊藤贪婪地回答:"尚未下咽,饥甚。"②至晚7时半,历时5小时,李鸿章经艰难谈判,最后不得不全部接受日本的要求。

三 《马关条约》的订立

4月17日上午,丧权辱国的《马关条约》在春帆楼正式签订,正约共11款,③主要内容有:

---

① 顾廷龙、叶亚廉主编:《李鸿章全集》(三),495、497、498页,上海人民出版社,1987。
② 蔡尔康:《中东战纪本末》,见《中国近代史资料丛刊·中日战争》第5册,428页。
③ 王铁崖编:《中外旧约章汇编》第1册,614—617页。

（1）中国认明朝鲜国确为完全无缺之独立自主。事实上，破坏朝鲜独立自主地位的正是日本政府。当日本提出单独由中国确认朝鲜独立的要求后，李鸿章在议和条款修正案中曾提出"中日两国共同认明朝鲜为自主，并共同保其作为局外之国"，[①]这一合理建议被日方断然拒绝，声称关于朝鲜独立一项，不许更改原提案字句。日本强迫中国单独确认朝鲜的"独立自主"，其目的是完全切断中朝两国悠久的历史联系，让朝鲜受日本的任意奴役。

（2）中国割让辽东半岛、台湾全岛及附属岛屿、澎湖列岛给日本。辽东半岛是北洋的门户、京师的屏障，日本占有辽东不仅直接威胁津、沽、山海关，造成"京畿不能一日安枕"的局面，而且可以向北侵入广阔、肥沃的松辽平原，直接进逼整个东北地区。台湾及附属岛屿和澎湖列岛与福建省隔海相望，具有重要的经济价值和战略地位。日本占据台湾不仅要掠夺台湾的丰富资源，对台湾同胞实行殖民统治，而且可以利用台湾作为侵略中国南部大陆以及向南洋扩张的基地。割地造成的严重局势，正如张之洞所指出："北无旅顺，南无台湾，中华海面，全为所扼，此后虽有水师，何从施展？梗辽、沈之路，扼津、登之喉，卧榻养寇，京师岂能安枕？北洋三省，沿海水陆，永远不能撤防，国用如何能支？"[②]这是日本继俄国侵吞中国大片领土之后，又一次对中国领土的疯狂掠夺，严重地破坏了中国领土的完整。

（3）赔偿日本军费银2万万两，分8次在7年内交清，第1次赔款交清后，余款按年加5％的利息。这笔数目惊人的巨额赔款和赔款利息，相当于清政府每年国库收入的3倍，不仅大大加重中国人民的负担，而且迫使清政府大举外债，从而遭受列强的进一步控制。这笔赔款也相当于日本4年多的全国财政收入。日本前外务大臣井上馨得意地说："在这笔赔款以前，日本财政部门根本料不到会有好几亿的日元。全部收入只有八千万日元。所以，一想到现在有三亿五千万日元滚滚而来，无论政府或私人都顿觉无比的富裕。"[③]从此，日本利用这笔巨额

---

① 蔡尔康：《中东战纪本末》，见《中国近代史资料丛刊·中日战争》第5册，397页。
② 王树枬编：《张文襄公全集》卷一百四十四，电牍二十三，20页。
③ 丁名楠等：《帝国主义侵华史》第1卷，368—369页，北京，人民出版社，1973。

赔款,大力推进了资本主义现代化的进程,也造成了日本军国主义的恶性膨胀。

(4) 日本臣民得在中国通商口岸城邑,任便从事各项工艺制造,又得将各项机器任便装运进口,只交所定进口税。从此,不仅为日本在华投资迅速膨胀开辟了道路,而且使外国资本的经济扩张在投资数量上得到迅速发展,在投资结构上发生很大变化。甲午战争前,外国资本虽然也在中国设立了一些工厂、航运、银行等企业,但还没有条约根据,且主要是为其商品输出和掠夺原料加工服务。《马关条约》订立后,列强取得了在中国开设工厂、修筑铁路、开采矿山等特权,投资扩大至政治经济贷款、铁路、矿山、金融等国民经济所有部门,标志着列强由对华商品输出进入了资本输出的新阶段,也凸显了外国资本投资与争夺势力范围相联系的新特征。条约规定外国工厂所用机器的进口和工厂产品的内销,都享受与进口洋货相同的待遇,这就严重影响中国的税收和民族经济的发展。外国资本的扩张也曲折地推进了中国经济的早期现代化,在这种经济早期现代化过程中,既包括了中国人民所付出的惨痛而巨大的历史代价,也涌动着中国人民与列强进行"商战"的民族主义浪潮。

(5) 开放沙市、重庆、苏州、杭州为通商口岸,日船可以沿内河驶入以上各口岸,搭客载货。从此,日本势力可以渗透到中国的长江流域,尤其是进入最富庶的江浙地区。根据《马关条约》的规定,1896 年 7 月 21 日,中日在北京签订《通商行船条约》29 款,确认日本在华与欧美列强一样享有领事裁判权和最惠国待遇。同年 10 月,又订立《公立文凭》(或称《通商口岸日本租界专条》),[①]承认日本在四个新开口岸以及上海、天津、厦门、汉口等地设立租界。中国被迫正式开放宜昌至重庆的川江航道以及长江下游沿吴淞江、运河以至苏、杭的航运。此后,外国轮船和军舰的航行领域从长江扩大至其他内河。

此外,签订的《另约》规定,中国对暂驻威海卫的日军每年资助军费,即"贴交"银 50 万两;《停战展期另款》规定,条约批准互换的最后期

① 王铁崖编:《中外旧约章汇编》第 1 册,662—667、685—686 页。

限为 1895 年 5 月 8 日夜 12 时。

签订《马关条约》的第二天,李鸿章一行启程回国,抵达天津后派员送约本至总理衙门。4 月 20 日,李鸿章奏报签约经过,请求早日批准条约,并告假 20 天,以避言路的抨击。同一天,日本明治天皇睦仁批准了条约,并任命内阁书记官伊东已代治为全权办理大臣,俟期前往烟台换约。

《马关条约》签字的消息传回国内,朝野舆论哗然,官民悲愤交集。半数以上的封疆大吏以及一大批翰林院、总理衙门、国子监、内阁、六部等各级京官和部分宗室贵胄,或上奏朝廷,或联名上书,反对批准条约;在京各省举人或参加京官领衔的上书,或单独上书,纷纷要求拒和,对清廷批准和约形成强大舆论压力。① 军机大臣翁同龢、李鸿藻则力求说服光绪帝缓批条约。4 月 23 日,光绪帝从驻俄使臣许景澄的来电中闻知俄、德、法三国已经决定出面干涉,即电谕许景澄告知俄国:"须由三国勒令展缓停战互换之期,方可从容办理。"②25 日,光绪帝派庆亲王奕劻与军机大臣等将三天内收到的拒和奏封呈送慈禧太后,请示和战大策。慈禧太后表态模棱两可:"谓和战重大,两者皆有弊,不能断,今枢臣妥商一策以闻。"③光绪帝又电谕前敌主帅钦差大臣刘坤一和直隶总督王文韶,要求二人对敌情战势作出判断;同时电谕许景澄询问俄国确实态度。27 日朝廷收到许景澄复电,得知俄国明确表示不会向日本提出展期换约的要求。30 日又收到王文韶、刘坤一复电,王文韶委婉表达了军事上全无把握,刘坤一虽然表示将力任战事,却回避了有无取胜把握的关键问题。5 月 2 日是清廷决定是否批准和约的最后日子,恰在这一天,王文韶关于津沽发生大雨及海啸、沿海防务严重受损的电报呈送御前,许景澄亦电告俄国已明确表态让清朝先批准条约,以后再决定是否互换。至此,光绪帝已经别无选择,只得下旨批准《马关条约》,并派伍廷芳、联芳前往烟台换约。5 月 7 日,即换约的前一天,清廷采纳翁同龢提出的展期换约之议,通过美国驻华公使田贝将请求展

---

① 参见茅海建《"公车上书"考证补》(一),载《近代史研究》2005 年第 3 期。
② 戚其章主编:《中国近代史资料丛刊续编·中日战争》第 3 册,93 页,北京,中华书局,1991。
③ 陈义杰:《翁同龢日记》第 5 册,2798 页。

期换约的电报转发日本。同一天,清廷收到许景澄及驻英、法公使龚照瑗电报,得知因俄、德、法三国干涉,日本已同意放弃辽东半岛,但须另议偿费;德国明确要求清政府换约。光绪帝遂下旨如期换约。① 5月8日晚10时,伍廷芳、联芳与日本全权办理大臣伊东已代治,在烟台顺德饭店完成互换条约手续,《马关条约》正式生效。

四　三国干涉还辽

《马关条约》的签订在远东国际政治上引起强烈反应,急于扩张远东势力的俄、德,联合法国,结成三国同盟,采取了联合干涉的行动。

俄国在甲午战争之初表面上采取不干涉的态度,随着日本侵入辽东半岛和山东半岛,对俄国在中国的扩张构成潜在威胁,俄国不得不重新考虑其远东政策。还在2月1日,俄国政府就召开特别会议,作出三点决定:(1)增强俄国在太平洋的舰队,以超过日本的海军;(2)责成外交部与英国及其他欧洲列强,主要是与法国达成协议,一旦中日和约危及俄国利益,就共同对日本施加压力;(3)若不能与英国及其他列强达成协议,则根据形势发展再开会讨论进一步的行动方式。② 2月24日,俄国驻日公使主动向日本陆奥宗光表示:俄国愿以允许日本割占台湾为条件,换取日本保持朝鲜"独立"(即不占领朝鲜)和不割占中国大陆土地。日本政府向俄国明确答复确认朝鲜"独立",却没有透露割占中国土地的具体地域。4月初,俄国得知日本所提议和条件中包括割占了辽东半岛一项,立即作出强烈反应,4月8日,俄国将反对日本割占辽东的态度通知英、德、法等国。

德国虽然在欧洲和远东都与俄、法国处于对立状态,但这次却对联合干涉表现出十分积极的态度。还在3月23日,德国外交大臣马沙尔就电告德国驻俄大使代办向俄国表示:"我们相信,我们在那边的利益与俄国利益并不冲突,因此我们准备与俄国进行交换意见及最后一道交涉。"③德国对联合干涉之所以采取了积极的态度,是因为德国在远

---

① 参见茅海建《"公车上书"考证补》(二),载《近代史研究》2005年第4期。
② 中国史学会主编:《中国近代史资料丛刊·中日战争》第7册,307页。
③ 中国史学会主编:《中国近代史资料丛刊·中日战争》第7册,338页。

东政策的主要目标是要在中国取得一个海港,作为殖民扩张的基地,企图通过联合对日干涉以实现自己的这一目的;同时也是为了将俄国的注意力引向东方,减轻俄法同盟在欧洲对德国的压力。德国积极支持的态度,坚定了俄国对日本实行干涉的决心。

法国在联合对日干涉问题上的立场基本上以俄国的立场为转移,但态度远不及俄德两国积极。法国一方面基于俄法同盟的关系,自然应与俄国在远东采取一致行动;另一方面,当时正值普法战争 25 周年,法国又不得不顾及本国人民的仇德情绪,政府如公开和德国在远东合作,又将受到国内社会舆论的抨击。所以法国一度力图说服英国参加对日干涉,以使三国的干涉行动变成欧洲各大国的联合行动,以平息国内的社会舆论。由于英国拒绝参加联合干涉,法国只得从俄法同盟的关系考虑,同俄国采取一致立场。

英国的远东政策是利用日本抵制俄国的南下,虽然曾对日本扩大侵华战争将影响到英国在华利益一度有所担忧,但当日本公布其议和条件时,英国认为根据最惠国待遇,他们可以享受条约规定的一切通商和投资的特权。4 月 8 日,英国内阁召集会议,认为议和条件无损于英国的利益,决定不加干涉。当天的《泰晤士报》解释英国政府的决定时说:辽东半岛的割让没有损害到英国的利益,"而按照协议的其他部分,英国的利益可能有所增进"。[1] 英国外交大臣金伯利也通知英国驻华公使欧格讷:"日本的条件不能成为我们进行干涉的理由。"[2]

4 月 11 日,俄国政府再次召集特别会议,外交大臣罗拔诺夫首先报告了德国关于联合干涉的倡议,会议对俄国对此应该采取的态度进行讨论。财政大臣维特认为日本割占辽东,将导致朝鲜归并日本,对俄国的远东领土和西伯利业铁路将构成威胁,这样迟早会与日本发生军事冲突,因而坚决主张进行干涉,强迫日本放弃全部辽东半岛。维特又指出:对日干涉后,还可以向中国索取报酬。他说:"这样我们就成为中国的救星,中国会尊重我们的功劳,因而会同意用和平的方式修改我们

---

① [英]伯尔考维茨:《中国通与英国外交部》,江载华等译,215 页,北京,商务印书馆,1959。
② [英]杨国伦:《英国对华政策(1895—1902)》,刘存宽、张俊义译,18 页,北京,中国社会科学出版社,1991。

的国界。"维特的意见得到了海陆军大臣的一致支持。会议决定先以"友谊方式劝告"日本放弃割占辽东半岛，如果日本拒绝接受劝告，"就对日本政府宣布，我们将保留行动的自由，而我们将依照我们的利益来行动"。① 这一决定经沙皇尼古拉二世批准，最终确定了对日干涉的政策。

4月17日，即《马关条约》签字的当天，俄国向德法两国政府正式提出联合干涉的建议。德国政府立即响应，德皇威廉二世令德国远东舰队联系，并派军舰2艘开赴远东。德国外交大臣马沙尔电告法国驻日公使哥屈米德：当俄、法代表向日本提出放弃占领辽东半岛的要求时，"请您向日本政府作同样意义的表示"。4月19日，法国也正式通知俄国，决定参加联合干涉。三国商定于4月20日在东京实行共同行动。②

然而，因英国将于4月23日举行内阁会议，讨论俄国的提议，俄、德、法三国政府还在最后期待英国参加干涉，因而未在20日采取行动。在英国内阁会议举行的前一天，德国驻英大使通过与英国外交大臣金伯利的谈话，已经预感到"在明日的阁议上，他将提议拒绝俄国的提案"。果然，英国内阁会议重申了英国原定的不参加干涉的决定。

4月23日下午，驻日俄国公使希特罗渥、德国公使哥屈米德、法国公使阿尔曼一同前往日本外务省，面见外务次官林董，提交了备忘录。俄国公使的备忘录声称：日本占领辽东半岛"不仅将经常危及中国首都，且朝鲜之独立亦成为有名无实。上述情形，将长期妨碍远东之持久和平"。因此俄国政府"劝告日本国政府确然放弃对辽东半岛之占领"。德法两国公使的备忘录也使用了内容相似的措词。德国公使哥屈米德还警告说："必要时将使此抗议成为有效。对三国开战，归根到底对日本国是无有希望之事。因而认为，关于此事贵国并不是不能让步。"③面对哥屈米德的强硬态度，林董试探性地问道："如暂时占据半岛，至赔款交付时为止，是否也要抗议？"三国公使则"都含糊的回复"。林董又

---

① 中国史学会主编：《中国近代史资料丛刊·中日战争》第7册，318页。
② 中国史学会主编：《中国近代史资料丛刊·中日战争》第7册，351、353、318页。
③ 戚其章主编：《中国近代史资料丛刊续编·中日战争》第10册，125、127页，北京，中华书局，1995。

表示:他个人及他所了解的陆奥外务大臣"均视三国的建议是日本近代外交关系史上一桩最困难的事件","因为将要采取决定的重要性,日本政府的答复还要等几日"。①

第二天,日本政府在广岛召开御前会议讨论对策。总理大臣伊藤博文在会上提出三种应对方案:第一,即使不幸增加新的敌国,仍断然拒绝俄、德、法的劝告;第二,召开国际会议,将辽东半岛问题交会议处理;第三,完全接受三国劝告,以恩惠的方式将辽东半岛交还中国。与会者经反复讨论,皆认为第一方案断难执行,因当时日本的精锐全部在辽东半岛,联合舰队也都派往澎湖列岛,国内军备几成空虚,"不仅对三国联合的海军无法应付,即单独对抗俄国舰队亦无把握";第三方案"虽然足以表示气度宽容,但未免过于示弱"。最后只得"决定暂从第二方案即召开国际会议来处理这个问题"。②

御前会议后,伊藤博文于次日晨赶到播州舞子,大藏大臣松方、内务大臣野村也从京都赶来,在陆奥宗光病榻前再次会商。四人经过一番争议,认为倘若三国干涉旷日持久,中国再乘机不批准条约,将使《马关条约》成为一纸空文。最后决定"对于三国纵使最后不能不完全让步,但对于中国则一步不让"的对策,③不论是否接受三国的要求,都必须迫使清政府如期批准《马关条约》和交换批准书。

会后,日本政府力图先设法缓和三国的干涉以争取时间。陆奥宗光电示驻俄公使西德二郎向俄国政府表示:日本占领辽东半岛不致危及俄国的利益,并保证在朝鲜独立问题上满足俄国的要求;又指示外务次官林董向德、法公使探明两国的真实态度,以便从中离间,瓦解三国联合。4月26日,西德二郎拜访俄国外交大臣进行了游说。次日,俄国外交大臣明确答复:俄国政府不能同意日本的请求。而林董从法国公使处也得知德法两国必然坚持与俄国一道进行干涉。

同时,日本政府又竭力通过外交途径引诱英美等国进行反干涉。4月23日,陆奥宗光分别电令日本驻英、美、意等国公使,游说各国政府。

① 中国史学会主编:《中国近代史资料丛刊·中日战争》第7册,356、362页。
② [日]陆奥宗光:《蹇蹇录》,158页。
③ [日]陆奥宗光:《蹇蹇录》,160页。

特别向英国政府表示:日本占领辽东半岛后将在该地区对欧洲各国实行更优惠的贸易政策,以维护"欧洲商业之利益";而且"承认英国的利害超过其他欧洲国家利害之事实",又以三国干涉将诱使中国毁弃条约而再开战端为由向美国政府请求"给予友好援助"。4月27日,日本驻英公使和驻美公使分别会见了英国外交大臣金伯利和美国国务卿格莱星姆。金伯利先是表示了不参加反干涉的意向,两天后又正式答复"不能援助日本国"。格莱星姆也仅表示只能在"与美国之局外中立无抵触"的情况下才能援助日本。[①] 日本缓和三国干涉和引诱英美等国进行反干涉的活动最终都遭到失败。在这种情况下,日本被迫于4月30日向俄、德、法三国提出备忘录,表示除金州外,放弃辽东其他地区,但中国须付以相当款项作为报酬。

俄国断然拒绝了日本占领金州的要求,因为在俄国看来,辽东半岛最重要之地即旅顺,而日本一旦占领包括旅顺在内的金州,终必从海陆两方构成对俄国的直接威胁。5月3日,俄国联络德法两国,一致坚持要求日本必须放弃包括金州在内的全部辽东半岛之占领。与此同时,俄国派遣太平洋舰队在中日间海面示威,调集东西伯利亚总督统辖的5万现役和预备役兵员,宣布海参崴实行"临时战区戒严令";德法两国也派出军舰配合俄国向日本施加军事压力。面对三国咄咄逼人的态势,日本政府感到如果没有付诸武力的决心,单凭外交的折冲已经无济于事,决定执行向三国让步而对中国一步不让的既定政策。5月5日,日本政府正式通知三国,表示接受劝告,放弃辽东半岛。俄、德、法三国达到目的后,转而敦促清政府履行如期批准换约。7月19日,日本正式向三国提出要清政府偿付库平银5 000万两作为还辽"报酬"。俄国为了加强对清政府的政治影响,装出所谓"公正"的姿态,主张减半,最后由德国提议改为3 000万两。10月19日,俄、德、法三国与日本在东京达成协议。11月8日,李鸿章与日本代表林董在北京签订中日《辽南条约》,并议定专条,[②]按三国与日本事先的约定,日本交还辽东半岛,清政府于11月16日前交给日本白银3 000万两作为"报酬";日军

---

① 戚其章主编:《中国近代史资料丛刊续编·中日战争》第10册,145、146、148、162页。
② 王铁崖编:《中外旧约章汇编》第1册,636—638页。

在款项交清后 3 个月内撤出辽东半岛。

　　三国干涉还辽不过是列强各国为了维护各自在华利益进行角逐的结果,主要是俄国与日本企图侵占中国东北而进行一次较量。此后,列强纷纷以"还辽有功"或其他借口,在中国展开了进一步攫夺租借地、划分势力范围的争夺。

第三节　台湾人民的反割让斗争与日本侵占台湾

一　台湾民众的反割台斗争

《马关条约》签订的当天,台湾民众即从台湾的洋行处获悉割台的消息。"凶耗达于台,台人骤闻之,若夜午暴闻轰雷,惊骇无人色,奔走相告,聚哭于市中,夜以继日,哭声达于四野。"①次日,总理衙门将割台已成定局的情况正式电告署台湾巡抚唐景崧,令唐出示劝令全台绅民,"勿得逞忿一时,致罹惨害","免滋事端,致碍大局"。② 清政府漠视台湾广大民众权益,将台湾割让日本的行径,立即激起了全台绅民无比愤慨,一场波澜壮阔的反割台运动迅速在全台范围内兴起。这次运动的重要领导人是前工部主事丘逢甲。

丘逢甲(1864—1912)又名仓海,字仙根,号蛰仙。所著诗文常署"南武山人"或"海东遗民"。南宋末年丘氏先祖定居广东嘉应州镇平县(今蕉岭县),清乾隆年间曾祖迁居台湾彰化县。丘逢甲出生于台湾苗栗县。1889 年中进士,授工部主事。因无心仕途,告假省亲,回台湾主讲台中、台南各书院。中日战争爆发后,丘逢甲对日本侵占台湾的野心十分警惕,首倡组织义军,防范日军进犯。1895 年 3 月,丘逢甲正式组成义军 10 营,奉命防守台北后路。

割台消息传至台湾的第二天,丘逢甲立即请唐景崧代奏,质问朝

① 戚其章主编:《中国近代史资料丛刊续编·中日战争》第 12 卷,467 页,北京,中华书局,1996。
② 戚其章主编:《中国近代史资料丛刊续编·中日战争》第 3 卷,70 页,北京,中华书局,1991。

廷:"和议割台,全台震骇。自闻警以来,台民慨输饷械,不顾身家,无负朝廷。列圣深仁厚泽二百余年,所以养人心士气,正为我皇上今日之用。何忍弃之? 全台非澎湖之比,何至不能一战? 臣等桑梓之地,义与存亡,愿与抚臣誓死守御。设战而不胜,请俟臣等死后再言割地,皇上亦可以上对祖宗,下对百姓。如倭酋来收台湾,台民惟有开仗,谨率全台绅民痛哭上陈。"①

4 月 19 日,唐景崧接到总理衙门复电,大致谓:"割台系万不得已之举,台湾虽重,比之京师则台湾为轻。倘敌人乘胜直攻大沽,则京师危在旦夕。又台湾孤悬海外,终久不能据守。"又言:"交割台湾,限两月,余限二十日。百姓愿内渡者,听;两年内,不内渡者作为日本人,改衣冠。"②此电传出后,台北绅民罢市抗议,拥入巡抚衙门,哭声震天。唐景崧鉴于台湾绅民强烈反对割台,接连电奏吁恳,两月之内达 20 次之多。甚谓:"祖宗缔造之艰,史册具在,传至二百余年,失自皇帝之手,天下后世谓皇上为何如君? 他日更何以见祖宗于地下? 臣为祖宗守土地,惟有与台为存亡,不敢奉皇上割台之诏。"又质问道:"弃地已不可,弃台地百数十万之人民为异类,天下恐将从此解体,尚何恃以立国? 且地有尽,敌欲无穷,他国若皆效尤,中国之地可胜割乎?"③清廷仍以和议已有成说,悉置不答。

丘逢甲等绅士连日会商固守之计。众皆认为:"万国公法有民不服某国可自立民主之条,全台生民百数十万、地方二千余里,自立有余。"前驻法参赞陈季同提出"民政自主,遥奉正朔,拒敌人"之策。④ 这一主张得到丘逢甲赞同。5 月 15 日,丘逢甲等以全台绅民的名义电告总理衙门及各省大吏,表示了"自主保台"的决心。电文说:

　　台湾属倭,万民不服。迭请唐抚院代奏台民下情,而事难挽回,如赤子之失父母,悲惨曷极! 伏查台湾为朝廷弃地,百姓无依,惟有死守,据为岛国,遥戴皇灵,为南洋屏蔽。惟须有人统率,众议坚留唐抚台仍

---

① 戚其章主编:《中国近代史资料丛刊续编·中日战争》第 3 卷,74—75 页。
② 中国史学会主编:《中国近代史资料丛刊·中日战争》第 6 册,385 页。
③ 戚其章主编:《中国近代史资料丛刊续编·中日战争》第 12 卷,107 页。
④ 陈衍:《陈季同传》,见《闽侯县志》卷六十九,列传五下,39 页。

理台事；并请刘镇永福镇守台南。一面恳请各国，查照割地绅民不服公法，从公剖断，台湾应作何处置，再送唐抚入京，刘镇回任。台民此举，无非恋戴皇清，图固守以待转机。①

清廷竟然不顾台湾绅台的吁请，于 5 月 18 日令李经方前往台湾，与日本使臣商办交割台湾事宜，表示"中国并无不愿交割之意"。20 日又下诏"将唐景崧开缺，令其来京陛见，并令文武各员陆续内渡"。② 至此，台湾绅民终于完全绝望。

5 月 21 日，丘逢甲等台湾绅士集议于台北筹防局，确定了自立民主之策。遂铸金印一颗，文曰："民主国之宝印"；制长方形"蓝地黄虎"旗，"虎首内向，尾高首下"，③以示面向大陆，臣服中朝。共议推唐景崧为总统。25 日，丘逢甲率绅士齐聚巡抚衙门，向唐景崧献国旗及总统印。唐景崧身着朝服，北面受任。"台湾民主国"正式宣告成立，改年号为"永清"，寓永远隶属清朝之意。当天，唐景崧致电总理衙门："台民前望转机，未敢妄动，今已绝望，公议自立为民主之国……遵奉正朔，遥作屏藩。俟事稍定，臣能脱身，即奔赴宫门，席藁请罪。"④同时发布文告，晓谕全台："当此无天可吁，无主可依，台民公议自立为民主之国"。"惟是台湾疆土，荷大清经营缔造二百余年，今须自立为国，感念列圣旧恩，仍应恭奉正朔，遥作屏藩，气脉相通，无异中土。"台民亦张贴布告称："今已无天可吁，无人肯援，台民惟有自主，推拥贤者，权摄台政，事平之后，当再请命中朝，作何办理。"表示誓死保卫台湾："惟台湾土地政令，非他人所能干预。设以干戈从事，台民惟集万众御之。愿人人战死而失台，决不愿拱手而让台。"⑤

唐景崧对外称"台湾民主国总统"，对内则仍称"抚台"。总统之下设立内务、外务和军务三个衙门，任命俞明震为内务大臣、陈季同为外务大臣、李秉瑞为军务大臣，诸大臣对内则称"督办"。其余地方民事，

---

① 中国史学会主编：《中国近代史资料丛刊·中日战争》第 1 册，204 页。
② 《清实录》第 56 册，789、790 页。
③ 中国史学会主编：《中国近代史资料丛刊·中日战争》第 1 册，94 页。
④ 王彦威纂辑：《清季外交史料》卷一百一十三，3—4 页，1934。
⑤ 中国史学会主编：《中国近代史资料丛刊·中日战争》第 1 册，202—203 页。

仍由府、厅、县照旧办理。此外,还设立了议院,推举台湾首富大仆寺卿林维源为议长。但林维源辞不就任,仅推举了数名议员。众人又推举台湾军务帮办刘永福为大将军、丘逢甲为台湾义军统领。台湾民主国的成立,完全是台湾广大绅民在清政府弃台不顾的情况下,为了保卫台湾不被日本侵占而采取的保卫祖国领土完整的一种特殊的民间抗日举措,是为保台而建立的抗日救亡政权,并非是要脱离中国而"独立"。

清政府割台时,台湾的守军有 100 余营,4 万余人,团练义军共 3 万余人。饷银器械方面,除藩库存银 40 万两外,署两江总督张之洞奏拨 100 万两,士绅林维源捐助 100 万两,向民间借了 20 万两,其他富商巨室也捐助了一部分。库存炮药土药有 4 万多磅,各炮台储有一定火药。毛瑟枪弹有 280 多万发。[①] 但在台湾的防务上仍呈现出不利形势。唐景崧出于个人猜忌以及守军内部不和,将刘永福所率黑旗军调往台南,道员林朝栋所部 10 营调往台中,而以临时招募的广勇驻守台北,削弱了台北的防务。清廷更是谕令在台官员限期内渡,福建水师提督杨岐珍、台湾镇总兵万国本及统兵官廖得胜、余致廷等先后率部退回大陆,致使清军营数大为减少。

当台湾官绅自主保台之际,日本也做侵占台湾的准备。5 月 10 日,日本政府任命海军大将桦山资纪为台湾总督兼军务司令,率军占领台湾。6 月 1 日,李经方乘德国商轮"公义"号抵达台湾海面,次日,日本政府所派台湾民政局长水野遵与李经方商定台湾交割文据,并由桦山资纪署名盖章。在此之前的 5 月 29 日,日军已经发动了对台湾的进攻。

攻占台湾的日本陆军有两支:一支由台湾总督桦山资纪亲自指挥的总督府直属部队,共 6 700 余人;另一支由陆军中将北白川能久亲王指挥的近卫师团,共 14 500 余人。5 月 27 日,两支日军搭乘运兵船在军舰护航下在琉球中城湾会合,桦山即命令近卫师团进攻台湾,选定在三貂角附近海湾登陆。29 日下午,日军近卫师团开始在三貂角附近的澳底登陆,驻守此地的清军仅有总兵曾照喜新募的两营,在日军进攻下

---

① 孙克复、关捷编著:《甲午中日陆战史》,351 页,哈尔滨,黑龙江人民出版社,1984。

很快溃退。30 日,日军占领通往基隆的险要之地三貂岭。奉命前来防守的弁目吴国华率粤勇 400 余人与日军探骑相遇交火,击退敌人。6月 2 日,日军一部向瑞芳镇进犯。督办全台营务处俞明震、记名提督张兆连和陈得胜、广东守备刘燕等率所部守军顽强抵抗。双方发生激战,陈得胜战死,俞明震、张兆连负伤,清军战死 30 余人,被俘 30 余人,日军死伤 19 人。瑞芳镇失陷。3 日,日军主力分三路向基隆发起进攻,因力量悬殊,守军且战且退,至下午 5 时,日军攻占基隆港,同时又进攻扼基隆至台北的通道狮球岭。知县胡友胜率粤勇 4 营孤军苦战,至下午 6 时,狮球岭失守。

外围险要尽失,台北危在旦夕。在此危急关头,清廷于 6 月 2 日竟以"现在和约既定,而台民不服,据为岛国,自己无从过问"为由,谕令东南沿海各省督、抚对向台湾运送兵勇军械之事"设法禁止,免滋口实"。[1] 这给台湾官绅的保台活动带来十分不利的影响,驻守台北后路的总兵余清胜即以不敢违背清廷旨意为由率所部 5 营投敌。

6 月 4 日,基隆、狮球岭失守后的溃兵涌入台北城,官民乱作一团。俞明震力劝唐景崧退守新竹,与林朝栋、刘永福两军会合,以图再举,唐未采纳。缉捕营官李文奎冲进抚署,要求唐景崧亲往八堵督战。唐见大势已去,急忙从抚署后门脱身,微服潜入沪尾德国洋行,两天后乘德国轮船内渡厦门。唐景崧逃走后,台北人心惶惶,溃兵抢掠藩库存银,城内火光四起,秩序大乱。丘逢甲闻唐景崧内渡,痛哭怒言:"吾台其去矣! 误我台民,一至此极! 景崧之肉,其足食乎!"他派出义军指望阻止溃兵的抢掠以维持局面,但终因力单不支而无力挽救,只得率义军撤退至台中,在新竹一带继续抗击南侵的日军。后日军以丘逢甲首倡台湾自主,"嫉之甚,严索之"。[2] 丘逢甲不得不辗转离台内渡,临行前写下了悲愤的《离台诗》六首,其中两首写道:"宰相有权能割地,孤臣无力可回天。扁舟去作鸥夷子,回首河山意黯然。""卷土重来未可知,江山亦要伟人持。成名竖子知多少,海上谁来建义旗?"[3] 表明他仍然对台湾

---

① 中国史学会主编:《中国近代史资料丛刊·中日战争》第 4 册,148 页。
② 中国史学会主编:《中国近代史资料丛刊·中日战争》第 6 册,401、402 页。
③ 丘逢甲:《岭云海日楼诗钞》,421 页,合肥,安徽人民出版社,1984。

回归祖国寄予无限期望。

6月7日,日军占领台北。9日,日军占领沪尾。11日,北白川能久率近卫师团司令部进驻台北。15日,桦山资纪从淡水乘火车抵达台北。17日,设台湾总督府于台北,并举行所谓"始政典礼"。后来,日本政府便视此日为其在台湾殖民统治的开始,定为所谓的"始政纪念日"。

二 台湾军民浴血抗日

台湾民主国失败和官绅纷纷内渡之后,吴汤兴[①]、姜绍祖[②]和徐骧[③]领导的三支义军以及刘永福率领的黑旗军成为抗击日军、保卫台湾的中坚力量。

占领台北的日军决定向位于台北南面的新竹发起进攻,企图打通南侵的道路。新竹原无防营驻守,台北失陷之前,防军傅德升、谢天德部北上驰援,抵达新竹。义军吴汤兴、徐骧、邱国霖、吴镇洸等部以及前台湾镇总兵吴光亮1个营、提督首茂林和傅宏禧各2个营,亦会集于新竹,共1万余人。众推吴汤兴为抗日义军首领。6月11日,吴汤兴集众列营,祭旗誓师。次日又发布告示,揭露日军侵略罪行,号召人民奋起抗战,然后率义军由新竹沿铁路北上,以迎击南侵之日军。因吴汤兴义军皆来自新竹、苗栗二县,故有"新苗军"之称。

日军近卫步兵第2联队第4中队沿铁路南下,沿途强征台民为夫役,运送辎重。6月14日日军占头亭溪,所征夫役全部逃走。日军一面派兵进驻中坜以为据点,一面南下至大湖口火车站前扎营。此时,义军已经切断了日军后路。吴汤兴、徐骧率义军从东、西两面发起攻击,日军仓促应战。"日军恃众,惟发排枪,弹如雨下,鲜命中。吴军多山民,善狙击,弹无虚发,日军仆者相续。"[④]至16日凌晨,日军始突围退

---

① 吴汤兴(1860—1895),字绍文,原籍为广东嘉应州镇平县高思乡。父汤悦来,原配丘氏,为丘逢甲之远亲。汤悦来只身到台湾谋生,入赘苗栗街附近樟树庄吴家为婿。吴汤兴即其长子,中秀才后课馆乡里。经丘逢甲推荐,被唐景崧任命为台湾府义军统领。

② 姜绍祖(1875—1895),号缵堂,新竹北埔人。原籍广东陆丰县。家巨富,捐监生。中日战起,散家财,募义勇,组成敢字营,参加抗日。

③ 徐骧(1858—1895),字云贤,台湾苗栗头份人,后移居台南屏东。祖籍广东。18岁中秀才,文武兼能,性刚毅,具胆识。日军侵台后,毅然投笔从戎,组织义军御敌。

④ 中国史学会主编:《中国近代史资料丛刊·中日战争》第6册,377页。

回中坜。21 日,日军后续主力凭借优势炮火反扑至大湖口车站,遭到义军顽强抵抗,未能得手。22 日,日军径攻新竹。义军在饷械不济的情况下奋力苦战,牺牲 50 余人,击毙日军 14 人;[①]为避免更大伤亡,暂时撤出城外。在此之前,新竹县知县王国瑞及提督首茂林第 2 营已经弃城内渡。新竹失陷。

占据新竹的日军很快陷入城外义军的包围,不断遭到义军的伏击。6 月 23 日,义军 300 多人三面围袭日军的中坜兵站,激战 5 小时。25 日,50 余名义军在头亭溪竹林中伏击护送粮食的日军骑兵小队和步兵中队,打死打伤日军 10 人。同时,义军五六百人向新竹发起反攻,战斗持续 5 小时多。义军的袭击使日军南下进程受阻,迫使桦山资纪改变既定的"南征"计划,企图先行扫荡这一带的抗日义军,控制台北新竹间的局势,并发布《台湾人民军事犯处分令》,规定凡抗拒日军、破坏交通等一律"罪当死刑"。[②]

在此期间,还有三支抗日义军活跃于台北、新竹之间。第一支以胡嘉猷为首,他们于 6 月 28 日、7 月 1 日两次在安平镇抗击日军进攻,打死打伤日军 40 余人。第二支以苏力为首,他们于 7 月 13 日在三角涌附近伏击并全歼日军一支 35 人的护粮队;两天后,再次伏击日军骑兵队,打死敌人 19 人。第三支以江国辉为首,他们于 7 月 13 日在福德坑、大嵙崁一带围袭南侵日军,造成日军粮食断绝。7 月 16 日,南侵日军集中大部兵力实施报复,纵火焚烧大嵙崁市街。因敌我力量悬殊,义军最后失利。苏力突围后内渡。江国辉被俘后英勇就义。同时被俘的150 余名义民也全部被日军用刺刀刺死。[③]

台湾民主国任命的台湾府知府黎景嵩受抗日义军的影响,也召集台湾、彰化、云林、苗栗四县官绅组织"新楚军"4 营,以副将杨载云[④]为统领。吴汤兴所统率的新苗军则已发展为 6 营。两军配合作战,共同打击敌人。7 月 10 日,抗日联军集中兵力对新竹发动规模更大的第二次反攻。新楚军将领傅德升、陈澄波分别率队攻东门和西门,吴汤兴率

① 戚其章:《甲午战争史》,455 页。
② [日]河村植等:《日清战争实记》第 35 编,21 页,东京,博文馆,1894—1896。
③ 戚其章:《甲午战争史》,459-464 页。
④ 又作"杨紫云"或"杨再云"。

义军攻南门,杨载云随后策应,徐骧、姜绍祖则分别从北路、东路攻城。从上午 8 时起,各路义军先后发起进攻,反复争夺,战斗激烈。在日军猛烈炮火的轰击下,义军既无大炮又乏枪弹,只得陆续撤退。姜绍祖率队刚至城下,即遭到日军三面合围。姜绍祖率余部退入一宅院继续抵抗。日军以大炮轰击,又纵火烧房。义军 50 余人被烧死及枪杀,姜绍祖等 119 人被俘,囚于新竹县监狱。次日,姜绍祖与 7 名义军战士成功越狱。不久,姜绍祖在一次抗日战斗中壮烈牺牲。7 月 25 日,吴汤兴、杨载云率军对新竹发动第三次反攻。日军凭借优势火力固守,义军伤亡惨重,仅牺牲者即达 130 余人,最后被迫南撤。[①]

439

　　义军的失利除了兵力分散、武器落后以及缺乏统一指挥之外,内部矛盾重重也是一个重要的因素。台湾府知府黎景嵩自攻新竹之后,出于拥兵自雄的私心,不愿请刘永福的黑旗军北上增援,坐失良机。苗栗县知县李烇因筹饷事与吴汤兴发生不和,双方俱禀刘永福以求公断。刘永福遂派部属吴彭年前来台中协调。7 月 19 日,吴彭年率黑旗军 700 人抵达彰化。黎景嵩又拉拢随吴彭年前来的副将李维义担任新楚军的统领,李维义遂分带黑旗军 300 人而去。这不仅排斥了吴彭年的领导作用,也使李烇与吴汤兴的矛盾未得及时化解,而多谋善战的新楚军统领杨载云则无端被撤职,这一切给继续抗日的前景蒙上了阴影。

　　8 月 8 日,伏见贞爱亲王率领日军第 2 师团混成第 4 旅团从基隆登陆后进入台北城,侵台日军的军力大大增强,使集结于新竹的近卫师团可以全力进攻抗日联军。当天,在军舰的配合下,日军近卫军团分三路倾巢出动,向抗日联军的前沿驻地尖笔山发起进攻。当时,新楚军和新苗军仅有兵力约 5 000 人,仅为日军兵力的 1/3。在日军猛烈进攻下,抗日联军被迫后撤。10 日,日军又向新楚军大营所在地头份街发起猛攻。大营很快被日军攻破,李维义急忙逃脱。杨载云拼死力战,中弹殉国。13 日,日军前卫部队向集中于苗栗东畔山上的抗日军发起猛攻。吴彭年率部力战,击退敌人多次冲锋。黑旗军亲兵营管带袁锡清、帮带林鸿贵奋勇抵抗,双双阵亡。战至下午 4 时,吴彭年见伤亡过重,

---

① 戚其章:《甲午战争史》,467—468 页。

便下令南撤至大甲。苗栗知县李烇则事先奔逃，后内渡福州。14日上午，日军占领苗栗。

日军占领苗栗后，即开始进攻台中北面的大甲。吴彭年和徐骧率部预先在大甲溪一带设伏。8月22日，日军涉水渡河，刚一上岸，即遭到吴彭年所率伏兵的突袭，仓皇败退，回渡及半，徐骧率伏兵又从对岸树林中杀出。日军腹背受敌，溃不成军，伤亡惨重。这一仗，抗日联军击毙日军50余人，缴获大量枪械。吴彭年收兵途经海口，又夺取了停泊港内的数艘敌军粮船。[①] 大甲溪阻击战是黑旗军与义军联合抗日的成功范例，极大地鼓舞了台湾军民的抗日斗志。日军不甘心失败，于23日再次猛攻大甲。黑旗军与义军正与敌鏖战之际，驻守后路大营的李维义竟然弃营而逃。吴彭年、徐骧因后路为敌所断，被迫率部退守彰化，大甲溪遂被日军占领。

退守彰化的吴彭年率有黑旗军1个营及新楚军4个营，吴汤兴、徐骧各率有新苗军1个营。吴彭年见兵力不足，电请刘永福派兵增援。刘永福所派黑旗军4个营及旱雷营1个营从台南抵达彰化，守军兵力有所增强，总共有3 000余人。吴汤兴以彰化城东险要八卦山为布防重点，依靠此天然屏障进行阻击。

8月27日夜，日军近卫师团主力从距黑旗军驻营仅1.5公里的大肚溪上游偷渡成功，直扑八卦山东侧。次日晨5时半，日军开始向黑旗军正面防线炮击，掩护6个中队的步兵分3路向八卦山炮台发起攻击。东路战斗十分惨烈，吴汤兴、徐骧身先士卒，麾军力战。吴汤兴不幸中弹牺牲，守军伤亡殆尽。徐骧率余部20余人从后山突围。7点10分，八卦山落入敌手。正在西路督战的吴彭年见八卦山竖起日旗，立即亲率黑旗军300人夺山。日军居高临下，猛放排炮密弹。黑旗军伤亡惨重，吴彭年身中数弹，壮烈牺牲。黑旗军守备王德标坚持抵抗，直至闻彰化失守，方才突围撤退。在此之前，彰化知县罗树勋及其子云林知县罗汝泽出城逃匿，后内渡福建。知府黎景崧偕李维义循海至台南，后又逃往厦门。

---

① 戚其章：《甲午战争史》，474页。

　　日军占领彰化后,分兵三路继续南侵。台中诸城皆失,台南形势危急。刘永福所部能战之兵不足 10 营,且粮饷匮乏。为了抗击来犯之敌,刘永福重新部署兵力,派王德标率亲兵营守嘉义,令副将杨泗洪节制诸军,北上御敌;同时招抚各地义军首领,号召各地乡民"联庄"抗日自卫。于是,台南各地义军首领纷纷应招。刘永福檄大莆林义军首领简成功总统义军 11 营,与义军林义成部合为一军,联合抗敌。

　　9 月初,杨泗洪率黑旗军与义军北上反攻,将驻守大莆林的日军骑兵大队及步兵第 2 联队第 2 大队包围,采取声东击西战术,使日军无法突围。9 月 6 日,黑旗军和义军对大莆林发起攻击,日军拼死突围,杨泗洪率军截击,重创敌人。激战中,杨泗洪不幸中弹牺牲。日军北撤,退至彰化县境的北斗镇,抗日联军乘胜收复台中之云林县。

三　台南保卫战

　　抗日联军收复云林后,继续与日军在浊水溪对峙近一月,困守北斗的日军陷入抗日联军的包围袭击之中。进驻彰化的日军伤亡及患病者甚众,据 9 月份统计,仅患霍乱、痢疾、脚气等病的官兵即达 4 274 人,占近卫师团作战人员编制 14 569 名的近 1/3。[①] 日军难以继续南侵。对抗日联军来说,战局有望出现转机。然而由于长期的激烈战斗,黑旗军和义军损失过大,粮饷不济,兵力不足,也无力组织有力的反攻。相反,日本政府为了尽快占领全台湾,从辽东半岛抽调第 2 师团共 3.4 万多人,增援近卫师团,使侵台日军总兵力达到约 4.5 万人。同时组成"南进军司令部",任命台湾副总督高岛鞆之助中将为司令官,重新制订了作战计划,决定以近卫师团全部出彰化,经嘉义,正面进攻台南;第 2 师团主力分别从基隆、大连湾乘船,在澎湖岛集结,然后从台南的前侧面和后背面登陆发动攻击。

　　10 月 3 日,陆军中将北白川能久亲王率近卫师团出彰化南下,一路遭到抗日联军的阻击。北白川能久严令各部队限期到达嘉义。8 日,日军三面包围嘉义,次日发动总攻,以炮火轰毁东、西城门,突入城

---

① 戚其章:《甲午战争史》,478 页。

内。黑旗军和防军顽强抵抗，因力量悬殊而不敌，王德标率余部撤退至曾文溪，嘉义知县孙育万奔回台南。日军攻陷嘉义。

日军第 2 师团则于 10 月 10 日分两路自澎湖岛出发。伏见贞爱亲王率混成第 4 旅团乘 19 艘运输船，由"浪速"等 3 舰护卫，从台南前侧面的布袋嘴港登陆；陆军中将乃木希典率第 2 师团大部乘 30 艘运输船，由"吉野"等 5 舰护卫，于 10 月 11 日从台南后背面的枋寮港、蕃仔仑间登陆。"吉野"等 6 艘军舰则进攻台南重要海口打狗港，从三面形成对台南的合围。

嘉义失陷，台南成为孤城。刘永福曾一再派人渡海向两江、闽浙、两广总督告援，清廷却严令禁止运粮械济台，使之陷入外援既断、粮饷告罄的困境。刘永福不禁仰天悲叹："内地诸公误我，我误台民。"[1]正在无计可施之际，代表洋商利益的英国驻台南领事胡力稿向刘永福提出议和之策。刘永福无奈之下，通过胡力稿于 10 月 10 日转交致日舰队司令官有地品之允中将函，表示愿意停止抵抗，但须与日军先立条约，要求日军不得加罪残害台湾民众，不可侮辱所部兵勇、随员，并照会闽浙总督派船运返内地。次日又致函桦山资纪，再次提出"戢兵息火，伸修和议"。高岛鞆之助代表桦山复书拒绝刘永福议和之请，要求刘永福"唯有自缚前来求哀于军门之一途"。10 月 13 日，刘永福致书高岛说："如不愿进行和议，本帮办自不必安抚各民，各民既不服，自必相率诉以决战。不得民心，空取其土地，竟有何用？且双方一旦攻战，胜败之数，岂能预期？唯有残害生灵耳。本帮办系本爱恤人民之意，始出于此和议。即使本帮办无以取胜于此战，亦可率旧部退入内山（番地），或尚可支持数年，且不时出战，此地岂能安居乎？"[2]表示若不允和议，即将率部继续抵抗。

侵台日军登陆后，立即遭到台南军民的抵抗而推进迟缓。10 月 11 日，从布袋嘴港登陆的日军在南进途中遭到当地乡绅林碧玉率领的义军的顽强抵抗，林与其长子皆英勇战死。日军伤亡亦不少。10 月 13 日，日军 1 中队行至东石村时又被义军七八百人包围，激战 7 小时，日

① 中国史学会主编：《中国近代史资料丛刊·中日战争》第 1 册，106 页。
② 戚其章主编：《中国近代史资料丛刊续编·中日战争》第 12 册，239—243 页。

军死伤 19 人。①

从枋寮港、蕃仔仑间登陆的日军当天上午首先进攻东港、枋寮间的加冬脚,第 4 联队第 3 中队行进至加冬脚村头,立即遭到黑旗军的猛烈狙击而陷入困境,伤亡 52 人。最后增援的日军赶来并纵火烧村,才迫使黑旗军撤退。10 月 14 日,日本 1 大队和 1 中队进至东港附近的桥沟溪一带,遭到清军的伏击,伤亡 94 人。② 19 日上午,日军第 2 师团的 1 个大队北进至二层行溪南,凤山义军首领郑清率部潜伏于甘蔗地里狙击日军。日军以大炮猛轰,激战 3 小时,义军 40 余人英勇战死,郑清始率余部退入山中。

日军凭借兵力和武器上的优势,从海陆两面发动猛烈进攻。10 月 14 日上午 6 时 40 分,日本舰队司令有地率"吉野"等 6 艘军舰向打狗炮台发动攻击,掩护陆战队乘 20 余只汽艇强行登陆。刘永福之三子刘成良指挥守军还击,因不敌日舰的猛烈炮击,被迫率部撤回台南。下午 4 时 18 分,日军完全占领打狗炮台。

日本混成第 4 旅团从北路向台南急速推进,于 10 月 18 日上午向王爷头发起进攻。王爷头为海岸道路之要冲,前面有急水溪及广漠的平野战地,又有为防潮水或划盐区而设的高 2—3 米的堤坝,为阻击敌人的有利地形。李翊安奉刘永福之命率翊字军 2 营在此防守,与 4 营义军配合,出没于布袋嘴附近,威胁日军的粮道,袭击日军守备队,使日军南进严重受阻。日军从上午 6 时开始进攻,遭到翊字军及义军的顽强抵抗,至下午 5 时,日军始攻占王爷头。这一仗日军死伤 22 人,其中大尉以下军官 6 人。翊字军及义军则阵亡 300 多人。③

日军逼近台南府城北路的最后一道防线曾文溪,此地距台南仅 17 公里。刘永福急令总兵柏正材统军并兼领王德标七星队及林义成、简精华等义军,以及徐骧所率先锋营 700 人赶至曾文溪严密布防,总兵力共 4 000 多人,准备进行最后的抵抗。

10 月 19 日凌晨,日军混成第 4 旅团以两个中队佯攻黑旗军正面

---

① 参见戚其章《甲午战争史》,489 页。
② 参见戚其章《甲午战争史》,490—491 页。
③ 参见戚其章《甲午战争史》,492 页。

阵地，伏见贞爱亲率 7 个中队从曾文溪上渡涉渡，于晨 5 时逼近黑旗军右翼，发起猛攻。守军急起应战，拼死抵御。徐骧率部与敌激战，大呼："丈夫为国死，可无憾！"①不幸中炮牺牲。总兵柏正材随之阵亡，王德标下落不明，林义成、简精华突围而出，守军战死 200 余人，伤者更众。

与此同时，从南部登陆的日军第 2 师团所属第 3 旅团直逼台南后路，台南完全陷入日军南北夹击、三面包围之中，危在旦夕。10 月 18 日，刘永福召集部将会议，决议"退守关帝庙庄，据山以守"。② 次日，曾文溪失守消息传来，刘永福到白莲庵求神问签，"见签语不佳，郁郁不乐，仍无决断主裁，且粮饷已罄，人心已变，将有哗溃之虞"。适两广总督谭钟麟派人带信来，促刘永福内渡。刘永福"睹此情形，无论如何，拼死亦要内渡回也"。③ 当夜，刘永福率其子刘成良及部属 10 余人乘英国商船的"爹利士"号内渡厦门。日舰"八重山"闻讯追赶，在厦门口外约 20 公里处赶上。因刘永福藏于船长舱内，躲过搜索。10 月 22 日，刘永福在厦门上岸，后赴广东。

10 月 20 日，"吉野"等 4 艘军舰驶进安平港内。次日黎明，日军第 2 师团前卫司令官山口素臣率部从小南门进入台南府城。10 月 27 日，桦山资纪发布告示，声称"台湾全岛已全部平定"。④

在这次侵台战争中，日军付出了惨重的代价。侵台日军近 4.9 万人，随军夫役 2.6 万多人，战死者 4 600 余人，负伤者约 2.7 万人。⑤ 日军近卫师团长、陆军中将北白川能久亲王及第 2 旅团长、陆军少将山根信成也在侵台战争中患重病而死。侵台日军死伤的人数比甲午中日战争中死伤的人数多了近一倍。

日军占领了台南后，台湾民众的抗日斗争并未停止，继续坚持了长达七年的抗日游击活动，涌现出一批著名的抗日志士，特别是北部的简大狮、中部的柯铁虎、南部的林少猫，被称为抗日义勇军中的"三猛"。

---

① 连横：《台湾通史》下册，724 页，北京，商务印书馆，1983。
② 连横：《台湾通史》上册，78 页。
③ 中国史学会主编：《中国近代史资料丛刊·中日战争》第 6 册，413 页。
④ [日]河村植等：《日清战争实记》第 47 编，25 页。
⑤ 中国社会科学院近代史研究所编著：《日本侵华七十年史》，53 页，北京，中国社会科学出版社，1992。

直到 1902 年,在日军的残酷镇压下,台湾民众自发的抗日斗争才转入低潮。

四　日本殖民统治的建立

日本侵占台湾后,一面残酷镇压台湾民众的反抗斗争,一面建立对台湾的殖民统治机构。日本内阁设台湾事务局,内阁总理大臣伊藤博文、参谋总长川上操六分任正、副总裁。1896 年 3 月,台湾划归拓殖省管辖。日本在台湾实行总督制,总督府设台北。日本政府在任命桦山资纪为台湾总督的同时,颁布了《关于赴任之际的政治大纲的训令》。1896 年 3 月又颁布《台湾总督府条例》,规定台湾总督为管理台湾的最高军政首脑,授予独裁统治的特权。总督府初设民政、陆军、海军三局,并设参谋部,以参谋长辅佐总督,并监督各局之业务。全岛行政设三县(台北、台中和台南)一厅(澎湖),县下设支厅。第四任总督儿玉源太郎统治时,总督府内改置警察本署及总务、财务、通讯、殖产、土木五局,行政则改为府、厅两级制,全岛及澎湖共设 20 个厅。

1896 年 4 月,日本政府颁布了第一部统治台湾的基本法《关于在台湾实施法令之法》(即是年的《第六十三号法律》,简称《六三法》),明确授予台湾总督颁布具有法律效力的命令即律令的权力,使台湾总督成为集行政、立法、司法和军事为一体的独裁者。在日本统治台湾初期的 10 余年间,台湾历任总督[①]依据《六三法》颁布的律令达 174 件,以血腥的暴力手段强化了日本当局在台湾的殖民统治。如 1898 年 11 月颁布的第 24 号律令,即《匪徒刑罚令》,规定对反抗日本殖民统治的台湾民众,轻则施以徒刑,重则处以死刑。根据这一血腥法令,仅 1898—1902 年短短几年间,惨遭屠戮的台湾同胞就多达 11 900 余人。[②]　1911 年梁启超应台湾士绅林献堂之邀赴台考察,目睹台湾总督的独裁统治,曾深有感触地说:"此间百无所有,惟有一总督府耳。总督,天帝也。"[③]

[①] 他们是桦山资纪(1895.5.10—1896.6.2)、桂太郎(1896.6.2—1896.10.14)、乃木希典(1896.10.14—1898.2.26)、儿玉源太郎(1898.2.26—1906.4.11)。

[②] 中国社会科学院近代史研究所编:《日本侵华七十年史》,625 页。

[③] 梁启超:《饮冰室合集》专集之二十二,200 页。

为了强化对台湾民众的统治，日本殖民当局在台湾建立了严密的警察制度。1895年9月28日和10月7日，日本警察759名分两批抵达台湾，开始建立各级警察机构。总督府内的内务局升格为内务部，成为专管警务的机构；又分别在台北县、台中县和台南县设立警察部，在澎湖设置警察课，在其他重要枢纽地区的基层行政机构内设置警察署。至1896年7月，各级警察机构共配置警力230名、巡查1387名，共计1617名。1897年6月，日本第三任台湾总督乃木希典颁布《三段警备法》，将台湾山地划分三种地带，即山泽、村落以及两者之间的中间地带，分别由军队、警察以及宪兵与警察负责警备。1898年，第四任台湾总督儿玉源太郎宣布废除《三段警备法》，将维持和治理台湾社会治安权力全部移交警察机关，进一步扩大了警察的权力。1901年，日本殖民当局在台湾地区设置的各级警察机构已达1043所，警察人数为10043名。[①] 警察以日本人为主体，虽然从1901年起也录用台湾人，但数量很少。警察除执行一般的警务外，还担负保甲、行政、户口、刑决、收容、取缔、卫生、税捐、征役以及外事等种类繁多的特别事务。日本殖民当局通过建立严密的警察制度，对台湾民众的思想和行动实行无孔不入的全面钳制。所以，台湾的行政系统，"虽是总督府——各厅各课——人民，而事实上，总督透过警察与人民相接，以巡查充任税务、卫生、农政等诸般政事，人民耳目所见之官吏，唯有警察而已"。[②]

1898年8月31日，台湾总督儿玉源太郎发布第21号律令，制定《保甲条例》，实行"以台治台"政策，继承和强化了台湾旧有的保甲制度，其组织为10户1甲，10甲1保，各置甲长和保正1人，协助警察维持治安，整理户籍，改良风俗，缉捕罪犯，并规定保甲内所有居民订立约规，负有连坐责任，强迫居民互相监视，互相告发，以加强日本的殖民统治。

殖民当局对台湾人民实行高压统治的同时，开始推行对台湾的经济掠夺、控制和整顿的政策。总督府下设财务局，管理台湾经济。占领

---

① 安然：《台湾民众抗日史》，97、99页，北京，台海出版社，2003。
② ［日］竹越与三郎：《台湾统治志》，246页，东京，博文馆，1905。转引自陈孔立主编《台湾历史纲要》，340页，北京，九洲图书出版社，1996。

台湾初期,因殖民当局军费浩繁,日本政府对台湾财政实行补助。儿玉源太郎任总督时提出"殖产兴业"为中心的 20 年财政计划,通过发行公债,筹集资金,兴办铁路、邮电、港口等官营企业以及其他民间企业来谋求台湾的财政独立。为实现以上目标,事先开展了土地和林野调查、币制改革以及建立金融体制和交通体系等"基础工程",以奠定殖民地经济的基础。

1898 年,总督府在台湾设置"临时土地调查局",公布《台湾地籍令》和《土地调查规划》,对台湾的土地资源及其所有权进行了历时 6 年的普查。1904 年宣布取消一切大租权,由官方对大租权人发给补偿金。1905 年又公布《土地登记规则》,强迫农民进行土地所有权申报,凡不能证明所有权的土地概归官有。土地调查的结果,田园面积从调查前的 366 987 甲增至 633 065 甲,赋课收入由 86 万余元增至 298 万余元,[1]确立了一地一主的近代土地制度,为总督府的财政提供了重要的财源。1895 年日本殖民当局颁布《林野取缔规则》,规定"凡无地契及其他可资证明其所有权的山林原野,悉为官有"。[2] 据此,除土著居民居住的"番界"以外,大批林野被殖民当局所霸占。

殖民当局通过设立银行和改革币制,将台湾金融体制也纳入了日本的体系。1899 年经殖民当局特许设立的台湾银行成为日本殖民统治时期的最高金融机构,取得了代理金库和发行纸币的特权,并在台湾各地遍设分支机构,开展存放款、贴现和汇兑等金融业务。台湾银行创立之初的大部分资金用于认购公债和向当局贷款。1900 年发行的 2 210 万元公债,全部由台湾银行认购。其后共再发行 15 次,由日本国库和台湾银行共同认购。1905 年以后,产业和贸易金融业务才逐渐开展。1904 年 6 月,台湾银行发行金币兑换券,后来取消了银币的流通,将台湾的币制完全纳入日本的体制。[3]

殖民当局还通过对台湾外贸关税政策的调整,企图截断台湾与大陆的经济联系。1899 年,废除清政府制订的《协定关税率》,另行颁布

---

① 陈孔立主编:《台湾历史纲要》,344 页。
② 临时台湾旧惯调查会:《台湾私法》第 1 卷(下),77 页,东京,1911。转引自安然《台湾民众抗日史》,118 页。
③ 陈孔立主编:《台湾历史纲要》,345 页。

《改定关税定率法》，提高 15％税率，以阻止与大陆的贸易往来。迫使台湾对外贸易由传统的对大陆输出为主，转向对日本输出为主，台湾遂成为日本专用资源的供应基地。

为推行"殖产兴业"的政策，总督府拟发行 6 000 万元公债，1899 年经日本帝国议会修正，削减为 3 500 万元。1899 年开始投资建设基隆、高雄的港口，1908 年完成南北铁路 405 公里。在发展官营事业的同时，又吸引日本财团投资台湾制糖业。1900 年 12 月，在当局提供 6％年息的保证下，三井会社出资 100 万元成立台湾制糖株式会社，并于次年在台南桥仔头建立台湾第一家现代化制糖厂。① 同时也一度鼓励本地人设立小型糖厂和改良糖廍，但随后即支持日资糖厂对小型糖厂和改良糖廍实行收购和兼并，使台湾糖业成为日本人的一统天下。总的说来，"殖产兴业"政策主要有利于殖民当局的官营事业和日本财团的民营企业。

为掠夺台湾的资源，殖民当局在台湾普遍实行商品专卖制度。1896 年 3 月设立台湾制药所，对鸦片实行专卖。1899 年 5 月和 8 月，设立台湾盐务所和台湾樟脑局，对食盐和樟脑实行专卖。1901 年 6 月正式在总督府内设立专卖局，下设 8 个专卖分局、11 个办事处，并附设有 6 个专卖品制造工厂、3 个实验工厂和 1 处度量衡所，共有员工 2.7 万余人。② 殖民当局通过对鸦片、樟脑、食盐、酒类和烟草等商品实行专卖，低价购进，高价售出，攫取厚利。专卖收入始终成为总督府财政岁入首位，从 1897 年的 14.5％增加到 1905 年 41％。③

鸦片的专卖政策尤其反映了殖民当局对台湾民众的掠夺和残害。鸦片在日本国内是禁食的毒品，亦严禁在台湾的日本军人和日本居民吸食，殖民当局规定凡提供鸦片及吸食器具给日本军人和居民者均处以死刑，但却允许甚至鼓励台湾人吸食，规定凡经过台湾总督府指定的医院医生鉴定，而获准领取鸦片吸食许可证的台湾人便可到台湾专卖局特设的专卖商店购买、吸食。专卖政策使台湾吸食鸦片的人数从

---

① 陈孔立主编：《台湾历史纲要》，346 页。
② 安然：《台湾民众抗日史》，122－123 页。
③ 陈碧笙：《台湾地方史》（增订本），203 页，北京，中国社会科学出版社，1990。

1897 年的 5 万多人迅速增加到 1901 年的 17 万人。总督府通过垄断鸦片的制造,然后以比成本高 3 倍的价格销售,攫取了高额利润。1897 年鸦片专卖收入 153.98 万元,1902 年增至 300.84 万元,1906 年又增至 439.55 万元。①

除了经济上的控制和掠夺外,日本殖民当局还推行、普及"国语"(日语)的同化政策,压制中华民族文化在岛内的传播。1896 年在台湾设立 14 处"国语"传习所和"国语"学校,开始推行以日语为中心的"同化教育"。据 1919 年的调查,与普及日语相关的社会教育团体有 887 个,会员有 44 302 人。②

学校教育方面则实行民族差别教育。将小学教育分为小学校、公学校和教育所三种,小学校师资、设备最好,专收日本学童;公学校师资、设备较差,专收台湾儿童;教育所由警察担任教学,专收"番族"儿童。1902 年,台湾总督府的教育支出中,小学校学生人均教育经费为 67 元,而公学校学生的人均教育经费仅 36 元。③ 小学校按日本国内的统一教学大纲,对学生进行系统的教育;公学校则以普及日语为其主要教学内容,汉语课每周仅开 2 课时。中等教育最初完全为适应在台日人升学需求,开设有台北中学和台南中学。在台湾士绅的一再要求下,直至 1915 年才允准台湾人出资设立台中中学,收台湾人子弟入学。学校采行日本式管理,教学内容侧重于台湾地方需要的实用性科目,以满足殖民地建设对中、低级人力资源的需求。师范教育早期是"国语"学校附属的师范部,分专收日本学生的甲科和专收台湾学生的乙科。1899 年始设立独立的师范学校,只限于培养初等教育的师资,中等以上学技师资均来自日本国内,或是日本国内大学毕业的台湾人方可担任。对日本殖民当局在台湾推行的教育,日本人也直言不讳地说:"大体上,即以将作为中华民族的台湾人同化于日本为其根本方针。"④

日本虽然通过军事、政治、经济和文化的种种高压政策,在台湾建

449

---

① 安然:《台湾民众抗日史》,125-126 页。
② 陈孔立主编:《台湾历史纲要》,378-379 页。
③ 安然:《台湾民众抗日史》,149 页。
④ [日]东乡实、伊藤四郎:《台湾殖民发达史》,416 页,台北,晃文馆,1916。转引自陈孔立主编《台湾历史纲要》,382 页。

立起殖民统治,但台湾人民反抗殖民统治的斗争从来没有停息,从民众自发的武装起义到地方绅士领导的议会请愿运动,从青年学生的抗日活动到以工农大众为主体的民族解放运动,此起彼伏,连绵不断,用鲜血和生命在近代中国人民反帝斗争史上写下可歌可泣的篇章,充分表现了台湾人民时刻都与祖国的命运连在一起、渴望回归祖国的爱国情怀。

第九章

半殖民地半封建社会基本
形成与洋务运动失败

　　从第二次鸦片战争到中日甲午战争,是中国社会性质开始发生急剧变化的时期。一方面,中国经受了列强的多次侵犯,被迫签订了从《天津条约》到《马关条约》的 160 多个不平等条约,使中国的主权受到严重损害,西方的经济、文化和社会因素日渐影响中国社会。另一方面,中国虽然在力图抗拒列强侵略的动机下,开始仿效西方的办法谋求"自强",产生了一些新的资本主义因素,传统社会因素也开始发生变化,但是整个中国的政治制度和经济形态仍然是传统的封建社会因素占主导地位。这两方面的结合使近代中国逐渐向半殖民地半封建社会转变,并以 1895 年《马关条约》的签订为标志而基本形成。

第一节　列强对中国主权的侵占

一　列强对中国海关主权的进一步侵夺

自 1842 年《南京条约》规定外国领事可以介入中国海关事务,中国的海关主权便开始受到侵害。自 1853 年列强乘小刀会起义之机夺取上海海关管理权,至 1858 年由外籍税务司制度的建立,中国的海关管理权开始落入外国侵略者之手;到 1863 年总理各国事务衙门正式任命英国人赫德为海关总税务司,列强基本实现了对中国海关主权的侵夺。1864 年,赫德即制定了《海关募用外人帮办税务章程》27 条,对海关内部用人、行政、税务司与监督的关系等作了详细的规定。1869 年,又公布了《中国海关管理章程》80 条,详细规定了海关征税管理细则等,于 1870 年 1 月 1 日开始实行,从而基本完成了中国半殖民地海关制度的建立。

赫德接任总税务司之后,即设立总税务司署,建立庞大而完整的海关管理机构。署内设总务、汉文、统计、审计、伦敦五局,后又增设人事局,其中的伦敦局掌管海关用品的采购、洋员的招考,以及休假期间关员薪俸和归任旅费的支出等事务。各局长从税务司中遴选干员充任,其对海关所发布的命令,与总税务司的直接命令有同等效力。同时,又设立征税部、海事部两个职能部门,后又增设工务部,其中以征税部最为重要,也最为庞大,其成员由各地海关税务司组成。

在机构膨胀的同时,海关的管理权限也在不断扩展。海关的人事大权也完全掌控在总税务司之手。《海关募用外人帮办税务章程》规定:"各关所有外国人帮办税务事宜,均由总税务司募请调派,其薪水如何增减,其调往各口,以及应行撤退,均由总税务司作主。若某关税务司及各项帮办人内,如有办理不妥之人,即应由该关监督一面详报通商大臣及总理衙门,一面行文总税务司查办。"①不仅外籍关员如此,即使是华籍关员,"亦因系外人补助员之故,其任免权亦委诸总税务司"。②赫德亦自称:"总税务司是唯一有权对各类海关人员进行录用或辞退、升级或降职以及从一个口岸调往另一个口岸的人。"③

海关的业务管理权不断扩大。按原先的规定,海关的管辖范围只限于四项:"帮办税务",即征收关税;"严查漏税",即缉私;港务行政,即设置浮标等设施;支用吨税。赫德接管海关后,设法扩张其管辖范围,根据章程规定,赫德的职权包括三个方面:一是统辖关务,"办理税务一切事宜";二是督察、培养关员;三是海关行政以外的其他一切事务,如调处中外交涉等。④ 此外,赫德还利用一切机会扩张章程规定之外的权限,如行使准领事职权,系指无约国或无领事国商人船舶出入海关时,由海关代行领事关于商业贸易和公证人方面的职权,包括船舶出入手续的办理、船员的登记等。又如参与关税纠纷处理,也就是"会讯制度",即由中国方面与领事对税务纠纷进行会审。这一制度起始于1865年,以赫德起草的《上海海关扣留案件条款》为蓝本,在上海对英国人施行。1868年,赫德又在前一条款的基础上扩充制订《会讯船货入官章程》,增加了一些新的内容,规定:凡船货扣留案件,由监督、税务司和领事一起当堂会审;罚款案件则由税务司与领事一道会审。再如关于港澳与沿海各地间民船贸易的征收税厘之事,原本由中国政府于1868年在港澳外围设立关卡,专门征收鸦片厘金。1876年《烟台条约》签订以后,赫德利用该条约及其续增专条中所达成的鸦片"税厘并征"的协议,于1887年"将通商口岸往来香港和澳门的民船贸易,从粤海关

---

① 江恒源:《中国关税史料》第3编,3页,人文编辑所,1931。
② 〔日〕高柳松一郎:《中国关税制度论》第3编,李达译,23页,商务印书馆,1929。
③ 汪敬虞:《赫德与近代中西关系》,67页,北京,人民出版社,1987。
④ 江恒源:《中国关税史料》第3编,3—6页。

监督的掌握中抢了过来,置于税务司的管辖之下"。①

总之,在赫德接任总税务司之后,中国海关的管理权,从人事到关务都落入赫德及其下属的各海关外籍税务司之手,华人官员成为外籍税务司的下层雇员,就连由中国政府委派的作为海关最高负责人的海关监督,也成了有名无实的摆设,中国海关已经变成外国人控制下为列强利益服务的机构。②

二 列强对中国沿海和内河航行权的全面侵夺

列强对中国航行权的侵占开始于第一次鸦片战争之后,但是其全面的侵占则是在第二次鸦片战争之后,甲午战争之后又有所扩展。在第二次鸦片战争之前,列强只是侵占了中国的部分沿海航行权,即只能在五个通商口岸之间转运洋货。第二次鸦片战争后,列强不仅全面侵夺了中国的沿海航行权,而且开始侵占中国的内河航行权。

对沿海航行权方面的侵占,首先是将洋货转运权从五口扩大到所有的新开口岸。如1858年签订的中英《天津条约》规定:"广州、福州、厦门、宁波、上海五处,已有江宁条约旧准通商外,即在牛庄、登州、台湾、潮州、琼州等府城口,嗣后皆准英商亦可任意与无论何人买卖,船货随时往来。"③接着,清政府又被迫承认了已经非法存在的外国商船在中国沿海贩运土货的权利,总理衙门经过与英法两国协商,于1861年10月颁布《通商各口通共章程》,对外商船只在中国沿海贩运土货征收复进口半税。1863年,中、丹所订《天津条约》对此做了明确规定:"丹国商民沿海议定通商各口载运土货,约准出口先纳正税,复进他口纳半税。"④随后,又有西班牙、比利时、意大利、奥地利等国与清廷所签订的条约,均作了相同的规定,从而使外国船只在中国沿海贩运土货合法化和普遍化。

对内河航行权方面的侵占,则是从第二次鸦片战争后开始的。先是侵占长江沿线汉口以下三个通商口岸城市的航行权,中英《天津条

① 中国近代经济史资料丛刊编辑委员会主编:《中国海关与中葡里斯本草约》,89 页,北京,中华书局,1983。
② 参见李育民《近代中国的条约制度》,184—203 页,长沙,湖南师范大学出版社,1995。
③ 王铁崖编:《中外旧约章汇编》第 1 册,97、98、203、97 页。
④ 王铁崖编:《中外旧约章汇编》第 1 册,349 页。

约》中提出："长江一带各口，英商船只俱可通商。"并规定具体的通航时间，因太平天国起义的影响，除镇江拟在一年后通商外，其余待地方秩序有所安定后再议，总体目标是选择汉口以下三个城市，"准为英船出进货物通商之区"。[①] 据此，中英于 1861 年 3 月签订《长江各口通商暂订章程》，规定了镇江、九江、汉口三地的开放通航办法。

长江三口被迫开放之后，列强又进一步扩展对中国内河航行权的侵占。1876 年的中英《烟台条约》，使长江航线又增开芜湖、宜昌二口，并超越汉口达到宜昌；还增开了沿海航线的温州和北海两个口岸。1890 年的中英《新订烟台条约续增专条》，又增开重庆为通商口岸，规定"英商自宜昌至重庆往来运货，或雇用华船，或自备华式之船，均听其便"。至此，长江的通航航线已全线向列强开放。1895 年中日《马关条约》签订，其他内河航行权也受到了列强的侵占该条约规定：日本轮船可以从上海驶进吴淞江及运河以至苏州府、杭州府，江浙两省的内河航行权开始丧失，原先关于外国轮船不得驶入长江主线以外内河的限制由此打破。同时，列强对中国内河航行权的侵占还向非通商口岸的内港、内地延伸。如《烟台条约》中规定：安徽之大通、安庆，江西之湖口，湖广之武穴、陆溪口、沙市等非通商口岸，"今议通融办法，轮船暂准停泊，上下客商货物"，虽强调"皆用民船起卸，仍照内地章程办理"，[②]但实质上已允许外国轮船通航。至此，列强侵占中国沿海和内河航行权的基本格局趋于形成，此后，则在这一基础上进一步扩展它的侵占范围。

三 列强对中国司法主权的侵犯

列强对中国司法主权的侵犯，主要是通过获取领事裁判权（亦称"治外法权"）而实施的。所谓领事裁判权，就是列强各国在华的领事有按照其本国法律对其本国在华侨民行使司法管辖的权力，也就是说，当列强各国的在华侨民发生案件时，由其本国在华领事按照其本国的法律处置，而不能由中国的司法部门按照中国法律处置。具体地说，发生

---

① 王铁崖编：《中外旧约章汇编》第 1 册，348、380、381 页。
② 王铁崖编：《中外旧约章汇编》第 1 册，349 页。

案件时，被告是外国人的，由其国驻华领事审判；被告是中国人的，由中国官员审判，即所谓的"被告主义"原则，这样就完全否定了中国对在华外国人的司法管辖权。

列强获取这种领事裁判权起始于第一次鸦片战争之后，到第二次鸦片战争之后，又有进一步的扩大。在第二次鸦片战争之前，领事裁判权的被告主义原则主要实施于刑事案件之中，在民事案件中尚未明确，而是采用外国领事官与中国地方官会同审判的办法。到1876年中英《烟台条约》签订之后，这种被告主义原则也被实施于民事案件之中，而且还同时规定了新的"观审"制度。该条约规定："至中国各口审断交涉案件，两国法律既有不同，只能视被告者为何国之人，即赴何国官员处控告；原告为何国之人，其本国官员只可赴承审官员处观审。倘观审之员以为办理未妥，可以逐细辩论，庶保各无向隅，各按本国法律审断。"并把这一特权推向内地，规定："凡遇内地各省地方或通商口岸有关系英人命盗案件，议由英国大臣派员前往该处观审。"1880年中美《续约条款》中又作规定："倘遇有中国人与美国人因事相争，两国官员应行审定，中国与美国允，此等案件被告系何国之人，即归其本国官员审定。原告之官员于审定时可以前往观审……如欲添传证见，或查讯、驳讯案中作证之人，可以再行传讯。"[①]此后，巴西、葡萄牙、日本、墨西哥等国与中国签订的条约也都作了同样的规定；其他有约各国，除了俄国外，即使在条约中没有明文规定，实际上也都采用了这一被告主义原则。

这种被告主义原则和观审制度从表面上来看似乎是中外对等的，但实质则是对中国司法主权的进一步侵犯。就被告主义原则而言，中国人因犯案而成为被告，由中国司法机构审判，这本来就是中国司法主权范围内的事情；而外国人在中国犯案而成为被告，由其本国驻华领事审判，而不交由中国司法机构审判，则是对中国司法主权的侵犯。就观审制度而言，往往是列强各国的领事利用这一制度并运用其强权干涉中国司法机构对外国被告的审判，而中国的地方官员则很少运用这一制度为受到外国领事审判的中国被告申辩，从而使这种观审制度成为

---

① 王铁崖编：《中外旧约章汇编》第1册，348、380、381页。

一种片面的观审制度。因此,这种被告主义原则的扩展和观审制度的确定,不仅使中国在完全失去了对在华外国人所犯刑事案件的审判权之后,又完全失去了对民事案件的审判权,而且使列强各国扩大了对中方审判中外混合案件的干涉权。

上述外国人犯案由外国领事处置的领事裁判权,也叫作属人主义领事裁判权,即由人的国籍属性决定。此外,还有一种对中国司法主权侵犯更为严重的领事裁判权,即属地主义领事裁判权。所谓属地主义领事裁判权,也就是租界内的包括中国人在内的所有居民,如有案件发生,均由该租界所属国领事及其所设立的司法机构管辖和处置。这种做法最早由上海的英、美、法三国领事乘1853年小刀会起义之机,对逃入租界的华人实施司法管理和案件审判而发生。此后,逐渐广泛化和制度化。1863年,美国领事与上海道订立协定,规定:"中国官厅对于居住美租界内中国居民之管辖权,吾人当绝对承认。惟拘票非先经美国领事加签,不得拘捕租界内任何人等。"同年底,英、美租界合并,该两国领事又经上海道黄芳的允诺将管辖租界内"无约国"外人之权归于租界工部局。① 接着,又于1864年5月,经江苏巡抚李鸿章同意,在上海成立了第一个会审机关——洋泾浜北首理事衙门。该衙门"法庭每晨在英国领事署开庭。其管辖权,初仅限于违禁庭,审理租界内华人违禁案件,由工部局捕房拘解,理事单独审断"。后来又开辟刑事庭,审理洋人为原告、华人为被告及无约国洋人为被告的案件。在审理华人为被告案件时,由上海道委任的理事为主审,由外国陪审官一人陪审;在审理无约国洋人为被告案件时,由外国陪审官二人陪审。充当外国陪审官者"即英副领事及美总领事或其翻译","后于1866年起,多一德国陪审官"。"凡上诉案件均由上海道台审理。"其中与洋人利益有关者,由领事陪审;外国陪审官和中国审判官意见不同时,亦作为上诉案件看待。中国官吏虽力图加以限制外国陪审官的权限,"于法庭草案中提议,判决权限应完全操诸中国审判官,但在实际上,外国陪审官在与中国审判官审断案件时,颇占活跃地位"。②

① 梁敬镎:《在华领事裁判权论》,102、135、136页,商务印书馆,1934。
② 《上海公共租界史稿》,376页,上海人民出版社,1980。

上述的洋泾浜北首理事衙门还不是正式的会审机关,从 1867 年起,上海道台应宝时与英国领事开始协商组织正式会审机关之事,即成立会审公廨。先由上海道台提出会审公廨章程十条,经英国领事略作修改同意,再由总理各国事务衙门和各国驻华公使核准,1868 年底制定《上海洋泾浜设官会审章程》,1869 年 4 月 20 日颁布生效,并正式设立会审公廨代替理事衙门。章程规定:"会审公廨由上海道选派同知司其事";采用原有的领事观审会审制度;对涉案人员的提传,如涉及为外人服役的华人,应通知其相关国领事令其到案,如系为领事服役的华人,则须经该领事允准方可拿捕;关于上诉程序,如有不服所判者,"得向上海道及领事官上诉"。[1] 其中的观审会审制度、提传办法和上诉程序中,都有严重侵犯中国司法主权之处。这一会审机关及其制度一直延续到 1927 年。

以上所述只是列强在这一时期所取得和扩展的侵华特权的最主要与最明显者。还有其他的一些特权,再加上前一时期已取得的特权,列强对中国主权的侵犯达到了相当广泛的程度。据现有研究,列强在近代中国共取得了 30 项特权,其中在第二次鸦片战争之前取得了 10 项特权,计有:条约口岸权、协定关税权、领事报关权、租赁土地房屋权、片面最惠国待遇权、在华驻军权、治外法权(领事裁判权)、免征税收权。在第二次鸦片战争结束的 1858 年至中日甲午战争结束的 1895 年间取得了 15 项特权,计有:办理邮政权、内地传教权、内地游历通商权、内河航行权、协定内地通过税权、贩卖鸦片权、管理海关行政权、掠卖华工权、占据租界地权、减征税收权、沿海转运贸易权、建立势力范围权、修筑铁路权、通商口岸设厂权、内地开矿权;1895 年之后取得的特权只有 5 项。[2] 由此可见,到 1895 年中日甲午战争结束签订《马关条约》为止,列强在整个近代中国通过签订不平等条约而取得的特权项目,已实现了 83% 多,而在第二次鸦片战争结束到中日甲午战争结束期间则实现了 50%,而且前一时期已攫取的特权也在这一时期有较多的扩大。因此,这一时期是列强侵华特权急剧扩张的时期,是近代中国半殖民地制度基本形成的时期。

---

① 王铁崖编:《中外旧约章汇编》第 1 册,269—270 页。
② 参见汪敬虞《近代中外经济关系史论集》,98—104 页,北京,方志出版社,2006。

第二节 列强文化输入的升级

一 译编和出版西书规模的扩大

第二次鸦片战争后，列强对中国的文化输入明显加强，在强行设立其文化传播机构和向中国注入资本主义文化内容的同时，又导致中国传统的文化机构、文化内容和文化人发生变异，促使中国的人文社会由原先的单一传统结构转变为新旧兼有的二元结构，不仅使中国文化和文化人向半殖民地化和买办化转变，也使中国传统人文社会发生分化。

第一次鸦片战争后，外国教会便获得了在中国通商口岸传教的权利，到第二次鸦片战争后，这一权利又获得了关键性的扩展。一是把外国教会的传教范围从通商口岸扩大到内地。清廷与各国签订的《天津条约》均有这一规定，如与法国签订的条约中规定：凡"备有盖印执照安然入内地传教之人，地方官务必厚待保护。凡中国人愿信崇天主教而循规蹈矩者，毫无查禁，皆免惩治。向来所有或写、或刻奉禁天主教各明文，无论何处，概行宽免"。二是允许外国传教士在中国内地购置地产。1860 年在北京签订的中法《续增条约》规定：中国各地方政府不仅应按照 1846 年道光皇帝的上谕，将康熙年间禁教中所充公的"天主堂、学堂、茔坟、田土、房廊等件应赔还"，而且今后"任法国传教士在各省租置田地，建造自便"。1865 年，总理衙门又照会法国公使，正式承认："嗣后法国传教士如入内地置买田地、房屋"可以自由行之。① 这些法

① 王铁崖编：《中外旧约章汇编》第 1 册，107、147、227 页。

国天主教传教士所取得的特权,其他国家的其他教会均同样适用。这些特权不仅使外国教会的传教活动获得了必要的法律条件和物质条件,而且为他们的文化侵华活动打开了方便之门。于是,来华传教的各国传教士迅速增加,从 1858 年时的 53 人增至 19 世纪末的 900 余人,增加了 16 倍。他们伙同其他来华外国人,在传播外国宗教和进行政治经济扩张的同时,也把西方文化日益扩大地传入中国,并为此设立各种文化传播机构,将西方的资本主义人文社会模式揳入中国。

传教士等来华外国人所设立的第一种文化传播机构是西方译编和出版机构。从 1843 年英国伦敦教会传教士麦都思在上海设立墨海书馆起至清末,由传教士设立的译编和出版机构计达 60 家左右,大多数设立于 1860—1895 年之间。其中具有代表性意义的,规模较大,译编和出版书籍较多的有以下三个机构。

第一是广学会。其前身是 1887 年设立的同文书会(The Society for the Diffusion of Christian and General Knowledge among the Chinese),主要创办人是英国伦敦会传教士韦廉臣,他曾于 1855 年和 1863 年两次来华传教。1884 年,韦廉臣在英国组织苏格兰同文书会,以募捐所得款项购置印刷机器,在上海设厂印刷中文书籍。不久,苏格兰同文书会因故解散,韦廉臣接管了该会所余的资金、财产和印刷机器,遂以此于 1887 年 11 月在上海成立同文书会,1892 年会改组为广学会。该会由英、美、加拿大等国的传教士、商人、海关和外交官员等 31 人(两年后增至 39 人)联合发起,由时任中国海关总税务司的英国人赫德任会长、总理,德国驻沪总领事福凯(亦称"佛克"、"福克")、哲美森任副会长,韦廉臣和另一位英国传教士慕维廉任协理;韦廉臣还兼任秘书,后改称"总干事",负责日常工作。次年成立董事会,以赫德为会长,福凯为副会长,韦廉臣为督办。

广学会编辑出版书籍的目的在于以西方的文化知识影响中国的官员和民众。根据《同文书会组织章程》的规定,其宗旨是:"在中国,中国藩属以及一切有中国人的地方,继续出版和发行根据基督教原则所编写的各种书籍——特别是为本会能力所许可而又适合于各个阶层阅读的期刊。"规定实现这一宗旨的方法是:"首要的特别是组织和发行一些具有基督教目标,但又具有中国人的观点、中国人的思想方法,同时还可以教育人和提高人的新的书籍、论文与小册子;其次是一种适合于中国知识阶层、水平较高的期刊;第三是给妇女、儿童阅读的期刊;第四是给小学生的;第五,重印一些为董事会所赞赏的大小著作;第六,在上海设立一个发行中心,并在十八省省会和主要城市,以及其他商业中心,如香港、横滨、新加坡、槟榔屿、巴达维亚等地,尽量设立一些代销机构。"①于是,它一方面精心选择西方书籍进行译编和出版。至1900年,所出版的书籍约176种,其中影响较大的书籍有:《泰西新史揽要》《中东战纪本末》《格物探原》《自西徂东》《文学兴国策》《天下五大洲各大国志要》《八星之一总论》《论生利分利之别》《百年一觉》。此外,还编辑出版著名的《万国公报》《孩提画报》《中西教会报》等刊物。② 另一方面竭力推销书籍,力图把其所译编出版的书刊推广到全中国各地民众的手上。它逐步建立起广泛的销售网点,除了上海之外,在全国各地所设的代销点或经销处到1899年时已有34个,分布于辽阳、沈阳、牛庄、北京(2个)、天津、济南、青州、平度(山东)、兴安(陕西)、重庆(3个)、成都、汉阳、汉口、九江、湖南某地、庐州、南京(2个)、扬州、镇江(2个)、常熟、苏州、江阴、衢州、福州(2个)、厦门、广州、太原、梧州。

另外,广学会还以赠送的方式向许多官员和知识分子散布书籍。据不完全统计,在1888—1900年间,广学会赠送各类书籍刊物累计达302 141册。赠书的方式和对象主要有二:一是在各次科举考试时向应试者送书;二是通过各种关系向中央和地方官员送书。如1888年,各地举行乡试时,该会将《格物探原》一书向北京、南京、沈阳考场各送500册,向杭州、济南考场各送250册;还"根据请求,送了花之安的《自西徂东》1万份给南京的传教士,然后也分送给了学生"。③ 1889年,将1 004部《格物探原》、1 200份《万国公报》平均分送杭州、南京、济南、北京等地的科举考场。④ 1891年,向各省科举考场散发了"几千本韦廉臣博士的《格致探原》《格致新机》《二约释义丛书》,花之安的《自西徂东》

---

① 《同文会组织章程》,载《出版史料》1988年第2期,31页,上海。
② 详见熊月之《西学东渐与晚清社会》有关章节,上海人民出版社,1994。
③ 《同文书会年报》第1号(1888年10月31日),载《出版史料》1988年第2期,26页。
④ 《同文书会年报》第2号(1889年10月31日),载《出版史料》1988年第2期,28页。

《万国公报》,以及种类繁多的基督教小册子"。① 1892 年春,广学会向参加北京会试的有关人员赠送《中西四大政》5 000 册;同年,向 10 个省的行政长官,赠送了《救世教益》一书。1893 年,乘慈禧太后六十寿辰全国举行恩科考试之机,向沿海 10 个省各赠书 6 000 册;同时向中国高级官员赠送《自西徂东》2 000 部,几乎人手一部。

第二是益智书会(School and Textbook Series Committee)。它是基督教传教士编辑出版教科书的专门机构。1877 年,在华新教传教士在上海举行第一次大会,决议成立益智书会,负责编写教科书,供全中国的教会学校使用。该会由外国传教士与英、美商人联合开办,设有委员会,丁韪良任主席,韦廉臣、狄考文、林乐知、黎力基、傅兰雅任委员,具有类似于同文书会的会社组织模式。其所译编的教科书有初级和高级两套,学科包括算术、几何、代数、测量、博物、天文、地理、化学、地质、植物、动物、心理、历史、哲学、语言等,并以中外结合、师生皆宜、民教通用、学教相济为编辑方针。到 1890 年,其出版和审定的适合学校使用的书籍达到 98 种,较为重要的有:数学方面的《笔算数学》;几何学方面的《形学备旨》《圆锥曲线》;声学、光学方面的《声学揭要》《光学揭要》《天文揭要》;地学方面的《地学指略》《地理初桄》;心理学方面的《心灵学》《肄业要览》;动物学方面的《动物学新编》;医疗卫生学方面的《化学卫生论》《居宅卫生论》《延年益寿论》《孩童卫生编》《幼童卫生编》《治心免病法》;历史学方面的《大英国志》等。

第三是美华书馆(American Presbyterian Mission Press)。它是一所以书籍印刷为主的西书出版机构,原先为美国长老会设于澳门的一个印刷所,1845 年为扩大规模而迁至宁波,命名为"华花圣经书房"(The Chinese and American Holy Class Book Establishment),其出版业务由专门的出版委员会管理;1860 年 12 月再迁上海,并改本名。其所用的机器购自美国,到 1895 年前后雇工达百名左右,不仅采用机械和铅字印刷,而且先后发明电镀铜模字、元宝式排字架等新技术,成为上海最重要的出版印刷机构。基督教会的重要报刊和书籍以及《万国

① 《同文书会年报》第 4 号(1891 年 10 月 31 日),载《出版史料》1988 年第 3—4 期,28 页。

公报》都由它印刷，1890—1895 年间，年平均印刷量达到近 4 032 万页。到 1900 年之前，其出版的重要书籍有：自然科学方面的《格物质学》；数学方面的《代形合参》《八线备旨》；地理学方面的《地理全志》《地理略说》《五大洲图说》；烹饪学方面的《造洋饭书》等。

除了上述三个最主要的译编出版机构之外，还有一些外国教会和其他人士设立的文化、教育、出版机构也译编出版了不少西学书籍。这些西方文化书籍的出版，不仅成为中国官员和民间的重要读物，而且成为教会学校，乃至中国人自办学校的主要教科书，对中国文化和文化人的转变产生了重大的影响。

二　外人办报活动的扩展

传教士等来华外国人所设立的第二种文化输入机构是报刊机构。来华外国人的开办报刊活动大约始于 1815 年，到第一次鸦片战争结束的 1842 年时，约创办了 17 种。鸦片战争之后，他们的办报活动逐渐活跃起来，到第二次鸦片战争结束时的 1860 年，外人所办报刊增至 32 种，到 1890 年又增至 76 种。此后发展速度更快，到 19 世纪末累计约 200 种。[①] 1860—1895 年间，虽然不是外人所办报刊增加最快的时期，但它是一个由缓慢发展向快速发展的重要转折时期，尤其是在近代中国产生过重大影响的外人报刊，几乎都产生于这一时期。其中富有代表性的重要报刊有以下几种。

首先是《万国公报》。它的前身是《教会新报》，创办于 1868 年，初名《中国教会新报》，1872 年 8 月第 201 卷起改称《教会新报》（周刊），由基督教美国南方监理会传教士林乐知任主编。该报起先以传播宗教信息为主要内容，读者也以传教士和信教华人为主，后来有关科技知识和世俗文化的内容逐渐增多，读者群也有所扩大。从 1874 年 9 月第 301 期起，更名为《万国公报》，1883 年 7 月后停刊 6 年，1889 年 2 月复刊，并改成为广学会的机关报。它改变了以往《教会新报》时期的办报宗旨，以"登中西互有裨益之事"为首项内容，政治性和文化性明显加

---

① 方汉奇：《中国近代报刊史》，10、19 页，太原，山西人民出版社，1981。

强,大力介绍西方政治学说和政治变革史,宣扬资产阶级改良主义理论,力图影响中国的政治变革。此外,它还设立奖金,以改良币制、建筑铁路、扩充邮政、敦睦外交、禁止鸦片等项目为题,开展历时多年的征文,促进了对中国经济建设和外交、社会改良等问题的研究和讨论。当然,它也刊载过不少为列强侵华作辩护的言论。

《万国公报》以其为洋务派和改良派所好的言论,加之采用赠阅的手段,在中国的政界和知识分子中拥有大量的读者。在 1889 年时,他们就声称:"这个杂志已经散布到我们想达到的各个方面,我们满意地得知帝国中的高级官员都已看到它。"①广学会所拟定赠阅的对象有:县级和县级以上的主要文官为 2 289 人,营级和营级以上的主要武官 1 987 人,府视学及其以上的教育官吏 1 760 人,大学堂教习 2 000 人,派驻各个省城的高级候补官员 2 000 人,考取进士、举人、秀才的各层文人 3 万人,官吏及士大夫的女眷及子女 4 000 人,共计 44 036 人。有记载说:"《万国公报》是总理衙门经常订阅的,醇亲王生前也经常阅读;高级官吏们也常常就刊物所讨论的问题发表意见。"②远在广州的两广总督张之洞的秘书"和他的许多朋友都是这个杂志的订户,他们认为这是中文中从未见过的好杂志,总督自己也偶尔阅读这个杂志"。③康有为所提出的变法主张,大多来源于《万国公报》的有关论说。维新派所办的《中外纪闻》《强学报》《时务报》等,也借鉴了《万国公报》的模式,并经常转载其文章。总之,该报对戊戌维新运动产生了重大的影响,正如范文澜所言:"变法成为一个运动,《万国公报》是有力的推动者。"④其发行量开始时为 1 000 份,到 1896 年增至 4 000 份,1899 年增至 39 000 份。

《万国公报》不仅有广泛的读者面,而且有众多的作者。据已有研究,《万国公报》的作者除了来华外国传教士之外,还有 500 余名中国人,其中的著名人物如郭嵩焘、王韬、郑观应、孙中山、胡礼垣、宋恕、何如璋、曾纪泽、薛福成、康有为、经元善、孙家鼐等;他们的分布地域除了

---

① 《同文书会年报》第 2 号。
② 《同文书会年报》第 2 号。
③ 《同文书会年报》第 4 号。
④ 范文澜:《中国近代史》第一分册,308 页,北京,人民出版社,1953。

上海及其周围的松江、嘉定、金山、崇明、宝山等地之外，还有北京、南京、广州、天津、重庆、汉口、厦门、福州、台北、济南、宁波、杭州、苏州、扬州、无锡、常州、常熟、镇江、清江、吴县、登州、烟台、青州、平度、胶州、曲阜、九江、萍乡、慈溪、定海、余姚、石门、大冶、芜湖、桐城、绩溪、番禺、惠州、高要、大埔、湘阴、奉天、辽阳、香港等 50 多个城市。

其次是《申报》。它原名《申江新报》，《申报》乃其简称，是一种由外国商人集资创办的报纸，也具有较浓的商业色彩。它由英国商人美查兄弟、伍瓦德、蒲赖尔、瓦基洛五人集资 1 600 两，于 1871 年签约创办。第一发起人美查原先在上海设有美查洋行，经营茶叶出口贸易和缫丝工业，创办《申报》后，又陆续经营江苏药水厂、燧昌自来火局、申昌书局、点石斋印书局和肥皂厂等企业。

在商业色彩较浓的报刊中，《申报》对中国工商界读者的影响较大。它作为一种外国商人创办的盈利性报纸，其办报方针与《万国公报》这样的政治色彩较浓的报纸有所不同，其风格、立场、内容和言论更迎合中国人的口味，以期扩大发行量。版面安排仿效华人自办的报纸，内容上尽量扩大信息量；在观点上力图树立一副"公正"面貌，设法兼顾洋人和华人的喜好。该报声称："凡国家之政治，风俗之变迁，中外交涉之要务，商贾贸易之利弊，与夫一切可惊可愕可喜之事，是以新人听闻者，靡不毕载。"①如对 1873 年冬发生的杨乃武与小白菜案，它给予了连篇累牍的报道，在案件延续的 3 年中，发表新闻和评论达 60 多篇，形成了强大的舆论参与，得到了社会的广泛响应，引起了慈禧太后的重视，促进了冤案的平反。1876—1877 年，它针对淞沪铁路事件而发生的中外矛盾，刊登了一系列文章，详细论述铁路对中国经济和社会发展的有益之处。1883—1884 年间，因中法战争而再次掀起铁路宣传高潮，进一步讨论中国修筑铁路的必要性和迫切性。它的言论固然有为列强获取在华筑路权鸣锣开道的一面，但就其理论原理而言，亦不无道理。当时正是洋务派、开明绅商与顽固派、守旧势力展开铁路问题大论战的时期，该报的言论除了取悦于列强之外，也迎合了洋务派和开明绅商的观点，

---

① 《本馆告白》，见 1872 年 4 月 30 日《申报》。

并为他们的论战提供了某些依据。对于中法战争,它报道和赞扬了黑旗军的抗法壮举,刊登了描述福建海战的文章,还发表了主战的言论,抨击了《中法条约》。

为了丰富内容,吸引读者,《申报》的新闻采集十分广泛。它先在北京、南京、以及浙江、江苏等临近地区派设采访员和代销处。后来陆续在天津、济南、汉口、武昌、成都、重庆、广州、昆明、桂林、兰州、西安、太原、开封等城市,以及东北地区广招采访人员。至 1887 年,已在 32 个城市设有采访员,"使十八省民风、土俗、轶事、奇闻均可罗列报中"。①

《申报》以工商信息和时事政论并重,使它的读者群从工商界逐渐普及到士绅阶层。据该报自述,1877 年时发行数"已将及万"。当时"阅报之人市肆最多",因为商界人士觉得"《申报》文理不求高深,但欲浅显,令各人一阅而即知之。购一《申报》,全店传观……既可多知事务,又可学演文墨"。② 到 1890 年时才被文化界人士广为接受,"上海各士绅无不按日买阅",发行量亦上升到 2 万份左右。③

第三是《格致汇编》。它是一份以介绍西方自然科学常识为主要内容的科普杂志,由英国圣公会传教士傅兰雅于 1876 年在上海创办,每月出一期。作为一份专门的科学杂志,它所刊登的内容,一是自然科学基础知识,包括数学、物理、化学、天文学、地理学、生物学、医学、药物学等;二是工艺技术,如关于啤酒、汽水、制冰器、磨面机、养蜂、碾米、制糖、打字机、幻灯机、电灯、电话、留声机、照相机、灭火器、纺织机、碾泥机、凿石机、钻地机、抽水机、弹花机、造针机、造口子机、造纸、造火柴、造玻璃、石印、炼铁、炼钢、电镀、水雷、炮船等的制造及使用;三是科技人物传记,所介绍的重要人物有:中国科学家徐光启、李善兰、徐寿,外国人物利玛窦、汤若望、爱第森(爱迪生)、哥伦布、麦哲伦、富兰克林等;四是答读者问,专门回答读者因读杂志而发,或由兴趣和需要而发的各种问题。其作者队伍由传教士和中外科学技术人员构成,除了傅兰雅自己之外,还有玛高温、范约翰、艾约瑟、慕维廉、李提摩太、欧礼斐、卜

---

① 宋军:《申报的兴衰》,38 页,上海社会科学院出版社,1996。
②《论本报销数》,见 1877 年 2 月 10 日《申报》。
③《新闻纸缘始说》,见 1890 年 1 月 26 日《申报》。

舫济等外国传教士和学者，以及徐寿、徐建寅、华蘅芳、舒高第、杨文会等中国科技人员。

《格致汇编》虽然是一份科学杂志，但由于其内容丰富多彩，通俗易懂，实用有效，因此也颇得读者的欢迎，读者分布广泛，如向它提问的人来自上海、浙江、江苏、广东、福建、山东、湖北、天津、辽宁、安徽、直隶、江西、北京、香港和其他地区。同时，其所设的代销点也分布于全国各地，计有：北京、天津、牛庄、济南（2 处）、烟台、登州、青州、长沙、湘潭、益阳、兴国、宜昌、沙市、汉口、武昌、九江（2 处）、南昌、安庆、南京、镇江、上海（4 处）、苏州（2 处）、邵伯、扬州、宁波、杭州（3 处）、温州、桂林、重庆、太原、福州（2 处）、淡水（2 处）、汕头、香港、广州、新加坡、神户、横滨等 38 个地区 48 处。因此，它的发行数量也逐渐增加，从创刊时的 3 000 册，增至 1890 年时的一般 6 000 册，最多 9 000 册。[①] 可见其影响面是相当广泛的。

第四是《字林西报》（*North China Daily News*）。它是一份外国人办的英文报纸。其前身是《北华捷报》（*North China Herald*），创办于 1850 年，与英国驻上海的外事机关和上海租界当局有密切联系，1859 年被指定为英国驻沪领事馆及商务公署各项公告的发表机关。1864 年 7 月 1 日改为《字林西报》，保留《北华捷报》为每周增刊。《字林西报》除继续保持《北华捷报》时期与英国在华机构的原有关系之外，进一步强调代表英国在华经济利益的一面，它宣称："我们的热情的努力，将唤起一种对于广大的商业和亲切的国际政治关系之安适。我们现在是置在起点上，如果可能的话，它的结果不是短促的，消灭的，或旋作旋辍的，而是一个对于英帝国的永恒的根深的各国关系的断案。"它的编辑人员大多是在中国从事外交、经济、传教和文化活动者。如李得立原是茶叶商人、上海卜内门公司创办人，并担任过上海英租界工部局的总董，还是 1889 年在伦敦成立的由在中国和东方各国从事各种活动的头面人物组成的"中国协会"的名誉秘书；璧克是英租界工部局的首任秘书；鲍林担任过英国驻广州的领事，还一度担任过香港总督；裨治文、林

---

① 《格致汇编馆告白》，见《格致汇编》第 3 年第 6 卷。

乐知、丁韪良均为传教士。《字林西报》的发行量最多时达到7 817份，是近代中国外文报纸中一份影响面最广的报纸。[①]

外国人所办报刊的中国读者面及其影响也是相当广泛的。不同性质的报刊有不同层次的读者。宗教类报刊的读者大多为各个阶层的教徒，政治思想类报刊以政府官员和具有改良意识的知识阶层为主要发行对象，商业色彩较浓的报刊拥有较多的商界读者。综而合之，便形成了一个多层结构的读者群，他们在受到各种西方思想影响的同时，各自吸取所需的知识和信息，指导自己的行为。

三　外人办学的初步发展

传教士和来华外国人所设立的第三种文化传播机构是教育机构。开办各种学校是来华外国人最主要的教育活动。从 1842 年马礼逊和米怜将英华书院从马六甲迁至香港开始，到 1860 年时，有各种教会学校 50 余所，在校学生约 1 000 人。第二次鸦片战争之后，在华的教会学校便开始较快地发展起来，到 1899 年增至 2 000 所，在校学生数达 4 万余人，为上一时期的 40 倍。这些外国人所开办的学校可以分为两大类：一类是由各种教会开办的，占多数，另一类是由其他外国人所开办的，占少数。这两类学校在传播西方文化方面的基本性质和状况是一样的，只是前者带有较多的宗教色彩，后者则较少，或没有宗教色彩。

这一阶段的外人办学，开始从小学发展到中学，并出现了大学。在 1860 年之前，是外人办学的初创阶段，以开办小学为主。1861 年之后至 1876 年是外人办学的初步发展阶段，开始建立少数中学；1877 年之后则进入快速发展阶段，不仅小学、中学数量迅速增加，而且逐渐开办科技、医学、师范等专科学校，大学也开始出现，从而逐步建立起比较完整的学校建置体系。

与办学规模的扩大相适应，这一阶段外人办学的宗旨逐渐从以传教服务为主转向以影响中国为主。在上一阶段，外人所办学校，特别是

---

① 方汉奇：《中国近代报刊史》，35、36、37 页；中国社会科学院近代史研究所翻译室编：《近代来华外国人名辞典》，289 页，北京，中国社会科学出版社，1981。

"基督教会之学校，初非专门之教育家所设立"，而是传教士所办，其目的"亦并不在教育人才以促进教育之进步，乃欲以学校为一种补助之物，以助其宣传福音事业"，①即把办学作为西方教会扩张在华势力的一个重要途径。到1890年，包括教会在内的外人办学开始注意到开办大学教育，其办学目的已经有明显改变。他们认为："不论在哪一个社会，受高等教育的人们，都是有势力的人们，他们控制社会的情感和意见。"②也就是说，他们力图通过办学，以西方的思想意识影响中国的上层人士，培养他们的代理人，进而影响和控制中国的政治和社会。正如后来的美国伊利诺大学校长詹姆士在致美国总统罗斯福的函中所言："如果美国早在十五年之前就做到把中国学生之潮流引到美国来，并使这个潮流不断壮大，那么，我们今天就一定能够通过从知识和精神上支配中国的领袖们，来对中国的发展进行一种最令人满意的又最为巧妙的控制。"③

出于上述目的，外国人在中国办学基本上是完全按照西方的和教会的教育办法进行的。在学校的管理体制和教育设施上，基本上按照西方学校的模式而设置。如果说在第二次鸦片战争之前教会学校的初创阶段，由于学校的规模较小，这种西式管理体制尚不普遍、不健全的话，那么在进入到这一时期的发展阶段之后，尤其是在各种专科学校、大学和大型中学中，这种西式管理体制和教育设施渐趋健全。学校的管理制度大多采用董事会和监理会领导下的校长负责制。图书馆、实验室、学生娱乐场所和宿舍逐步建立起来。学生大多实行住宿制，按照严格的作息制度学习和生活。

在课程设置和教学方法上，都是中西并用，逐渐西化。在课程设置上，大多数学校都设有儒学、宗教学、理化学、政法学、音乐学、史地学和外语等方面的课程，除儒学纯属中学外，其他多属西学。在教会办学的初创阶段，儒学和宗教学的课程较多，以后西方自然科学和社会科学的课程逐渐增多，尤其在专科学校和大学中，大多以西学为主。在教学方

---

① 李楚材编著：《帝国主义侵华教育史资料——教会教育》，5页，北京，教育科学出版社，1987。
② 《在华基督教传士1890年大会记录》，458页，转引自李育民《近代中国的条约制度》，302页。
③ 李楚材编著：《帝国主义侵华教育史资料——教会教育》，5—6页。

式上,改变了中国传统教学的单纯跟诵、死背方式,开始结合课文的讲解;而且随着校办实验室、博物馆、实习工场的开设,使书本教学与实验教学相结合、抽象教学与形象教育相结合。

在这一阶段的外国人所办学校中,以格致书院和中西书院最为著名,也最为典型。格致书院由英国驻沪领事麦华陀于 1873 年 3 月在上海发起筹办,原名"宏文书院"。1874 年发布办校缘起,正式定名为"格致书院"。该书院以非教会学校,专门传播西方科学知识而闻名近代中国,但其最终用意也在于通过向中国人传授西方科技知识而消弭中国人对西方侵华势力的防范心理和抵抗意识,如有关宏文书院的报道中说:"其意欲华人得悉泰西各学之门,且冀彼此较相亲近,勿视为远方不相识之人也。"格致书院的章程也明白声称:"立此书院,原意是欲中国士商深悉西国人事,彼此更敦和好。"①格致书院虽由外国人发起,但由外国人和中国人合作办理。在其 6 929 银两加 1 521 银元的创办经费中,80%以上由中国官员和绅商捐助,价值 20 多万两的仪器设备机器运输安装费则由麦华陀从英国及英国商人中募集。管理上采用董事会制,由中外创办者和出资者中选举董事组成。第一届董事会的成员有麦华陀等 4 名外人董事和唐廷枢 1 名华人董事;历任外人董事,除麦华陀外,还有傅兰雅(1861 年来华),伟烈亚力(1847 年来华,先后隶英国伦敦会及大英圣书公会传教士),福弼士(又译"佛弼师",美国商人、旗昌洋行老板,1861 年前来华),敬妥玛(英国人),担文(英国律师,1870年来华),玛高温(英国人);历任华人董事,除唐廷枢外,还有徐寿、华蘅芳、王荣和、徐建寅、李凤苞、徐华封、张焕纶、王韬、赵元益、李平书。在课程设置上,格致书院完全采用西学。傅兰雅为其所设计的课程学科包括六大种类:矿务、电务、测绘、工程、汽车、制造。每类又设置几门到几十门的课程,如电务下设有数学、代数学、几何、三角、重学略法、水重学、气学、热学、运规画图法、汽机学、材料坚固学、机器重学、锅炉学、配机器样式法、电气学等课程。六类学科所设置的课程总计达上百门,虽未完全付之实施,但显示了他们力图以完整的西学知识教育中国人的

---

　　①《宏文书院》,见同治十二年二月二十七日《申报》;《上海创设格致书院缘起》,见 1874 年 10 月 10 日《万国公报》(第 306 次);熊月之:《西学东渐与晚清社会》,350—391 页。

办学理念。

中西书院由林乐知于 1881 年在上海创办。该书院亦为外国人发起，与中国人合办者。其办学经费的来源，既有教会提供的，也有上海的中外人士捐助的。书院的管理大权操于林乐知之手，但也有中国人参与其事，如沈毓桂担任了林乐知的助手，并与林乐知一起"参中西之宜，酌核院章，订厘课则，就法英两租界创立分院者二"，而且担任"掌教与总司院务"之职，[①]说服林乐知改变"西教第一"的既定目的，转而确立"中西并重"的办学方针。[②] 但在此校中，外国人的主导地位比格致书院为高，也有一定的教会介入。林乐知创办该书院的目的也同样在于扩大西方文化和宗教对中国的影响。他自称，开办这一学校的目的是希望以此"触及在中国人中施展影响的源头"，特别希望通过中西书院在以前无法传教的阶层吸收学生。这也就是说，他希望中西书院发挥一般教会学校所不能发挥的作用，以学西学为诱饵吸收中国高层人士和不信洋教的买办、富商等阶层家庭中的学生，从而进一步扩大甚至完全实现西方文化和教会势力对中国社会的渗透。他在如愿招到学生之后，颇感自豪地说："当人们知道几乎没有一个学生来自普通教会学校所能接触到的那个社会阶层，他们就会懂得我们这种举动是何等重要了。"[③]中西书院的管理方式与其他外人所办学校相仿，"所定学中规矩悉照泰西之法"。[④] 所设课程与其名称一致，既有西学也有中学，但以西学为主。西学的课程有西语、翻译、地图、代数学、格致学、天文、勾股法则、平三角、弧三角、化学、重学、微分、积分、性理、行海测量、万国公法、富国策(经济学)、天文测量、地学、金石类考、音乐等。中学的课程有讲文、五经、赋诗、尺牍、对联和书法等。

① 沈毓桂:《力辞中西书院掌教暨总司院务启》，见《万国公报》第 95 次。
② 林乐知:《设立中西书院启》，见《万国公报》第 657 次。
③ Adruan A. Bennett, *Missionary Journalist in China*. P. 89,90.
④ 林乐知:《设立中西书院启》，见《万国公报》第 657 次。

第三节　中国新社会因素的初步发展

一　资产阶级的初步发展

随着洋务运动时期资本主义工矿交通业产业的发生、发展,加上自第一次鸦片战争后传统金融业和商业的资本主义化,中国的早期资产阶级逐渐发展起来。这里所说的早期资产阶级,一是指其在产生和发展阶段上处于开始和初步发展的时期;二是指其在内涵成分上包括资本主义和资本主义化的产业、商业和金融业的主要投资者和经营管理者。这一时期的资产阶级,从他们所从事的经济领域来说,已经有了商业资产阶级、金融资产阶级和产业资产阶级。其中的产业资产阶级是在这一时期中产生的,其他则在此前已经产生,但在这一时期获得了较大的发展,他们的具体情况有所不同。

商业资产阶级是最早产生的。自第一次鸦片战争后,中国的进出口贸易逐渐发展起来,除了外商设立洋行进行进出口贸易之外,中国人也陆续设立一些商贸行号从事进出口贸易,或以原有的商业行号兼营进出口贸易,使中国产生了资本主义或资本主义化的商业。这些专营或兼营进出口贸易的行号,从第一次鸦片战争后便开始产生,如专门经销进口洋布的洋布店、专门经营丝茶出口的"丝茶专栈"和兼营洋货的京广杂货店等。到1860年后,除先前已经产生的那些从事进出口贸易的行业有了较快发展之外,还出现了新的进出口贸易行业,如进口方面的五金、洋杂货(百货)、煤油、颜料、西药、钟表等行业,出口方面的皮货、蛋粉行业。此外,本国的工业产品业也开始逐渐地进入流通领域,如煤炭、丝绸、面粉、火柴、棉制品等,使商业与本国资本主义产业的联系渐趋密切和广泛。资本主义商业的产生、发展和传统商业资本主义化程度的扩展,当然意味着其相关商号的业主和主要投资者已程度不同地转化为商业资产阶级。

金融资产阶级几乎与商业资产阶级同时产生。在对外贸易发展的同时,传统金融业也被逐渐纳入外贸金融体系。在外资银行进入中国之前,"中外商人因贸易而发生的财务关系,通常是经过经纪人或洋行买办和当地钱庄进行清算的"。① 接着,票号亦成为钱庄外贸财务业务的支持者,如上海"与内地各省的汇兑业务,以及中国人对通商口岸的交易所签发的票据,全部都经过山西票号",②从而使票号间接地参与了外贸业务。这种传统金融业被卷入外贸金融体系的状况在前一时期已经产生,到进入这一时期之后,则随着外贸的较快发展而获得较快扩展,尤其是外资银行进入中国,它们除了仍然要利用中国钱庄的汇兑渠道之外,并且在资金上向钱庄提供拆款,在业务上接受钱庄的庄票,进一步把钱庄纳入外贸金融体系之中。③ 此外,随着本国资本主义工商业的发生、发展,钱庄、票号与它们的财务关系也逐渐发生发展起来,如汇兑、借贷等。无论是被纳入外贸金融体系,还是与本国资本主义工商业财务关系的发生、发展,都是钱庄、票号资本主义化的表现。因此,它们的主要投资者和经营者也逐渐向金融资产阶级转化。

产业资产阶级则是在洋务运动中产生的。产业资产阶级当然是伴随着资本主义工矿、交通等产业的发生而产生的。由于资本主义产业的产生和发展不像商业和金融业那样复杂而隐晦,因此判定产业资产阶级的产生时间和发展过程也就比较简单明了。当洋务运动时期官督商办民用企业产生的时候,资产阶级也就产生了,因为已有一些人对企业有了数量较大的投资,也有一些人成为企业的实际经营者。商办企业产生以后,他们的队伍不断扩大。

关于这一时期资产阶级的数量,只能作一个大概的估计。其中产

---

① *North China Herald*,1893 年 11 月 24 日,p. 813.
② Great Briton Foreign Office, *Commercial Reports From Her Majesty's in China*, 1875—1876, Shanghai, p. 34.
③ 参见张国辉《晚清钱庄和票号研究》,北京,中华书局,1989。

业资产阶级的数量比较容易估计,他们的产生与资本主义产业的产生直接相连,到 1894 年时,全国曾成立过的官督商办和官商合办民用企业 36 家、商办企业 154 家,合计 190 家,如果以每家企业平均有 5 名主要投资者和经营者估算,那么产业资产阶级的人数有近千人。

金融资产阶级和商业资产阶级的产生主要是因为他们所经营的业务与对外贸易和资本主义产业有了一定的关系,因此他们主要存在于已有对外贸易的通商口岸和已有资本主义产业的城市,其他城市中可能也会有一些传统金融业者和商人开始向资产阶级转化,但为数肯定很少,姑且忽略不计。到 1894 年,全中国实开通商口岸 25 个,它们是广州、厦门、福州、宁波、上海、潮州(汕头)、天津、牛庄(营口)、镇江、汉口、九江、登州(烟台)、淡水、台湾(打狗、台南)、琼州、宜昌、芜湖、温州、北海(以上为 1876—1877 年开设者)、拱北、九龙、龙州、蒙自、重庆、亚东。[①] 估算金融资产阶级和商业资产阶级的数量,也就是估算这些通商口岸的钱庄、票号等传统金融店号和外贸商品及工矿产品经销商店的主要投资者和经营者。

就金融资产阶级而言,各地有数可查的钱庄、票号等传统金融店号数量是:上海在 1908 年时有 310 户;汉口在最多时的 1891 年约有 500 户,后来虽逐渐减少,但到清末时仍有 138 户;天津和福州在 1860 年前后各有 100 户左右;宁波在 1891 年时有 22 户;镇江、苏州在 20 世纪初年亦各有 30 户左右。据现有资料记载,在 25 个已开通商口岸中,除琼州、宜昌、温州、北海、龙州、蒙自、亚东 7 个口岸在 1894 年之前尚未有洋行外,其他 18 个口岸已有多少不等的洋行出现,也就是说这 18 个口岸的传统金融业已程度不同地与外贸发生了关系,其主要投资者和经营者开始向金融资产阶级转化。若将广州、福州、上海、天津、汉口 5 地以每地有 120 户金融店号,其他 13 地以每地有 30 户金融店号计算,那么这 18 个通商口岸共计有钱庄、票号之类的金融店号约 1 000 户,以每户有 2 名主要投资者和经营者计算,那么共计有初步转化为金融资产阶级者约 2 000 人。

---

① 姚贤镐编:《中国近代对外贸易史资料》第 2 册,735—736 页,北京,中华书局,1962。

就商业资产阶级而言，他们所分布的范围要比金融业广一点，每个相关城市中的商业店号也要比金融店号多得多。如上海一地，到 19 世纪末就有销售进口商品的洋布店号 130 余家、五金洋货业店号 196 家、洋杂货业店号约 1 000 家、煤油业店号 49 家，经营出口商品的丝栈 51 家、茶栈 34 家、皮货业店号 69 家、蛋业店号 34 家，这几个专营进出口的行业共有店号 1 563 家。[①] 此外，还有其他各类商业店号 5 700 多家，其中兼营进出口贸易者亦不在少数，如果取其半数计之，则为 2 650 家。如此，上海有专营和兼营进出口业的商业店号约有 4 200 家，如果以其 2/3 成立于 1895 年之前计算，那么有店号约 2 800 家。如果以每家店号 2 个主要投资者和经营者计算，那么应有 5 600 人。参考上海的情况，如果将广州、福州、天津、汉口 4 地以每地 3 000 人计算，其他 13 个通商口岸以每地 1 000 人计算，那么这 18 个通商口岸共有商业资产阶级 3 万多人。此外，在这一时期其他尚未设有洋行的通商口岸和非通商口岸中，也已有相当数量的经销进出口商品和国产工业品的商号。由于洋行能够向华商提供"子口半税单"，内地华商得以直接到通商大埠运销洋货。如仁记洋行的进口布匹由芜湖的 7 家华商承销，并再转由汉口的 4 家华商贩往内地；[②]四川商人直接到上海贩运洋货；由镇江、宁波、汉口、九江、福州、厦门、芜湖等口岸进口的各种洋货，由华商运销到省内外各州县；在 19 世纪 60 年代前后，上海"从英美两国进口的纺织品有一半是由华商订购的"，其他进口洋货由华商订购者多达 75％。[③] 这里所说的华商也包括内地非通商口岸的华商。据此，这些非通商口岸中经销进出口品和国产工矿品的商人数量估计与上述 18 个口岸的数量相仿，即亦约为 3 万人。如此，全国共计约有商业资产阶级 6 万人。

还有一种资产阶级化的商人不可忽略，那就是附股于外资工商企业的中国商人。据已有研究，在整个 19 世纪中，华商对外资洋行、航运、保险、银行、码头、堆栈、房地产、棉纺织、缫丝、出口加工、船舶修造、

---

① 上海商务总会：《上海华商行名簿册》《上海租界华商行名簿册》，自印，1908。
② 严中平主编：《中国近代经济史（1840—1894）》，1143、1144 页，北京，人民出版社，1989。
③ B. Brenan, *Report on The state of trade at the treaty ports of China*, 1897, p. 12.

公用事业、工矿业都有多少不等的附股。有些外资企业的华商附股占有较大比重，如琼记洋行、旗昌轮船公司、东海轮船公司、上海自来水公司中的华商股份占到一半以上，烟台缲丝厂、上海怡和缲丝厂、华兴玻璃厂中的华商股份占 60% 以上，大东惠通银行、中国玻璃公司中华商股份的比重达到 80%。所有华商附股的累计总数在 4 000 万两以上，[①]是这一时期买办、官僚和绅商对本国产业投资 2 000 万元（约合 1 400 万两）的 2.86 倍，如果以这一比例估算附股商人的数量，那么就有2 800 多人。从投资者的角度来说，他们也应是中国早期资产阶级的一部分，其中包含了产业资产阶级、金融资产阶级和商业资产阶级。

如此，各类资产阶级合计的总人数为 6 万—7 万人。

二　工人阶级的初步成长

如果说在第二次鸦片战争之前，中国的工人已经在外资企业中产生，那么由于当时外资企业尚少，工人的数量也较少。到第二次鸦片战争，特别是 1865 年之后，随着外资企业的大量增加，本国的洋务企业和商办企业的开办和增设，不仅外资企业中的工人数量有大幅度增加，而且开始在本国的企业中产生了工人。外资企业中的工人数到甲午战争前后约有 3.4 万人，其中船舶修造业 9 000 人，砖茶制造业 7 000 人，机器缲丝业及其他进出口商品加工业各 6 000 人，印刷、造纸、制药等业4 600 人，公用事业 1 400 人。[②] 同时，本国企业中的工人数，自 19 世纪60 年代产生以后，到 80 年代后有较快增加，到甲午战争前后已大大超过外资企业中的工人数，达到 92 850—99 060 人，其中除了一般的产业工人之外，还包括了铁路工人、轮船招商局工人和职员。[③] 把外资企业中的工人和本国企业中的工人合计，总数为 126 850—133 060 人。

上述的工人数量只是对机器工矿企业和新式交通业中的工人数量的估计，没有计及机械化程度较低的，或已成为工场手工业企业中的工

---

① 参见汪敬虞《十九世纪外国侵华企业的华商附股活动》，载《历史研究》1965 年第 4 期。

② 孙毓棠：《中日甲午战争前外国资本在中国经营的近代工业》，84—91 页，上海人民出版社，1955；孙毓棠编：《中国近代工业史资料》第 1 辑下册，1193 页。

③ 孙毓棠编：《中国近代工业史资料》第 1 辑下册，1201 页；宓汝成：《帝国主义与中国铁路》，543 页，上海人民出版社，1980；刘克祥主编：《清代全史》第 10 卷，431 页，沈阳，辽宁人民出版社，1993。

人数。这部分未被统计在内的工人，虽然不像机器工业和新式交通业的工人那样具有现代工人的典型性质，但也正处于由手工业工人向现代工人转化的状态，应该属于工人阶级中的一部分，并把他们统计在内。这种转化中的工人在广东的缫丝业中存在较多。广东的机器缫丝厂到1894年时已发展到88家，另有机械化程度较低的缫丝工场有二百多家。但在上述的统计中，只统计了上海的7家机器缫丝厂和广州的55家机器缫丝厂的工人，总数为13 600人。[1] 另一项对上海8家机器缫丝厂和广东88家缫丝厂工人作了统计，上海为5 850人，广东为40 000人，合计为45 850人。[2] 但这一统计尚未计及广东的200家缫丝工场的工人，如果以广东机器缫丝厂平均每厂工人数454人的1/3计算每个工场的平均工人数，那么每工场有工人约150人，总计为30 000人。如此，缫丝工人的总数应是75 850人，比原有统计数13 600人多出62 250人。加上这个数字，那么工人的总数应为189 100—195 310人。如果再计及其他行业中的手工业工场的工人，其数字就更大了。

当时的工人已经有相当高的集中程度。一是集中在一些大企业中，如在采矿业中，开平矿务局在1889年时有工人3 000名，1894年时有3 500—4 500人；漠河金矿拥有工人亦达2 800—3 600人。[3] 在军火工业中，江南机器制造局约有工人2 800人；福建船政局在1872年时就拥有工人近2 000人，到1894年时增至2 600人。在金属冶炼业中，汉阳铁厂有工人约3 000人。在棉纺织业中，湖北织布局有工人2 500—3 000人，上海华盛纺织总厂有工人约4 000人。[4] 在交通业中，为数不多的铁路则集中了多达3万人的铁路工人；轮船招商局也有工人和职员约5 000人。[5] 二是集中在四大城市之中，以上海为最多，有各类工人约36 220人；汉口次之，有工人12 850—13 350人；广州居第三位，约有工人10 300人；天津居第四位，有工人3 080—3 240人。[6]

① 孙毓棠编：《中国近代工业史资料》第1辑下册，1195页。
② 许涤新、吴承明主编：《中国资本主义发展史》第2卷，465页。
③ 郭士浩、阎光华：《旧中国开滦煤矿工人队伍的形成》，载《南开学报》，1984(4)。
④ 孙毓棠编：《中国近代工业史资料》第1辑下册，1184、1186、1189、1197页。
⑤ 宓汝成：《帝国主义与中国铁路》，543页；刘克祥主编：《清代全史》第10卷，431页。
⑥ 孙毓棠编：《中国近代工业史资料》第1辑下册，1202页。

这一工人的地域性集中状态只是就机器产业工人的数量而言的,如果计及铁路工人和轮船招商局的职工,乃至再计及铁路建筑工人和码头工人,那么上海的工人数还会再多一些,而天津的工人数则会多得更多,应该是超过广州乃至汉口而占第三位甚或第二位。如果计及机械化程度较低的工厂和手工业工场的工人,那么广东顺德的工人数可能会占第二位,甚至第一位,但这不具有典型意义。

此外,工人的种类也已相当齐全,一些最主要种类的工人已经产生,如采矿企业中产生的矿工、铁路企业中产生的铁路工人、轮船航运企业中产生的海员和码头工人、金属冶炼企业中产生的钢铁工人、纺织企业中产生的纺织工人和缫丝业中产生的缫丝工人。

三 新知识群体的出现

传教士和其他来华外国人所从事的传播西方文化活动,从其目的性来说是一种文化扩张或侵略,但从其传播的内容和形式来说,大多数具有西方资本主义文化及其传授形式的实用性和先进性。它们的输入既给传统的中国人文社会注入了异质的西方人文社会模式和因素,也随着其功效的显示,逐渐被中国有识之士视为仿效的样板,使中国官方和民间模仿或聘请外国文化传播者创办自己的新式译编出版机构、新式报刊和新式学校的活动逐渐兴起。这从时人的有关论述中可见一斑。1887 年《申报》评述中国石印出版业的发展过程说:"自英商美查就沪上开点石斋,见者悉惊奇赞叹,既而宁、粤各商仿效其法,争相开设。"[1]郑观应在呼吁中国自办报刊时指出:"中国通商各口,如上海、天津、汉口、香港等处,开设报馆,主之者皆西人……今宜于沿海各省,次第仿行,概用华人秉笔。"[2]英国传教士傅兰雅在参与创办上海格致书院时叙述中国自办新式学堂之事说:"洎乎中外互市以来,华洋既接,各事交通,西学之流进中国者已非朝夕。识时务者,每喜西学之有裨实用;明道理者,亦嘉西学之足扩襟怀,一再仿行,因设同文、方言之馆,次

---

① 委宛书倩:《秘探石室》,见 1887 年 2 月 5 日《申报》。
② 夏东元编:《郑观应集》上册,346—347 页,上海人民出版社,1982。

第举办,乃兴武备、水师之堂。然此特国家仿效西法之一端。"①

随着来华外国人和中国人所办新式文化传播机构的增加和西方文化传播的不断扩大,接受西方文化的中国人的队伍也在不断扩大,逐渐形成为一个新知识分子群体。这一新知识分子群体主要有以下三方面的人员构成。

一是协助来华外人进行文化传播的中国人。来华外国人在中国传播西方文化,不仅有人生地疏之感,而且有语言不通的障碍,甚至还会受到中国传统文化的抵制。因此,聘用中国文人协助其传播西方文化工作是他们的普遍做法。

在来华外人所办的书籍译编和出版机构中,有不少华人参与其事。这些机构的设立和日常工作都有华人参加。如广学会中有助译及誊录、发行的华人18人,其中的著名者先后有蔡尔康、任保罗、范韡海、许东来、谢颂羔等人。上海圣教书会由顾咏经、吴虹玉、鲍华甫等华人共同参与发起。青年会书报部的主持人大都是中国人,先有谢洪赉、奚伯绶、胡贻谷、范韡海等人,后有谢扶雅、应元通、沈体兰、张仕章、吴耀宗等人。其他的教会翻译和出版机构,也大都聘用数量不等的华人。许多西书的翻译是由中国人代笔而完成的。当时翻译西书所采用的普遍方式是:洋教士"以西书之义逐句读成华语,华士以笔述之",②并润色加工。即便享有汉学权威声誉的伟烈亚力,在墨海书馆和大英圣书公会驻沪代理处期间,有关译书之事也请沈毓桂"主其事"。施约瑟的译书工作先请沈毓桂协助,后另"延华士,译以华文"。花之安的第一本文言译著《马可讲义》,"系王君谦如笔述",主持广学会时又请顾仲涵为其"记室"。③ 林乐知的代笔者"初为吴江沈君毓桂,继为上海蔡君尔康,今为之者范君祎,而任君保罗尤与公同砚最久,历二十余年无间",④林所译书籍大半出自他们的手笔。李提摩太以蔡尔康为主要代笔者,他的著名译作《泰西新史览要》由蔡尔康译为华文。有人统计,在1919年

① 朱有瓛主编:《中国近代学制史料》第1辑下册,186页。
② 傅兰雅:《江南制造局翻译西书事略》,见《格致汇编》第3年第6卷,9页。
③ 沈毓桂:《鲍隐庐诗文合稿·吴炳序》,广学会,1897;《万国公报》第101次,10页;第109次,7页。
④ 丁文江、赵丰田编:《梁启超年谱长编》,103页,上海人民出版社,1983。

之前,各类代笔华人累计达 5 000 余名。①

外人所办的报刊机构也同样离不开华人的协助。《万国公报》名义上由林乐知主笔,实则由华人沈毓桂和蔡尔康先后主笔。《申报》不仅是在华人建议下创办,而且一开始就由华人吴子让任主笔,后来又有蒋芷湘、钱昕伯、黄式权、蔡尔康、袁祖志等任主笔或编辑,还由赵逸如、席子眉、席子佩等人任业务经理。就是外国人所办的西文报刊,也有华人参与其事者。如 1845 年开办的香港《孖剌报》(China Mail),聘用伍廷芳为译员;1857 年开办的香港《德臣报》(Daily Press),曾由华人陈霭亭担任"译著之事";《博医会报》(China Medical Journal)和《中国政治社会科学评论》(Chinese Political and Social Science Review),都由中外教士合编。至于报馆日常事务的料理,报纸的印刷、发行、广告招揽等事务,各报馆几乎无不雇用华人。戈公振曾概括外国人报刊的人员雇用情况说:"当时报馆必延一华人为买办",担任经营之事;又雇用卖报之人和"招揽广告之人",并在外地"兼任访员"。②

在来华外人的办学活动中,同样有中国人参与。华人在这类学校中的工作除了参与校务工作和担任汉语和汉学的教学工作之外,也有担任西学的教学工作的。如在格致书院担任西学教习的华人有徐寿、华蘅芳、陆仁堂、栾学谦等。从总体上来说,在教会学校任教、任职的华人占有一定的比例。据统计,1925 年时基督教所办大学的教员共计有 465 人,其中华人 181 人,③占 39％,虽然在教会学校开设的早期或许不会有这么大的比例,但肯定也有一定数量的华人教员。

来华外人所开办的各种文化传播机构聘用华人为其服务,固然使这些华人沦为列强对华文化侵略的帮手,但亦使这些华人转化为新式文人,并逐渐养成现代知识分子的素质。为洋教士主持译书事务和代笔者逐渐成长为中国的第一代翻译家,后来几乎都独立从事过不少西学书籍的译编工作。而且,这些华人在代笔译书中,不可避免地成了西

① 于醒民:《近代来华基督教传教士译著中的代笔问题》,见《近代中国教案研究》,444 页,成都,四川省社会科学院出版社,1987。
② 戈公振:《中国报学史》,85 页,北京,中国新闻出版社,1985。关于华人参与外国人办报的情况,除参阅戈公振书外,另参阅方汉奇《中国近代报刊史》和王治心《中国基督教史纲》。
③ [美]杰西·格·卢茨:《中国教会大学史》,曾钜生译,181 页,杭州,浙江教育出版社,1987。

学的接受者,使他们的知识结构和思想观念逐渐资产阶级化和科学化,或产生和形成了程度不同的资产阶级改良思想,或丰富了科学知识。参与外人办报事业的华人不仅成为中国的第一代报人,而且有不少成为中国自办新式报刊的带头人。不少参与来华外人办学活动的华人,他们的知识结构和教育思想大多是传统的,但是他们在新式学校的管理和执教过程中开始按照新式的方法办学、施教,从总体上来说已属于新式的教育工作者。

二是由阅读西书和西式报刊而受到西方思想文化影响的中国人。这些西书和西式报刊所传播的西学门类众多,以中国人为主要传播对象,其影响达于中国的各个阶层。

来华外国人的传播西学,当然是出自其自身和本国的利益,旨在实行对华文化同化,奴化华人,培养自己的代理人,并为其本国的对华政治和经济侵略开道。但是,中国人在接受西学时,并不是一味按照外国文化传播者的旨意去做,而是有自己的选择动机和标准。加之传华西学的内容构成并非全属奴化和教化方面,而是包含着许多科学技术、资产阶级政治学说和革命历史,以及实用性知识。这就使中国人能够按照自己的选择动机和需求标准,去参与外国人的西学传播活动,去仿建自己的西学传播机构,去吸收自己所需的西学素养。例如,有的人为了寻求精神寄托和生活依靠而去接受西教的教义和参加教会;有的出于谋生需要而去教会及其附设的文化传播机构任职;有的因为探索强国、救国之理而去阅读西学政法书籍和文章;有的为了追求科技知识而去学习自然科学;有的为了获取和提高从业能力和求职资格而去就读各种相关的专业课程。

就汉译西书而言,其内容大致可分为宗教传布、自然科学和社会科学三大类。除了第一类书籍以传布教义为主旨,其主要影响所及是在中国各阶层中造就了一大批教徒,与新式知识分子群体的产生没有多少关系之外,第二类和第三类书籍则主要面向中国的自然科学工作者、工程技术人员、新式学校的教员和学生,以及各级政府官员、绅士和商人,其客观作用是提高了中国科技工作者和科技教育的水平,培养了一批新型的中国科技人员,增加了一般学生的科技知识,引发了一些官员和绅商的世界观和政治思想的变化,进而成为晚清一系列社会变革运动的先导者和核心力量。

从鸦片战争后到戊戌维新前,凡是思想比较开明、领导和参加过各种社会变革活动的官员、绅士和知识分子,几乎都受到过西学的影响;而且受影响越多者,变革的思想越强烈,态度越激进。早期改良主义思想家都从各种汉译西书中吸取过不少思想要素,在他们的著作中不难见到叙述自己如何与传教士讨论时政、如何因阅读西书有感而写作的情形。康有为通过阅读中译西书而从一个旧式知识分子逐渐转变为维新领袖。他自述转变过程说:"光绪五年己卯(1879 年)……既而得《西国近事汇编》、李□《环游地球新录》及西书数种览之。薄游香港……渐收西学之书,为讲西学之基矣。""光绪八年壬午……道经上海……大购西书以归讲求焉。十一月还家,自是大讲西学,始尽释故见。""光绪九年……大攻西学书,声、光、化、电、重学及各国史志、诸人游记皆涉焉……是时绝意试事(即科举),专精问学,新识深思,妙悟精理,俯读仰思,日新大精。"①从而逐渐形成了仿效西方资本主义文明、厉行变法维新的思路和决心。后来他所写就的各种变法上书和文献,都贯穿着西学的原理。变法维新的理论家梁启超,不仅广读西书,吸取理论营养,而且根据自己的读书体会,把一批自认为优秀的译著推荐给广大的维新人士阅读。康、梁等维新人士还从自己读西书的受益中感悟到自主翻译西书的重要性,指出:"今日之中国欲为自强第一策,当以译书为第一义。"②

三是在新式学校接受教育的中国人。新式学校的课程设置一般是西学和汉学两者兼有,教会学校还设有宗教教义。小学和普通中学以中西文化和科学常识的基础知识教学为主,专科学校和大学则以各种专业教学为主,西学的比例较大。由此培养出来的学生自然也具有相应的知识层次和结构,尤其是专科学校和大学所培养的学生,大都成为掌握某种专业知识的新型人才。随着新式学校的发展,其毕业生逐渐

---

① 康有为:《康南海自编年谱》,见中国史学会主编《中国近代史资料丛刊·戊戌变法》(四),114、116 页,上海人民出版社,1957。
② 梁启超:《读日本书目志书后》,见《饮冰室合集》文集之二,52 页,北京,中华书局,1990。

由社会低层向高层分布、由教会领域向其他各个领域扩散。如京师同文馆，1887 年时有 8 名毕业生留馆担任教习。到 1890 年，又有 10 名毕业生担任教习。上海广方言馆到 19 世纪末，先后留馆担任教习的毕业生有 9 名。[①] 中西书院到其开办十周年的 1892 年时，已有 200 多名学生毕业，并进入新兴的部门工作，"或至各海关，或至电报官商各局，以及招商、铁路等局办事"，也有到"各处设立电报、水师等学堂"继续学习者"数十人"。[②] 格致书院不仅有不少在校生毕业，而且培养了社会上的许多西学爱好者。它从 1886 年起开始实行按季课试，社会上对西学有兴趣而又有所知的人均可自由参加考试，到 1894 年结束，连考 9 年；从 1889 年起又开始实行特科，到 1893 年结束，每年两次，连续 5 年，共计考课 46 次。课艺的内容 90% 以上涉及西学和时务。参加考课的人员中有 1 878 人获得了超等、特等、一等奖，参考人员总数当不会少于万人，他们的地区分布也相当广，涉及了十多个省、区。还有一批毕业于各专门学校和留学回来的学生分布于洋务企业和海军之中，担任技术人员和指挥、驾驶人员，发挥了重要的作用。

西方文化传播的结果，既有奴化教化中国人的作用，也有促使中国新式人文社会因素产生、发展的反作用，使中国的人文社会由单一的传统因素结构转向新旧兼有的二元因素结构，并朝着以新因素为主导的方向发展。这种分化虽然势必带来新旧因素的分歧和冲突、引起社会的变动，但也由此推动了社会的新陈代谢。

除了上述这三种新社会因素之外，当然还有两种重要的因素，这就是资本主义的经济因素和文化因素的初步发展，这两方面的情况在本书的有关章节中已有详细的叙述，这里就不再重复了。

---

① 李长莉：《先觉者的悲剧——洋务知识分子研究》，65 页，上海，学林出版社，1993。
② 林乐知：《中西书院报单》，见《中西教会报》第 2 卷第 16 期，1892。

第四节 洋务运动的失败

一 清政府试图续行洋务自强

　　甲午战争对中国和远东都具有巨大而深远的影响。这场战争改变了战前相对稳定的远东形势,日本以新兴军事强国的姿态挤进了帝国主义列强的行列,成为东方的一霸。日、俄的矛盾日益尖锐,英、日在抗衡俄国的共同点上互相接近。这场战争也使中国的国际地位急遽下降,面临被帝国主义列强瓜分的亡国大祸。战前,国际社会曾视中国为亚洲的四强之一。法国外交部长法莱西讷曾这样估计中法战争后的亚洲形势:"亚洲现在是在三大强国的手中——俄国、英国和中国,而我们就是第四个。"甲午战争的结果,被视为"弹丸岛国"的日本打败了中国,彻底暴露了中国国力的孱弱和体制的腐败。战后访问远东的《泰晤士报》记者吉尔乐甚至断言:衰败的中国"在遇到外来的第一个压力时,就必然立即出现全面、彻底的崩溃"。①

　　中国在甲午战争中惨痛失败刺激了清政府和洋务派官员试图加大洋务的力度,重行自强之策,挽救危局。1895 年 5 月 8 日,光绪皇帝在痛心疾首、万般无奈下批准《马关条约》时,就发出上谕说:"嗣后我君臣上下,惟期艰苦一心,痛除积弊,于练兵筹饷两大端实力研求,亟筹兴革,毋生懈志,毋骛虚名,毋忽远图,毋沿积习,务期事事核实,以收自强之效,朕于内外诸臣有厚望焉。"要求合朝上下,自此以后励精图治,兴

---

① 丁名楠等:《帝国主义侵华史》第 1 卷,319 页;第 2 卷,12 页,北京,人民出版社,1986。

利除弊,续谋自强。7 月 16 日,两江总督刘坤一向清廷提交《策议变法练兵用人理饷折》,主张采用西法练兵、用人、理饷。7 月 19 日,光绪皇帝又发布上谕:"自来求治之道,必当因时宜制(制宜),况当国事艰难,尤应上下一心,图自强而弭祸患,朕宵旰忧勤,惩前毖后,惟以蠲除积疾力行实政为先,迭据中外臣工条陈时务,详加披览,采择施行,如修铁路、铸钞币、造机器、开各矿、折南漕、减兵额、创邮政、练陆军、整海军、立学堂,大约以筹饷练兵为急务,以恤商惠工为本源,此应及时举办。"①令各省将军、督抚条陈时务,提出对策。其力图改进之处,一是"力行实政",提高行政效力;二是扩大范围,进一步推行洋务事业建设,强调铁路建设,推进币值和财政改革;三是要"恤商惠工",扶植民办工商业。同一天,湖广总督张之洞递交《吁请修备储才折》,首先指出甲午之败给中国所造成的危机和中国重行洋务的必要:"此次和约,其割地驻兵之害,如猛虎在门,动思吞噬;赔款之害,如人受重伤,气血大损;通商之害,如酖酒止渴,毒在脏腑。及今力图补救,夜以继日犹恐失之,若再因循游移,以后大局何堪设想?"就此提出了编练陆军,重建海军、修筑铁路、设枪炮厂、广开学堂、速讲商务、兴工制造、派员出国考察、预备巡幸之所等 9 条重行洋务之策。② 不久,刘坤一也于 9 月 25 日递交《遵议廷臣条陈时务折》,提出了采用西法训练陆军、加紧培养海军人才、推广自造枪炮弹药、兴建铁路、矿业、设立学堂培养人才等主张。还有其他不少官员也上奏提出了整顿吏治、刷新政事、续行洋务、再谋自强的建议。如南书房翰林张百熙所奏的《和议虽成应急图自强并陈管见折》,指出:"夫今日中国之法敝极矣","非力图自强不可。自强之道非于用人行政之间,参以更化善治之意不可。"吏科给事中余联沅所奏的《请填简大僚勿骛虚名而求实际折》,指出:"窃以为人才之否塞,至今日而已极矣","论者谓此次创巨痛深,必须改弦更辙,而后可自强",即必须以西洋各国"实事求是"、"综核名实"的"自强之道"慎选官员。③ 在

---

① 朱寿朋编:《光绪朝东华录》第 4 册,总第 3595、3631 页,北京,中华书局,1958。

② 《张文襄公全集·奏议》卷三十七,17—36 页。此折为张謇代拟,亦收入《张謇全集》第 1 卷,29—41 页,题为"代鄂督条陈立国自强疏",南京,江苏古籍出版社,1994。

③ 戚其章主编:《中国近代史资料丛刊续编·中日战争》第 3 册,439—440、537—538 页,北京,中华书局,1991。

光绪帝及洋务官员推动下,洋务新政在甲午战争后一度复兴。其中最突出的有下面三项举措。

一是扩大和改进编练新军。甲午战争中,北洋海军全军覆灭,湘军、淮军接连战败,彻底暴露了清朝军队的弊端和军制的落后,促使清政府将编练新式陆军作为继续推行洋务新政的重点。还在甲午战争初期,李鸿章的军事顾问、德国军官汉纳根建议清政府组建直属朝廷的新军 10 万人,聘西方将领督率。光绪帝从其议,谕令广西按察使胡燏棻会同汉纳根商定练兵之事,因胡燏棻不愿组建的新军完全受汉纳根节制,议遂不成。1894 年 11 月,清政府成立以奕䜣为首的"督办军务处",负责整顿京畿旧军和改练新军。督办军务处派胡燏棻在天津马厂开始编练定武军,1895 年 10 月移驻小站编练,使晚清的编练新军进入新的阶段。

二是推广和提高人才培养的范围和层次。甲午战争后,兴学育才进一步受到洋务官员的重视。1895 年,张之洞在《吁请修备储才折》中呼吁:"人皆知外洋各国之强由于兵,而不知外洋之强由于学,夫立国由于人才,人才出于立学,此古今中外不易之理。""今外洋各国,与我交涉日深,机局日迫,若我仍持此因循之习、固陋之才、浮游之技艺,断不足以御之。应请各省悉设学堂,自各国语言文字,以及种植、制造、商务、水师、陆军、开矿、修路、律例各项专门名家之学,博延外洋名师教习。"[1]接着陕甘总督陶模、户部侍郎胡燏棻也先后上奏,指出:"天下事所当变通者,不止一端,而人才其尤亟",建议清廷"仿行西法","设立学堂以储人才"。[2] 朝野有识之士,经甲午一役,倍受刺激,"深知国势日拙,国难严重,欲谋振兴中国非从兴学与储才两方面着手不可"。[3] 这些表明了甲午战争后洋务官员更加视兴学育才为办洋务谋自强的重要举措。1895 年 9 月,盛宣怀有鉴于"自强之道以作育人才为本,求才之道以设立学堂为先","日本援照西法广开学堂、书院,不特陆军、海军将弁取材于学堂,即外部出使诸员及制造、开矿等工,亦取材于学堂,中国

---

① 王树枏编:《张文襄公全集·奏议》卷三十七,28—29 页。
② 中国史学会主编:《中国近代史资料丛刊·戊戌变法》(二),269、279、283 页。
③ 朱有瓛主编:《中国近代学制史料》第 1 辑下册,259 页。

智能之失士何地蔑有"，遂以周馥于 1886 年在天津设立的博文书院为基础，改设头等和二等学堂，其中头等学堂即"外国所谓大学堂也"。①此后，有不少洋务派官员也像盛宣怀那样，从改革传统书院和设立新式学堂两个方面，继续以更大的规模和更高的层次开展兴学育才活动。

三是开始招商承办洋务企业。8 月 11 日，光绪皇帝发布上谕："前因给事中褚成博奏请招商承买各省船械机器等局，当经谕令户部议奏。兹据奏称，中国制造机器等局不下八九处，历年耗费不赀，一旦用兵，仍需向外洋采购军火，平日工作不勤，所制不精，已可概见。福建船厂岁需银六十万，铁甲兵舰仍未能自制；湖北枪炮、炼铁各局厂，经营数载，糜帑已多，未见明效。如能仿照西例改归商办，弊少利多，等语。制造、船械，实为自强要图，中国原有局厂，经营累岁，所费不赀，办理并无大效，亟应从速变计，招商承办，方不致有名无实。……该商人如果情愿承办，或将旧有局厂令其纳资认充，或于官厂之外另集股本择地建厂，一切仿照西例，商总其事，官为保护。若商力稍有不足，亦可借官款维持。"②这则上谕一方面对洋务运动中所办洋务军用和民用企业作了总体评价，认为洋务企业的效果是不佳的；另一方面继续认定举办军用和民用企业是"自强要图"，应该继续；再一方面首次提出要改变办法，要由官办、官督商办改为商办，要改变官、商关系，由官总其事改为"商总其事"。此后不久，即开始招商承办旧企业，劝商开办新企业，使近代中国的兴办工商企业历程从以官方力量为主的阶段转入以商人力量为主的新阶段。

上述光绪皇帝和一些比较开明的洋务派官员，在总结洋务运动和甲午战争失败原因的基础上提出的，继续学习西方先进文明，再接再厉、重谋自强的想法和举措，虽然也有其一定时代价值，为接踵而至的维新和清末新政中的同类举措作了前期准备，但是"洋务"作为一种谋求中国自强的运动已时过境迁，不再为大多数寻求救国之路的有识之士所认同。

---

① 朱寿朋编：《光绪朝东华录》第 4 册，总第 3656—3657 页。
② 朱寿朋编：《光绪朝东华录》第 4 册，总第 3637 页。

二 志士仁人探求救国新路

甲午战争成为中国近代民族意识和政治变革思潮演变的一个重要转折点。甲午战败使许多志士仁人意识到中华民族到了存亡的危急关头。康有为曾惊呼:"此四千年中二十朝未有之奇变。加以圣教式微,种族沦亡,奇惨大痛,真有不能言者也。"①梁启超也指出:"吾国四千余年大梦之唤醒,实自甲午战败,割台湾,偿二百兆始以后始也。"②唐才常在得知《马关条约》订立的消息后,在给其父亲信中愤慨地说:"和议已成,所约条款,非是和倭,直是降倭,奸臣卖国,古今所无!"③严复面对在甲午战争后俄、日争夺中国东北的危局,意识到"大抵东方变局不出数年之中","而吾之长城东北必非吾有",并痛心疾首地说:"岂不痛哉! 岂不痛哉! 复每念此言,尝中夜起而大哭。"④谭嗣同得知《马关条约》内容后曾述及当时的感受:"及睹和议条款,竟忍以四百兆人民之身家性命,一举而弃之。大为爽然自失。"并挥泪写下了悲愤的诗句:"世间无物抵春愁,合向苍冥一哭休。四万万人齐下泪,天涯何处是神州。"⑤第二年,汪康年在《时务报》撰文沉痛地说:"事至今日,是危迫极矣,挫于倭,迫于俄,侮辱于英……瓜分中国之说,西报屡载之,西人屡言之,虽至愚之人,亦知其殆。"⑥

《马关条约》签订后三年,何启、胡礼垣撰写了《新政始基》,对中国所蒙受的战败屈辱及面临的亡国危机也说过一番颇具震撼力的话:"甲午中东一役,主客之势中逸东劳,众寡之形中强东弱,乃日人一举而扫平壤,再举而夺旅顺,三举而逾鸭绿,四举而出九连,五举而越分水,六举而破凤凰,七举而降威海。中国虽有军兵,不可得而用,虽有火药不可得而施,虽有炮台不可得而守,虽有战舰不可得而济,虽有军粮不可得而食,谋臣智士无所展其才,烈胆忠肝不能显其勇,束手待缚如鸟在

---

① 汤志钧编:《康有为政论集》上册,237 页,北京,中华书局,1981。
② 梁启超:《戊戌政变记》卷一,见《饮冰室合集》专集之一,1 页。
③ 湖南省哲学社会科学研究所编:《唐才常集》,223 页,北京,中华书局,1980。
④ 王栻:《严复集》第 3 册,521 页,北京,中华书局,1986。
⑤ 蔡尚思、方行编:《谭嗣同全集》上册,153 页;下册,540 页,北京,中华书局,1981。
⑥ 汪康年:《中国自强策上》,见《时务报》第 4 册,光绪二十一年八月初一日。

笼,俯首乞怜如鱼困陆,索重款而不辞,割全台而不敢问,遂令二十三省如几上肉,任与国之取求,四万万人如阶下囚,听外人之笑骂。"①他们明确指出甲午一役成为民族觉醒的重要契机:"是故未之战也,千人醉而一人醒,则其醒者亦将哺糟啜醨,宜其醉无醒时也;未之战也,千人昏而一人明,则其明者亦将韬光养晦,宜其昏无明时也;未之战也,千人蔽而一人通,则其通者亦将阻而不行,宜其蔽无通时也;未之战也,千人迷而一人悟,则其悟者亦将启而复闭,宜其迷无悟时也。一战而人皆醒矣,一战而人皆明矣,一战而人皆通矣,一战而人皆悟矣;醒则起,明则晰,通则澈,悟则神,三年钟鼓之间,所以养其一日之修省者,无过于中东之役矣。"②

直到半个世纪之后,经历过这一巨变的人士回忆起这段历史还无不感慨和激动。张元济于1949年回忆说:"五十多年前,因为朝鲜的事件,中国和日本开战,这就是甲午中日战争。结果我们被日本打败,大家从睡梦中醒过来,觉得不能不改革了。丙申年(1896年)前后我们一部分京官,常常在陶然亭聚会,谈论朝政,参加的一共有数十人。"他还记得参与者中有文廷式、黄绍箕、陈炽、汪大燮、沈曾植、沈曾桐等。③吴玉章在1961年出版的《从甲午战争前后到辛亥革命的回忆》中这样写道:"真是空前未有的亡国条约! 它使全中国都为之震动。从前我国还只是被西方大国打败过,现在竟被东方的小国打败了,而且失败得那样惨,条约又订得那样苛,这是多么大的耻辱啊!""甲午战败的消息传到我家乡的时候,我和我的二哥(吴永锟)曾经痛哭不止。""甲午战争的失败,更激发了我的救国热忱,我需要找寻一条救亡图存的道路。"他开始接触"新学",并很快成为康、梁的信徒,一心要做变法维新的志士。④

在深受国家危亡极大刺激的同时,一批志士仁人深刻反思甲午战败的原因,纷纷抨击洋务派和洋务运动。有人批评洋务派的改革有名无实,只是为自己谋利,说洋务派的效法西方是"得其貌,失其真,慕其名,忘其实",于"整顿之法,救弊之方"懵然无知,但为"享富贵、贻子孙

---

① 郑大华点校:《新政真诠——何启、胡礼垣集》,182 页,沈阳,辽宁人民出版社,1994。
② 郑大华点校:《新政真诠——何启、胡礼垣集》,183 页。
③ 张元济:《张元济诗文》,232 页,北京,商务印书馆,1986。
④ 吴玉章:《辛亥革命》,32、36、39 页,北京,人民出版社,1973。

之计"。① 严复痛斥洋务派的改革不得要领,只是为自己谋权利,说洋务派的所作所为,不过是"盗西法之虚声,而沿中土之实弊","徒剽窃外洋之疑似,以萤主上之聪明。其尤不肖者,且窃幸事之纠纷,得以因缘为利,求才亟则可侥幸而骤迁,兴作多则可居间而自润",借机谋私。② 梁启超批评洋务派是逐末舍本:虽宣言变法,却专事练兵、购械等项,不知本源,只变事不变法。他进而提出:"变法之本,在育人才;人才之兴,在开学校;学校之立,在变科举;而一切要其大成,在变官制",即改革君主专制制度,实行君主立宪制度。③

甲午战争的惨败也使中国出现了严重的文化取向危机。有识之士强烈地感受到儒学即中学已经面临崩溃的命运,国人的文化自信心和自尊感受到极大挫折。严复在 1895 年发表的《救亡决论》中就尖锐指出:"一言以蔽之",中学皆"无实""无用","均之无救危亡而已","固知处今而谈,不独破坏人才之八股宜除,与(举)凡宋学汉学,词章小道,皆宜且束高阁"。④ 同一年,唐才常也意识到"当今之时,经解、词章、八股,皆成赘疣"。⑤ 这种文化取向的危机使中国知识界产生了对现实的沉沦感和疏离感,从而出现了激进的文化批判意识,对以"纲常名教"为核心的传统道德价值体系展开了抨击;另一方面也产生了强烈的前瞻意识,希望学习欧美、日本,尽快建立一个独立富强的民族国家。于是,进步的中国人掀起了向西方寻求救国真理的热潮。

中华民族的觉醒还表现在对敌国日本的认识的急遽转变上。甲午战争前,虽然有部分洋务官员曾经正视日本,少数维新人士也开始主张效法日本变法维新,但总体而言,中国人的日本观中,轻视和低估日本的仍占主流。甲午战争后,中国人开始从轻视日本迅速转为师法日本。1895 年 5 月,康有为在京发动"公车上书",提出:"日本一小岛夷耳,能变旧法,乃敢灭我琉球,侵我大国,前车之辙,可以为鉴。"⑥自此,对败

① 阿英:《中日甲午战争文学集》,479、490 页,北京,中华书局,1958。
② 注释组:《严复诗文选注》,145、31、32 页,南京,江苏人民出版社,1975 年。
③ 梁启超:《饮冰室合集》文集之一,10 页,北京,中华书局,1990。
④ 王栻:《严复集》第 1 册,44 页。
⑤ 湖南省哲学社会科学研究所编:《唐才常集》,243 页。
⑥ 康有为撰,姜义华、吴根樑编校:《康有为全集》第 2 集,102 页,上海古籍出版社,1987。

于日本一直怀着强烈屈辱感的中国人,竟然很快以敌国为师,纷纷留学日本,翻译日书,走上了学习日本、变法图强的道路。

以甲午战争为转折点,中国近代民族主义和民主思潮迅速崛起,并在很大程度上影响着 19 世纪末 20 世纪初中国的改革和革命的走向。中国人民持续不断的救亡图存斗争一浪高过一浪,以康有为、梁启超为代表的维新志士首先发动了变法图强的维新运动,以农民为主体的广大民众掀起了以"灭洋"为宗旨的反洋教斗争并迅速发展成义和团运动,以孙中山为首的革命志士开始走上以推翻清王朝、建立民主共和国为目标的武装革命道路。于是,历时 30 余年的洋务运动以中国在甲午战争中的失败而宣告失败和结束,历史进入了以变革政治制度为主流的新时期。

三 与日本明治维新的比较

要衡量洋务运动的成败得失及其对中国早期现代化的历史作用,光就中国本身这一方面作纵向比较是不够的,还需要与类似的外国作横向比较,当时的日本就是一个很可以与之比较的国家。洋务运动作为中国早期现代化的一次尝试,其核心内容是开办了一些现代性的工矿和交通企业,开启了中国早期工业化的序幕。在 1861 年中国开始洋务运动后,日本从 1868 年开始了明治维新运动,也把工业化作为其核心内容,即所谓"殖产兴业"。中国的洋务运动虽开始早于日本的明治维新 7 年,但洋务运动正式进行现代工业的建设则始于 1865 年江南机器制造总局的设立,仅早于日本三四年。因此,中日两国的早期工业化可以说是起步于同一个时代,具有基本相同的国际和国内环境,而且具有许多共同的特点。

第一,同以外部压力为启动力。1842 年第一次鸦片战争的失败以及《南京条约》的签订,中国被西方资本主义列强强行打开了国门。12 年后,日本亦在西方列强的武力威胁下而被迫"开国"。此后,日本也像中国那样迅速沦为西方列强的半殖民地,到 1866 年列强已先后在日本取得了治外法权(领事裁判权)、租界特权、驻军权、协定关税权和沿海航行权等。与此同时,列强对日本的经济侵略急剧扩张,对日本的进口额增加了 13.07 倍,而日本的出口额仅增加了 2.57 倍,[①]日本的传统手工业受到沉重打击,造成财政困难,物价飞涨,人民暴动连绵不断。[②]为了增强国防力量,抵御外国侵略,中日两国先后在洋务运动和明治维新运动中开始了工业化活动。在中国表现为以"求强求富"为目的的创办新式军用和民用工矿业活动,在日本则表现为以"富国强兵"为目的的"殖产兴业"活动。

第二,同以兴办军事工业为开端。由于中日两国的早期工业化都以抵御外侮为最初动机,兴办军事工业以增强军事力量便自然成了工业化的第一步。中国的清政府从 1865 年起开始大规模创办军事工业,到 1890 年共开办军用企业 21 家。日本的明治政府从 1868 年起开始陆续接收、整顿和扩建原有的各幕藩的旧式兵工厂 13 家,并创建新厂,到 1884 年时,军事工业的职工人数为民用工业的 9 倍,动力为民用工业的 3.5 倍,成为日本近代工业的主导部门。[③]

第三,同以移植西方的资本主义生产方式为主要途径。中日两国的工业化主要不是随着商品经济的发展由工场手工业发展而来的,而是通过移植西方资本主义的产业和经济制度而逐渐展开。在中国的洋务运动和日本的明治维新运动中产生的新式工业,基本上是通过引进西方的设备、技术、人才,乃至资金和组合方式而开办的。因此,两国的早期工业化都对西方资本主义带有依附性。

第四,同以内外结合、新旧结合为基本方针。中国的洋务运动采用了"中学为体,西学为用"的指导思想,也就是力图在传统的儒家精神和传统社会制度中引入西方的资本主义因素,试图以后者弥补前者、护卫前者,以两者的结合来增强国家的力量和社会的发展,挽救国家的危亡。日本的明治维新运动采用了"和魂洋才",即"东洋道德、西洋艺术"的基本方针,也就是以日本固有的民族精神为指导,以西方资本主义的生产技术为方法,以两者的结合来振兴日本,实现救国救民的目的。

第五,同以土洋并举,以洋带土、以土养洋为模式。由于中日两国

493

---

① [日]大久保利谦:《近代史史料》,第 17 页,吉川弘文馆,昭和 44 年。

② 详见上海师范大学《世界近代史》编写组编《世界近代史》上册,375—380 页,上海人民出版社,1973。

③ 参见万峰《日本资本主义史研究》,108—115 页,长沙,湖南人民出版社,1984。

的工业化都是在外来压力的逼迫下,移植西方资本主义的模式和技术,超越本国固有经济的发育程度而开始的,因此当西方的某些资本主义工业被移植进来的时候,本国固有的同类手工业仍然大量存在,从而出现土洋并举的工业生产结构。如机器采矿与人工采矿并存、机器纺织与手工纺织并存、轮船火车与帆船马车并存,等等。但是,当西方现代工业移植进来之后,对本国的同类传统手工业产生了强烈的刺激和挑战,使传统工业开始逐渐仿效引进的西式现代工业,向资本主义的生产方式过渡,从而又出现以洋带土的工业化过程。同时,移植西方工业所需要的大量资金,而且主要来自传统工业产品的出口,从而又出现以土养洋的工业化模式。土洋之间的这三种关系在中日两国的早期工业化中表现得非常明显,中国的情况已如上文所述,日本的情况也基本如此。固有的传统工业一直占有相当大的数量,只是由于日本现代工业的发展速度较快,才使得传统工业的比重较快下降。[1]

中国的洋务运动与日本明治维新时期所开展的工业化,虽然具有这许多共同的特点,但是也存在着思想认识和方针政策上的巨大区别。

首先是对西方资本主义东渐的不同反响。虽然中日两国都是在外来压力下而被迫走上早期工业化道路的,但是,由于中日两国历史发展道路、文化背景、经济地位不尽相同,在面对西方列强侵略时,中国具有更大的被动性,而日本则在被动之中寓有较大的主动性。在中国方面,虽然客观上封建社会已经进入末期,但主观上仍自觉是天朝大国,对外国侵略所遭致的局部失败,未引起足够警惕,对西方的打击反应缓慢,被打击一次,则挪动一步。在第一次鸦片战争后,中国虽已有林则徐、魏源等少数开明人士看到了西方资本主义东渐的必然性及其先进之处,提出了"师夷长技以制夷"的主张,但并未能得到最高统治者的重视和采纳。第二次鸦片战争后,在西方列强和国内太平天国起义的交相打击之下,才开始了以军事工业为主体的工业化行动。至于全民工业化运动,则更是在遭受更为沉重的甲午战争和八国联军侵略的打击,乃至辛亥革命之后,才逐渐出现并启动。在日本方面,受西方列强的直接

---

① 参见万峰《日本资本主义史研究》,258—274 页。

军事打击并不严重，但因为国家相对较小，立即引起全国震动，能以中国对列强的屡战屡败为鉴，比较清楚地看到了西方资本主义的强处，其国门在外来资本主义的叩击之下不战而开。明治政府成立后，自知国力不够，对外采取了妥协外交，减少了与西方列强的直接冲突，避免了巨大的战争损失，对内则采取了励精图治，坚决改革封建政治和经济制度的方针，全面学习和引进西方资本主义制度和生产方式，走上了发展迅速的工业化道路。

其次是军事工业对全民工业化带动作用的不同。中国的洋务运动虽以"求强求富"为口号，但不能合理地处理强与富的关系，始终侧重于作为"求强"核心的军事工业的建设和经营。作为"求富"核心的民用工业，不仅晚于"求强"，并在 7 年后才得以开始建设，而且始终服从于"求强"的主旨。从 1872 年第一个民用企业——轮船招商局诞生，到 1884 年洋务派已开办的民用企业约 21 家，到 1894 年洋务运动结束时又增开了 27 家，总共 48 家，种类涉及航运、采矿、电报、冶炼、铁路和纺织等部门，其中前四类企业的成效较好。在开办民用企业过程中，有些洋务派官员和绅商虽然已经提出了"寓强于富"、"分洋商之利"的口号，但其主要的出发点和实际动因，则是为了解决"求强"活动中的经费和原材料困难。如为了解决上海机器制造局和福建船政局的经费和产品出路问题而创办了轮船招商局，为了供给军用工业的燃料和钢铁材料而开办了开平等处煤矿和汉阳等处的钢铁厂，为了加快军事情报的传送而成立了中国电报局，为了缓解军费的困境而开办了漠河金矿，等等。这不仅限制了民用工业的发展范围，而且使之长期受制于清政府。与此同时，虽然民间也开办了一些新式工矿企业，到 1884 年时已开办 67 家，到 1894 年时增至 139 家，但规模均较小，在这一时期的工业化进程中处于次要的地位。

与中国的洋务工业创办历程相比，日本的"殖产兴业"运动较好地协调了强兵与富国的关系，在兴办军事工业的同时也大力兴办民用工业。明治政府像接受和改造幕藩军用工业一样，从 1868 年起接收并改造幕藩工矿企业 21 家，并从 1869 年起创办各种新的民用企业。到 1884 年时，由政府开办的大型工矿企业 30 余家，由民间开办的新式工矿企业约 65 家。其种类包括铁路、邮电、机器制造、玻璃、水泥、采矿、纺织、缫丝、制糖、银行、造币、保险等。在企业数量上虽与同年的中国相差不多，由政府开办者多于中国近 10 家，由民间开办者则少于中国 2 家，但在企业的种类构成上已远远超越了中国，如玻璃、水泥、纺织、银行、造币、保险等项为中国完全未有。

第三是移植西方资本主义制度的不同。中国的洋务运动对西方资本主义的移植只限于产业和技术方面。日本的殖产兴业运动不仅在移植西方的产业和技术方面较中国更广，而且还移植西方的资本主义经济体制，仿照西方国家设立专门的经济行政管理部门，如以"劝奖百工"为职责的工部省和内务省、专管财政金融的大藏省、管理农业和商业的农商务省，并在 1880 年之前已在地税、公债、货币、金融、商业会议所（商会）、处理官营工业等方面，制订了资本主义性质的经济法规，[①]逐步建立起资本主义的经济秩序，为资本主义经济在日本的全面兴起打下了法律和制度基础。

第四是内部因素的不同。虽然中日两国均以内外因素结合为工业化的基本方式，但是在内部因素上，中国的"中体"与日本的"和魂"已有所不同，特别是在政治制度和领导集团方面更具有质的差别。中国在洋务运动时期，政治制度基本原封未动，领导集团中虽然产生了洋务派，但仍属封建官僚改革派，且没有掌握最高统治权。日本则已通过明治维新基本建立了资本主义性质的政治制度，并由如岩仓具视、大久保利通、大隈重信、伊藤博文等一批具有资本主义思想意识的改革家掌握了国家政权，他们能够积极而有力地推行全国的工业化运动，使日本的早期工业化得以有计划、有领导地持续进行下去。[②]

第五是政府对民办企业支持力度的不同。日本的明治政府除了自己大量出资创办新式企业之外，还大力扶持民间创办新式企业。1868—1885 年间，政府除了直接投资近 2 亿日元率先创办交通、电信、采矿等基础产业之外，还设立基金资助民间兴办新式企业，其具体项目

---

① 参见［日］安藤良雄《近代日本经济史要览》，194—216 页，东京大学出版会，1980；［日］楫西光速等：《日本资本主义的发展》，东京大学出版会，1956。

② 参见朱荫贵《国家干预经济与中日近代化》，8—18 页，北京，东方出版社，1994。

和资助金额有：营业资本欠额补贴852 143日元、贷款资金32 911 727日元、公司补助金1 471 856日元、准备金58 263 420日元、创办企业基金12 293 409日元、中山道铁路公债基金299 496日元、劝业资本金1 662 252日元、劝业委托金179 637日元，[1]总计达10 793万多日元。其中除少数资助农业改良事业和商业外，大多数资助了工矿、交通和金融业。除了对民办企业给以资金上的大力扶持之外，明治政府还将自己所创办的企业廉价转让给民间，将相当数量的官办企业转变为民办企业，从而进一步增强民营资本的力量，促进民营资本的发展。这一举措从1884年开始实施，这既是明治政府鼓励民办企业的第一项重大举措，也是日本工业化全面启动的象征。到1896年，共有投资总额达1 536万日元的27家官办大型工矿企业拍卖给民间经营。[2]其结果，不仅为三井、三菱、古河、川崎、大仓、浅野等大型企业集团的形成由此打下了基础，而且使民办企业资本对官办企业资本的比例由少数转变为多数，也使这些被拍卖企业的经营效益大幅度提高。与此同时，民间兴办企业的热潮也开始蓬勃兴起。工矿交通产业的企业数从1884年的583家、投资总额1 194万日元，增至1892年的3 065家、16 378万日元。[3]1892年与1884年相比，日本的企业数增加了4.26倍，而资本数增加了12.72倍，这不仅说明8年中日本工业化快速发展，而且标志了通过官办企业的民办化处理和民办企业的集团化兼并，小企业减少，大企业增加，工业化开始走上规模化经营的方向，并登上了一个新的台阶。

中国清政府虽然也曾给官督商办的民用企业提供了一定的资金支持，但是政府不仅要对这种支持资金收取像股本那样的"官利"，而且还以此为由向企业索取"报效"金。如轮船招商局，被勒索报效的款项有：1890年"江浙赈捐2万两"；1891年由李鸿章"奏准在公积金内提出官款免利报效银10万两，指定作为预备赈济之用"；1894年为慈禧太后

---

①［日］石冢裕道：《日本资本主义成立史研究》，130—131页，吉川弘文馆，1973。
②［日］依田憙家：《日本的近代化——与中国的比较》，卞立强译，121—122页，北京，中国国际广播出版社，1991。
③［日］安藤良雄：《近代日本经济史要览》，64页。

的"万寿庆典"报效银 5.52 万两；[1]此外，还要赔本承担军需运输。漠河金矿从 1889 年开办到 1895 年，报效军饷累计达 85 万余两，有时甚至不得不动用企业公积金。[2] 电报局在还清垫借官款之后，仍常年免费发收官方电报作为报效，以至赔累不堪。对于完全由民间创办的新式企业，清政府则完全没有给予任何物质上和精神上的支持，任其自生自灭。

第六是社会动员程度的不同。工业化是全民的事情，只有最广泛地动员和依靠社会各界的力量，工业化才能取得良好的成效，虽然在开始阶段政府的倡导作用至关重要，也必不可少，但也不能缺少社会力量的响应。日本政府在"殖产兴业"运动中，运用政府的职能进行充分乃至强制性的社会动员，其用于创办官营企业、资助民营企业和民间创办企业的资金来源，主要是通过国家财政手段和金融渠道，将贵族的地产和社会资金转化为新式企业的投资。就财政手段而言，明治政府成立后，将原来的公卿、诸侯改称"华族"，一般武士改称"士族"，废除他们旧有的封建领主土地所有权，统一按等级发给禄米，从 1870 年起又改革俸禄制度，部分收回俸禄，由政府一次性付给相当于 4—6 年俸禄的赎金，其中部分发给现金，部分发给俸禄公债。1875 年实行"金禄制"，将华族和士族的俸禄全部改为货币俸禄。1876 年又发行"金禄公债"，将全部华族和士族的现金俸禄改为一次性发给公债证书，共计有 31 万华族和士族人员领取金禄公债，总额达 17 383 万日元。与此同时，政府鼓励华族和士族将公债券投资于新式产业和金融业，允许以公债券兑换银行券，使不少华族和士族分子转变为产业和金融资本家。如 1880 年，全日本有 153 家国立银行，资本总额为 4 300 万日元，其中华族和士族的投资额占 74.2％。[3] 又如同年，涩泽荣一创办日本第一个民办纺织企业"大阪纺织公司"，股本 28 万日元，其中华族入股占 38％。[4] 由此可见，华族和士族资产转化为产业和金融业资本，在日本工业化初期的民办企业产生发展中，不仅是主要的资本来源之一，而且发挥了导

---

① 朱荫贵：《国家干预经济与中日近代化》，129 页。
② "中研院"近代史所编：《矿务档》第 7 册，4610 页。
③ ［日］石田与平：《日本经济的发展》，33 页，智慧女神书房，1973。
④ ［日］高村直助：《日本纺织业史序说》（上），69 页，墙书房，1971。

向作用。就金融渠道而言,主要是通过大量建立本国的金融机构向创办产业者提供广泛的贷款。明治政府十分重视以银行为主的金融机构的建设及其作用的发挥,在创建工交产业的同时便开始创办银行,1869年就创办了第一家国立银行,到1882年时,全日本已有国立、私立银行和银行类型的会社共757家,实缴资本总额6 215万日元,约为同期工矿交通产业资本总额的40%。到1894年银行数增至1 300家,资本总额增至1亿多日元,为工矿交通产业资本总额的68%。[①] 拥资雄厚的金融业为工交产业的发展提供了大量的贷款,1888年全日本银行放款总额达14 762万日元,到1894年增至33 371万日元,[②]其中对工矿交通产业的贷款应为数不少。

　　反观中国,清朝政府在洋务运动中,只重视于创办军事工业和与此相关的民用工业,未能像明治政府那样,用政权的力量开展全面的工业化运动,对民间的创办企业活动更不能如明治政府那样给予大力资助。虽然从客观上来说,清朝政府由于两次鸦片战争和中法战争被列强勒索赔款,以及镇压太平天国、捻军等农民起义而开支的巨额军费,财政力量受到了巨大的损耗,没有足够力量拿出大量资金来创办新式产业和资助民办企业,但是,清政府对社会力量并没有去作广泛的动员,只是利用了一部分绅商的力量。如在资金方面,中国民间所拥有的资金不会比日本少,只是清政府没有充分动员社会各界投资创办新式企业,即使是作为最主要私人投资者的买办商人,其投资数量也是极为有限的。据估计,1842—1894年买办收入累计达白银5亿两,扣除消费后的积累资金约为2亿两,但到1894年时买办对新式工矿交通业的投资总额约为500万两,仅占其收入所得总数的1%、积累资金的4%,其余1.95亿两的积累资金,有1亿两交存于外商企业,0.95亿两投资于外商企业、城市地产、商业和银钱业。[③] 至于地主、官僚、绅士所拥有的资金根本没有得到动员。

　　正是由于中国的洋务运动与日本的明治维新,存在着上述这许多

　　① [日]安藤良雄:《近代日本经济史要览》,53页;[日]中村隆英:《日本经济的成长和结构》,72—73页,东京大学出版会,1979。
　　② [日]安藤良雄:《近代日本经济史要览》,4页。
　　③ 许涤新、吴承明主编:《中国资本主义发展史》第2卷,175、181页,北京,人民出版社,1990。

思想认识和方针政策上的不同，使得各自所取得成效也显出越来越大的差距。日本到 1892 年时，已有工矿交通产业的企业 3 065 家、资本总额 16 378 万日元。产业结构也逐渐发生了变化，工业产值在工农业总产值中所占的比重，1885 年时为 24.3％，到 1892 年上升为 33.1％，离工业国的距离已经不远了；到 1915 年工业总产值的比重提升为56.4％，初步实现了工业化。[①] 中国到 1894 年时所设立的新式企业包括官办和民办的仅有 187 家，资本总额亦只有 6 749 万元，分别只有日本的 6.10％和 41.21％；[②]工业（含新式和传统的工业、交通业）产值在工农业总产值中所占的比重，1887 年时为 9.77％，到 1914 年时才上升到 15.78％。[③] 可见，中国从洋务运动起就开始落在了日本的后面，其成败得失不言自明。

　　总而言之，洋务运动以"中学为体，西学为用"思想为指导，虽有较强的保守性，但开始引进西方先进的生产技术和科学文化，并模仿资本主义的教育模式和生产模式开办新式学校和企业，使随着西方侵略而来的资本主义思想、文化和生产模式开始在中国扎根。它以"求强"开其端，继之以"求富"，终之以求"议院之制"。其目的虽然有对付人民起义，维护清朝统治的一面，但是也不能完全否认其试图抵御外敌侵略，被迫采用资本主义生产方式和探索议院政治的一面。这说明洋务运动时期的中国社会，不仅已开始了中国现代化含义中的民族化和工业化搏动，而且在民族化和工业化的带动下产生了民主化的思想萌芽。但是，洋务运动由少数受西方资本主义影响较多的旧式官僚和绅商发起、领导和实施，并未成为真正的国策，未能成为上下一致的全国性运动；在实际举措中也是单纯而有限地引进一些先进科学技术和设备，在传统的封建社会结构中开办新式企业，且吏治腐败，效率低下。因此，洋务运动是一种局部的、初步的和畸形的早期现代化运动，其求富举措尚有可嘉，其自强之道实属可训；其失败结局令人唏嘘。

---

　　① ［日］安藤良雄：《近代日本经济史要览》，64、8 页。
　　② 当时日元与中国银元的币值基本相等，不作换算。
　　③ 具体数据参见虞和平《商会与中国早期现代化》第 399 页，上海人民出版社，1993；虞和平主编《中国现代化历程》第 2 卷，928 页，南京，江苏人民出版社，2001。

主要参考文献

一 中文部分

（一）报刊

1. 北京新闻汇报,北京
2. 东方杂志,北京
3. 格致汇编,上海
4. 工商半月刊,上海
5. 国闻报,上海
6. 教会新闻,上海
7. 农学报,上海
8. 上海新报,上海
9. 申报,上海
10. 时务报,上海
11. 万国公报,上海
12. 中国丛报,上海
13. 中西教会报,上海

（二）方志

1. 陈荣等. 南海县志. 1910
2. 陈训正. 定海县志. 1923
3. 民国重修大足县志. 1945
4. 周庆云等. 南浔志. 1922

（三）史料

1. 阿英. 中日甲午战争文学集. 北京：中华书局，1958

2. 宝廷. 竹坡侍郎奏议. 光绪二十七年

3. 宝鋆等纂辑. 筹办夷务始末(同治朝). 北京：故宫博物院，1930

4. 北平故宫博物院编. 清光绪朝中法交涉史料. 北京：故宫博物院，1932

5. 北平故宫博物院编. 清光绪朝中日交涉史料. 北京：故宫博物院，1932

6. 蔡尚思，方行编. 谭嗣同全集. 北京：中华书局，1981

7. 曾国藩. 曾国藩全集. 长沙：岳麓书社，1994

8. 曾国藩. 曾国藩手书日记. 上海：中国图书公司，1909

9. 陈宝琛. 陈文忠公奏议. 闽县螺江陈氏，1936

10. 陈夔龙. 梦蕉亭杂记. 1925

11. 陈启源. 蚕桑谱. 光绪二十九年

12. 陈虬. 治平通议. 光绪十九年刊本

13. 陈旭麓，顾廷龙，汪熙主编. 湖北开采煤铁总局、荆门矿务总局——盛宣怀档案资料选辑之二. 上海人民出版社，1981

14. 陈旭麓，顾廷龙，汪熙主编. 甲午中日战争·盛宣怀档案资料选辑之三. 上海人民出版社，1982

15. 陈义杰整理. 翁同龢日记. 北京：中华书局，1989—1998

16. 陈铮. 黄遵宪全集. 北京：中华书局，2005

17. 崔国因. 出使美日秘日记. 合肥：黄山书社，1988

18. 邓承修. 语冰阁奏议. 邓氏，1918

19. 邓辅纶，王子受. 刘武慎公年谱. 见：清末民初史料丛书第 22 种. 台北：成文出版社，1968

20. 丁凤麟，王欣之. 薛福成选集. 上海人民出版社，1987

21. 丁文江，赵丰田编. 梁启超年谱长编. 上海人民出版社，1983

22. 杜翰藩编. 光绪财政通纂. 蓉城文伦书局，光绪三十一年

23. 福州船政衙门编印. 船政奏议汇编. 光绪十四至二十九年陆续刻刊

24. 葛士濬编. 皇朝经世文续编. 沈云龙主编. 近代中国史料丛刊第 75 辑. 台北：文海出版社，1972

25. 葛元熙. 沪游杂记. 光绪二年

26. 龚自珍. 龚自珍全集. 上海人民出版社，1975

27. 辜鸿铭. 辜鸿铭文集. 黄兴涛等译. 海口：海南出版社，1996

28. 顾廷龙，叶亚廉主编. 李鸿章全集·电稿. 上海人民出版社，1985—1987

29. 光绪会典. 光绪己亥年敕修. 见：沈云龙主编. 近代中国史料丛刊第 13

辑．台北：文海出版社，1967

30．郭嵩焘．郭嵩焘等使西记六种．北京：生活·读书·新知三联书店，1998

31．郭嵩焘日记．长沙：湖南人民出版社，1983

32．国家档案局明清档案馆编．戊戌变法档案史料·添裁机构及官制吏治．北京：中华书局，1958

33．何刚德．春明梦录．上海古籍书店，1983

34．何嗣焜编．张靖达公奏议．光绪二十五年

35．［日］河村植等．日清战争实记．东京：博文馆，1894—1896

36．贺长龄．皇朝经世文编．道光六年

37．胡思敬．审国病书．退庐，1924

38．胡珠生编．宋恕集．北京：中华书局，1993

503

39．湖南省哲学社会科学研究所．唐才常集．北京：中华书局，1980

40．黄盛陆等．岑毓英奏稿．南宁：广西人民出版社，1989

41．黄濬．花随人圣庵摭忆．上海古籍书店，1983

42．贾桢等纂辑．筹办夷务始末（咸丰朝）．北京：中华书局，1979

43．江恒源．中国关税史料．人文编辑所，1931

44．江苏实业司．江苏省实业行政报告书．该司，1913

45．蒋廷黻．近代中国外交史资料辑要．上海：商务印书馆，1934

46．交通部铁道部交通史编纂委员会．交通史·路政篇．南京：编委会，1935

47．开平矿务局．开平矿务切要案据．该局，宣统二年

48．康有为撰，姜义华，吴根樑编校．康有为全集．上海古籍出版社，1987

49．黎庶昌．曾文正公年谱．上海：中华图书馆，1924

50．黎庶昌．拙尊园丛稿．光绪十九年

51．李楚材编著．帝国主义侵华教育史资料——教会教育．北京：教育科学出版社，1987

52．李慈铭．越缦堂日记．上海：商务印书馆，1920

53．李刚己．教务纪略．南洋官报局，光绪三十一年；上海书店，1986

54．李瀚章编．曾文正公全集．见：沈云龙主编．近代中国史料丛刊续编（第1辑）．台北：文海出版社，1966

55．李文治编．中国近代农业史资料．北京：生活·读书·新知三联书店，1957

56．廉立之，王守中编．山东教案史料．济南：齐鲁书社，1980

57．梁启超．李鸿章事略．北京古籍出版社，1999

58．梁启超．饮冰室合集．北京：中华书局，1990

59. 刘锦藻. 清朝续文献通考. 杭州:浙江古籍出版社,2000

60. 刘体智. 异辞录. 上海书店,1984

61. 宓汝成. 中国近代铁路史资料. 北京:中华书局,1963

62. 南开大学经济研究所等编. 启新洋灰公司史料. 北京:生活·读书·新知三联书店,1963

63. 年子敏编注. 李鸿章致潘鼎新书札. 中华书局,1960

64. 聂宝璋编. 中国近代航运史资料. 上海人民出版社,1983

65. 欧阳辅之编. 刘忠诚公遗集. 1909

66. 彭泽益编. 中国近代手工业史资料. 北京:中华书局,1962

67. 戚其章主编. 中国近代史资料丛刊续编·中日战争. 北京:中华书局,1989—1996

68. 钱实甫编. 清季新设职官年表. 北京:中华书局,1961

69. 钱实甫编. 清季重要职官年表. 北京:中华书局,1959

70. 清实录. 北京:中华书局,1987

71. 荣孟源,章伯锋主编. 近代稗海. 成都:四川人民出版社,1985

72. 上海百货公司等. 上海近代百货商业史. 上海社会科学院出版社,1988

73. 上海工商行政管理局等. 上海市棉布商业. 北京:中华书局,1979

74. 上海公共租界史稿. 上海人民出版社,1980

75. 上海商务总会. 上海华商行簿册. 上海,1908

76. 上海商务总会. 上海租界华商簿册. 上海,1908

77. 上海社会科学院经济研究所编. 荣家企业史料. 上海人民出版社,1980

78. 上海市工商行政管理局、上海市第一机电工业局机器工业史料组编. 上海民族机器工业. 北京:中华书局,1966

79. 邵作舟. 邵氏危言. 上海:商务印书馆,光绪二十四年

80. 佘素. 清季英国侵略西藏史. 世界知识出版社,1959

81. 沈毓桂. 匏隐庐诗文合稿. 上海:广学会,1897

82. 沈云龙主编. 近代中国史料丛刊续编(第70辑). 台北:文海出版社

83. 盛康编. 皇朝经世文续编. 见:沈云龙主编. 近代中国史料丛刊第84、85辑. 台北:文海出版社,1972

84. 盛宣怀. 愚斋存稿初刊. 思补楼藏版

85. 盛沅编. 许文肃公遗稿. 外交部图书处,1918

86. 四川省档案馆编. 四川教案与义和拳档案. 成都:四川人民出版社,1985

87. 孙瑞芹译. 德国外交文件有关中国交涉史料选译. 北京:商务印书馆,1960

88. 孙毓棠.中日甲午战争前外国资本在中国经营的近代工业.上海人民出版社,1955

89. 孙毓棠编.中国近代工业史资料.北京:科学出版社,1957

90. 台湾"中央研究院"近代史研究所.海防档.台北:文艺印书馆,1957

91. 台湾"中央研究院"近代史研究所.矿务档.台北:精华印书馆,1960

92. 台湾"中央研究院"近代史研究所.清季教务教案档.台北:台湾"中央研究院"近代史研究所,1974—1981

93. 汤象龙编著.中国近代海关税收和分配统计.北京:中华书局,1992

94. 汤志钧编.康有为政论集.北京:中华书局,1981

95. 汪敬虞.中国近代工业史资料.北京:科学出版社,1957

96. 王闿运.湘军志.成都:墨香书院,光绪十一年

97. 王明伦选编.反洋教书文揭帖选.济南:齐鲁书社,1984

98. 王庆云.熙朝纪政(石渠余纪).北京古籍出版社,1985

99. 王栻.严复集.北京:中华书局,1986

100. 王树枬编.张文襄公全集.北平:文华斋,1928

101. 王韬.格致书院课艺.上海:国书集成印书局,光绪二十四年

102. 王韬.弢园尺牍.光绪二年

103. 王韬.弢园老民自传.南京:江苏人民出版社,1999

104. 王韬.弢园文录外编.上海书店出版社,2002

105. 王铁崖.中外旧约章汇编.北京:生活·读书·新知三联书店,1957

106. 王彦威纂辑,王亮编,王敬立校.清季外交史料.北京:书目文献出版社,1987

107. 魏允恭.江南制造局记.上海:文宝书局,光绪三十一年

108. 沃丘仲子.近代名人小传.北京:中国书店,1988

109. 吴丰培.清季筹藏奏牍.国立北平研究院史学研究会,1933

110. 吴汝纶编.李文忠公全集.金陵刻本,光绪三十一年至光绪三十四年

111. 吴廷栋.拙修集.六安求我斋,同治十年

112. 吴廷燮.清财政考略.1914

113. 吴相湘.晚清宫廷实纪.台北:中正书局,1982

114. 吴语亭.越缦堂国事日记.沈云龙主编:近代中国史料丛刊续编(第60辑).台北:文海出版社

115. 吴元炳辑.沈文肃公政书.吴门节署刻本,光绪六年

116. 夏东元编.郑观应集.上海人民出版社,1982(上册)、1988(下册)

117. 萧荣爵.曾忠襄公全集.光绪二十九年

118. 徐润. 徐愚斋自叙年谱. 香山徐氏,1910

119. 徐世昌. 大清畿辅先哲传. 北京古籍出版社,1993

120. 徐义生编. 中国近代外债史统计资料. 北京:中华书局,1962

121. 许同莘编. 张文襄公年谱. 上海:商务印书馆,1946

122. 薛福成. 出使日记续刻. 传经楼,光绪二十四年

123. 薛福成. 出使英法义比四国日记. 长沙:岳麓书社,1985

124. 薛福成. 庸庵海外文编. 光绪二十一年

125. 杨坚校补. 郭嵩焘奏稿. 长沙:岳麓书社,1983

126. 杨书霖编. 左文襄公全集. 光绪十六年至二十三年

127. 姚贤镐编. 中国近代对外贸易史资料. 北京:中华书局,1962

128. 喻岳衡点校. 曾纪泽遗集. 长沙:岳麓书社,1983

129. 袁大化修,王树枏等纂. 新疆图志. 上海古籍出版社,1992

130. 张德馨主编. 张之洞全集. 武汉出版社,2008

131. 张继煦. 张文襄公治鄂记. 武汉:湖北通志馆,1947

132. 张謇研究中心,南通市图书馆编. 张謇全集. 南京:江苏古籍出版
社,1994

133. 张静庐. 中国近代出版史料初编. 北京:中华书局,1957

134. 张佩纶. 涧于集. 丰润涧于草堂张氏,1918

135. 张侠等编. 清末海军史料. 北京:海洋出版社,1982

136. 张元济. 张元济诗文. 北京:商务印书馆,1986

137. 张云锦编. 张靖达公杂著. 1910

138. 张振鹍主编. 中法战争(续编). 北京:中华书局,1996—2002

139. 赵烈文. 能静居日记. 台北:学生书局,1964

140. 赵树贵,曾丽雅编. 陈炽集. 北京:中华书局,1997

141. 郑大华. 新政真铨——何启、胡礼垣集. 沈阳:辽宁人民出版社,1994

142. 郑大华点校. 采西学议——冯桂芬、马建忠集. 沈阳:辽宁人民出版
社,1994

143. 郑观应. 盛世危言后编. 1907

144. 中国第一历史档案馆,福建师范大学历史系合编. 清季中外使领年表.
北京:中华书局,1997

145. 中国第一历史档案馆,福建师范大学历史系合编. 中国近代史资料丛刊
续编·清末教案. 北京:中华书局,1996

146. 中国第一历史档案馆编. 光绪朝上谕档. 桂林:广西师范大学出版
社,1996

147. 中国近代经济史资料丛刊编辑委员会主编. 中国海关与甲午战争. 北京:中华书局,1983

148. 中国近代经济史资料丛刊编辑委员会主编. 中国海关与缅藏问题. 北京:中华书局,1983

149. 中国近代经济史资料丛刊编辑委员会主编. 中国海关与中法战争. 北京:中华书局,1983

150. 中国近代经济史资料丛刊编辑委员会主编. 中国海关与中葡里斯本草约. 北京:中华书局,1983

151. 中国经济统计研究所编辑. 吴兴农村经济. 文瑞印书馆,1937

152. 中国科学院历史研究所第三所主编. 刘坤一遗集. 北京:中华书局,1959

153. 中国科学院上海经济研究所,上海社会科学院经济研究所编. 恒丰纱厂的发生发展与改造. 上海人民出版社,1958

154. 中国人民银行上海市分行. 上海钱庄史料. 上海人民出版社,1978

155. 中国史学会. 中国近代史资料丛刊·第二次鸦片战争. 上海人民出版社,1978

156. 中国史学会. 中国近代史资料丛刊·戊戌变法. 上海:神州国光社,1953

157. 中国史学会. 中国近代史资料丛刊·洋务运动. 上海人民出版社,1961

158. 中国史学会主编. 中国近代史资料丛刊. 中法战争. 上海人民出版社,1957

159. 中国史学会主编. 中国近代史资料丛刊·中日战争. 北京:新知识出版社,1956

160. 朱寿朋编. 光绪朝东华录. 北京:中华书局,1958

161. 朱有瓛主编. 中国近代学制史料. 上海:华东师范大学出版社,1983

（四）著作

1. 安然. 台湾民众抗日史. 北京:台海出版社,2003

2. [英]伯尔考维茨. 中国通与英国外交部. 江载华等译. 北京:商务印书馆,1959

3. 曹琦,彭耀编著. 世界三大宗教在中国. 中国社会科学出版社,1991

4. 陈碧笙. 台湾地方史(增订本). 北京:中国社会科学出版社,1990

5. [越]陈辉燎. 越南人民抗法斗争八十年史(第1卷). 范宏科,吕谷译. 北京:生活·读书·新知三联书店,1973

6. 陈孔立主编. 台湾历史纲要. 北京:九洲图书出版社,1996

7. 戴一峰. 近代中国海关与中国财政. 厦门大学出版社,1993

8. 戴逸,杨东梁,华立. 甲午战争与东亚政治. 北京:中国社会科学出版社,1994

9. 丁名楠等.帝国主义侵华史(第1—2卷).北京:人民出版社,1973—1986

10. 段本洛,张福坼.苏州手工业史.南京:江苏古籍出版社,1986

11. 樊百川.清季的洋务新政.上海书店出版社,2003

12. 樊百川.中国轮船航运业的兴起.成都:四川人民出版社,1985

13. 方汉奇.中国近代报刊史.太原:山西人民出版社,1981

14. [美]费维恺.中国早期工业化.虞和平译.北京:中国社会科学出版社,1990

15. [美]费正清,刘广京编.剑桥中国晚清史.中国社会科学院历史研究所编译室译.北京:中国社会科学出版社,1985

16. [日]高柳松一郎.中国关税制度论.李达译.上海:商务印书馆,1929

17. 高时良主编.中国教会学校史.长沙:湖南教育出版社,1994

18. 戈公振.中国报学史.北京:中国新闻出版社,1985

19. 耿云志等.西方民主在近代中国.北京:中国青年出版社,2003

20. 顾卫民.中国天主教编年史.上海书店出版社,2003

21. 顾长声.传教士与近代中国.上海人民出版社,1981

22. 海军司令部编写组编.近代中国海军.北京:海潮出版社,1994

23. 郝庆元.周学熙传.天津人民出版社,1991

24. 黄光域编著.外国在华工商企业辞典.成都:四川人民出版社,1995

25. [美]惠顿.万国公法.上海书店出版社,2002

26. 蒋梦麟.西潮.沈阳:辽宁教育出版社,1997

27. 交通银行.金融市场论.上海:该行自印,1945

28. [美]杰西·格·卢茨.中国教会大学史.曾钜生译.杭州:浙江教育出版社,1987

29. [美]雷麦.外人在华投资.蒋学楷等译.北京:商务印书馆,1959

30. [英]雷蒙·威廉斯.关键词:文化与社会的词汇.刘建基译.北京:生活·读书·新知三联书店,2005

31. 李时岳,胡滨.从闭关到开放.北京:人民出版社,1988

32. 李玉等主编.中国的中日关系史研究.北京:世界知识出版社,2000

33. 李育民.近代中国的条约制度.长沙:湖南师范大学出版社,1995

34. 李长莉.先觉者的悲剧——洋务知识分子研究.上海:学林出版社,1993

35. 连横.台湾通史.北京:商务印书馆,1983

36. 梁敬镎.在华领事裁判权论.上海:商务印书馆,1934

37. 廖宗麟.中法战争史.天津古籍出版社,2002

38. [日]陆奥宗光.蹇蹇录.伊舍石译.北京:商务印书馆,1963

39. 罗玉东. 中国厘金史. 上海：商务印书馆，1936

40. 吕实强. 中国官绅反教的原因. 台北：台湾"中央研究院"近代史研究所，1966

41. 吕昭义. 英属印度与中国西南边疆. 北京：中国社会科学出版社，1996

42. ［美］马士. 中华帝国对外关系史. 上海书店出版社，2000

43. ［英］宓克. 支那教案论. 严复译. 南洋公学译书院

44. 宓汝成. 帝国主义与中国铁路. 上海人民出版社，1980

45. 聂宝璋. 中国买办资产阶级的发生. 北京：中国社会科学出版社，1979

46. 皮明庥主编. 近代武汉城市史. 北京：中国社会科学出版社，1993

47. 戚其章. 国际法视角下的甲午战争. 北京：人民出版社，2001。

48. 戚其章. 甲午战争国际关系史. 北京：人民出版社，1994

49. 戚其章. 甲午战争史. 上海人民出版社，2005

50. 戚其章. 晚清海军兴衰史. 北京：人民出版社，1998

51. 戚其章，王如绘编. 晚清教案纪事. 北京：东方出版社，1990

52. 卿汝楫. 美国侵华史. 北京：生活·读书·新知三联书店，1956

53. 上海师范大学《世界近代史》编写组. 世界近代史（上册）. 上海人民出版社，1973

54. 佘素. 清季英国侵略西藏史. 北京：世界知识出版社，1959

55. ［德］施丢尔克. 十九世纪的德国与中国. 乔松译. 北京：生活·读书·新知三联书店，1963

56. ［日］实藤惠秀. 中国人留学日本史. 谭汝谦，林启彦译. 北京：生活·读书·新知三联书店，1983

57. ［日］水野幸吉. 汉口. 东京：富山房，1907

58. ［英］斯克林·奈丁格尔. 马继业在喀什噶尔. 伦敦，1973

59. 四川省哲学社会科学学会联合会，四川省近代教案史研究会合编. 近代中国教案研究. 成都：四川省社会科学院出版社，1987

60. 孙克复，关捷编著. 甲午中日陆战史. 哈尔滨：黑龙江出版社，1984

61. 天津市政协义史资料研究委员会编. 天津租界. 天津人民出版社，1986

62. 万峰. 日本资本主义史研究. 长沙：湖南人民出版社，1984

63. 汪敬虞. 赫德与近代中西关系. 北京：人民出版社，1987

64. 汪敬虞. 近代中外经济关系史论集. 北京：方志出版社，2006

65. 汪敬虞. 十九世纪西方资本主义对中国的经济侵略. 北京：人民出版社，1983

66. 汪敬虞. 唐廷枢研究. 北京：中国社会科学出版社，1983

67. 汪敬虞. 中国近代经济史 1895—1927. 北京：人民出版社，2000

68. 王尔敏. 中国近代思想史论. 北京:社会科学文献出版社,2003

69. 王立新. 美国传教士与晚清中国现代化. 天津人民出版社,1997

70. 王戎笙等主编. 清代全史. 沈阳:辽宁人民出版社,1993

71. 王绳祖. 中英关系史论丛. 北京:人民出版社,1981

72. 王守中. 德国侵略山东史. 北京:人民出版社,1988

73. 王芸生. 六十年来中国与日本. 北京:生活·读书·新知三联书店,1979

74. 王治心. 中国基督教史纲. 香港基督教文艺出版社,1993

75. 吴雁南等主编. 中国近代社会思潮. 长沙:湖南教育出版社,1998

76. 吴玉章. 辛亥革命. 北京:人民出版社,1973

77. 夏良才. 中国对外关系. 成都:四川人民出版社,1985

78. 萧一山. 曾国藩传. 海口:海南国际新闻出版中心,1994

79. 熊月之. 西学东渐与晚清社会. 上海人民出版社,1994

80. 熊月之. 中国近代民主思想史. 上海社会科学院出版社,2002

81. [美]休勒·凯曼. 通过喜马拉雅山的贸易. 普林斯顿,1951

82. 徐泰来. 中国近代史记. 长沙:湖南人民出版社,1989

83. 许涤新,吴承明主编. 中国资本主义发展史(第 2 卷). 北京:人民出版社,1990

84. 严中平主编. 中国近代经济史(1840—1894). 北京:人民出版社,1989

85. [英]杨国伦. 英国对华政策(1895—1902)刘存宽,张俊义译. 北京:中国社会科学出版社,1991

86. 杨天宏. 基督教与近代中国. 四川人民出版社,1994

87. [日]依田憙家. 日本的近代化——与中国的比较. 北京:中国国际广播出版社,1991

88. 虞和平. 商会与中国早期现代化. 上海人民出版社,1993

89. 虞和平. 中国现代化历程. 南京:江苏人民出版社,2001

90. 苑书义. 李鸿章传. 北京:人民出版社,1991

91. 《云南近代史》编写组编. 云南近代史. 昆明:云南人民出版社,1993

92. 张国辉. 晚清钱庄和票号研究. 北京:中华书局,1989

93. 张国辉. 洋务运动与中国近代企业. 北京:中国社会科学出版社,1979

94. 张磊主编. 丁日昌研究. 广州:广东人民出版社,1988

95. 张力,刘鉴唐. 中国教案史. 成都:四川省社会科学院出版社,1987

96. 张利民. 华北城市经济近代化研究. 天津社会科学院出版社,2004

97. 赵佳楹. 中国近代外交史. 太原:山西高校联合出版社,1994

98. 郑友揆. 中国的对外贸易和工业发展. 上海社会科学院出版社,1990

99. 中国社会科学院近代史研究所编. 沙俄侵华史(第3卷). 北京:人民出版社,1981

100. 中国社会科学院近代史研究所编著. 日本侵华七十年史. 北京:中国社会科学出版社,1992

101. 中国社会科学院近代史研究所民国史组. 清末新军编练沿革. 北京:中华书局,1978

102. [美]周锡瑞. 义和团运动的起源. 张俊义,王栋译. 南京:江苏人民出版社,1994

103. 周育民. 晚清财政与社会变迁. 上海人民出版社,2000

104. 朱东安. 曾国藩传. 成都:四川人民出版社,1985

105. 朱荫贵. 国家干预经济与中日近代化. 北京:东方出版社,1994

(五) 论文

1. 陈梅龙. 裕源纱厂是怎样创建的. 载:历史教学. 1984(5)

2. 陈在正. 1874年中日《北京条约》辨析. 载:台湾研究集刊. 1994(1)

3. 郭士浩,阎光华. 旧中国开滦煤矿工人队伍的形成. 载:南开学报. 1984(4)

4. 刘克祥. 太平天国后清政府的财政"整顿"和搜刮政策. 载:中国社会科学院经济研究所集刊(第3辑),1981年8月

5. 茅海建. "公车上书"考证补(二). 载:近代史研究. 2005(4)

6. 米庆余. 琉球漂民事件与日军入侵台湾(1871—1874). 载:历史研究. 1999(1)

7. 聂宝璋. 十九世纪六十年代外国在华洋行势力的扩张. 载:历史研究. 1984(6)

8. 沈传经. 论新疆建省. 见:新疆历史论文续集. 乌鲁木齐:新疆人民出版社,1982

9. 汪敬虞. 十九世纪外国侵华企业中的华商附股活动. 载:历史研究. 1965(4)

10. 汪敬虞. 十九世纪外国在华金融活动中的银行与洋行. 载:历史研究. 1994(1)

11. 王晓秋. 甲午战争前后中国人日本观的转变. 见:戚其章,王如绘. 甲午战争与近代中国和世界. 北京:人民出版社,1995

12. 夏东元. 论清政府所办近代军用工业的性质. 载:华东师范大学学报. 1958(1)

13. 杨东梁. 试论左宗棠收复新疆. 见:杨慎之. 左宗棠研究论文集. 长沙:岳麓书社,1986

14. 于醒民. 近代来华基督教传教士译著中的代笔问题. 见:四川省哲学社会

511

科学学会联合会,四川省近代教案史研究会合编.近代中国教案研究.成都:四川省社会科学院出版社,1987

15. 于醒民.十九世纪六十年代的上海轮运业与上海轮船商.载:中国社会经济史研究.1983(2)

16. 袁成毅.1874年中日《北京专条》之再认识.载:杭州师院学院学报.1998(1)

17. 张国辉.论中国资本对洋务企业的贷款.载:历史研究.1982(4)

18. 张振鹍.关于中国在台湾主权的一场严重斗争——1874年日本侵犯台湾之役再探讨.载:近代史研究.1993(6)

19. 周广远.1870—1894年中国对外贸易平衡和金银进出口的估计.载:中国经济史研究.1986(4)

二 外文部分

（一）英文著作

1. Adruan A. Bennett, *Missionary Journalist in China*

2. B. Brenan, *Report on the State of Trade at the Treaty Ports of China*, *1897*

3. China Imperial Maritime Customs, *Decennial Reports on Trade*, *Industries*, *tec. of the Ports Open to Foreign Commerce*, *and on the Condition and Development of the Treaty Ports Provinces*, *1882—1891*

4. Great Briton Foreign Office, *Commercial Reports From Her Majesty's in China*, *1875—1876*

5. Hsiao Liang-lin, *China's Foreign Trade Statistics 1864—1949*, Harvard University Press, 1974

6. Kuang-Ching Liu, *Anglo-American Steamship Rivalry in China*, *1862—1874*, Harvard, 1962

（二）日文著作

1. 安藤良雄.近代日本经济史要览.东京大学出版会,1986

2. 大久保利谦.近代史史料.吉川弘文馆,昭和44年

3. 高村直助.日本纺织业史序说(上).塙书房,1971

4. 楫西光速等.日本资本主义的发展.东京大学出版会,1956

5. 石冢裕道.日本资本主义成立史研究.吉川弘文馆,1973

6. 石田与平.日本经济的发展.智慧女神书房,1973

7. 中村隆英.日本经济的成长和结构.东京大学出版会,1979

人名索引

本卷写作分工说明

虞和平　第一章第一、二、三节，

　　　　第二章，第三章，第六章，第九章

谢　放　第一章第四节、第四章、第五章、第七章、第八章